■2025年度中学受験

開成中学校

10年間(＋3年間HP掲載)スーパー過去問

●収録内容一覧

入試問題と解説・解答の収録内容

2024年度(令和６年度)	算数・社会・理科・国語 実物解答用紙DL
2023年度(令和５年度)	算数・社会・理科・国語 実物解答用紙DL
2022年度(令和４年度)	算数・社会・理科・国語 実物解答用紙DL
2021年度(令和３年度)	算数・社会・理科・国語
2020年度(令和２年度)	算数・社会・理科・国語
2019年度(平成31年度)	算数・社会・理科・国語
2018年度(平成30年度)	算数・社会・理科・国語
平成29年度	算数・社会・理科・国語
平成28年度	算数・社会・理科・国語
平成27年度	算数・社会・理科・国語
平成26～24年度(HP掲載) 「カコ過去問」 (ユーザー名) koe (パスワード) w8ga5a1o	問題・解答用紙・解説解答DL ◇著作権の都合により国語と一部の問題を削除しております。 ◇一部解答のみ(解説なし)となります。 ◇９月下旬までに全校アップロード予定です。 ◇掲載期限以降は予告なく削除される場合があります。

～本書ご利用上の注意～　以下の点について，あらかじめご了承ください。

★別冊解答用紙は巻末にございます。実物解答用紙は，弊社サイトの各校商品情報ページより，一部または全部をダウンロードできます。

★編集の都合上，学校実施のすべての試験を掲載していない場合がございます。

★当問題集のバックナンバーは，弊社には在庫がございません(ネット書店などに一部在庫あり)。

合格を勝ち取るための
『スーパー過去問』の使い方

本書に掲載されている過去問をご覧になって，「難しそう」と感じたかもしれません。でも，多くの受験生が同じように感じているはずです。なぜなら，中学入試で出題される問題は，小学校で習う内容よりも高度なものが多く，たくさんの知識や解き方のコツを身につけることも必要だからです。ですから，初めて本書に取り組むさいには，点数を気にしすぎないようにしましょう。本番でしっかり点数を取れることが大事なのです。

過去問で重要なのは「まちがえること」です。自分の弱点を知るために，過去問に取り組むのです。当然，まちがえた問題をそのままにしておいては意味がありません。

本書には，長年にわたって中学入試にたずさわっているスタッフによるていねいな解説がついています。まちがえた問題はしっかりと解説を読み，できるようになるまで何度も解き直しをしてください。理解できていないと感じた分野については，参考書や資料集などを活用し，改めて整理しておきましょう。

このページも参考にしてみましょう！

◆どの年度から解こうかな　「入試問題と解説・解答の収録内容一覧」

本書のはじめには収録内容が掲載されていますので，収録年度や収録されている入試回などを確認できます。

※著作権上の都合によって掲載できない問題が収録されている場合は，最新年度の問題の前に，ピンク色の紙を差しこんでご案内しています。

◆学校の情報を知ろう!!「学校紹介ページ」

このページのあとに，各学校の基本情報などを掲載しています。問題を解くのに疲れたら息ぬきに読んで，志望校合格への気持ちを新たにし，再び過去問に挑戦してみるのもよいでしょう。なお，最新の情報につきましては，学校のホームページなどでご確認ください。

◆入試に向けてどんな対策をしよう？「出題傾向＆対策」

「学校紹介ページ」に続いて，「出題傾向＆対策」ページがあります。過去にどのような分野の問題が出題され，どのように対策すればよいかをアドバイスしていますので，参考にしてください。

◇別冊「入試問題解答用紙編」

本書の巻末には，ぬき取って使える別冊の解答用紙が収録してあります。解答用紙が非公表の場合などを除き，（注）が記載されたページの指定倍率にしたがって拡大コピーをとれば，実際の入試問題とほぼ同じ解答欄の大きさで，何度でも過去問に取り組むことができます。このように，入試本番に近い条件で練習できるのも，本書の強みです。また，データが公表されている学校は別冊の１ページ目に過去の「入試結果表」を掲載しています。合格に必要な得点の目安として活用してください。

本書がみなさんの志望校合格の助けとなることを，心より願っています。

株式会社　声の教育社　編集部

開成中学校

所在地	〒116-0013 東京都荒川区西日暮里4-2-4
電　話	03-3822-0741
ホームページ	https://kaiseigakuen.jp/
交通案内	JR山手線・京浜東北線・東京メトロ千代田線「西日暮里駅」より徒歩1分 日暮里・舎人ライナー「西日暮里駅」より徒歩3分

くわしい情報はホームページへ

トピックス

★2019年度入試より，インターネット出願になりました。
★創立150周年記念事業として，新校舎の建築計画が進行中(2024年7月に終了予定)。

創立年 明治4年　｜　男子校　｜　高校募集あり

応募状況

年度	募集数	応募数	受験数	合格数	倍率
2024	300名	1259名	1190名	424名	2.8倍
2023	300名	1289名	1193名	419名	2.8倍
2022	300名	1206名	1050名	416名	2.5倍
2021	300名	1243名	1051名	398名	2.6倍
2020	300名	1266名	1188名	397名	3.0倍
2019	300名	1231名	1159名	396名	2.9倍

入試情報（参考：昨年度）

・出願期間〔インターネット出願〕：
出願情報入力・入学検定料支払い
…2023年12月20日～2024年１月22日
受験票印刷
…2024年１月10日～2024年２月１日
・試験日：2024年２月１日
・合格発表〔HP〕：
2024年２月３日12時(正午)頃
※合格者は必ず同日16時までに学園事務局(高校校舎１階)で受験票を提示し，合格証明書と入学手続書類を受け取ること。

本校の特色

・**教育方針**：平素の授業を大切にし，基礎学力を重視して，その上で生徒の思考力や創造性を育てることを目指します。
・**カリキュラム**：中高６年間に精選された学習課程を配置し，プリントなどの自主教材を活用した質の高い授業を各教科で展開しています。発展的，創造的にカリキュラムを組み，週34時間，学校６日制をとっています。じっくりと学習に取り組むのが特色で，日々の授業を重視します。高校からの入学者とは高１では別クラス編成となりますが，高２より合流します。
・**校風**：校章の「ペンケン」に象徴される，
The pen is mightier than the sword.
(ペンは剣よりも強し)
の理念のもと，知性・自由・質実剛健を重んじる空気があふれています。

2023年度の主な大学合格実績

＜国公立大学・大学校＞
東京大，京都大，東京工業大，一橋大，東北大，北海道大，筑波大，千葉大，横浜国立大，東京医科歯科大，埼玉大，電気通信大，東京農工大，防衛医科大，防衛大，東京都立大，横浜市立大
＜私立大学＞
慶應義塾大，早稲田大，上智大，国際基督教大，東京理科大，明治大，青山学院大，立教大，中央大，法政大，学習院大，東京慈恵会医科大，順天堂大，昭和大，日本医科大，東京医科大

編集部注一本書の内容は2024年2月現在のものであり，変更されている場合があります。正確な情報は，学校のホームページ等で必ずご確認ください。

算数　出題傾向＆対策

◆基本データ(2024年度)

試験時間／満点	60分／85点
問　題　構　成	・大問数…３題 応用小問１題(３問)／応用問題２題 ・小問数…11問
解　答　形　式	解答らんには必要な単位や図などが記入されていて，作図問題もある。式や考え方を書くスペースもある。
実際の問題用紙	Ｂ５サイズ，小冊子形式
実際の解答用紙	Ｂ４サイズ

◆過去10年間の出題率トップ５

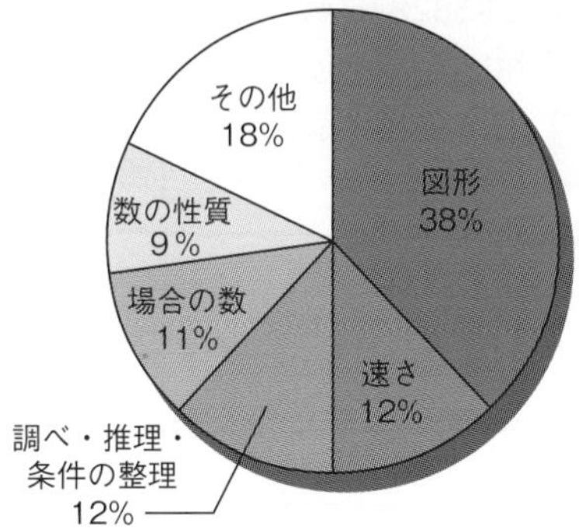

※　配点(推定ふくむ)をもとに算出

◆近年の出題内容

【　2024年度　】			【　2023年度　】		
大問	1	素数の性質，四則計算，条件の整理，つるかめ算，比の性質，図形の移動，長さ，面積	大問	1	旅人算
	2	条件の整理，場合の数		2	平面図形－図形上の点の移動，辺の比と面積の比
	3	立体図形－展開図，構成，面積		3	立体図形分割，体積
				4	図形上の点の移動，周期算
				5	条件の整理，場合の数

◆出題傾向と内容

ここ数年，大問数は３～５題に落ち着いています。単純な四則計算問題はほとんど見られず，２～３行のいわゆる応用小問や，いくつかの小設問をふくむ応用問題を中心に構成されています。標準的な問題だけでなく，**混乱しがちな問題や，解き方そのものがはじめのうちは見当もつかないような問題など，手のこんだものも見られます**。

出題される分野については，図形の問題が質・量ともに無視できません。数の規則性と組み合わせたもの，場合の数とからめたもの，比を利用したもの，移動を使ったものなど，バラエティーに富んでおり，問題レベルも高くなっています。

数量関係では数の性質，約数と倍数，周期算などの単元から，複雑で計算ミスをおかしやすいものや，ちょっとした推理力やくふうが必要なものなどが毎年取り上げられています。また，濃度や速さなど割合の問題，場合の数なども出題されています。

全体的に見ると，スピーディーで正確な計算力と論理的思考力が必要な問題です。また，**よく見られる解法をもとにして，それをいくつか組み合わせて複雑なものにした出題**といえます。各分野の基本的な考えを必要とする，練り上げられた問題というのが本校の算数の特色です。

◆対策～合格点を取るには？～

対策としては，難問にあたることも不要とはいいませんが，それよりも平易な問題を一定時間内に正確にどれだけこなせるか，**つねにスピードと正確さを念頭に置いて学習**するほうが効果的でしょう。そのためには，まず計算力をつけることです。そのさい，時間をきちんと区切って，くり返し解く，などの方法を試してみてください。

図形は面積・体積ばかりでなく，図形の性質を研究する意味で，長さ・角度・展開図・縮図・面積比・分割・移動・回転体などのはば広い学習が必要となります。

特殊算は，問題の内容を図で示して考えるのも理解を早めるのに役立つものです。

分野	年度	2024	2023	2022	2021	2020	2019	2018	2017	2016	2015
計算	四則計算・逆算	○		○					○		
計算	計算のくふう			○							
計算	単位の計算										
和と差	和差算・分配算										
和と差	消去算										◎
和と差	つるかめ算	○				○				○	
和と差	平均とのべ										
和と差	過不足算・差集め算										
和と差	集まり										
和と差	年齢算										
割合と比	割合と比										
割合と比	正比例と反比例										
割合と比	還元算・相当算										
割合と比	比の性質	○						○			
割合と比	倍数算										
割合と比	売買損益										
割合と比	濃度							○			
割合と比	仕事算									○	
割合と比	ニュートン算										
速さ	速さ						○				●
速さ	旅人算		○						○		
速さ	通過算										
速さ	流水算							○			
速さ	時計算			○							
速さ	速さと比						○			○	
図形	角度・面積・長さ	●		◎		○	○	●		○	○
図形	辺の比と面積の比・相似		○	○			○	◎	◎		
図形	体積・表面積		○	◎	○			○			●
図形	水の深さと体積								○		
図形	展開図	○				○		○			
図形	構成・分割	○	○		○	○	○		○		
図形	図形・点の移動	○	◎			○					
表とグラフ							○		○		
数の性質	約数と倍数										
数の性質	N進数					○					
数の性質	約束記号・文字式										◎
数の性質	整数・小数・分数の性質	○		○				●	○		○
規則性	植木算										
規則性	周期算		○			○		○			
規則性	数列					○					
規則性	方陣算										
規則性	図形と規則					○					
場合の数		○	○	◎		○	○	○		○	
調べ・推理・条件の整理		◎	○	○	○	◎	○				
その他											

※ ○印はその分野の問題が1題, ◎印は2題, ●印は3題以上出題されたことをしめします。

社会　出題傾向＆対策

◆基本データ(2024年度)

試験時間／満点	40分／70点
問題構成	・大問数…４題 ・小問数…23問
解答形式	記号選択と用語・数値の記入で構成されており，記述問題は見られない。記号選択には，複数を選ぶものもある。用語の記入にはカタカナ指定のものもある。
実際の問題用紙	Ｂ５サイズ，小冊子形式
実際の解答用紙	Ｂ４サイズ

◆過去10年間の分野別出題率

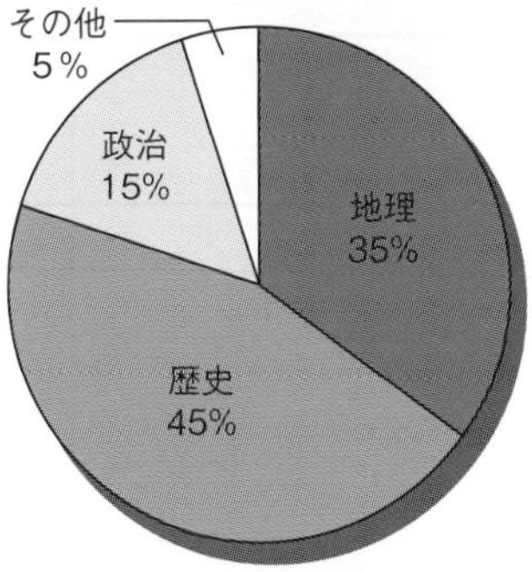

※　配点(推定ふくむ)をもとに算出

◆近年の出題内容

	【　2024年度　】	【　2023年度　】
大問	1〔総合〕2024年を題材にした問題	1〔総合〕年代の表し方を題材にした問題
	2〔地理〕各地域の特色を題材にした問題	2〔総合〕2022年のできごとを題材にした問題
	3〔歴史〕歴史カルタを題材にした問題	
	4〔総合〕会話文を題材にした問題	

◆出題傾向と内容

全体として，丸暗記の知識では歯がたたない問題です。**各分野にわたるはば広い知識は当然のこととして，それを関連づけて総合的に考える力が試されます**。

●地理…各地の産業について，それが発達するにいたった自然条件，歴史的背景，さらに現在の問題点までが総合的に問われます。地図，各種統計資料が読み取れなければ正解できないものもふくまれています。また，本校を中心とした東京の地理や，世界地理の知識も多く見られます。

●歴史…政治史，経済・産業史，外交・戦争史，思想・宗教史，文化史，法律史などのように，一つの分野を年代順やテーマにそって問う形式の問題が多いのが最大の特ちょうです。昔の人びとの生活や道具といった，教科書や参考書ではあまりあつかわれない題材についての出題も見られます。

●政治…憲法に関する問題がくり返し出されています。なかでも，日本国憲法と大日本帝国憲法の比較，戦前の歴史や戦後の諸改革などとの関連がよく見られます。そのほかでは，近年行われた国政選挙についてなどの時事的なことがらに関するものも出題されています。

◆対策～合格点を取るには？～

細かい用語を，しかも漢字指定で問う問題が多くあるため，うろ覚えでは通用しません。重要な地名・人名・用語は頭のなかで反復するだけでなく，**正しく書けるようにしておく**べきです。

歴史の対策としては，ただ教科書や参考書を読むだけではなく，自分で年表をつくるのがよいでしょう。分野ごとに記入していき，自分だけのオリジナル年表にするのです。また，資料集などで歴史地図に親しんでおくことも忘れずに。

地理の学習では，地図と各種統計資料が欠かせません。常にこれを参照しながら地形と気候を調べ，産業のようすや資源の動きをまとめてください。歴史的背景や政治との関連にも注意しつつ，多角的な学習をしましょう。世界地図に日ごろから親しむのも大切です。

政治では，日本国憲法の基本的な内容をおさえることが肝心です。そのほか，三権のしくみ，選挙制度，地方自治，財政と経済など，一通りの知識が必要となります。国際情勢をふくめ，過去数年で起こった時事的なことがらについての出題もあるので，注意が必要です。

社会 出題分野分析表

分野 ＼ 年度			2024	2023	2022	2021	2020	2019	2018	2017	2016	2015
日本の地理	地図の見方				○			○				○
	国土・自然・気候		○	○	○	○	○	○	○			○
	資源					○					○	
	農林水産業		○			○		○	○			○
	工業		○						○			○
	交通・通信・貿易		○	○		○		○	○	○	★	○
	人口・生活・文化				○					○		○
	各地方の特色		○						○			
	地理総合		★		★	★	★	★		○		★
世界の地理				○	○				○	○	○	
日本の歴史	時代	原始～古代	○	○	○	○	○	○	○	○	○	○
		中世～近世	○	○	○	○	○	○	○	○	○	○
		近代～現代	○	○	○	○	○	○	○	○	○	○
	テーマ	政治・法律史										
		産業・経済史										
		文化・宗教史										
		外交・戦争史										
		歴史総合	★		★	★	★	★		★	★	★
世界の歴史									○			
政治	憲法				○		○	○	○			○
	国会・内閣・裁判所		○	○	○	★	★	★	○			
	地方自治		○									
	経済			○	○		○					
	生活と福祉											
	国際関係・国際政治		○	○	○			○			○	○
	政治総合				★							
環境問題					○							
時事問題			○		○							○
世界遺産												
複数分野総合			★	★					★	★		★

※　原始～古代…平安時代以前，中世～近世…鎌倉時代～江戸時代，近代～現代…明治時代以降

※　★印は大問の中心となる分野をしめします。

理科 出題傾向＆対策

◆基本データ（2024年度）

試験時間／満点	40分／70点
問題構成	・大問数…４題 ・小問数…25問
解答形式	記号選択と，計算して求めた数値を答えるものが多くをしめる。記号選択では複数選ばせるものもある。作図の問題も見られる。記述問題は出されていない。
実際の問題用紙	Ｂ５サイズ，小冊子形式
実際の解答用紙	Ｂ４サイズ

◆過去10年間の分野別出題率

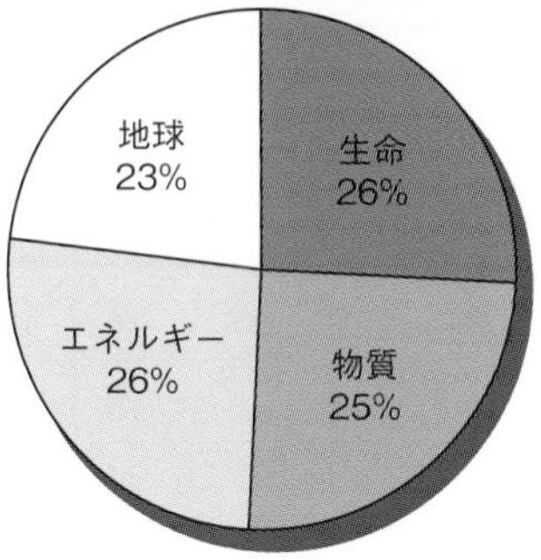

※　配点(推定ふくむ)をもとに算出

◆近年の出題内容

【　2024年度　】			【　2023年度　】		
大問	1	〔物質〕水溶液の性質	大問	1	〔地球〕断層
	2	〔地球〕暦と月		2	〔物質〕沸とう，熱の伝わり方
	3	〔生命〕虫		3	〔エネルギー〕ふりこ
	4	〔エネルギー〕電流回路		4	〔生命〕血液循環

◆出題傾向と内容

特ちょうとしてあげられるのは，**実験・観察をもとにして考えさせる問題が多く，丸暗記だけでは点が取れない**ようにくふうされていることです。これらの問題は，**説明文が長い**こともあって，細部にわたって考察できるかどうかがポイントになります。また，よく目にする実験や観察が多いわりにはその手順や，結果をしめすグラフや図には見慣れないものもあり，読み取りが難しいといえます。なかには，実験自体が複雑なものもあります。会話文の中で，まちがえた理由などを考えさせる問題も出題されています。

全分野からもれなく出題されていますが，これまで比較的よく出題され，これからも登場が予想されるのは，「生命」では植物(体のつくり，発芽，成長)，動物(こん虫)，「物質」では水溶液の性質，気体の発生，「エネルギー」では力のつり合い(ばね，てこなど)，電気，「地球」では太陽や星の動き，気象などです。そのほか，動植物では観察問題が，力のつり合いではグラフを利用して計算させる問題が出されています。

全範囲にわたる基本的な事項の**正確ではば広い知識・理解**と，実験・観察問題に見られるように，**科学的な思考力が必要**とされる問題といえるでしょう。

◆対策～合格点を取るには？～

本校受験のためには，はば広い知識を身につけたうえで，さらに，**出題傾向にあった深くつっこんだ学習が必要**といえます。したがって，ふだんの学習では，「なぜそうなるのか」という疑問をもっていろいろ調べておく必要があります。たとえば，①生物の特ちょうは図鑑などで調べて確認しておく，②さまざまな物質の性質はノートにまとめる，③教科書であつかわれている代表的な実験例は目的，方法，器具，結果をノートに整理しておく，といったことを日ごろからおこたらないようにしておきましょう。全範囲がひととおりすんだら，分野別問題集などで復習しておくとよいでしょう。

また，作図や記述問題が出題されることもあるので，それらの問題も意識的に取り組むようにしてください。

理科　出題分野分析表

分野 ＼ 年度		2024	2023	2022	2021	2020	2019	2018	2017	2016	2015
生命	植物			★		★			○		
	動物	★			★		★	★	○		★
	人体		★						○	★	
	生物と環境										
	季節と生物										
	生命総合								★		
物質	物質のすがた		★				○		○		
	気体の性質							○			
	水溶液の性質	★			★				○	★	★
	ものの溶け方					★		○			
	金属の性質										
	ものの燃え方								○		
	物質総合			★			★	★	★		
エネルギー	てこ・滑車・輪軸				★			★	★		★
	ばねののび方										
	ふりこ・物体の運動		★								
	浮力と密度・圧力						○		○		
	光の進み方										
	ものの温まり方		○				★				
	音の伝わり方										
	電気回路	★				★				★	
	磁石・電磁石										
	エネルギー総合			★							
地球	地球・月・太陽系	★			○	★		★			
	星と星座									★	
	風・雲と天候			★							★
	気温・地温・湿度			○							
	流水のはたらき・地層と岩石		★		○				★		
	火山・地震		○								
	地球総合				★		○				
実験器具					○	○			○		
観察						○					
環境問題											
時事問題											
複数分野総合							★				

※　★印は大問の中心となる分野をしめします。

国語 出題傾向＆対策

◆基本データ（2024年度）

試験時間／満点	50分／85点
問題構成	・大問数…２題 　文章読解題２題 ・小問数…８問
解答形式	本文からの書きぬきと記述問題で構成されている。記述問題には字数制限のあるものとないものがある。漢字の書き取りは５問見られる。
実際の問題用紙	Ｂ５サイズ，小冊子形式
実際の解答用紙	Ｂ４サイズ

◆過去10年間の分野別出題率

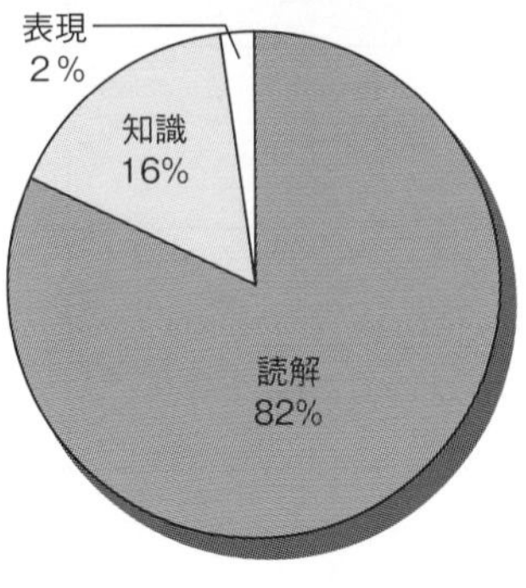

※　配点（推定ふくむ）をもとに算出

◆近年の出題内容

【　2024年度　】			【　2023年度　】		
大問	一	〔説明文〕佐々木正人『時速250kmのシャトルが見える―トップアスリート16人の身体論』（約2400字）	大問	一	〔説明文〕隈研吾『ひとの住処　1964-2020』（約4100字）
	二	〔小説〕千早茜「鵺の森」（『おとぎのかけら―新釈西洋童話集』所収）（約6300字）		二	〔小説〕柚木麻子『終点のあの子』（約5400字）

◆出題傾向と内容

題材は小説が多いですが，随筆や説明文・論説文，詩，資料の読み取りも出題されています。

設問は要旨・主題，文中のことばの説明，登場人物の性格・心情はあくなどが多く取り上げられています。自分のことばで答えるものや，文章全体をふまえて自分の考えをのべるものなども見られます。**かなり高度で，それに見合った読解力・表現力が要求されている**といえます。

書くべき解答の内容と量に対して時間が少なめなので，時間切れがいちばんこわいかもしれません。問題文はそれほど長くありませんが，全体的な内容をつかむとともに細かい部分まで読みこまなくてはならないため，考えたことを整理して解答を仕上げているうちに時間が足りなくなってしまうという事態も考えられます。これに対処するためには，正確に，かつスピーディーに内容を読み取る訓練を，日常の学習の中で進める必要があります。

◆対策～合格点を取るには？～

本校のように，文章の内容を正確に理解し，限られた時間内で考えを整理して表現するには，速読即解力が必要です。この力をつけるためには，やはり読書が有効です。しかし，文字を追うだけの読み方では何の理解も得られません。段落ごとの内容，指示語の内容，登場人物の心情とその変化などをつねに理解しながら読むのです。**文章の流れをはっきり整理してはあくすることが，本校の国語ではもっとも要求されます**。さらに，言語化しにくいものごとをわかりやすく表現する力も必要です。したがって，本を読むさいに，そのあらすじや自分の感想を原稿用紙１枚程度にまとめる練習をおすすめします。内容はもちろんのこと，まとめた文章が文法上おかしくないか，誤字・脱字はないかなどについても，家族や先生などにも協力していただきながら，できるだけ客観的に見返すようにしましょう。

また，漢字や文法，ことばの知識なども，文章を読み取り，要旨などをまとめて書くうえで必要不可欠ですから，参考書・問題集などでマスターしてください。なお，漢字では，読みと書き取りに限らず，部首・画数・筆順などもおさえておくとよいでしょう。

国語 出題分野分析表

分野		年度	2024	2023	2022	2021	2020	2019	2018	2017	2016	2015
読解	文章の種類	説明文・論説文	★	★		★	★	★				★
		小説・物語・伝記	★	★	★	★	★	★	★	★		★
		随筆・紀行・日記									★	
		会話・戯曲										
		詩								★		
		短歌・俳句										
	内容の分類	主題・要旨					○					○
		内容理解	○	○	○	○	○	○	○	○	○	○
		文脈・段落構成										
		指示語・接続語										
		その他										
知識	漢字	漢字の読み										
		漢字の書き取り	○	○	○	○	○	○		○	★	○
		部首・画数・筆順										
	語句	語句の意味										○
		かなづかい										
		熟語				○			★			
		慣用句・ことわざ										
	文法	文の組み立て										
		品詞・用法										
		敬語								○		
	形式・技法											
	文学作品の知識											
	その他											
	知識総合											
表現	作文											
	短文記述											
	その他							★				
放送問題												

※ ★印は大問の中心となる分野をしめします。

カコを追いかけ
ミライをつかめ
「今の説明、もう一回」を何度でも
web過去問
ストリーミング配信による入試問題の解説動画
もっと古いカコモンないの?
カコ過去問
「さらにカコの」過去問をHPに掲載（DL）
声の教育社
詳しくはこちらから

2024年度 開成中学校

【算　数】 (60分) 〈満点：85点〉

【注意】 1．問題文中に特に断りのないかぎり，答えが分数になるときは，できるだけ約分して答えなさい。円周率が必要なときは3.14を用いなさい。

2．必要ならば，「角柱，円柱の体積＝底面積×高さ」，「角すい，円すいの体積＝底面積×高さ÷3」を用いなさい。

3．式や図や計算などは，他の場所や裏面などにかかないで，すべて解答用紙のその問題の場所にかきなさい。

1 次の問いに答えなさい。

(1) 数字1，2，3，4，5，6，7，8，9と四則演算の記号＋，－，×，÷とカッコだけを用いて2024を作る式を1つ書きなさい。ただし，次の指示に従うこと。

① 1つの数字を2個以上使ってはいけません。

② 2個以上の数字を並べて2けた以上の数を作ってはいけません。

③ できるだけ使う数字の個数が少なくなるようにしなさい。(使う数字の個数が少ない答えほど，高い得点を与えます。)

たとえば，10を作る場合だと，

- $5+5$ や $(7-2)\times 2$ は，①に反するので認められません。
- 1と5を並べて15を作り，$15-2-3$ とするのは，②に反するので認められません。
- ③の指示から，2×5，$2\times(1+4)$，$4\div 2+3+5$ のうちでは，使う数字の個数が最も少ない 2×5 の得点が最も高く，数字3個の $2\times(1+4)$，数字4個の $4\div 2+3+5$ の順に得点が下がります。

(2) 2本の金属棒O，Pがあります。長さはPの方がOより2cm長く，重さは2本とも同じです。長さ1cmあたりの重さは，Oはどこでも1cmあたり10gです。Pは，中間のある長さの部分だけ1cmあたり11gで，それ以外の部分は1cmあたり8gです。

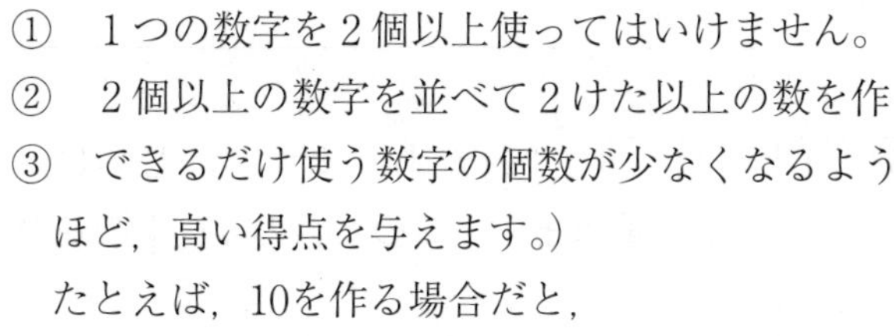

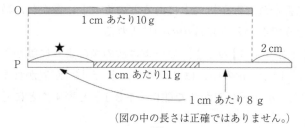

(図の中の長さは正確ではありません。)

2本の金属棒を図の左端《はし》から同じ長さだけ切り取るとすると，切り取る部分の重さが等しくなるのは，切り取る長さが34.5cmのときだけです。

(ア) 図の★の部分の長さを求めなさい。

(イ) 金属棒1本の重さを求めなさい。

⑶　1辺3cmの正三角形Pに，マークPがかかれています。この正三角形Pがはじめ右の図のスタートの位置にあって，1辺9cmの正三角形Qの外周を図の矢印の方向にすべらないように転がって，はじめてゴールの位置にくるまで動きます。

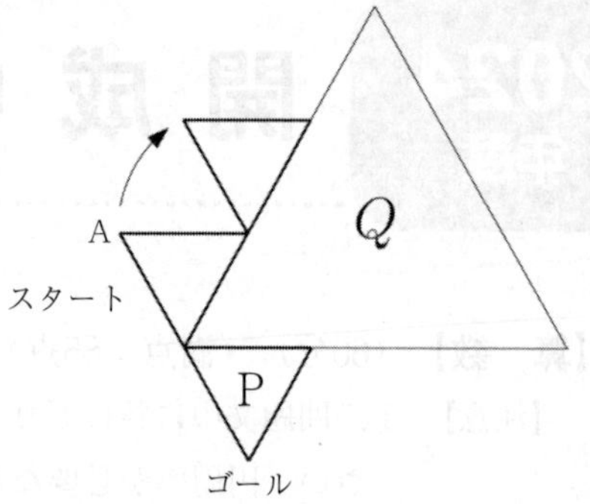

㋐　正三角形Pがゴールの位置に着いたとき，マークPは右の図の向きになっていました。マークPは，スタートの位置ではどの向きにかかれていましたか。解答らんの図に書き込みなさい。

㋑　正三角形Pがスタートからゴールまで動くとき，図の頂点Aが動く距離《きょり》を求めなさい。

㋒　正三角形Pがスタートからゴールまで動くときに通過する部分の面積は，次のように表されます。空らん(X)，(Y)にあてはまる数を答えなさい。

> 正三角形Pが通過する部分の面積は，半径が3cmで，中心角が60°のおうぎ形［ (X) ］個分の面積と，1辺が3cmの正三角形［ (Y) ］個分の面積をあわせたものである。

2　9枚のカード[1]，[2]，[3]，[4]，[5]，[6]，[7]，[8]，[9]があります。はじめに，9枚のカードから何枚かを選び，混ぜ合わせて1つの山に重ねます。このときのカードの並び方を「はじめのカードの状況《きょう》」ということにします。

たとえば，5枚のカード[1]，[2]，[3]，[4]，[5]を使う場合を考えましょう。5枚のカードを混ぜ合わせて1つの山に重ねたとき

「カードが上から[4][2][5][1][3]の順に重ねられている」

とします。これがこのときのはじめのカードの状況です。これを簡単に【4 2 5 1 3】と表すことにします。

机と箱があります。次のルールに従って，山に重ねたカードを上から1枚ずつ，机の上か，箱の中に動かします。

- 1枚目のカードは必ず机の上に置く。
- 2枚目以降のカードは，そのカードに書かれた数が机の上にあるどのカードに書かれた数よりも小さいときだけ机の上に置き，そうでないときには箱の中に入れる。

たとえば，はじめのカードの状況が【4 2 5 1 3】のとき，カードは次の図のように動かされ，最終的に机の上には3枚のカード[4][2][1]が，箱の中には2枚のカード[5][3]が置かれます。この結果を，机の上のカードに注目して，カードが置かれた順に《4 2 1》と表すことにします。

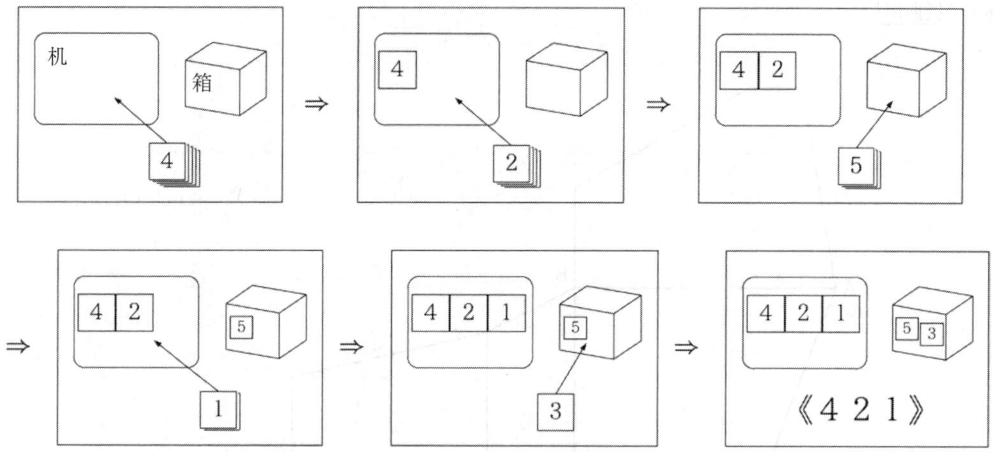

(1)　７枚のカード[1]，[2]，[3]，[4]，[5]，[6]，[7]を使う場合を考えます。
はじめのカードの状況が【７ ４ ６ ３ １ ２ ５】であるときの結果を答えなさい。

(2)　次のそれぞれの場合のはじめのカードの状況について答えなさい。(ア)，(イ)については，解答らんをすべて使うとは限りません。

(ア)　３枚のカード[1]，[2]，[3]を使う場合を考えます。
結果が《２ １》になるはじめのカードの状況をすべて書き出しなさい。

(イ)　４枚のカード[1]，[2]，[3]，[4]を使う場合を考えます。
結果が《２ １》になるはじめのカードの状況をすべて書き出しなさい。

(ウ)　５枚のカード[1]，[2]，[3]，[4]，[5]を使う場合を考えます。
①　結果が《２ １》になるはじめのカードの状況は何通りありますか。
②　結果が《５ ２ １》になるはじめのカードの状況は何通りありますか。

(エ)　６枚のカード[1]，[2]，[3]，[4]，[5]，[6]を使う場合を考えます。
結果が《５ ２ １》になるはじめのカードの状況は何通りありますか。

(3)　９枚のカード全部を使う場合を考えます。
結果が《７ ５ ４ ２ １》になるはじめのカードの状況は何通りありますか。

3　右の見取図のような直方体Xを３つの平面P，Q，Rで切断して，いくつかの立体ができました。このうちの１つをとって，立体Yと呼ぶことにします。

立体Yの展開図は次の図のようになることが分かっています。ただし，辺(あ)，辺(い)につづく面が，それぞれ１つずつかかれていません。また，直方体Xの見取図の点A，B，Cが，立体Yの展開図の点A，B，Cに対応します。

直方体Xの見取図

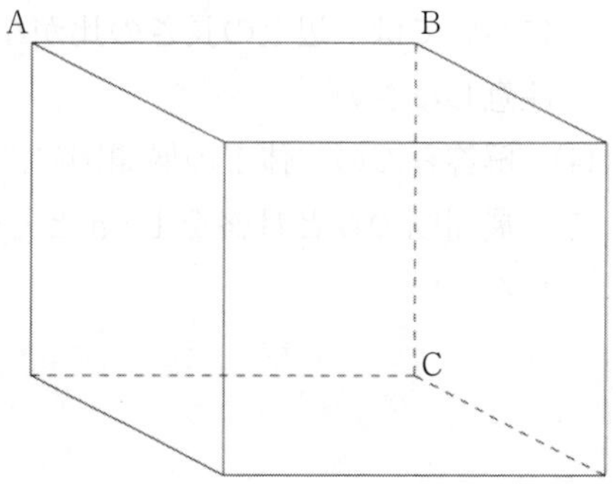

立体Yの展開図

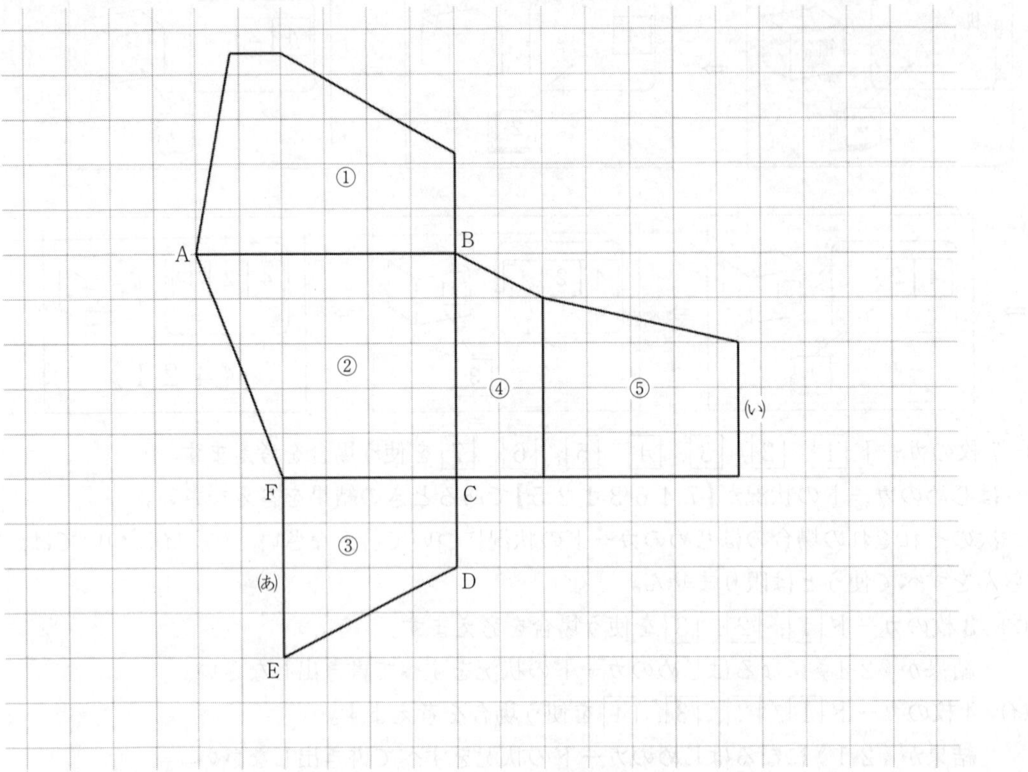

(1)　立体Yの展開図の面①～⑤の中で，もともと直方体Xの面であったものをすべて答えなさい。

(2)　立体Yの展開図に書かれた点D，E，Fに対応する点は，直方体Xの辺上にあります。辺上の長さの比がなるべく正確になるように注意して，点D，E，Fに対応する点を，解答らんの直方体Xの見取図にかき入れなさい。

(3)　平面Pで直方体Xを切断したときの断面，Qで切断したときの断面，Rで切断したときの断面は，それぞれどのような図形になりますか。右の図のようなかき方で，解答らんの直方体Xの見取図に１つずつかき入れなさい。３つの答えの順番は問いません。また，平面と交わる直方体の辺については，辺上の長さの比がなるべく正確になるように注意しなさい。

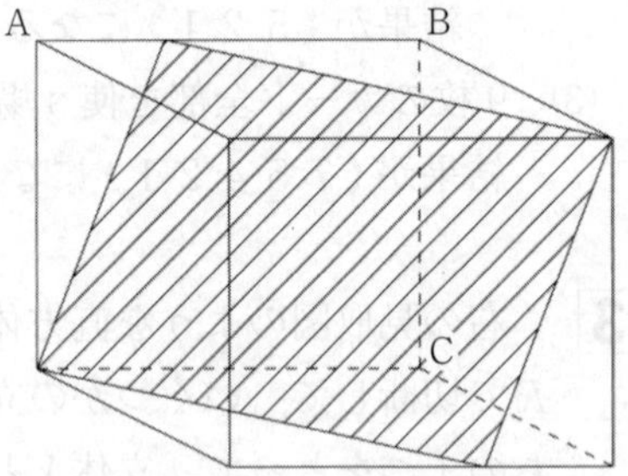

(4)　解答らんの立体Yの展開図に，(あ)，(い)につづく面を，なるべく正確にかき入れなさい。

(5)　展開図のひと目盛を１cmとします。(4)でかき入れた面のうち，(い)につづくほうの面積を求めなさい。

【社　会】（40分）〈満点：70点〉

1　次の文章を読み，あとの問いに答えなさい。

ちょうど100年前の1924年は，前年に起こった（　　）を受けて，災害対策や土地利用の見直しなどを含《ふく》めた帝都《ていと》復興計画が進められていた時期にあたります。6月には第二次護憲運動の高まりを受けて加藤高明《かとうたかあき》内閣が発足し，加藤内閣は翌年，①普通《ふつう》選挙法や治安維持《いじ》法を成立させることになります。7月には改正度量衡《どりょうこう》法が施行《しこう》され，国際的に広く使用されている単位系である②メートル法へ移行しました。それまで日本で広く用いられていた尺貫《しゃっかん》法もしばらく使用されていましたが，1950年代には法的に使用が禁じられます。10月には東京都北区に設置された③岩淵《いわぶち》水門の完成によって，新たに開削《かいさく》された荒川《あらかわ》放水路（現在の荒川）への注水が開始されました。この放水路は，1910年に隅田川《すみだがわ》の決壊《けっかい》などで起こった大水害をきっかけに，首都の水害対策の必要性から建設が始まりました。なお1982年には，大洪水《こうずい》にも耐《た》えられる設計の新水門が完成し，旧水門は運用を終えています。

2024年は和暦《われき》（元号）では令和6年，干支《えと》は甲辰《きのえたつ》にあたります。同じ干支である1964年は，アジア初となるオリンピックが東京で開催された年で，日本はオリンピック景気などの好景気が続く高度経済成長の時代でした。自動車・鉄道・航空など④輸送・交通インフラの整備，オリンピック選手団や観光客受け入れのためのホテル建設，各種工業の発達を背景にして，国民の生活水準が高まった時代でした。オリンピック閉会式の翌日には池田勇人首相《いけだはやとしゅしょう》が退陣《たいじん》を表明し，その後1972年まで続くことになる⑤佐藤栄作内閣が発足しました。

産業構造や社会制度，国民の生活は変化し続けてきました。この先も⑥AI（人工知能）技術の発達などによって，私たちの働き方や社会の劇的な変化が予想されます。2024年には「物流2024年問題」が懸念《けねん》されていますが，AI活用やDX（デジタルトランスフォーメーション）化が解決の糸口として期待されています。

問1　文章中の空らん（　）にあてはまる語句を答えなさい。

問2　下線部①について，選挙に関する次の設問に答えなさい。

(1)　日本の選挙制度の変遷《へんせん》について述べた次の**ア**〜**オ**の文のうち，下線部の内容が正しいものを**二つ**選び，記号で答えなさい。

ア　1890（明治23）年の衆議院議員選挙において，選挙権を有するのは直接国税を25円以上納める満30歳以上の男性のみであった。

イ　1925（大正14）年の普通選挙法成立によって，納税の有無《うむ》にかかわらず，満25歳以上の男性が選挙権を有することになった。

ウ　1945（昭和20）年の衆議院議員選挙法改正により，女性の参政権が認められ，満25歳以上の男女が選挙権を有することになった。

エ　2003（平成15）年の公職選挙法改正により，自筆が出来ない場合に，投票所において親族が代理記載《きさい》することが認められた。

オ　2013（平成25）年の公職選挙法改正により，候補者や政党がウェブサイト等や電子メールを利用して選挙運動を行うことが認められた。

(2)　現在の選挙制度下において選挙権または被《ひ》選挙権が**認められないケース**を，次の**ア**〜**エ**から一つ選び，記号で答えなさい。なお，示されている事項《じこう》以外は，選挙権・被選挙権を有する条件を満たしているものとします。

ア	参議院議員選挙	選挙権	選挙期日（投票日）に誕生日を迎《むか》え，満18歳となる。
イ	市長選挙	選挙権	満18歳，高等学校に在学中である。
ウ	衆議院議員選挙	被選挙権	満42歳，現在の居住地から遠く離《はな》れた，自身の出身地の小選挙区から立候補する。
エ	市議会議員選挙	被選挙権	満58歳，告示日の１か月前に，他県から市内へ転居し立候補する。

問３　下線部②について，次の設問に答えなさい。

(1)　現在の１メートルは，「１秒の299,792,458分の１の時間に光が真空中を伝わる長さ」と定義されていますが，18世紀末にフランスで制定された際には現在と異なる定義でした。その際，「地球の北極点から赤道までの子午線上の長さ」の何分の１と定義されたか，答えなさい。

(2)　メートル法に関連した単位として**誤っているもの**を，次の**ア**～**エ**から一つ選び，記号で答えなさい。

ア　キログラム　　**イ**　バレル　　**ウ**　ヘクタール　　**エ**　リットル

(3)　バビロニアで発達した天文学では60進法が用いられ，現在も時間や角度を表す単位には，60進法による時間（度）・分・秒が使用されています。地球上の緯《い》度《ど》１分に相当する長さをもとに定義された，長さの単位を答えなさい。

問４　下線部③について，**図１**・**図２**を見て，あとの文章を読み，続く設問に答えなさい。

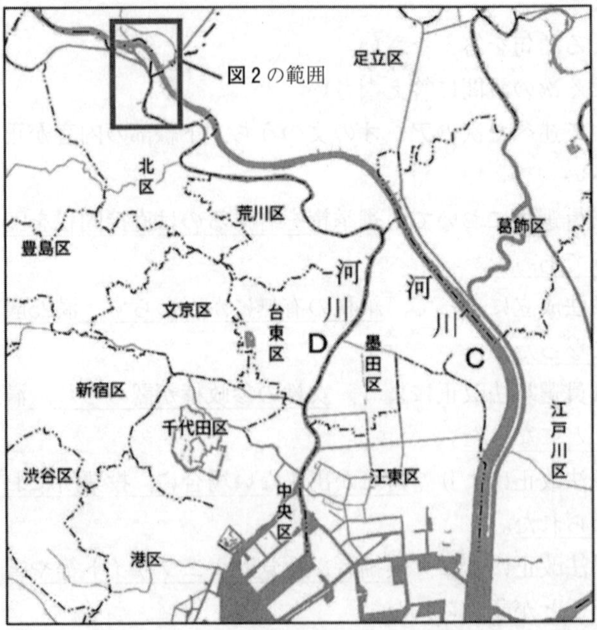

（地理院地図より作成）

図１

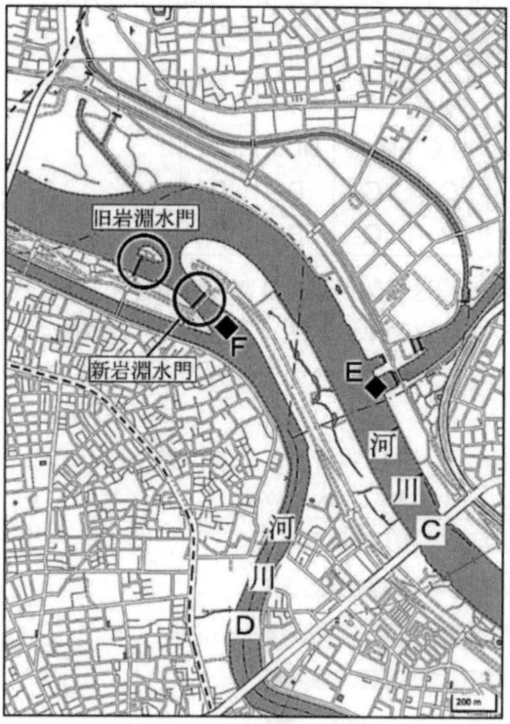

（地理院地図より作成）

図2

令和元年東日本台風（台風19号）によって記録的な大雨が観測された，
2019年10月12日～14日における**図2**中の◆**E**・**F**付近の河川《かせん》水位の状況《じょうきょう》

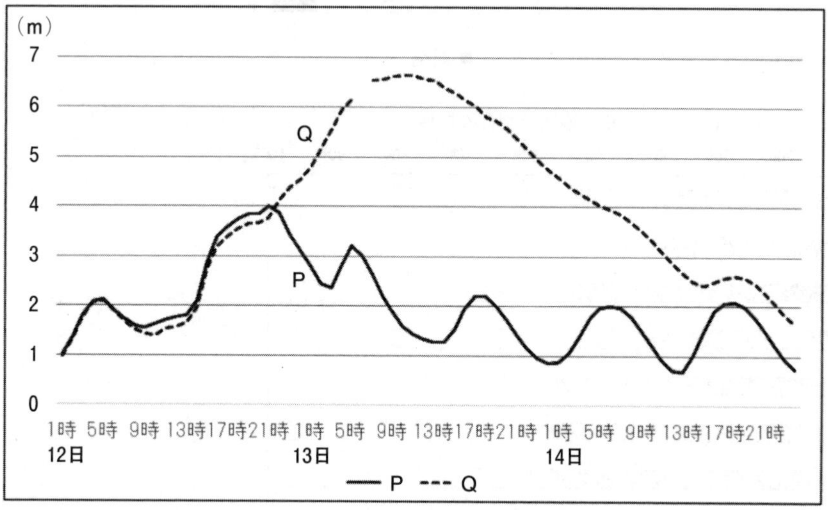

データには一部欠測がある。　　（国土交通省「水文水質データベース」より作成）

図3

《新岩淵水門の役割》

大雨によって河川水位が上がった際に，岩淵水門を（ ⅰ ）ことによっておもに河川（ ⅱ ）の下流域における氾濫《はんらん》・洪水被害を防ぐことを目的としている。**図3**に示された水位変化のうち（ ⅲ ）は，**図2**中の地点◆**E**にあたる。

⑴　河川**C**と河川**D**の名称《めいしょう》を，それぞれ答えなさい。

(2)　文章中の(ⅰ)～(ⅲ)にあてはまる語句の正しい組み合わせを，次の**ア～ク**から一つ選び，記号で答えなさい。

	ア	イ	ウ	エ	オ	カ	キ	ク
ⅰ	閉じる	閉じる	閉じる	閉じる	開く	開く	開く	開く
ⅱ	C	C	D	D	C	C	D	D
ⅲ	P	Q	P	Q	P	Q	P	Q

問5　下線部④について，次の**図4**は日本国内の輸送機関別輸送量割合の推移を示したもので，(**A**)・(**B**)は貨物・旅客《りょかく》のどちらか，**X**～**Z**は自動車・船舶《せんぱく》・鉄道のいずれかです。貨物と船舶にあたるものの組み合わせとして正しいものを，あとの**ア～カ**から一つ選び，記号で答えなさい。

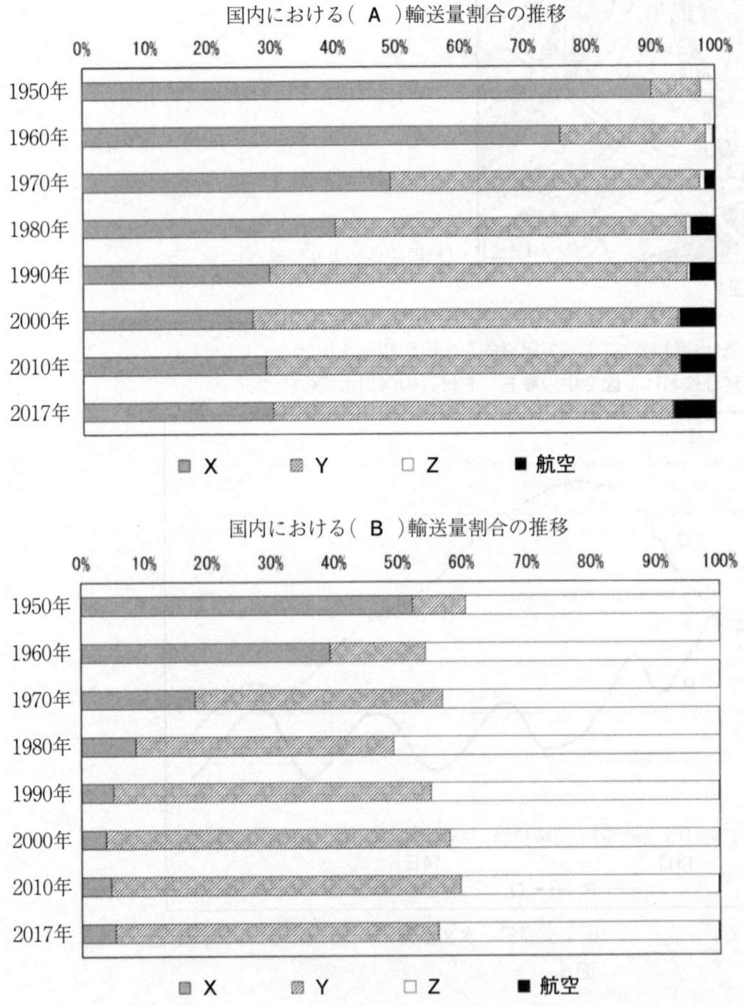

(『数字でみる日本の100年』などにより作成)

図4

	ア	イ	ウ	エ	オ	カ
貨物	A	A	A	B	B	B
船舶	X	Y	Z	X	Y	Z

問6 下線部⑤について，次の設問に答えなさい。

(1) 佐藤栄作の首相としての在職期間(1964年11月～1972年7月)に起こった出来事として**誤っているもの**を，次の**ア**～**エ**から一つ選び，記号で答えなさい。

ア 小笠原《おがさわら》諸島の施政権が，アメリカ合衆国から日本に返還《へんかん》された。

イ 日本で初めての万国《ばんこく》博覧会が，大阪で開催された。

ウ アポロ11号によって，人類初の月面着陸が達成された。

エ エジプトとシリアがイスラエルに攻撃《こうげき》を開始し，第四次中東戦争が起こった。

(2) 佐藤栄作は1974年にノーベル平和賞を受賞しました。ノーベル平和賞は人物のみならず団体も授与《じゅよ》対象となっており，2020年にはWFPが受賞しています。WFPの紋章《もんしょう》を，次の**ア**～**エ**から一つ選び，記号で答えなさい。

ア

イ

ウ

エ

問7 下線部⑥について，2023年にはChatGPTなどAI言語モデルを活用したチャットサービスが話題となり，世界中で利用者が一気に増えました。しかし，内容や質問の形式によっては不正確な回答や，不自然な言葉づかいも見られます。

次の**ア**～**エ**の文は，文章中に示されたことがらについて，あるAIチャットサービスに事前知識をあたえず質問を直接提示し，そこから得られた回答の一部です。これらのうち**内容に明らかな誤りを含むもの**を一つ選び，記号で答えなさい。

ア 治安維持法は，社会主義運動や共産主義運動の抑制《よくせい》を目的として制定された。その濫用や政府の不当な圧力，特に言論・表現の自由に対する制約が懸念された。

イ 尺貫法は，古代中国と日本で用いられた長さと重さの単位制。単位には尺や貫などがあるが，国際的な統一には適さず，現代ではあまり使用されなくなった。

ウ 高度経済成長期は，1950年代～70年代初頭の時期。製造業における品質の安定や生産性の向上が実現し，アジアや世界市場への製品の輸出で外貨を獲得《かくとく》した。

エ 物流2024年問題は，コンピューターの時刻や日時の処理に起因する誤作動により，正確な運搬《うんぱん》や配送が影響《えいきょう》を受けるおそれがある課題。

2 M君は，旅行で訪《おとず》れたことのある名所やその地域の名物について，印象に残っているものを県ごとにまとめました。これらの文章を読み，あとの問いに答えなさい。

A県

庄内《しょうない》平野の南部に位置する鶴岡《つるおか》市の①羽黒山は，昔から修験道《しゅげんどう》の信仰《しんこう》の場として知られています。石段が2,000段以上続く参道を1時間以上かけて歩き，山頂の出羽《でわ》神社に向かいましたが，途中《とちゅう》で法螺貝《ほらがい》を持った山伏《やまぶし》とすれ違《ちが》いました。

南陽市では，山の斜面《しゃめん》にブドウなどの果樹園が広がる景観が記憶《きおく》に残っています。季節によってサクランボ，モモ，ナシ，リンゴなど様々な果物が収穫《しゅうかく》されるそうです。道の駅で購入《こうにゅう》したラ・フランスのゼリーと羊羹《ようかん》がとても美味《おい》しかったです。

B県

（ i ）半島に位置する指宿《いぶすき》市では，砂蒸《すなむ》し風呂《ぶろ》や温泉，黒豚《くろぶた》のしゃぶしゃぶを堪能《たんのう》しました。（ i ）半島周辺には，黒牛や地鶏《じどり》，山川漁港や枕崎《まくらざき》漁港で水揚《みずあ》げされるカツオ，知覧で栽培《さいばい》される茶など，地場産品が豊富にあります。

練乳をかけてフルーツをふんだんに盛り付けた，「白熊」と呼ばれるかき氷が県内外で知られていますが，黒糖から作った黒蜜《くろみつ》をかけたかき氷もありました。県内の奄美《あまみ》群島などでサトウキビの生産が多く，黒糖を使った郷土料理も豊富です。

C県

安曇野《あづみの》市は，県中部の（ ii ）盆地《ぼんち》に広がる安曇野地域に由来する地名で，古くは安曇《あづみ》平《だいら》とも呼ばれていたそうです。北アルプスから流れる川の堆積《たいせき》物がつくった（ iii ）という地形が広がり，地表の水が地下に浸透《しんとう》してしまうため，堰《せき》と呼ばれる用水路を利用したかんがい農業が行われてきました。見学したわさび農園では，豊富できれいな湧《わ》き水を利用して栽培が行われていました。またこの地域では，小豆《あずき》や野菜など様々な材料の餡《あん》を，小麦粉やソバ粉を練った生地《きじ》で包んで焼いた「おやき」も有名で，大変美味しく何種類も食べてしまいました。

D県

（ iv ）市は，島しょ部で作られる柑橘《かんきつ》類，近海で獲《と》れる魚介《ぎょかい》類をはじめ食材が豊富で，特に生口《いくち》島で食べたタコの天ぷらは絶品でした。本州四国連絡《れんらく》道路の一つによって愛媛県今治《いまばり》市と結ばれていますが，その途中にある因島《いんのしま》には，村上水軍のうち因島村上氏の拠《きょ》点《てん》がありました。島が多く密集し，狭《せま》い航路や複雑な潮流が多い海域において，水先案内や海上警護も行っていたそうです。夏に訪れた際に開催されていた因島水軍まつりでは，迫力《はくりょく》ある水軍太鼓《だいこ》の演奏や小早舟《こはやぶね》レースを見ることができました。

E県

一関《いちのせき》市の厳美渓《げんびけい》では，渓谷の対岸のお店からロープを使って運ばれる「空飛ぶ団子」が観光客に人気です。この地域には団子や餅《もち》のお店が多いことに気付きました。冠婚葬祭《かんこんそうさい》や季節の行事の際には餅がふるまわれ，様々な味付けで食べる文化があるそうです。久慈《くじ》市で食べた「まめぶ汁《じる》」にも，クルミの入った団子が使われていました。この団子は小麦粉を練ったものです。②コンブや煮干《にぼ》しの出汁《だし》で，様々な具材を煮込《にこ》んでありました。

雫石《しずくいし》市や滝沢《たきざわ》市にまたがる広大な小岩井農場では，③酪農《らくのう》や畜産《ちくさん》を中心に様々なものが生産されています。ここで飲んだ牛乳は濃厚《のうこう》なのに飲みやすく，あっという間に飲み干してしまいました。

問1　文章中の(i)～(iv)にあてはまる地名・語句を，それぞれ答えなさい。

問2　下線部①について，羽黒山の位置に最も近い緯度・経度の組み合わせを，次の**ア**～**カ**から一つ選び，記号で答えなさい。

	ア	イ	ウ	エ	オ	カ
北緯	39度	39度	39度	41度	41度	41度
東経	134度	137度	140度	134度	137度	140度

問3　下線部②について，**E**県東部ではコンブやワカメ，カキなどの養殖《ようしょく》がさかんで，また様々な魚種が漁獲されます。これらの背景について述べた文として正しいものを，次の**ア**～**エ**から一つ選び，記号で答えなさい。

ア　遠く沖合まで緩《ゆる》やかな傾斜《けいしゃ》の海底が続き，広大な大陸棚《たいりくだな》がある。

イ　海岸近くまで山地が迫《せま》り，森からの豊かな栄養分が海に運ばれる。

ウ　潮目では暖水が冷水の下に潜《もぐ》り込み，湧昇流《ゆうしょうりゅう》をともなう対流が発生する。

エ　単調な砂浜《すなはま》の海岸線が続き，伝統的に地引き網《あみ》漁が発達している。

問4　下線部③について，M君は酪農に関するデータを調べ，次の**表1**・**図1**・**図2**にまとめました。これらの図表について，あとの設問に答えなさい。

表1

全国に占《し》める地域別生乳生産量割合と用途内訳

	全国に占める生乳生産量の割合(%)	生乳の用途内訳(%)		
		牛乳等向け	乳製品向け	その他
F	7.1	73.2	26.1	0.7
G	14.9	90.7	8.5	0.8
H	56.6	15.3	84.1	0.6

統計は2022年。**F**～**H**は，関東・東山《とうさん》，東北，北海道のいずれかである。
関東・東山は，関東1都6県および山梨県・長野県を示す。
(農林水産省統計より作成)

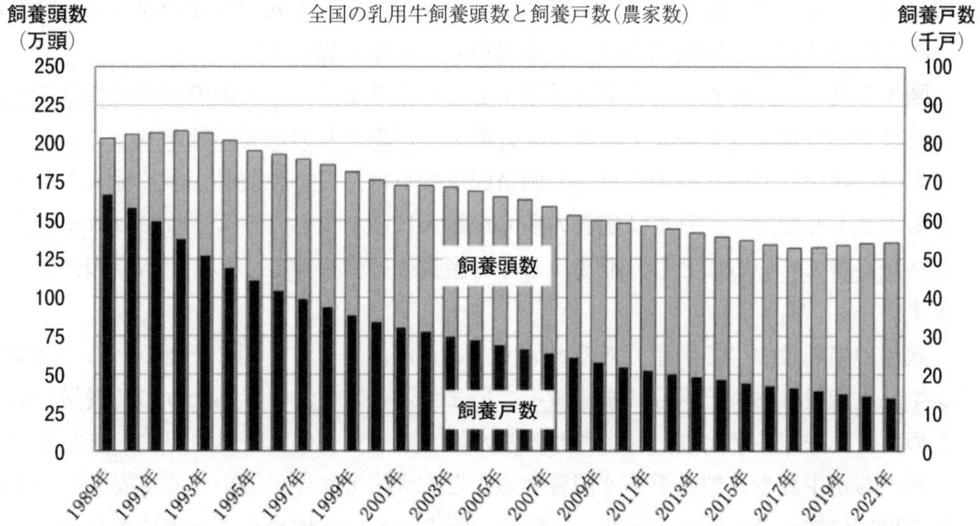

(農林水産省統計より作成)

図1

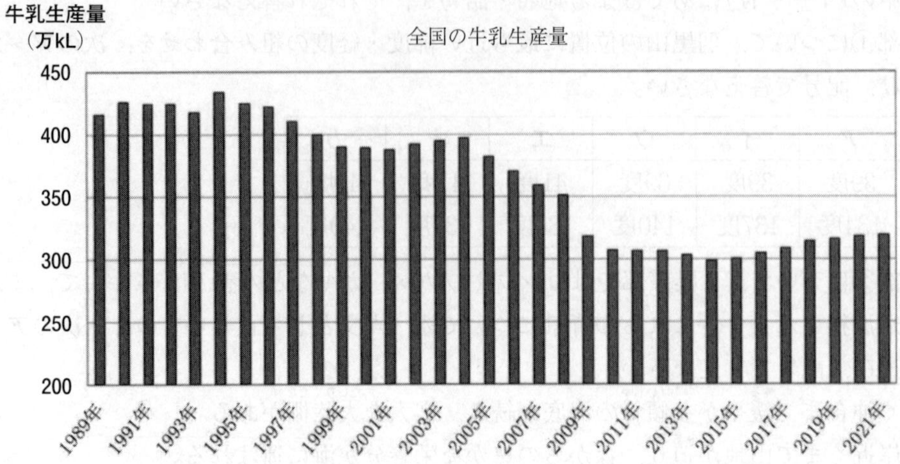

(農林水産省統計より作成)

図2

(1) **表1**中の**F**～**H**は，関東・東山，東北，北海道のいずれかにあたります。地域と記号の正しい組み合わせを，次の**ア**～**カ**から一つ選び，記号で答えなさい。

	ア	イ	ウ	エ	オ	カ
関東・東山	F	F	G	G	H	H
東北	G	H	F	H	F	G
北海道	H	G	H	F	G	F

(2) 次の文章は，これらの図表や酪農業に関連してO君が述べた意見です。文章中の下線部**ア**～**オ**のうち，内容が**誤っているもの**を**すべて**選び，記号で答えなさい。

《O君の意見》

肉用牛の飼育に比べて，ア乳用牛の飼育は涼《すず》しい地域が適していますが，**表1**を見ると関東地方でも酪農は行われていることが分かりました。生乳の用途の違いは，消費地との距離や輸送時間，消費期限やコストも関係していると思います。

図1を見ると，日本の酪農業の将来が心配になります。イ全国の飼養頭数はこの30年間でおよそ70万頭減っています。また，ウ農家一戸あたりの飼養頭数が減っていることから，大規模に経営している外国に比べて価格競争で負け，安い乳製品が多く輸入されるようになることも心配です。日本は飼料の多くを輸入に頼《たよ》っており，エトウモロコシなど飼料の価格が高騰《こうとう》していることも，酪農はじめ畜産業の経営を難しくしている原因だと考えられます。

飲用の牛乳はすべて国産であると聞いたことがあります。**図2**を見るとこの30年間で，オ牛乳生産量はおよそ半分にまで減っています。一方で，一人あたりの消費量が減少したため，生乳や牛乳が余り，廃棄《はいき》される量が増えたというニュースも目にしました。

私たちが牛乳や乳製品を多く消費することも大事ですが，おいしくて安全な日本の乳製品を外国に広くPRして，海外への輸出・販売《はんばい》をもっと増やすことができれば，日本の酪農業の発展につながると思います。

問5 次の**ア**～**オ**は，**A**県～**E**県のいずれかの伝統的工芸品です。**A**県と**C**県の伝統的工芸品をそれぞれ一つ選び，記号で答えなさい。

ア 飯山仏壇《いいやまぶつだん》　**イ** 大島紬《つむぎ》　**ウ** 熊野筆　**エ** 天童将棋《しょうぎ》駒《ごま》　**オ** 南部鉄器

問6　**A**県～**E**県の５県を比較《ひかく》した統計について，次の設問に答えなさい。

(1)　次の**図３**は，**A**県～**E**県のいずれかの製造品出荷《しゅっか》額等割合(2019年)を示したグラフで，**ア**～**エ**は**A**県～**D**県のいずれかです。**B**県と**D**県にあたるものを，それぞれ図中の**ア**～**エ**から一つ選び，記号で答えなさい。

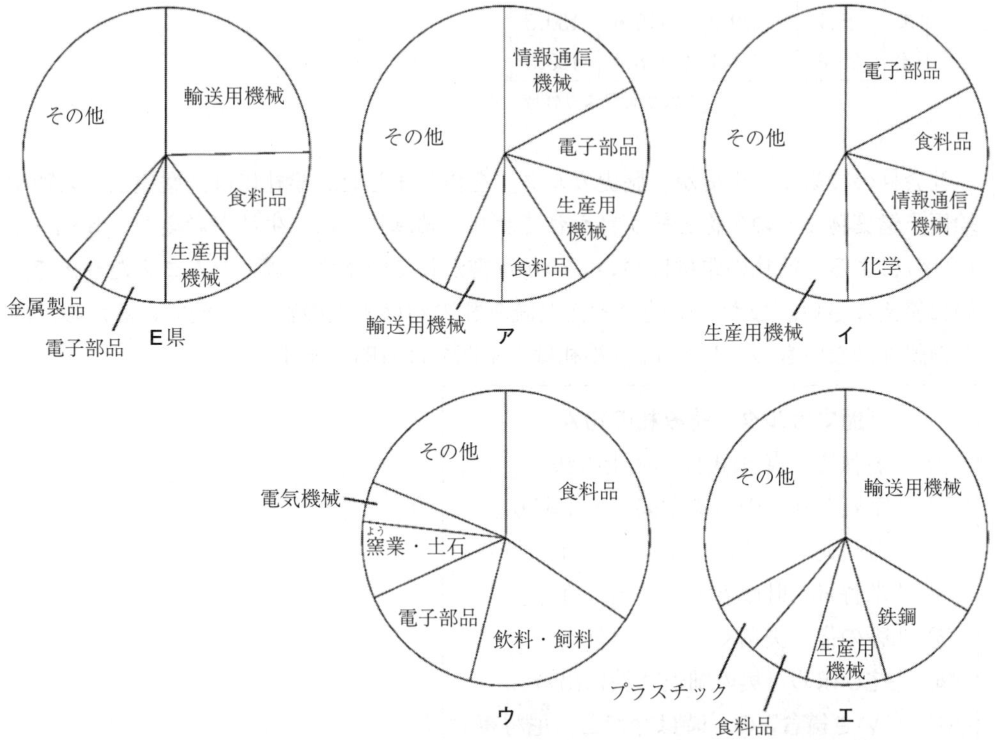

(『データでみる県勢 2023』より作成)

図３

(2)　次の**表２**は，**A**県～**E**県のいずれかの自動車・船舶・鉄道に関する指標で，**ア**～**エ**は**B**県～**E**県のいずれかです。**B**県と**C**県にあたるものを，それぞれ表中の**ア**～**エ**から一つ選び，記号で答えなさい。

表２

	100世帯あたり自動車保有台数(台)	国内航路乗込人員(千人)	鉄道旅客輸送人員(百万人)
A県	165.2	12	14
ア	157.0	—	70
イ	140.0	71	26
ウ	119.3	6,112	34
エ	110.9	9,610	205
	2021年	2019年	2019年

(『データでみる県勢 2023』より作成)

(3)　次の**表３**は，**A**県～**E**県のいずれかの県庁所在都市における，年較差(最暖月平均気温と最寒月平均気温の差)，年降水量，１月と７月の日照時間を示したものです。**A**県にあたるものを，表中の**ア**～**オ**から一つ選び，記号で答えなさい。

表 3

	年較差(℃)	年降水量(mm)	日照時間(時間)	
			1月	7月
ア	20.1	2434.7	132.6	185.5
イ	23.1	1572.2	138.6	173.4
ウ	25.1	1206.7	79.6	144.5
エ	25.1	1279.9	115.6	130.5
オ	25.8	965.1	128.4	168.8

(気象庁資料より作成)

3 社会科の授業で，生徒が「歴史カルタ」を作りました。絵札には，歴史上の人物や文学作品，絵画，建築物などの名称と絵が書かれており，読み札には，生徒が考えた「5・7・5」の音韻《おんいん》(文字)による，絵札の題材についての句が書かれています。以上をふまえたうえで，あとの問いに答えなさい。なお，生徒が考えた読み札の句は先生の監修《かんしゅう》を経ているため，内容についての誤りはないものとします。(絵札は，本問では省略します。)

[歴史カルタ・読み札の句A]

① 「名執権　貞永《じょうえい》式目　武士の法」
② 「草履《ぞうり》とり　のちに太閤《たいこう》　天下取り」
③ 「遣隋使《けんずいし》　“日出《い》づる国”の　手紙持ち」
④ 「米将軍　財政赤字を　建て直し」
⑤ 「唐《とう》の僧《そう》　失明くじけず　日本へ」
⑥ 「侘《わ》び求め　奥《おく》の細道　旅に出る」
⑦ 「“いざ鎌倉《かまくら》”の　時は今だと　尼《あま》将軍」
⑧ 「女王の　治める国は　邪馬台国《やまたいこく》」
⑨ 「大政奉還《たいせいほうかん》　最後の将軍の　花道か」
⑩ 「島原の乱　奇跡《きせき》の少年　リーダーに」

[歴史カルタ・読み札の句B]

⑪ 「長安の　文化を求めて　海を越《こ》え」
⑫ 「かな文字で　光源氏の　物語」
⑬ 「東山　書院造の　たたずまい」
⑭ 「広重《ひろしげ》や　東海道を　いざ進まん」

問 1 **[歴史カルタ・読み札の句A]**①～⑩で読まれている歴史上の人物の名前を，それぞれ答えなさい。

問 2 **[歴史カルタ・読み札の句B]**⑪～⑭について，次の設問に答えなさい。

(1) ⑪について，この句の内容に**あてはまらない人物**を，次の**ア**～**エ**から一人選び，記号で答えなさい。

ア 阿倍仲麻呂《あべのなかまろ》　**イ** 犬上御田鍬《いぬかみのみたすき》　**ウ** 空海　**エ** 菅原道真《すがわらのみちざね》

(2) ⑫について，この句の物語と同様に，平安時代にかな文字で書かれた文学作品を，次の**ア**～**カ**から**二つ**選び，記号で答えなさい。

ア　御伽草子《おとぎぞうし》　**イ**　徒然草《つれづれぐさ》　**ウ**　土佐日記

エ　平家物語　**オ**　方丈記《ほうじょうき》　**カ**　枕草子《まくらのそうし》

(3) ⑬について，この句で読まれている建築物としてふさわしいものを，次の**ア**～**エ**から一つ選び，記号で答えなさい。

ア

イ

ウ

エ

(4) ⑭について，この句で読まれている作品としてふさわしいものを，次の**ア**～**エ**から一つ選び，記号で答えなさい。

ア

イ

ウ

エ

4 次の文章は，ある日の中学校における先生と生徒２人(春樹・夏男)の会話です。これを読み，あとの問いに答えなさい。

春樹：この学校の授業はどれも面白《おもしろ》いしためになるけれど，そのなかでも私が一番好きなのは，中３社会科の地域調査の授業です。毎週楽しみにしています。

夏男：僕《ぼく》も地域調査の授業は好きだな。先生の話を聞いてノートをとる授業もいいけれど地域調査の授業は自分たちでテーマを決めていろいろと調べたり，友達と話し合ったりするのがとても楽しいよ。

先生：この学校の地域調査の授業は，2002(平成14)年から全国の中学校で始まった「総合的な学習の時間」の取り組みとして始められたんだ。

夏男：さすが先生，昔のことをよく知っていますね。

先生：私は①1990年代のはじめに本校に着任して以来，現在まで30年以上この学校に勤めているからね。②明治時代から続くこの学校の長い歴史のなかで，教育内容も大きく変わってきたけれど，最近の地域調査の授業は面白い取り組みだと思うよ。

春樹：地域調査の「東京探検」で取り上げられる場所は，やはり23区が圧倒的《あっとうてき》に多いですね。

先生：そうだね。やはり23区には，歴史的な建造物や長い伝統のある場所がたくさんあるからね。最近の先輩《せんぱい》たちが取り上げた事例では，③文京区から台東区にかけての「谷根千《やねせん》」や，古書店街が並ぶ神田神保町《かんだじんぼうちょう》，「おじいちゃん・おばあちゃんの原宿」と呼ばれる巣鴨《すがも》などが印象的だったね。

春樹：僕は東京都の市部である多摩《たま》地域に住んでいるので，地域調査の「東京探検」の授業で23区の場所ばかりが取り上げられるのは，何となく残念な気がします。

夏男：それは同感だな。僕も東京都の市部に住んでいるので，地域調査の授業では23区ではなく，多摩地域の場所を取り上げたいと思っています。僕は声を大にして言いたい，「23区だけが東京都じゃない！」って。

先生：それはまったくその通りだ。本校から近い23区内の場所を取り上げる生徒が多いのはたしかだけど，「東京探検」でどこを調べるかは君たちの自由だ。君たちが自分たちの住んでいる多摩地域に興味を持っているなら，その地域について調べたらいい。

春樹：私は西東京市という市に住んでいます。西東京市は，2001(平成13)年に④二つの市が合併《がっぺい》してできた市です。西東京市は東京23区の一つである練馬《ねりま》区とも接していて，名前は西東京市だけど，東京都全体の地図で見ると東京都のほぼ中央に位置しています。あと，下野谷遺《したのやい》跡《せき》という⑤縄文《じょうもん》時代の大規模な集落の跡《あと》が発掘《はっくつ》され，現在ではその一部が公園として整備されています。

先生：春樹君は西東京市に住んでいるんだね。君たちはまだ生まれていなかったからあまり知らないと思うけれど，西東京市が誕生した頃《ころ》は⑥平成の大合併といって，日本全国で市町村の合併を政府が主導して推進していた時期なんだ。現在私が住んでいる(　⑦　)市も浦和《うらわ》市と大宮市と与野市の３市が2001年に合併してできた市で，西東京市誕生と同じ年だね。

夏男：僕は国分寺市に住んでいます。国分寺市は，その名の通りかつて武蔵国《むさしのくに》の国分寺があったところで，とても住みやすい街です。武蔵国分寺跡は現在では公園として整備されていて，小学校の時に社会科見学でも行きました。あと，この辺りは落ち着いていて環境《かんきょう》がいいので，隣接《りんせつ》している国立《くにたち》市や小金井《こがねい》市などとあわせて，大学や高校がたくさんあります。

先生：国分寺はその名の通り，歴史を感じさせる街だね。多摩地域にはその他にも，歴史と関連の深い地名がたくさんある。国分寺と同じ⑧奈良時代に関連するものでは，たとえば調布という地名は，律令《りつりょう》制度下の税制である租庸調《そようちょう》に由来するものだし，府中《ふちゅう》という地名は，かつて武蔵国の国府が置かれていたことに由来する地名なんだ。

夏男：やっぱり，多摩地域も歴史の宝庫だな。

先生：君たちが言うとおり，23区だけが東京都じゃない。市部・多摩地域についても積極的に問いを見つけて，研究を深めてほしいな。

春樹・夏男：はい!!

問1　下線部①について，先生がこの学校に勤務している期間(1990年代～現在)に起こった，以下の〈**世界**〉と〈**日本**〉の出来事を，それぞれ年代の古い順に並べかえ，記号で答えなさい。

〈**世界**〉

ア　アメリカ同時多発テロ事件の発生

イ　ソビエト連邦《れんぽう》の崩壊《ほうかい》

ウ　新型コロナウイルスの世界的流行の開始

エ　ロシアによるクリミア半島の併合宣言

〈**日本**〉

カ　東日本大震災《しんさい》と福島第一原子力発電所事故

キ　「平成」が終わり「令和」になる

ク　阪神・淡路《あわじ》大震災

ケ　東京オリンピック・パラリンピック開催

問2　下線部②について，明治時代から現在にいたるまで，この学校の長い歴史のあいだには，近代日本の歩みとともに，いくつもの大きな戦争がありました。このことについて，以下の〈**A**〉～〈**D**〉に答えなさい。

〈**A**〉　日清《にっしん》戦争に関連して，次の設問に答えなさい。

(1)　日清戦争の講和条約である下関条約により日本は遼東《りょうとう》半島を獲得しましたが，ロシアを中心とした三国干渉《かんしょう》によって，清に返還することになりました。干渉を行ったロシア以外の二つの国の組み合わせとして正しいものを，次の**ア～カ**から一つ選び，記号で答えなさい。

ア　アメリカ・イギリス　　**イ**　アメリカ・ドイツ　　**ウ**　アメリカ・フランス

エ　イギリス・ドイツ　　**オ**　イギリス・フランス　　**カ**　ドイツ・フランス

(2)　三国干渉後，日本では中国のある故事成語をスローガンに掲《かか》げ，ロシアへの復讐《ふくしゅう》を誓《ちか》う社会的空気が民衆のあいだに広まりました。この故事成語を，次の**ア～エ**から一つ選び，記号で答えなさい。

ア　臥薪嘗胆《がしんしょうたん》　　**イ**　捲土重来《けんどちょうらい》　　**ウ**　呉越同舟《ごえつどうしゅう》　　**エ**　四面楚歌《しめんそか》

〈**B**〉　日露《にちろ》戦争に関連して述べた文として**誤っているもの**を，次の**ア～エ**から一つ選び，記号で答えなさい。

ア　日露戦争のさなか，ロシアで「血の日曜日事件」をきっかけに革命運動が起こった。

イ　日本海海戦では，東郷平八郎《とうごうへいはちろう》率いる日本艦隊《かんたい》がロシアのバルチック艦隊に勝利した。

ウ　アメリカの仲介《ちゅうかい》で，陸奥宗光外相《むつむねみつがいしょう》がポーツマスでロシアとの講和条約に調印した。

エ　賠償《ばいしょう》金が取れない講和条約に国民の不満が爆発《ばくはつ》し，日比谷《ひびや》焼打ち事件が起こった。

〈**C**〉　第一次世界大戦に関連して，次の設問に答えなさい。

(1)　第一次世界大戦終結時，敗戦国ドイツと連合国の間で結ばれた講和条約について，調印の舞台《ぶたい》となったフランスの宮殿《きゅうでん》の名称を，**カタカナ**で答えなさい。

(2)　第一次世界大戦後，戦争の抑止と世界平和の維持を目的として設立された国際連盟において，事務次長をつとめた日本人の名前を答えなさい。

〈**D**〉　第二次世界大戦に関連して，次の設問に答えなさい。

(1)　ナチスによるユダヤ人迫害《はくがい》から救うために，いわゆる「命のビザ」を発行してユダヤ人の海外逃亡《とうぼう》を助けた杉原千畝《すぎはらちうね》は，当時どこの領事館に赴任《ふにん》していたか，次の**ア**～**エ**から一つ選び，記号で答えなさい。

ア　エストニア　　**イ**　フィンランド　　**ウ**　ラトビア　　**エ**　リトアニア

(2)　日本が終戦を迎えた日(1945(昭和20)年８月15日)における日本の内閣総理大臣を，次の**ア**～**エ**から一人選び，記号で答えなさい。

ア　近衛文麿《このえふみまろ》　　**イ**　鈴木貫太郎《すずきかんたろう》　　**ウ**　東条英機《とうじょうひでき》　　**エ**　米内光政《よないみつまさ》

問３　下線部③について，文京区と台東区に位置する施設や地名の組み合わせを，次の**ア**～**エ**からそれぞれ一つ選び，記号で答えなさい。

ア　上野恩賜《おんし》公園，上野動物園，国立西洋美術館，東京国立博物館，浅草寺《せんそう》

イ　お台場海浜《かいひん》公園，迎賓館《げいひんかん》赤坂離宮《りきゅう》，芝《しば》公園，増上寺，東京タワー

ウ　銀座，日本橋，築地《つきじ》場外市場，築地本願寺，浜離宮恩賜庭園

エ　小石川植物園，東京大学本郷キャンパス，東京ドーム，湯島聖堂，湯島天神

問４　下線部④について，二つの市の組み合わせとして正しいものを，次の**ア**～**エ**から一つ選び，記号で答えなさい。

ア　昭島《あきしま》市と日野市　　**イ**　稲城《いなぎ》市と多摩市

ウ　田無《たなし》市と保谷《ほうや》市　　**エ**　羽村《はむら》市と福生《ふっさ》市

問５　下線部⑤について，縄文時代の生活様式について述べた文として正しいものを，次の**ア**～**エ**から一つ選び，記号で答えなさい。

ア　文様が少なく，高温で焼くため赤褐色《せきかっしょく》をした，かたくて薄手《うすで》の土器がつくられた。

イ　人々が食べた貝の殻《から》や魚・動物の骨などは一定の場所に捨てられ，貝塚《かいづか》ができた。

ウ　米はネズミや湿気《しっけ》を防ぐために高床《たかゆか》倉庫におさめ，杵《きね》と臼《うす》で脱穀《だっこく》して食べた。

エ　外敵を防ぐために，周りに濠《ほり》や柵《さく》をめぐらせた環濠《かんごう》集落がつくられた。

問６　下線部⑥について，20世紀末から21世紀初頭にかけて行われた，いわゆる「平成の大合併」によって，日本全国の市町村数は，現在の数に近くなりました。この「平成の大合併」によって，日本全国の市町村数はおよそいくつからいくつに減少したか，次の**ア**～**エ**から一つ選び，記号で答えなさい。

ア　(大合併前)約10,000→(大合併後)約5,500

イ　(大合併前)約5,500 →(大合併後)約3,200

ウ　(大合併前)約3,200 →(大合併後)約1,700

エ　(大合併前)約1,700 →(大合併後)約900

問７　文章中の空らん(⑦)にあてはまる市の名前を答えなさい。

問 8　下線部⑧について，奈良時代の日本について述べた文として**誤っているもの**を，次の**ア**～**エ**から一つ選び，記号で答えなさい。

ア　710年，唐の長安にならった平城京が，律令国家の新しい都となった。

イ　成人男性には租のほかに，布や特産物を都に納める調・庸の税が課された。

ウ　仏教の力で伝染病《でんせんびょう》や災害から国家を守ろうと，国分寺と国分尼寺《こくぶんにじ》が建てられた。

エ　国ごとに国府と呼ばれる役所が置かれ，地方の豪族《ごうぞく》が国司に任命され政治を行った。

【理　科】（40分）〈満点：70点〉

1　Ⅰ　**5種類**の水溶液《すいようえき》A～Eを試験管に用意して実験1～実験3を行いました。これらの水溶液は，以下の**6つ**のいずれかであることがわかっています。

アンモニア水・塩酸・重そう水・食塩水・石灰水・炭酸水

実験1　水溶液を蒸発皿に入れ，加熱して水を蒸発させると，水溶液B，C，Dでは白い固体が残りましたが，水溶液A，Eでは何も残りませんでした。

実験2　においをかぐと，においがあったのはAだけでした。

実験3　水溶液A，Eは青色リトマス紙を赤色に，水溶液B，Cは赤色リトマス紙を青色に変えましたが，水溶液Dでは，リトマス紙の色の変化はありませんでした。

問1　水溶液Eの名前を答えなさい。

問2　水溶液Aの名前を答えなさい。

問3　水溶液A～Eをすべて特定するためには，少なくともあと1つの実験をする必要があります。その実験として最も適切なものを，次の**ア**～**エ**の中から1つ選び，記号で答えなさい。

ア　BTB溶液を水溶液に加えてみる。

イ　二酸化炭素を水溶液にふきこんでみる。

ウ　実験1で得られた白い固体に磁石を近づけてみる。

エ　実験1で得られた白い固体が電気を通すか調べてみる。

Ⅱ　水溶液の酸性・中性・アルカリ性を知る方法はリトマス紙やBTB溶液以外にも複数あり，例えば，ムラサキキャベツにふくまれるアントシアニンという，多様な色を示す色素を利用する方法もあります。さらに，複数の色素をしみこませた万能《ばんのう》試験紙（**図1**）を使うことで，酸性やアルカリ性の「強さ」を調べることができます。強さはpH《ピーエイチ》で表し，中性を7とし，多くの水溶液は0から14までの数値で表されます。数値が7から小さくなるほど強い酸性，大きくなるほど強いアルカリ性であることを示しています。

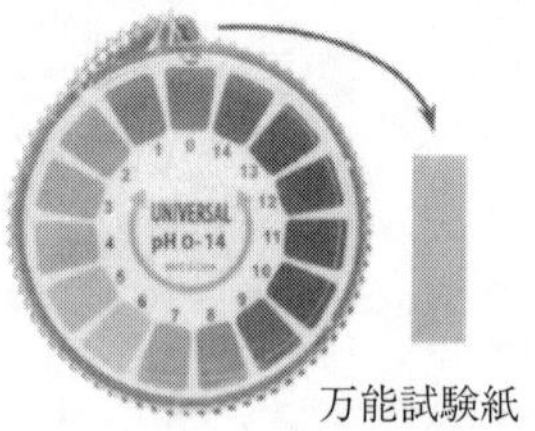

図1

ここでは医薬品にも使われるほう酸と，果実などに入っているクエン酸に注目し，万能試験紙を使って，実験4～実験7を行いました。

実験4　ほう酸を25℃の水80gにとかしたところ，4.0gまでとけました。ガラス棒の先を使って，この水溶液を万能試験紙につけたところ，万能試験紙の色が変わりました。色が変わった万能試験紙と見本を**図2**のように比べたところ，pHは5程度であることがわかりました。この水溶液を50℃まで温めたところ，ほう酸はさらに4.8gとけました。

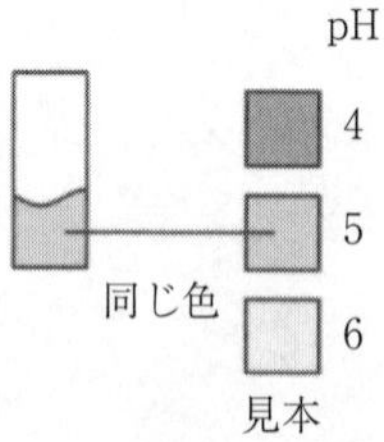

図2

実験5　クエン酸についても実験4と同様に，25℃の水80gにとかしたところ，60gまでとけました。水溶液のpHは，クエン酸を水80gに4.0gとかした時点で2程度になり，最終的に60gをとかしたとき，pHは1程度になりました。

実験6　実験4で得られたpHが5程度のほう酸水溶液にスチールウールを入れたところ，あわは発生しませんでした。一方，実験5で得られたpHが1程度のクエン酸水溶液では，あわが発生しました。

実験7　ほかの酸の水溶液についても酸性の強さを調べました。市販《しはん》の酢《す》では，pHは2～3程度でした。実験室にあった濃度《のうど》3％の塩酸では，pHは0～1程度でした。

問4　実験4の結果より，ほう酸は50℃の水100gに何gとけることがわかりますか。ただし，答えが整数にならない場合は，小数第1位を四捨五入して整数で答えなさい。

問5　50℃の水100gにほう酸を7.0gとかしました。この水溶液を25℃まで冷やしたとき，水を何g追加すれば，25℃でほう酸をとかしきることができますか。25℃の水にほう酸がとける限界の量は実験4の結果から判断して答えなさい。ただし，答えが整数にならない場合は，小数第1位を四捨五入して整数で答えなさい。

問6　実験4～実験7の結果から言えることとして，正しいものを，次の**ア**～**オ**の中から**すべて選び**，記号で答えなさい。

ア　25℃の水にほう酸をできるだけとかしたとき，その水溶液の酸性は市販の酢より強くなる。

イ　クエン酸の水溶液は水でうすめると，その酸性の強さは弱くなる。

ウ　クエン酸が水にとけた重さと，pHの7からの変化量の間には比例の関係がある。

エ　市販の酢の中にスチールウールを入れると，あわが発生する。

オ　酸をとかした水溶液の濃度が同じであっても，ほう酸やクエン酸といった酸の種類が異なれば，水溶液の酸性の強さが同じになるとは限らない。

2　次の会話文を読んで，月についての以下の問いに答えなさい。

先生：昨年の8月31日に見えた満月は，ブルームーンでしかもスーパームーンだったね。

満男：ブルームーンって青いの？

月子：青く見えるわけじゃなくて，1ヶ月の間に2回満月があるとき，その2回目の満月のことですよね？　その前の満月は8月2日だったから。

先生：その通り。①昔の暦《こよみ》ではありえなかったわけだけどね。

月子：ああ，昔の暦って，1ヶ月が新月から新月までの平均29.53日だったから満月が2回あるわけがないんですね。

満男：でも，そうすると12ヶ月が365日じゃないわけだよね。1年はどうなっていたんだろう？

先生：それはね，②大の月（1ヶ月が30日）と小の月（1ヶ月が29日）を組み合わせて12ヶ月として，1年に足りない分はときどき「うるう月」をはさんで13ヶ月にしていたんだよ。

月子：複雑なんですね。じゃあ「うるう月」はどのくらいあるの？

先生：それはね，だいたい（ **あ** ）はさむことになっているんだ。

月子：そういえば今年は「うるう年」だから，今月は29日まであるわね。

先生：それは別の話で，「うるう年」は，地球が太陽のまわりを1周するときにぴったりした日数になっていないためにもうけられているんだ。西暦《せいれき》が4で割りきれる年は（ **a** ）で，100で割り切れる場合は例外的に（ **b** ）とし，さらに400で割り切れる場合は（ **c** ）としているよ。

満男：ところで先生，スーパームーンは今年の満月で一番大きく見えるんだよね？

先生：それもちょっとちがうね。最初に決めた占星術《せんせいじゅつ》師は，③月と地球の距離《きょり》をもとに計算で決めたようだよ。

図１　スーパームーンと最小の満月

月子：ああ，だから１年に２回も３回もあるわけなのね。おかしいと思った。

満男：この写真(**図１**)ほんと？　こんなに大きさがかわるの？

先生：そうだね，見比べないからわからないんだよ。ブルームーンとスーパームーンは，どちらも人間が勝手に決めたものなので科学的にはあまり意味はないんだ，夢をこわして悪いけど。でもその機会に月や星をながめるのはいいと思うよ。

問１　下線部①の昔の暦の例としては，明治５年まで使われていたものがあります。その暦と現在使われている暦について説明した文としてあてはまるものを，次の**ア**～**エ**の中から**１つずつ選び**，記号で答えなさい。

ア　１年の長さを太陽の動きで決め，１ヶ月の長さも太陽の動きで決めている。

イ　１年の長さを月の動きで決め，１ヶ月の長さも月の動きで決めている。

ウ　１年の長さを太陽の動きで決め，１ヶ月の長さを月の動きで決めている。

エ　１年の長さを太陽の動きで決め，１ヶ月の長さは太陽の動きや月の動きに関係なく決めている。

問２　下線部②の日数について，大の月と小の月が交互《こうご》にくり返されたとしたとき，12ヶ月の日数を整数で答えなさい。

問３　下記の事実をもとに，文章中の(**a**)～(**c**)にあてはまる語を「うるう年」または「平年」から選んで答えなさい。

・西暦2023年は平年である。

・西暦2020年はうるう年である。

・西暦2000年はうるう年である。

・西暦1900年は平年である。

問４　七夕(７月７日)の夜に見える月の形は現在の暦では毎年異なっていますが，昔の暦の７月７日には毎年ほぼ同じ形に見えていました。その形としてあてはまるものを，次の**ア**～**オ**の中から１つ選び，記号で答えなさい。ただし，図は月が南中したときに肉眼で見た向きになっています。

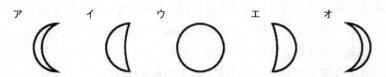

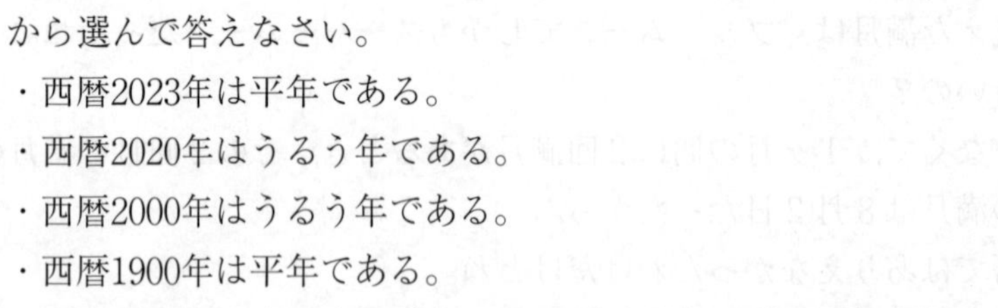

問５　文章中の(**あ**)にあてはまる語句を，次の**ア**～**エ**の中から１つ選び，記号で答えなさい。

ア　２年に１回　　**イ**　４年に１回　　**ウ**　10年に７回　　**エ**　19年に７回

問６　下線部③のくわしい説明の例としては，次のようになります。

「だ円形になっている月の軌道《きどう》で地球から最も遠いとき(遠地点)の月と地球の距離を**A**とし，地球から最も近いとき(近地点)の月と地球の距離を**B**とします。(**A**—**B**)の90％の長さを**A**から引いた距離を**C**とします。**C**よりも近い新月または満月をスーパームーンとします。」

では，**A**を40.7万km，**B**を35.7万kmとした場合に，昨年の８月２日に見えた満月(距離は35.8万km)について述べた文として正しいものを，次の**ア～エ**の中から１つ選び，記号で答えなさい。

ア　**C**は36.2万kmであるから，スーパームーンである。

イ　**C**は36.2万kmであるから，スーパームーンではない。

ウ　**C**は40.2万kmであるから，スーパームーンである。

エ　**C**は40.2万kmであるから，スーパームーンではない。

問７　下の**図２**は地球のまわりの月の軌道を表していて，昨年の８月31日の満月の位置を●で示してあります。ただし，この図では天体の距離や大きさは正確ではありません。また，**図２**では地球が公転しないように描《か》いてあるので，時間がたつと太陽光の向きが変わっていくことになります。

記入例を参考にして，解答欄《らん》の図に昨年の８月２日の地球に対する太陽光の向きを矢印と直線で記入しなさい。また，昨年の８月２日の満月の位置を×印で記入しなさい。

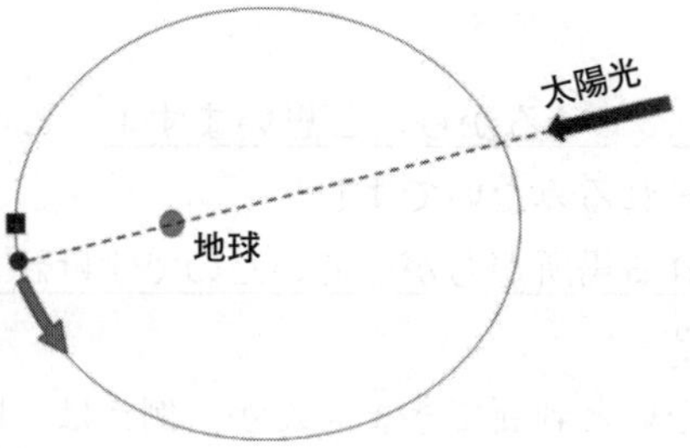

図２

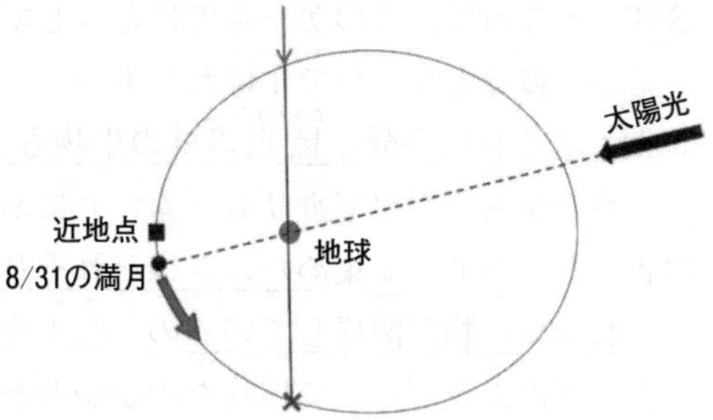

記入例

3　M吉《きち》・S江《え》・F太の３人は，あるビデオゲームの画面を見ながら話をしています。次の会話文を読んで，以下の問いに答えなさい。

M吉：ちょっと見てください，この「ムシ図鑑《ずかん》」すごいですよ。ゲームなのに，超《ちょう》リアルなんですよ。この画像(右図)とか，本物そっくりじゃないですか？

S江：確かに，見事ですね。これなら本物の図鑑と比べても遜《そん》色《しょく》ないと思います。

F太：これだけ正確なら，画像を見ただけで種《しゅ》がわかりますね。オニヤンマの複眼の接し方とか，ハンミョウの翅《はね》の模様など見事なものです。でもよく見るとこれ，アゲハチョウではなくキアゲハじゃないですか。アゲハチョウなら前翅《まえばね》の付け根の黒い部分が黒と黄色の縞《しま》模様になるはずですよ。カラスアゲハも，ミヤマカラスアゲハに見えますね。翅に光る帯があるように見えるのはミヤマカラスアゲハで，カラスアゲハにはこの帯はありません。こんな区別ができるのは，正確に描《えが》かれているからこそですけれどもね。

※図はゲーム画面「島の生きものポスター」を印刷したものの一部分。
(Ⓒ講談社「あつまれ どうぶつの森 島の生きもの図鑑」)

M吉：F太くんは細かいですねえ。そんなちがい，ふつうわかりませんよ。それより，考えたんですけれども，このゲームでムシ採りをすれば，屋外に出なくても自由研究ができるのではないでしょうか。夏の暑いさなかに外に出るのはいやですし，冬の寒い時期にムシを探すのは大変ですよね。

Ｓ江：それはさすがによくないと思いますけれど……。

Ｆ太：道徳的な問題はさておき，このゲームの世界が現実と本当に同じように設計されているかどうかはきちんと調べた方がいいですよ。画像が正確だからと言って，生態まで正確とは限りませんからね。……うわっ，このオオムラサキの飛び方，本物そっくりですね。

Ｍ吉：言ってる先から，すっかり夢中じゃないですか。とりあえず，ゲーム内の日付を夏休みである８月に合わせてムシ採りをしてみましょう。

＊　　＊　　＊

Ｍ吉：さすがゲームです。簡単に採ることができました。集めたムシはこんな感じです。

Ｆ太：日本にはいないはずのムシも多く見られますね。やはりそのまま自由研究にするのは問題がありそうです。

Ｓ江：ところで，このゲームではどうして「ムシ」と表示されるのですか？　ふつう「虫」は漢字で書くと思うのですけれども……。

Ｆ太：①それは多分，昆虫《こんちゅう》以外の生物もふくんでいるからだと思いますよ。このゲームでは，カタツムリやヤドカリも「ムシ」にふくまれるみたいですし。

Ｍ吉：ところで，②集めたムシはそれぞれ採れる場所がちがっていたのですけれども，やはりこれは食べ物が関係しているのでしょうか？

Ｆ太：どのムシがどこで採れたのかがわからないと判断できませんが，例えば，同じ花に集まるムシでも，蜜《みつ》を吸うもの，花粉を食べるもの，花に来たムシを食べるものなどがいるでしょうから，簡単には言えないと思いますよ。

＊　　＊　　＊

Ｍ吉：夏の採集がある程度うまくいったので，今度は冬に挑戦《ちょうせん》してみましょう。ゲーム内の日付を１月に合わせてみますね……おおっ，雪景色になりました！

Ｓ江：東京ではこんなに雪は積もらないから，新鮮《しんせん》ですね。

Ｍ吉：さっそくムシ採りに行ってきます。

＊　　＊　　＊

Ｍ吉：もどりました。やっぱりゲームの世界では冬でも簡単に採集できていいですね。雪の上を飛ぶモンシロチョウとか，ちょっと保護色かも。

Ｆ太：ちょっと待ってください。１月にモンシロチョウがいたんですか？

Ｍ吉：採れましたよ。花の周りを飛んでいました。

Ｆ太：１月に多くの花がさいているというのも驚きですが，モンシロチョウって（　③　）で冬《ふゆ》越《ご》ししますよね。１月に成虫が飛んでいるというのは不思議です。

Ｓ江：そういえば，④このゲームでは卵や幼虫，さなぎは出てきませんね。

Ｍ吉：「セミのぬけがら」は採れますけどね。何のセミかはわかりませんが。

Ｆ太：だとすると，本来成虫は見られないはずなのに成虫が採れている可能性が高そうですね。同時に，⑤幼虫がどこで暮らしているのかをこのゲームで調べるのも無理そうです。

Ｓ江：やっぱりこのまま自由研究に使うのはやめたほうがよさそうですね。

Ｍ吉：そうですか……これをきっかけに，現実のムシも見てみるようにします。

問1　下線部①に関連して，下の**ア〜ス**のうち，「昆虫」に**ふくまれないもの**はどれですか。**すべて選び**，記号で答えなさい。

ア　ノコギリクワガタ　**イ**　ミンミンゼミ　**ウ**　ヒグラシ
エ　アキアカネ　**オ**　キアゲハ　**カ**　オカダンゴムシ
キ　クロオオアリ　**ク**　モンキチョウ　**ケ**　ジョロウグモ
コ　ショウリョウバッタ　**サ**　アオスジアゲハ　**シ**　アブラゼミ
ス　クマゼミ

問2　下線部②に関連して，次の**ア〜セ**を成虫の食べ物によってグループ分けしました。葉を食べるもの，花の蜜を吸うもの，木の汁《しる》を吸うもの，樹液をなめるもの，他の昆虫を食べるもの，というグループに分けたとすると，最も数が多いグループに属するものはどれですか。**すべて選び**，記号で答えなさい。

ア　モンシロチョウ　**イ**　ナナホシテントウ　**ウ**　ヒグラシ
エ　アキアカネ　**オ**　キアゲハ　**カ**　ギンヤンマ
キ　オオカマキリ　**ク**　カブトムシ　**ケ**　ジョロウグモ
コ　ショウリョウバッタ　**サ**　ノコギリクワガタ　**シ**　アブラゼミ
ス　クマゼミ　**セ**　アオスジアゲハ

問3　空欄《くうらん》③に関連して，現実の世界では，(1)モンシロチョウ，(2)ナナホシテントウ，(3)カブトムシ，(4)オオカマキリ，(5)エンマコオロギはそれぞれどのような姿で冬越ししますか。あてはまるものを次の**ア〜エ**の中からそれぞれ**1つずつ選び**，記号で答えなさい。

ア　卵　**イ**　幼虫　**ウ**　さなぎ　**エ**　成虫

問4　下線部④に関連して，現実の世界では，次の**ア〜キ**のうち，さなぎになるものはどれですか。**すべて選び**，記号で答えなさい。

ア　モンシロチョウ　**イ**　カブトムシ　**ウ**　アブラゼミ　**エ**　アキアカネ
オ　ショウリョウバッタ　**カ**　オオカマキリ　**キ**　クロオオアリ

問5　下線部⑤について，現実の世界では，(1)モンシロチョウの幼虫，(2)カブトムシの幼虫，(3)アキアカネの幼虫，(4)ショウリョウバッタの幼虫，(5)アブラゼミの幼虫を探すには，どんなところを調べればよいですか。あてはまるものを次の**ア〜エ**の中からそれぞれ**1つずつ選び**，記号で答えなさい。

ア　花の上　**イ**　葉の裏　**ウ**　土または腐葉土《ふようど》の中　**エ**　水の中

4　電気の性質やはたらきについて，以下の問いに答えなさい。

Ⅰ　同じ種類の乾電池《かんでんち》，豆電球，スイッチを使った回路**ア〜オ**について考えます。最初，すべてのスイッチは開いているものとします。**問1〜問3**に答えなさい。

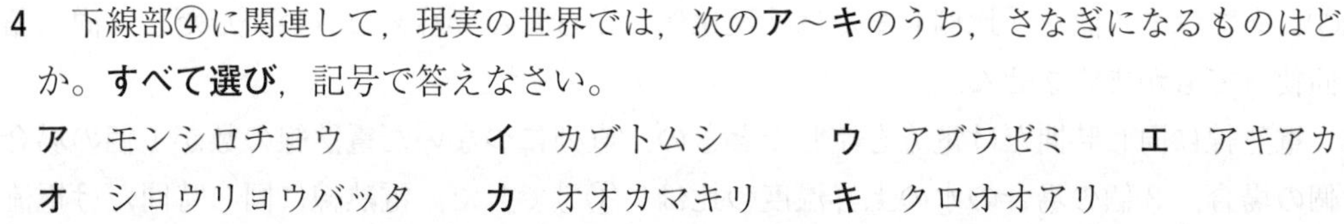

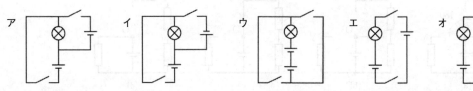

問1　スイッチを1つだけ閉じたときの豆電球の明るさが，すべての回路の中で最も明るくなる回路を**ア〜オ**の中から1つ選び，記号で答えなさい。

問2　スイッチを1つだけ閉じても豆電球がつかないが，スイッチを2つ閉じると豆電球がつくようになる回路を**ア**～**オ**の中から1つ選び，記号で答えなさい。

問3　一方のスイッチを閉じると豆電球がつき，その状態でもう一方のスイッチを閉じてもその明るさが変わらない回路を**ア**～**オ**の中から**すべて**選び，記号で答えなさい。

Ⅱ　水の温度が電熱線によってどう上昇《じょうしょう》するかを調べるために，同じ種類の電熱線，電源装置，電流計，温度計を用いた**図1**の装置を使って，100gの水の温度を上昇させる実験を行いました。ここでは，電源装置に直列につなぐ電熱線の数だけを変えて，電熱線に流れる電流の大きさを測定し，ときどき水をかき混ぜながら1分ごとの水の上昇温度を測定しました。**図2**，**図3**は測定結果をまとめたグラフです。この測定結果にもとづいて，**問4**，**問5**に答えなさい。

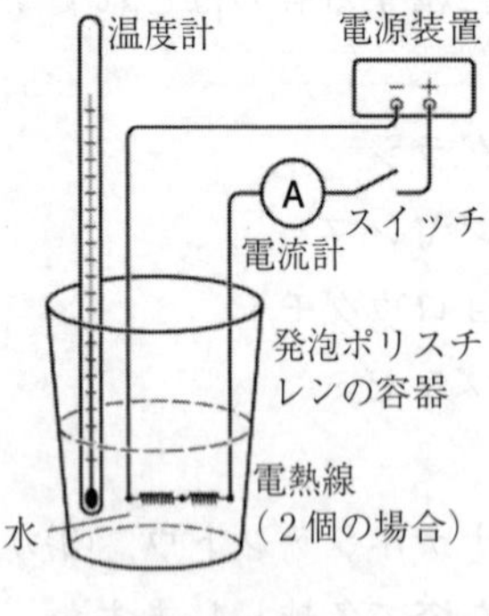

図1

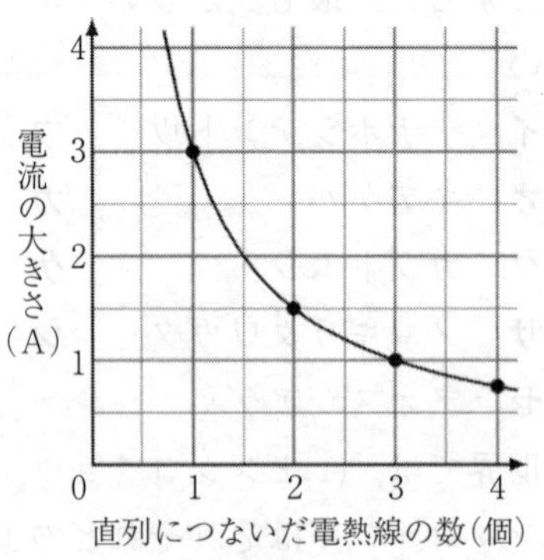

図2

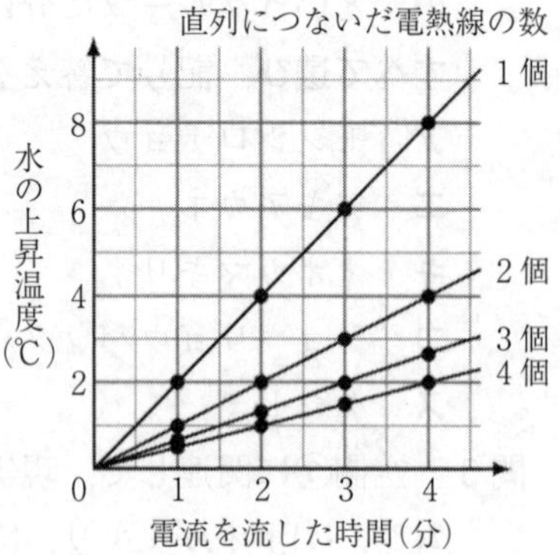

図3

問4　次の文章の空欄①にあてはまる比を，最も簡単な整数の比で答えなさい。また，空欄②，③にあてはまる語を「比例」または「反比例」から選んで答えなさい。ただし，同じ語を2回使ってもかまいません。

「電熱線に同じ時間だけ電流を流したときの，直列につないだ電熱線の数が1個の場合，2個の場合，3個の場合の水の上昇温度の比は（ ① ）でした。電熱線に同じ時間だけ電流を流したときの水の温度上昇は，電流の大きさに（ ② ）し，直列につないだ電熱線の数に（ ③ ）していました。」

問5　この電熱線（記号 ），電源装置（記号 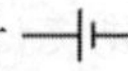），回転スイッチを使った温水器の回路（**図4**）について考えます。回転スイッチは，**図4**(a)のようにスイッチの導線部分を180°回転させることができ，そのスイッチの位置によって**図4**(b)～(d)のようにスイッチを切ったり，OとXをつないだり，OとYをつないだりすることができます。**図4**(b)～(d)の回路で，回路全体として同じ時間に水の温度を最も上昇させるのはどれですか。(b)～(d)の中から1つ選び，記号で答えなさい。

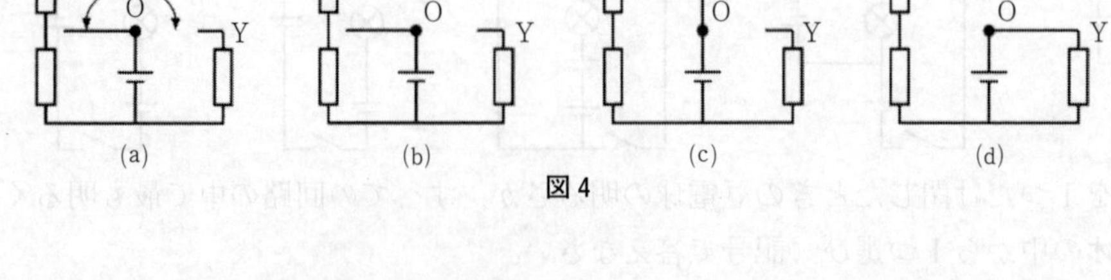

図4

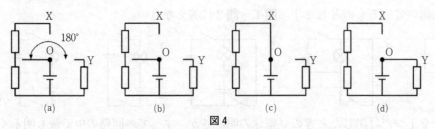

Ⅲ　プロペラ付きモーター(記号Ⓜ), 同じ種類の乾電池, 回転スイッチを使った扇風《せんぷう》機《き》の回路(**図5**)について考えます。この回路について, **問6**, **問7**に答えなさい。

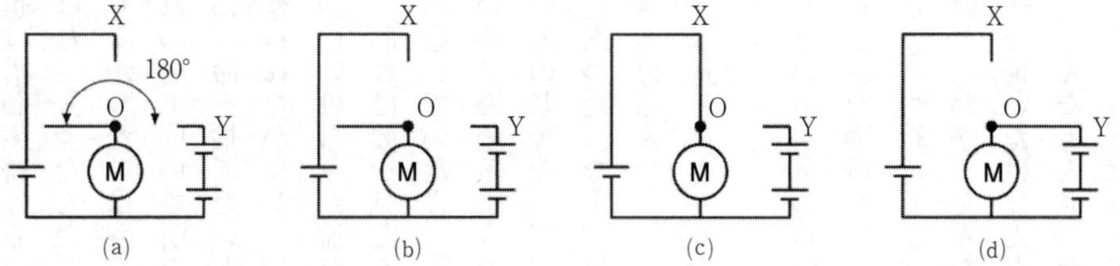

図5

問6　**図5**(b)〜(d)の回路で, モーターが最も速く回るのはどれですか。(b)〜(d)の中から1つ選び, 記号で答えなさい。

問7　モーターの回る向きをふくめて**図5**(b)〜(d)の回路と同等の機能をもった扇風機を, **図6**の回路中の空欄3か所のうち必要な所に乾電池1個と導線1本をつないで作ることを考えます。次の**記入例**にしたがって, 解答欄の図中の空欄のうち必要な所に乾電池1個と導線1本を記入し, 回路図を完成させなさい。

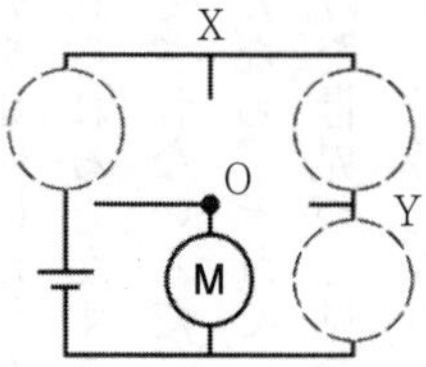

図6

記入例

乾電池1個　　乾電池1個　　導線1本

何のことを言っている？　乾《かわ》いた唇《くちびる》をひらいたが、声がでなかった。翔也は構わず続ける。

「おれはね、入ったんだ。森は黒かったよ、夜の闇よりずっとね。でも、怖くなかった。母さんは神経がおかしくなっちゃって、学校も家も、おれの居ていい場所なんかなかった。だから、行ったんだ、鵺の塚の前に。命を捨てたいと思ったんだ。どうせなら、みんなが畏《おそ》れるものに奪《うば》われたかった。4そして、森で鵺を見た」

煙草《たばこ》の白いけむりが流れて、消えた。

「そう、おれは鵺を見たんだ。カラスの群れが一目散に逃《に》げて、ぎゃあぎゃあ騒いでいたよ。鵺は恐ろしく禍々《まがまが》しかった。何よりも闇が似合っていた。ぬめるような空気を放っていた。おれみたいな中途半端《ちゅうとはんぱ》なまがいものじゃない、完全なる異端《いたん》だったよ。あまりに圧倒《あっとう》的で美しくさえあった。なあ、禍々しさやいびつさだって、極《きわ》めれば充分に人を惹《ひ》きつけるんだ」

僕は一歩後ろにさがった。翔也の言っていることが、よく、わからなかった。

「わかんない？　苛められていた頃、おれはこのタトゥーを彫《ほ》った父さんならおれを理解してくれると思っていた。いつか、自分と同じ人たちのところへ行けると夢見た。けど、鵺を見た時思った。もう、一人でいいと。わかったんだ。どこに行っても同じなんだ。みんなカラスと一緒《いっしょ》で怖いだけなんだよ。だから、必ず仲間外れを作る。共同体なんて、そんなもんさ。わずかな違いを見つけだされるのを恐れて生きるのなら、おれは一人でいい。恐れられる方がずっといい。鵺はずっと一人で、畏れられて、理解なんてされないんだ。けど、忌《い》み嫌《きら》われてもあんなに堂々としていられるんなら、それでいい。そう思ったら目の前がひらけた。堤くん、ひらけた世界って見たことがないだろう？　拒絶《きょぜつ》されて、死の淵《ふち》まで行って、そうしなきゃ気付けないものはあるんだよ。そして、君はそのチャンスを逃《のが》したんだ」

翔也は立ちあがって階段を降りてきた。

「おれはその時得たもので、今も生きながらえている。だからさ、おれは怖くないんだ。自分の恐怖心や闇すら覗けない奴なんか恐れない。周りと違うって言われても、そんなの当たり前だって思えるんだ。たった一人になっても」

（千早　茜「鵺の森」による）

問一　――1「ただ、僕には一つ安心があった」とありますが、ここでいう「安心」とはどのようなことですか。説明しなさい。

問二　――2「どうして人って水に入るとあんなに声が高くなるのだろう」とありますが、ここでの「僕」の気持ちを説明しなさい。

問三　――3「大きく羽を伸ばして、今にも飛び立ちそうに生き生きとしている」とありますが、このように感じた「僕」の気持ちを説明しなさい。

問四　――4「そして、森で鵺を見た」とありますが、鵺を見る前と見た後で「翔也」の気持ちはどのように変化しましたか。説明しなさい。

問五　══①～⑤のカタカナを漢字に直して答えなさい。

「そうだよ、そんなに難しくなかった」

翔也が小さな声で答えると、男の子の一人が「じゃあ、ヘリコプターとかさ、虎とかも作れる？」と訊《き》いた。翔也はそっと頷《うなず》いた。「すげえ」と歓声《かんせい》がわく。人に囲まれて背を丸めていたが、翔也は少し頬《ほお》を上気させて明らかに得意そうだった。

翔也の作った鳥の模型は文句なく図画工作の最優秀《ゆうしゅう》賞に選ばれた。それればかりか、県の小学生コンクールに出展されることになったと担任の先生が言った。

僕は怖くなった。翔也は夏休みが明けてから一度も泣いていなかった。休み時間を使って、クラスメイトが頼《たの》んでくる模型を黙々《もくもく》と作り続けていた。木工用ボンドの酸っぱい匂いの中で、規則正しく手を動かす翔也はロボットのようだった。

このままでは、苛めが僕に回ってきてしまうと思った。

その恐怖《きょうふ》に抗《あらが》えるものなんてひとつもなかった。

体育の時間の後だった。教室に戻ってきた翔也は後ろから羽交《はが》い締《じ》めにされた。

正面に回り込んだ子が体操服をまくりあげようとした。翔也は抵抗《ていこう》した。はじめてのことだった。金切り声をあげて、足を交互《こうご》に蹴《け》りだしながら渾身《こんしん》の力を込めて逃れようとした。蹴り飛ばされた子が大げさな悲鳴をあげると、わっとみんなが押さえにかかった。

翔也は蹴ったり殴《なぐ》られたりされると、すぐに床《ゆか》に膝《ひざ》をついた。ぐったりとした体に手が伸びて、体操服が引きはがされた。

白く細い胸に、青黒い鳥が翼《つばさ》を広げていた。

歴史の教科書に載《の》っていた壁画《へきが》のような渦巻《うずま》き文様の鳥だった。

一瞬《いっしゅん》、辺りはしんとなった。その鳥は濃《こ》い空気を放っていた。昼間の光とは⑤**イシツ**な。

「鵺だ！」と誰かが叫《さけ》んだ。

「こいつ鵺の痣《あざ》があるぞ、呪われてるんだ」

周りにいた子が一斉《いっせい》に後ずさりした。

上半身裸《はだか》の翔也は目を見開いたまま、首を振った。自分を取り囲む子たちの顔をぐるっと見回し、一番後ろにいた僕のところで視線を止めた。突き抜けられそうなほど虚ろな眼だった。僕は慌てて目を逸《そ》らした。

翔也は胸に描かれた鳥を抱《だ》くようにしてうずくまった。

その日から、翔也の存在は消された。もう誰も話しかける人はいなくなった。町では翔也の父親がヤクザがらみの人間だったという噂がたってしまい、大人たちまでが関わりを避《さ》けようとした。刺青《いれずみ》のある子だから何をするかわからないと陰口《かげぐち》が飛び交った。

子どもたちの間では、翔也は恐ろしい鵺の呪いを受けているから、触ったり口を利《き》いたりしたら不幸になると噂がたった。翔也の作った鳥の模型は壊《こわ》され、机の中も靴箱の中もいつもめちゃくちゃにされた。下校中には石をぶつけられ、生傷が絶えなかった。それなのに、翔也自身は誰からも見えていないように扱《あつか》われた。給食当番もさせてもらえないし、プリントも回ってこない、手をあげても指名されることもなかった。

泣かされていた頃《ころ》の方がまだ、ましだったろうと思う。僕自身もこんなことにまでなるとは思っていなかった。翔也はあの時以来、一度も僕を見ることはなかった。やがて、学校を休みがちになっていった。

僕はまた父の転勤が決まり、三学期にはもう違う学校に移ってしまった。

（中略）

最後の日も翔也の席は空っぽだったのを覚えている。

「ねえ、堤くん、鵺の森に入った？」

自分を殺しても完全に溶《と》け込《こ》むことはできない。

「確かにな」と小さな声で言うと、僕は水の中ではしゃぐクラスメイトを見つめた。2どうして人って水に入るとあんなに声が高くなるのだろう。

ぷちりと小さな音がした。横を向くと、翔也が指で蟻を一ぴき一ぴき潰《つぶ》していた。

「ぼく、知っているよ。堤くんの秘密」

水音と甲高《かんだか》い音が遠のいた。心臓が耳の奥で鳴りだす。雲が晴れたのか視界が光で霞《かす》む。

「ちらっと見えたんだ。身体検査の時に。そんな顔しなくても大丈《だいじょう》夫《ぶ》だよ。ぼくも同じようなものだから。ここにね、タトゥーがあるんだ。これだけは見られたくないから、プールをさぼってるんだ。父さん、タトゥー職人でさ、去年会った時にいれてくれたんだ、自分のことを忘れないようにって。でも、会ったことがばれて母さんが怒っちゃって。それで、もう会えない」

翔也は④シンセイな儀式《ぎしき》みたいに胸の辺りをちょっと触《さわ》ると、ぷちぷちと蟻を潰し続けた。

僕は何も言えずに黙《だま》ったままだった。

翔也が「安心した? 秘密の交換《こうかん》だよ。絶対言わないでね」と笑った。笑顔《えがお》のまま、そっと指の匂いを嗅《か》ぐ。

「蟻の血って酸《す》っぱい匂いがするよね」

白さを増した視界の中で、翔也の眼はガラス玉のように見えた。

鵜の死体が入っていたうつほ舟の「うつほ」とは、空っぽとかがらんどうを意味する言葉のことだったと、その時に気付いた。

(中略)

そう、僕は彼の秘密をばらしたのだ。

翔也がいけないのだ。泣き虫でグズのくせに、あんなものを作ってしまうから。

僕と秘密を共有したつもりで、いい気になっていたから。

プール学習の度に話しかけてくる翔也が疎《うと》ましかった。けれど、秘密をばらされるのが怖くてついつい言葉を交《か》わしてしまった。

翔也はプールの時以外は話しかけてこなかった。からかわれたり、プロレス技《わざ》をかけられている時でも決して助けを求めたりはしなかった。僕に気を遣《つか》っていたのだろう。自分の臆病《おくびょう》さを見抜《ぬ》かれた気がして、苦い気分になった。確かに僕は皆《みな》の前で話しかけられたとしても無視しただろうし、間違ってもかばったりなんかしなかっただろうから。わかっているからこそ、苛立ちが募《つの》った。

プールに反射する光に目を細めながら、僕に笑いかける翔也が不気味に思えた。怖かったのだ、翔也が僕を恨《うら》んで秘密をばらしてしまうのが。助けてくれないことを責めもせず、笑っていられる翔也が何かを企《たくら》んでいるように見えて気が気じゃなかった。

夏休みになって、あの色素の薄い目から離れると、やっと息がつけた。

けれど、休みが明けて教室に入った途端《とたん》、僕は呆然《ぼうぜん》とした。

見慣れない光景が広がっていた。

翔也の机の周りに人が集まっていた。

その真ん中には白い鳥の模型があった。小さく切った無数の割り箸《ばし》で組み立てられていた。3大きく羽を伸《の》ばして、今にも飛び立ちそうに生き生きとしている。

いつも乱暴な男の子も口をあけて見惚《みと》れている。女の子たちは遠巻きにしながらも「何あれ、すごい、すごい」と騒《さわ》いでいた。遠藤《えんどう》さんという気の強い女の子が「翔也、あんた本当に自分で作ったの?」と高い声で言った。

けれど、人間を呪《のろ》った鵺は夜になると闇《やみ》から力を得て土から蘇《よみがえ》り、森の中を叫《さけ》びながら飛び回る。鵺に見つかってしまうと鋭《するど》い爪《つめ》と嘴《くちばし》で引き裂《さ》かれ、運良く逃《のが》れられたとしてもその鳴き声を耳にしたものは呪われて三日以内に悪夢を見て死ぬ。そう、まことしやかに語り継《つ》がれていた。今ならば、暗くなってから森に入らないようにと、大人たちが作った嘘《うそ》だとわかるのだが。

森にはカラスがたくさんいて不気味だった。いつでもぎゃあぎゃあと鳴いていた。なぜか奇形《きけい》の犬や猫《ねこ》がよく捨てられていた。日が落ちた森の奥から恐ろしい鳴き声が聞こえてきたという子もいた。

僕はその伝説を聞いて育ったわけではないけれど、それでも、鵺の話を一度でも聞いたら充分《じゅうぶん》なくらいその森はおどろおどろしい気配に満ちていた。委員会などがあってどうしても帰りが遅《おそ》くなる日は、校舎の中にいてもなるべく森の方を見ないようにした。黒々とした森が背後に迫《せま》りくるのを感じながら早足で帰った。

大人になってから調べたら、鵺とは頭が猿《さる》で、胴《どう》が狸《たぬき》、尾が蛇《へび》、手足が虎《とら》のキメラのような想像上の生き物とあった。僕らは恐竜図鑑《きょうりゅうずかん》で見た肉食の巨大《きょだい》な鳥を思い浮《う》かべていた。僕は鵺の死体が入っていたという「うつほ舟」というものが妙《みょう》に気になった。「うつほ」という言葉の響《ひび》きに、ぼかんとした恐ろしさを感じたのだった。

翔也は絵や工作が好きで、よく一人でこっそり鵺の絵を描《か》いていた。けれど、ひどい弱虫で、クラスの誰《だれ》かに上履《うわば》きや筆箱を森に投げ込まれたりすると昼間でも取りに行けず、靴《くつ》箱の前に敷《し》いてあるすのこに座り込んでいつまでも泣いていた。

正直、泣いた顔ばかり思いだす。それと、伸《の》びきったTシャツの襟《えり》元《もと》から覗《のぞ》く骨ばった鎖骨《さこつ》。その向こうで揺《ゆ》れる水面。カルキの匂《にお》い。

そうだった、思いだした。翔也と二人きりになることがあった。プールの時間だ。

僕と翔也はいつもプールを休んでいた。僕は父の知り合いの医師に診断書《しんだんしょ》を書いてもらっていて（注・「僕」は五歳《さい》のころに胸に火傷《やけど》を負い、その痕《あと》を他人に見られたくないため、嘘の診断書を書いてもらっていた）、翔也はいつも水着を忘れてきて怒《おこ》られていた。

翔也は泣き腫《は》らした顔で、光る水飛沫《しぶき》をぼんやりと見つめていた。茶色い眼《め》は虚《うつ》ろで何を考えているかわからなかった。仲良くしていると思われて、苛めのとばっちりを受けたら嫌《いや》なので、僕は少し離《はな》れたところから呟《つぶや》いた。

「なんでさ、眼とか髪《かみ》とか茶色いの？」

翔也はびくっと細い肩《かた》を震《ふる》わして、おずおずと僕の方を見た。僕は顎《あご》で前を向いたまま話せと促《うなが》した。翔也が慌《あわ》てて前を向く。

「気持ち悪い？」

「そうは言ってない」

僕がぶっきらぼうに言うと、翔也は少し黙《だま》って足元を這《は》う蟻《あり》に視線を落とした。長い睫毛《まつげ》が影《かげ》をつくる。

「父さんがハーフなんだ、もう会えないけど。だから、受け継《つ》いじゃったんだって、母さんが言ってた」

「髪とか染めたらよかったんじゃないの？　今更《いまさら》だけどさ」

翔也はなんだかいびつだった。個性的なパーツが無理やり細く青白い顔に収められていた。昆虫《こんちゅう》のような長い手足がアンバランスについている。そうかと思えば、睫毛や肌《はだ》は女の子のようだった。そういうちぐはぐさが見まいとしても目に入ってくるのだ。鬱陶《うっとう》しいほどに。

「そんなことしても無駄《むだ》だよ。結局どこを変えたって、この町で生まれ育った奴《やつ》はぼくをよそ者として見るんだ。どこかしらに文句をつけてくる、ぼくがぼくである限り気に障るんだよ」

その気持ちはよくわかった。転校ばかりしていると受け入れられるのに必死で、本当の自分をいつしか見失っていく。けれど、どんなに

二　「僕《ぼく》」(＝「堤《つつみ》」)は、小学校の時の同級生である「翔也《しょうや》」に街《まち》で声をかけられ、十五年以上ぶりに再会します。次の文章は、翔也の会社の事務所について行くことになった「僕」が、小学校時代のことを回想する場面から始まります。これを読んで、後の問いに答えなさい。

小学校の高学年だったと思う。父の転勤で、僕は滋賀の山奥《やまおく》に住んでいた。

人口の少ない町で、各学年多くて三クラスくらいしかなかった。そういう環境に引っ越《こ》してくる子どもは大変だ。どうしたって目立ってしまう。場の空気や子ども同士の上下関係を慎重《しんちょう》に読まなくてはいけない。

僕は転校が多かったので、人の顔色を読んだり、当たり障《さわ》りのない関係を築いたりするのには長《た》けていた。自分がどう見えるかということも、早い時期から把握《はあく》していた。

けれど、田舎《いなか》の空気はそれまでいたどこの街より粘着《ねんちゃく》質で保守的だった。人々は思っていた以上に細かい部分にまで注目してきた。村と言っていいようなその町に住んでいる限り、①イッキョイチドウは人の目にさらされていた。そして、始終さまざまな噂《うわさ》が飛び交《か》っていた。

僕の母親は息が詰《つ》まると、父にしばしば文句を言っていた。その気持ちはよくわかった。まるで、肺に少しずつ澱《おり》が溜《た》まっていくようにだんだんと息がしにくくなるのだ。僕だけリコーダーの色が違《ちが》ったり、自分が話している時に教室の隅《すみ》で誰《だれ》かが笑ったりする度《たび》に、②コキュウが浅くなった。標準語の発音が嫌《いや》みにとられないように、その方言を覚えるまではなるべく口数を減らした。

一度、異物だとみなされたら、もう終わりだった。テストですらわざとあまりいい点数を取らないようにしたくらいだ。1ただ、僕には一つ安心があった。それが、同じクラスの翔也だった。翔也も転校生のようだった。

翔也には父親がいなかった。母親は出戻《でもど》りだとか、大阪で水商売をしていたとか、いろいろな噂があった。不倫《ふりん》の末に子どもができてしまい、一人で育てられなくなり実家に帰ってきたとも言われていた。

翔也は色素が薄《うす》く、外見が目立っていた上に気も小さくて、喋《しゃべ》るとすぐ声が裏返った。育ちのせいかは知らないが、遠足の時に蝶《ちょう》を追って迷子《まいご》になったりと、一風変わったところのある子どもだった。何より、彼《かれ》からは「可哀《かわい》そうな」オーラが滲《にじ》みでていて、子どもからすればそれは「苛《いじ》めて下さい」と言っているようにしか見えなかった。正直、僕でさえ、もっとうまく立ち回ったらいいのにと苛々《いらいら》したくらいだ。

ただ、確実な標的が他に一つあれば、こちらに矢が飛んでくることはない。僕は教室の片隅《かたすみ》でぼんやりと窓の外を眺《なが》めている翔也を見ては、人知れずほっと息をついていた。

(中略)

僕らの学校の裏には小高い丘《おか》といった程度の山があった。そこは鬱《うっ》蒼《そう》とした木々に覆《おお》われていて昼でも暗かった。一番奥には小さなお社があって、古ぼけた塚《つか》を祀《まつ》っていた。

子どもたちは七不思議だの幽霊屋敷《ゆうれいやしき》だのと怖《こわ》い話が好きなものだが、その森と塚は特に恐《おそ》れられていた。塚には鵺《ぬえ》という怪鳥《かいちょう》が封《ふう》じ込《こ》められていると言われていた。昔、鵺は都を夜な夜な飛び回り、帝《みかど》を悪夢で苦しめたので、③タイジされた。鵺の死体はうつほ舟《ぶね》に入れられて流された。その舟が流れついたのが、この町だと言われていた。祟《たた》りを恐れた人々は鵺を丁重《ていちょう》に埋《う》め、祀った。

ーニングをしていたわけです。

しばらくして、いよいよ屋外の訓練がはじまりました。建物のドアを開けて外に出るその男性の後に付いて私も屋外に出ました。その時です、建物入口の扉《とびら》が開いた途端《とたん》に、うわーんと唸《うな》るような、どこまでも広がる音が外にあることを感じたのです。しばらく聞いているとその中にアイドリング中の車の音や少し離《はな》れたところを歩いている革《かわ》靴《ぐつ》の足音、100mほど離れたところにあるテニスコートのボールの音とかが聞こえてきました。

ほかにもいろいろな音が聞き分けられたのですが、それよりも外の空気全体が唸るように、全身を包み、降りかかってくるような感じがして、街を歩くとはこういう音の中にいることなのだということをはじめて実感したのです。周囲の空気にはさまざまな出来事の振動《しんどう》が満ちている。空気中に満ちている多様な振動やその微細な変化を、失明した人たちは感じとっている。そして、自分が今どこにいるのかとか、周囲に何があり、何が起っているのかを発見している。この環境についてのきわめて無垢《むく》な感覚を研《と》ぎすますことができてはじめて、単独で歩ける視覚障害者になれるわけです。

街の各所には独特な路《みち》の交差部の音や、街全体を包囲するような川や、街をつらぬく列車の音などがある。どの視覚障害者もそれぞれ生活しているところで、それらの多様な音を生活のために利用しています。失明するということは光を失うことですが、同時に振動の世界に深く触《ふ》れることでもあるのです。

私の場合、この 3失明者に付いて歩くという経験がスポーツへの興味とつながっています。

スポーツのどの種目も特殊《とくしゅ》な環境を過酷《かこく》なかたちで構築することで成立しています。ハードルがいくつも置かれた走路をできるだけ速く走り抜けること。急斜面《しゃめん》をスキーで滑走《かっそう》し、そのまま空中に投げ出され、できるだけ遠くへ飛び、転倒《てんとう》しないこと。高速の滑《すべ》りをもたらすように磨《みが》かれた氷上を、薄《うす》い金属のエッジに乗って疾駆《しっく》し、コーナーを減速せずに回ること。鎖《くさり》の先に付いた重い金属玉を身体を急回転させて遠くへ飛ばすこと。直径４m55cmの小さな円の中で体重が150kg近い大男どうしがわずか70cm間隔《かんかく》で思いっきりぶつかり合うこと……。日常ではあり得ない危険と困難に満ちた環境こそがスポーツと呼ばれる何かをつくり出しています。

アスリートといわれる人たちはそこでの不自由さを十分に味わい尽《つ》くし、困難さのなかにあるわずかな光明、つまり不自由さの中のわずかな自由を見いだし、活《い》かしきっている人たちだと思います。その「絶壁《ぜっぺき》の自由」こそがスポーツの醍醐味《だいごみ》だと思います。アスリートたちがその苦しみを歓喜《かんき》に変えてしまう出来事こそがスポーツなのです。

（佐々木正人『時速250kmのシャトルが見える』による）

問一　――１「与える」とありますが、ここでのリハビリの話において、具体的に「何が何に何を与える」のですか。次の〔　〕①～③に入る適切な言葉を答えなさい。ただし、①は五字、②は七字で本文から抜き出して答えなさい。

〔　①　〕にある性質が〔　②　〕に〔　③　〕という行動を与える。

問二　――２「アフォーダンスがあるなと私が思えるようになった」とありますが、筆者がそう思えるようになった理由を六〇字以内で説明しなさい。

問三　――３「失明者に付いて歩くという経験がスポーツへの興味とつながっています」とありますが、筆者にとって「失明者に付いて歩くという経験」と「スポーツ」はどういう点で共通していますか。「アフォーダンス」という言葉を用いて五〇字以内で説明しなさい。

2024年度 開成中学校

【国語】（五〇分）〈満点：八五点〉

※字数の指定のある問題は、テン・マル・カッコなどの記号も一字として答えなさい。

※答えは、すべて解答用紙の枠《わく》の中におさまるように書きなさい。

一 次の文章を読んで、後の問いに答えなさい。

埼玉県所沢《ところざわ》市にある国立身体障害者リハビリテーションセンター学院の学生さんに聞いた話です。

事故などで膝《ひざ》から下を両脚《りょうあし》とも切断した人のリハビリにプールで泳ぐというメニューがあるそうです。最初は水に入っても誰《だれ》もが短くなった大腿《だいたい》部を使ってバタ足をするそうです。ただし下脚《かきゃく》がないバタ足では水をほとんど捉《とら》えられませんから推進力がほとんどない。水にプカプカ浮《う》かぶだけです。しかしそうやって数時間あるいは数日間プールの水に浸《つ》かって動いているうちに変化が起こる。特に指導をしなくてもたいがいの人の身体《からだ》はそれまでの上下動ではなく大腿部を左右に揺《ゆ》らすような動きになる。やがて魚が水の中を泳ぐような、背と腰《こし》をくねらせる水平運動がはっきりとあらわれてくるそうです。

たいへん驚《おどろ》きました。誰かが考えたとか教えたというわけではない。まったく新しい動きが現われてくるのです。水の中で動いてみることで、下脚のない全身はそれまでしたことのなかったオリジナルな動きを創造する。この動きは水にある「泳ぎを支える」性質の一つを示している。周囲の環境《かんきょう》のなかには行動を可能にしているさまざまな性質があるわけです。行為《こうい》することであらわになるこの「環境の意味」のことを、生態心理学では「アフォーダンス」といいます。英語の動詞アフォード（1与える）を名詞化した用語です。水には足で蹴《け》る以外に、その中で身体を横に揺らすことで利用でき、動物の身体を推進する性質がある。いろいろなアフォーダンスがあるのです。

例えばロッククライマーは岩場の小さな凹凸《おうとつ》が自分の体重を支えられるかどうかを見分けています。そのようにして選ばれた凹凸がクライマーの「垂直方向への移動」を支えるアフォーダンスなのです。そのままで動物の行為の可能性の一つを意味している。物と生きもののすることを同時に意味すること。それがアフォーダンスです。

スポーツの世界でも独特につくられた「環境」の意味を、アスリートの身体は究極まで探《さぐ》っているはずです。アスリートの身体と周囲の環境の接触《せっしょく》面で開けてくる可能性、それがスポーツだと思います。

（中略）

2アフォーダンスがあるなと私が思えるようになった一つのきっかけがあります。ずいぶん前ですが、進行性の眼《め》の病気で二〇歳《さい》ごろに失明した男性の歩行訓練に付いて歩いたことがあります。最初の課題はリハビリテーションセンターの屋内を歩き回ることでした。身体の両側へと杖《つえ》を振《ふ》り分けて床《ゆか》を叩《たた》き音をたてリズムを作りながら歩くような訓練を何日間もします。

なんとか自分一人で歩けるようになると、横に曲る小さな廊下《ろうか》がいくつか分岐《ぶんき》している広い廊下を歩きながら、小さな廊下が横に抜《ぬ》けているところで止まるという訓練をします。

この男性は立ち止まって、抜けた廊下のほうに向き杖でそっちの床を叩いて「こちらが抜けていますね」と言ったり、「向こうから風が来ました」などと言いながら交差している廊下を発見できました。なぜかわからないけど、はっきりあるという感覚が生じる前に、なんとなく顔が抜けている廊下のほうを向いているというようなこともありました。周囲のきわめて微細《びさい》な音や風の変化に敏感《びんかん》になるためのトレ

2024年度

開成中学校　▶解説と解答

算数　(60分)＜満点：85点＞

解答

1 (1) (例) 8×(4×7×9＋1)　(2) (ア) 11.5cm　(イ) 425g
(3) (ア) 右の図　(イ) 43.96cm　(ウ) (X) 14　(Y) 7　2 (1) 《7431》　(2) (ア) 【213】【231】　(イ) 【2134】【2143】【2314】【2341】【2413】【2431】　(ウ) ① 24通り　② 6通り　(エ) 30通り　(3) 560通り　3 (1) ②, ③, ④　(2) 解説の図4を参照のこと。
(3) 解説の図5を参照のこと。　(4) 解説の図6を参照のこと。　(5) 1.8cm^2

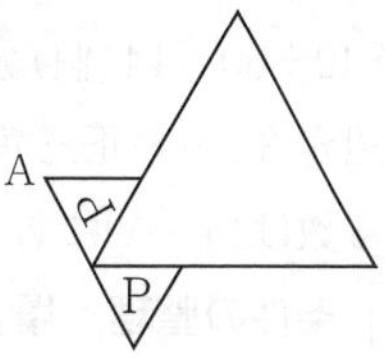

解説

1 素数の性質，四則計算，条件の整理，つるかめ算，比の性質，図形の移動，長さ，面積

(1) 2024を素数の積で表すと，2024＝2×2×2×11×23となる。これを利用すると，たとえば右の図1のような式を作ることができる。

図1

2×2×2×11×23＝8×253＝8×(4×7×9＋1)…数字5個
2×2×2×11×23＝4×506＝4×(7×8×9＋2)…数字5個

(2) (ア) 右の図2の(a)の位置で切る場合と(b)の位置で切る場合について考える。(a)で切る場合，(a)の左側のOとPの重さが等しくなり，この重さは，10×34.5＝345(g)である。よって，(a)の左側のPについて，右下の図3のようにまとめることができる。すべて☆と仮定すると，実際の重さとの差は，11×34.5−345＝34.5(g)になるから，★の長さは，34.5÷(11−8)＝11.5(cm)とわかる。次に，(b)で切る場合，(b)の右側のOとPの重さも等しくなる。また，(b)の右側のOとPの1cmあたりの重さの比は，10：8＝5：4なので，この部分のOとPの長さの比は，$\frac{1}{5}:\frac{1}{4}=4:5$となる。この差が2cmだから，(b)の右側のOの長さは，2÷(5−4)×4＝8(cm)と求められる。このように，(a)で切る場合も(b)で切る場合も重さを等しくすることができるが，これは，切り取る部分の重さが等しくなるのは34.5cmのときだけという条件に反する。よって，(a)と(b)は同じ位置にあることがわかり，実際に切ったのは(c)の位置である。したがって，(c)の左側の長さが34.5cm，(c)の右側のOの長さが8cmだから，★の部分の長さは11.5cmである。　(イ) (ア)より，Oの長さは，34.5＋8＝42.5(cm)とわかるので，棒1本の重さは，10×42.5＝425(g)と求められる。

図2

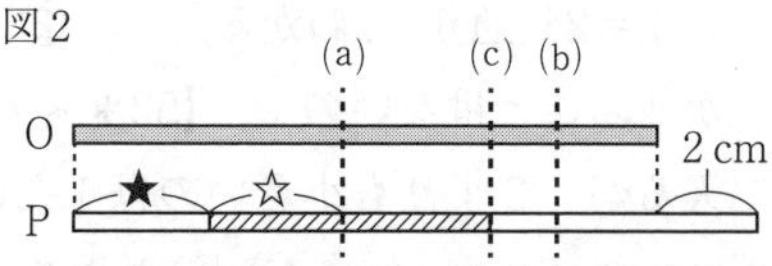

図3

★(1cmあたり8g)
☆(1cmあたり11g)　合わせて34.5cmで345g

(3) (ア) Aが動いたあとの線は，下の図4の太線のようになる。よって，ゴールの位置におけるAは「Pの右上」だから，スタートの位置におけるPの向きは図4のようになる。　(イ) Aが動いたあとの線はすべて半径3cmのおうぎ形の弧《こ》であり，中心角が，180−60＝120(度)のものが3か所，360－60×２＝240(度)のものが２か所である。したがって，中心角の和は，120×３＋240×２＝840(度)なので，Ａが動く距離《きょり》は，３×２×3.14×$\frac{840}{360}$＝43.96(cm)と求められる。　(ウ)　正三角形が通過するのは，図４のかげと斜線《しゃせん》の部分である。かげの部分はすべて半径が３cmのおうぎ形であり，中心角の合計は，120×２＋60×４＋180×２＝840(度)となる。これは，中心角が60度のおうぎ形の，840÷60＝14(個)分である。また，斜線の部分は１辺が３cmの正三角形７個分だから，(X)にあてはまる数は14，(Y)にあてはまる数は７となる。

図４

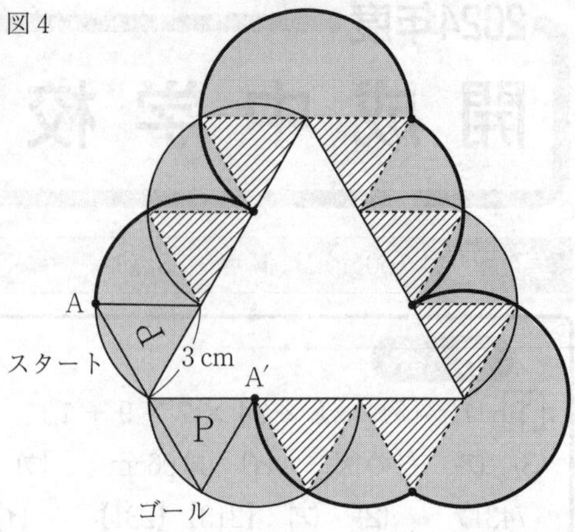

2　条件の整理，場合の数

(1)　右の図１のようになるから，結果は《7431》である。

図１

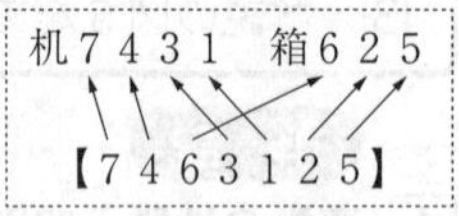

(2)　(ア)　１枚目のカードは必ず机に置くので，結果が《21》のときの１枚目のカードは２である。よって，考えられるのは【213】【231】である。どちらの場合も結果は《21》となり，条件に合う。　(イ)　(ア)と同様に，１枚目のカードは２である。よって，考えられるのは，【2134】【2143】【2314】【2341】【2413】【2431】となる。どの場合も結果は《21》となり，条件に合う。　(ウ)　①　１枚目のカードは２であり，【2＊＊＊＊】と表すことができる。ここで，４つの＊には{1，３，４，５}が入るが，２よりも小さいのは１だけだから，どの順番で入れても結果はすべて《21》になる。よって，４×３×２×１＝24(通り)とわかる。　②　１枚目のカードは５である。また，２よりも前に{1，３，４}が並ぶことはないので，【52＊＊＊】と表すことができる。ここで，３つの＊には{1，３，４}が入るが，２よりも小さいのは１だけだから，どの順番で入れても結果はすべて《521》になる。よって，３×２×１＝６(通り)となる。　(エ)　１枚目のカードは５である。(ウ)②と同様に，２よりも前に{1，３，４}が並ぶことはないので，(a)【52＊＊＊＊】，(b)【562＊＊＊】の２つの場合が考えられる。(a)の場合，４つの＊には{1，３，４，６}が入るが，２よりも小さいのは１だけだから，どの順番で入れても結果はすべて《521》になる。よって，４×３×２×１＝24(通り)となる。同様に，(b)の場合，３つの＊には{1，３，４}が入るが，２よりも小さいのは１だけなので，どの順番で入れても結果はすべて《521》になる。よって，３×２×１＝６(通り)となる。したがって，(a)と(b)を合わせると，24＋６＝30(通り)と求められる。

(3)　１枚目のカードは７であり，７，５，４，２，１はこの順に並ぶ。また，２よりも前に３が並ぶことはないから，１，２，３，４，５，７の並び方は右の図２のⅠの２通りである。次に，５よりも前に６が並ぶことはないので，Ⅰで６が並ぶ場所はどちらの場合も∧の５か所あり，たとえばⅡのようになる。さらに，８は７よりも後ろのどこにでも並べることができるから，Ⅱで８が並ぶ場所はどちらの場合も∧の７か所あり，たとえばⅢのようになる。同様に，９は７よ

図２

Ⅰ　【７５４２３１】【７５４２１３】
　　∧∧∧∧∧　　∧∧∧∧∧
Ⅱ　【７５６４２３１】【７５６４２１３】
　　∧∧∧∧∧∧∧　　∧∧∧∧∧∧∧
Ⅲ　【７８５６４２３１】【７８５６４２１３】
　　∧∧∧∧∧∧∧∧∧　　∧∧∧∧∧∧∧∧∧
Ⅳ　【７９８５６４２３１】【７９８５６４２１３】

りも後ろのどこにでも並べることができるので，Ⅲで９が並ぶ場所はどちらの場合も∧の８か所あり，たとえばⅣのようになる。よって，全部で，２×５×７×８＝560(通り)と求められる。

3 立体図形―展開図，構成，面積

(1) はじめに，展開図の頂点に右の図１のように記号をつける。面②と面③は下の図２のかげをつけた四角形に対応するから，各辺の長さは図２のようになり，１つ目の切断面は長方形AFE□とわかる。また，面④が長方形の一部であることから，２つ目の切断面はE，D，Gを含《ふく》む長方形とわかる。よって，この２つの面で切断すると，下の図３の太線の立体になる。次に，面①に注目すると，３つ目の切断面はA，B，Gを含む長方形であり，面①は図３の五角形AIHGBになることがわかる。したがって，面①～⑤の中でもともと直方体の面であったものは，②(台形AFCB)，③(台形CFED)，④(台形BCDG)の３つである。

図１
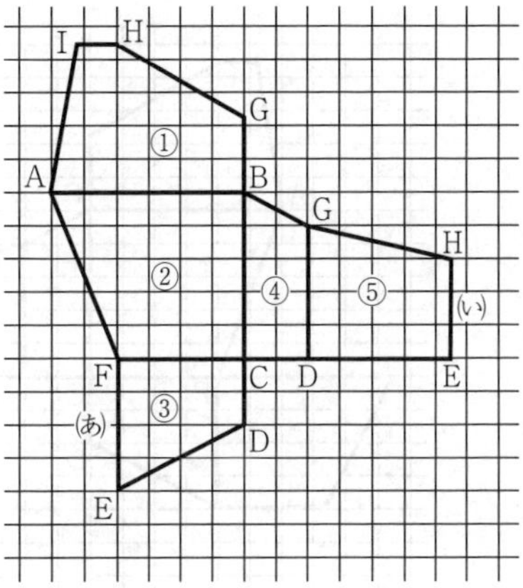

図２
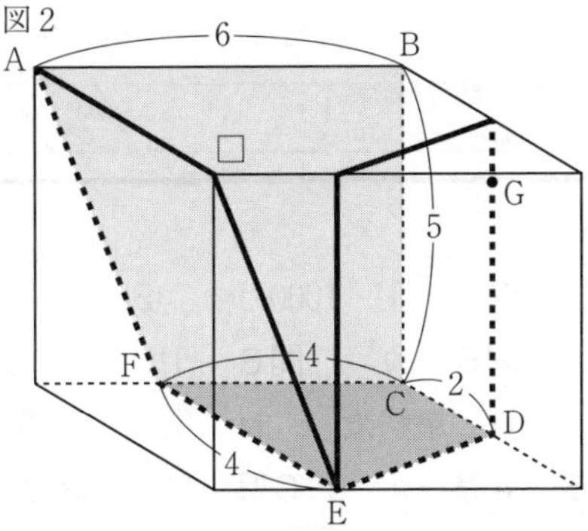

図３
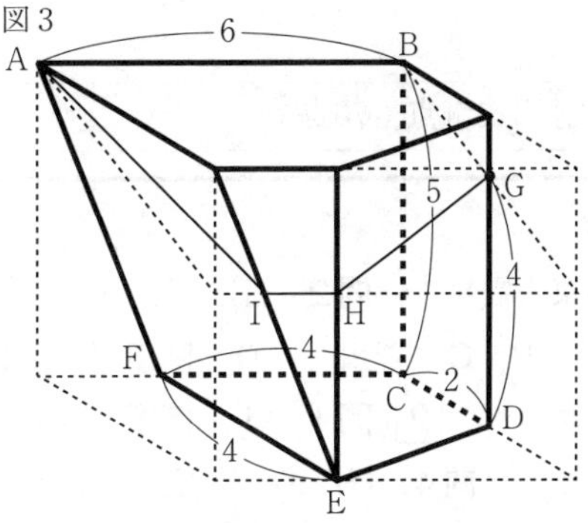

(単位はcm)

(2) (1)より，点D，E，Fは右の図４のようになる。図４で，Dは辺を，２：(４－２)＝１：１，EとFは辺を，(６－４)：４＝１：２に分ける点である。

図４
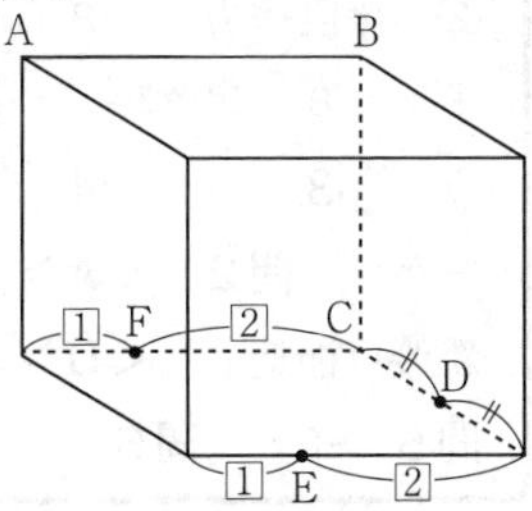

(3) (1)，(2)より，３つの断面は下の図５のようになる。

(4) (あ)につづく面は図３の台形FEIA，(い)につづく面は三角形EHIであり，下の図６のようになる。

(5) 下の図７の三角形EHIの面積を求める。JGの長さは，５－４＝１(cm)なので，かげをつけた三角形内の相似に注目すると，xの長さは，$1\times\frac{2+2}{2}=2$(cm)，y

図５
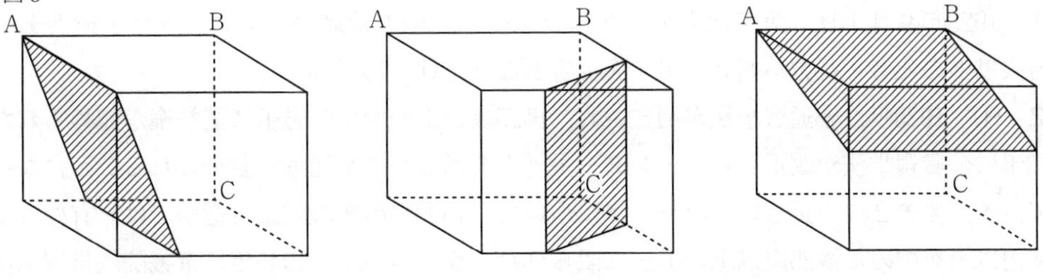

(＝HE)の長さは，５－２＝３(cm)とわかる。また，斜線をつけた三角形内の相似に注目すると，IHの長さは，(６－４)×$\frac{3}{5}$＝1.2(cm)とわかるから，三角形EHIの面積は，1.2×３÷２＝1.8(cm^2)と求められる。

図６

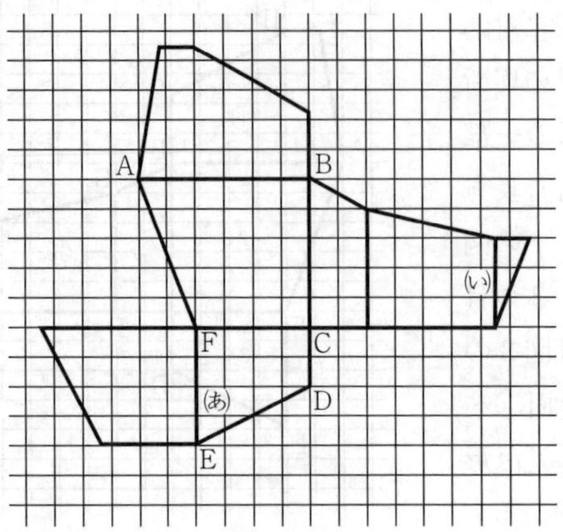

図７

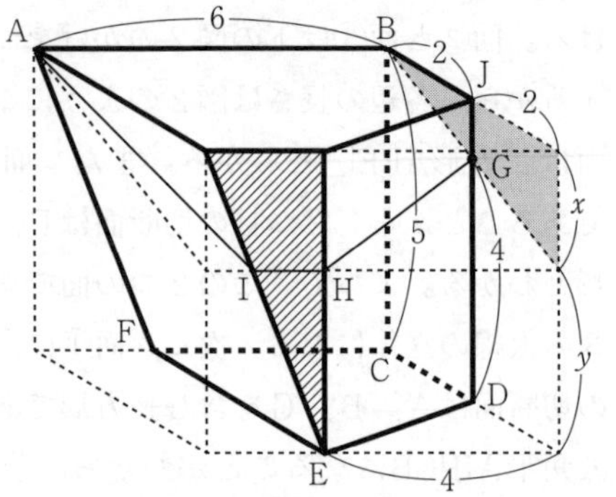

(単位はcm)

社　会　(40分)　<満点：70点>

解　答

[1] **問１**　関東大震災　**問２**　(1)　イ，オ　(2)　エ　**問３**　(1)　1000万　(2)　イ　(3)　海里　**問４**　(1)　**C**　荒川　**D**　隅田川　(2)　エ　**問５**　カ　**問６**　(1)　エ　(2)　ウ　**問７**　エ　[2] **問１**　**i**　薩摩　**ii**　松本　**iii**　扇状地　**iv**　尾道　**問２**　ウ　**問３**　イ　**問４**　(1)　ウ　(2)　ウ，オ　**問５**　**A県**…エ　**C県**…ア　**問６**　(1)　**B県**…ウ　**D県**…エ　(2)　**B県**…ウ　**C県**…ア　(3)　ウ　[3] **問１**　①　北条泰時　②　豊臣秀吉　③　小野妹子　④　徳川吉宗　⑤　鑑真　⑥　松尾芭蕉　⑦　北条政子　⑧　卑弥呼　⑨　徳川慶喜　⑩　天草四郎(益田時貞)　**問２**　(1)　エ　(2)　ウ，カ　(3)　ウ　(4)　ア　[4] **問１**　**<世界>**　イ→ア→エ→ウ　**<日本>**　ク→カ→キ→ケ　**問２**　**<A>**　(1)　カ　(2)　ア　**<B>**　ウ　**<C>**　(1)　ベルサイユ　(2)　新渡戸稲造　**<D>**　(1)　エ　(2)　イ　**問３**　**文京区**…エ　**台東区**…ア　**問４**　ウ　**問５**　イ　**問６**　ウ　**問７**　さいたま　**問８**　エ

解　説

[1] 2024年を題材にした問題

問１　1923年９月１日，関東地方をマグニチュード7.9の大地震がおそい，東京・横浜を中心に約10万人以上の死者・行方不明者を出す大災害となった(関東大震災)。

問２　(1)　1925年，普通選挙法が制定され，満25歳以上の全ての男子に選挙権が認められた。また，2013年に公職選挙法が改正され，インターネットを通じた選挙運動が認められることになった。よって，イ，オの２つが正しい。なお，アについて，1890年の衆議院議員選挙では，有権者は直接国税15円以上を納める満25歳以上の男子に限られた。ウについて，1945年に衆議院議員選挙法が改正され，満20歳以上の全ての男女に選挙権が認められた。エについて，2003年に公職選挙法が改正され，自筆が出来ない有権者は，投票所で係員２人の補助をうけて代理記載が出来るようになった。

(2)　市議会議員選挙では，被選挙権は満25歳以上で，引き続き３か月以上，その市内に住所を持つことが必要である。よって，エが正しくない。

問３　(1)「地球の北極点から赤道までの子午線上の長さ」は約10000kmであることから，１mはこの1000万分の１と定義されたと考えられる。　(2)　イの「バレル」はメートル法ではなく，ヤード・ポンド法における液体や果実・野菜などの体積を表す単位である。語源は「樽《たる》」で，石油を木の樽につめて取り引きしたことに由来する。国際的には，原油や石油製品，ビール，ウイスキーなどの酒類の売買取り引きで用いられ，石油については，１バレルはメートル法では約160Ｌに相当する。　(3)「地球上の緯度１分」に相当する長さを１海里という。地球１周の360分の１が緯度１度で，その60分の１が緯度１分（１海里）になる。よって，地球を１周する長さは約40000kmであるから，40000km÷360÷60＝1.8518…kmより，１海里は約1852mである。海里は，海面上の長さや航海・航空距離などを表す単位として用いられる。

問４　(1)　**C**　図１を見ると，河口が江戸川区と江東区の境にあって東京湾に注いでいるので，荒川である。荒川（全長173km）は秩父山地の甲武信ケ岳《こぶしがたけ》を水源として，埼玉県・東京都をおおむね東から南へ向かって流れる。　**D**　河口が中央区と江東区の境にあって東京湾に注いでいるので，隅田《すみだ》川である。隅田川（全長24km）は図２にある北区の「岩淵《いわぶち》水門」で荒川から南へ分岐し，東京都の東部をおおむね南へ向かって流れる。　なお，洪水被害が起こるのを防ぐ目的で，明治時代末期から大正時代にかけて新たに荒川放水路がつくられ，岩渕水門から河口までが荒川の本流となり，それまでの荒川は隅田川と改称された。　(2)　図３のグラフにおいて，Ｑは大きく山なりに水位が変化しているが，Ｐは山と谷を小刻みに繰り返していることがわかる。この小刻みの水位の変化は，岩淵水門の開閉によるもので，水門を閉じれば水位が下がり，開けると水位が上がる。よって，Ｐは隅田川，Ｑは荒川になるので，組み合わせはエがあてはまる。この岩淵水門の開閉により，おもに隅田川下流地域の洪水が少なくなった。

問５　図４の２つのグラフを見ると，1950年はＡ，ＢともにＸの割合が最も大きかったが，2017年はＡ，ＢともにＹの割合が大きい。また，Ａでは「航空」が少しずつ伸びており，Ｂでは「航空」がほぼゼロで，Ｚがおおむね40～50％の割合で推移していることがわかる。よって，Ａは旅客，Ｂは貨物を表し，輸送機関はＸが鉄道，Ｙが自動車，Ｚが船舶《せんぱく》になるので，組み合わせはカが当てはまる。

問６　(1)　アの小笠原諸島の返還は1968年，イの大阪万国博覧会の開催は1970年，ウのアポロ11号の月面着陸は1969年，エの第四次中東戦争は1973年の出来事である。よって，エが佐藤栄作首相の在任期間（1964年11月～1972年７月）に入らない。　(2)　WFPは「国連世界食糧《しょくりょう》計画」の略称で，その紋章《もんしょう》はウになる。飢餓《きが》のない世界を目指して活動しており，2020年にノーベル平和賞を受賞した。アはユニセフ（国連児童基金），イは国際連合，エはUNHCR（国連難民高等弁務官事務所）の紋章。

問７　「物流2024年問題」とは，2024年４月１日からトラックドライバーの時間外労働時間の上限が年間960時間に制限されることにより発生する諸問題のことである。トラックドライバーの収入減や転職者の増加，ドライバー不足による輸送力の低下，輸送コストの上昇などの問題が起こり，産業全体にあたえる影響も少なくない。よって，エが誤っている。

2　各県の特色についての問題

問１　**ⅰ**　薩摩半島は鹿児島県の鹿児島(錦江《きんこう》)湾をはさんで西側に位置する半島で，指宿《いぶすき》市は半島の南東端にある。「薩摩富士」とも呼ばれる開聞《かいもん》岳や指宿温泉がある。なお，東側に位置するのは大隅《おおすみ》半島である。　**ⅱ**　松本盆地は長野県の中部に開けた盆地で，安曇野《あずみの》市は盆地の中部にある。西側に「北アルプス」とも呼ばれる飛騨《ひだ》山脈が南北に連なり，平野部には昔ながらの田園風景が広がる。　**ⅲ**　松本盆地では，川が山間部から平地に出るところに「扇状地《せんじょうち》」という地形が発達している。扇状地はかつては桑《くわ》畑に，現在では果樹園に利用されている。　**ⅳ**　尾道市は広島県の南東部に位置し，瀬戸内海に面している。尾道市は，本四連絡橋の一つである「瀬戸内しまなみ海道」で愛媛県今治《いまばり》市と結ばれている。なお，説明文のＡ県は山形県，Ｂ県は鹿児島県，Ｃ県は長野県，Ｄ県は広島県，Ｅ県は岩手県。

問２　羽黒山(標高414m)は庄内平野の南部に位置し，月山・湯殿《どの》山とともに「出羽三山」を形成し，古くから修験道を中心とした山岳信仰の山として知られる。ほぼ北緯39度，東経140度に位置するので，組み合わせはウになる。

問３　岩手県の太平洋側には，山地が沈みこんでできたリアス海岸が広がっている。山地が海岸近くまで迫《せま》っているところが多く，複雑に入り組んだ入り江は水深が深く，波もおだやかで，湾内ではコンブやワカメ，カキなどの養殖がさかんに行われている。また，森からミネラル分を多く含む河川水が海に流れこみ，魚介類の栄養分となっている。よって，イが正しい。なお，アの大陸棚《だな》は発達していない。ウの湧昇《ゆうしょう》流は海洋深層水が海面表層に湧《わ》き上がる現象である。エについて，リアス海岸は山地が沈みこんでできた海岸地形であるため，砂浜ではなく岩石海岸になる。

問４　⑴　表１を見ると，Ｈは生乳生産量の割合が全国の半分以上を占め，用途では乳製品向けの割合がとても高いので，大消費地から遠い北海道になる。また，Ｇは牛乳等向けの用途の割合がきわめて高いので，大消費地に近い関東・東山《とうさん》になる。よって，組み合わせはウである。　⑵　図１を見ると，乳用牛の飼養頭数はこの30年間に約200万頭から約130万頭と約70万頭減り，飼養戸数はこの30年間で約65千戸から約15千戸と４分の１近くになっているので，１戸あたりの飼養頭数は増えていることになる。また，図２において，牛乳生産量は1989年は約420万kL，2021年は約320万kLなので，半分にはなっていない。よって，ウ，オの２つが誤っている。

問５　Ａ　山形県の天童市は，「将棋駒《しょうぎごま》」の産地として知られる。　Ｃ　長野県の飯山市は，「飯山仏壇《ぶつだん》」の産地として知られる。　　なお，イの「大島紬《つむぎ》」は鹿児島県，ウの「熊野筆」は広島県，オの「南部鉄器」は岩手県の伝統的工芸品である。

問６　⑴　Ｂ　鹿児島県は重化学工業はそれほどさかんではなく，豚やブロイラー，肉用牛などの畜産品，焼酎《しょうちゅう》・茶などの飲料の割合が高いので，グラフのウがあてはまる。　Ｄ　広島県は瀬戸内工業地域に含まれ，自動車などの輸送用機械や鉄鋼の割合が高いので，エがあてはまる。なお，アは長野県，イは山形県。　⑵　Ｂ　鹿児島県は南部に奄美《あまみ》諸島など多くの島々があるため，「国内航路乗込人員」は多いが，「鉄道旅客輸送人員」は少ない。よって，表２のウがあてはまる。　Ｃ　長野県は海のない内陸県なので，「国内航路乗込人員」はほぼゼロである。よって，表２のアがあてはまる。イは岩手県，エは広島県。　⑶　Ａ　山形県の山形市は日本海側の気候に属し，冬は雪やくもりの日が多いため日照時間が少ない。また，山形市は山形県の内陸部に位置するため，年較差《ねんかくさ》が大きい。よって，表3のウがあてはまる。アは鹿児島市，イは広島市，エは盛岡市，オは長野市。

3 各時代の歴史的なことがらについての問題

問1　①　北条泰時《やすとき》は鎌倉幕府の第3代執権《しっけん》で，1232年に初の武家法である御成敗(貞永《じょうえい》)式目を制定した。　②　豊臣秀吉は織田信長に仕え，信長亡きあとの1590年に全国統一(天下取り)をはたした。「太閤」は関白の職を子にゆずった者をいい，秀吉は養子の秀次に関白をゆずったためにそう呼ばれた。　③　小野妹子は聖徳太子の命で，607年に遣隋使として隋(中国)に渡り，「日出づる処《ところ》」で始まる太子の手紙を隋の皇帝・煬帝《ようだい》に渡した。　④　徳川吉宗は江戸幕府の第8代将軍で，享保の改革(1716～45年)を行って幕政を再建した。吉宗はとくに米価の安定に努めたことから，「米将軍」と呼ばれた。　⑤　鑑真は唐(中国)の高僧で，日本の招きに応じて来日を決意。5度の渡航失敗と失明するという不運を乗りこえ，753年，6度目の航海で念願の来日をはたした。僧と尼《に》僧の守るべききまりである戒律を日本に伝え，平城京に唐招提寺《とうしょうだいじ》を建てるなど日本の仏教発展につくした。　⑥　松尾芭蕉は江戸時代前半の元禄文化を代表する俳人で，東北地方から北陸地方を旅して俳諧《はいかい》紀行文『奥の細道』を著した。　⑦　北条政子は鎌倉幕府を開いた源頼朝の妻で，頼朝亡きあと父の時政や弟の義時らとともに政治を行い「尼《あま》将軍」と呼ばれた。承久の乱(1221年)という“いざ鎌倉”の一大事が起こったさい，政子は鎌倉に集まった御家人を前に頼朝の恩の深さを説いて結束を固め，幕府軍を勝利に導いた。　⑧　卑弥呼《ひみこ》は3世紀の日本にあった邪《や》馬台《またい》国の女王で，239年に魏(中国)に使いを送り，皇帝から「親魏倭王《しんぎわおう》」の称号と金印，銅鏡などを授けられた。　⑨　徳川慶喜《よしのぶ》は江戸幕府最後の第15代将軍で，1867年に大政奉還を行い，政治の実権を朝廷に返した。これにより，約260年続いた江戸幕府が滅び，鎌倉時代以来のおよそ700年にわたる武家政治も終わった。　⑩　16歳の天草四郎(益田時貞《ますだときさだ》)は，キリスト教徒らによる天草・島原一揆(1637～38年)のリーダーとなり，約3万7000人を率いて原城跡(長崎県南島原市)に立てこもって幕府軍に激しく抵抗した。

問2　(1)　⑪の読み札は，遣唐使を指している。アの阿倍仲麻呂《あべのなかまろ》，イの犬上御田鍬《いぬかみのみたすき》，ウの空海はそれぞれ遣唐留学生・遣唐使・留学僧として，唐(中国)の都の長安に渡っているが，エの菅原道《すがわらのみち》真《ざね》は894年に遣唐使の廃止を朝廷に進言した貴族である。　(2)　⑫の読み札は，紫式部の長編小説『源氏物語』を指している。紫式部が活躍した平安時代には，紀貫之《きのつらゆき》が日記『土佐日記』，清少納言が随筆『枕草子《まくらのそうし》』をかな文字を使って著している。よって，ウ，カの2つがあてはまる。アの『御伽草子《おとぎぞうし》』は室町時代に成立した庶民のための読みもの。イの『徒然草《つれづれぐさ》』は吉田兼好《けんこう》の随筆，エの『平家物語』は軍記物，オの『方丈記《ほうじょうき》』は鴨長明《かものちょうめい》の随筆で，いずれも鎌倉時代に成立している。　(3)　⑬の読み札は，室町時代後半の東山文化で生まれた「書院造」の銀閣(慈照寺《じしょうじ》)を指している。写真はウがあてはまる。アは金閣(鹿苑寺《ろくおんじ》)，イは法隆寺，エは平等院鳳凰《ほうおう》堂。　(4)　⑭の読み札は，江戸時代後半の化政文化で活躍した浮世絵師の歌川広重《ひろしげ》と，その代表作の「東海道五十三次」を指している。資料のアがその1枚目の「日本橋行列振出《ふりだし》」である。エは葛飾北斎《かつしかほくさい》「富《ふ》嶽《がく》三十六景」のうちの「神奈川沖浪裏《なみうら》」。

4 東京の地域調査を題材とした問題

問1　**＜世界＞**　アのアメリカ同時多発テロ事件は2001年，イのソビエト連邦の崩壊《ほうかい》は1991年，ウの新型コロナウイルスの世界的流行の開始は2019年，エのロシアによるクリミア半島併合宣言は

2014年の出来事である。よって，年代順はイ→ア→エ→ウになる。　**＜日本＞**　カの東日本大震災は2011年，キの元号が「令和」になったのは2019年，クの阪神・淡路大震災は1995年，ケの東京オリンピック・パラリンピック開催は2021年の出来事である。よって，年代順はク→カ→キ→ケになる。

問２　**＜A＞**　⑴　日清戦争(1894～95年)後の三国干渉は，ロシアがドイツ・フランスを誘《さそ》って日本に圧力をかけた出来事。よって，カが正しい。　⑵　三国干渉後，日本国内でロシアへの復《ふく》讐《しゅう》を誓《ちか》う社会的空気が広まったが，そのスローガンは，「臥薪嘗胆《がしんしょうたん》」という言葉で表現された。これは「みずから薪《まき》の上に寝て身を苦しめ，苦い肝《きも》を嘗《な》めることで屈辱《くつじょく》を忘れないようにした」という故事にもとづくもので，中国の春秋時代に呉王が，長い間苦労を重ねることで父のかたきの越王を討《う》とうとしたことに由来する。イの「捲土重来《けんどちょうらい》」は一度失敗した者が非常な勢いで盛り返すこと，ウの「呉越同舟《ごえつどうしゅう》」は，仲の悪い者どうしが同じ場所にいあわせること，エの「四面楚歌《しめんそか》」は，周りは全て敵ばかりで孤立し，助けがないこと。　**＜B＞**　日露戦争(1904～05年)の講和会議はアメリカのポーツマスで行われ，日本の代表は小村寿太郎《じゅたろう》外相であった。よって，ウが誤っている。　**＜C＞**　⑴　第一次世界大戦(1914～18年)の講和会議はフランスの首都であるパリ郊外のベルサイユ宮殿で行われ，1919年にベルサイユ条約が結ばれた。　⑵　新渡戸稲造《にとべいなぞう》は札幌農学校に学んだ教育者・農政学者で，1920年に国際連盟が発足すると，その事務次長に就任した。

＜D＞　⑴　外交官の杉原千畝《ちうね》が「命のビザ」を発行してユダヤ人の海外逃亡を救ったのは，千畝が1940年にリトアニアの領事館に勤務していたときである。なお，リトアニアはアのエストニアとウのラトビアとともに「バルト三国」を形成している。イのフィンランドは北欧の国。　⑵　鈴木貫太郎内閣は戦争終結をはかるために成立し，連合国が出した「ポツダム宣言」を受け入れ，敗戦を伝える天皇の「玉音放送」が流された後，総辞職した。なお，アの近衛文麿《このえふみまろ》，ウの東条英機《ひでき》，エの米内光政《よないみつまさ》はこれ以前の首相。

問３　文京区には，その区名の通り，東京大学をはじめとする教育機関が多く，東京ドームや湯島天神などもある。よって，エがあてはまる。台東区には，上野恩賜《おんし》公園や浅草寺などがあるので，アがあてはまる。イは港区，ウは中央区。

問４　西東京市は2001年，田無《たなし》市と保谷《ほうや》市が合併して成立した。なお，その他の市は，合併せずに全てそのまま東京都多摩地区にある。

問５　縄文時代の人々が生活する様子は，貝や魚の食べかす・動物の骨・石器の破片などが捨てられた貝塚を発掘することで知ることができる。よって，イが正しい。アの赤褐色《せきかっしょく》で薄手《うすで》の土器は弥生土器，ウの高床倉庫，エの環濠《かんごう》集落は，全て弥生時代以降。

問６　「平成の大合併」により，1999年に3232あった市町村が，2010年には1727にまで減った(いずれも３月31日時点)。よって，ウがあてはまる。

問７　さいたま市は2001年，浦和・大宮・与野の３市が合併して発足した。

問８　奈良時代の律令制度の下にあって，地方の国ごとの政治は都(中央)から派遣された国司が行った。よって，エが正しくない。国司の下の郡司には，地元の豪族が任命された。

理 科 (40分) ＜満点：70点＞

解 答

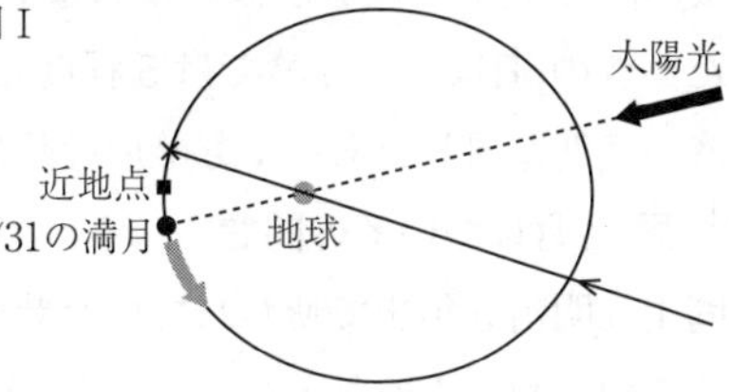

図Ⅰ

1 問1 炭酸水 問2 塩酸 問3 イ 問4 11g 問5 40g 問6 イ，オ

2 問1 昔…イ 現在…エ 問2 354日 問3 a うるう年 b 平年 c うるう年 問4 エ 問5 エ 問6 ア 問7 右の図Ⅰ

3 問1 カ，ケ 問2 イ，エ，カ，キ，ケ 問3 (1) ウ (2) エ (3) イ (4) ア (5) ア 問4 ア，イ，キ 問5 (1) イ (2) ウ (3) エ (4) イ (5) ウ

4 問1 ウ 問2 オ 問3 イ，ウ 問4 ① 6：3：2 ② 比例 ③ 反比例 問5 (d) 問6 (d) 問7 右の図Ⅱ

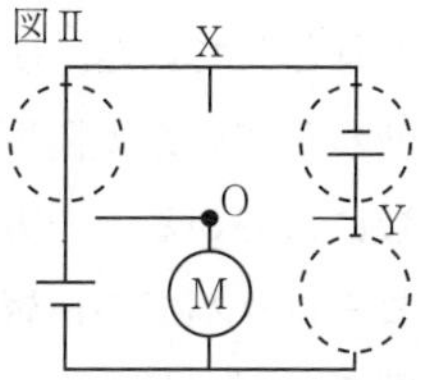

図Ⅱ

解 説

1 水溶液《すいようえき》の性質についての問題

問1，問2 実験1で，水を蒸発させたときに白い固体が残る水溶液B，水溶液C，水溶液Dは，固体がとけている重そう水か食塩水か石灰水で，何も残らなかった水溶液Aと水溶液Eは，気体がとけているアンモニア水か塩酸か炭酸水である。また，実験2で，においがあった水溶液Aはアンモニア水か塩酸である。そして，実験3で，青色リトマス紙を赤色に変えた水溶液Aと水溶液Eは，酸性である塩酸か炭酸水である。したがって，水溶液Eは炭酸水とわかり，水溶液Aは塩酸とわかる。

問3 実験3で，水溶液Dは赤色リトマス紙の色も青色リトマス紙の色も変化させなかったことから，中性の食塩水である。これより，水溶液Bと水溶液Cは重そう水か石灰水となる。これらの水溶液を区別するには，二酸化炭素をふきこめばよい。重そう水は変化がないが，石灰水は白くにごる。なお，重そう水も石灰水もアルカリ性のため，BTB溶液では判別できず，重そうと，石灰水に溶けている消石灰はいずれも金属ではないので，磁石にもつかず，電気も通さない。

問4 50℃の水80gにほう酸は，4.0＋4.8＝8.8(g)とけたので，50℃の水100gには，$8.8\times\frac{100}{80}=11$(g)とける。

問5 25℃の水80gには，ほう酸を4.0gまでとかすことができるのだから，7.0gのほう酸をとかすのに必要な水は，$80\times\frac{7}{4}=140$(g)である。したがって，追加する水は，140－100＝40(g)となる。

問6 ア 実験4より，25℃の水80gにほう酸を4.0gとかしたときのpHは5程度だが，実験7より，市販《しはん》の酢《す》のpHは2～3程度なので，このほう酸水溶液の方が市販の酢より酸性の強さは弱い。 イ 実験5より，25℃の水80gにクエン酸を4.0gとかしたときのpHは2程度で，60gとかしたときのpHは1程度だから，クエン酸水溶液を水でうすめる(濃度《のうど》がうすくなる)と酸性の強さは弱くなるといえる。 ウ 実験5で，水(pH7)からのpHの変化量をくらべると，クエン酸を4.0gとかしたときは，7－2＝5で，60gとかしたときは，7－1＝6になる。よって，クエン酸を，60

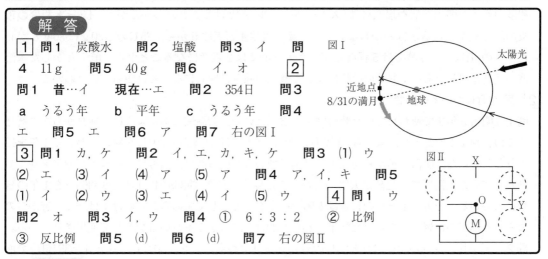

÷4.0＝15(倍)とかしてもpHの変化量は，6÷5＝1.2(倍)にしかならないので，水にとかしたクエン酸の重さとpHの変化量は比例していないことがわかる。　エ　実験6と実験7より，pHが1程度のクエン酸水溶液や塩酸に鉄(スチールウール)がとけることがわかるが，pH2～3程度の市販の酢で鉄がとけるかはわからない。　オ　実験4と実験5から，25℃の水80gに4.0gとかしたときのpHは，ほう酸では5程度だが，クエン酸では2程度になることから，酸をとかした水溶液の濃度が同じであっても酸の種類によって酸性の強さは同じになるとは限らないとわかる。

2 暦《こよみ》と月についての問題

問1　明治5年まで使われていた昔の暦を太陰暦《たいいんれき》といい，会話文にあるように，新月から次の新月までの日数を1ヶ月とし，大の月(1ヶ月が30日)と小の月(1ヶ月が29日)を組み合わせて1年を12ヶ月としていた。明治6年から現在まで日本で使われている暦は，おもにヨーロッパやアメリカで使われていた太陽暦で，地球が太陽のまわりを1周する日数(約365.242日)に近い365日を1年の日数にしている。一方，1ヶ月の長さは太陽の動きをもとにして定められたわけではなく，昔からのヨーロッパでの慣習を引き継いだ結果，28日と30日と31日が1ヶ月の日数として使用されている。

問2　1ヶ月の長さが30日の月と29日の月が6ヶ月ずつあるから，30×6＋29×6＝354(日)である。

問3　**a**　2020年や今年(2024年)はうるう年なので，西暦が4で割り切れる年はうるう年である。　**b**　1900年は平年であることから，西暦が4で割り切れる年のうち，100でも割り切れる場合は例外的に平年になることがわかる。　**c**　2000は100でも400でも割り切れる。よって，西暦2000年がうるう年であることから，西暦が100で割り切れても，400で割り切れる年はうるう年になるといえる。

問4　昔の暦では，新月の日が毎月の1日にあたるので，7日に見える月は上弦《じょうげん》の月に近いエの形と考えられる。

問5　昔の暦では，12ヶ月が，29.53×12＝354.36(日)で，1年(365日)で，365－354.36＝10.64(日)足りなくなる。そのため，うるう月を30日とすると，30÷10.64＝2.81…より，約2.8年に1回うるう月を入れることになる。すると，10÷7＝1.42…，19÷7＝2.71…より，19年に7回うるう月が入ったとわかる。

問6　Aを40.7万km，Bを35.7万kmとすると，Cの距離《きょり》は，$C＝A－(A－B)×0.9$＝40.7万－(40.7万－35.7万)×0.9＝36.2万(km)となる。よって，2023年の8月2日に見えた満月と地球との距離(35.8万km)はCよりも短いので，この日の満月はスーパームーンといえる。

問7　地球は太陽のまわりを365日で1周(360度)，つまり，1日に約1度ずつ反時計回りに公転している。これより，8月2日から8月31日までの，31－2＋1＝30(日間)で，地球は太陽のまわりを約30度，反時計回りに移動することになる。このとき，地球から見ると，太陽が反時計回りに30度移動したように見える。つまり，地球から見た8月2日の太陽の位置は，8月31日の太陽の位置に比べて時計回りに30度移動して見える。また，満月のとき，月の位置は地球に対して太陽と反対側にある。よって，8月2日の太陽光の向きと満月の位置は，解答の図Ⅰのようになる。

3 昆虫《こんちゅう》などの虫についての問題

問1　オカダンゴムシはエビやカニなどのなかまで，ジョロウグモはクモのなかまである。

問2　最も数が多い成虫(成体)のグループは，ほかの昆虫を食べるもので，ナナホシテントウ，アキアカネ，ギンヤンマ，オオカマキリ，ジョロウグモがあてはまる。なお，葉を食べるのはショウリョウバッタで，花の蜜《みつ》を吸うのはモンシロチョウ，キアゲハ，アオスジアゲハで，木の汁《しる》を吸うのはヒグラシ，アブラゼミ，クマゼミで，樹液をなめるのはカブトムシ，ノコギリクワガタである。

問3　モンシロチョウはさなぎ，ナナホシテントウは成虫，カブトムシは幼虫，オオカマキリとエンマコオロギは卵で冬越《ご》しをする。

問4　幼虫からさなぎを経て成虫になる成長のしかたを完全変態といい，ここでは完全変態をする昆虫として，モンシロチョウ，カブトムシ，クロオオアリが選べる。なお，さなぎを経ない成長のしかたを不完全変態という。

問5　ふつう，幼虫はえさがある場所で生活している。モンシロチョウの幼虫はキャベツなどアブラナ科の植物の葉を食べるのでそれらの植物の葉の裏にいることが多い。同様に考えると，カブトムシの幼虫は微生物などに分解されてやわらかくなった枯《か》れ木や落ち葉(腐《ふ》葉《よう》土)を食べるので土の中，アキアカネの幼虫は水田や池などの水の中でミジンコなどの小動物を食べて育つので水の中，ショウリョウバッタの幼虫は主にエノコログサなどイネ科の植物の葉を食べるので葉の裏，アブラゼミの幼虫は木の根から汁を吸うので土の中にいることが多い。

4　電流回路についての問題

問1　アとイの回路では，どちらかのスイッチを１つ閉じても乾《かん》電池１個と豆電球１個をつないだ回路になり，ウの回路では，どちらかのスイッチを１つ閉じても乾電池が２個直列につながったものと豆電球１個をつないだ回路になり，エとオの回路では１つのスイッチを閉じても回路がつながらず豆電球に電流が流れない。乾電池を直列につなぐと，回路に流れる電流の大きさが大きくなるため，ウの回路の豆電球が最も明るく光る。

問2　オの回路では，片方のスイッチを閉じても回路に電流は流れないが，両方のスイッチを閉じると，乾電池２個が直列につながったものと豆電球１個をつないだ回路となるので豆電球がつくようになる。一方，エの回路では，両方のスイッチを閉じても，２個の乾電池の＋極どうし－極どうしが直列につながるので電流が流れず豆電球はつかない。なお，ア～ウの回路は，スイッチを１つだけ閉じても豆電球がつくのであてはまらない。

問3　アの回路について，２つのスイッチを閉じると乾電池が２個つながったショート回路になるため豆電球に電流が流れなくなる。イの回路について，スイッチを２つ閉じたときには乾電池２個が並列につながったものと豆電球１個をつないだ回路となる。これは問１で述べた，乾電池１個と豆電球１個をつないだ場合と豆電球に流れる電流の大きさが同じになるので，豆電球の明るさは変わらない。また，ウの回路について，スイッチを１つ閉じても２つ閉じても乾電池と豆電球のつながり方は変わらないので，豆電球の明るさは変わらない。よって，イの回路とウの回路があてはまる。

問4　①　図３で，電流を流した時間が３分のとき，水の上昇《じょうしょう》温度は，直列につないだ電熱線が１個のとき６℃，２個のとき３℃，３個のとき２℃だから，水の上昇温度の比は，６：３：２と求められる。　②　図２で，直列につないだ電熱線の数が１個のときに流れる電流の大きさは３Ａで，２個のときは1.5A，３個のときは１Ａと読み取れる。よって，電熱線に流れる電流の大きさの比は，３：1.5：１＝６：３：２となり，①で求めた比と同じになるので，電熱線に同じ時間だけ電流を流したときの水の温度上昇は，電流の大きさと比例しているといえる。　③　電熱線の個数が１個，２個，３個と増えると，水の温度上昇は，①で求めた比を使うと，$\frac{3}{6}=\frac{1}{2}$(倍)，$\frac{2}{6}=\frac{1}{3}$(倍)になる。よって，電熱線に同じ時間だけ電流を流したときの水の温度上昇は，直列につながった電熱線の数に反比例しているといえる。

問５ (b)の回路はどの電熱線にも電流が流れないから，水の温度は上昇しない。(c)の回路は，電源装置に電熱線２個が直列につながり，(d)の回路は電源装置に電熱線が１個つながった回路になる。問４の③で述べたように，同じ時間だけ電流を流したとき，水の温度上昇は直列につないだ電熱線の数に反比例するから，(d)の回路が最も水の温度が上がるとわかる。

問６ モーターに流れる電流の大きさが大きいほどモーターは速く回ると考えられる。それぞれの回路につながる乾電池の数は，(b)は０個，(c)は１個，(d)は直列につながったものが２個なので，(d)の回路のモーターが最も速く回る。

問７ ＯとＸをつないだときに乾電池１個とモーターがつながり，ＯとＹをつないだときに乾電池２個が直列につながったものとモーターがつながればよい。よって，解答の図Ⅱのように乾電池と導線をつなげばよい。

国　語　(50分)　＜満点：85点＞

解　答

一　**問１**　①　プールの水　②　下脚のない全身　③　(例)　背と腰を左右にくねらせる　**問２**　(例)　失明者に同行した屋外で空気の唸りに包まれ，その振動から聞き分けられる多様なできごとの音が歩行を支えていると実感したから。　**問３**　(例)　両者とも不自由さのなかで身体が環境と深く触れ，そこで見出された行動にアフォーダンスがあらわになる点。

二　**問１**　(例)　同じクラスに苛めの標的になりそうなもう一人の転校生がいるため，自分が的にされる心配はないだろうということ。　**問２**　(例)　周囲に溶け込めない自分や翔也と異なり，むじゃきにはしゃぐクラスメイトを，相容れない存在ととらえ，冷めた思いを抱いている。

問３　(例)　見事な鳥の模型をつくった翔也がクラスメイトたちの人気の的となることで，苛めの対象が自分になってしまうのではないかと恐れている。　**問４**　(例)　どこにも居場所がなく死ぬつもりだったが，絶望のなかで見た鵺のような異端として，忌み嫌われても堂々と生きればよいと考えるようになった。　**問５**　下記を参照のこと。

●漢字の書き取り

二　**問５**　①　一挙一動　②　呼吸　③　退治　④　神聖　⑤　異質

解　説

一　**出典：佐々木正人《ささきまさと》『時速250kmのシャトルが見える―トップアスリート16人の身体論』**。学生から聞いた話や自身の実体験などをもとに，筆者は環境《かんきょう》が身体に新しい動きをもたらす「アフォーダンス」について説明している。

問１　①～③　直前で説明されているとおり，「アフォーダンス」とは「周囲の環境のなか」に存在する，人々の「行動を可能にしているさまざまな性質」，つまり(人間にとっての)「環境の意味」

を指す。「膝《ひざ》から下を両脚《りょうあし》とも切断した人」が「リハビリ」として「プールで泳ぐ」とき，はじめは「誰《だれ》もが短くなった大腿《だいたい》部を使ってバタ足をする」ものの，やがてその「上下動」から自然と「魚が水の中を泳ぐような，背と腰《こし》をくねらせる水平運動」に移行し推進力を得るようになる，という話を国立身体障害者リハビリテーションセンター学院の学生さんから聞いた筆者は，その過程に「アフォーダンス」を見出《みいだ》している。これは「プールの水」に備わった性質が，「下脚《かきゃく》のない全身」に“背と腰をくねらせ，左右に水平運動をさせる”という行為《こうい》を「与《あた》え」たといえる。

問２　続く部分で，筆者は「アフォーダンス」の存在を認めることができた「一つのきっかけ」について説明している。以前，失明した男性の歩行訓練に同行していた筆者は，屋外でのリハビリのさい「外の空気全体が唸《うな》るように，全身を包み，降りかかってくるような感じがして，街を歩くとはこういう音の中にいることなのだということをはじめて実感した」と語っている。つまり筆者はこの体験を通じて，視覚障害者たちが屋外で「空気中に満ちている多様な振動《しんどう》やその微細《びさい》な変化」を感じとり，今いるところ，周囲にある物，起きている事象を発見・認識《にんしき》しながら歩いていることに気づいたのである。これが「アフォーダンスがある」という確信につながったのだから，「失明した人について歩きながら，空気中に満ちている多様な振動に気づき，音という環境が行動を導いていることを体感できたから」といった趣旨《しゅし》でまとめる。

問３　失明者は「空気中に満ちている多様な振動やその微細な変化」を敏感《びんかん》にとらえながら生活し，アスリートは「日常ではあり得ない危険と困難に満ちた環境」のなかで「わずかな自由」を見出し，自らの身体の動きに反映させている。いずれも，自らにとって困難な環境に身を置いていることが，問１でみたような，新しい自由な「動き」の発現につながっているのである。つまり，「不自由」さのなかで身体と環境との接触《せっしょく》面に動きの可能性を探《さぐ》り，その過程に「アフォーダンス」があらわになるところが共通しているといえる。これらを整理し，「身体または環境の不自由さのなかで，どちらも自由な動きが現れてくる過程にアフォーダンスが見てとれる点」のようにまとめる。

二　**出典：千早茜《ちはやあかね》「鵺《ぬえ》の森」（『おとぎのかけら―新釈《しんしゃく》西洋童話集』）**。十五年以上前，山奥《やまおく》の小学校で転校生どうしだった翔也《しょうや》と「僕《ぼく》」（堤《つつみ》）がぐうぜん街で出会い，「僕」が当時を回想するようす，翔也が当時を語るようすが描《えが》かれている。

問１　「それまでいたどこの街より粘着《ねんちゃく》質」かつ「保守的」で，「一度，異物だとみなされたら」徹底《てってい》して排除《はいじょ》されかねない「田舎《いなか》の空気」のなかに，転校生である「僕」がおかれていたことをおさえる。「僕」はこの街で慎重《しんちょう》に立ち回らなければならなかったものの，家族関係によくない噂《うわさ》があり，かついかにも「苛《いじ》めて下さい」という雰囲気《ふんいき》の滲《にじ》みでていた同じ転校生の翔也がいたおかげで，「標的」になることはないだろうと「安心」していたのだから，「自分と同じ転校生で，かつ一風変わった翔也が苛めの対象となることで，自分はその標的とはならないだろうということ」のようにまとめる。

問２　問１でみたとおり，「粘着質」かつ「保守的」，そして排他的なこの田舎の街で，「僕」と翔也は「よそ者」として常に苛めの危険にさらされ，息苦しさを覚えながら暮らしている。「どんなに自分を殺しても完全に溶《と》け込《こ》むこと」などできないと考えているなか，一方では何の屈託《くったく》もなく「はしゃぐクラスメイト」たちを見て，「僕」は，「よそ者」である自分たちが，彼《かれ》ら（彼女《かのじょ》ら）とは相容《あいい》れない存在であることをより強く感じたと想像できるので，これをふまえ，「苛めを恐《おそ》れて過ごす自分たちとは対照的な，声高にはしゃぐクラスメイトたちのようすに，冷ややかな思いを抱《いだ》いている」のような趣旨でまとめる。

問3　「泣き虫でグズ」のはずだった翔也が，夏休み中に製作したのであろう「小さく切った無数の割り箸《ばし》で組み立て」た見事な「白い鳥の模型」を机の上に置き，その周囲にはクラスメイトたちが集まっているという「見慣れない光景」を，「僕」は目撃《もくげき》している。「口をあけて見惚《みと》れている」男子，遠巻きに「何あれ，すごい，すごい」と騒《さわ》ぐ女子にもてはやされている翔也の姿を見た「僕」は，「大きく羽を伸《の》ばして，今にも飛び立ちそうに生き生きとしている」鳥の模型に驚《おどろ》く一方，そこに翔也を重ね，彼が同じ「よそ者」である自分のもとから離《はな》れ，クラスメイトに溶け込んでいってしまうようなさびしさを感じるとともに，「苛め」の「標的」が自分に回ってきてしまうのではないかという焦《あせ》りや「恐怖《きょうふ》」を抱いたと想像できる。この点をふまえ，「翔也の製作した模型に驚くとともに，クラスメイトが翔也に敬意を抱くようになって，今度は自分が苛めの対象になるのではないかと不安になっている」のようにまとめる。

問4　共有していた秘密を「僕」にばらされたために，再びクラスメイトから暴行を受けることとなった翔也が，胸に彫《ほ》った「青黒い鳥」の刺青《いれずみ》にまつわるよからぬ噂によって疎外《そがい》され，学校を休みがちになったことをおさえる。十五年以上たって「僕」と再会した翔也は，あのとき，学校でも家でも居場所がなくなり，「命を捨て」ようと入った「鵺の森」で，恐ろしいほどの「禍々《まがまが》し」さゆえにかえって「圧倒《あっとう》的」な美しさを誇《ほこ》る「鵺を見た」と語っている。その「忌《い》み嫌《きら》われ」ながらも「堂々としていられる」姿に，翔也は「拒絶《きょぜつ》されて，死の淵《ふち》まで行って」はじめて，「周りと違《ちが》うって言われても」，理解などされなくても「一人でいい」と「目の前がひらけた」のである。つまり，「苛められていた頃《ころ》」には，いつか「自分と同じ人たち(自分を理解してくれる人たち)のところへ行けると夢見」ていたが，絶望し，死のうとして向かった森で鵺の魅力《みりょく》に触れたことを通じて，共同体での仲間外れなど「怖《こわ》くない」と翔也は思うようになったのである。これをもとに「苛めによりこの世界に自分の居場所はないと感じ命を捨てたいと思ったが，禍々しくも美しい鵺を見たことで，どんなに忌み嫌われても一人で堂々と生きていけばよいと思うようになった」，あるいは「理解者に会えるのを夢見ていたものの，激しい苛めに絶望して向かった森で鵺の姿を見たことで，自分も鵺と同様，堂々と忌み嫌われる異端《いたん》として生きる覚悟《かくご》ができた」のようにまとめる。

問5　①　一つひとつの動作。ちょっとしたしぐさやふるまい。　②　息を吸ったり吐《は》いたりすること。　③　悪いものや害を及《およ》ぼすものを滅《ほろ》ぼすこと。　④　尊くて近寄りがたいようす。　⑤　違う性質を持っているようす。

2023 年度

開成中学校

【算　数】（60分）〈満点：85点〉

【注意】 1．問題文中に特に断りのないかぎり，答えが分数になるときは，できるだけ約分して答えなさい。円周率が必要なときは3.14を用いなさい。

2．必要ならば，「角柱，円柱の体積＝底面積×高さ」，「角すい，円すいの体積＝底面積×高さ÷3」を用いなさい。

3．式や図や計算などは，他の場所や裏面などにかかないで，すべて解答用紙のその問題の場所にかきなさい。

1　ウサギとカメが競走をしました。

カメはスタート地点からゴール地点まで，毎分４mの速さで走り続けました。

ウサギはスタート地点をカメと同時に出発し，毎分60mの速さで走っていましたが，ゴール地点まで残り100mになったところで走るのをやめて，昼《ひる》寝《ね》を始めました。昼寝を始めた60分後に目を覚ましたウサギは，カメに追い抜《ぬ》かれていることに気がつきました。あわてたウサギは，そこから毎分80mの速さでゴール地点まで走りましたが，ウサギがゴール地点に着いたのは，カメがゴール地点に着いた時刻の５秒後でした。

次の問いに答えなさい。

(1)　ウサギが昼寝を始めてからカメがゴール地点に着くまでの時間は何分何秒ですか。

(2)　ウサギが昼寝を始めたとき，ウサギはカメより何m先にいましたか。

(3)　スタート地点からゴール地点までの道のりは何mですか。

2　図のような，１辺の長さが１cmの正六角形ABCDEFの周上に，次のような点Pと点Qがあります。

●点Pは辺AF上にあり，AP：PF＝1：2です。

●点Qは頂点Aを出発し，正六角形の周上を反時計回りに分速１cmで動きます。点Qは，頂点B，C，D，Eをこの順で通り，頂点Aを出発した５分後に頂点Fで止まります。

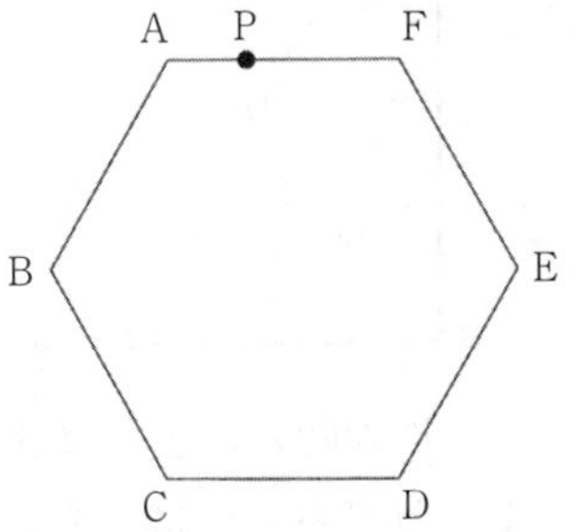

点Qが頂点Aや頂点Fにいるときを除いて，正六角形は直線PQによって２つの部分に分けられます。この２つの部分のうち，一方の面積が他方の面積の２倍になるのは，点Qが頂点Aを出発してから何分何秒後ですか。２つ答えなさい。

3　図のような，各辺の長さが10cmの立方体ABCD-EFGHがあります。

図のように，辺AD，AE，BC，BF上にそれぞれ点Ｉ，Ｊ，Ｋ，Ｌがあり，AI＝６cm，AJ＝６cm，BK＝６cm，BL＝６cmです。また，辺AE，AB，DH，DC上にそれぞれ点M，N，O，Pがあり，AM＝３cm，AN＝３cm，DO＝３cm，DP＝３cmです。

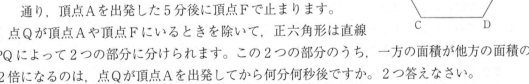

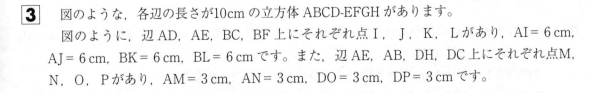

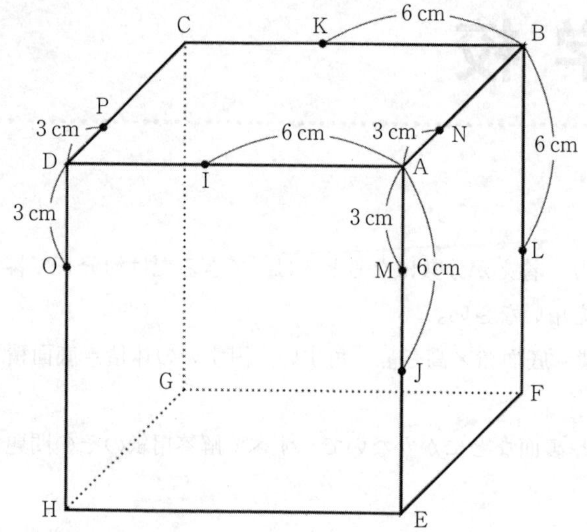

この立方体を，4点I，J，K，Lを通る平面と4点M，N，O，Pを通る平面で切断して，4つの立体に切り分けます。切り分けてできる4つの立体のうち，頂点Gをふくむ立体をXとします。

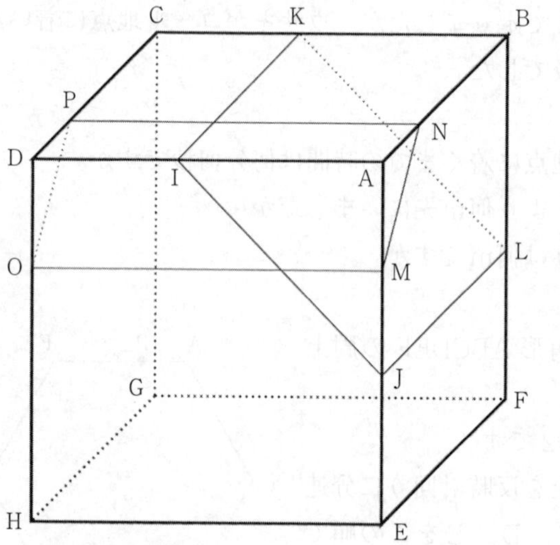

次の問いに答えなさい。

(1)　解答らんには，もとの立方体と四角形IJLKと四角形MNPOの辺が薄《うす》くかかれています。立体Xの見取図をかきなさい。ただし，見えている辺は濃《こ》い線で，見えていない辺は濃い点線でかき入れなさい。

(2)　立体Xの体積を求めなさい。

4　周の長さが6 cmの円があります。図1のように，この円周を6等分する場所を順にA，B，C，D，E，Fとします。

この円周上を毎秒1 cmの速さで動く3つの点P，Q，Rを考えます。

3点P，Q，RはそれぞれA地点，C地点，E地点から同時に動き始めて，図2の各矢印の向きに進みます。その後，P，Q，Rのうちの2点が出会うたびに，出会った2点はそれぞれ直前の自分とは反対の向きに同じ速さで進みます。

図3は，3点P，Q，Rが動き始めてから1秒後に，P，Q，Rがいる地点を表しています。

図1

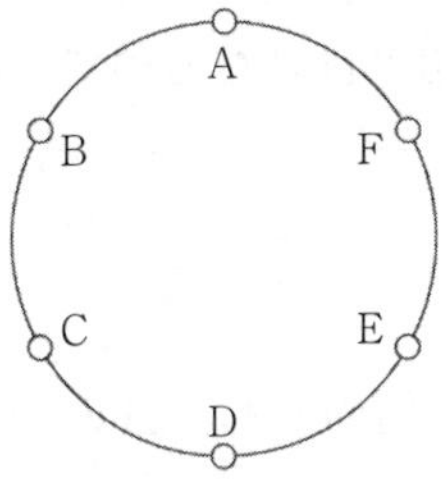

図2

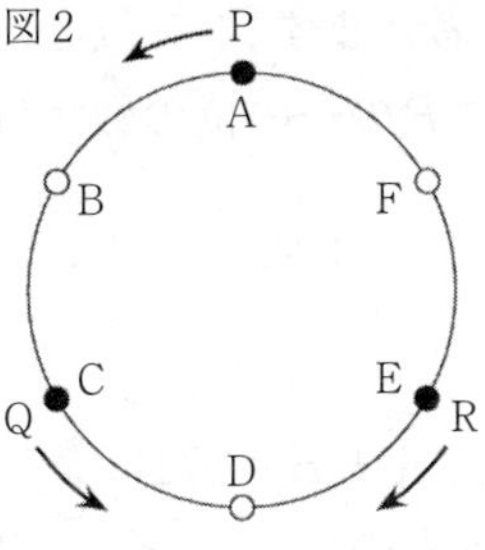

図3

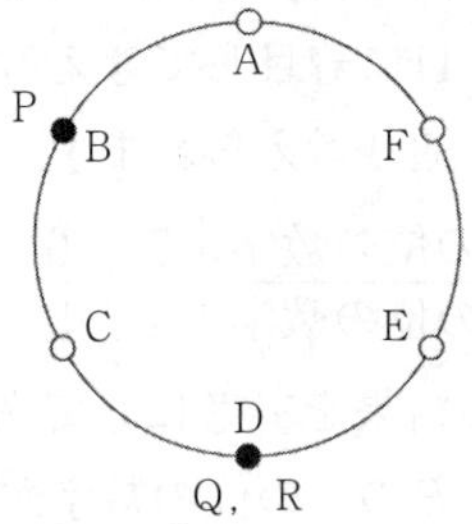

次の問いに答えなさい。

(1)　3点P，Q，Rが動き始めてから6秒後に，P，Q，Rがいる地点はどこですか。図2や図3を参考にして，どの地点にどの点がいるかがわかるように，解答らんの図の○を黒く塗《ぬ》ってP，Q，Rの記号を書き入れなさい。ただし，動く向きを示す矢印を付ける必要はありません。

(2)　3点P，Q，Rが動き始めてから初めて，P，Q，Rが同時に最初の位置に到達《とうたつ》するのは何秒後ですか。

(3)　3点P，Q，Rが動き始めてから100秒後に，P，Q，Rがいる地点はどこですか。図2や図3を参考にして，どの地点にどの点がいるかがわかるように，解答らんの図の○を黒く塗ってP，Q，Rの記号を書き入れなさい。ただし，動く向きを示す矢印を付ける必要はありません。

(4)　点Pと点Rが99回目に出会うのは，3点P，Q，Rが動き始めてから何秒後ですか。

5　1，2，3，4，5，6，7の7種類の数字のみを並べてつくられる整数A，Bを考えます。例えば，5，73，1422は整数A，Bとしてふさわしいですが，8，939，4016は8，9，0の数字をふくむので整数A，Bとしてふさわしくありません。

整数A，Bの和で新たな数をつくることを考えます。例えば，$A+B=20$になるA，Bの組は，次の表のように10通り考えられます。

A	17	16	15	14	13	7	6	5	4	3
B	3	4	5	6	7	13	14	15	16	17

次の空らん**ア**～**キ**にあてはまる数をそれぞれ答えなさい。

(1)　$A+B=96$になるA，Bの組について考えます。

A，Bの一の位の数字は，その和が6になるので，次の表のように5通り考えられます。

Aの一の位の数字	5	4	3	2	1
Bの一の位の数字	1	2	3	4	5

このうち，Aの一の位の数字が5，Bの一の位の数字が1であるものを調べると，A，Bの十の位の数字は，その和が9になるので，次の表のように6通り考えられます。

Aの十の位の数字	7	6	5	4	3	2
Bの十の位の数字	2	3	4	5	6	7

このことから，$A+B=96$になるA，Bの組のうち，Aの一の位の数字が5，Bの一の位の

数字が1であるものは，6通りあることがわかります。

これを参考にして考えると，$A+B=96$になるA，Bの組は [ア] 通りあることがわかります。

(2) $A+B=971$になるA，Bの組について考えます。

$971=960+11$に着目して考えると，A，Bの一の位の数字は，その和が11になるので，次の表のように4通り考えられます。

Aの一の位の数字	7	6	5	4
Bの一の位の数字	4	5	6	7

また，(1)の結果を参考にして考えると，$A+B=971$になるA，Bの組のうち，Aの一の位の数字が7，Bの一の位の数字が4であるものは， [イ] 通りあることがわかります。

これを参考にして考えると，$A+B=971$になるA，Bの組は [ウ] 通りあることがわかります。

(3) $A+B=972$になるA，Bの組について考えます。

A，Bの一の位の数字は，その和が12と2のどちらかになるので，次の表のように4通り考えられます。

Aの一の位の数字	7	6	5	1
Bの一の位の数字	5	6	7	1

● $A+B=972$になるA，Bの組のうち，Aの一の位の数字が7，Bの一の位の数字が5であるものは， [エ] 通りあります。

● $A+B=972$になるA，Bの組のうち，Aの一の位の数字が1，Bの一の位の数字が1であるものは， [オ] 通りあります。

これらを参考にして考えると，$A+B=972$になるA，Bの組は [カ] 通りあることがわかります。

(4) $A+B=9723$になるA，Bの組は [キ] 通りあります。

【社　会】（40分）〈満点：70点〉

1　次の文章は，ある日の中学生どうしの会話です。これを読んで，あとの問いに答えなさい。

A君：歴史の年代はいろいろな表し方があって，ときどき分からなくなることがあるな。どんな年代の表し方を使っているか確認《かくにん》してみよう。

B君：まず，今の世界では多くの国や地域で西暦《せいれき》が使われているよね。

A君：西暦はイエス＝キリストが生まれたとされる年を紀元１年として，それより前を紀元前とする表し方だよね。

B君：さらに，西暦を100年でひとまとまりにする世紀という表し方も使われているよね。

A君：歴史に関する事柄《ことがら》は①「1946年」のように西暦ではっきりと表すことができるものだけでなく，②「１世紀から３世紀」や③「1960年代」と，ある程度の幅《はば》をとって表すものがあるよね。

B君：いつ頃《ごろ》のことか特定しにくい時や，ある程度長い時間の中での変化を見たい時にそのような表し方をすることはあるね。

A君：最近聞いたのだけど，④イスラム教を信じている人が多い地域では西暦とは違《ちが》う年代の表し方も使っているそうだよ。それに日本では令和など年号で表すこともあるよね。

B君：年号は元号とも言うね。もともと中国で使い始めたものだよ。それが，日本にも伝わってきたんだ。

A君：日本で最初に年号を使い始めたのはいつからだったかな？

B君：忘れてしまったの？　この前，⑤「大化の改新」って授業でやっているよね。

A君：ああそうだった。あの時に初めて年号が定められたよね。

B君：年号を改める，改元というものもたびたび行われていたよ。

A君：⑥平成から令和に変わった時は，法律と政令による改元だったと聞いたけど，改元はどんな時に行っていたの？

B君：明治より前は，天皇や将軍の代替《だいが》わりの時とか，何か良いこと，あるいは悪いことがあった時に改元していたようだね。

A君：明治より後は，大正，⑦昭和のように，天皇ごとに年号を一つ定めているよね。

B君：年号以外に⑧干支《えと》を使って年代を表すこともあるよ。甲《こう》・乙《おつ》・丙《へい》などの十干と子《ね》・丑《うし》・寅《とら》などの十二支の組み合わせで年代を表し，60年で一周するよ。

A君：ああ，壬申《じんしん》の乱とか甲子園球場とかで出てくる表し方だね。

B君：確かにそうだね。⑨甲子園球場のもとになる運動場が完成した1924年の干支が甲子《きのえね》だったから甲子園とついたそうだよ。

A君：時代の区分を見ると，旧石器時代とか新石器時代，青銅器時代といった区分もあるね。日本の歴史では縄文《じょうもん》時代，弥生《やよい》時代，⑩古墳《こふん》時代という区分も出てくるよ。

B君：文字などによる記録がない時代，少ない時代には考古学の成果をもとにして時代を分けるんだ。旧石器時代のように使っていた道具による区分や，古墳時代のように発見された遺物や遺構による区分が行われているんだ。

A君：⑪飛鳥《あすか》時代や奈良時代といった時代の表し方があるね。

B君：飛鳥時代や奈良時代のような区分は政治の中心地による区分だよ。

A君：⑫戦国時代や安土桃山《あづちももやま》時代みたいに区切りがはっきりしない，重なり合うような時代は扱《あつか》いが難しいよね。でも，古い時代から新しい時代への移行期みたいで，戦国時代に限らず僕《ぼく》はそういう時代が面白《おもしろ》いと思う。

B君：僕は今の日本で伝統的とされる文化の成り立ちに強い影響《えいきょう》を与《あた》えた時代に興味があるな。⑬平安時代，室町《むろまち》時代に江戸《えど》時代なんかは面白いと思うよ。

A君：これから先はどうなるのだろうね。⑭2022年はロシアのウクライナ侵攻《しんこう》もおきたし，新型コロナウイルスの流行も社会に大きな影響を与えたよね。

B君：いろいろと大変なことがあるけれど，将来に向け勉強して考えておきたいね。

問1　下線部①に関して，1890年の衆議院議員総選挙と1946年の衆議院議員総選挙を比べると，選挙権をもつ人に違いが見られます。その違いを，解答らんの形式に従って，具体的に説明しなさい。

問2　下線部②に関して，１世紀から３世紀の日本について知る手がかりとされている遺跡《いせき》と，その遺跡から分かる事柄の組み合わせが正しいものを，下の**ア**～**エ**から一つ選び，記号で答えなさい。

【手がかりとなる遺跡】
Ａ：三内丸山遺跡　　Ｂ：吉野ヶ里《よしのがり》遺跡
【遺跡から分かる事柄】
１：ムラやクニどうしの戦いがおきていた
２：集団生活の中で身分の上下関係はなかった

ア　Ａ―１　　**イ**　Ａ―２　　**ウ**　Ｂ―１　　**エ**　Ｂ―２

問3　下線部③に関して，1960年代の日本について述べた文として**誤っているもの**を，次の**ア**～**エ**から一つ選び，記号で答えなさい。

ア　鉄鋼業や自動車工業などで技術革新が進み，軽工業が産業の中心となった。
イ　首都高速道路や名神高速道路，東海道新幹線など交通網《こうつうもう》が整備された。
ウ　大都市圏《けん》でより多くの労働力が必要となり，地方から人口が流入した。
エ　公害の防止と国民の健康や生活環境《かんきょう》を守るための法律が制定された。

問4　下線部④に関して，Ａ君はイスラム教について調べ，次の〔**メモ１**〕をつくりました。

〔**メモ１**〕

イスラム教徒にはさまざまなつとめがあります。例えば一日に５回（**あ**）の方角を向いて祈《いの》りをささげるほか，休日である（**い**）にはモスクと呼ばれる施設《しせつ》に集まって祈りをささげることになっています。

⑴　空らん（**あ**）と（**い**）に入る語句の組み合わせとして正しいものを，下の**ア**～**ケ**から一つ選び，記号で答えなさい。

【空らん（あ）に入る都市】
Ａ：エルサレム　　Ｂ：メッカ　　Ｃ：デリー
【空らん（い）に入る曜日】
１：月曜日　　２：水曜日　　３：金曜日

ア A—1　**イ** A—2　**ウ** A—3
エ B—1　**オ** B—2　**カ** B—3
キ C—1　**ク** C—2　**ケ** C—3

(2) 2022年の11月から12月まで，イスラム教徒が多数を占《し》める国カタールで，サッカーのワールドカップが開催《かいさい》されました。カタールの位置を，次の**図1**中の**ア**～**エ**から一つ選び，記号で答えなさい。

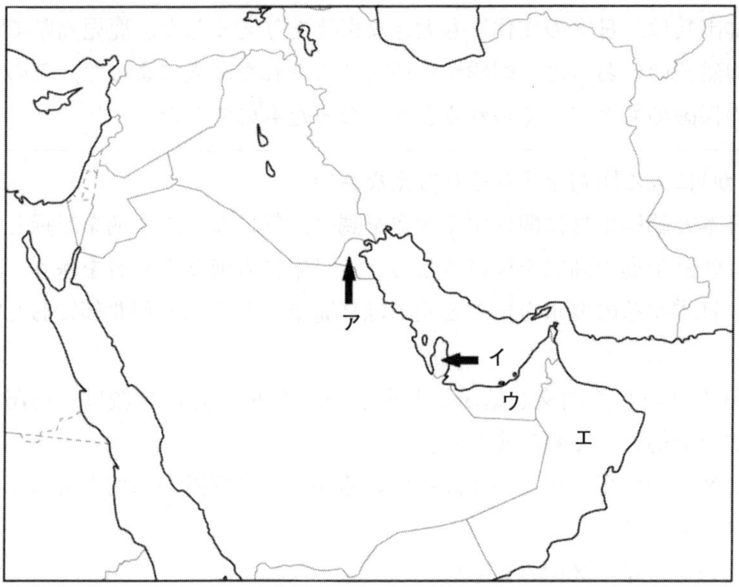

図1

問5 下線部⑤に関して，「大化の改新」には中国へ留学した人々も関わりました。彼《かれ》らの中には，留学中に中国で王朝の交替《こうたい》を経験した者がいました。この時におきた中国の王朝交替を，解答らんの形式に従って答えなさい。

問6 下線部⑥に関して，平成の時代におきた出来事《できごと》として**誤っているもの**を，次の**ア**～**エ**から一つ選び，記号で答えなさい。

ア サッカーのワールドカップが日本と韓国《かんこく》で共同開催された。
イ 阪神淡路大震災《あわじだいしんさい》がおきた。
ウ ラグビーのワールドカップが日本で開催された。
エ 国際平和協力法(PKO 協力法)が成立した。

問7 下線部⑦に関して，A君は昭和時代の日本と国際社会の関わりについて調べ，次の〔**メモ2**〕をつくりました。

〔**メモ2**〕

日本は，柳条湖《りゅうじょうこ》事件に端《たん》を発する紛争《ふんそう》で占領《せんりょう》した中国東北部を中国から切り離《はな》して(**う**)として独立させ，政治の実権は日本が握《にぎ》るという対応をとりました。中国は，(**え**)に日本の行動を訴《うった》えました。日本はこのことに対する決議内容を不服として(**え**)を脱退《だったい》しました。

(1) 空らん(**う**)に入る語句を**漢字3字**で，(**え**)に入る語句を**漢字4字**で答えなさい。

⑵　日本は1940年，すでに（**え**）を脱退していた二つの国と同盟を結びました。この二つの国を答えなさい。

問8　下線部⑧に関して，Ｂ君は，干支は朝鮮《ちょうせん》半島でも用いられ，朝鮮の歴史で「壬辰《じんしん》・丁酉《ていゆう》の倭乱《わらん》」と呼ばれる出来事は豊臣秀吉《とよとみひでよし》の朝鮮出兵を指すことを知りました。そして次の〔**メモ3**〕をつくりました。

〔**メモ3**〕

> 豊臣秀吉の朝鮮出兵は，日本の文化にも大きな影響を与えました。鹿児島県で現在もつくられている陶磁器《とうじき》の（ **お** ）は，朝鮮から連れてこられた職人によって，この地を支配する（ **か** ）氏の保護のもとでつくられるようになったものでした。

⑴　空らん（**お**）と（**か**）に入る語句をそれぞれ答えなさい。

⑵　Ｂ君はさらに日本と朝鮮半島に関係する歴史を調べ，気になった事柄を記録しました。

Ｘ：13世紀，元は朝鮮半島の高麗《こうらい》を従属させると，日本にも何度も使者を送り，通交を求めてきました。日本がその要求を拒《こば》むと元軍は高麗軍とともに九州北部におし寄せました。

Ｙ：明治時代，日本は新しく国交を結ぶことを求めて朝鮮と交渉《こうしょう》を続け，1876年に日朝修好条規を対等な条約として結びました。

二つの記録**Ｘ**と**Ｙ**について，正しいか誤っているか，その判断が適切なものを，次の**ア**～**エ**から一つ選び，記号で答えなさい。

ア　両方とも正しい　　**イ**　**Ｘ**のみ正しい

ウ　**Ｙ**のみ正しい　　**エ**　両方とも誤り

問9　下線部⑨に関して，甲子園球場のもととなる運動場が完成した年に最も近い出来事と最も遠い出来事を，それぞれ次の**ア**～**エ**から一つ選び，記号で答えなさい。

ア　米騒動《こめそうどう》がおきる　　**イ**　朝鮮で三・一独立運動がおきる

ウ　第一次世界大戦が始まる　　**エ**　関東大震災がおきる

問10　下線部⑩に関して，Ｂ君は古墳時代について調べ，次の〔**メモ4**〕をつくりました。

〔**メモ4**〕

> 埼玉県の稲荷山《いなりやま》古墳の鉄剣《てっけん》と熊本県の江田《えた》船山古墳の鉄刀には，大和政権の大王である（ **き** ）大王に仕えたということが漢字で刻まれています。また古墳の形状について分布を見ると，稲荷山古墳や江田船山古墳のような（ **く** ）墳は各地に幅広く見られますが，特に近畿《きんき》地方に大型のものが集まっています。大和政権の大王は中国から倭国の王の地位を認めてもらい，さらに朝鮮半島での勢力を拡大させるため，たびたび中国へ使いを送ったことが知られています。

⑴　空らん（**き**）と（**く**）に入る語句をそれぞれ答えなさい。なお，（**き**）は**カタカナ**で，（**く**）は**漢字**で答えなさい。

⑵　古墳時代についてのまとめをつくるにあたり，〔**メモ4**〕に書き加えることとして正しいものを，次の**ア**～**エ**から**すべて**選び，記号で答えなさい。なお，すべて誤っている場合には**オ**と答えなさい。

ア　地方の有力者たちが中央政府である大和政権に仕えるようになった。

イ　大和政権の支配が現在の青森県から鹿児島県にあたる範囲におよんだ。

ウ　大陸から移り住んだ渡来人《とらいじん》が土木工事や織物などの技術をもたらした。

エ　全国を結ぶ道路が整備され，馬や宿舎を備えた駅が設けられた。

問11　下線部⑪に関して，A君は飛鳥時代について調べ，次の〔**メモ5**〕をつくりました。

〔**メモ5**〕

> 7世紀，聖徳《しょうとく》太子(厩戸王《うまやどのおう》)が当時大きな力を持っていた蘇我馬子《そがのうまこ》と協力して政治の仕組みを整えました。家柄《いえがら》にこだわらず優《すぐ》れた人材を登用するために(**け**)の制度を定め，役人の心構えを示すために，(**こ**)が定められました。(**こ**)には，「自己中心的な考えを捨てて国家に尽《つ》くすことこそが，臣下の道である」「物事は自分の考えだけで決めてはならない。必ず人と議論せよ」などの内容がもりこまれています。

(1)　空らん(**け**)と(**こ**)に入る語句をそれぞれ答えなさい。

(2)　聖徳太子の時代に行われたこととして正しいものを，次の**ア**～**エ**から**すべて**選び，記号で答えなさい。なお，すべて誤っている場合には**オ**と答えなさい。

ア　律令《りつりょう》に基《もと》づき政治を行う国家をつくりあげた。

イ　仏教が信じられるようになり，法隆寺《ほうりゅうじ》などの寺院の建設が行われた。

ウ　天皇中心の政治体制をつくることを目指した。

エ　国家が土地と人々を支配する制度が定められた。

(3)　A君は奈良時代の僧である行基について調べ，気になった事柄を記録しました。

X：行基は人々に仏教の布教活動を行ったほか，道路や橋の建設，用水路の整備などの社会事業も行い，多くの人々から支持を集めるようになりました。

Y：朝廷《ちょうてい》は許可なく布教活動を行った行基を取り締《し》まりましたが，やがて社会事業を行う彼を認めるようになりました。行基は東大寺大仏造立《ぞうりゅう》にも協力しました。

二つの記録**X**と**Y**について，正しいか誤っているか，その判断が適切なものを，次の**ア**～**エ**から一つ選び，記号で答えなさい。

ア　両方とも正しい　　**イ**　**X**のみ正しい

ウ　**Y**のみ正しい　　**エ**　両方とも誤り

問12　下線部⑫に関して，A君は戦国時代や安土桃山時代について調べ，次の〔**メモ6**〕をつくりました。

〔**メモ6**〕

> 織田信長《おだのぶなが》が武田勝頼《たけだかつより》を破った長篠《ながしの》の合戦の古戦場から鉛《なまり》の弾丸《だんがん》が発見されています。発見された弾丸の成分を科学的に分析《ぶんせき》すると，国内産の鉛だけでなく，中国や朝鮮，東南アジアの鉱山で産出した鉛も見られました。

(1)　織田信長は海外との貿易に関わった都市を支配下に置いていたため，東南アジア産の鉛を手に入れやすかったのではないかと考えられます。織田信長の支配領域内にあり，海外との貿易に関わった都市を，次の**ア**～**エ**から一つ選び，記号で答えなさい。

ア　長崎　　**イ**　堺《さかい》　　**ウ**　平戸　　**エ**　酒田

(2)　鉛は鉄砲《てっぽう》の弾丸に使うだけでなく，銀の生産のために必要でした。戦国時代の日本で多くの銀を産出し，現在世界遺産にも登録されている銀山を答えなさい。

問13　下線部⑬に関して，次の(1)・(2)の問いに答えなさい。

(1)　この時代における貴族の生活や文化に関する説明として**誤っているもの**を，次の**ア～エ**から一つ選び，記号で答えなさい。

ア　上級貴族たちは書院造の広い屋敷《やしき》に住んでいた。

イ　儀礼《ぎれい》や年中行事を正しく行うことが重要だった。

ウ　漢字をくずしてつくられた仮名文字による文学が書かれるようになった。

エ　貴族の服装は束帯，十二単《じゅうにひとえ》が正装として使われるようになった。

(2)　この時代，地方では争いがたびたびおきていました。東北地方では前九年合戦と後三年合戦がおこり，武士が鎮圧《ちんあつ》にあたりました。前九年合戦と後三年合戦の両方に関わった武士の名を，次の**ア～エ**から一つ選び，記号で答えなさい。

ア　源頼義《よりよし》　　**イ**　平忠盛《ただもり》　　**ウ**　源義家《よしいえ》　　**エ**　平貞盛《さだもり》

問14　下線部⑭に関して，2022年，鉄道開業から150周年を迎《むか》えました。A君は鉄道開業について調べ，次の〔**メモ7**〕をつくりました。

〔**メモ7**〕

> 1872年，外国人居留地のある築地《つきじ》に近い（ **さ** ）から，開港場に近い（ **し** ）までの間で鉄道が正式に開業しました。しかし，正式開業以前にも品川から（ **し** ）までの仮営業が行われていました。現在，品川駅のホームには鉄道発祥《はっしょう》の地というプレートが埋《う》め込《こ》まれています。

(1)　空らん(**さ**)と(**し**)に入る駅名をそれぞれ**漢字**で答えなさい。

(2)　この時，一部の区間では海上に堤《つつみ》をつくり，その上に鉄道を走らせました。この時につくられた堤の一部が2019年に発見されました。堤の遺構が見つかった場所に最も近い現在の駅を，次の**ア～エ**から一つ選び，記号で答えなさい。

ア　浜松町《はままつちょう》　　**イ**　高輪《たかなわ》ゲートウェイ　　**ウ**　大井町　　**エ**　蒲田《かまた》

(3)　鉄道の開業以外に1872年に始まったことを，次の**ア～エ**から一つ選び，記号で答えなさい。

ア　電話事業が始まり，電話が開通して使われ始めた。

イ　ラジオ放送が始まり，人々の情報源として使われ始めた。

ウ　乗合自動車(バス)の運行が始まり，都市部で移動手段として使われ始めた。

エ　都市ガス事業が始まり，ガス灯が街灯として使われ始めた。

2

次の文章を読んで，あとの問いに答えなさい。

2022年には，さまざまなことがおこりました。

2月24日に，「ウクライナ政府に迫害《はくがい》されている，ロシア人およびロシア語を話す人々を守る」などの名目で，ロシア軍が①ウクライナに侵攻しました。この出来事を受けて，②フィンランドと③スウェーデンが，④アメリカ合衆国を中心とする軍事同盟への加盟を申請《しんせい》しました。ロシアのウクライナ侵攻に対する経済制裁として，ロシアからの原油の輸入を多くの国が制限したことなどによる⑤原油の国際価格の変化に加え，円安が進行したため，日本国内における石油製品の価格が大きく変動しました。

5月22日に，アメリカ合衆国のバイデン大統領が，就任後初めて来日しました。アメリカ軍の最高司令官でもあるバイデン大統領は，日米(**あ**)条約に基づく日米(**い**)協定の規定を適用して，アメリカ軍横田基地から入国しました。大統領の滞在《たいざい》中，岸田首相《しゅしょう》との日米首脳会談のほか，⑥日米を含《ふく》む4か国による，「QUAD」と呼ばれる枠組《わくぐ》みの首脳会談も行われました。

7月10日に，⑦第26回参議院議員通常選挙が行われ，参議院の議員定数の半数にあたる(**う**)名の議員が選出されたほか，あわせて行われた補欠選挙で1名の議員が選出されました。選挙の結果，憲法改正に賛成の立場をとる議員が，衆議院・参議院ともに憲法改正の発議に必要な総議員数の(**え**)を超《こ》えたことが注目されました。

9月23日に，西九州新幹線が開業しました。今回開業したのは，長崎駅から武雄《たけお》温泉駅までの約66kmです。武雄温泉駅と，九州新幹線の新鳥栖《とす》駅との間は，軌間《きかん》(車輪の幅)を変えられる「フリーゲージトレイン」を開発して在来線の線路に新幹線を走らせる予定でした。しかしフリーゲージトレインの開発が実現せず，⑧フル規格の新幹線への変更《へんこう》が提案されると，佐賀県内で反対の声が高まったため，この区間の開業の見通しは立っていません。

また，現在，北陸新幹線の(**お**)駅までの延伸《えんしん》工事，北海道新幹線の(**か**)駅までの延伸工事に加え，⑨品川駅・名古屋駅間で，超電導《ちょうでんどう》リニアモーター方式の中央新幹線(リニア中央新幹線)の建設工事が進んでいます。

問1　文章中の空らん(**あ**)～(**か**)に入る語句をそれぞれ答えなさい。(**あ**)と(**い**)は，**漢字**で答えること。

問2　下線部①～③に関して，①ウクライナ，②フィンランド，③スウェーデンの位置を，それぞれ次の**図2**中の**ア**～**ク**から一つ選び，記号で答えなさい。

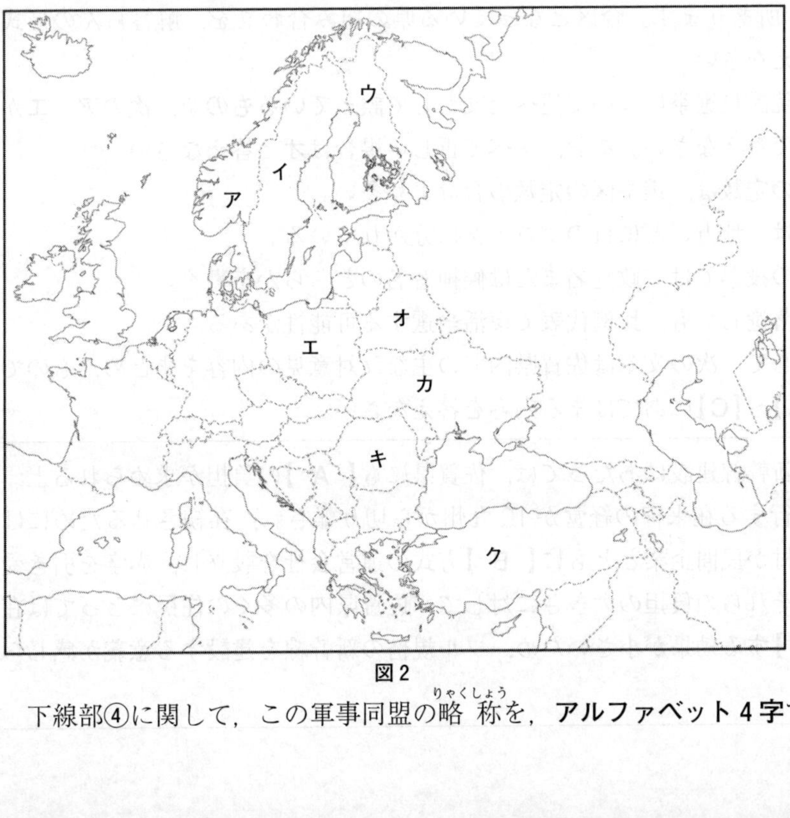

図2

問3　下線部④に関して，この軍事同盟の略称《りゃくしょう》を，**アルファベット4字**で答えなさい。

問４　下線部⑤に関して，次の**表１**は，2021年６月１日と2022年６月１日における，原油１バレルの価格と，米ドル・日本円の為替《かわせ》レートを示したものです。１バレルは，約160リットルです。

表１

日付	(※)原油１バレルの価格	米ドル・日本円の為替レート
2021年６月１日	約（ **a** ）ドル	１ドル＝約（ **c** ）円
2022年６月１日	約（ **b** ）ドル	１ドル＝約（ **d** ）円

※WTI 原油。　　　　　　　　　　　　　　　　　　ENEOS のウェブサイトより

⑴　**表１**中の空らん（**a**）～（**d**）にあてはまる数字の組み合わせとして正しいものを，次の**ア**～**エ**から一つ選び，記号で答えなさい。

ア　（**a**）＝68　（**b**）＝115　（**c**）＝110　（**d**）＝130

イ　（**a**）＝68　（**b**）＝115　（**c**）＝130　（**d**）＝110

ウ　（**a**）＝115　（**b**）＝68　（**c**）＝110　（**d**）＝130

エ　（**a**）＝115　（**b**）＝68　（**c**）＝130　（**d**）＝110

⑵　問題文中に示された数値および（**a**）～（**d**）の数値を用いて，日本円での原油価格が2021年６月１日と比べて2022年６月１日には１リットルあたり何円上昇《じょうしょう》または下落したか，小数第一位を四捨五入し，解答らんの形式と指示に従って答えなさい。

問５　下線部⑥に関して，この４か国のうち，日本とアメリカ合衆国以外の二つの国名を答えなさい。

問６　下線部⑦に関して，次の⑴～⑶の問いに答えなさい。

⑴　第１回参議院議員通常選挙は何年に行われたか，西暦で答えなさい。

⑵　現在，参議院議員選挙における選挙区のうち，二つの県を合わせて一つの選挙区とする「合区」が２か所あります。合区となっている県の組み合わせを，解答らんの形式に従って，**漢字**で答えなさい。

⑶　現在の参議院議員選挙について述べた文として**誤っているもの**を，次の**ア**～**エ**から**すべて**選び，記号で答えなさい。なお，すべて正しい場合は**オ**と答えなさい。

ア　比例代表の定数は，選挙区の定数の合計より多い。

イ　比例代表は，地方ごとに11のブロックに分かれている。

ウ　比例代表の投票では，政党名または候補者名のどちらかを書く。

エ　選挙区で落選しても，比例代表で復活当選する可能性がある。

問７　下線部⑧に関して，次の文章は佐賀県内での主な反対意見の内容をまとめたものです。文章中の空らん【**A**】～【**C**】にあてはまる内容を答えなさい。

> フル規格の新幹線建設にあたっては，佐賀県にも【 **A** 】の負担が求められる上，新幹線開業後は並行《へいこう》する在来線の経営が JR 九州から切り離され，存続させるためには佐賀県や沿線市町村が民間企業《きぎょう》とともに【 **B** 】方式の運営会社を設立し，赤字を引き受けることになる。それらの負担の大きさに対して，佐賀県内の多くの住民にとっては在来線と比べて【 **C** 】する効果が小さいため，フル規格の新幹線を建設する意義が感じられない。

問8　下線部⑨に関して，次の⑴～⑶の問いに答えなさい。

⑴　解答らんの地図は，在来線の中央本線のルート(東京駅・名古屋駅間)を示したものです。この地図中に，リニア中央新幹線のルートを書き込んで示しなさい。品川駅は，東京駅と同じ場所でかまいません。

⑵　リニア中央新幹線は，中央本線が迂回《うかい》している二つの大きな山脈を，長いトンネルで貫《つらぬ》いて通る予定です。この「中央本線が迂回《うかい》している二つの大きな山脈」の名前を答えなさい。

⑶　リニア中央新幹線の建設にあたっては，**e**ルート上にある県が，「トンネル工事によって地下水脈が影響を受け，**f**県内を流れる大きな川の流量が減るおそれがある」として，JR 東海に対策を求めています。

下線部 **e** の県と，下線部 **f** の川の名前を，それぞれ**漢字**で答えなさい。

【理　科】（40分）〈満点：70点〉

1　Ⅰ　右の**図1**は，東西方向の垂直な**崖《がけ》①**（**a**～**b**間），南北方向の垂直な**崖②**（**b**～**c**間）の位置関係を示したものです。崖の高さはともに20mで，崖の上の**面③**は水平です。**崖①**には高さ15mのところに水平に薄《うす》い**Z層**が見えました。**崖①**から北に20m離《はな》れた**P**地点で垂直にボーリングしたところ，15m掘《ほ》ったところに**Z層**がありました。この地域内では**Z層**は1枚の平らな板のようになっており，曲がったりずれたりはしていないものとして，以下の**問1**～**問4**に答えなさい。

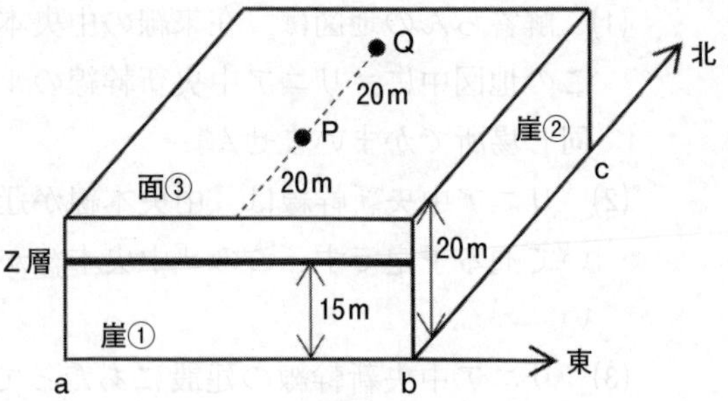

図1

問1　**崖②**では**Z層**はどのように見えますか。解答欄《らん》の図に示しなさい。

問2　**P**地点のさらに北20mの位置にある**Q**地点で垂直にボーリングすると，何m掘ったところに**Z層**があると考えられますか。

問3　次の**ア**～**エ**の地層のうち，火山から噴出《ふんしゅつ》したものが降り積もってできたと考えられるものを**2つ選び**，記号で答えなさい。

ア　主に1mm程度の大きさの角張った柱状の粒子《りゅうし》が集まってできている地層

イ　主に1mm程度の大きさの角の丸まった粒子が集まってできている地層

ウ　小さな穴がたくさんあいた，1cm程度の大きさの角張った小石が集まってできている地層

エ　主に1mm程度の大きさの生物の殻《から》が集まってできている地層

問4　地層の堆積《たいせき》に関する次の**a**，**b**の文の正（○）または誤（×）の組み合わせとして適当なものを，下の**ア**～**エ**の中から1つ選び，記号で答えなさい。

a　れきと泥《どろ》が川から海に流れ込《こ》んだ場合，れきの方が陸地の近くに堆積する。

b　砂と泥が水中を沈《しず》んでいく場合，泥の方が沈む速さが速い。

	ア	イ	ウ	エ
a	○	○	×	×
b	○	×	○	×

Ⅱ　日本では多くの地震《じしん》が発生しています。**図2**の矢印の間の部分は1995年に発生した兵庫県南部地震の際に，淡路《あわじ》島に生じた大地のずれの様子です。もともと平坦《へいたん》だった地面に段差ができ，横方向にもずれたことがわかります。以下の**問5**～**問8**に答えなさい。

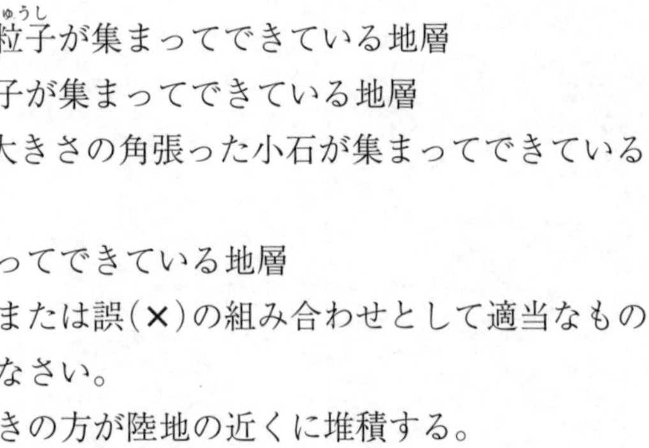
図2　啓林館地学基礎改訂版(2017)より

問5　地震は大地にずれが生じることにより発生すると考えられています。**図2**のような大地のずれの名前を答えなさい。

問6　地震が発生しても必ずしも地表にずれが生

じるわけではありません。このことに関する次の**a**～**c**の文の正(○)または誤(×)の組み合わせとして適当なものを，下の**ア**～**ク**の中から１つ選び，記号で答えなさい。

a　海域で発生した地震では，ずれが生じない。

b　地下の深いところで発生した地震では，ずれが地表に達しないことがある。

c　小規模な地震では，ずれが地表に達しないことがある。

	ア	イ	ウ	エ	オ	カ	キ	ク
a	○	○	○	○	×	×	×	×
b	○	○	×	×	○	○	×	×
c	○	×	○	×	○	×	○	×

問７　地表にずれが生じているのが発見されているところは，高い安全性が求められる施設《しせつ》の建設には適していないと考えられています。そのように考える理由として最も適当なものを，次の**ア**～**エ**の中から１つ選び，記号で答えなさい。

ア　大地のずれは同じ場所で繰《く》り返し発生する傾向《けいこう》があり，ずれた場所に近いほどゆれが激しいから。

イ　大地のずれは同じ場所で繰り返し発生する傾向があり，ずれた場所から遠いほどゆれが激しいから。

ウ　大地のずれは同じ場所を避《さ》けて発生する傾向があり，ずれた場所に近いほどゆれが激しいから。

エ　大地のずれは同じ場所を避けて発生する傾向があり，ずれた場所から遠いほどゆれが激しいから。

問８　自然災害が発生した場合に生じる被害《ひがい》の程度や範囲《はんい》を予測して示した地図の名前を答えなさい。

2　Ⅰ　水を加熱する実験を行うときに用いる沸騰《ふっとう》石について述べた次の文を読んで，以下の**問１**，**問２**に答えなさい。

水を温めていき100℃になると，水の内部からも水蒸気の泡《あわ》が発生するようになり，これを沸騰といいます。しかし，たまに100℃を過ぎても沸騰が始まらないときがあります。このようなとき，沸騰が始まるきっかけがあると，突然《とつぜん》に沸騰が始まり，これを突沸《とっぷつ》といいます。たとえば，100℃を過ぎてから水中に小さな泡ができると，この泡が大きな泡に急速に成長して高温の水を押《お》し出し，あふれることがあり危険です。そのため，水を沸騰させる必要がある実験では沸騰石を入れて，突沸を防いでいます。この沸騰石には小さな穴がたくさんあいています。

問１　沸騰石が突沸を防ぐ仕組みを説明した文として正しいものを，次の**ア**～**エ**の中から１つ選び，記号で答えなさい。

ア　大きな泡が生じても，その一部が沸騰石の穴に取り込《こ》まれ，最終的には泡が小さくなるため。

イ　沸騰石の穴から小さな空気の泡が出て，それを中心にたくさんの水蒸気の泡が成長しやすくなるため。

ウ　底に沈《しず》んだ沸騰石が，加熱器具で加えられた熱を緩《ゆる》やかに水に伝える役割を果たすため。

エ　加熱器具から与《あた》えられた熱が沸騰石のたくさんの穴に吸収されて，温度の上昇《じょうしょう》が緩やかになるため。

問２　沸騰や沸騰石の使い方に関する文として正しいものを，次の**ア**～**エ**の中から**すべて選び**，記号で答えなさい。

ア　水を100℃にして沸騰させないと，水の液体から気体への変化は起こらない。

イ　液体中に沸騰石の成分が溶《と》けださないように，沸騰石は液体が沸騰する直前に入れるとよい。

ウ　小さな穴がたくさんあいた固体であれば，沸騰石の代わりに使用できる場合がある。

エ　一度使用して穴に水が残っているままの沸騰石は使用しない。

Ⅱ　温度によって色が変わるインクを水に溶かした液体(以下，「インク」とします)を用いた**実験Ａ**～**Ｃ**について，以下の**問３**～**問６**に答えなさい。

このインクは，約40℃を境に次のような色になります。

温度	低温＜約40℃＜高温
インクの色	青色　　　　　ピンク色

試験管に$\frac{1}{4}$程度までこのインクを入れて実験をしました。すべての実験において，インクを温めるためのお湯は60℃，冷やすための水は20℃，室温は20℃でいずれも変化しないものとします。

たとえば，**図１**(左)のように，はじめに試験管を水に入れてインク全体を青色にしてから，すみやかに**図１**(右)のようにインク全体をお湯に入れて温めると，全体がピンク色になります。

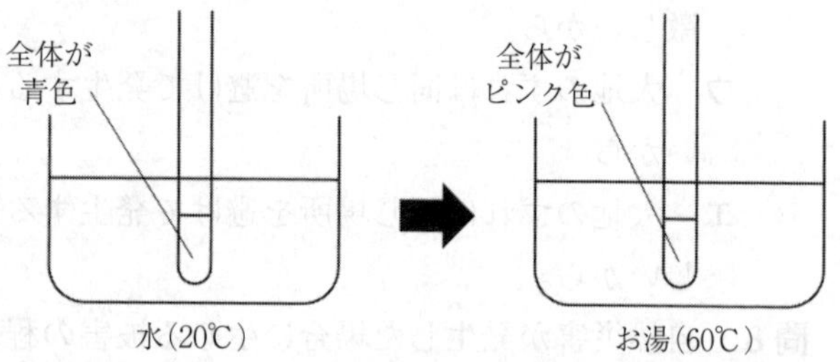

図１

実験Ａ：はじめに，**図２**(中央)のように，試験管をお湯に入れてインク全体をピンク色にしてから，すみやかに**図２**(左)のようにインク全体を水に入れると，１分30秒後には全体が青色になりました。一方で，**図２**(中央)の状態から**図２**(右)のようにインク全体を20℃の空気中に出すと，20分後には全体が青色になりました。

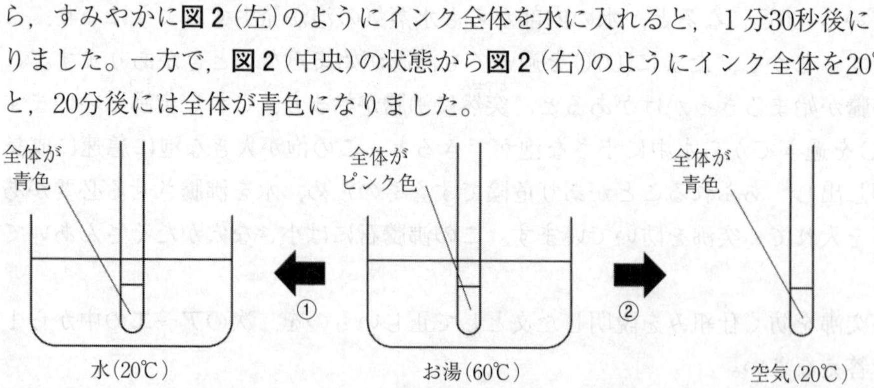

図２

実験Ｂ：はじめに，**図３**(左)のように，試験管をお湯に入れてインク全体をピンク色にしてから，すみやかに**図３**(中央)のようにインクの下半分だけを水に入れると，１分30秒後には上の方と下の方が異なる色になり，水に入れてから10分後には**図３**(右)のように全体が同じ色になりました。

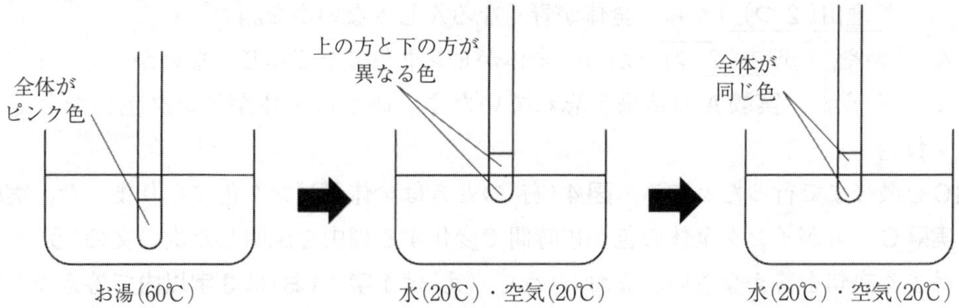

図 3

実験C：はじめに，**図 4**(左)のように，試験管を水に入れてインク全体を青色にしてから，すみやかに**図 4**(中央)のようにインクの下半分だけをお湯に入れると，30秒後には下の方がピンク色に変わり，お湯に入れてから50秒後には**図 4**(右)のように全体が同じ色になりました。

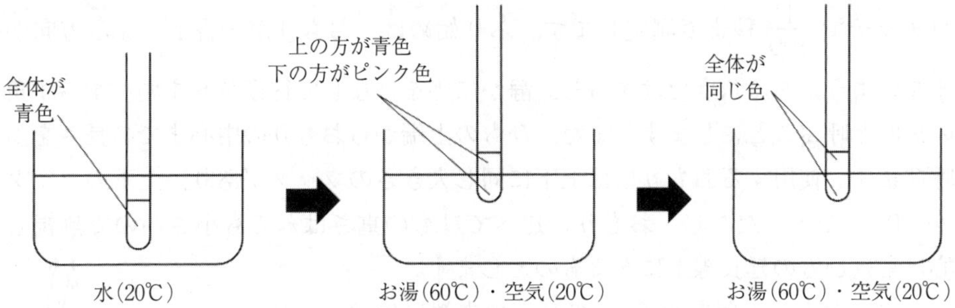

図 4

問 3　**実験A**の①と②の結果を比べてわかることを述べた次の文の(**あ**)および(**い**)には，「空気」または「水」のどちらかの語句が入ります。(**あ**)および(**い**)にあてはまる語句を答えなさい。

「同じ20℃でも，(**あ**)よりも(**い**)の方が熱を奪《うば》いやすい。」

問 4　**実験B**について，**図 3**(中央)や**図 3**(右)のときの色はそれぞれどのようになりますか。**図 3**(中央)については次の図の**ア**または**イ**から，**図 3**(右)については**ウ**または**エ**からそれぞれ1つ選び，記号で答えなさい。また，**図 3**(中央)のような色になるのはなぜですか。下の**a**～**c**の中から最も影響《えいきょう》が大きいと考えられる理由を1つ選び，記号で答えなさい。

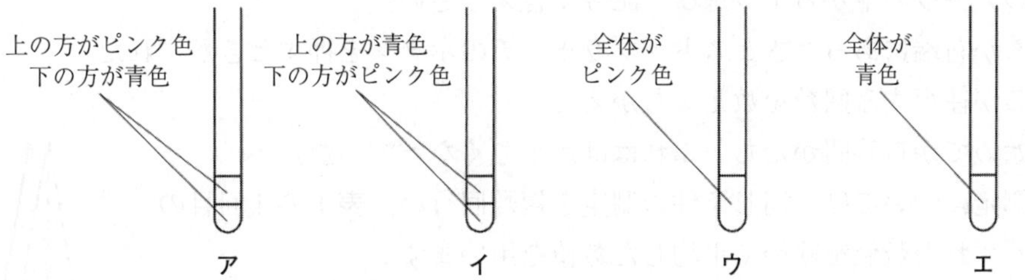

理由

a　水またはお湯との間で熱が伝わった(伝わる)。

b　空気との間で熱が伝わった(伝わる)。

c　試験管の中でインクの移動する流れが生じた(生じる)。

問 5　**実験C**を行う前に，**図 4**(右)のときの色はどのようになるかを太郎《たろう》さんと花子さんが予想しました。太郎さんと花子さんそれぞれがあげた2つの理由として考えられるものを，**問 4**の選択肢《せんたくし》**a**～**c**の中から**2つずつ選び**，記号で答えなさい。

太郎さん：「 理由(２つ) から，全体が青くなるんじゃないかな。」

花子さん：「いや， 理由(２つ) から，全体がピンク色になるんじゃないかな。」

太郎さん：「そうか，**実験A**の結果を忘れていたよ。確かに全体がピンク色になりそうだね。」

問6　**実験C**を最後まで行ったところ，**図4**(右)のときは全体がピンク色になりました。**実験B**よりも**実験C**の方がインク全体の色が短時間で変化する理由を説明した次の文の(**う**)～(**お**)にあてはまる語句を答えなさい。なお，(**う**)，(**え**)は**1字**，(**お**)は**3字以内**で答えなさい。

「**実験C**では，試験管内で温められたインクが(**う**)へ，温まっていないインクが(**え**)へ移動する流れが生じ，試験管内のインクがよく(**お**)から。」

3　上端《たん》を固定したひもの下端におもりを付けてふりことし，左右に往復させて，往復の時間をストップウォッチで $\frac{1}{100}$ 秒まで測定します。ふり始めは，おもりが一番下になる方向からひもがたるまないようにある角度だけずらし，静かに手をはなして往復させます。ずらす角度をふり始めの角度と呼ぶことにします。また，ひもの上端からおもりの中心までの長さをふりこの長さと呼びます。使用するおもりには上下に同じ大きさのフックがあり，上下のフックを含《ふく》めた長さが4.0cm です。ただし，おもりに比べてひもの重さはとても小さいので無視し，おもりの中心は常にひもの延長線上にあるものとします。

図1のように，おもり1個を98.0cm のひもの先端に付け，ふり始めの角度を10°とし，ふりこが右端《はし》にあるときから10往復する時間を測定する実験を行いました。実験を5回行うと，**表1**のようになりました。

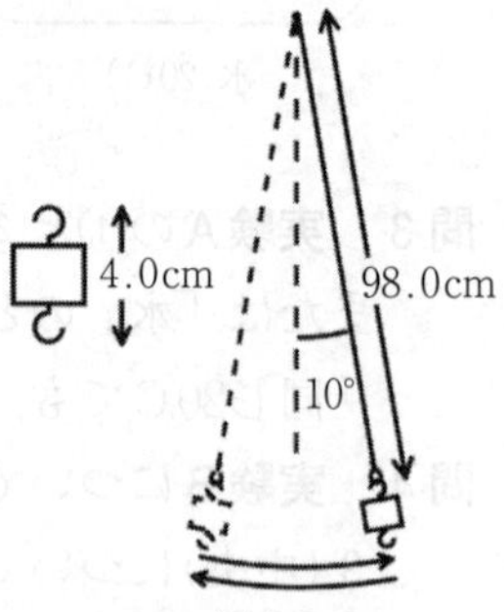

図1

表1

回数	1	2	3	4	5
時間(秒)	20.08	20.12	20.11	18.09	20.09

問1　**表1**の4回目の実験では数値が大きくずれていますが，その原因として最もふさわしいものを，次の**ア**～**ウ**の中から1つ選び，記号で答えなさい。

ア　ふりこが右端にあるときとストップウォッチのボタンを押《お》すときがずれた。

イ　ふりこが往復する回数を数えまちがえた。

ウ　ふり始めてから時間がたち，ふれはばが小さくなっていた。

この後の測定については，同じ条件の測定を複数回行い，**表1**の4回目のように大きくずれた数値を除いて平均した数値を用います。

次に，おもり1個分の重さと大きさ，ひもの長さ，ふり始めの角度は**図1**のときと同じとし，**図2**のようにひもに付けるおもりの数を増やして，10往復する時間をそれぞれ測定すると，**表2**のようになりました。

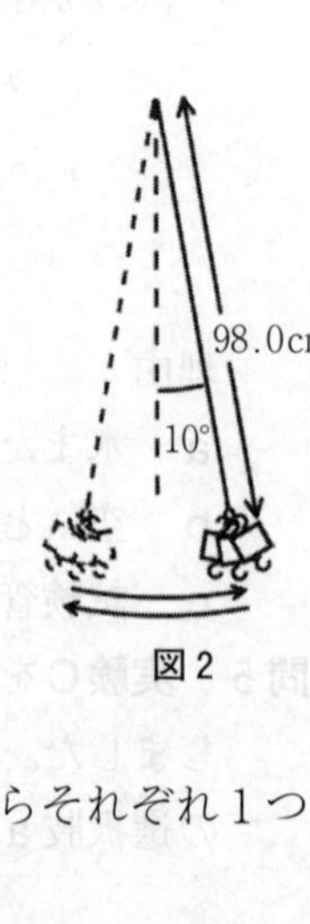

図2

表2

おもりの数	1	2	3	4
時間(秒)	20.10	①	20.09	②

問2　空欄《らん》①，②にあてはまる数値として最も近いものを，次の**ア**～**カ**の中からそれぞれ1つず

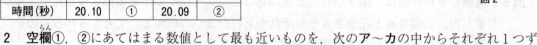

つ選び，記号で答えなさい。なお，同じ記号を選んでもかまいません。

ア　18.00　　**イ**　19.00　　**ウ**　20.00

エ　21.00　　**オ**　22.00　　**カ**　23.00

次に，おもり，ひもの長さは**図1**のときと同じとし，ふり始めの角度を2.5°から2.5°ずつ増やして，10往復する時間をそれぞれ測定すると，**表3**のようになりました。

表3

ふり始めの角度	2.5°	5.0°	7.5°	10.0°	12.5°	15.0°	17.5°	20.0°	22.5°	25.0°	27.5°	30.0°
時間(秒)	20.06	20.06	20.08	20.10	20.12	③	20.18	20.22	20.26	④	20.36	20.41

問3　**空欄**③，④にあてはまる数値として最も近いものを，次の**ア**～**カ**の中からそれぞれ1つずつ選び，記号で答えなさい。なお，同じ記号を選んでもかまいません。

ア　20.10　　**イ**　20.15　　**ウ**　20.20

エ　20.25　　**オ**　20.30　　**カ**　20.35

次に，**図1**のときと同じおもりを1個用い，ふり始めの角度を5.0°以下の小さいものとし，ひもの長さを3.0cmから5.0cmずつ増やして，10往復する時間をそれぞれ測定すると，**表4**のようになりました。

表4

ひもの長さ(cm)	3.0	8.0	13.0	18.0	23.0	28.0	33.0	38.0	43.0	48.0
時間(秒)	4.49	6.34	7.77	8.98	10.03	10.99	11.87	⑤	13.47	14.19

問4　ひもの長さ3.0cmのときのふりこの長さに比べて，ひもの長さ18.0cmのときのふりこの長さは何倍になっているかを答えなさい。

問5　**表4**において，ひもの長さが3.0cmと18.0cmの間の規則性が他のひもの長さでも成り立っていると考えて，**空欄**⑤にあてはまる数値を答えなさい。

次に，**図3**の左側のように，**図1**のときと同じおもりを1個用い，ふり始めの角度を5.0°以下の小さいものとし，ひもの長さを2.8cmとして，10往復する時間を測定すると，4.40秒でした。

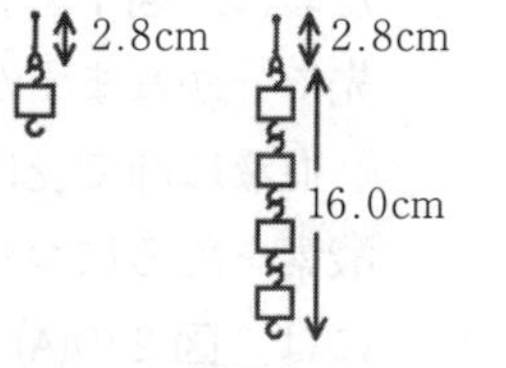

図3

問6　**図3**の右側のように，ひもの長さは2.8cmのままで，1個分の重さと大きさは**図1**のときと同じおもりを4個用い，ふり始めの角度を5.0°以下の小さいものとし，10往復する時間を測定すると何秒になりますか。ただし，フックを含めたおもり4個分の長さは16.0cmで，4個のおもりとひもは波の形になることはなく，直線の形のまま往復していたものとします。また，このときも**表4**の規則性が成り立っているものとします。

問7　これまでの測定や考察から，ふりこが往復する時間が何によって決まっているかを説明した次の文の**空欄**⑥，⑦にあてはまる語句を答えなさい。

「ふり始めの角度が5.0°以下の範囲《はんい》では，ふりこが往復する時間は，（ ⑥ ）やふり始めの角度の大小にはほとんど関係なく，（ ⑦ ）によって決まっていると考えられる。」

4 血液にはさまざまなものを溶《と》かすはたらきがあります。血液は必要なものを体《からだ》のさまざまな場所に配り，そこでいらなくなったものを受け取ります。**図1**はヒトの体における血液の流れを示した図です。血液の流れには，心臓から肺に向かう流れと，心臓から肺以外の内臓と体の各部分に向かう流れがあります。

ここでは**図1**に示した血液の流れだけを考えるものとして，以下の**問1**，**問2**に答えなさい。

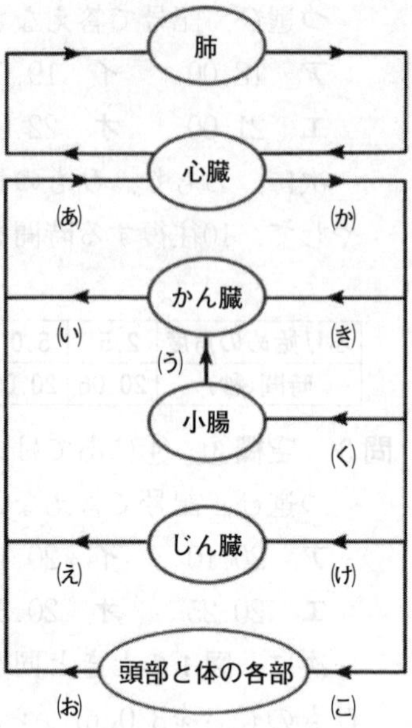

図1

問1 血液が体に配るものについて，次の(1)，(2)に答えなさい。

(1) 体に取り込《こ》まれたものを血液が配るときの順路を考えます。次の成分①，②が体に取り込まれた後，**図1**の(あ)～(こ)の中ではどこをはじめに通りますか。はじめに通る地点を，**図1**の(あ)～(こ)の中から1つずつ選び，記号で答えなさい。

① 食事の養分　　② 酸素

(2) 体でつくられたもののうち，いらなくなったものを水に溶かした状態で体の外へ出すはたらきをもつ臓器があります。この臓器から体の外に出る液体の名前を答えなさい。

問2 血管を通る1分あたりの血液量が(か)と同じである地点はどこですか。**図1**の(あ)～(お)，(き)～(こ)の中から1つ選び，記号で答えなさい。

図2は，運動しているときの筋肉に配られる酸素量を考えるために，**図1**を整理した図です。心臓を出た血液は**図2**の(A)の先で分かれますが，心臓にもどるまでに再び集まります。

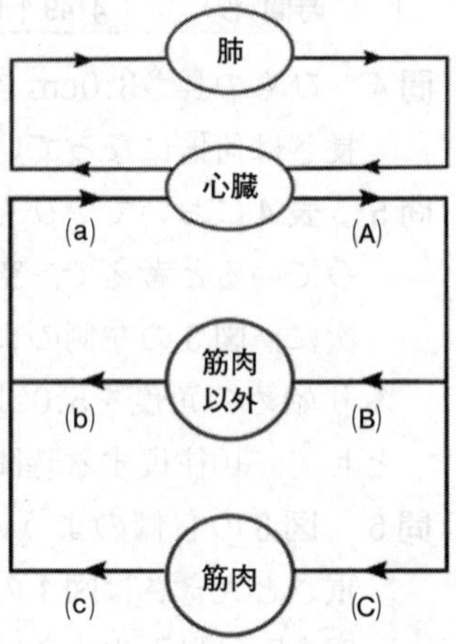

図2

血液は肺で受け取った酸素を体のさまざまな場所に配ります。酸素を配るにつれて，血液中の酸素量は減っていきます。**表1**には，**図2**の(A)～(C)，(a)～(c)の各地点での血液100mLあたりの酸素量(mL)が示されています。また，**表2**には，**図2**の(A)，(B)，(C)の各地点を通る1分あたりの血液量(mL)が示されています。**表1**，**2**の値をもとに，以下の**問3**，**問4**に答えなさい。

表1　各地点の血液100mLあたりの酸素量

	(A)	(a)	(B)	(b)	(C)	(c)
安静時(mL)	20.0	15.8	20.0	16.0	20.0	15.0
運動時(mL)	19.8	6.0	19.8	14.8	19.8	3.8

表2　各地点を通る1分あたりの血液量

	(A)	(B)	(C)
安静時(mL)	5000	4000	1000
運動時(mL)	16000	3200	12800

問3 ヒトが安静にしているとき(安静時)に，血液が体に配る酸素量について考えます。次の(1)，(2)に答えなさい。

(1)　次の①～③について，安静時のヒトの心臓を出た血液100mLあたりが配る酸素量が多い順に①～③の番号をならべなさい。

①　筋肉以外　　②　筋肉　　③　体全体の平均

(2)　安静時のヒトにおいて，**図2**の(A)を通る血液量は1分あたり5000mLです。安静時のヒトにおいて，心臓を出た血液が心臓にもどるまでに全身に配る酸素量が1分あたり何mLになるか答えなさい。ただし，答えが整数にならない場合は，小数第1位を四捨五入して整数で答えなさい。

問4　ヒトが運動しているとき(運動時)は，安静時より多くの酸素を消費するため，血液が体に配る酸素量を増やす必要があります。関連する次の(1)～(3)に答えなさい。

(1)　運動すると心拍《しんぱく》数が増え，1分あたりに心臓を出る血液の量が増加します。**表2**において，安静時の心拍数が1分あたり60回であったとすると，運動時の心拍数は1分あたり何回になりますか。1回の拍動《はくどう》で心臓が押《お》し出す血液の量は安静時と同じであるとして求めなさい。ただし，答えが整数にならない場合は，小数第1位を四捨五入して整数で答えなさい。

(2)　血液が筋肉に配る1分あたりの酸素量(mL)について，運動時は安静時の何倍になりますか。ただし，答えが整数にならない場合は，小数第1位を四捨五入して整数で答えなさい。

(3)　運動時に，安静時と比べてより多くの酸素を配るために体に起こる変化の説明として**誤っている**ものを，次の**ア**～**エ**の中から1つ選び，記号で答えなさい。

ア　心臓を出て(A)を通る1分あたりの血液量が安静時に比べて増加し，血液量の増加の割合は，筋肉以外よりも筋肉で大きくなる。

イ　心臓を出て(A)を通る血液100mLあたりが配る酸素量が安静時に比べて体全体では増加し，増加量は筋肉以外よりも筋肉で多くなる。

ウ　心臓を出て(A)を通る血液が1分あたりに配る酸素量が安静時に比べて体全体では増加し，筋肉でも増加するが，筋肉以外ではほとんど増減しない。

エ　肺で取り込まれる酸素量が増加した結果，心臓を出て(A)を通る血液100mLに含《ふく》まれる酸素量が安静時に比べて多くなる。

凹《へこ》ませた。蓋《ふた》をあけてにおいを嗅《か》いだ。その日は、間違いなく大好きな二人と素敵《すてき》な放課後を過ごしたはずなのに、なぜか心がざわついていた。瑠璃子さんの連れて行ってくれたカフェで、朱里も瑠璃子さんもひどく楽しそうに絵や映画の話をしていた。二人があまりに親しげだったので、少しやきもちを焼いているのかもしれない、と自己分析《ぶんせき》し、納得《なっとく》しようとする。勿忘草というのは随分《ずいぶん》寂《さび》しい色をしているのだなと思った。

問一 ――部**1**「希代子は完全に朱里に魅せられた」とありますが、希代子は朱里のどのようなところに魅力《みりょく》を感じているのですか。これまでのこともあわせて説明しなさい。

問二 ――部**2**「曖昧に笑いながら」とありますが、なぜ希代子は「曖昧に笑」ったのですか。希代子の気持ちにふれながら説明しなさい。

問三 ――部**3**「しゃべりかけてくる朱里の柔らかそうな頬や、屋上で投げ出される白い脚のすべてが疑わしくなる」とはどういうことですか。説明しなさい。

問四 ――部**4**「その夜、希代子はベッドの中で、その青い絵の具をなんども握り、凹ませた」とありますが、このときの希代子の気持ちを説明しなさい。

夏休みに入る少し手前だった。朱里は、東急ハンズにある画材コーナーを探険しようと提案してきた。

「私、あそこ大好き。なんでもあるじゃん。絵の材料だけであんなにあるのって、すごくない？　一番変な名前の絵の具探して買おうかな。フォーゲットミーノットブルーとかさ」

「何それ」

「勿忘草《わすれなぐさ》の青って意味らしいよ。美術室の色辞典で読んだの」

その不思議な響きに希代子は惹《ひ》かれた。

まだ、朱里の家に誘《さそ》われたことがない。学校を一緒にさぼらなかったことが影響《えいきょう》しているのかもしれない。そう思うと、3しゃべりかけてくる朱里の柔《やわ》らかそうな頬や、屋上で投げ出される白い脚《あし》のすべてが疑わしくなる。

それでも、他の子と差をつけている部分もある。こうして放課後、寄り道に誘ってくれるようになったのだ。

二人は下北沢駅から井の頭線に乗り換《か》え、渋谷にやってきた。夏の夕方のけむるような空気の中、文化村に向かう坂を上り、東急ハンズに辿《たど》り着く。画材のフロアは、朱里の言うとおり、絵の具なら絵の具、クレヨンならクレヨンが色の波を作っていた。朱里は、希代子そっちのけでぐるぐると歩き回り、方々で歓声《かんせい》をあげている。結局、希代子がフォーゲットミーノットブルーを必死に探している。

「あれ、希代子ちゃん」

澄《す》んだ声に振り返る。なんと瑠璃子《るりこ》さんがいるではないか。希代子の目は丸くなる。

「瑠璃子さん！」

「どうしたの？　美術の授業の画材を探しに来たの？　あちらはお友達？」

瑠璃子さんは、黒いハイネックのカットソーを着ていて肩《かた》がむき出しだった。スケッチブックや本を入れた重そうなトートバッグが肩に食い込み、そこだけ赤くなっている。青白い肌との鮮《あざ》やかなコントラスト〔＝ちがい〕を見つめるうちに、希代子は吸い込まれそうになった。

「知っている人？」

ミルクの香りで我に返る。走り回っていたはずの朱里が隣《となり》にいた。希代子は、精一杯《せいいっぱい》大人びた口調で自慢《じまん》の友人と憧れの人をそれぞれに紹介《しょうかい》する。

「こちら、美大院生〔＝美術を専門に学ぶ大学院の学生〕の瑠璃子さん。ママのお店で働いていたの。こちらは、同級生の奥沢朱里さん。ほら、前に話した奥沢エイジさんがお父様の、あの子です」

奥沢エイジの名を出した瞬間、瑠璃子さんの知的で冷静な目に、ぱっと高揚《こうよう》の色が浮《う》かんだ。それは、なぜか切なかった。

「そうなの。私、写真集持ってるわ、あなたのお父様の駅を撮《と》るアングル、大好きよ」

朱里は、まるで緊張《きんちょう》するそぶりを見せず、人懐《なつ》こく首を傾《かし》げ甘《あま》えるように瑠璃子さんを見ている。抜《ぬ》け目ない子猫《こねこ》みたいに。

「瑠璃子さん、美大の院生なんですか！　うわあ、話聞きたいなあ。美大を受験しようかなって考え中なんです」

瑠璃子さんがお茶をご馳走《ちそう》してくれるというので、朱里と希代子は跳《と》び上がって喜んだ。朱里が瑠璃子さんにぶらさがらんばかりにして売り場を立ち去ろうとするので、希代子は慌《あわ》てて、やっと青色の棚《たな》で見つけたフォーゲットミーノットブルーを握《にぎ》り、レジに走った。一本がお昼代くらいするその絵の具を、なぜ自分が買わねばならないのだろう、という疑問が胸をよぎる。一階で二人に追いついたとき、朱里がもう絵の具などどうでもよくなっていることを知った。

4その夜、希代子はベッドの中で、その青い絵の具をなんども握り、飛び出しそうだった心臓が、どくんと大きな音を最後に静まった。ホームから同じ制服の女の子たちが綺麗《きれい》に消えた。

「やった、キヨちゃん、これで一日一緒だね」

朱里は嬉しそうに希代子の手を取り、ぴょんぴょんと飛び跳《は》ねた。

2 曖昧《あいまい》に笑いながら、本当の自分が乗るべき電車が学校めがけて細く消えていくのを、希代子は眺《なが》めている。二人は、その後すぐやってきた「急行片瀬江ノ島行き」に乗り込んだ。確かにいつもの電車と違《ちが》う。乗っている客がどことなく休日風の出《い》で立《た》ちだし、人数も少ない。シートや手すりの色もレトロだ。

「なんかいいでしょう。この車内」

朱里はとびきりの秘密を打ち明けるようにささやき、青いシートに腰《こし》を下ろし、身を数回弾《はず》ませた。希代子は、電車の窓から見る見慣れた風景が、いつもの数倍のスピードで荒々《あらあら》しく消えていくのを見つめている。知らない世界に連れ去られていく手応《てごた》えを、はっきりと感じた。

降りるべき学校の最寄《もよ》り駅を通り過ぎた。こんな風にいつものホームを急行から眺めたことなどない。売店も階段の位置も、違って見える。ホームにいる人の群れの中に、自分と同じ制服がいくつか目に飛び込んでくる。

希代子は泣きそうになりながら、あっという間に遠ざかるそれらを食い入るように見つめた。自分がどれほど守られ、安心して生活していたのか、はっきりわかった。あの場所に戻《もど》る、なんとしてでも。

「ごめん。朱里」

「私、次の駅で降りる。学校に行くね。行かないと」

勇気を振《ふ》り絞《しぼ》って朱里に告げた。

必死な形相で叫んだので、数人の客がこっちを見た。朱里は驚いたように、希代子をしばらく見つめた後、明らかに面白くなさそうな顔になった。しぶしぶと「わかった」とつぶやく。次の駅までの短い時間、朱里も希代子も無言だった。

初めて降りるその駅は、半地下で、ひどく寒々としていた。希代子はほっとして、電車のドアが開くやいなやホームに飛び出す。

「ごめんね」

電車内の朱里に向き直ると、媚《こ》びるように笑い、ぺこっと頭をさげた。

「意気地《いくじ》なし」

ドアが閉まる瞬間、朱里ははっきりとそう言った。希代子は頰《ほお》が熱くなるのを感じる。ガラス越《ご》しの朱里は少しずつ遠ざかる。笑うでもなく、手を振るでもなく、ただ希代子を見ていた。希代子という人間を見透《す》かすような、冷静で賢《かしこ》い目でずっと希代子を見ていた。

駅から全速力で走ったおかげで、遅刻は免《まぬが》れた。

翌朝、希代子は井の頭線の二両目で朱里を見つけたとき、怖《こわ》くて泣きそうになった。朱里はもっとひどいことを言う気がした。希代子が希代子自身を完全に嫌《きら》いになってしまうような、強くて毒のある言葉を。ところが、彼女は何事もなかったかのようにへらへら笑い、おはよー、と話しかけてきた。

「キヨちゃん、昨日はアレから散々だったよ。江の島に着いたのはいいけど、お金なくて、結局改札から出られなかったんだよねー」

呑気《のんき》に笑う朱里は、昨日の朝、希代子にショックを与《あた》え、日常も気持ちもかき乱したことにまるで気がついていない。希代子の朱里に対する気持ちは、少しだけ曇《くも》った。筆洗いにほんの一滴《いってき》、黒い絵の具が滴《したた》ったように。

《中略》

発言が多い彼女を可愛《かわい》がっている。そのせいか、好き勝手《かって》しても、不良っぽさなどどこにもない。

「学校来ないとき、どこで何をしているの？」

と訊《き》いたことがある。うふふと笑い、彼女は嬉《うれ》しそうにこう答えた。

「急行片瀬《かたせ》江《え》ノ島《しま》行き」

下北沢《しもきたざわ》駅のホームで、そのアナウンスが流れているのは毎朝聞く。その急行に乗ると、学校がある駅を通過してしまうから、聞き逃《のが》さないよう注意している。

「あのね、急行に乗って、江《え》の島《しま》に海を見に行くの。人が少ない平日の砂浜《すなはま》をぶらぶらするの。波を見つめているだけで、すごく自由な気持ちになって楽しいよ」

1 希代子は完全に朱里に魅《み》せられた。学校をさぼって海に行く——。その言葉は美しい音楽とか、宝石の名前のように思われた。

朱里は、メールの代わりによく手紙をくれる。手紙に添《そ》えられている四コマ漫画があまりに面白《おもしろ》いので褒《ほ》めたら、朱里は紺《こん》色の厚い表紙のノートに連載《れんさい》を始めた。朱里に断って、森ちゃんたちに見せた。皆、感心していた。たちまち、口コミで火がつき、彼女の漫画はクラスでまわし読みされるようになった。しかし、朱里は唐突《とうとつ》に、

「義務になったら、なんか嫌《や》になった」

と言い、続きを描くのを止めた。

「あー、まじだるい。眠《ねむ》い」「行きたくないなあ」

希代子と朱里は笑いながら言い合っていた。朝の下北沢駅の下りホーム。学校に向かうため、各駅停車を待っていた。すぐそばには同じ学校の生徒が何人もいる。

ふいに朱里は目を輝《かがや》かせた。

「いいじゃん、今日さぼろうよ。さぼっちゃおう。創作ダンスの練習なんてたるいし、美術の授業もないじゃん」

アナウンスが響《ひび》き、各駅停車の電車がホームに滑《すべ》り込《こ》む。希代子は笑いながら、

「そうしたいけど、そうもいかんでしょ」

一緒に乗ろうと促《うなが》した。朱里はにこにこしながら動かない。希代子は、少し焦《あせ》る。この電車を逃せば、遅刻するかもしれない。次にくる電車は「急行片瀬江ノ島行き」なのだから。

「ほら朱里、乗ろう」

希代子は、彼女の手をぐいと引っ張る。朱里は微笑《ほほえ》んだまま動こうとしない。学校をさぼろうとしているのだ。彼女にとって学校をさぼることはなんでもない。しかし希代子にとっては重大事だ。朱里の自由な一日には憧《あこが》れるが、それとこれとは別だ。さぼるのはまずい。冷たい汗《あせ》が背中を伝う。大声で叫《さけ》びたくなる。

家に連絡《れんらく》がいく。母をうまく誤魔化《ごまか》せたとしても、今日の創作ダンスの練習はどうなる。希代子なしで進むのか。皆に迷惑《めいわく》をかけるのではないか。

朱里からそっと離《はな》れようとする。

「無理なご乗車はお止めください」

あのアナウンス。もう走らないと。ほんの一メートルの距離《きょり》なんだ。走らないと。朱里は、のんびりと笑っている。やっと自分が動けないことに気がついた。

強制されているわけではないのに、朱里の提案には退けられない何かがあった。学校をさぼりたいわけではない。しかし今、学校に行くことで何かを失う気がした。

シューッと、ダストシュートにゴミが落ちていくような音をさせて電車のドアが閉まった。ほんの一瞬《いっしゅん》だけれど、ホームは水族館みたいに静かになる。

問二　――部1「80年代の建築の世界も、戦場を失った武士によく似ていた」とありますが、「戦場を失った武士」のどのような点に「よく似ていた」のですか。わかりやすく説明しなさい。

問三　――部2「東京の現場」、――部3「檮原という場所」とありますが、それぞれ、建築家の筆者にとってどのような所でしたか。わかりやすく説明しなさい。

二　次の文章は、柚木麻子『終点のあの子』の一節です。付属中学から女子高に内部進学した高校一年生の希代子《きよこ》は、高校でほかの中学から入学してきた奥沢朱里《おくさわあかり》と同じクラスになりました。朱里の父は有名なカメラマンです。これを読んで、後の問に答えなさい。なお、本文中の（＝　）は、出題者の付けた注・解説です。

希代子と朱里は急速に親しくなっていった。まだ、お互《たが》いの家を行き来するほどではないが、希代子はそれを最終ゴールに設定している。いつか朱里の家に行き、小説のような家庭をこの目で見るのだ。神泉《しんせん》に住む朱里とは渋谷《しぶや》から一緒《いっしょ》に通学できる。町田《まちだ》に住む森《もり》ちゃんとは、行き帰りを何時何分で合わせるという、はっきりした取り決めをしていなかったのが助かった。

とはいっても、朱里は遅刻《ちこく》ばかりする。学校に来ないことすらある。だから、井《い》の頭《かしら》線の前から二両目で彼女《かのじょ》の笑顔を見つけると、その日はものすごくついている気分になった。お弁当の時間は、朱里が声をかけてきたときだけ、グループから外れるようにしている。今のところ、グループの皆《みんな》に嫌《いや》な顔はされていない。

朱里はまんべんなくいろんなグループに顔を出している。それを目《ま》の当たりにして、少し悲しくなった。朱里は希代子だけでは退屈《たいくつ》なのだろう。

昼休みにアッキーたちとバスケをしているところを見た。放課後、保田《やすだ》さんたちと漫画《まんが》を描《か》いていた。図書室で秀才《しゅうさい》の星野《ほしの》さんたちと宿題をしていた。サブカル（＝サブカルチャー）好きなカトノリたちと、ｉＰｏｄ（＝音楽再生機器）で相対性理論《そうたいせいりろん》（＝音楽グループのひとつ）を聴《き》いていた。さらに、クラスでも一番華《はな》やかな恭子《きょうこ》さんのグループと、駅前のマクドナルドで雑誌を読んでいるのを見たときは本当に驚《おどろ》いた。

恭子さんは、高校入学組なのだが、クラスで一番堂々と振舞《ふるま》っている。学年で一、二を争う美人。お化粧《けしょう》が上手であまりにも素肌《すはだ》になじんでいることから、なっちゃん（＝希代子たちのクラスの先生）も注意しかねている。中等部からの早坂《はやさか》さん、綾乃《あやの》ちゃん、高校からの山下《やました》さんと舞子《まいこ》さんが、彼女の取り巻きだ。

恭子さんの地位を確固たるものにしているのが、放課後、学校の外に車を止め、大音量で音楽を流して彼女を待つ、大学生の恋人《こいびと》の存在だ。希代子たちの学校は、恋人がいる生徒が少ない。男友達がいるというだけで羨望《せんぼう》の眼差《まなざ》しで見られる。

学校の門を出るとき、ちらりと目に入る運転席の彼《かれ》は、髪《かみ》の色が明るすぎるホスト風の男だが、少しだけどきどきしてしまうのは、きっと希代子だけではないはずだ。

「ＥＸＩＬＥ（＝音楽グループのひとつ）を聴いている時点で、うちら的にはナシって感じ」

と莫迦《ばか》にしたように顔をしかめるのは、音楽に詳《くわ》しいカトノリやなちゃんたちだけだ。

朱里は皆の注目を集めはじめている。国語と美術の成績が抜群《ばつぐん》にいい。希代子は、強引《ごういん》に同じ美術部に入部させた。休みがちだが、彼女が少しだけ手を付けた油絵は迫力《はくりょく》がある。

平気で学校をさぼるし、遅刻もするのに、教科によっては、教師の間で一目置かれている。例えば、厳しくて有名な美術の高木《たかぎ》先生も、って、その繊維《せんい》だらけの壁が得《え》も言われぬあたたかい質感で迫《せま》ってきた。東京の現場所長にスサを増やしてといっても、笑われるだけであった。それが山奥《やまおく》で職人と仲良くなって、意外なほど簡単に実現してしまった。

いろいろな職人と友人になったが、中でもユニークだったのが、オランダ人の紙漉《すき》職人、ロギールである。「変な外国人が、変な紙漉《す》いてるんだけど、会いたかったら紹介《しょうかい》するよ」と、役場の若い担当者にいわれた。なんでこんな山奥にオランダ人がいるのだろうかと、不《ふ》審《しん》に思った。それに、高知の紙漉きといえば、仁淀川《によどがわ》沿いが有名で、檮原と和紙という組み合わせも、意外だった。

狭《せま》い山道を登っていくと、古いボロボロの民家があって、そこでロギールが作業をしていた。捨てられた廃屋《はいおく》を見付けて住み込んだだけれど、電気が来てないんだよという話だった。あんな真っ暗な中で、よく作業をしたり、暮らしたりできるものだと感心してしまった。

人物がおもしろいだけではなく、作っている紙もおもしろかった。コウゾ(=和紙の原料となる植物)の黒い樹皮が大量に漉き込んであって、ザラザラだし、ゴワゴワしているのである。コウゾ以外の栗《くり》や杉《すぎ》の木の皮を漉き込む実験もしていて、不思議なテクスチャ(=質感・感触《かんしょく》)や色合いの紙が、床にたくさん転がっていた。紙の値段を尋《たず》ねたら、「いくらにしていいかわかんないなあ」と答える。その一言で、ロギールと徹底的《てっていてき》につきあってみることにした。山で拾ってきた木の枝やつるに和紙をはりつけたロギールの手作りのスタンドも、今まで僕が使ったこともないやわらかな曲線が出て、気に入った。檮原の山奥にぴったりだと思って、設計中の「雲の上のホテル」の全客室に置くことにした。

客室の壁は、ロギールの和紙を額縁《がくぶち》に入れて飾《かざ》ることを思いついた。普通はホテルの客室の壁には、版画とか写真を好んで飾る。しかし、山奥のホテルには、そんなこじゃれたアートはふさわしくない。あの不思議な和紙は、額縁に入れるにふさわしい迫力《はくりょく》がある。

バブルがはじけたタイミングで、檮原に出会えたことは、僕のその後の人生に大きな意味を持った。きっと、山にいる神様が、僕を呼んでくれたのだと思う。

僕がニューヨークででくわした85年のプラザ合意(=為替《かわせ》レートの安定化策)をきっかけにして、20世紀をまわしていた産業資本主義から、金融《きんゆう》資本主義へという大きな転換が起こった。金融資本主義とは、地面と切り離《はな》された経済学である。地面と切断されているがゆえに、値段は糸の切れた風船のように、限りなく高騰する。その高騰を人々は経済成長であり、繁栄《はんえい》であると錯覚《さっかく》する。そしてバブルの崩壊《ほうかい》のように、突然《とつぜん》に風船は破裂《はれつ》する。

檮原の人達は、そんなものと無関係に生き、生活している。彼らと寄り添《そ》い、その場所と併走《へいそう》することによって、建築は再び大地とつながることができるかもしれないという希望を手に入れた。檮原の職人達が、そのやり方を教えてくれた。バブルがはじけようと、どんな災害がやってこようと、そんなことはおかまいなしに、大地を**タガヤ**して作物を作るように、黙々《もくもく》と、ゆっくりと、建築を作り続けていけばいいのである。

バブルがはじけた後の90年代の日本を、「失われた10年」と呼ぶことがある。実際その10年間、東京では、ひとつの設計の依頼も来なかった。それでも、90年代はとても懐《なつ》かしいし、楽しかった。それは、3檮原という場所と、檮原という方法と出会えたからである。

(隈　研吾『ひとの住処』より)

問一　本文中の＝＝部「**モクヒョウ**」・「**イキグル**」・「**ギャク**」・「**タガヤ**」を漢字に直しなさい。

追われてしまって、こなすだけになる。自分の作っている建築にどんな意味があるか、社会が今どんな建築や都市を必要としているか、未来の人間がどんな建築、都市を必要としているかを考える時間がなくなってしまう。職人とじっくり話すという時間もなくなってしまう。ものを実際に作る彼らと話すことでこそ、建築にはリアリティが与《あた》えられ、生命が叩《たた》き込まれる。

86年にニューヨークからバブル真っ盛《さか》りの日本に帰ってきた時の僕も、そんな感じで、忙《いそが》しかった。しかし、まったくありがたいことにバブルがはじけた。バブルという「祭り」が終わって、「祭りのあと」に投げ出されることになった。檮原の仕事をはじめる前のバブルの時代は、東京の仕事に追われていた。職人とじっくり話す機会はまるでなかった。東京の工事現場は、建設会社のエリート社員である現場所長が仕切っていて、原則として所長としか話をしてはいけないというルールがあった。彼を通り越《こ》して、僕が直接職人と話して様々なアイデアを交換すると、コスト(＝値段)やスケジュールの点で面倒《めんどう》なことになるリスクがある。所長はその面倒を一番嫌《きら》う。話す相手は所長だけ、話題はコストとスケジュールだけというのが、都会の現場の決まりであった。「とってもいいデザインだと思いますが、何しろスケジュールがタイトな(＝ゆとりがない)ので、普通《ふつう》の収まり(ディテール(＝仕上げの細部))でやらしてください。コストオーバーで、スケジュールが遅《おく》れることも、絶対できませんから」というのが、すべての現場所長の口癖《くちぐせ》であった。

しかし、檮原では違う時間が流れていた。この町と、**2**東京の現場とは、違う空気が流れていた。檮原に来て、谷に流れる霧《きり》を眺《なが》めていると、ゆったりしてしまって、東京に戻《もど》ろうなどという気分が消えてしまった。食べ物はおいしかった。米からして、味がまったく違った。匂《にお》い米《まい》という独特の香りのする米を混ぜて炊《た》くので、白米が香《こう》ばしいのである。タイでこれと同じ香りの米を食べたことがあって、タイ人はそれをジャスミンライスと呼びならわしていた。

現場でも、「職人とは絶対直接話をしないでください！」などというギスギスした雰囲気《ふんいき》はなく、色々な職人と自由に話ができたし、友人にもなった。昼間は、彼らが作業する脇《わき》で、彼らの手の動かし方を眺めながら、色々質問をぶつけて、そんなことも知らないのかと笑われた。大学では決して教われなかった、建築という行為《こうい》の秘密の数々に直接触《ふ》れることができた。彼らが作っている脇で、僕もいろいろ注文を出した。「そんなことできるわけねえだろ」と、一蹴《いっしゅう》されることもあったし、**ギャク**に「そんなの簡単だよ、かえって手間がかかんねえよ。本当にそれでいいのか」などと、笑って返されることもあった。現場所長というマネージャーが間に入ったら、絶対起こらないようなやり取りができた。設計図を描《か》いている時には思いつかなかった、おもしろい仕上げやディテールを実現することができた。

たとえば、左官(＝主に建物の壁《かべ》を塗《ぬ》る仕事をする人)の職人はいろいろと無理を聞いてくれるオヤジで、どこまで土壁の中にワラを入れられるかということに、二人で挑戦《ちょうせん》した。僕は普通の土壁は表面がツルツルしすぎていて、檮原にはふさわしくないと感じた。土壁はヒビが入らないようにスサと総称《そうしょう》されるワラや糸くずを混ぜるのが普通である。入れるスサの量を増やすと、普通の土壁とは違う素朴《そぼく》な表情が出ることがわかって、ギリギリまでスサを増やしてもらった。「こんなザラザラで本当にいいんか」「大丈夫《だいじょうぶ》、大丈夫」といった掛《か》け合いをしながら、見たことのない壁ができあがった。

千利休《せんのりきゅう》がデザインした待庵《たいあん》(京都府大山崎町《おおやまざきちょう》)という国宝の茶室があって——国宝の茶室は日本に3つしかない。あとのふたつは『蜜《みっ》庵《たん》』(京都市、大徳寺《だいとくじ》塔頭《たっちゅう》龍光院《りょうこういん》)と『如庵《じょあん》』(愛知県犬山《いぬやま》市の有楽《うらく》苑《えん》に移築)だ——その黒い壁に、普通以上の量のスサが塗り込んであ

2023年度 開成中学校

【国語】（五〇分）〈満点：八五点〉

一　以下の文章は、建築家である筆者が、一九八〇年代の建築業界と、高知県梼原町《ゆすはらちょう》での経験とをふりかえった文章です。読んで、後の問に答えなさい。なお、本文中の〔＝　〕は、出題者の付けた注・解説です。

当時の建設業界は、江戸《えど》時代の武家社会のようだと僕《ぼく》は感じていた。戦国時代の社会は実際に武士を必要としていた。武士の力によって、武士の暴力によって、中世の日本は近世の日本へと脱皮《だっぴ》できたのである。

平和な江戸時代がやってきて、もはや社会は武士を必要としなくなった。しかし、江戸幕府は、功績のあった武士階級を尊重し、彼等《かれら》の特権を温存した。武士は士農工商の身分制度の最上位に位置づけられ、いばり続けることができた。日本社会は、一貫《いっかん》して温情社会であり、過去の功績、過去の特権は尊重され守られ続ける。

そして、すでに自分達《たち》が不要であることに気がついた人々は、自分達の倫理《りんり》、美意識をエスカレートさせることによって、自身のレゾンデートル〔＝存在意義〕をアピールする。時代が転換《てんかん》する時、人間は昔から同じことを繰《く》り返し、前の時代のエリートは、必死に延命を図った。江戸時代の武士は、まさにそのようにして武士道を尖鋭化《せんえい》し〔＝激しくおし進め〕、自分達の存在を正当化しようとした。戦国時代の武士は、倫理や美意識よりも、明日の戦《いくさ》に勝つことがまず大事な、現実的な人達であった。しかし、江戸時代に、転倒《てんとう》が起こる。

《中略》

1 80年代の建築の世界も、戦場を失った武士によく似ていた。第二次大戦後の日本は、確かに、建築を必要としていた。西欧《せいおう》に追いつくために、たくさんの建築を建て、速い鉄道を走らせ、長い道路を作る必要があった。それが、1970年の大阪万博《おおさかばんぱく》の頃《ころ》には、ほぼ**モクヒョウ**を達してしまった。戦場はなくなり、江戸時代のような平和な時代がやってきたのである。それでも、江戸幕府が武士政権であったように、1970年が過ぎても、戦後日本の政治も経済も、依然《いぜん》として建築主導であり、建築は作られ続けなければならなかった。作る必要のないものも、たくさん作らなければならなかった。無理に無理を重ねて行きついたその先が、80年代のバブル経済であった。バブル経済は、土地の値段が根拠《こんきょ》のない非常識のレベルにまで高騰《こうとう》した現象である。が、土地は土地の論理によって高騰したのではない。土地はその上に建築を建て続けるという圧力に押《お》されて、根拠なく高騰したのである。

僕が飛び込《こ》んでいった80年代の建築業界は、様々な意味で、武士道が支配する、閉じられた**イキグル**しい世界であった。

《中略》

若い建築家から、一言アドバイスを求められると、「仕事がないことを大事にするといいよ」と答えることにしている。大抵《たいてい》、みんなそれを聞いてポカンとする。建築家は、依頼《いらい》がないと建築を建てられない職業なので、どうしても仕事をとりに走り回ってしまう。画家と建築家とは、そこが一番違《ちが》う。そうやって走り始めると、日々の仕事に

2023年度
開成中学校 ▶解説と解答

算数 (60分) ＜満点：85点＞

解答

1 (1) 61分10秒 (2) $144\frac{2}{3}$m (3) 255m 2 2分10秒後，3分12秒後 3 (1) 解説の図を参照のこと。 (2) 797.5cm^3 4 (1) 右の図1 (2) 18秒後 (3) 右の図2 (4) 445秒後 5 **ア**…30，**イ**…30，**ウ**…120，**エ**…30，**オ**…36，**カ**…126，**キ**…492

図1

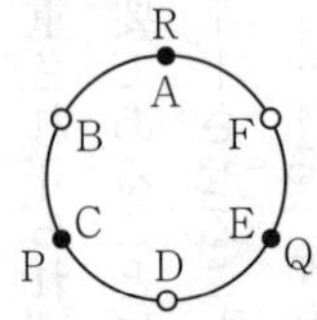

図2

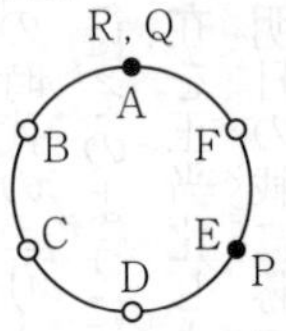

解説

1 旅人算

(1) ウサギとカメの進行のようすをグラフに表すと，右のようになる。ウサギが最後の100mにかかった時間は，100÷80＝1.25(分)だから，アの時間は，1.25分－5秒＝1分15秒－5秒＝1分10秒となる。よって，ウサギが昼寝を始めてからカメがゴールするまでの時間(イ)は，60分＋1分10秒＝61分10秒と求められる。

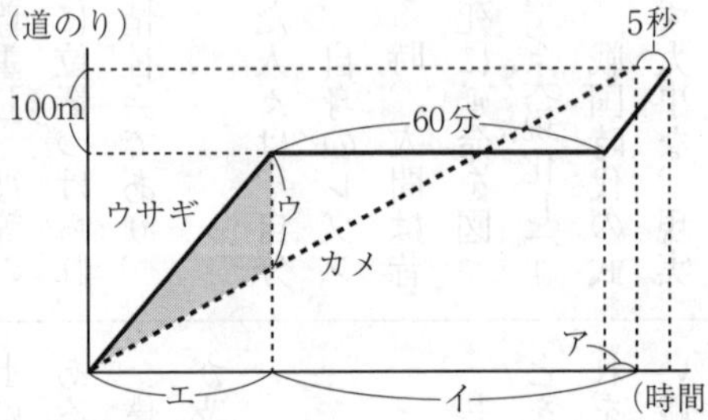

(2) (1)の時間でカメが進んだ道のりは，$4\times61\frac{10}{60}=244\frac{2}{3}$(m)なので，ウサギが昼寝を始めたときのウサギとカメの間の道のり(ウ)は，$244\frac{2}{3}-100=144\frac{2}{3}$(m)とわかる。

(3) グラフのかげをつけた三角形に注目すると，スタートしてからウサギが昼寝を始めるまでの時間(エ)は，$144\frac{2}{3}\div(60-4)=2\frac{7}{12}$(分)とわかるから，カメがスタートしてからゴールするまでの時間は，$2\frac{7}{12}$分＋61分10秒＝2分35秒＋61分10秒＝63分45秒となる。よって，スタート地点からゴール地点までの道のりは，$4\times63\frac{45}{60}=255$(m)である。

2 平面図形—図形上の点の移動，辺の比と面積の比

正六角形の面積を6とすると，一方の面積が，$6\times\frac{1}{1+2}=2$になるときを求めればよい。右の図1で，三角形ABCの面積は1，三角形ACFの面積は2だから，三角形ACPの面積は，$2\times\frac{1}{1+2}=\frac{2}{3}$となる。よって，四角形ABCPの面積は，$1+\frac{2}{3}=1\frac{2}{3}$となり，これは2よりも小さいので，1回目は図1のように点Qが辺CD上にいるときとわかる。このとき，三角形PCQの面積は，$2-1\frac{2}{3}=\frac{1}{3}$なので，三角形PCQと三角形PCDの面積の比は，$\frac{1}{3}$：2＝1：

図1

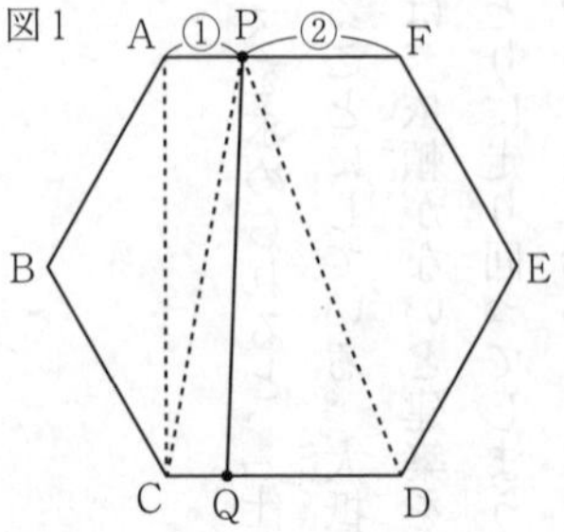

6とわかる。すると，CQ：CDも1：6になるから，点QがCQ間にかかる時間は，$1\times\frac{1}{6}=\frac{1}{6}$(分)となり，1回目の時間は，1分×2＋$\frac{1}{6}$分＝2分＋10秒＝2分10秒後と求められる。次に，2回目の時間を求める。右の図2のようにAFとDEをそれぞれ延長して交わる点をGとすると，三角形GFEは1辺の長さが，①＋②＝③の正三角形になる。また，三角形GFEの面積は1，四角形FPQEの面積は2なので，三角形GFEと三角形GPQの面積の比は，1：(1＋2)＝1：3となる。したがって，三角形GFEの底辺をGF，三角形GPQの底辺をGPとすると，底辺の比は，GF：GP＝3：(3＋2)＝3：5だから，高さの比は，GE：GQ＝$\frac{1}{3}$：$\frac{3}{5}$＝5：9となり，GE：EQ＝5：(9－5)＝5：4，DQ：DE＝(5－4)：5＝1：5と求められる。すると，点QがDQ間にかかる時間は，$1\times\frac{1}{5}=\frac{1}{5}$(分)になるので，2回目の時間は，1分×3＋$\frac{1}{5}$分＝3分＋12秒＝3分12秒後とわかる。

図2

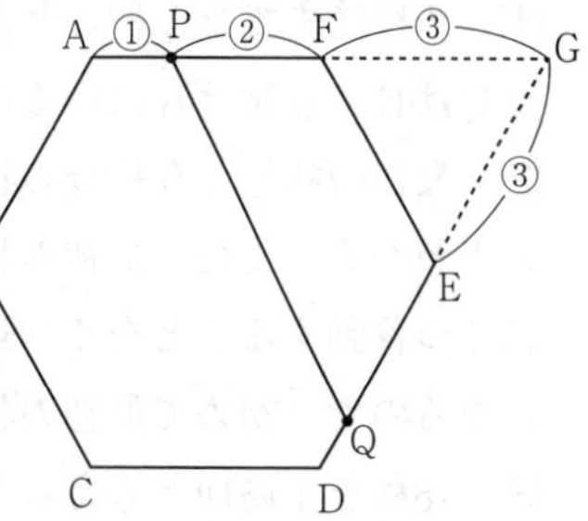

3 立体図形—分割，体積

(1) PNとIKの交点をQ，OMとIJの交点をRとすると，QとRはどちらも面IJLKと面MNPOの上にあるから，直接結ぶことができる。よって，立体Xは右の図のようになる。

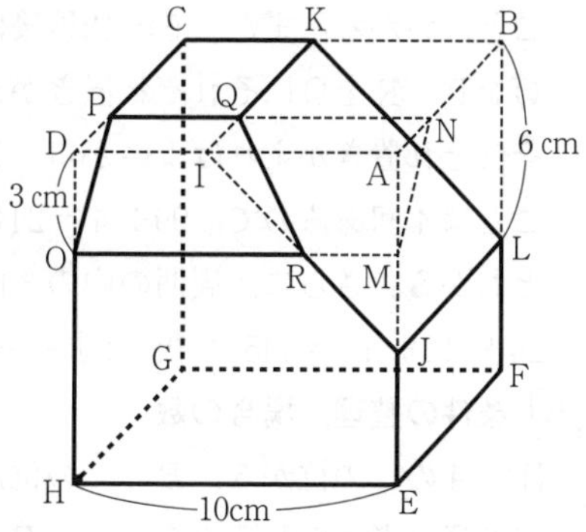

(2) もとの立方体から，㋐三角柱AIJ－BKL，㋑三角柱AMN－DOPの2つの三角柱が切り取られる。また，2つの三角柱が重なる部分の立体は，㋒立体IRQ－AMNである。はじめに，㋐の体積は，6×6÷2×10＝180(cm^3)，㋑の体積は，3×3÷2×10＝45(cm^3)とわかる。また，㋒の立体は，三角形AMNを底面とし，IA，RM，QNの平均を高さとする三角柱の体積と同じになる。さらに，三角形MRJは直角二等辺三角形なので，RMの長さは，6－3＝3(cm)であり，㋒の体積は，$3\times3\div2\times\frac{6+3+6}{3}$＝22.5(cm^3)と求められる。また，立方体の体積は，10×10×10＝1000(cm^3)だから，立体Xの体積は，1000－(180＋45－22.5)＝797.5(cm^3)となる。

4 図形上の点の移動，周期算

図1

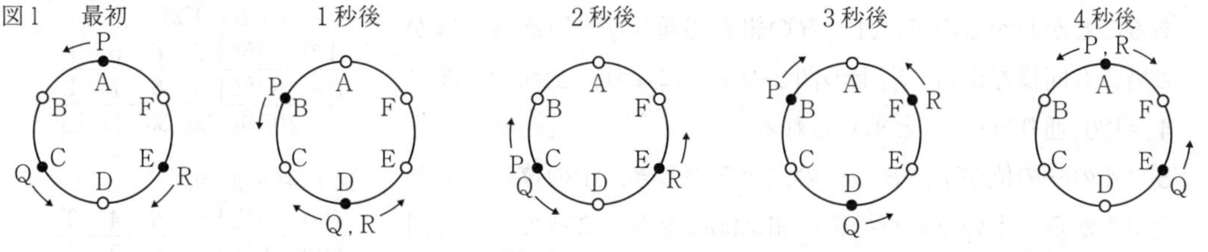

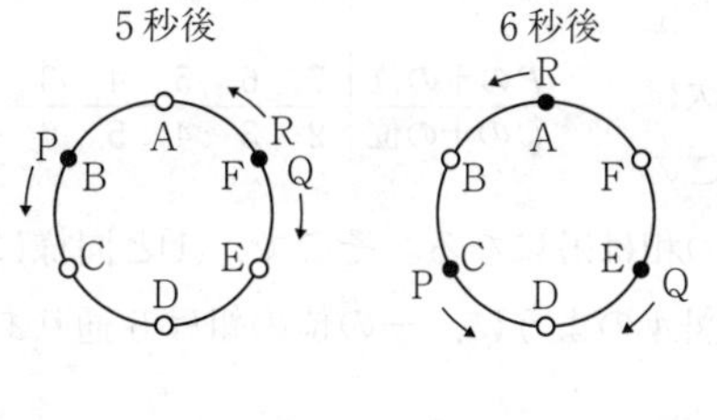

図2

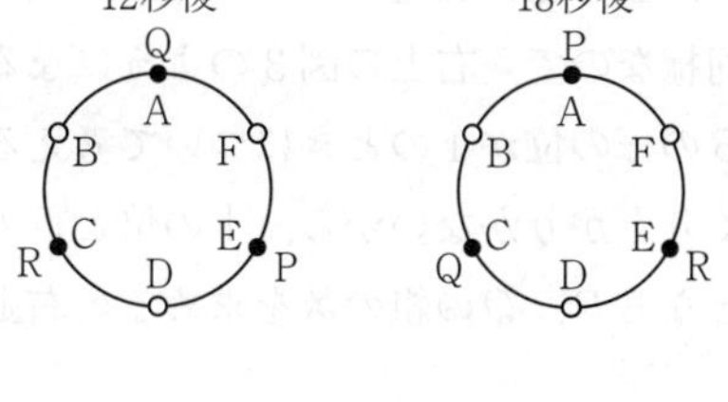

図3

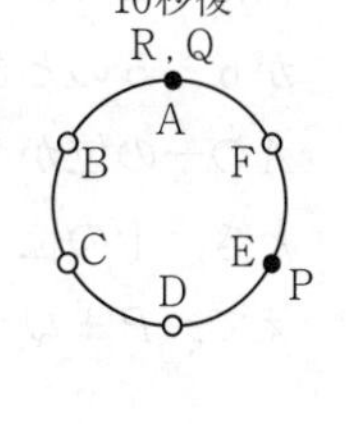

(1)　6秒後までを1秒ごとに調べると，上の図1のようになる。よって，6秒後には，点PはC，点QはE，点RはAにいることがわかる。

(2)　最初の状態と6秒後の状態を比べると，3つの点がそれぞれ反時計回りに2つ移動していることがわかる。また，最初の状態と6秒後の状態の矢印の向きは同じだから，6秒ごとに反時計回りに2つ移動することをくり返すことになる。よって，12秒後，18秒後にはそれぞれ上の図2のようになるので，初めて最初の状態にもどるのは18秒後である。

(3)　18秒を1周期と考えると，100÷18＝5余り10より，100秒後の状態は10秒後の状態と同じになることがわかる。また，10秒後は6秒後のさらに4秒後だから，6秒後から4秒間進んだ状態を考える。ここで，最初の状態と4秒後の状態を比べると，Aにいた点の場所は変わらず，Cにいた点とEにいた点の場所はそれぞれ反時計回りに2つ移動していることがわかる。6秒後と10秒後の関係も同じなので，10秒後の状態は上の図3のようになり，100秒後の状態も同じとわかる。

(4)　1周期の中を6秒ごとに分けて考える。図1から，0～6秒後で重なるのは，1秒後のQとR，2秒後のPとQ，4秒後のPとR，5秒後のQとRの4回あることがわかる。また，6～12秒後については，PをR，QをP，RをQにそれぞれ置きかえればよく，12～18秒後については，PをQ，QをR，RをPにそれぞれ置きかえればよいから，右上の図4のようになる。よって，1周期の中でPとRが出会うことは4回あるので，99÷4＝24余り3より，99回目に出会うのは，24＋1＝25(周期目)の3回目とわかる。さらに，周期の中の3回目は，12～18秒後の中の1回目だから，動き始めてから，18×24＋(12＋1)＝445(秒後)と求められる。

図4

	1秒後	2秒後	4秒後	5秒後
0～6秒後	QとR	PとQ	PとR	QとR
6～12秒後	PとQ	RとP	RとQ	PとQ
12～18秒後	RとP	QとR	QとP	RとP

5　条件の整理，場合の数

(1)　Aの一の位が5，Bの一の位が1のとき，A，Bの十の位は6通り考えられるから，A，Bの組は6通りある。ほかの場合も同様なので，右の図1のようになり，全部で，6×5＝30(通り)(…ア)とわかる。

(2)　Aの一の位が7，Bの一の位が4のとき，十の位に1くり上がるから，十の位を一の位におきかえて考えると，十の位と百の位の和は96になる。(1)から，このような整数の組は30通りあることがわかるので，A，Bの組も30通り(…イ)ある。ほかの場合も同様だから，右上の図2のようになり，全部で，30×4＝120(通り)(…ウ)と求められる。

(3)　Aの一の位が7，Bの一の位が5のとき，十の位に1くり上がるから，十の位と百の位の和は96になる。よって，(2)と同様に，このようなA，Bの組は30通り(…エ)ある。Aの一の位が6，5のときも同様なので，右上の図3のようになる。次に，Aの一の位が1，Bの一の位が1のときについて考える。このとき，十の位へのくり上がりがないから，十の位と百の位の和は97になる。そこで，(1)と同様に考えて，$P+Q$＝97となるP，Qの組の数を求める。右上の図4のように，一の位の組は6通りあり，

図1 ($A+B$＝96)

Aの一の位	5	4	3	2	1
Bの一の位	1	2	3	4	5
A，Bの組	6	6	6	6	6

図2 ($A+B$＝971)

Aの一の位	7	6	5	4
Bの一の位	4	5	6	7
A，Bの組	30	30	30	30

図3 ($A+B$＝972)

Aの一の位	7	6	5	1
Bの一の位	5	6	7	1
A，Bの組	30	30	30	□

図4 ($P+Q$＝97)

Pの一の位	6	5	4	3	2	1
Qの一の位	1	2	3	4	5	6

Pの十の位	7	6	5	4	3	2
Qの十の位	2	3	4	5	6	7

どの場合も十の位の組は6通りあるので，$P+Q=97$となるP，Qの組は，$6\times6=36$(通り)(…オ)あることがわかる。したがって，図3の□にあてはまる数は36だから，$A+B=972$となるA，Bの組は全部で，$30\times3+36=126$(通り)(…カ)となる。

(4)　一の位の和は13または3になるので，右の図5のように4通り考えられる。十の位へのくり上がりがある場合，千の位，百の位，十の位の和は971になるから，(2)より，A，Bの組は120通りあることがわかる。また，十の位へのくり上がりがない場合，千の位，百の位，十の位の和は972になるので，(3)から，A，Bの組は126通りあることがわかる。よって，全部で，$120\times2+126\times2=492$(通り)(…キ)と求められる。

図5($A+B=9723$)

Aの一の位	7	6	2	1
Bの一の位	6	7	1	2

社 会　(40分)<満点：70点>

解答

1 **問1**　(例)　(1890年は)直接国税15円以上を納める満25歳以上の男子だけに選挙権が認められた。／(1946年は)満20歳以上のすべての男女に選挙権が認められた。　**問2**　ウ　**問3**　ア　**問4**　(1)　カ　(2)　イ　**問5**　隋(から)唐(へ)　**問6**　ウ　**問7**　(1)　**う**　満州国　**え**　国際連盟　(2)　ドイツ，イタリア　**問8**　(1)　**お**　薩摩焼　**か**　島津　(2)　イ　**問9**　**最も近い**…エ　**最も遠い**…ウ　**問10**　(1)　**き**　ワカタケル　**く**　前方後円　(2)　ア，ウ　**問11**　(1)　**け**　冠位十二階　**こ**　十七条の憲法(憲法十七条)　(2)　イ，ウ　(3)　ア　**問12**　(1)　イ　(2)　石見(銀山)　**問13**　(1)　ア　(2)　ウ　**問14**　(1)　**さ**　新橋　**し**　横浜　(2)　イ　(3)　エ　**2** **問1**　**あ**　安全保障(安保)　**い**　地位　**う**　124　**え**　3分の2　**お**　敦賀　**か**　札幌　**問2**　①　カ　②　ウ　③　イ　**問3**　NATO　**問4**　(1)　ア　(2)　47(円の)上昇　**問5**　オーストラリア，インド　**問6**　(1)　1947(年)　(2)　鳥取(県と)島根(県)，徳島(県と)高知(県)　(3)　ア，イ，エ　**問7**　**A**　(例)　建設費　**B**　第三セクター　**C**　(例)　所要時間を短縮　**問8**　(1)　右の図　(2)　赤石(山脈)，木曽(山脈)　(3)　**e**　静岡(県)　**f**　大井(川)

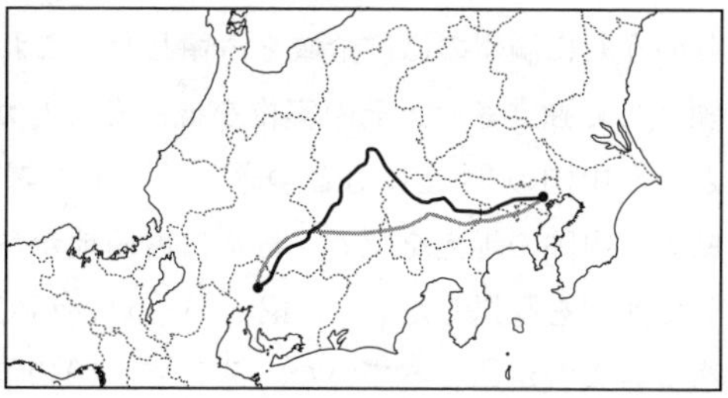

解説

1 **年代や時代の区分を題材とした歴史と地理の問題**

問1　1890年に行われた第1回衆議院議員総選挙では，選挙権を持っていたのは直接国税15円以上を納める満25歳以上の男子だけであった。その後，納税額による制限がしだいに緩《ゆる》められ，1925年の普通選挙法の成立により，満25歳以上のすべての男子に選挙権が認められた。そして，第二次世界大戦直後の1945年12月に選挙法が改正されたことで満20歳以上のすべての男女に選挙権が認められ，翌46年4月，戦後初の衆議院議員総選挙が行われた。

問2　1世紀から3世紀にかけては弥生時代後半にあたる。1980年代後半に発掘《はっくつ》された佐賀県の吉野ヶ里遺跡は，この時代の最大級の環濠《かんごう》集落跡である。当時は各地でムラやクニどうしの戦いが起きていたと考えられており，敵の襲撃《しゅうげき》に備えて周囲に濠《ほり》や柵《さく》をめぐらせ，物見やぐらを設けるなど，中国の歴史書『魏志《ぎし》』倭人《わじん》伝に記述のある「クニ」を想像させるのに十分な発見があいついだ。なお，1990年代前半に発掘された青森県の三内丸山遺跡は，縄文時代の大規模集落跡である。

問3　1960年代の日本は高度経済成長期にあり，鉄鋼業や自動車工業，造船業，石油化学工業などの重化学工業が産業の中心となっていった。なお，エは1967年に制定された公害対策基本法について述べた文である。

問4　⑴　世界三大宗教に数えられるイスラム教は，7世紀初めにムハンマド(マホメット)によって開かれたもので，唯一《ゆいいつ》の神アラーを信仰している。信者はどこにいても一日5回，カーバ神殿がある聖地メッカ(ムハンマドの生誕地であるアラビア半島の都市)の方角に向かって祈りをささげる。また，1週間の中で最も神聖とされる金曜日は休日とされ，モスクとよばれる施設に集まり礼拝を行う。　⑵　カタールはアラビア半島東部のペルシア湾に面した国で，首都はドーハである。原油と天然ガスの輸出国で，一人あたりの国民所得は世界のトップクラスだが，外国人労働者が多いことでも知られる。なお，アはクウェート，ウはアラブ首長国連邦，エはオマーンである。

問5　608年に派遣された遣隋使《けんずいし》には，高向玄理《たかむこのくろまろ》，僧旻《みん》，南淵請安《みなぶちのしょうあん》ら留学生や留学僧も同行した。この時期の618年には唐が隋を滅《ほろ》ぼして中国を統一したが，彼らはこの王朝交替《こうたい》を経験しており，帰国後，中大兄《なかのおおえの》皇子に協力して大化の改新に関わった。

問6　アは2002年，イは1995年，ウは2019年9～11月，エは1992年のできごとである。平成は1989年1月8日から2019年4月30日までの間なので，ア，イ，エは正しいが，ウは令和元年のできごとである。

問7　⑴　1931年，満州(現在の中国東北部)にいた日本軍は柳条湖《りゅうじょうこ》付近で鉄道線路の爆破事件(柳条湖事件)を引き起こすと，これを中国側のしわざであるとしてただちに攻撃を開始し，半年余りのうちに満州のほぼ全域を占領した。これを満州事変といい，翌32年，日本軍は占領地域を満州国として独立させ，その実権を握《にぎ》った。しかし，国際連盟は，満州事変は日本の侵略《しんりゃく》行為であるという中国の訴《うった》えにもとづき，リットン調査団を現地に派遣するなどしてこれを調査した。その結果，中国の訴えを認め，日本に占領地からの撤退《てったい》を勧告《かんこく》したため，1933年，日本はこれを不服として連盟を脱退《だったい》した。　⑵　ヨーロッパでは1939年にドイツのポーランド侵攻《しんこう》をきっかけに第二次世界大戦が始まっていた。そして，1940年，日本はベルリン＝ローマ枢軸《すうじく》とよばれる友好関係にあったドイツ，イタリア両国と，軍事同盟(日独伊三国同盟)を結んだ。翌41年，日本が太平洋戦争に突入《とつにゅう》したことから，大戦は枢軸国とよばれた日独伊の3国と，アメリカ・イギリス・ソビエト連邦などの連合国の戦いという構図になった。

問8　⑴　16世紀末，二度にわたって行われた豊臣秀吉による朝鮮出兵では，出陣した大名たちが朝鮮から多くの陶工を日本に連れ帰った。そのうち，薩摩(鹿児島県)ではそうした陶工たちにより，薩摩焼とよばれる陶磁器がつくられるようになり，領主の島津氏の保護を受けて発展した。同じようにこの時期に朝鮮から連れ帰った陶工により始められた陶磁器としては，佐賀県の有田焼や山口県の萩《はぎ》焼などがある。　⑵　X　1268年，モンゴル帝国の第5代皇帝フビライ＝ハンは，朝鮮半島の高麗《こうらい》を仲だちとして日本に国書を送ってきた。その内容は，日本に通交と親睦《しんぼく》を求めるものであったが，もし日本がこの要求を拒否《きょひ》すれば武力行使もやむをえないと強い態度を示している。つまり，日本に服属をうながすものであった。　Y　1876年に結ばれた日朝修好条規は，日本に領事裁判権を認め，朝鮮に関税自主権がないなど，朝鮮にとって不平等な内容であった。なお，1871年に日本が清(中国)と結んだ日清修好条規は，日本が初めて外国と結んだ対等な条約である。

問9　アは1918年，イは1919年，ウは1914年，エは1923年のできごとである。なお，十干《じっかん》十二支《じゅうにし》を用いた歴史上のできごととしては，戊辰《ぼしん》戦争，甲午《こうご》農民戦争，辛亥《しんがい》革命などもよく知られる。

問10　(1)　き　埼玉県行田市の稲荷山《いなりやま》古墳から出土した鉄剣には115字の銘文《めいぶん》が刻まれており，その中には「ワカタケル大王」の名が見られる。また，熊本県和水《なごみ》町の江田《えた》船山古墳から出土した大刀の銘文(75字)の中にも「ワカタケル大王」と読める部分がある。ワカタケルは5世紀後半に実在した雄略天皇のことと考えられているので，遅くとも5世紀後半には大和政権の支配が九州地方から関東地方にまで及《およ》んでいたことを示す有力な手がかりとなっている。　く　稲荷山古墳も江田船山古墳も，ともに前方後円墳である。問題文にもあるように，大型の前方後円墳の多くは近畿地方にあり，2019年に世界文化遺産に登録された「百舌鳥《もず》・古市古墳群」(大阪府)の代表的な構成資産である大山《だいせん》(大仙)古墳(仁徳天皇陵《りょう》)や誉田山《こんだやま》古墳(応神天皇陵)も前方後円墳である。　(2)　ア　古墳時代には大王《おおきみ》を中心とした大和政権による国土の統一が進み，地方の王や豪族もその支配体制に組みこまれていった。　イ　古墳時代に大和政権の支配が及んだのは東北地方南部までで，それより北には，蝦夷《えみし》とよばれる大和政権に従わない人々が住んでいた。また，南九州にも熊襲《くまそ》とよばれる大和政権に従わない人々がいた。　ウ　古墳時代には，中国や朝鮮で戦乱が多かったこともあり，大陸から多くの人々が日本に移り住んだ。渡来人とよばれるそうした人々により，土木技術や機織りなどの進んだ文化や技術が伝えられた。　エ　全国を結ぶ道路が整備され，駅が設けられたのは，飛鳥時代以降のことである。

問11　(1)　聖徳太子(厩戸《うまやどの》王)が家柄《いえがら》にこだわらず能力や功績のある人材を登用するために設けたのは冠位十二階の制度，政治を行う役人の心構えを示すために定めたのは十七条の憲法(憲法十七条)である。　(2)　ア　律令にもとづく政治が行われるようになるのは，大宝律令などが定められた8世紀以降のことである。　イ　仏教を厚く信仰した太子は，法隆寺などの寺院を建設した。　ウ　太子は天皇を中心とした中央集権国家の建設を目指した。　エ　国家が土地と人民を支配するしくみが整えられるのは，公地公民の原則が示された大化の改新以降のことである。　(3)　行基は8世紀前半に諸国をめぐって民間に布教をした僧で，Xはその内容として正しい。8世紀には寺院や僧は国の管理の下に置かれており，行基の活動はそうした原則に反するもので，「人心を惑《まど》わすもの」として弾圧されたが，多くの民衆に支持されていたことや，灌漑《かんがい》などの社会事業が朝廷の方針に沿うものであったことなどから，弾圧はしだいに緩められた。さらに大仏造立《ぞうりゅう》が決まると，民衆の協力を得るために朝廷は行基に勧進《かんじん》(寺院や仏像をつくるため寄付を集めること)を行わせ，さらに行基を僧の最高位である大僧正《そうじょう》に任命した。したがって，Yも正しい。

問12　(1)　中世から交易港として栄え，日明貿易の根拠《こんきょ》地でもあった堺(大阪府)は，戦国時代にあってもどの大名の支配にも属さず，会合衆《えごうしゅう》とよばれる有力な商人たちの合議による自治が行われていた。しかし，織田信長は堺に軍事的圧力をかけてこれを支配下に置き，多額の軍資金や鉄砲などの武器を手に入れた。　(2)　17世紀前半ごろには日本は世界の約3分の1の銀を産出したといわれ，南蛮《なんばん》貿易などにより大量の銀が輸出されたが，その最大の産出地は石見《いわみ》銀山(島根県)であった。なお，銀は鉱石から直接取り出すことが難しく，中世から近世にかけては，鉱石をいったん鉛《なまり》と混ぜて加熱し，そこから銀を抽出《ちゅうしゅつ》する灰吹《はいふき》法とよばれる方法が行われていた。また，石見銀山は17世紀後半以降は産出量が激減し，1943年には閉山となったが，その遺構がよく保存されていたこともあり，2007年に世界文化遺産に登録された。

問13 (1) 平安時代の上流貴族の屋敷《やしき》に取り入れられた建築様式は，寝殿造である。 (2) 1051年に起きた前九年合戦(前九年の役)は，東北地方の豪族安倍頼時《あべのよりとき》が起こした反乱。陸奥守《むつのかみ》・鎮守府《ちんじゅふ》将軍に任じられた源頼義《よりよし》は，子の義家《よしいえ》らとともに東北地方に遠征《えんせい》し，清原氏の協力を得てこれをしずめた。また，1083年に起きた後三年合戦(後三年の役)では，清原氏の一族間の内紛を陸奥守・鎮守府将軍となっていた源義家が清原清衡《きよひら》(のちの藤原清衡)を助けてしずめた。なお，これらの戦いのあと，義家が自分の財産を投げうって部下に恩賞(ほうび)を与えたことから，東国の武士の中に義家に従う者が増え，源氏が東国に勢力を伸ばすきっかけとなった。また，清衡は平泉(岩手県)を根拠地として奥州藤原氏の祖となった。

問14 (1) 1869年，明治政府は東京—横浜間や京都—神戸間などに鉄道を敷設《ふせつ》することを決定すると，イギリスから資金と技術の援助を受け，翌70年に新橋—横浜間で工事を開始した。そして，1972年6月，品川—横浜間で仮営業が始まり，同年10月，新橋—横浜間での正式営業が開始された(京都—神戸間は1877年に開業)。 (2) 新橋—横浜間の路線は海岸沿いを通ることが多かったが，現在の田町—品川間にあたる区間には軍用地や旧薩摩藩邸《はんてい》があり，用地の確保が難しかったことから，海上に堤《つつみ》を築き，その上に線路を敷設した。高輪築堤《ちくてい》とよばれるこの堤は，その後，線路の位置が変わり，付近で埋《う》め立てが進んだことから位置がわからなくなっていたが，JR山手線の新駅である高輪ゲートウェイ駅の建設と周辺地区の再開発にともなう工事のさい，その遺構の一部が発見された。なお，田町—品川間に建設された高輪ゲートウェイ駅は，2020年3月に開業している。
(3) ア 日本における電話の使用は，1877年にアメリカから輸入したものが官庁間で試験的に使われたのが最初とされる。電話事業は1890年に東京—横浜間で開始され，当時の加入者は東京で155人，横浜で42人と少なかった。 イ 日本でラジオ放送が始まったのは，1925年のことである。ウ 日本におけるバス事業は，1903年に京都で始まった乗合自動車の運行が最初とされる。各地に路線が広がるのは，大正時代になってからのことである。 エ 1872年，横浜にガス製造所がつくられ，街灯として十数基のガス灯が初めてともされた。

2 2022年のできごとを題材とした問題

問1 **あ，い** 日米地位協定は，1960年に改定された日米安全保障条約(新日米安全保障条約)の第6条にもとづき，日米間で結ばれた日本国内に駐留《ちゅうりゅう》するアメリカ軍の地位についての協定である。この協定では，日本国内にあるアメリカ軍基地の中ではアメリカの法律が適用され，司法権も第一にアメリカ側にあることなどが定められ，事実上，アメリカに治外法権が認められる形となっている。 **う** 参議院の議員定数は242名であったが，2018年の公職選挙法改正により選挙区選挙で2名，比例代表選挙で4名増やされ，248名となった。そのため，2019年と2022年の参議院議員通常選挙では，それぞれ124名の議員が選出された。 **え** 憲法改正は衆議院・参議院ともに総議員の3分の2以上の賛成で可決された場合に，国会がこれを発議する。2021年の衆議院議員総選挙と2022年の参議院議員通常選挙の結果，憲法改正に積極的な自由民主党と，これに前向きな連立与党の公明党，および野党のうち日本維新の会と国民民主党の4党の議席を合わせると，両院ともに総議員の３分の２を超《こ》えることになった。　**お**　現在，東京―金沢間で運行されている北陸新幹線は，金沢―敦賀《つるが》(福井県)の区間で延伸工事が進められており，2023年度末の開業が予定されている。　**か**　現在，北海道新幹線は新函館北斗―札幌間で延伸工事が進められており，2030年度末の開業を目指している。

問２　地図中のアはノルウェー，イはスウェーデン，ウはフィンランド，エはポーランド，オはベラルーシ，カはウクライナ，キはルーマニア，クはトルコである。このうち，ベラルーシとウクライナは，ロシアなどとともに旧ソビエト連邦を構成していた。

問３　アメリカを中心とした軍事同盟は北大西洋条約機構で，NATOと略される。1949年にアメリカと西ヨーロッパ諸国により結成されたもので，現在は30か国が加盟している。

問４　(1)「ロシアからの原油の輸入を多くの国が制限したことなどによる原油の国際価格の変化」であるから，2022年の原油価格は上昇したはずである。また，「円安が進行した」のだから，ここでは１ドル＝110円が１ドル＝130円になったようなケースがあてはまる。　(2)　2021年６月１日における日本円での原油価格は，１バレルが約68ドルで為替《かわせ》レートが１ドル＝約110円であるから，68×110＝7480より，１バレル約7480円となる。2022年６月１日においては１バレルが115ドルで為替レートが１ドル＝約130円であるから，115×130＝14950より，１バレル約14950円となる。したがって，14950－7480＝7470より，１バレルにつき約7470円上昇したことになり，１バレルは約160リットルであるから，7470÷160＝46.6875より，１リットルあたり約47円の上昇ということになる。

問５　QUAD《クアッド》は日米豪印戦略対話(４か国戦略対話)の略称で，自由や民主主義，法の支配といった基本的価値を共有する日本，アメリカ，オーストラリア，インドの４か国の枠《わく》組みである。2021年９月，ワシントンで対面による初の首脳会合が行われ，2022年５月には東京で首脳会合が行われた。

問６　(1)　1946年11月３日に公布された日本国憲法により，参議院の設立が規定された。そして，翌47年３月31日に帝国議会が閉鎖(貴族院は５月３日の日本国憲法施行と同時に廃止)され，４月20日，第１回参議院議員通常選挙が行われた。なお，直後の４月25日には衆議院議員総選挙が行われ，５月20日には第１回国会が召集《しょうしゅう》されている。　(2)　参議院の選挙区選挙は各都道府県を選挙区として行われるが，都道府県間の人口と議員定数の比率に不均衡《きんこう》が生じる，いわゆる「一票の格差」が問題となってきた。そのため，2015年に公職選挙法が改正され，鳥取県と島根県，徳島県と高知県が，それぞれ合わせて一つの選挙区(合区)とされることとなり，2016年の通常選挙から適用された。　(3)　ア　現在，参議院の議員定数は，選挙区選出148名，比例代表選出100名の計248名となっている。　イ　参議院の比例代表選挙は，全国を一つの選挙区として行われる。全国を11のブロックに分けるのは，衆議院の比例代表選挙である。　ウ　衆議院の比例代表選挙では有権者は投票用紙に政党名を記入するが，参議院の比例代表選挙では，政党名または個人名のどちらかを記入する。　エ　衆議院議員総選挙では候補者は小選挙区選挙と比例代表選挙の両方に立候補する重複立候補ができるので，小選挙区選挙で落選しても比例代表選挙で復活当選する可能性があるが，参議院では重複立候補は認められていないので，そのようなことはない。

問７　**A**　新幹線の建設費はJRと国，地方公共団体が分担することになっているので，西九州新幹線が通る佐賀県にも建設費の負担が求められる。　**B**　地方公共団体と民間企業が資金を出し合って設立・運営される会社は，第三セクターとよばれる。これは，国や地方公共団体が経営する公企業を第一セクター，民間が経営する私企業を第二セクターとする分類法による。かつての国鉄(日本国有鉄道)がJR各社に分割・民営化されたさい，各地で赤字路線が廃線の危機に直面したが，三陸鉄道(岩手県)やいすみ鉄道(千葉県)などのように，第三セクター方式による新会社を設立することで存続した路線も多い。　**C**　本文にもあるように，佐賀県内の多くの住民にとっては，在来線と比べて移動時間がそれほど短縮されるわけではない。つまり，多額の建設費を負担するメリットが感じられないことが，反対する大きな理由となっている。

問8　(1)　リニア中央新幹線は，品川駅と名古屋駅のほか，神奈川県相模原《さがみはら》市橋本，山梨県甲府市，長野県飯田市，岐阜県中津川市に，それぞれ駅が設置されることになっている。　(2)　リニア中央新幹線は東海道新幹線の迂回《うかい》路としての役割を持つため，内陸部を直線的に走るルートが設定された。そのため，在来線の中央本線が迂回している赤石山脈と木曽山脈をトンネルで貫くこととなった。　(3)　リニア中央新幹線は，静岡県の北部を通過するが，付近は大井川水系の源流部にあたることから，トンネル工事などにより地下水脈が影響を受け，河川の水量が減ることが心配されている。そのため，静岡県は建設事業者のJR東海に対策を求めている。

理　科　(40分)　＜満点：70点＞

解　答

1　**問1**　右の図　**問2**　25m　**問3**　ア，ウ　**問4**　イ　**問5**　断層　**問6**　オ　**問7**　ア　**問8**　ハザードマップ　**2**　**問1**　イ　**問2**　ウ，エ　**問3**　**あ**　空気　**い**　水　**問4**　**図3(中央)…色**　ア／**理由**　a　**図3(右)**…エ　**問5**　**太郎さん**…b，c　**花子さん**…a，c　**問6**　**う**　上　**え**　下　**お**　(例)　混ざる　**3**　**問1**　イ　**問2**　①　ウ　②　ウ　**問3**　③　イ　④　オ　**問4**　4倍　**問5**　12.68　**問6**　6.60秒　**問7**　⑥　おもりの重さ　⑦　ふりこの長さ　**4**　**問1**　(1)　①　(う)　②　(か)　(2)　尿　**問2**　(あ)　**問3**　(1)　②→③→①　(2)　210mL　**問4**　(1)　192回　(2)　41倍　(3)　エ

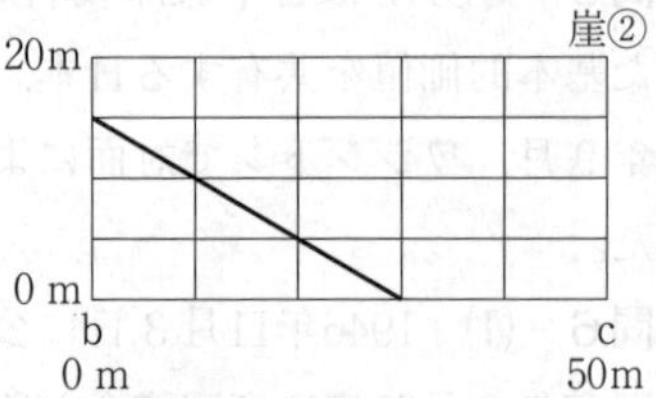

解　説

1　**断層についての問題**

問1　Z層は崖《がけ》①ではbcから高さ15m，P地点ではbcから高さ，20−15＝5(m)のところを通る1枚の平らな層である。よって，解答に示した図のように，崖②では北方向(bからcに向かう方向)に20m進むと10m下がっている直線のように見える。

問2　Z層は北方向に20m進むと10m下がっている層なので，Q地点ではP地点より10m下がっていると考えられる。よって，Q地点では，Z層は面③から，15＋10＝25(m)のところにある。

問3　火山から噴出《ふんしゅつ》したものが地表に降り積もるとき，一つひとつの粒子《りゅうし》は，川や海などの流れる水によるはたらきをほとんど受けないので，角がけずられることがなく，角張ったまま固められた地層となる。また，火山から噴出されるマグマには火山ガスなどの気体が含《ふく》まれていることがあ

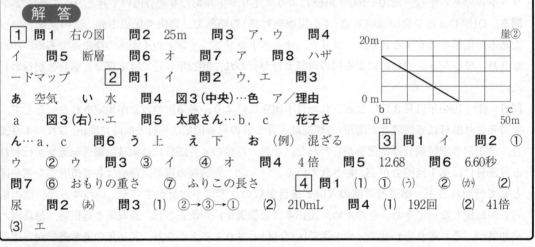

り，冷えて固まるときに気体が空気中に出るので，固まった岩石に小さな穴が残ることがある。

問4　a　川から海にれきと泥《どろ》が水とともに流れ込《こ》むとき，れきは泥より粒《つぶ》が大きく重いので河口に近いところで堆積《たいせき》するが，泥は沖に流され，水の動きがほとんどない深い海底に堆積する。

b　泥は砂より粒が小さく軽いので，砂よりゆっくり沈《しず》んでいく。

問5　地震《じしん》など大地に大きな力がはたらいて，その力に大地がたえきれなくなると，図2のように大地が断ち切られてずれることがある。このようなずれを断層とよぶ。

問6　a　陸地から遠い海域で発生した地震でも，地表(海底)に断層が生じることがある。　b，c　地下の深いところで発生した地震でも，小規模な地震だと，地下で生じた断層が地表に達しないことがある。

問7　断層にはたらく力はプレートの運動などによるものが多く，長期的に向きなどが変化しにくい。そのため，同じような力がかかりやすく，一つの場所で繰り返し大地のずれ(断層)ができやすい。したがって，その場所を震源とした地震が発生しやすく，地震が発生したときには震源に近いため，ゆれが激しくなりやすいといえる。

問8　ハザードマップとは，過去の災害記録や実地調査などをもとに，地震による災害や大雨による洪水《こうずい》，崖くずれなどの被害の程度や範囲《はんい》を想定し，危険な場所や避難《ひなん》先の位置・経路など，災害時に必要な情報を住民にわかりやすく地図上に表したものである。

2　沸騰《ふっとう》，熱の伝わり方についての問題

問1　沸騰石を入れた状態で，水を温めると，沸騰石の表面や内部にある小さな穴に含まれる空気が膨張し，少しずつ小さな泡《あわ》となって水中に出てくる。この泡が水蒸気の泡の成長のきっかけとなるため，急な沸騰を防ぐことができる。

問2　素焼きのかけらなど，表面に小さな穴がたくさんあいているもので，水に溶《と》けないものであれば沸騰石のかわりとしてよい。また，一度使用すると表面の小さな穴に水が残っていることがあり，泡を出さなくなってしまうので，十分に乾燥《かんそう》させてから使用する。ただし，一度使ったものは穴の中に次の実験に影響《えいきょう》のある物質が残っていたり，水に溶けていた物質などが残って穴をふさいでいたりするので，再使用はしないほうがよい。

問3　実験Aで，水に入れた方が空気中に出したときより早く色が変わったことから，水と空気を比べたときの熱の奪《うば》いやすさは，空気より水の方が大きいことがわかる。

問4　実験Aより，空気より水の方が熱を奪いやすいので，図3(中央)では，まず水につけた下の方のみ温度が40℃より低くなり青色になった。その後，図3(右)では，空気や試験管の下側から熱を奪われ上側も40℃より低くなり，全体的に青色になった。

問5　はじめ，太郎さんは全体が青色になる，つまり，全体の温度が下がって40℃より低くなると予想している。これは，下の方で温まったインクが上の方に移動したときに，空気に触《ふ》れて温度が下がることが繰《く》り返され，全体の温度が40℃より低いままになると考えたからである。しかし，花子さんが述べたように，実験Aから，水の方が熱を伝えやすい(奪いやすい)とわかるので，上の方から下の方へ移動した冷たいインクがお湯で温められ，全体の温度が40℃より高くなると考えを改めた。

問6　問5で述べたように，温められたインクは上へ移動し，温まっていないインクは下に移動することでインク全体がよく混ざり，全体の温度が上がりピンク色になる。このような熱の伝わり方を対流という。

3 ふりこの運動についての問題

問１　表１の時間を10で割ってふりこが１往復する時間を計算すると，４回目を除いたどの回でもおよそ２秒である。よって，４回目に測定した時間がほかの回より約２秒少ないのは，ふりこが往復する回数を数えまちがえて９往復の時間を測定したからだと推測できる。

問２　表２より，おもりの数が１個のときも３個のときも10往復する時間はほとんど変わらないことから，おもりの重さはふりこが10往復する時間に大きく影響しないと考えられる。したがって，空欄《くうらん》①，空欄②とも20.00秒を選ぶ。

問３　ふり始めの角度が５度より大きいとき，ふり始めの角度が大きくなるにしたがって，10往復する時間が少しずつ増えていることに注目する。すると，時間が20.12と20.18の間にある空欄③には20.15を，20.26と20.36の間にある空欄④には20.30を入れるのが適する。

問４　ふりこの長さは「ひもの長さ」ではなく，「ひもの上端《じょうたん》からおもりの中心までの長さ」であることに注意する。おもりの中心は，おもりの上端から，4.0÷２＝2.0(cm)のところだから，ひもの長さが3.0cmのときのふりこの長さは，3.0＋2.0＝5.0(cm)で，ひもの長さが18.0cmのときのふりこの長さは，18.0＋2.0＝20.0(cm)になる。よって，その長さは，20.0÷5.0＝４(倍)である。

問５　問４より，ふりこの長さが４倍になると，ふりこが10往復する時間が，8.98÷4.49＝２(倍)になっていることがわかる。すると，ひもの長さが38.0cmのときのふりこの長さは，38.0＋2.0＝40.0(cm)で，ひもの長さが8.0cmのときのふりこの長さは，8.0＋2.0＝10.0(cm)だから，ふりこの長さが，40.0÷10.0＝４(倍)になっているので，10往復する時間は２倍になる。よって，空欄⑤にあてはまる数値は，ひもの長さが8.0cmのときの時間6.34秒の２倍で，6.34×２＝12.68(秒)である。

問６　表４で，ふりこの長さは5.0cm(ひもの長さが3.0cm)のとき，ふりこが10往復する時間は4.49秒で，ふりこの長さが，43.0＋2.0＝45.0(cm)(ひもの長さが43.0cm)のとき，ふりこが10往復する時間は13.47秒である。このことから，ふりこの長さが，45.0÷5.0＝９(倍)になると，ふりこが10往復する時間は，13.47÷4.49＝３(倍)になっていることがわかる。これと問５で述べたことを合わせると，ふりこの長さが４(＝２×２)倍，９(＝３×３)倍，…になるとふりこが10往復する時間は２倍，３倍，…になることがわかる。ここで，４個のおもりをつるしたときのおもりの中心は，おもりの上端から，16.0÷２＝8.0(cm)の位置だと考えられるので，図３の右のふりこの長さは，2.8＋8.0＝10.8(cm)で，左のふりこの長さは，2.8＋2.0＝4.8(cm)である。よって，右のふりこの長さは左のふりこの長さの，10.8÷4.8＝2.25(倍)なので，ふりこが10往復する時間は，2.25＝1.5×1.5より，1.5倍になるとわかる。したがって，右のふりこが10往復する時間は，4.40×1.5＝6.60(秒)と求められる。

問７　表２より，おもりの重さを変えてもふりこが10往復する時間はほとんど変わらない。また，表３より，ふり始めの角度が5.0度以下の範囲では10往復する時間はふり始めの角度に関係がないといえる。よって，表４より，ふり始めの角度が5.0度以下の範囲では，ふりこが往復する時間はふりこの長さによって決まっていると考えられる。

4 ヒトの血液循環《じゅんかん》についての問題

問１　⑴　①　食事の養分は小腸で血液の中に取り込まれた後，かん臓に送られるので(う)があてはまる。　②　酸素は肺で血液の中に取り込まれた後に心臓に送られ，心臓から体の各部分に送られるから，心臓を通った後は，はじめに(か)を通る。　(2)　体でつくられたもののうち，いらなくなったものは，血液によってじん臓に送られ，こし取られた後，尿《にょう》となって体の外に出される。

問２　心臓から出た血液は，全身の各部分に分かれて送られるが，再び集まって心臓にもどってくるから，(あ)と(か)を通る血液量は同じである。

問３　(1)　表１で，安静時に血液が筋肉以外の部分で配る酸素量は(B)と(b)の差でわかるから，血液100mLあたり，20.0－16.0＝4.0(mL)である。また，筋肉の部分で配る酸素量は(C)と(c)の差だから，血液100mLあたり，20.0－15.0＝5.0(mL)，そして，配られた酸素量の体全体の平均は，心臓から全身に送られた血液が再び心臓にもどるまでに全身に配られた酸素量として考えてよいから，心臓を通る(A)と(a)を比べることでわかる。よって，血液100mLあたり，20.0－15.8＝4.2(mL)である。
(2)　(1)で述べたとおり，安静時に心臓から出た血液が全身に配る酸素量は，血液100mLあたり4.2mLだから，１分間では，$4.2\times\frac{5000}{100}=210$(mL)である。

問４　(1)　１分あたりに心臓から出る血液量は，運動時は安静時の，16000÷5000＝3.2(倍)になる。１回の拍動《はくどう》で心臓が押《お》し出す血液の量が安静時と運動時で変わらないとすると，運動時の１分あたりの心拍数は，安静時１分あたりの心拍数の3.2倍になるので，60×3.2＝192(回)である。　(2)　安静時に筋肉で配る酸素量は血液100mLあたり5.0mLで，筋肉を通る血液量は１分あたり1000mLだから，安静時の筋肉に配られる１分あたりの酸素量は，$5.0\times\frac{1000}{100}=50$(mL)である。また，運動時に筋肉で配る酸素量は血液100mLあたり，19.8－3.8＝16(mL)で，筋肉を通る血液量は１分あたり12800mLだから，運動時の筋肉に配られる１分あたりの酸素量は，$16\times\frac{12800}{100}=2048$(mL)である。したがって，2048÷50＝40.96より，およそ41倍と求められる。　(3)　表１の(A)より，血液100mLあたりに肺で取り込まれる酸素量は，安静時が20.0mLなのに対して運動時は19.8mLと減少しているので，エは誤り。

国語　(50分)　＜満点：85点＞

解答

一　**問１**　下記を参照のこと。　**問２**　(例)　社会で不要になっても，過去の功績を理由に，現実からかけはなれた理屈で存在意義を正当化し，特権的な位置に居続けた点。　**問３**　**東京の現場**…(例)　コストとスケジュール優先で，社会や人間に何が必要かを考える時間も，建築にリアリティを与えるための職人との会話もないような場所。　**檮原という場所**…(例)　職人たちと自由に話しながら作業することでおもしろい仕事ができ，建築の本質を取り返せる希望と，そのやり方を与えてくれた場所。　二　**問１**　(例)　はなやかな家庭に生まれて才能にめぐまれ，規則を苦もなく破るようすまでもが，きらめく自由なふるまいに見えるところ。　**問２**　(例)　朱里から嫌われたくないばかりに誘いに乗ったが，学校を休むことがどうしても後ろめたく，心から楽しそうな朱里に同調しきれずにいるから。　**問３**　(例)　打ち解けているような態度を見せてはいるが，朱里が自分を特別な友だちとして扱い，本当に心を開いているのかどうか不安だということ。　**問４**　(例)　自慢の友人のはずだった朱里の抜け目なさや，自分への関心の薄さなどに気づいたことで感じたやり場のない気持ちを，どうにかおさえようと思っている。

●漢字の書き取り

一　問１　モクヒョウ…目標　　イキグル(しい)…息苦(しい)　　ギャク…逆　　タガヤ(し)…耕(し)

解説

一　**出典は隈研吾《くまけんご》の『ひとの住処《すみか》　1964—2020』による。**バブル期の東京での仕事に何が欠けていたか，バブルがはじけた後，檮原《ゆすはら》という土地で仕事をしながら何を取りもどすことができたかについて，筆者は語っている。

問１　**「モクヒョウ」**…めざすところ。　**「イキグル(しい)」**…圧迫《あっぱく》された不自由なようす。**「ギャク」**…反対であるようす。　**「タガヤ(す)」**…“田畑の土をほり返し，作物がつくれる状態にする”という意味。

問２　過去の功績を重んじた幕府から尊重・保護され続けてきたものの，「戦場」のない江戸時代において，もはや自分たちが不要となったことに気づいた武士たちは，その存在意義を「武士道」という「倫理《りんり》や美意識」の尖鋭《せんえい》化により必死に主張し正当化してきたと，前の部分で述べられている。一方「建築の世界」では，必要とされていた建築物をあらかた建ててしまった1970年(大阪万《ばん》博《ぱく》の頃《ころ》)以降も，日本の政治や経済が「依然《いぜん》として建築主導」の立場をとっていたため，引き続き現実にそぐわないものを「無理」につくり続けていたと，説明されている。不要になった後も自らの正当性を訴《うった》え，強引《ごういん》に理屈《りくつ》を通していた点をおさえ，「時代の変化とともに社会から必要とされなくなっていたのに，強引な理論づけによって特権的に存在し続けていた点」のようにまとめる。

問３　建築にリアリティを与《あた》え，生命を叩《たた》きこむには，自分のつくる建築の意味と向き合い，人間・社会に必要とされているものについて考えたり，職人とじっくり話す時間を持ったりすることが大切だと筆者が述べている点をおさえる。建設会社のエリート社員が仕切る東京の工事現場にいた頃の筆者は，職人とさまざまなアイデアを交《か》わすことは許されず，何より「コストとスケジュール」最優先のもと，結果「普通《ふつう》の収まり」の建築ばかりを手掛《てが》けることになっていた。「地面と切り離《はな》された経済学」を前提とした金融《きんゆう》資本主義が支配するこのバブル期では，土地の高騰《こうとう》を「繁栄《はんえい》であると錯覚《さっかく》」していた人々が，価格を第一の目的にすえていたので，筆者がいう今の社会，未来の人間に必要とされる建築などは考慮《こうりょ》されず，文字通り「地面」は実体(リアルな建築)から切断されていたのである。一方，檮原では「色々な職人と自由に話ができた」うえ，「友人にもなった」ことでその地にふさわしいユニークな仕上げやディテールが実現でき，筆者は建築が「再び大地とつながることができるかもしれないという希望」を抱《いだ》いている。“建築に必要不可欠な，リアリティを持たせるための条件”の有無《うむ》に着目し，「東京の現場」は，「実体を備えた仕事のために不可欠な職人たちとの会話を禁じられ，土地の価格を上げる建築をコストとスケジュール優先でつくっていただけの場所」といった趣旨《しゅし》で，「檮原という場所」は，「職人たちとのやり取りから現場でしか学べないことを教わり，おもしろい仕事も，建築に実体を取り返す希望も与えてもらったところ」のような形でまとめるとよい。

二　**出典は柚木麻子《ゆずきあさこ》の『終点のあの子』による。**学校をよくさぼるうえ，遅刻《ちこく》し放題だが魅力《みりょく》的な朱里《あかり》と親しくなれたことを喜ぶ一方，彼女《かのじょ》に振《ふ》り回される希代子《きよこ》のようすが描《えが》かれている。

問1　朱里は「いろんなグループ」に顔を出し，なじんでいることや，「平気で学校をさぼるし，遅刻もする」のに「国語と美術の成績が抜群《ばつぐん》に」よく，特に美術においてはその迫力《はくりょく》ある絵や発言の多さから教師に「一目置かれている」ことなどもあって，「皆《みんな》の注目」を集めている。また，著名なカメラマンの父親を持つ朱里の家庭は「小説のよう」でもあるほか，学校をさぼって行った「江の島」では，海を見ながら「すごく自由な気持ち」を満喫《まんきつ》している。こうした朱里のようすや環境《かんきょう》に希代子はあこがれているものと考えられるので，「有名なカメラマンを父に持ち，芸術的な才能にめぐまれているだけでなく，ルールや人間関係にしばられず，まぶしいほど自由にふるまっているところ」のようにまとめる。

問2　微笑《ほほえ》みながらも本気で学校をさぼろうとしている朱里に気づいた希代子が，休むことでかけてしまうであろう周囲への迷惑《めいわく》を想像し，「大声で叫《さけ》びたくなる」ほどの恐怖《きょうふ》に襲《おそ》われながらも，彼女の提案にあらがえないものを感じていることに注目する。葛藤《かっとう》のすえ，学校行きの各駅停車を見送った希代子は，朱里に喜んでもらえた点ではうれしいものの，さぼってしまうことへの後ろめたさもぬぐえず「曖昧《あいまい》」な表情を浮《う》かべたのだから，“板挟《いたばさ》みの状況《じょうきょう》のなかで悩《なや》む希代子のようす”をふまえ，「朱里に合わせて学校をさぼるのも，誘《さそ》いを断って朱里を失うのもいやで悩んでいる間に電車が出てしまったため，朱里のように純粋に喜んでいるわけではないから」のようにまとめる。なお，希代子が次の駅で降りたことも参考になる。

問3　江の島に行こうと誘われた日，結局は登校することに決めた希代子が，自分を見透《みす》かすような目をした朱里から「意気地《いくじ》なし」と言われ，それをひきずっているであろう点をおさえる。何を言われるかと怖《おそ》れていた翌日，何事もなかったかのように明るくふるまうとらえどころのない朱里に対しわずかな不信感を抱いていたことから，希代子は「朱里の家に誘われたことがない」という事情もあいまって，自分に向けてくる柔《やわ》らかそうな表情や無邪気《むじゃき》さも偽《いつわ》りの姿にしか見えなかったのだと推測できる。これをふまえ，「自分に心を開いているような朱里の態度は，見せかけに過ぎないのではないかと思えてきたということ」のようにまとめる。

問4　希代子は，「フォーゲットミーノットブルー(勿忘草《わすれなぐさ》の青)」という「絵の具」を買おうと誘われ，朱里とともに向かった東急ハンズで美大院生の瑠璃子《るりこ》さんと偶然遭遇《ぐうぜんそうぐう》している。「奥沢《おくさわ》エイジ」という名前に反応した瑠璃子さんのうれしそうなようすを見るや，受験を考えている美大の話をききたいと彼女に人懐《ひとなつ》こく甘《あま》えはじめる「抜《ぬ》け目ない」朱里の態度をながめながら，取り残された希代子はどういうわけか絵の具を自費で買い，「納得《なっとく》」のいかない思いを抱いていたほか，続いて向かったカフェでも「絵や映画の話」で盛り上がる二人を見て，“忘れられた”ような気持ちになっている。夜，「ベッドの中で，その青い絵の具をなんども握《にぎ》り，凹《へこ》ませた」のは，朱里の抜け目なさを目《ま》のあたりにしたことや，自分への関心が薄れているのだろうと気づきながら，一方ではそれを認めたくないという思いからくる心のざわつきを希代子がなんとかおさめようとしたためだと考えられる。「勿忘草の青」に，自分が忘れられたかのようなやりきれなさ，満たされない思いを抱《かか》えている希代子の思いが重ねられていることをふまえ，「魅力的で自慢《じまん》の友人と思っていた朱里の抜け目なさや自分への興味を失《な》くしていることに気づき，やりきれなさを感じながらも，彼女に感じたもやもやをなんとか自分の中でおさえようと思っている」のように整理する。

Dr.福井の 入試に勝つ！脳とからだのウルトラ科学

勉強が楽しいと，記憶力も成績もアップする！

みんなは勉強が好き？　それとも嫌い？――たぶん「好きだ」と答える人はあまりいないだろうね。「好きじゃないけど，やらなければいけないから，いちおう勉強してます」という人が多いんじゃないかな。

だけど，これじゃダメなんだ。ウソでもいいから「勉強は楽しい」と思いながらやった方がいい。なぜなら，そう考えることによって記憶力がアップするのだから。

脳の中にはいろいろな種類のホルモンが出されているが，どのホルモンが出されるかによって脳の働きや気持ちが変わってしまうんだ。たとえば，楽しいことをやっているときは，ベーターエンドルフィンという物質が出され，記憶力がアップする。逆に，イヤだと思っているときには，ノルアドレナリンという物質が出され，記憶力がダウンしてしまう。

要するに，イヤイヤ勉強するよりも，楽しんで勉強したほうが，より多くの知識を身につけることができて，結果，成績も上がるというわけだ。そうすれば，さらに勉強が楽しくなっていって，もっと成績も上がっていくようになる。

でも，そうは言うものの，「勉強が楽しい」と思うのは難しいかもしれない。楽しいと思える部分は人それぞれだから，一筋縄に言うことはできないけど，たとえば，楽しいと思える教科・単元をつくることから始めてみてはどうだろう。初めは覚えることも多くて苦しいときもあると思うが，テストで成果が少しでも現れたら，楽しいと思えるきっかけになる。また，「勉強は楽しい」と思いこむのも一策。勉強が楽しくて仕方ない自分をイメージするだけでもちがうはずだ。

Dr.福井（福井一成《ふくいかずしげ》）…医学博士。開成中・高から東大・文Ⅱに入学後，再受験して翌年東大・理Ⅲに合格。同大医学部卒。さまざまな勉強法や脳科学に関する著書多数。

2022年度　開成中学校

〔電　話〕 (03) 3822－０７４１
〔所在地〕 〒116-0013　東京都荒川区西日暮里４－２－４
〔交　通〕 JR線・東京メトロ千代田線―「西日暮里駅」より徒歩１分

【算　数】（60分）〈満点：85点〉

【注意】 1．問題文中に特に断りのないかぎり，答えが分数になるときは，できるだけ約分して答えなさい。円周率が必要なときは3.14を用いなさい。

2．必要ならば，「角柱，円柱の体積＝底面積×高さ」，「角すい，円すいの体積＝底面積×高さ÷3」を用いなさい。

3．式や図や計算などは，他の場所や裏面などにかかないで，すべて解答用紙のその問題の場所にかきなさい。

1　次の問いに答えなさい。

(1)　次の□にあてはまる数を求めなさい。

$$2.02\div\left(\frac{2}{3}-\boxed{}\div 2\frac{5}{8}\right)=5.05\times 2.8$$

(2)　次の計算の結果を９で割ったときの余りを求めなさい。

1234567＋2345671＋3456712＋4567123＋5671234

(3)　４人の人がサイコロを１回ずつふるとき，目の出方は全部で６×６×６×６＝1296 通りあります。この中で，４つの出た目の数をすべてかけると４の倍数になる目の出方は何通りありますか。

(4)　図のようなABを直径とする円形の土地があり，柵《さく》で囲まれています。点Oはこの円の中心で，円の半径は10mです。円の直径の一方の端の点Aから円周の半分の長さのロープでつながれた山羊《やぎ》が直径のもう一方の端の点Bにいます。柵で囲まれた円形の土地の外側で山羊が動ける範囲《はんい》が，図の㋐，㋑，㋒です。

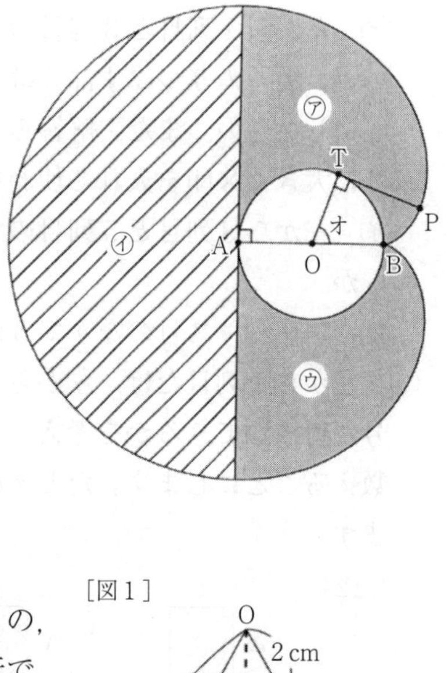

①　㋑の面積は，ABを直径とする円形の土地の面積の何倍ですか。

②　図のPの位置に山羊がいるとき，ロープのTPの部分の長さが9.577mでした。角オの大きさを求めなさい。ただし，Tは柵からロープがはなれる点です。

2　［図１］のように，底面の半径が４cmでOAの長さが８cmの，粘土《ねんど》でできた円すいがあります。この円すいを，底面に平行で等間隔《とうかんかく》な３つの平面で４つのブロックに切り分け，いちばん小さいブロックから大きい方へ順にａ，ｂ，ｃ，ｄと呼ぶことにします。このとき，次の問いに答えなさい。

［図１］

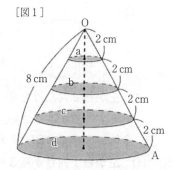

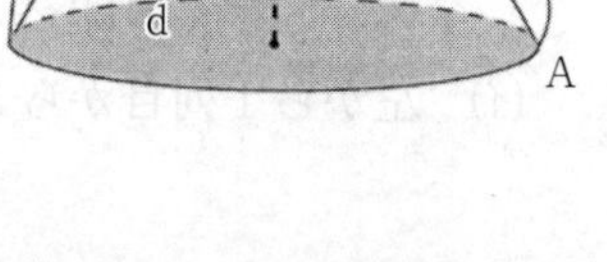

(1)　ブロックｂとｄの体積の比，および，表面積の比を求めなさい。

(2)　ブロックａ，ｃを[図２]のように積み上げて立体を作りＸと呼ぶことにします。同じように，ブロックｂ，ｄを積み上げて立体を作りＹと呼ぶことにします。立体ＸとＹの体積の比，および，表面積の比を求めなさい。

[図２]

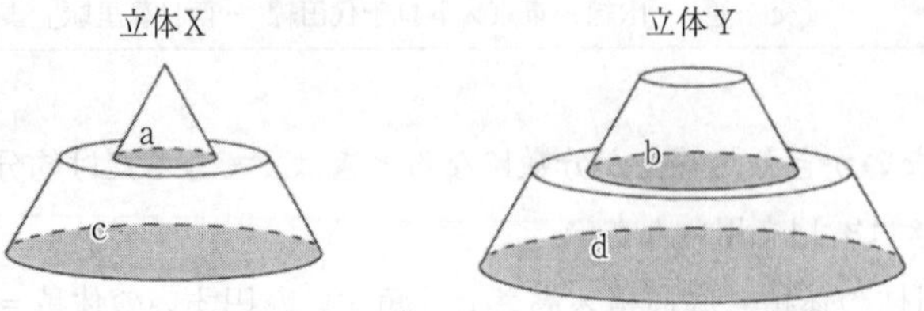

3　開成《あけなり》君は，[図１]のような縦２マス，横７マスのマス目を用意し，マス目のいくつかを黒くぬりつぶして「暗号」を作ろうと考えました。そこで，次のようなルールを決め，何種類の暗号を作ることができるかを調べることにしました。

[図１]

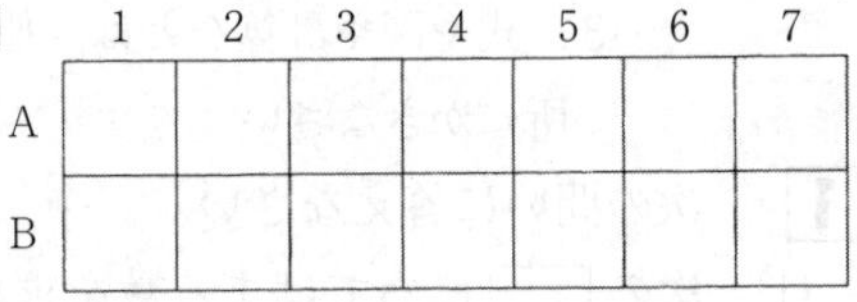

・黒くぬりつぶすマス目は，上下左右が隣《とな》り合わないようにする。

・読むときは，回したり裏返したりしない。

次の問いに答えなさい。

(1)　最大で何か所をぬりつぶすことができますか。その場合，暗号は何種類できますか。

(2)　14個のマス目のなかで５か所だけをぬりつぶす場合を考えます。

(ア)　左から１列目と３列目のマス目をぬりつぶさないことにしてできる暗号をすべてかきなさい。黒くぬりつぶす部分は，下の[図２]のように斜線《しゃせん》を入れ，ぬりつぶす部分が分かるようにしなさい。また，解答らんはすべて使うとは限りません。使わない解答らんは，らん全体に大きく×印を入れて使わなかったことが分かるようにしなさい。

(イ)　左から３列目と５列目のマス目をぬりつぶさないことにしてできる暗号は何種類ありますか。

(ウ)　14個のマス目のなかで５か所だけをぬりつぶす場合，暗号は全部で何種類できますか。

(3)　左から１列目だけ，左から１列目と２列目の２列だけ，…と使う列の数を増やしながら，暗号が何種類できるかを考えようと思います。ただし，１マスもぬりつぶさない場合も１種類と数えることにします。たとえば，一番左の１列だけで考えると，暗号は[図２]の３種類ができます。

[図２]

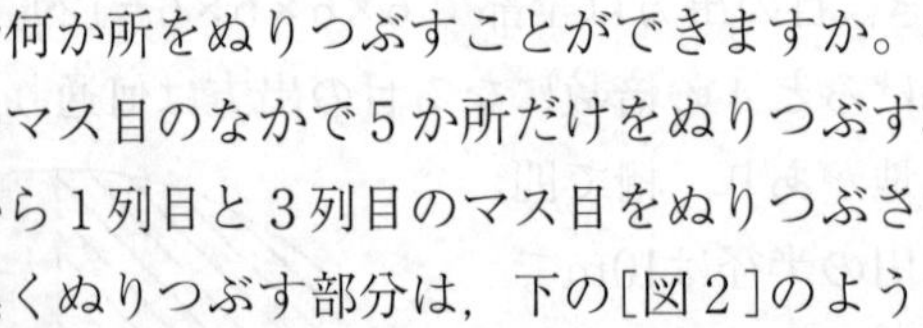

(ア)　左から２列だけを考えます。このときできる暗号のうち，１マスもぬりつぶさないもの以外をすべてかきなさい。解答らんはすべて使うとは限りません。使わない解答らんは，らん全体に大きく×印を入れて使わなかったことが分かるようにしなさい。

(イ)　左から１列目から３列目までの３列を考えます。このときできる暗号は何種類ありますか。

(ウ) 左から１列目から７列目までのマス目全部を使うとき，暗号は全部で何種類できますか。

4 開成《あけなり》君の時計はつねに正しい時刻より５分遅れた時刻を指します。この時計について，次の問いに答えなさい。

開成君の時計

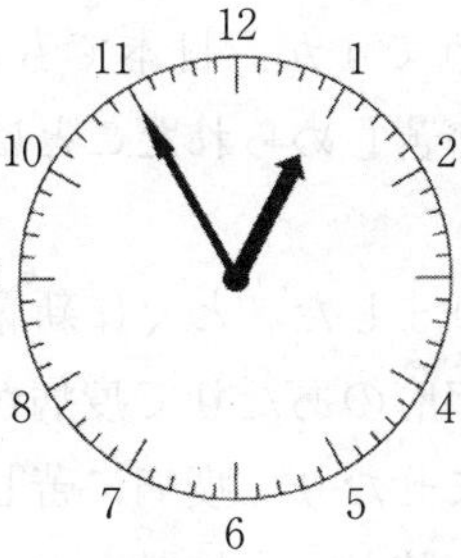

正しい時刻を指す時計

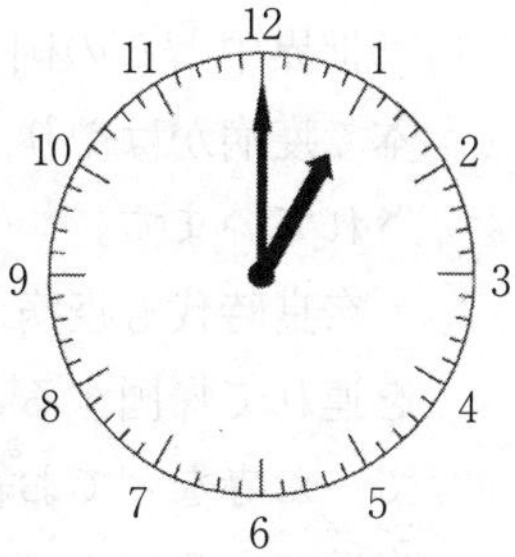

(1) 開成君の時計の長針と正しい時刻を指す時計の短針が同じ位置にくる場合を考えます。正しい時刻で１時を過ぎたあと，初めてそのようになるのは何時何分ですか。正しい時刻で答えなさい。

正しい時刻を指す時計の短針と長針の間にできる角の大きさを a，開成君の時計の短針と長針の間にできる角の大きさを b という文字で表すことにします。ただし，短針と長針の間にできる角というのは，たとえば右の図のような例でいうと，短針と長針によってできる角ア，イのうち，角の大きさが180°以下である角アのほうを指すものとします。

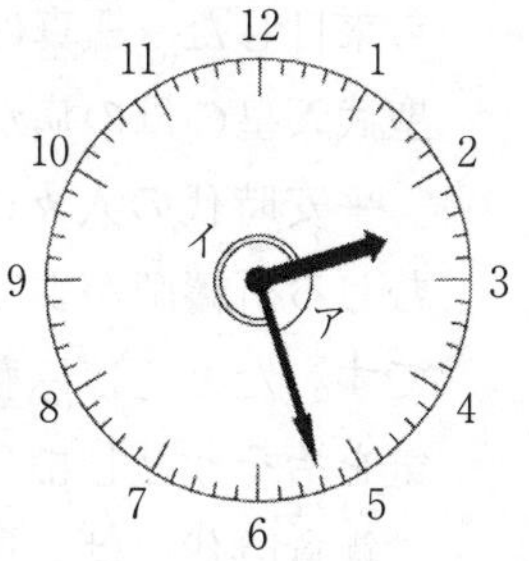

(2) 正しい時刻で１時を過ぎたあと(1)の時刻までの間で，a と b が等しくなるのは何時何分ですか。正しい時刻で答えなさい。

(3) 正しい時刻で１時を過ぎたあと(1)の時刻までの間で，a が b の２倍になる時刻をＡとし，(1)の時刻を過ぎてから初めて a が b の２倍になる時刻をＢとします。時刻Ａから時刻Ｂまでの時間は何分何秒ですか。

【社　会】（40分）〈満点：70点〉

1　次の文章は，日本での医学の歴史について述べたものです。これを読んで，あとの問いに答えなさい。

世界中どこの国でもそうですが，日本でも古代から疫病《えきびょう》に悩《なや》まされてきました。古代の日本で疫病がはやり，人々が苦しめられたことは，『古事記』やⓐ『日本書紀』などの書物にも記されています。

奈良時代も疫病がはやりました。とくに新羅《しらぎ》からの使節が来日したり，ⓑ遣唐使《けんとうし》が海外の人を連れて帰国すると，大宰府《だざいふ》のあたりで疫病が流行し始めました。ⓒ聖武《しょうむ》天皇はこれを心配して，お寺などでお経《きょう》を読ませたり，疫病に苦しむ人々に薬を給付したりしました。聖武天皇の皇后《こうごう》である（　1　）も，施薬院《せやくいん》という施設《しせつ》をつくり，貧しい病人のために薬を与《あた》えました。唐から来日したⓓ鑑真《がんじん》は仏教だけでなく医薬にもくわしく，珍《めずら》しい薬をたくさん持って来ました。聖武天皇の母の病が悪化したときも，鑑真がよばれて，治療《ちりょう》しています。

平安時代の人々は，病気は怨霊《おんりょう》や物《もの》の怪《け》のせいだと信じたため，病気になると医者よりもむしろ祈禱師《きとうし》がよばれました。祈禱師が呪文《じゅもん》を唱え，神仏に祈《いの》ることで病気を治そうとしたのです。たとえばⓔ藤原道長《ふじわらのみちなが》が胸の病の発作《ほっさ》で苦しんだときも，祈禱をしてもらうことで，病気を治そうとしました。

鎌倉《かまくら》時代には，『喫茶養生記《きっさようじょうき》』という書物があらわされました。これをあらわしたのは，宋《そう》で学び，日本にⓕ臨済《りんざい》宗を伝えた（　2　）です。この書では茶が医薬として優《すぐ》れた効能を持つことが述べられています。（　2　）は鎌倉幕府のⓖ3代将軍 源　実朝《みなもとのさねとも》に茶を献上《けんじょう》して喜ばれています。

ⓗ室町《むろまち》時代には，竹田昌慶《しょうけい》という人が明《みん》に留学し，医学を学びました。彼《かれ》は明の皇后の難産をたすけ，皇帝《こうてい》からおおいに喜ばれました。帰国のときは多くの医書を持ち帰り，天皇の侍《じ》医《い》として活躍《かつやく》しました。

戦国時代には，ポルトガル人によってⓘ鉄砲《てっぽう》が九州の種子島《たねがしま》に伝わり，その後キリスト教とともにヨーロッパの医学が日本に入ってきました。（　3　）氏が統治する豊後《ぶんご》の府内には，ポルトガル人によって洋式の病院もつくられ，外科《げか》手術も行われました。キリスト教宣教師は医術を布教の手段として利用したため，各地に医療《いりょう》施設がつくられていきました。

ⓙ江戸《えど》時代には幕府がいわゆる「鎖国《さこく》」政策をとりました。しかし，オランダとの交易は長崎でつづいており，オランダ商館にはオランダ人などが医者として来日したので，日本の医学はオランダ医学の影響《えいきょう》を受けました。人体解剖《かいぼう》も行われるようになり，ⓚ江戸の小塚原刑場《こづかっぱらけいじょう》で刑死体の解剖が行われたとき，杉田玄白《すぎたげんぱく》や前野良沢《まえのりょうたく》らはそれを見学し，人体内部のようすがオランダ語の解剖書と一致《いっち》していることに驚《おどろ》き，解剖書の翻訳《ほんやく》を決意しました。たいへん苦心しましたが，翻訳を『（　4　）』として出版することができました。

ドイツ人のシーボルトが長崎のオランダ商館の医者として来日すると，イギリスのジェンナーが開発した種痘《しゅとう》法を日本で実施しようとしました。種痘法とは天然痘《てんねんとう》の予防接種のことです。痘苗《とうびょう》をとりよせて接種しようとしましたが，長い航海により痘苗が古くなっていたため，うまくいきませんでした。しかしⓛシーボルトは長崎に私塾《しじゅく》をつくり，日本人の学生に医学を講義し，多くの人材を育てました。

また緒方洪庵《おがたこうあん》はⓜ大坂にⓝ適塾《てきじゅく》をつくり，多くの英才を育てました。緒方洪庵は医学書の翻訳につとめ，また大坂でコレラが大流行すると，その治療法を発表しました。緒方洪庵は幕府によばれて江戸にでて，幕府の最高の医官になりました。

ⓞ明治時代になると，北里柴三郎《きたざとしばさぶろう》はドイツに留学し，コッホの下《もと》で研究して，（ 5 ）菌《きん》の純粋培養《じゅんすいばいよう》に成功しました。これをもとに（ 5 ）という病気の治療や予防に貢献《こうけん》しました。北里柴三郎が帰国すると，伝染病《でんせんびょう》研究所を主宰《しゅさい》し，日本の細菌学の発展に大きく貢献しました。たとえば現在の千円札に描《えが》かれている（ 6 ）も伝染病研究所に入り，細菌学を研究しました。（ 6 ）はⓟ昭和時代の初め，アフリカで黄熱病の研究中に亡《な》くなりました。

他にも多くの日本人が海外の進んだ知識を積極的に学び，医学の分野で活躍しました。こうした先人たちの努力により，多くの病気が克服《こくふく》されていったのです。

問1　文章中の空らん（1）～（6）に入る最も適当な語句を**漢字**で答えなさい。

問2　下線部ⓐに関して，次の〔**資料1**〕は『日本書紀』に記されたある戦いについての記述をやさしいことばに改めたものです。〔**資料1**〕を読んで，下の問いに答えなさい。

〔**資料1**〕

> 十七日に敵将が来て城を囲んだ。唐の将軍は軍船百七十艘《そう》を率いて，（　　）江に陣《じん》をしいた。二十七日に日本の先着の水軍と，唐の水軍が戦った。日本軍は負けて退いた。唐軍は陣を固めて守った。二十八日，日本の諸将と百済《くだら》の王とは，そのときの戦況《せんきょう》などをよく見ないで，「われわれが先を争って攻《せ》めれば，敵はおのずから退くだろう」と共に語った。さらに日本軍が進んで唐軍を攻めた。すると唐軍は左右から船をはさんで攻撃《こうげき》した。たちまちに日本軍はやぶれた。水中に落ちておぼれて死ぬ者が多かった。船のへさきをめぐらすこともできなかった。

(1)　〔**資料1**〕中の空らん（　）に入る地名を**漢字**で答えなさい。

(2)　〔**資料1**〕に記された戦いについて述べた文として正しいものを，次の**ア**～**エ**から一つ選び，記号で答えなさい。

ア　この戦いは，天武天皇のときにおきた。

イ　この戦いで，日本軍は唐軍の火薬兵器に苦しめられた。

ウ　日本は百済の復興をたすけるために出兵し，この戦いがおきた。

エ　この戦いについては，広開土王の碑《ひ》にも記されている。

問3　下線部ⓑに関して，遣唐使や唐にわたった人々について述べた文として**誤っているもの**を，次の**ア**～**エ**から一つ選び，記号で答えなさい。

ア　日本は第1回遣唐使として，小野妹子《おののいもこ》に国書を持たせて送り出した。

イ　阿倍仲麻呂《あべのなかまろ》は留学生として唐にわたったが，船が風波にあい帰国できなかった。

ウ　遣唐使船ははじめ北路をとったが，新羅との関係が悪化すると南路にかえた。

エ　菅原道真《すがわらのみちざね》の意見で，遣唐使の派遣は停止された。

問4　下線部ⓒに関して，聖武天皇が建てた東大寺には，正倉院という宝物庫があります。木材を井の字形に組み合わせる，正倉院の建築方法を**漢字**で答えなさい。

問5　下線部ⓓに関して，鑑真が現在の奈良市に建てた寺の名を**漢字**で答えなさい。

問6　下線部ⓔに関して，藤原道長とその子頼通《よりみち》の時代に摂関《せっかん》政治は全盛期《ぜんせいき》になりました。藤原頼通は平等院鳳凰堂《ほうおうどう》を建てたことで有名ですが，平等院鳳凰堂はどの市にありますか。現在の市名を**漢字**で答えなさい。

問7　下線部ⓕに関して，臨済宗の教えについて述べた文として最も適当なものを，次の**ア**～**エ**から一つ選び，記号で答えなさい。

ア　「南無阿弥陀仏《なむあみだぶつ》」という念仏を唱えれば，救われる。

イ　「南無妙法蓮華経《なむみょうほうれんげきょう》」という題目を唱えれば，救われる。

ウ　座禅《ざぜん》をすることで，自分の力で悟《さと》りを開くことができる。

エ　生きながら大日如来《にょらい》と一体化し，仏となることができる。

問8　下線部ⓖに関して，次の〔**資料2**〕は源実朝の母が御家人《ごけにん》たちを前に演説した内容を，やさしいことばに改めたものです。〔**資料2**〕を読んで，下の問いに答えなさい。

〔**資料2**〕

> 　みな，心を一つにして聞きなさい。これが最後のことばです。亡《な》き頼朝殿《よりともどの》が朝敵を倒《たお》して鎌倉幕府を開いて以来，官位といい俸禄《ほうろく》といい，その恩は山岳《さんがく》よりも高く，大海よりも深いはずです。それは，どれだけ感謝してもしきれないほどでしょう。ところが今，逆臣の中傷により，いわれなき追討の命令をうけることになりました。名誉《めいよ》を重んじる者は，はやく逆臣を討《う》ち取《と》り，三代将軍がのこしたものを守りなさい。ただし京都側につこうと思う者は，ただちにこの場を立ち去りなさい。

(1)　〔**資料2**〕の演説をした人物の名を**漢字**で答えなさい。

(2)　その人物はなぜ〔**資料2**〕のような演説をしたのですか。その理由として正しいものを，次の**ア**～**エ**から一つ選び，記号で答えなさい。

ア　朝廷《ちょうてい》が京都に六波羅探題《ろくはらたんだい》を置いて，幕府を倒そうとしたため。

イ　後鳥羽《ごとば》上皇が幕府を倒そうとして，兵をあげたため。

ウ　後醍醐《ごだいご》天皇が幕府を倒そうとする計画をたてたため。

エ　源氏の流れをくむ新田義貞《にったよしさだ》が，鎌倉を攻めようとしたため。

問9　下線部ⓗに関して，室町時代の社会や文化について述べた文として**誤っているもの**を，次の**ア**～**エ**から一つ選び，記号で答えなさい。

ア　京都の西陣《にしじん》や九州の博多《はかた》では，綿織物の生産が盛《さか》んになった。

イ　土倉や酒屋が高い利子でお金を貸し，富をたくわえるようになった。

ウ　足利義満の保護をうけた観阿弥《かんあみ》・世阿弥《ぜあみ》父子が，能を大成した。

エ　足利義政は，京都の東山に銀閣という建物を建てた。

問10　下線部ⓘに関して，鉄砲は堺《さかい》や国友で大量に生産されるようになりました。堺は現在の大阪府にありますが，国友はどこにありますか。現在の都道府県名を**漢字**で答えなさい。

問11　下線部ⓙに関して，江戸時代の出来事《できごと》**a**～**c**を，古いほうから年代順に正しく配列したものを，下の**ア**～**カ**から一つ選び，記号で答えなさい。

a　幕府は営業を独占《どくせん》している株仲間に解散を命じた。

b　幕府は昌平坂《しょうへいざか》学問所で朱子学《しゅしがく》以外の学問を教えることを禁じた。

c　幕府は公事方御定書《くじかたおさだめがき》という裁判の基準となる法律を定めた。

ア　a→b→c　**イ**　a→c→b　**ウ**　b→a→c

エ　b→c→a　**オ**　c→a→b　**カ**　c→b→a

問12　下線部ⓚに関して，小塚原刑場は千住《せんじゅ》宿の近くにありました。千住宿は五街道《ごかいどう》のうち，どの街道の宿場町ですか。次の**ア**～**エ**から一つ選び，記号で答えなさい。

ア　東海道　　**イ**　中山道《なかせんどう》　　**ウ**　甲州《こうしゅう》街道　　**エ**　日光街道

問13　下線部ⓛに関して，シーボルトが長崎につくった私塾の名を，次の**ア**～**エ**から一つ選び，記号で答えなさい。

ア　松下村塾《しょうかそんじゅく》　　**イ**　咸宜園《かんぎえん》　　**ウ**　鳴滝塾《なるたきじゅく》　　**エ**　洗心洞《せんしんどう》

問14　下線部ⓜに関して，大坂は各地の年貢《ねんぐ》や特産物が集まり，商業の中心地として「天下の（　　）」とよばれました。空らん（　）に入る適当なことばを**漢字**で答えなさい。

問15　下線部ⓝに関して，次の〔**資料3**〕は適塾で学んだある人物がそこでの生活ぶりを述べた文を，やさしいことばに改めたものです。〔**資料3**〕を読んで，下の問いに答えなさい。

〔**資料3**〕

> 私が熱病をわずらった時，兄の家来に，中津《なかつ》の蔵屋敷《くらやしき》から枕《まくら》を持ってこいと言ったが，「枕がない，どんなにさがしてもない」と言う。それでふと思いついた。これまで蔵屋敷に一年ばかりいたが，いまだかつて枕をしたことがない。というのは，ほとんど昼夜の区別はなく，日が暮れたからといって寝《ね》ようとも思わず，しきりに本を読んでいる。読書にくたびれて眠《ねむ》くなってくれば，机の上にうつ伏《ぶ》して眠るか，あるいは床《とこ》の間《ま》の床ぶちを枕にして眠るかで，本当に布団《ふとん》を敷《し》いて夜具をかけて枕をして寝るなどということは，ただの一度もしたことがない。

⑴　〔**資料3**〕中の「私」とはだれのことですか。この人物の名を答えなさい。

⑵　〔**資料3**〕中の「私」は「天は人の上に人を造らず，人の下に人を造らずと言えり」のことばを残しました。このことばが書かれている書物の名を答えなさい。

問16　下線部ⓞに関して，明治時代の出来事について述べた文として**誤っているもの**を，次の**ア**～**エ**から一つ選び，記号で答えなさい。

ア　日本はポーツマス条約を結んで，南樺太《みなみからふと》をロシア領，千島列島を日本領とした。

イ　日露《にちろ》戦争で東郷平八郎《とうごうへいはちろう》ひきいる艦隊《かんたい》は，ロシアのバルチック艦隊をやぶった。

ウ　外務大臣の陸奥宗光《むつむねみつ》が，イギリスとの間で領事裁判権の撤廃《てっぱい》に成功した。

エ　日清《にっしん》戦争の講和として下関《しものせき》条約が結ばれ，清は朝鮮《ちょうせん》の独立を認めた。

問17　下線部ⓟに関して，昭和時代，海軍の青年将校などが首相官邸《かんてい》をおそい，犬養毅《いぬかいつよし》首相を暗殺する事件がおきました。この事件名を答えなさい。

2　みなさんが幼いころの出来事から，社会について考えてみましょう。次の**文章1**～**3**を読んで，あとの問いに答えなさい。

文章1

みなさんの多くが生まれた2009年の干支《えと》(十二支)は丑年《うしどし》，2010年は寅年《とらどし》でした。12年でひと回りしており，2021年と2022年の干支と同じです。干支は年を表すのに使われるだけでなく，月や日，方位を表す際にも使われることがあります。経線を子午線とよぶのも干支に由来しています。下の**図1**の直線は日本列島の周辺の経線・緯線《いせん》を示しています。経度・緯度は2度ごとの偶数《ぐうすう》です。また，**図2**は**図1**の範囲《はんい》について地図帳のさくいんのように示したものです。

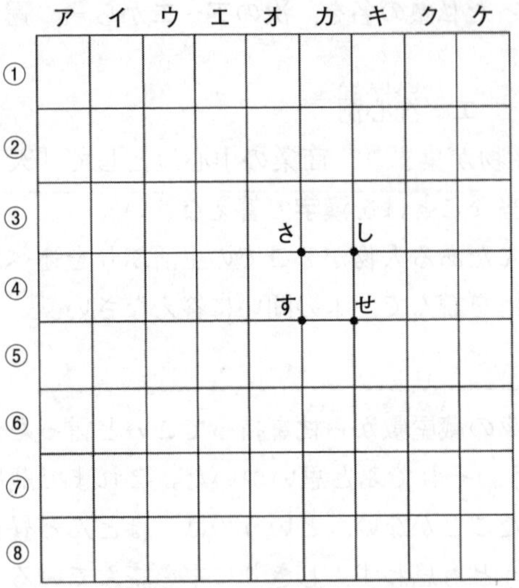

図1

さくいん
□おおさか 大阪・・・・・・・・・・・・・・エ⑥
・おおすみはんとう 大隅半島・・・・イ⑧
・[1]しょとう [1]諸島・・・・・・・・ウ⑤
・しもきたはんとう 下北半島・・・・キ③
・しれとこみさき 知床岬・・・・・・・・ケ①
□とうきょう 東京・・・・・・・・・[　2　]
□なごや 名古屋・・・・・・・・・・・・・オ⑥
・[3]はんとう [3]半島・・・・・・・オ⑤
□ふくおか 福岡・・・・・・・・・・・・・イ⑦
□わっかない 稚内・・・・・・・・・・・・キ①

※□は都市。いくつかの地名を出題のために抜《ぬ》き出《だ》したものであり，五十音順に並んでいる。

図2

問1　歴史的な事件などの名称《めいしょう》に，おこった年の干支が使われることもあります。干支が使われている例として最も適当なものを，次の**ア**～**エ**から一つ選び，記号で答えなさい。

ア　10世紀半ばに関東地方の武将が中央政府に対しておこした反乱。

イ　足利義政のあとつぎ争いをきっかけに，九州と東国を除く地域でおこった戦乱。

ウ　明治維新期《いしんき》に明治新政府軍と旧江戸幕府軍の間でおこった戦い。

エ　西郷隆盛《たかもり》を中心とする，鹿児島の士族らによっておこされた反乱。

問2　2021年と2022年の干支を組み合わせた「丑寅」が示す方位を，次の**ア**～**エ**から一つ選び，記号で答えなさい。

ア　北東　　**イ**　南東　　**ウ**　南西　　**エ**　北西

問3　日本標準時子午線はどの経度帯にあるか，**図1**の**ア**～**ケ**から一つ選び，記号で答えなさい。なお，図中の直線のいずれとも一致していません。

問4　四国の最も多くの面積を占《し》めるのはどの緯度帯であるか，**図1**の①～⑧から一つ選び，番号で答えなさい。

問5　**図2**の空らん[1]・[3]に当てはまる地名を答えなさい。
解答は**ひらがな**でも**漢字**でも構いません。

問6　**図2**の空らん[2]に当てはまる記号を，**図2**のさくいんの他の地名の例にならって答えなさい。

問7　**図3**は，**図1**中の点**さ**～**せ**のいずれかの周辺を示したものです。**図3**のA付近は，かつては琵琶湖《びわこ》に次ぐ面積の大きな湖でした。次の問いに答えなさい。

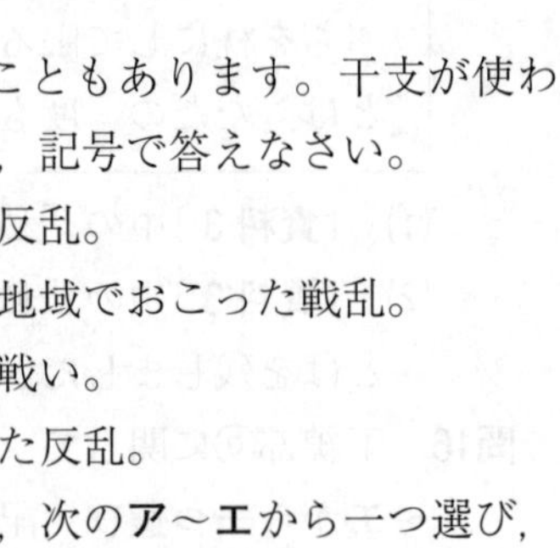

(地理院地図より)

図3

⑴　**図3**は，**図1**中の点**さ**～**せ**のどの周辺に位置しているか，一つ選び，記号で答えなさい。

(2) この湖の面積は，人工的な陸地化によって減少しました。どのようなことを主な目的として湖を陸地化したのか，説明しなさい。

(3) この湖を陸地化した方法を表す語句を答えなさい。

(4) この地域が含《ふく》まれる都道府県名を答えなさい。

問8 **図1**の範囲に関連して述べた文として正しいものを次の**ア〜エ**から**すべて**選び，記号で答えなさい。なお，すべて誤っている場合には**オ**と答えなさい。

ア この図の範囲には日本の東の端《はし》は含まれていない。

イ この図の範囲には朝鮮半島が含まれる。

ウ この図の範囲には日本海と太平洋は含まれるが，オホーツク海は含まれていない。

エ この図の範囲には東北地方太平洋沖地震《じしん》(東日本大震災)の震源地が含まれている。

文章2

気候に関する平年値は過去30年間の平均値で表されます。10年ごとに更新《こうしん》されており，2021年5月からは新しい平年値が使われています。その前の更新は10年前の2011年でした。

2011年には東日本大震災が発生したことにより，国内外の社会・経済に大きな影響がありました。

問9 平年値に関連して，次の問いに答えなさい。

(1) 各月の平均気温に関して，新しい平年値にはどのような変化があったと推測できるか，説明しなさい。

(2) 次の**表1**は東京・仙台《せんだい》・宮崎のいずれかの地点における，現在使われている平年値(新平年値)とその前の平年値(旧平年値)の月ごとの気温(℃)をまとめたものです。東京・仙台それぞれの新・旧平年値に当てはまるものを，下の**ア〜カ**から一つずつ選び，記号で答えなさい。

表1

	1月	2月	3月	4月	5月	6月	7月	8月	9月	10月	11月	12月	年平均
ア	2.0	2.4	5.5	10.7	15.6	19.2	22.9	24.4	21.2	15.7	9.8	4.5	12.8
イ	1.6	2.0	4.9	10.3	15.0	18.5	22.2	24.2	20.7	15.2	9.4	4.5	12.4
ウ	5.2	5.7	8.7	13.9	18.2	21.4	25.0	26.4	22.8	17.5	12.1	7.6	15.4
エ	5.4	6.1	9.4	14.3	18.8	21.9	25.7	26.9	23.3	18.0	12.5	7.7	15.8
オ	7.8	8.9	12.1	16.4	20.3	23.2	27.3	27.6	24.7	20.0	14.7	9.7	17.7
カ	7.5	8.6	11.9	16.1	19.9	23.1	27.3	27.2	24.4	19.4	14.3	9.6	17.4

(『日本国勢図会《ずえ》』2020/21年版，2021/22年版より)

問10 東日本大震災の前後で，日本および国際社会におけるエネルギー政策とそれをとりまく状況には変化がありました。次の問いに答えなさい。

(1) 次にあげる20世紀後半の**ア〜ウ**の出来事を，古いほうから年代順に並《なら》べ替《か》え，記号で答えなさい。

ア チェルノブイリ原子力発電所事故が発生した。

イ 「京都議定書」が採択《さいたく》された。

ウ 日本における一次エネルギー供給で，初めて石油が石炭を上回った。

(2) 次の文章の空らん(**た**)〜(**つ**)の組み合わせとして正しいものを，下の**ア〜カ**から一つ選び，記号で答えなさい。

日本政府は2018年7月に「第5次エネルギー基本計画」を定め，2050年の長期目標として「温室効果ガスの80%削減《さくげん》」を掲《かか》げている。この具体的な目標は，2030年までに国内の電力を(**た**)で56%，再生可能エネルギーで22～24%，(**ち**)で20～22%というエネルギー構成を作り上げる計画である。また，エネルギー効率を高め(**つ**)を徹底《てってい》する方針も示されている。

	ア	イ	ウ	エ	オ	カ
た	火力	火力	水力	水力	原子力	原子力
ち	原子力	水力	火力	原子力	火力	水力
つ	省エネルギー	エネルギー備蓄《びちく》	省エネルギー	エネルギー備蓄	省エネルギー	エネルギー備蓄

文章3

2012年には東京スカイツリーが完成，開業しました。2022年の今年は10周年を迎えます。東京スカイツリーの高さは634mですが，下の**図4**は山頂の標高が634mの弥彦《やひこ》山周辺(新潟県)の5万分の1地形図(原寸)の一部です。

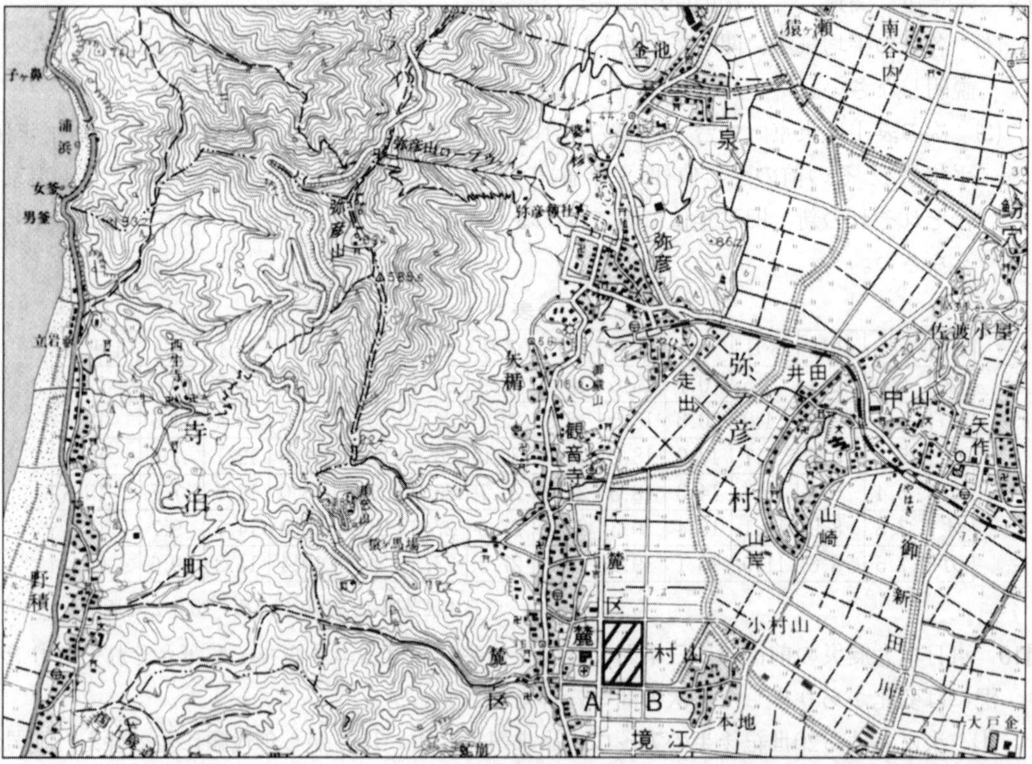

※地形図は2003年発行のもので現在の市町村と異なる部分がある。

図4

問11 **図4**から読み取れる情報として正しいものを，次の**ア**～**エ**から一つ選び，記号で答えなさい。

ア 弥彦山ロープウェイの山頂駅と山麓《さんろく》駅の標高差は約200mある。

イ　弥彦山の山頂(634mの地点)は自動車の通行が可能な道路が通っている。

ウ　弥彦村役場の最寄《もより》駅は弥彦駅である。

エ　図中の観音寺付近には温泉の記号がみられる。

問12　**図４**中にで示した範囲の面積に最も近いものを，次の**ア**～**エ**から一つ選び，記号で答えなさい。なお，図中の**A**－**B**の地図上の長さは約0.5cmです。

ア　3ha　　**イ**　6ha　　**ウ**　12ha　　**エ**　25ha

問13　弥彦村からは隣接《りんせつ》する燕《つばめ》市へ通勤する人々も多くいます。燕市の地場産業に最も関係の深いものを，次の**ア**～**エ**から一つ選び，記号で答えなさい。

ア　アルミ製品　　**イ**　金属洋食器　　**ウ**　漆器《しっき》　　**エ**　和紙

問14　弥彦村はモンゴルのエルデネ村と友好都市となっていますが，新潟県の他の市町村でも姉《し》妹《まい》(友好)都市提携《ていけい》を行っている例は多くみられます。次にあげる都市と姉妹(友好)都市Ⅰ～Ⅲと，提携の動機・きっかけ等Ａ～Ｃとの組み合わせとして正しいものを，下の**ア**～**カ**から一つ選び，記号で答えなさい。

都市と姉妹(友好)都市

Ⅰ　妙高《みょうこう》市ーツェルマット(スイス)

Ⅱ　佐渡《さど》市ー洋県《ようけん》(中国)

Ⅲ　新潟市ーウラジオストク(ロシア)

提携の動機・きっかけ等

Ａ　トキの借り入れを機会に交流が始まった。

Ｂ　観光やスキーを中心とした町づくりという点で類似《るいじ》していた。

Ｃ　この市にある港から友好都市に戦後初の観光船が就航した。

	ア	イ	ウ	エ	オ	カ
Ⅰ	Ａ	Ａ	Ｂ	Ｂ	Ｃ	Ｃ
Ⅱ	Ｂ	Ｃ	Ａ	Ｃ	Ａ	Ｂ
Ⅲ	Ｃ	Ｂ	Ｃ	Ａ	Ｂ	Ａ

3　次の文章を読んで，あとの問いに答えなさい。

国際社会は，国境を越《こ》えた課題への取り組みを進めています。たとえば2021年の①Ｇ７，Ｇ20，②OECDの会議では，多国籍企業《たこくせききぎょう》に対する課税が議論されました。③工場などの製造拠《きょ》点《てん》を置かずに各国に事業を展開することのできる巨大《きょだい》IT企業に対する課税は，一国で対応することの難しい問題です。

どの国も，④自国の租税《そぜい》のあり方は自国が定めます。逆に言えば，⑤政府の権力が及《およ》ぶ地理的な範囲はあくまでその国の内部に限定されているため，他の国に籍を置く企業に課税することはできません。また，他の国の租税のあり方について干渉《かんしょう》することもできません。そして⑥国際連合も世界各国から税を徴収《ちょうしゅう》する権力を持っているわけではありません。

したがって国際的な課税は，世界各国が共通のルールを作って対応することが求められる課題と言えそうです。同様に，気候変動をはじめとした⑦国際社会全体の問題についても，現状認識《にんしき》や進むべき方向性を確認《かくにん》しながら，足並みを揃《そろ》えていく必要があるでしょう。

現在世界中の市民，企業，政府などで取り組みが進められている⑧SDGsも，「持続可能な開発」という考え方に基《もと》づいて作られた目標の集まりです。ただし，SDGsは2030年までの目標ということになっています。それではその先，国際社会はどのような考え方に基づいて様々な問題解決に取り組んでいくことになるのでしょうか。動向に注目しつつ，私たちも考えていきましょう。

問1　下線部①に関して，次の問いに答えなさい。

(1)　G７に含まれる国を，次の**ア**～**エ**から一つ選び，記号で答えなさい。

ア　オーストラリア　**イ**　カナダ　**ウ**　韓国《かんこく》　**エ**　ロシア

(2)　いわゆるサミットとして先進国(主要国)の首脳会議が初めて開かれたのは1975年です。この年に最も近い時期におこった国際的な出来事を，次の**ア**～**エ**から一つ選び，記号で答えなさい。

ア　アジア通貨危機　**イ**　キューバ危機

ウ　リーマンショック　**エ**　第一次オイルショック

問2　下線部②に関して，1948年に設立されたOEECが1961年に改組され，OECDとなりました。これを踏《ふ》まえて，次の問いに答えなさい。

(1)　OEECは米ソの対立が深まる中で設立された機関でした。そんな中，日本は国際社会へ復帰していくこととなります。1948年以降に日本が結んだ次の条約**a**～**c**を，古いほうから年代順に正しく配列したものを，下の**ア**～**カ**から一つ選び，記号で答えなさい。

a　日韓基本条約　b　日中平和友好条約　c　日米安全保障条約

ア　a→b→c　**イ**　a→c→b　**ウ**　b→a→c

エ　b→c→a　**オ**　c→a→b　**カ**　c→b→a

(2)　OECDの日本語名を**漢字8字**で答えなさい。

(3)　日本は1964年にOECDに加盟しました。1960年代の日本の動きとして正しいものを，次の**ア**～**エ**から一つ選び，記号で答えなさい。

ア　国民所得倍増計画が発表された。　**イ**　自衛隊が発足《ほっそく》した。

ウ　沖縄が日本に返還《へんかん》された。　**エ**　国際連合に加盟した。

(4)　1960年代ごろから，日本では公害が社会問題となっていました。1960年代以降の，公害や環境《かんきょう》問題をめぐる日本の動きについて述べた文として正しいものを，次の**ア**～**エ**から一つ選び，記号で答えなさい。

ア　1967年には公害対策基本法が廃止《はいし》され，環境基本法が制定された。

イ　1970年の「公害国会」では，いくつかの公害対策に関する法律が制定された。

ウ　1971年には環境庁が環境省に格上げされた。

エ　大阪空港公害訴訟《そしょう》で原告側が主張した環境権は，最高裁判決で認められた。

(5)　四大公害病の一つとして，水俣病《みなまたびょう》があげられます。これについて述べた次の文章中の空らん【A】・【B】に当てはまる語句を**漢字**で答えなさい。

> 水俣病は企業の工場排水《はいすい》に含まれるメチル【　A　】が原因で，【　B　】県水俣市の周辺で発生しました。2017年には，【　A　】の適正な管理や，排出を減らすことを目指した「【　A　】に関する水俣条約」が発効しました。

問3　下線部③に関して，次の問いに答えなさい。

⑴　巨大IT企業のうち代表的な四つの企業は，それらの頭文字《かしらもじ》を取って「GAFA」と総称されています。このうち，「G」が指す企業の名前を**カタカナ**で答えなさい。

⑵　こうした課税は一般的《いっぱんてき》に何とよばれていますか。解答らんに当てはまるように，**カタカナ4字**の語句を答えなさい。

問4　下線部④に関して，日本において注目される税として消費税があげられます。次の問いに答えなさい。

⑴　消費税が導入されたのは1989年です。その後の1990年代における国際社会及び日本国内の出来事として**誤っているもの**を，次の**ア**～**エ**から一つ選び，記号で答えなさい。

ア　阪神《はんしん》・淡路《あわじ》大震災がおこった。　　**イ**　PKO協力法が制定された。

ウ　アメリカ同時多発テロがおこった。　　**エ**　EU(欧州《おうしゅう》連合)が発足した。

⑵　2019年，増税分を社会保障関係費に充《あ》てることを目的に，消費税が10%に引き上げられました。そして次の**図1**は，令和3年度一般会計予算の歳出《さいしゅつ》を表した円グラフです。社会保障関係費を表している項目《こうもく》を，**図1**中の**ア**～**エ**から一つ選び，記号で答えなさい。

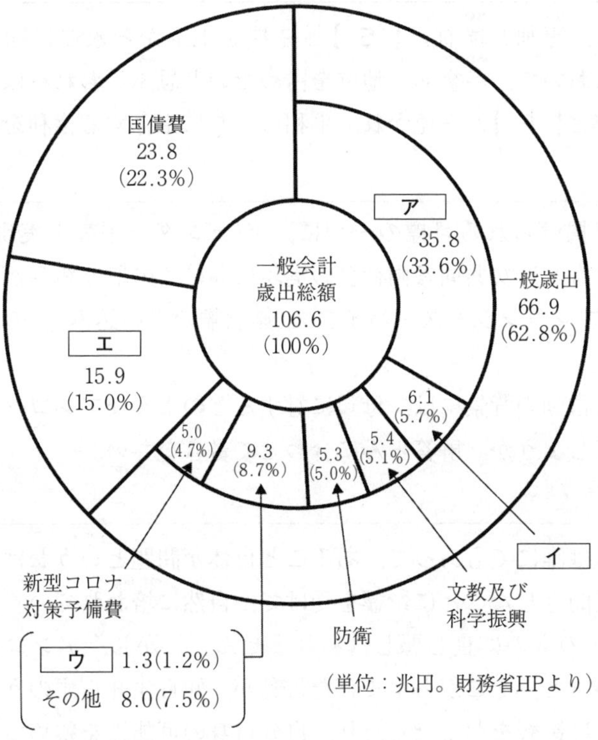

図1

問5　下線部⑤に関して，日本の政治制度について述べた文として正しいものを，次の**ア**～**エ**から一つ選び，記号で答えなさい。

ア　内閣は参議院の解散を決めることができる。

イ　各省庁は予算案を作成し，国会に提出することができる。

ウ　国会は内閣総理大臣を指名することができる。

エ　裁判所は内閣不信任案を決議することができる。

問6　下線部⑥に関して，国際連合について述べた文として正しいものを，次の**ア**～**エ**から一つ選び，記号で答えなさい。

ア　1951年にサンフランシスコ講和会議で国連憲章が採択され，国連が発足した。

イ　本部はスイスのジュネーブに置かれている。

ウ　安全保障理事会の決議は，15か国がすべて賛成した場合にのみ成立する。

エ　2021年４月時点での加盟国は193か国であった。

問７　下線部⑦に関して，次の問いに答えなさい。

⑴　次の文章中の空らん【**C**】・【**D**】に当てはまる語句を**漢字**で答えなさい。

> 第二次世界大戦の反省を踏まえ，人権保障が国際平和の基礎《きそ》になるとの考えに基づき，国際社会における人権保障の基準を示すものとして【 C 】が作成され，1948年に国連総会で採択されました。そしてこの内容を条約化して，各国に対する法的拘束《こうそく》力《りょく》を持たせるために作成されたのが，1966年に国連総会で採択された【 D 】です。

⑵　日本国憲法前文では，国際社会と日本との関係について，次のように書かれています。空らん【**E**】・【**F**】に当てはまる語句を答えなさい。

> われらは，平和を維持し，専制《せんせい》と隷従《れいじゅう》，【 E 】と偏狭《へんきょう》を地上から永遠に除去しようと努めてゐ《い》る国際社会において，名誉《めいよ》ある地位を占めたいと思ふ《う》。われらは，全世界の国民が，ひとしく恐怖《きょうふ》と【 F 】から免《まぬ》かれ，平和のうちに生存する権利を有することを確認する。

問８　下線部⑧に関して，SDGsで掲げられる目標の一つに，「ジェンダー平等を実現しよう」というものがあります。日本でも，男女共同参画社会の実現に向けての取り組みが進められています。その中で，今日，「アンコンシャス・バイアス(無意識の思《おも》い込《こ》み)」の問題が指《し》摘《てき》されています。

以下の〔**資料**〕にある下線部の言動の背景には，母親に対するどのようなアンコンシャス・バイアスがあると考えられるでしょうか。解答らんに合わせて書きなさい。

〔**資料**〕

> アンコンシャス・バイアスは誰《だれ》にでもあって，あること自体が問題というわけではありません。過去の経験や，見聞きしたことに影響を受けて，自然に培《つちか》われていくため，アンコンシャス・バイアスそのものに良《よ》し悪《あ》しはありません。しかし，アンコンシャス・バイアスに気づかずにいると，そこから生まれた言動が，知らず知らずのうちに，相手を傷つけたり，キャリアに影響をおよぼしたり，自分自身の可能性を狭《せば》めてしまう等，様々な影響があるため，注意が必要です。
>
> …(中略)…単身赴任《ふにん》の母親に対して「え？　母親なのに単身赴任？　お子さん，かわいそうね…」といった言動が，母親や，家族を傷つけることがあるかもしれません。

(男女共同参画局「共同参画」2021年５月号より)

【理　科】（40分）〈満点：70点〉

1　校庭や通学路など，身近なところにも多くの植物が生育しています。校庭の周囲を調べたところ，Aナズナ，シロツメクサ，カラスノエンドウを見つけました。これらを比較《ひかく》してみると，葉の形，B葉のつき方，C茎《くき》や根のつくり，花の構造など，いろいろな点に違《ちが》いがあることがわかります。

そこで，いくつかの植物の成長の様子を調べることにしました。アサガオ，ホウセンカ，ヘチマのD種をまいて育てたところ，数日後にいずれも２枚の葉(子葉)が広がりました。その後，E３枚目の葉が出ましたが，その葉は最初に出た２枚の葉とは形が異なっていました。また，それぞれの花を咲《さ》かせたところ，F花の構造にも違いがみられました。

以下の問いに答えなさい。なお，図の縮尺は，等しいとは限りません。

問１　下線部**A**について，⑴ナズナ，⑵シロツメクサ，⑶カラスノエンドウはどれですか。当てはまるものを次の**ア**～**エ**からそれぞれ１つずつ選び，記号で答えなさい。

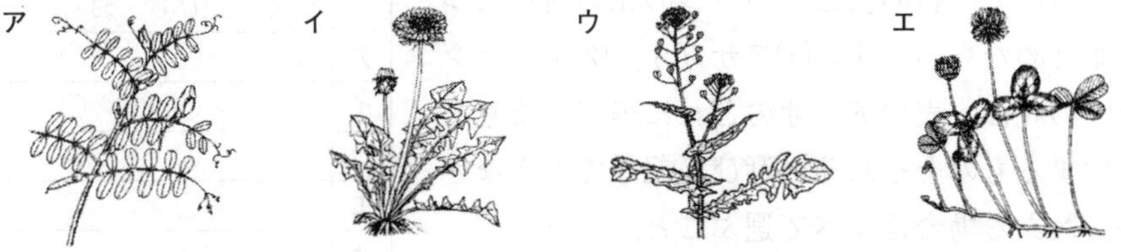

『新しい科学　1年　教師用指導書 研究編』(東京書籍)

問２　下線部**B**に関連して，右の図はメマツヨイグサという植物の葉のつき方を上から見たものです。葉についている数字は，葉が出た順番を示しています。この図の葉は，どのような決まりでついているでしょうか。次の文の空欄《くうらん》に当てはまる数値を整数で答えなさい。

「時計回りに平均(　　)°回転したところに次の葉をつける」

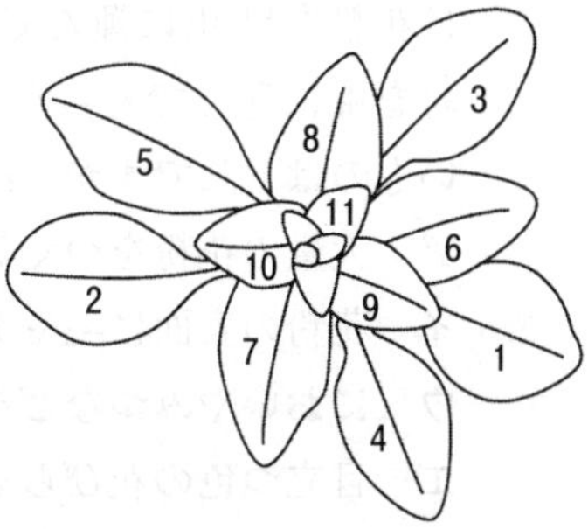

岩瀬徹・大野啓一 著『写真で見る植物用語』(全国農村教育協会)をもとに作成

問３　下線部**C**に関連して，ホウセンカの茎の断面を表している図はどれですか。次の**ア**～**エ**から１つ選び，記号で答えなさい。ただし，図中の色の黒い部分は着色した水が通ったところです。

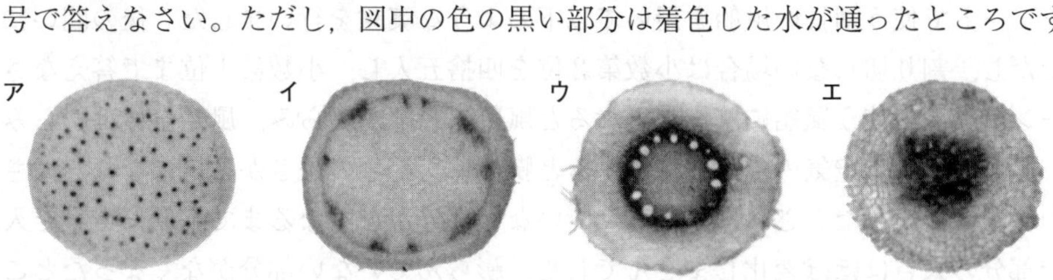

『中学校 科学１』(学校図書)

問４　下線部**D**について，一般《いっぱん》に，植物の種子が発芽するのに必要な条件は何ですか。当てはまるものを次の**ア**～**オ**から３つ選び，記号で答えなさい。

ア　日光　**イ**　水　**ウ**　肥料　**エ**　空気　**オ**　適当な温度

問５　下線部**E**について，以下の図は⑴アサガオ，⑵ホウセンカ，⑶ヘチマの子葉をスケッチしたものです。⑴～⑶に対応する「３枚目の葉」はどれですか。当てはまるものを下の**ア**～**エ**

からそれぞれ１つずつ選び，記号で答えなさい。

(1)　(2)　(3)

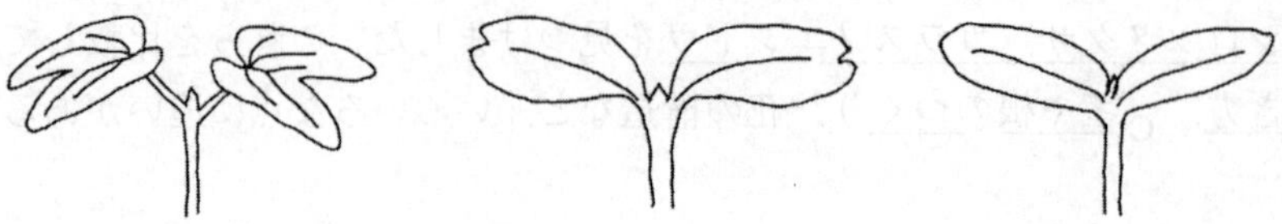

ア　イ　ウ　エ

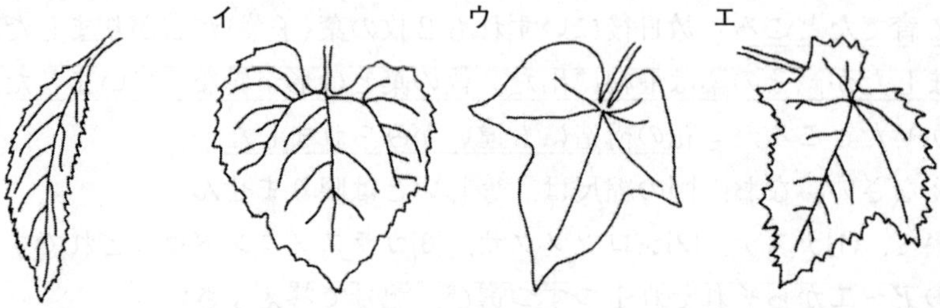

問６　下線部**Ｆ**について，右の表は一つ一つの花の構造について簡単にまとめたものです。(1)アサガオ，(2)ホウセンカ，(3)ヘチマの花は，表の**ア**～**オ**のどれに当てはまりますか。当てはまるものをそれぞれ選び，記号で答えなさい。答えが複数ある場合は**すべて選ぶ**こと。

	がく	花びら	おしべ	めしべ
ア	○	○	○	○
イ	×	○	○	○
ウ	○	○	×	○
エ	○	○	○	×
オ	×	×	○	○

○：あり　×：なし

問７　下線部**Ｆ**に関連して，アサガオ，ホウセンカ，ヘチマは花粉を昆虫《こんちゅう》に運んでもらいます(虫媒花《ちゅうばいか》という)。花粉を風に運んでもらう花(風媒花《ふうばいか》)と比較したときに，虫媒花の特徴《とくちょう》として，**当てはまらない**ものはどれですか。次の**ア**～**エ**から１つ選び，記号で答えなさい。

ア　大量の花粉をつくるものが多い

イ　花粉の表面に毛や突起《とっき》があるものが多い

ウ　においやみつなどを出すものが多い

エ　目立つ色の花びらをもつものが多い

2　太郎《たろう》さんはゴムの性質を調べたところ，ゴムは加熱すると縮むことを知りました。そこで，バルーンアートで使う細長い風船を用いて以下のような実験を行いました。後の問いに答えなさい。ただし，割り切れない場合は小数第２位を四捨五入し，小数第１位まで答えなさい。

バルーンアートで使う風船に空気を入れると風船の一部が膨《ふく》らみ，風船全体は膨らみませんでした。風船に入れる空気の量を２倍にすると膨らんだ部分の長さが２倍になり，太さはほとんど変わりませんでした。さらに，膨らんでいない部分がなくなるまで風船に空気を入れても，膨らんだ部分の太さはほぼ変化しませんでした。膨らんでいない部分がなくなったところで空気を入れるのをやめました。空気を抜《ぬ》くと，しぼんだ風船の長さは48.6cmでした。しぼんだ風船にドライヤーで温風をあてたところ，長さは36cmになりました。その後，膨らんでいない部分がなくなるまで風船に空気を入れると長さが162cmに，空気を抜くと再び48.6cmになりました。続けて温風をあてると長さが36cmに戻《もど》りました。以下の実験では，ドライヤーの温風をあてて36cmに戻した後の風船を使いました。ただし，膨らんだ部分の太さはどこも同じで長さだけが変化するものとし，膨らんでいない部分の空気の体積は考えないものとします。

また，空気を右端《はし》に移動させるときには，風船の膨らんだ部分がそのまま右へずれていくものとします。

風船の長さの半分まで空気を入れて膨らませました。残りの半分は膨らむことはなく，風船の長さは99cmになりました(**図1**)。その後，空気を抜きました。

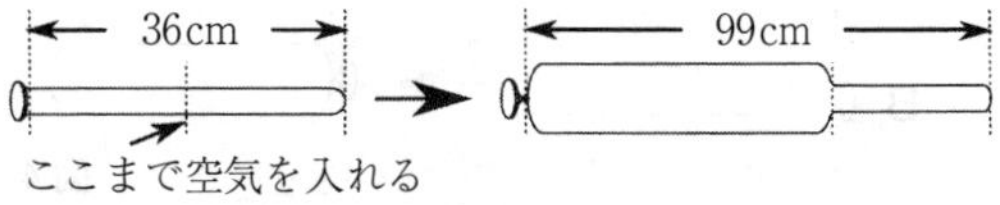

図1

問1　空気を抜いた後の風船の長さは何cmですか。

風船の長さの$\frac{2}{3}$まで空気を入れ，その半分を右端に移動させました(**図2**)。真ん中のしぼんでいる部分にだけドライヤーで温風をあててから空気をゆっくり抜きました。ただし，空気を抜くときにドライヤーをあてた部分は膨らむことはありませんでした。

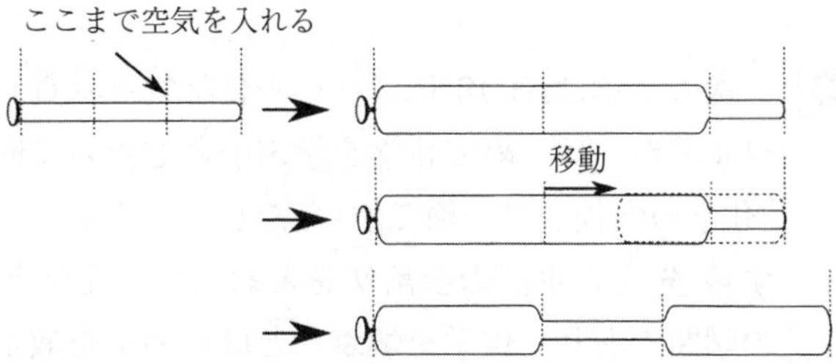

図2

問2　空気を右端に移動させた直後の風船の長さは何cmですか。

問3　空気を抜いた後の風船の長さは何cmですか。

空気を入れない風船と，膨らんでいない部分がなくなるまで空気を入れた風船をそれぞれ冷《れい》凍庫《とうこ》に入れ，充分《じゅうぶん》に時間を経過させました。その後，それぞれの風船を取り出し，室温になるまで待ちました。空気を入れた方の風船は空気を抜くと，長さが戻りきらず51.6cmになりましたが，ドライヤーで温風をあてると再び長さが36cmに戻りました。空気を入れなかった方の風船は冷凍庫から取り出しても長さは変化しませんでした。また，室温になってから空気を入れても，冷凍庫に入れる前の風船と変化の仕方は同じでした。

風船の長さの半分まで空気を入れ，風船を冷凍庫に入れて充分に時間を経過させました。その後，風船を取り出して室温になるまで待ち，空気を抜きました。

問4　空気を抜いた後の風船の長さは何cmですか。

風船の長さの$\frac{1}{3}$まで空気を入れ，冷凍庫に入れて充分に時間を経過させました。その後，風船を取り出し，室温になってから風船の中の空気を右端に移動させました(**図3**)。最後に空気をゆっくり抜きました。空気を抜いているとき，風船は膨らむことはありませんでした。

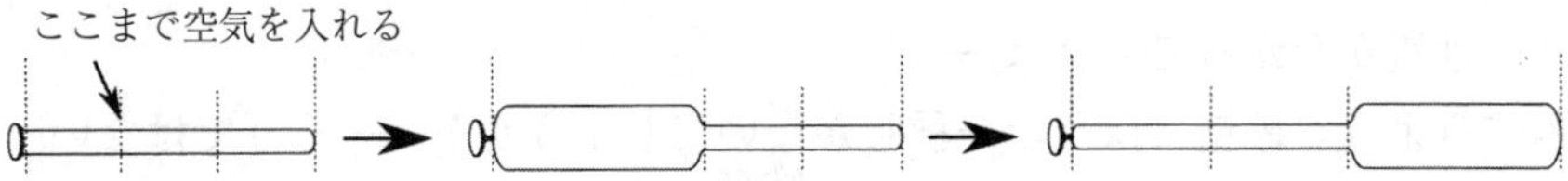

図3

問5　空気を抜いた後の風船の長さは何cmですか。

風船を２つ用意し，**A**・**B**としました。**A**の風船に空気を入れ，**B**の風船には**A**の２倍の量の空気を入れました。**A**の風船の空気を右端へ，**B**の風船の空気の半分を右端へそれぞれ移動させたところ，**A**の風船の長さが80.1cm，**B**の風船の長さが111.6cmになりました(**図4**)。

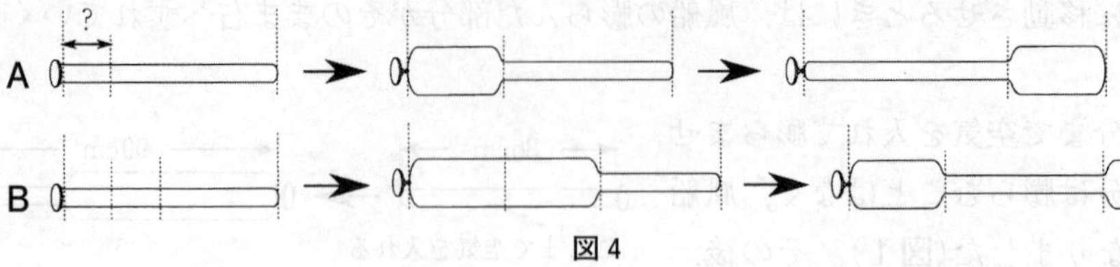

図4

問6　Aの風船で，初めに空気を入れた部分の長さは何cmですか。空気を入れる前の長さで答えなさい。

3　次の文章は1909年にノーベル化学賞を受賞したドイツの化学者オストワルドが，はじめて化学を学ぶ子どもたちに向けて1903年に書いた著書「化学の学校」の一節です(ただし，読みやすいように一部を変えています)。先生と生徒の会話文をとおして，化学という学問はあらゆる物質の学問であり，化学を学ぶことは森の中を散歩するように楽しいことだと教えています。後の問いに答えなさい。

生徒　それではいったい物質とは何ですか。

先生　それは一言では言えない。では君が実際物質というものを知らないのか，それともそれをうまく言えないのか，ひとつ試《ため》してみよう。これは何ですか。

生徒　砂糖だと思います。

先生　なぜそう思う？

生徒　そうですね。ビンの中の砂糖にそっくりだからです。ちょっとなめさせて下さい。――あ，これは砂糖です。甘《あま》い味がします。

先生　まだそのほかに①砂糖を識別する方法を知っていますか。

生徒　はい，指につけるとベトベトします。これも実際ベトベトします。

先生　実際に君が何かしら物質を手に渡《わた》されて，それが砂糖かどうかと聞かれたときには，いつもそういう方法で判定することができます。すなわちまず外観や味により，またさらに粘《ねん》着性《ちゃくせい》によってそれを知るわけです。この識別のめじるしのことを，その物の性質と呼びます。わたしたちは砂糖をその性質によって知るのです。砂糖は一つの物質です。すなわちわたしたちは物質をその性質によって認識《にんしき》するのです。――ところで君は物質のもつすべての性質が物質の認識に役立つと思いますか。

生徒　そう思います。性質がわかっていれば――

先生　ではひとつみてみよう。砂糖にはただ一種しかないでしょうか？――そうではない。氷砂糖というものを知っているでしょう。あの大きな塊《かたまり》になっている砂糖。それから粉砂糖。あの白砂のような粉状のもの。どちらも砂糖です。というのは氷砂糖を乳鉢《にゅうばち》の中で砕《くだ》くと粉砂糖ができるからです。

生徒　あ，なるほど，両方とも同じものなんですね！

先生　両者は「同一の物質」砂糖です。しかしその性質のうち一つは変わってしまいました。物体のもつ形も一つの性質です。これは勝手に変えることができます。しかし物質は依然《いぜん》として変わらずにいます。また分量についても同様です。たとえビンの中に砂糖がいっぱい入っていようが，あるいはほとんど空っぽであろうが，その中にあるものはいつも砂糖です。すなわち形と分量とは物質を認識すべき性質とはならないのです。——砂糖は温かいか，冷たいか？

生徒　わかりません。——どちらにでもなるんではありませんか！

先生　そうです。温かいとか冷たいとかは物質の認識に役立つ性質ではありません。

生徒　それはそうですね。考えてみると砂糖は大きくも小さくも，温かくも冷たくも自由にできますね。

先生　そうですね。それでようやくはっきりしましたね。物の性質の中には変えることのできないものがあります。砂糖が甘みをもつことや指にベトつくことは，いつも砂糖に見られることがらです。しかしその大きさや，形や，その温度は変えることができます。どんなものでも一定の物質は一定不変の性質をもっています。そしてどんなものでもこの一定不変の性質をもっているものには，その物質の名前があたえられます。このさい，その物質が温かくても冷たくても，大きくても小さくても，またその他どんな②可変の性質をもっていようと，それは関係しないのです。しばしば③物はその用途《ようと》や形によってその物質とは異なった名前がつけられていますが，そんな場合にもそれは一定の物質からできていると言います。

生徒　どうも全部はわかりません。

先生　これは何ですか。またあれは？

生徒　針とハサミです。

先生　それらは物質ですか？

生徒　よくわかりません。——どうも，物質じゃないようです。

先生　わかりにくいときには，いったいこの物は何からできているかと考えてみればよい。するとたいがい物質の名前が頭にうかびます。針とハサミは何からできていますか。

生徒　鉄です。では鉄は物質ですか。

先生　そうです。鉄のひとかけらはやはり鉄です。たとえ大きくても小さくても，冷たくても温かくても鉄にちがいありません。

生徒　それならば紙も物質であるはずです。それは本も紙からできていますから。木質も机を形成しているので物質です。そしてレンガも物質です。暖炉《だんろ》はレンガからできていますから。

先生　最初の二例は正しい。でも最後のはいけない。レンガは砕いてもなおレンガですか？　そうではない。レンガという名前はある形をそなえたものにあたえられているもので物質ではあり得ない。ところでレンガは何から作りますか。

生徒　粘土《ねんど》から。

先生　粘土は物質ですか。

生徒　そうです——いや——やはりそうです。というのは粘土を砕いてもやはり粘土のままでいます。

先生　まったくその通り。④そのやり方で，当分のうちは疑問が起きても用が足ります。すなわち，まず何から物ができているかと考え，そして答えを得たならば，さらに砕いた場合にもそのままでいるかどうかを考える。そのとき何ら変わりがなければそれが物質なのです。

オストワルド 著／都築洋次郎 訳『化学の学校 上』(岩波書店)

問１　下線部①に関連して，別々の試験管にとった食塩水と炭酸水を識別するためにある方法で実験したところ，次のような**結果**になりました。ある方法とはどんな方法ですか。５文字以内で答えなさい。

結果

「片方の試験管の中には白い粒《つぶ》だけが残ったが，もう片方は何も残らず空《から》になった」

問２　下線部②について，ここで述べられている「可変の性質」の例として適当なものを，次の**ア～オ**から**すべて**選び，記号で答えなさい。

ア　20℃の水100cm^{3}に溶《と》けるミョウバンの最大の重さ

イ　氷ができはじめる温度

ウ　砕いた氷砂糖のひとかけらの体積

エ　アンモニアのつんとするにおい

オ　窓ガラスの表面温度

問３　下線部③の例として「ドライアイス」があります。ドライアイスを温めると気体に変わります。この気体は，石灰水を白くにごらせる性質があります。「ドライアイス」を形成している物質の名前を答えなさい。

問４　下線部④のやり方によって物質と考えられるものを次の**ア～オ**から**すべて**選び，記号で答えなさい。

ア　ガラス　　**イ**　ペットボトル　　**ウ**　割りばし　　**エ**　コップ　　**オ**　銀

問５　この文章に登場する「先生」は，物質かどうか決めたいとき，まずどうすればいいと言っていますか。最も適当なものを次の**ア～エ**から１つ選び，記号で答えなさい。

ア　その物をどのように利用しているかを考える。

イ　その物が何からできているかを考える。

ウ　その物がどこでできたかを考える。

エ　その物がいつできたかを考える。

問６　この文章に登場する「先生」は，化学であつかう「物質」は何をもっていると言っていますか。文章中から７文字で抜《ぬ》き出しなさい。

4　次の文章**Ａ～Ｃ**は，関東地方に住む太郎《たろう》さんが書いた日記です。これらの日記は，ある月の連続する３日間のものです。ただし，**Ａ～Ｃ**の日記は日付順とは限りません。方位磁針の針は，常に正確に南北を指しているものとして，後の問いに答えなさい。

Ａ　○月※日

海辺では今日もここちよい南風が吹《ふ》いていました。この風が吹くしくみは，だいたい見当がついていました。前に①ビーカーに水を入れ，底の中心ではなく端《はし》の方を加熱する実験(**図１**)をやったことがあるからです。絵の具が少しずつ溶《と》けて水の動きがよく見えたのを覚えていました。そこで，昨日の夕方から今日の夕方まで，海水と砂浜《すなはま》の温度調べをしました。②結果は予想通りでした(**図２**)。

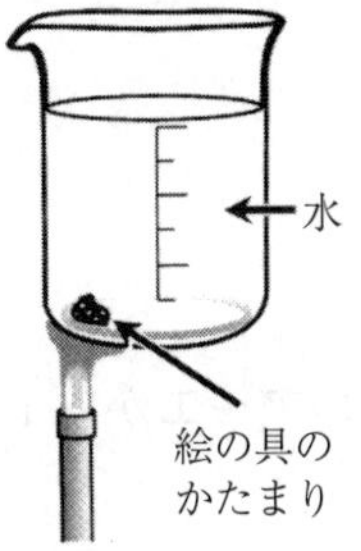

図1

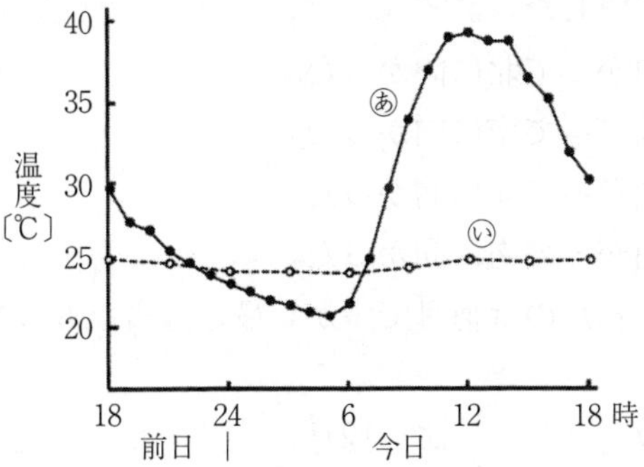

図2

B　○月◇日

いつもの砂浜で影《かげ》のでき方を調べました。砂浜には方位磁針をもっていきました。家の前の道を進むと太陽が正面に見えました。交差点を１つ曲がると，それまで左右方向を指していた方位磁針の針は反時計回りに90°回転しました。そこからまっすぐ進んで砂浜まで行き，③自分の影が前方にできるように向きを変えると，方位磁針の針は再び左右方向を指し，右手の向きが北でした。

C　○月△日

海辺でいつもより高い波を調べていると，雨が降ってきました。家に帰って雨に濡《ぬ》れていた洗濯物《せんたくもの》を，外でも雨のかからない場所に移動させました。午後５時ごろ，まだ雨は降り続いていましたが，洗濯物は少し乾《かわ》いていました。

問１　**A**の日記の下線部②について，**図２**で砂浜の温度を表すグラフは(あ)と(い)のどちらですか。また，海水と砂浜の温度調べをしている間は，どのような空の様子だったと考えられますか。最も適当なものを次の**ア**～**エ**から１つ選び，記号で答えなさい。

ア　砂浜のグラフは(あ)で，雲がなく晴れていた。

イ　砂浜のグラフは(あ)で，雲におおわれていた。

ウ　砂浜のグラフは(い)で，雲がなく晴れていた。

エ　砂浜のグラフは(い)で，雲におおわれていた。

問２　**A**の日記について，下線部①の実験の様子と下線部②の結果を合わせて考えた時，海辺の風の吹き方として最も適当なものを次の**ア**～**エ**から１つ選び，記号で答えなさい。なお，陸風とは陸側から海側に向かって吹く風であり，海風とは海側から陸側に向かって吹く風のことです。

ア　昼間は陸風，夜間は海風で，昼間の風の方が夜間の風よりも強い。

イ　昼間は陸風，夜間は海風で，夜間の風の方が昼間の風よりも強い。

ウ　昼間は海風，夜間は陸風で，昼間の風の方が夜間の風よりも強い。

エ　昼間は海風，夜間は陸風で，夜間の風の方が昼間の風よりも強い。

問３　**B**の日記の下線部③について，このときの時刻として最も適当なものを次の**ア**～**ウ**から１つ選び，記号で答えなさい。

ア　８時　　**イ**　12時　　**ウ**　16時

問４　**B**の日記について，家を出て砂浜に向かうまでの道順として最も適当なものを次の**ア**～**エ**から１つ選び，記号で答えなさい。なお，家から砂浜までに曲がった交差点は１つしかなく，歩いた道はいずれもまっすぐでした。

ア　東に向かい，交差点を曲がって北に向かった。

イ　東に向かい，交差点を曲がって南に向かった。

ウ　西に向かい，交差点を曲がって北に向かった。

エ　西に向かい，交差点を曲がって南に向かった。

問5　**A**～**C**の3つの日記が書かれたのは何月ですか。最も適当なものを次の**ア**～**エ**から1つ選び，記号で答えなさい。

ア　3月　　**イ**　6月　　**ウ**　9月　　**エ**　12月

問6　空の様子を**表1**の天気マークで表すと，日記を書いた連続する3日間を含《ふく》む1週間の空の様子は，**表2**のとおりでした。**A**～**C**の日記を日付順に並べ直したとき，1日目となるのは**月曜日**から**金曜日**のうち何曜日ですか。なお，空の様子は6時間ごとに示しています。

表1　空の様子と天気マーク

空の様子	雲がなく晴れている	雲におおわれている	雨が降っている
天気マーク			

表2　1週間の空の様子

曜日	月	火	水	木	金	土	日
6～12時							
12～18時							
18～24時							

聞こえはじめた。

なんだよ。マジかよ。やめるのかよ。

俺に、胃が重くなるような未来を想像させておいて、やめるのかよ――。

そもそも自分からやめて欲《ほ》しいと言ったのに、いざ父が賛成してくれたら、それにも不平を言いたくなって、胸の奥のもやもやがむしろ一気に膨張《ぼうちょう》してきた。正直、少し息苦しいほどだった。それでも、俺は、焼うどんを頬張った。そして、いつもよりしっかりと嚙んだ。背中に父の存在を感じると鼻の奥がツンとしてきそうだったから、必死に嚙むことに集中したのだ。

やがて、静かすぎる店のなかで、俺は焼うどんを完食した。

皿の上にそっと箸を置き、背中越《ご》しに言った。

「ごちそうさまでした」

少し、声がかすれてしまった。

「おう、美味かったか?」

母がいなくなってから、何度も、何度も、父と俺のあいだで交《か》わされてきた短い言葉のやりとり。

ちょっと腹が立つから、今日くらいはイレギュラーな返事にしてやれ、と俺は思った。

「5まずかった」

ぽつりと言ったら、背後で父が吹き出した。

「あはははは。心也、お前なぁ――」

「……………」

「ほんと、死んだ母ちゃんによく似てるわ」

俺はあえて振り返らずに、空になった皿を見下ろしていた。

すると父が、ますます愉快《ゆかい》そうに続けた。

「母ちゃんも、お前も、嘘をつくのが下手すぎなんだよなぁ」

その言葉に肩の力が抜けて、フッと笑いそうになった瞬間、なぜか同時に鼻の奥が熱くなってしまって……、それから俺は、しばらくのあいだ後ろを振り向けなかった。

問一 ==部①~④のカタカナを漢字に直しなさい。

問二 ――部1「さすがにこたえた」とありますが、それはなぜですか。四十五字以上、六十字以内で説明しなさい。

問三 ――部2「なるほど――って、何だよ?」とありますが、この時の心也の気持ちを、二十五字以上、四十字以内で説明しなさい。

問四 ――部3「この感じは、やっぱり『怒り』だよな――」とありますが、心也はどのようなことに怒りを感じたのですか。三十五字以上、五十字以内で自分の言葉で説明しなさい。

問五 ――部4「なんだ、泣きたい気分なのって、俺じゃん」とありますが、この時の心也の気持ちを、五十字以上、六十五字以内で説明しなさい。

問六 ――部5「まずかった」とありますが、この時の心也の気持ちを、六十字以上、七十五字以内で説明しなさい。

★ 問二~六は、句読点や記号も一字として数えます。

と、父が笑い出した。

「なに？」

俺は箸を手にしたまま、思わず後ろを振り向いた。

「ほんとお前って、昔から嘘が下手なのな」

「は？　嘘なんて――」

「まあ、いいけどよ」父は美味《うま》そうにビールをごくごく飲んで、「ちょっと想像してみろよ」と言った。

「想像？」

「ああ。『こども飯』をやめた俺と、その後の食堂をイメージしてみろって」

「……………」

「しかも、自分から進んでやめたんじゃなくて、どこぞの部外者の言葉に屈《くっ》して『こども飯』サービスをあきらめた俺と、子どもたちが来なくなったこの食堂と、そうなった店に学校から帰ってくる自分のこともな」

想像をしかけて、すぐにやめた。まじめに想像をするまでもない。というか、すでに胃のあたりが重くなっていたのだ。

俺が、何も答えられずにいると、ふいに父はやわらかい目をした。

「なあ心也、死んだ母ちゃんは賢《かしこ》かっただろ？」

「え？」

「その母ちゃんが、言ってたんだ」

「……………」

「人の幸せってのは、学歴や収入で決まるんじゃなくて、むしろ『自分の意思で判断しながら生きているかどうか』に左右されるんだって」

「……………」

「あ、お前、その目は疑ってるな？」

「いや、べつに」

「いまのは俺の言葉じゃなくて、本当に母ちゃんの言葉だからな。しかも、国連だか何だかがちゃんと調べたデータらしいぞ」

「分かったよ、それは」

「よし。てなわけで、死んだ母ちゃんの教えどおり、俺は自分の意思を尊重しながら生きる。やりたいようにやる」

父はニヤリと笑って、ビールをあおった。

「……………」

なるほど、やっぱり俺の意見は流されるってことか。

そう思ったら、言葉にならないもやもやが胸のなかで膨《ふく》らみはじめた。俺はふたたび父に背中を向けた。そして、黙って焼うどんを口に運んだ。少し冷めてしまった麺は、さっきよりも粘《ねば》ついていて、風味も落ちた気がした。それでも、かまわず食べ続けた。

すると、背後で、また、コツン、という乾いた音がした。父がビールのグラスを置いたのだ。

「ちなみに、だけどな」

穏やかな父の声を、俺は背中で撥《は》ね返そうとして無視をした。でも、父はかまわず言葉を続けた。

「心也が不幸になると、自動的に俺も不幸になっちまう」

「……………」

「だから、心也が不幸になるんだったら、俺は『こども飯』をやめるよ」

「……………」

「それが、やりたいようにやると決めている俺が、自分で決めた意思だ」

咀嚼《そしゃく》した（＝よく噛《か》んだ）焼うどんを飲み込んだ。

店内がふたたび静かになって、時計の秒針と雨の音がやけに大きく

「別に、深刻な顔なんて――」
言いながら背後を振り向いたら、
「してた、してた」
と父はからかうように笑う。
俺、そんなに深刻な顔をしてたのか――。
正直、自分としては心外だったけれど、そういえば、景子さんに言われたことがあった。学校から帰ってきたときの俺の顔を、毎日、父は観察しているのだと。
「まあ、別に、深刻ってほどのことじゃないんだけど」
俺は、後ろを振り返ったまま言った。
「そうか。それなら、それでいいけどな」
父はグラスをテーブルに置き、コツン、という乾《かわ》いた音を店内に響かせた。
チ、チ、チ、チ、チ……。
客席の壁《かべ》かけ時計が秒針の音を漂《ただよ》わせ、窓の隙間《すきま》からは雨音が忍び込んでくる。
母がいなくなってから、この家に一気に増えた静けさ。父が陽気な人だからこそ、ふと黙った瞬間の静けさがいっそう深く感じられるのだと思う。
外で突風が吹いて、店のシャッターがガタガタと大きな音を立てた。
「心也」
父が俺の名を呼んだ。いつもと変わらぬ、野太くて明るい声色《こわいろ》で。
「え？」
「とりあえず、うどん、あったかいうちに食べちゃえよ」
「あ、うん」
俺はカウンターに向き直り、止めていた箸を動かした。そして、食べながらふと気づいた。
父は、わざと俺の後ろの席に座ってくれたのだ。少しでも俺がしゃべりやすくなるように。
「うめえか？」
「うん」
それからしばらく父は黙ってビールを飲んでいた。
俺も黙々と箸を動かした。
そして、半分くらい食べたとき、なんとなく自然な感じで俺の口が動いてくれたのだった。
「あのさ」
と、焼うどんを見ながら言った。
「おう」
「うちの『こども飯』のことなんだけど」
「……………」
背後の父は返事をしなかった。でも、ちゃんと耳を傾《かたむ》けてくれている気配は感じられた。
「そろそろ、やめない？」
ああ、言っちゃったな――、そう思いながら焼うどんを頬張ったら、なんだか少しだけ味がぼやけた気がした。
父は、少しのあいだ何も答えなかった。しかし、ふたたび店のシャッターがガタガタと音を立てたとき、いつもと変わらず野太くて、でも、いつもより少し穏やかな声で言った。
「学校で、何か言われたのか？」
俺の脳裏に、あの汚い落書きの文字がちらついた。
「別に、言われたわけじゃないけど」
嘘はついていない。言われたのではなくて、書かれたのだ。俺は心のなかで自分自身に屁理屈《へりくつ》を言っていた。すると、
「くくくく」

「ふう」

俺はひとつ息を吐いてから部屋を出た。

階段を降り、三和土でサンダルを履いて厨房へ。そのまま客席へと廻《まわ》り、調理をしている父と対面するカウンター席に腰掛けた。

ジュウジュウといい音を立てながら、父はフライパンを振っていた。

「すぐにできるからな」

「うん」

視線を手元に落として調理しているときの父の顔は、目尻《めじり》と口元が穏《おだ》やかで、どこか微笑んでいるようにも見える。

そういえば、俺がまだ夕花と二人で遊んでいた頃——つまり、母が生きていた頃——調理中の父の顔を見て、ストレートに訊いたことがある。「お父さんって、ご飯つくるの、好きなの?」と。すると父は、いっそう目を細めて俺の頭をごしごし撫《な》でながら、こう答えたのだった。「もちろん好きだよ。食べてくれた人が『美味《おい》しい』って言ってくれたら、もっともっと好きになっちゃうだろうな」

あの頃よりも、父の目尻のしわは深くなり、髪の毛には白いものが混じるようになった。④キンコツ隆々《りゅうりゅう》としていた身体も、ひとまわり小さくなった気がする。

「あらよっと」

わざと陽気な声を出しながら、父がフライパンの鍋肌《なべはだ》に醤油《しょうゆ》を回しかけた。

食欲をかき立てる、焦《こ》げた醤油のいい匂いが立ちのぼる。

思えば、毎日、毎日——、俺は、この人の作ったご飯を食べて育ったんだよな……。

父の目尻のしわを見ていたら、ふと、そんなことを思った。

「よおし、完成だ」

フライパンから皿に盛られたのは焼《やき》うどんだった。「こども飯」でリクエストの多い人気の裏メニューだ。

「ほれ」

「ありがと」

厨房から差し出された皿を受け取った。にんにくとバターと醤油の香りのする湯気が立ちのぼり、たっぷりのせた鰹節《かつおぶし》が生き物のように揺れ動いている。

「いただきます」

「おう」

俺が焼うどんを食べはじめると、父は「さてと」と言って、厨房の冷蔵庫から瓶ビールを出し、栓《せん》を抜いた。そして、グラスも手にして客席に出てきた。

父が座ったのは、俺のいるカウンター席の隣ではなく、背後にある四人席だった。

「くはぁ、明るい時間に飲むビールは最高だなぁ。台風さまさまだ」

陽気な父の声を背中で聞きながら、俺はしゃべり出すタイミングを計っていた。すると、思いがけず父の方からそのタイミングをくれたのだった。

「で、心也、お前、俺に何か言いたいことがあるんじゃねえのか?」

「え?」

不意をつかれた俺は、手にしていた箸《はし》を止めた。

「学校で何かあったのか?」

「…………」

直球で訊かれた俺が言葉を詰まらせていると、父はごくごくと喉《のど》を鳴らして、明るいままの声で続けた。

「いきなりびしょ濡れで帰ってきて、あんなに深刻な顔してんだもんなぁ。しかも、帰ってすぐに腹が減ったなんて言い出すのも珍《めずら》しいだろ? さすがの俺でも、何かあったんだろうなって思うぞ」

「うん。最高」

「だよな」

「もうね、なんか、全部がどうでもよくなっちゃいそうなくらい」

夕花の前髪と顎《あご》の先から、つるつるとしずくがしたたり落ちる。

全部がどうでもよくなっちゃいそうなくらい――。

俺は、夕花の言葉を胸のなかで繰《く》り返した。そして、頷いた。

「ほんと、ぜーんぶ、どうでもいいよな」

「あははは」

夕花が笑った。泣いているみたいに目を細めて。

正面から強い風が吹きつけてくる。大粒の雨滴が俺たちの顔をバチバチと叩いた。

「うわ、痛《い》てて」

「ひゃぁ」

そして、俺たちは、また笑う。

バケツをひっくり返したようなこの雨が、ビンボーも、偽善者も、きれいさっぱり洗い流してくれればいいのに――。

そう思ったとき、ようやく俺は気づいた。

4なんだ、泣きたい気分なのって、俺じゃん。

夕花と別れた俺は、びしょ濡れのまま店に入った。

「ただいま」

言いながら店内を見回す。お客は一人もいなかった。さすがにこの天候では仕方がないだろう。よく見れば、すでに奥の客席のテーブルの上に暖簾《のれん》が置かれている。

「おう、おかえり。いよいよ嵐になって――、つーか、なんだ、お前、どうした？」

厨房から顔を覗かせた父が、頭からずぶ濡れの俺を見て吹き出した。

「傘、役に立たなかったから、使わなかった」

「あはは。なるほどな。しかし、ここまでの土砂降《どしゃぶ》りだと、逆にずぶ濡れになるのが気持ちよかっただろ？」

「うん」と素直《すなお》に頷いた俺は、あらためて店内を見てから訊《き》いた。

「景子さんは？」

「嵐になる前に帰ってもらったよ。どうせこの台風じゃ、お客も来《こ》ねえだろ」

「そっか」父と二人きりになれるのは都合がいい。「じゃあ、俺、ちょっと着替《きが》えてくるわ」

「おう、そうしろ」

「あ、俺さ、ちょっと腹減ってるんだけど」

本当は、さほど空腹ではなかったけれど、そう言った。

「そうか。じゃ、何か作っとくから、着替えたら降りてこいよ」

「うん」

「あ、ちなみに、何が食べたい？」

「うーん、麺類《めんるい》がいいかな」

「オッケー」

父が親指を立てたとき、店の窓に強風が吹きつけてガタガタと鳴った。

「心也も帰ってきたし、早々にシャッター降ろしとくか」

そう言って、父は、店の出入り口に向かった。

俺は、厨房の脇《わき》にある三和土《たたき》(＝土間)で、濡れた靴《くつ》と靴下を脱《ぬ》いで家に上がった。そして、二階の自室に入り、濡れた身体《からだ》とカバンをタオルでよく拭《ふ》き、Tシャツとショートパンツに着替えた。

雨で冷やされた身体は、着替えたあとも少しひんやりとしていて、憂鬱《ゆううつ》な心とは裏腹にこざっぱりとしていた。

さてと――、

ら、俺と石村の関係性をある程度は連想しているに違いない。

「俺からしたら、とんだ濡《ぬ》れ衣《ぎぬ》だよ」

「濡れ衣を着せられたのに、こっそり落書きを消してあげたんだね」

「…………」

俺は、夕花の言葉にどう返したものか考えた。正直、自分でも、どうして石村の机の落書きを消そうなどと思ったのか、よく分からないのだ。分かることといえば、俺の脳裏にはずっと石村の丸まった背中がちらついて離《はな》れないこと——、ただそれだけだ。

「心也くん、やっぱり優《やさ》しいよね」

「え——」

やっぱり、ということは、もともとそう思ってくれていたということか？

「さすが、うちの部長さん」

「まあ、俺たちはひま部だからな、ひまつぶしにちょうどよかっただろ？」

「俺たち、じゃなくて、心也くん、一人でやろうとしてたじゃん」

「まあ、そうだけど……」

夕花は、照れている俺を軽くからかっているようにも見えた。

「ねえ、心也くん」

「ん？」

「また、冒険みたいなことをするときは誘《さそ》ってね」

「は？　するかよ、そんなに」

「えー、そうなの？」

「当たり前だろ」

「なんか残念」

言葉とは裏腹に夕花が小さく笑ったとき、窓ガラスに風雨が叩《たた》きつけられた。ザーッという雨滴の音と、窓が揺《ゆ》れるガタガタという音が、静かな教室にまとめて響《ひび》き渡った。

「あ、台風……」と、俺。

「帰らないとね」と、夕花。

俺たちは頷き合って、急いで席を立った。

校舎を出てからは、横殴《なぐ》りの雨に翻弄《ほんろう》され、俺たちは制服のズボンとスカートをそれぞれたっぷり濡らしながら、通学路の坂道を降りていった。

突風《とっぷう》が吹くと、俺たちは声を出して笑った。

二人とも髪《かみ》がぐしゃぐしゃになり、傘《かさ》がひっくり返った。役に立たなくなった傘は、あきらめて閉じて手に持った。

「きゃあ、シャワーみたい」

「さっそく冒険だな」

大きめの声で俺が言うと、夕花は「あはは、ほんとだね」と笑う。唇《くちびる》をいっぱいに左右に引いた、奥歯まで見えるほどの明るい笑み。幼い頃によく見ていた、夕花の本当の笑みだった。

「なんかさ」

「ん？」

「嵐も、悪くねえな」

「うん、嵐、楽しいっ」

不穏《ふおん》な黒い空を見上げながら、思い切り笑っている夕花。そのびしょ濡れの横顔を見ていたら、なぜだか、ふと、泣いているようにも見えて、俺は思わず名前を呼んでいた。

「夕花？」

「ん、なに？」

こっちを向いた夕花は笑っていた。ちゃんと。これまで見たことがないくらい、吹っ切れたような笑みを浮かべていたのだ。

「えっと——、なんか、気持ちいいな」

「台風で窓を開けられねえから、シンナーの匂《にお》いは残っちゃうかもしんねえけど」
「じゃあ、教室の出入り口の引き戸を、ふたつとも少し開けておく？」
「それ、いいね」
俺たちは、足音を忍《しの》ばせながら教室から出た。その際、引き戸を半開きにしておいて、ついでにもうひとつの引き戸も半開きにした。そして、急いで自分たちの教室へと戻った。それぞれの席の前に立ち、シンナーとティッシュを机の上に置く。
なんとか誰にも見られずにやり遂《と》げた俺は、「ふう」と息を吐いてから「任務完了《かんりょう》」と言って夕花を見た。
「なんか、冒険《ぼうけん》した気分だね」
わずかに頬を紅潮させた夕花が、両手をこちらに向けて挙げた。俺はその手に、自分の両手をパチンと合わせた。
ハイタッチだ。
「やったね」
「やったな」
小さく笑い合って、俺たちはそれぞれ自分の椅子に座った。
「ねえ、心也くん」
「ん？」
「先輩《せんぱい》（＝二人は同級生だが、二人の間では冗談《じょうだん》で夕花を『先輩』、心也を『部長』と呼ぶことがある）命令を発動させて、いい？」
「は？」
夕花が無邪気《むじゃき》な感じで目を細めた。
「ねえ、いい？」
「それは、内容によりけりだろ」
「わたし、やっぱり知りたいんだけど」
「何を？」
「昨日の昼休みに石村くんが来てからのこと」
俺は一瞬、考えた。話していいものか、あるいは、黙っておくべきか。
「わたし、同じ部活の先輩として、ちゃんと知っておきたいから」
「なんだよ、それ」
俺は、軽く吹き出してしまった。夕花もクスッと笑った。二人で笑ったら、張り詰《つ》めていた肩の力がするりと抜け落ちたような気がした。まあ、どっちにしろ夕花には、さっきの行動を知られているのだ。ある程度まではしゃべってもいいだろうと思った。
「じゃあ、教えるけど、俺からも部長命令な」
「え、なに？」
「さっき落書きを消したことも含めて、これからしゃべることは、すべて秘密にすること」
「うん、分かった」
頷《うなず》いた夕花の頬には微笑みの欠片《かけら》が残っていた。でも、その目は、優等生らしい誠実な光を放っていた。
それから俺は、昨日の昼休みからの一連の出来事をざっくりと話した。ただし、ひとつだけ、夕花にも伝えなかったことがある。それは、石村がうちの店でよく「こども飯」を食べているということだった。つまり、体育館の裏での俺と石村との会話についてだけ嘘をついたのだ。石村は、なぜか落書きの犯人を俺だと勝手に決めつけていたので、俺はきっぱり違うと主張した。そうしたら、今朝、俺の机にも落書きがあった、と。
「そっか。そんなことがあったんだね」
夕花は、一応は納得した顔をしていた。
でも、石村の机には「ビンボー野郎」、俺の机には「偽善者のムスコ」と落書きされていたのだ。かしこい夕花は、そのふたつの言葉か

た。

窓から吹き込んでくる蒸《む》し暑い風。

暑いのに、俺の背中にはチリチリと鳥肌《とりはだ》が立っていた。

【落書きのことを問いただそうと、心也は隣のクラスの石村を訪ねますが、石村はおらず、かわりに石村の机にも落書きが油性ペンでされているのを見つけました。心也は誰もいなくなる放課後を待って、石村の机の落書きも消すことにしました。】

俺たちは、教室を出た。

そして、こっそりと隣の教室に入り込んだ。

泥棒《どろぼう》にでもなったかのような、妙な緊張感を覚えた俺が、ふと後ろを振り返ると、そこには③マンメンの笑みを浮《う》かべた夕花の顔があった。

「なんか、わくわくするね、こういうの」

もしかすると、いざというときに度胸があるのって、女子の方なのかも知れない。そんなことを考えながら、俺は石村の机の前に立った。

「えっ、これ……」

予想通り、夕花は息を飲んで俺を見た。

ビンボー野郎《やろう》

できれば夕花に見せたくなかった言葉。

俺にとっての「偽善者」と似たような「毒」を、夕花に感じさせてしまうかも知れない言葉だった。

でも、俺の心配は、どうやら当てが外れたらしい。

夕花の表情を見る限り、自らの胸を痛める「毒」よりも、むしろ、落書きされた者にたいする同情で胸を痛めているように見えたのだ。

「ここ、石村の席なんだ」

俺は、小声で言った。

「どうして——」

「俺には分からないけど……。とにかく、先生の見回りが来る前に終わらせないと」

俺は、今朝、自分の机の落書きを消したときのように、まずはティッシュにシンナーを染《し》み込ませた。そして、石村の机の落書きをごしごしとこすった。

「どうして、心也くんが消すの？」

その質問が、いちばん答えにくい。

「俺も、分かんねえ」

「もしかして、この落書き——」

「書いたの、俺じゃねえからな」

夕花には最後まで言わせず、言葉をかぶせた。しゃべりながらも、俺の手はせわしなく動いていた。

「俺さ、休み時間にここに来たんだよ。そしたら、こいつの机にも落書きがあることに気づいちゃって。だから、まあ、ついでみたいな感じかな」

俺の返事に、夕花は少しも納得《なっとく》していないようだった。

「じゃあ、どうして、放課後にこっそり消すの？」

「だって、みんながいるときに隣のクラスの俺が消しに来たら、まるっきり俺が書いたみたいじゃんか」

「あ、そっか」

「だろ？　よし。消えた」

落書きは、完璧《かんぺき》に消えていた。

「うん」

いた。

「偽善者か……。なるほど。まあ、しかし、お前も大変だよな」

2 なるほど――って、何だよ?

この瞬間、これまで俺がヤジさんに抱いていた「好感」の絶対量が、一気に半減するのを感じた。

俺は、黙ってヤジさんを見下ろしていた。視線に苛立《いらだ》ちがこもってしまったかも知れない。でも、ヤジさんは気にする風でもなく、椅子をくるりと回して、こちらに背を向けると、斜め前の席にいた美術の恩田《おんだ》ひとみ先生に声をかけて、ガラス瓶《びん》に入ったシンナーを借りてくれた。

「雑巾はないけど、代わりにこれを使っていいぞ」

ヤジさんは机の引き出しからポケットティッシュを取り出すと、シンナーの瓶と一緒にこちらに差し出した。

「ありがとうございます」

あまり心を込めずに軽く頭を下げた俺は、さっさと職員室を後にした。

【心也は教室にもどり、自分の机の落書きを消しました。】

三時間目の国語の授業がはじまってしばらく経《た》つと、窓の外が急に暗くなってきた。見上げた空には黒くて低い雲が、まるで早送りのような速度で流れていた。

「今夜の台風、けっこう強いみたいだね」

板書を終えた国語の藤巻《ふじまき》さつき先生が、ちらりと窓の外を見て言った。大学を卒業して二年目という若さと、明るい性格のおかげで、生徒たちから友達のように慕《した》われている先生だ。

「俺、嵐《あらし》の前って、めっちゃ血が騒《さわ》ぐんだよな」

後方の席から青井の声が聞こえてきた。誰かが「俺も！」と言ったのを引き金に、教室がざわつきはじめた。

俺は、斜め前の華奢《きゃしゃ》な背中を見た。

夕花は机に覆《おお》いかぶさるようにしてノートを取っていた。台風の話題にざわつくクラスメイトとは、まったく別の世界にいるような背中だった。

無になろう、存在を消そう、誰にも気づかれないよう、息を止めたままでいよう――、そんな、淋《さび》しい静けさを夕花は常にまとっていた。うちの店のカウンター席で幸せそうに「こども飯」を食べているときとは、まるで別人のような存在感だ。

ふと、表情のとぼしい幸太《こうた》〔＝夕花の弟〕の横顔が脳裏をよぎった。食べているところをたまたま俺に見られて、やたらと恨《うら》めしそうに頬《ほお》を歪《ゆが》めた石村の顔も思い出す。

偽善者のムスコ――。

毒を孕《はら》んだ言葉。その落書き。

思いだしたら、俺の胃のなかで、嫌な熱がとぐろを巻きはじめた。

3 この感じは、やっぱり「怒り」だよな――。

俺は確信した。というか、認めた。

認めたら、なぜか「怒り」の理由が明確になった。

偽善者のムスコ――、このムスコという三文字がやたらと腹立たしい意味を持つということに気づいたのだ。つまり、俺はただのムスコであって、偽善者と罵られたのは父だ。

父が、クラスメイトたちの前で吊《つ》るし上げられたのだ。

俺はゆっくりと息を吸い、そして、嫌な熱を孕んだ息を吐《は》き出した。

低い空を流れてゆく黒雲から、ぱらぱらと大粒《おおつぶ》の雨滴《うてき》が落ちはじめき、さすがに俺は父と景子さんに訊《たず》ねた。

「こども飯、このまま続けて大丈夫なの？」

口にした言葉は質問形式だったけれど、俺は不平を込めた声のトーンで「もう、やめようよ」と伝えたつもりだった。だって、せっかく世のため人のため、自分を犠牲《ぎせい》にしてまで働いているのに、どこの誰かも分からないような奴《やつ》らから罵《ののし》られるなんて、あまりにも割りが合わないではないか。

すると景子さんは、いつものように軽《かろ》やかな微笑《ほほえ》みを俺に向けた。

「心也くんは、気にしなくていいよ。大丈夫だから。ね？」

語尾《ごび》の「ね？」は、父に向けられたものだった。

それを受けた父は、やっぱり父らしく、厨房《ちゅうぼう》でニヤリと悪戯坊主《いたずらぼうず》みたいに笑うのだった。

「もちろん大丈夫だ。つーか、匿名でしか文句を言えねえようなチンケな連中に、俺の人生を変えられてたまるかってーの」

そんな感じで大人たちは「大丈夫だ」と言い張った。

でも、「偽善者」という三文字には、ある種の「毒」が含《ふく》まれていた。「毒」だから、それを浴《あ》びせられるたびに、俺の心はじくじくと膿《う》んで痛んだし、しかも、その「毒」は時間とともに薄れはしても、決して消えることがなかった。常に心のどこかに残り続けるのだ。とりわけ今回の落書きの「毒」は強烈だった。なにしろクラスのみんなに見られてしまったのだ。これまでのように電話や手紙を使って、こっそり個人的に攻撃《こうげき》されるのとはワケが違《ちが》う。

職員室に向かって歩きながら、俺は自分の足が地についていないことをはっきりと自覚していた。自分でも思いがけないくらいに動揺しているらしい。

渡り廊下を抜けて、隣の校舎の階段を上った。

職員室の引き戸は開いていた。

なかを覗《のぞ》くと、奥の窓際《まどぎわ》の席にヤジさんがいて、何かしらの書類に目を通しているようだった。

「おう、風間か、どうした？」

ドアのそばにいた体育の岡田《おかだ》先生が、俺に気づいて声をかけてくれた。

「あ、ええと、矢島《やじま》先生に、ちょっとお願いがあって……」

「そうか。おーい、矢島先生」

岡田先生の太い声の呼びかけに、ヤジさんが書類から顔を上げた。

そして、すぐに俺の存在に気づいた。

「風間が用事があるそうですよ」

「おう、どうした？　入っていいぞ」

俺は小さく一礼をして、職員室のなかに入った。そして、ヤジさんの席まで行くと「えっと、シンナーってありますか？」と訊ねた。

「は？　シンナー？」

「はい」

「お前、シンナーなんて、何に使うんだ？」

怪訝《けげん》そうなヤジさんの顔に、俺は少し慌《あわ》ててしまった。

「えっ？　違いますよ。吸うわけじゃなくて――」

「馬鹿《ばか》。そんなこと、分かってるよ」

ヤジさんは吹《ふ》き出しながら言った。

「あ……、はい」

「で、何に使うんだ？」

「えっと、じつは――」

それから俺は、机の落書きについて、ありのままにしゃべった。ここでヤジさんに嘘《うそ》をついても仕方がないし、事実を伝えた方がシンナーを貸してもらえる確率も高いと思ったのだ。

俺の説明を聞き終えたヤジさんは、眉毛《まゆげ》をハの字にしてため息をつって見ていた。

俺の脳裏《のうり》には、石村《いしむら》とその取り巻きの顔がちらついていた。怒《いか》りなのか、悔《くや》しさなのか、恥《は》ずかしさなのか、自分でもよく分からないけれど、とにかく真っ黒でドロドロとした感情が肚《はら》のなかで渦《うず》巻いていることだけは分かった。

動揺《どうよう》を隠《かく》したくて、俺は指先でそっと落書きをこすりながら口を開いた。

「ふざけんなよ。これ油性じゃんか」

せっかく明るめの声で言ったのに、クラスメイトたちは、それぞれの顔を見合いながら押し黙っていた。

重めの沈黙《ちんもく》を破ってくれたのは、いつもはきはきしている女子バスケ部の才女、江南《えなみ》だった。

「それ、書いた犯人のことは誰《だれ》も見てないけど――、でも、みんな、石村くんじゃないかって……」

まあ、普通《ふつう》は、そう思うだろうな……。

俺は、それには答えず「ふう」と大きなため息をこぼすと、肩《かた》にかけていたカバンを床《ゆか》の上に置き、椅子《いす》に腰掛《こしか》けた。そして、筆箱から消しゴムを取り出し、落書きの上から力任せにこすってみた。でも、油性ペンで書かれた文字は、少し色が薄《うす》くなっただけで、ほとんど消えてくれなかった。

「消しゴムじゃ無理だよ、油性なんだから」江南が横から口を出してくる。「ねえ、風間《かざま》くん、職員室に行って、ヤジさんにシンナーと雑《ぞう》巾《きん》を借りてくれば？」

「おっ、それはグッドアイデア。なんなら俺、一緒《いっしょ》に行ってやろうか？」

目の奥《おく》に好奇心を光らせた青井が言う。

「大丈夫《だいじょうぶ》。俺、一人で行ってくるわ」

消しゴムを筆箱に戻《もど》し、俺はおもむろに立ち上がると、②ヤジウマたちを押しのけるようにして輪の外へと出た。

職員室に行くには、階段を降りて一階に行き、屋根付きの渡《わた》り廊下《ろうか》を通って、隣《となり》の校舎の二階に上がらなくてはいけない。

俺はぐらつく膝《ひざ》に注意しつつ、手すりにつかまって階段を降りはじめた。降りながら、ふと、昨日の石村の少し丸まった背中を思い出した。

「くそっ」

また、偽善者呼ばわりかよ――。

俺の人生のなかに「偽善者」という三文字が放《ほう》り込《こ》まれるようになったのは、父が「こども飯」サービスをはじめた三年ほど前からだった。といっても、そのほとんどは俺個人への批判としてではなく、いつも『大衆食堂かざま』か、その店主である父に向けて放たれた三文字だった。

正直、店にかかってきた電話にたまたま俺が出たら、いきなり「この偽善者ヤロー」と怒鳴《どな》られて通話を切られたこともあるし、あるときは、ポストに投函《とうかん》されていた紙切れを手にしたら、そこにボールペンで「偽善者！」と書かれていたこともある。中学一年生になったばかりの頃《ころ》、クラスで最初に仲良くなった友人に「お前んち、偽善者の店って言われてるらしいぞ。知ってた？」と言われたときは、1さすがにこたえた。

父も景子《けいこ》さん〔＝従業員〕も、「こども飯」というサービスが匿名《とくめい》の人間から批判の対象になっているという事実を俺には知られたくなかったようだけれど、でも、噂《うわさ》は勝手に俺の耳に入ってくるし、目の前で店の電話が鳴れば出てしまうし、新聞を取るついでにポストの中身を手にしてしまう。そもそも俺に隠すなんて無理な話なのだ。

ポストに投函されていた二度目の「偽善者」と出会ってしまったと

二〇二二年度　開成中学校

【国語】〈五〇分〉〈満点：八五点〉

次の文章は、森沢明夫『おいしくて泣くとき』の一節です。これを読み、後の問いに答えなさい。ただし、【　】は省略した部分の説明、〔＝　〕は出題者による注です。

【中学三年生の心也《しんや》(俺《おれ》)と夕花《ゆうか》は、幼なじみであり、クラスメイトでもあります。クラスの話し合いで、なかば強引《ごういん》に学級新聞を制作する係を押《お》し付けられた二人は、自分たちに「ひま部」と名づけ、活動を始めました。】

夕花にボタンを付けてもらった翌日は、朝から抜《ぬ》けるような青空が広がり、東の空にマッチョな入道雲が湧《わ》き立っていた。蝉《せみ》たちも無駄《むだ》に元気で、登校時間の気温はすでに三〇度を超《こ》えていた。でも、今朝のテレビの天気予報によると、これからどんどん空模様は変わっていき、午後になると台風の影響《えいきょう》が出はじめるらしい。

真夏のまぶしい朝日のなか、俺は通学路の坂道を登り、校門を通り抜けた。汗《あせ》ばんだ背中にワイシャツがぺったりと張り付く。体育館の前を過ぎ、昨日、夕花が俺を見下ろしていた教室のベランダを見上げた。そこには声を上げてふざけあう三人の男子のクラスメイトたちの姿があった。

昇降口《しょうこうぐち》に入ると、少しホッとした。強烈《きょうれつ》な日差しから逃《のが》れられたからだ。スニーカーから上履《うわば》きに履《は》き替《か》えるとき、俺はちらりと夕花の下駄箱《げたばこ》を見た。ひとつだけ扉《とびら》が凹《へこ》んでいるから、見つけるのがとても簡単な下駄箱だった。

上履きに履き替えた俺は、階段を上り、いつものように教室に入った。

その「異変」に気づいたのは、親しい友人たちに「おーっす」と手を挙げながら自分の席に向かおうとしたときのことだった。どういうわけか俺の席の周りに数人のクラスメイトたちが集まっていて、机を見下ろしていたのだ。

夕花は、その輪には加わらず、斜《なな》め前の自分の席で静かに本を読んでいた。へたに後ろを振《ふ》り向《む》いて余計なことを言ったりしたら、それがまたいじめの火種になるということを夕花はよく知っているのだ。

俺は嫌《いや》な予感を抱《いだ》きながら、彼《かれ》らの輪に近づいていった。

「あ……」

最初に俺に気づいたのは、サッカー部のお調子者、青井《あおい》だった。その青井の様子に気づいた他のクラスメイトたちが、一斉《いっせい》にこちらを振り向いた。

微妙《びみょう》な緊張《きんちょう》と好奇《こうき》が入り混じったいくつもの顔。

「お前ら、何してんの？」

①ヘイセイを装《よそお》いながら、俺は、みんなが見下ろしていた自分の机を見た。

嫌な予感はハズレた。より、悪い方に。

俺の机の天板に、太い油性ペンで落書きがされていたのだ。

偽善者《ぎぜんしゃ》のムスコ

いかにも頭の悪そうな汚《きたな》い文字《もじ》で、でかでかと、そう書かれていた。

「………」

一瞬《いっしゅん》、言葉を失ってしまった俺を、周囲のクラスメイトたちが黙《だま》

2022年度
開成中学校 ▶解説と解答

算数 (60分) ＜満点：85点＞

解答

1 (1) $1\frac{3}{8}$ (2) 5 (3) 999通り (4) ① 4.9298倍 ② 54.9度 2 (1) **体積の比** 7：37 **表面積の比** 11：39 (2) **体積の比** 5：11 **表面積の比** 4：7 3 (1) 7か所，2種類 (2) (ア) 解説の図②を参照のこと。 (イ) 8種類 (ウ) 102種類 (3) (ア) 解説の図⑤を参照のこと。 (イ) 17種類 (ウ) 577種類 4 (1) 1時$10\frac{10}{11}$分 (2) 1時$7\frac{21}{22}$分 (3) 6分40秒

解説

1 逆算，整数の性質，計算のくふう，場合の数，長さ，面積

(1) $5.05\times2.8=14.14$より，$2.02\div\left(\frac{2}{3}-\square\div2\frac{5}{8}\right)=14.14$，$\frac{2}{3}-\square\div2\frac{5}{8}=2.02\div14.14=\frac{202}{1414}=\frac{1}{7}$，$\square\div2\frac{5}{8}=\frac{2}{3}-\frac{1}{7}=\frac{14}{21}-\frac{3}{21}=\frac{11}{21}$ よって，$\square=\frac{11}{21}\times2\frac{5}{8}=\frac{11}{21}\times\frac{21}{8}=\frac{11}{8}=1\frac{3}{8}$

(2) 9の倍数は，各位の数字の和が9の倍数になることを利用する。あたえられた5つの数の各位の数字の和はすべて，1＋2＋3＋4＋5＋6＋7＝(1＋7)×7÷2＝28だから，一の位の数字を1小さくすると，すべて9の倍数になる。つまり，下の図1のように表したとき，下線部分はすべて9の倍数になるので，9で割ったときの余りは5とわかる。

図1

1234567＋2345671＋3456712＋4567123＋5671234
＝(1234566＋1)＋(2345670＋1)＋(3456711＋1)＋(4567122＋1)＋(5671233＋1)
＝($\underline{1234566}$＋$\underline{2345670}$＋$\underline{3456711}$＋$\underline{4567122}$＋$\underline{5671233}$)＋5

(3) 4＝2×2だから，出た目をそれぞれ素数の積で表したときに2が2個以上あれば，出た目の積は4の倍数になる。よって，4の倍数にならないのは，右の図2の2つの場合がある。Ⅰの場合の目の出方は，3×3×3×3＝81(通り)ある。また，Ⅱの場合の目の出方は，1人の出し方が2通り，残りの3人の出し方が3通りずつある。さらに，2または6を出す1人の選び方が4通りあるので，全部で，(2×3×3×3)×4＝216(通り)とわかる。したがって，4の倍数にならない目の出方は全部で，81＋216＝297(通り)ある。また，すべての目の出方は1296通りあるから，4の倍数になる目の出方は，1296－297＝999(通り)と求められる。

図2

Ⅰ 4人とも奇数(1，3，5)を出す
Ⅱ 1人だけが2または6を出し，残りの3人が奇数(1，3，5)を出す

(4) ① ロープの長さは，ABを直径とする円周の長さの半分なので，10×2×3.14÷2＝10×3.14(m)である。これが㋑の半径にあたるから，㋑の面積は，(10×3.14)×(10×3.14)×3.14÷2＝50×3.14×3.14×3.14(m^2)と表すことができる。さらに，ABを直径とする円の面積は，10×10×3.14

$=100\times3.14(m^2)$なので，①の面積はABを直径とする円の面積の，$(50\times3.14\times3.14\times3.14)\div(100\times3.14)=\dfrac{50\times3.14\times3.14\times3.14}{100\times3.14}=\dfrac{3.14\times3.14}{2}=4.9298$(倍)と求められる。　② TPの長さと弧《こ》TBの長さは同じである。よって，弧ABの長さ(ロープの長さ)と弧TBの長さの比は，$(10\times3.14):9.577=31.4:9.577=200:61$なので，弧ABと弧TBに対する中心角の比も200：61になる。したがって，角オの大きさは，$180\times\dfrac{61}{200}=54.9$(度)とわかる。

$\boxed{2}$ 立体図形―相似，体積，表面積

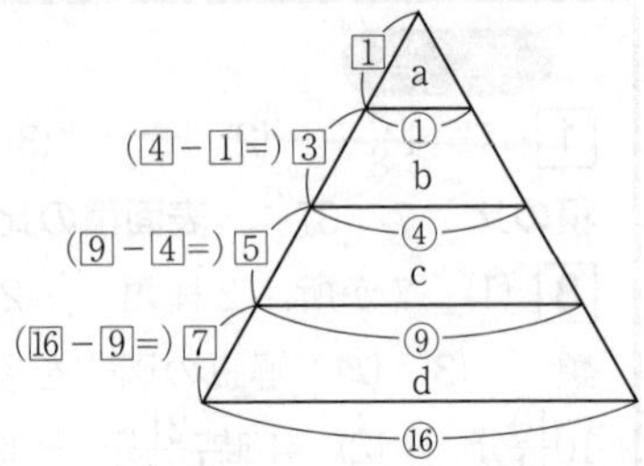

(1) 円すいａ，(ａとｂを合わせた円すい)，(ａとｂとｃを合わせた円すい)，(ａとｂとｃとｄを合わせた円すい)は相似になる。ここで，相似比は１：２：３：４だから，体積の比は，(１×１×１)：(２×２×２)：(３×３×３)：(４×４×４)＝１：８：27：64とわかる。よって，ａの体積を１とすると，ｂ，ｃ，ｄの体積はそれぞれ，８－１＝７，27－８＝19，64－27＝37となるので，ｂとｄの体積の比は7：37とわかる。次に，底面積と側面積の比はどちらも，(１×１)：(２×２)：(３×３)：(４×４)＝１：４：９：16だから，ａの底面積を①，ａの側面積を$\boxed{1}$とすると，各部分の面積は右上の図のようになる。よって，ｂの表面積は，①＋④＋$\boxed{3}$＝⑤＋$\boxed{3}$，ｄの表面積は，⑨＋⑯＋$\boxed{7}$＝㉕＋$\boxed{7}$と表すことができる。さらに，ａの底面の半径は，４÷４＝１(cm)なので，①にあたる面積は，１×１×3.14＝１×3.14(cm^2)，$\boxed{1}$にあたる面積は，２×１×3.14＝２×3.14(cm^2)となる。したがって，ｂとｄの表面積の比は，(１×3.14×５＋２×3.14×３)：(１×3.14×25＋２×3.14×７)＝(５＋６)：(25＋14)＝11：39と求められる。

(2) ａ，ｂ，ｃ，ｄの体積の比は１：７：19：37だから，立体Ｘと立体Ｙの体積の比は，(１＋19)：(７＋37)＝５：11となる。また，立体Ｘの表面積は，(④－①)＋⑨＋$\boxed{1}$＋$\boxed{5}$＝⑫＋$\boxed{6}$，立体Ｙの表面積は，①＋(⑨－④)＋⑯＋$\boxed{3}$＋$\boxed{7}$＝㉒＋$\boxed{10}$と表すことができるので，立体Ｘと立体Ｙの表面積の比は，(１×3.14×12＋２×3.14×６)：(１×3.14×22＋２×3.14×10)＝(12＋12)：(22＋20)＝４：７と求められる。

$\boxed{3}$ 場合の数，条件の整理

(1) １列目から７列目までを，隣《とな》り合わないように１マスずつぬりつぶすことができるから，最大で７か所ぬりつぶすことができる。また，下の図①のように２種類の暗号ができる。

図①

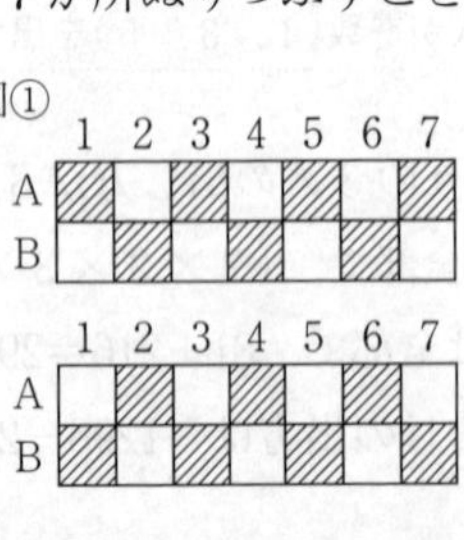

図②

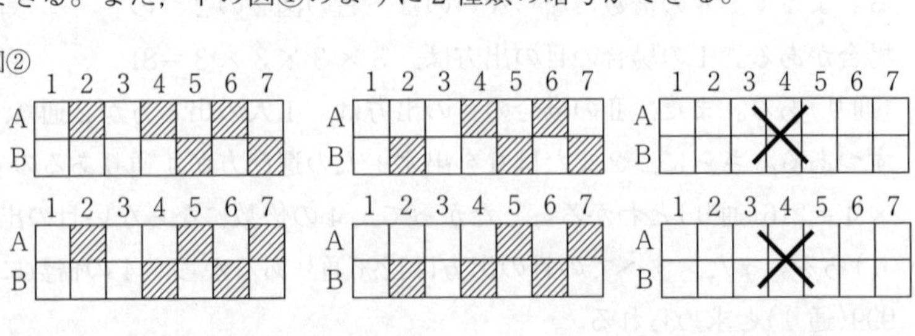

(2) (ア) １列目と３列目を除いた５つの列を，１マスずつぬりつぶすことになる。２列目は，Ａの段をぬりつぶす場合とＢの段をぬりつぶす場合の２通りある。どちらの場合も，４列目～７列目のぬりつぶし方が２通りずつあるので，上の図②のようになる。　(イ) 下の図③で，１列目と２列目に１マスずつ，４列目に１マス，６列目と７列目に１マスずつぬりつぶすことになる。太線部分

のそれぞれに2通りのぬりつぶし方があるから，全部で，$2\times2\times2=8$(種類)とわかる。　(ウ) 2つの列はぬりつぶさず，残りの5つの列は1マスずつぬりつぶすことになる。このとき，ぬりつぶす5つの列のまとまり方で場合分けをすると，下の図④の5つの場合に分かれる。ここで，太線部分の列の数を組にして表すと，Ⅰ～Ⅴはそれぞれ(5)，(1，4)，(2，3)，(1，1，3)，(1，2，2)となる。Ⅰの場合，太線部分のぬりつぶし方が2通りあり，さらに5列のまとまりの位置が3通りあるので，$2\times3=6$(種類)の暗号ができる。また，ⅡとⅢの場合，太線部分のぬりつぶし方が，$2\times2=4$(通り)あり，(1，4)や(2，3)の列のまとまりの位置が6通りずつあるから，それぞれ，$4\times6=24$(種類)の暗号ができる。同様に考えると，ⅣとⅤの場合はそれぞれ，$(2\times2\times2)\times3=24$(種類)となる。よって，全部で，$6+24\times4=102$(種類)と求められる。

図③

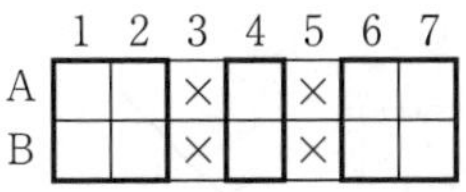

図④

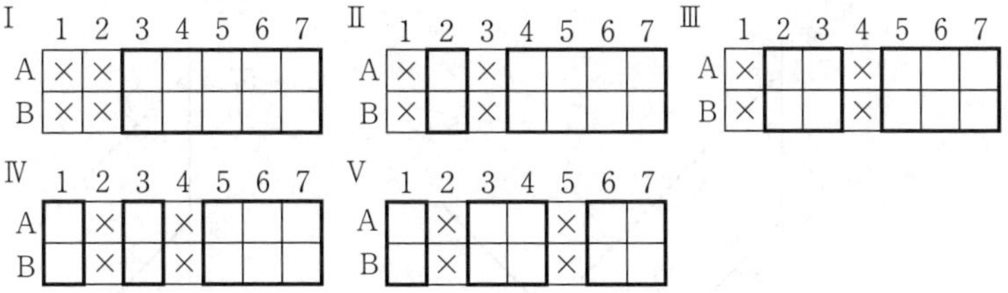

(3)　(ア)　1列目をぬりつぶさない場合，2列目のぬりつぶし方は2通りある。同様に，1列目のAをぬりつぶす場合と1列目のBをぬりつぶす場合も，それぞれ2列目のぬりつぶし方が2通りずつある。よって，右の図⑤のようになる。　(イ)　N列目に1列追加することを考える。右下の図⑥のように，N列目がぬりつぶされていない場合，$(N+1)$列目には3通りの追加の仕方がある。また，右下の図⑦のように，N列目のどちらかがぬりつぶされている場合，$(N+1)$列目には2通りの追加の仕方がある。よって，$(N+1)$列目がぬりつぶされていない暗号(☆)の数は，N列の暗号の数の合計と等しくなり，$(N+1)$列目がぬりつぶされている暗号(★)の数は，N列目がぬりつぶされていない暗号の数の2倍と，N列目がぬりつぶされている暗号の数の和と等しくなることがわかる。したがって，下の図⑧のようになるから，3列のときにできる暗号の数は17種類である。　(ウ)　図⑧から，7列のときにできる暗号の数は577種類とわかる。

図⑤

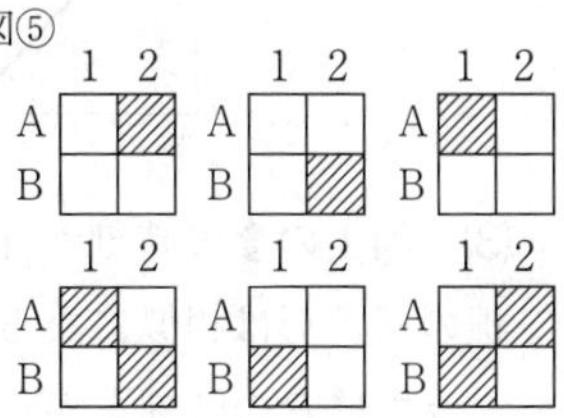

図⑥

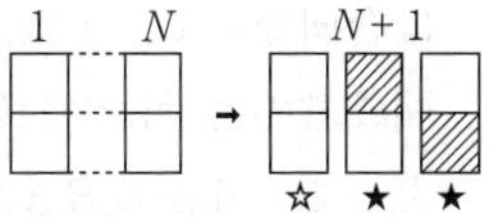

図⑦

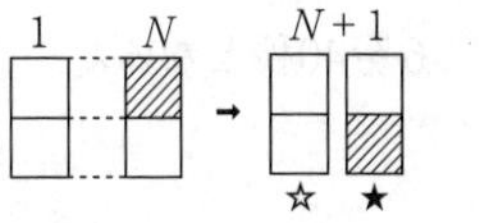

図⑧

N	1	2	3	4	5	6	7
N列目がぬりつぶされていないもの(種類)	1	3	7	17	41	99	239
N列目がぬりつぶされているもの　(種類)	2	$1\times2+2=4$	$3\times2+4=10$	24	58	140	338
合計　(種類)	3	7	17	41	99	239	577

4 時計算

(1)　正しい時刻で1時のとき，開成君の時計の長針は「11」，正しい時計の短針は「1」を指しているから，このときの2つの針の間の角の大きさは，$360\div12\times2=60$(度)である。この後，長針は1分間に，$360\div60=6$(度)，短針は1分間に，$360\div12\div60=0.5$(度)の割合で動くので，2つの針の間の角の大きさは1分間に，$6-0.5=5.5$(度)の割合で小さくなる。よって，開成君の時計の長針が正しい時計の短針に追いつくのは，$60\div5.5=10\frac{10}{11}$(分後)だから，正しい時刻で１時$10\frac{10}{11}$分とわかる。

(2)　正しい時計が１時を指しているとき，開成君の時計は12時55分を指している。12時から12時55分までの間に，長針は短針よりも，$5.5\times55=302.5$(度)多く動くので，正しい時計が１時を指しているときの開成君の時計の両針の間の角度(b)は，$360-302.5=57.5$(度)とわかる。よって，aとbの変化のようすをグラフに表すと，下の図１のようになる。図１から，aとbが等しくなるのは，１時からaとbが合わせて，$30+57.5=87.5$(度)変化したときとわかる。また，aとbはどちらも１分間に5.5度の割合で変化するから，aとbが等しくなるのは，$87.5\div(5.5+5.5)=7\frac{21}{22}$(分後)と求められる。したがって，正しい時刻で１時$7\frac{21}{22}$分である。

図１
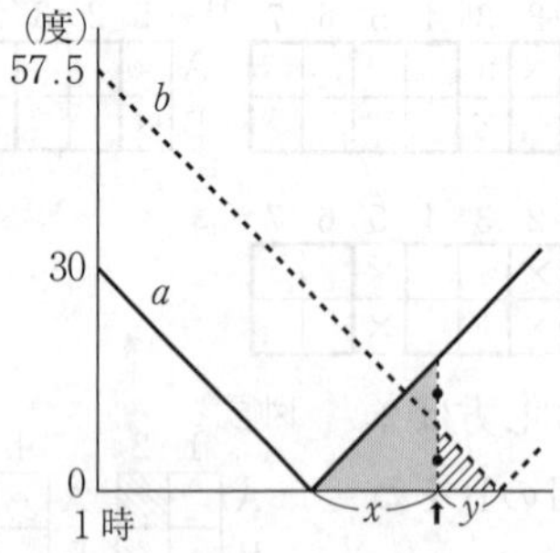

図２
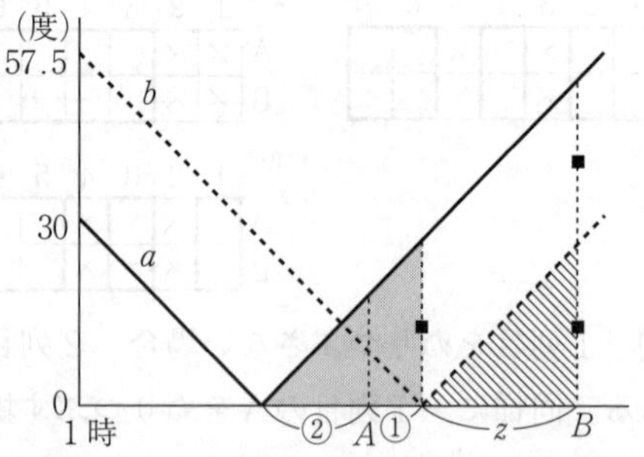

(3)　図１の⬆の時刻がAである。ここで，aとbの傾《かたむ》きは同じなので，図１のかげの三角形と斜《しゃ》線《せん》の三角形は相似になる。このとき，相似比は２：１だから，xとyの比も２：１とわかる。また，グラフにBの時刻をかき入れると，上の図２のようになる。図２で，かげの三角形と斜線の三角形は合同なので，zは，②＋①＝③となり，AからBまでの時間は，①＋③＝④とわかる。さらに，開成君の時計はつねに正しい時計より５分遅《おく》れているから，②＋①＝③にあたる時間は５分である。よって，AからBまでの時間は，$5\times\frac{4}{3}=6\frac{2}{3}$(分)と求められる。これは，$60\times\frac{2}{3}=40$(秒)より，６分40秒となる。

社　会　(40分)　<満点：70点>

解　答

[1]　**問１**　**1**　光明(皇后)　**2**　栄西　**3**　大友　**4**　解体新書　**5**　破傷風　**6**　野口英世　**問２**　(1)　白村(江)　(2)　ウ　**問３**　ア　**問４**　校倉造　**問５**　唐招提寺　**問６**　宇治(市)　**問７**　ウ　**問８**　(1)　北条政子　(2)　イ　**問９**　ア　**問10**　滋賀県　**問11**　カ　**問12**　エ　**問13**　ウ　**問14**　台所　**問15**　(1)　福沢諭吉　(2)　学問ノスヽメ(学問のすすめ)　**問16**　ア　**問17**　五・一五事件　[2]　**問１**　ウ　**問２**　ア　**問３**　エ　**問４**　⑦　**問５**　**1**　隠岐　**3**　能登　**問６**　カ⑥　**問７**　(1)　し　(2)　(例)　水田を増やし，米の増産をはかること。　(3)　干拓　(4)　秋田県　**問８**　ア，イ，エ　**問９**　(1)　(例)　各月の平均気温が上昇した。　(2)　(新，旧の順に)　**東京**…エ，ウ　**仙台**…ア，イ　**問10**　(1)　ウ→ア→イ　(2)　ア　**問11**　エ　**問12**　ウ　**問13**　イ

問14　ウ　　[3] 問1　(1)　イ　　(2)　エ　　問2　(1)　オ　　(2)　経済協力開発機構　　(3)　ア　　(4)　イ　　(5)　A　水銀　　B　熊本(県)　　問3　(1)　グーグル　　(2)　デジタル(課税)　　問4　(1)　ウ　　(2)　ア　　問5　ウ　　問6　エ　　問7　(1)　C　世界人権宣言　D　国際人権規約　　(2)　E　圧迫　　F　欠乏　　問8　(例)　(母親は)仕事よりも家事や育児を優先すべきである(というアンコンシャス・バイアス)

解　説

[1] 各時代の歴史的なことがらについての問題

問1　1　光明《こうみょう》皇后は藤原不比等《ふひと》の娘で，臣下として初めて皇后となった。皇后は仏教を厚く信仰したことで知られ，貧しくて生活に困る人々や病人，孤児《こじ》を収容・救済する施設である悲田院や，貧しい病人に薬を与えて治療《ちりょう》する施設の施薬《せやく》院などを設けた。　2　栄西は宋(中国)で学び，日本に臨済宗を伝えた。宋から茶の種を持ち帰り，茶の効能を説いた『喫茶養生記《きっさようじょうき》』をあらわすなどして日本に茶の栽培を広めたことでも知られる。　3　戦国時代，豊後《ぶんご》(大分県の大部分を占《し》める地域)は大友氏が支配していた。キリシタン大名となった大友義鎮《よししげ》(宗麟《そうりん》)は，1582年に同じキリシタン大名の有馬晴信，大村純忠《すみただ》とともに，4名の天正少年遣欧使節をローマに派遣した。　4　江戸時代半ば，前野良沢《りょうたく》や杉田玄白《げんぱく》らはオランダ語の医学解剖《かいぼう》書『ターヘル・アナトミア』を苦心の末に翻訳《ほんやく》し，1774年に『解体新書』として出版した。　5　北里柴三郎《しばさぶろう》は明治時代半ばにドイツに留学し，コッホのもとで細菌《さいきん》学を研究していたとき，破傷風菌の純粋培養《じゅんすいばいよう》に成功し，破傷風の血清療法の開発に大きく貢献《こうけん》した。破傷風は破傷風菌による感染症《しょう》の一種で，全身の痙《けい》攣《れん》や呼吸困難などを引き起こし，重症の場合は死にいたる。現在は，一般にワクチンによって予防されている。　6　細菌学者の野口英世は，北里柴三郎が所長をつとめる伝染病研究所で学んだあと，渡米してアメリカのロックフェラー研究所員として活躍《かつやく》した。その後，アフリカで黄熱病の研究中，自身も同病に感染して亡くなった。

問2　(1)　〔資料1〕は，663年に起きた白村江《はくすきのえ》の戦いについての記述である。　(2)　660年，唐(中国)の支援を受けた新羅《しらぎ》が百済《くだら》を滅《ほろ》ぼすと，日本の朝廷は百済側の要請《ようせい》に応じて水軍を派遣したが，663年の白村江の戦いで唐と新羅の連合軍に大敗した。なお，アについて，当時の日本は中大《なかのおお》兄《えの》皇子が政治を行っていた。イについて，当時は火薬兵器はまだ発明されていなかった。エについて，広開土王(好太王)の碑《ひ》は，4世紀末から5世紀初めに高句麗《こうくり》を治め，倭《わ》(日本)の軍をやぶったとされる広開土王の業績をたたえたものである。

問3　630年に第1回遣唐使として派遣されたのは，犬上御田鍬《いぬがみのみたすき》である。小野妹子《おののいもこ》は，遣隋使として607年と608年の2度，隋(中国)にわたった。

問4　校倉《あぜくら》造は，断面が台形や四角形，または三角形の木材を，上から見て井の字形になるように組み立てて外壁とした建築様式で，正倉院はその代表的な建物として知られる。

問5　唐招提寺は奈良市にある律宗の総本山で，奈良時代に来日した唐の高僧・鑑真《がんじん》が759年に平城京内に建てた。

問6　平等院は，藤原頼通《よりみち》が父の道長からゆずられた宇治の別荘を寺院としたもので，鳳凰《ほうおう》堂は阿《あ》弥陀《みだ》仏を安置するために築かれた。現在の京都府宇治市にある。

問7　臨済宗は禅宗の一派なので，ウがあてはまる。アは法然《ほうねん》の開いた浄土《じょうど》宗や親鸞《しんらん》の開いた浄土真宗など，イは日蓮《にちれん》の開いた日蓮宗(法華《ほっけ》宗)，エは空海の開いた真言宗にあてはまる。

問8 〔資料2〕は，後鳥羽《ごとば》上皇が政治の実権を朝廷の手にとりもどそうとして，1221年に承久《じょうきゅう》の乱を起こしたさい，源頼朝の妻であった北条政子が御家人たちの前で行ったとされる演説の内容である。御家人たちの間で朝廷を敵とすることに動揺《どうよう》が広がるなか，政子は亡き頼朝の御恩を説き，団結して戦うよう訴《うった》えた。

問9 室町時代に起源を持つ西陣織や博多織は，絹織物である。

問10 戦国時代に鉄砲の一大生産地として知られた国友は琵琶湖東岸にあり，現在の滋賀県長浜市国友町にあたる。織田信長や豊臣秀吉もここに大量の鉄砲を発注しており，江戸時代には幕府の統治下に置かれた。

問11 aは水野忠邦《ただくに》の天保の改革(1841～43年)，bは松平定信の寛政の改革(1787～93年)，cは徳川吉宗の享保《きょうほう》の改革(1716～45年)にあてはまる。

問12 千住宿は，日本橋を起点とする日光街道(日光道中)と奥州街道(奥州道中)の最初の宿場であった。東海道の品川宿，甲州街道(甲州道中)の内藤新宿，中山道の板橋宿とともに江戸四宿《ししゅく》とよばれ，江戸の出入り口として栄えた。

問13 1823年に長崎出島のオランダ商館医として来日したシーボルトは，長崎郊外の鳴滝に診療《しんりょう》所兼《けん》学問所を設け，日本人の弟子たちに西洋医学や自然科学などを教えた。鳴滝塾とよばれたこの私塾では，高野長英や，のちに佐賀藩の藩医となり，江戸に種痘《しゅとう》所を設立するなど種痘の普及《ふきゅう》に力をつくした伊東玄朴《げんぼく》らの人材が育っている。なお，アは吉田松陰が長州藩(山口県)の若者を教育したことで知られる萩《はぎ》の私塾，イは江戸時代後期の儒学《じゅがく》者広瀬淡窓《たんそう》が豊後の日田に開いた私塾，エは大塩平八郎が役人を辞めたあと，門弟に陽明学を教えた私塾。

問14 江戸時代，商業の中心地として栄えた大坂(大阪)は，蔵米《くらまい》など全国の産物の集散地であったことから「天下の台所」とよばれた。

問15 (1) 「適塾」や「中津の蔵屋敷《やしき》」とあることから，福沢諭吉と判断できる。豊前中津藩(福岡県東部と大分県北部)の下級武士の子として大坂で生まれた諭吉は，成長して長崎や大坂の適塾で蘭学《らんがく》を学んだあと，江戸の中津藩中屋敷で私塾(のちの慶應義塾)を開いた。やがて，幕府の使節団に加わり咸臨《かんりん》丸でアメリカにわたるなど，3度も欧米諸国を回って西洋の知識を身につけ，明治維新後は思想家・教育者として活躍した。 (2) 「天は人の上に～」は諭吉の著書『学問ノスヽ(ス)メ』の最初の部分。1872～76年にかけて17編にわたり刊行されたこの本は，個人の自立や学問の重要性などを説き，大ベストセラーとなって人々に大きな影響を与えた。

問16 1875年の樺太《からふと》千島交換《こうかん》条約によって樺太がロシア領，千島列島全部が日本領とされた。また，1905年，日露戦争の講和条約であるポーツマス条約によって，南樺太が日本領となった。

問17 1932年5月15日，海軍の若手将校らが首相官邸《かんてい》をおそい，犬養毅《いぬかいつよし》首相を暗殺した。これを五・一五事件という。これにより8年間続いた政党内閣が崩壊《ほうかい》し，以後は役人や軍人を首相とする内閣が第二次世界大戦の終了まで続くこととなった。

2 2000年代以降のできごとなどを題材とした問題

問1 干支《えと》は正式には十干《じっかん》十二支といい，十干(甲乙丙丁《こうおつへいてい》など)と十二支(子丑寅卯《ねうしとらう》など)を用いた60の組み合わせからなる。歴史上のできごとの名称に十干十二支が用いられたものとしては，壬申の乱の「壬申」(じんしん…みずのえさる)や甲午農民戦争の「甲午」(こうご…きのえうま)などがあるが，ここではウで説明されている戊辰戦争の「戊辰」(ぼしん…つちのえたつ)があてはまる。なお，アは「承平《じょうへい》・天慶《てんぎょう》の乱」，イは「応仁の乱」について説明した文で，いずれも元号(年号)からつけられた。エは「西南戦争」についての説明で，これは東京から見て戦いが起こった場所の位置からつけられた名称である。

問2　十二支は方位にも用いられる。その場合，北を「子」として360度を十二等分するので，北東は「丑《うし》」と「寅《とら》」の中間ということになり，「丑寅」または「艮《うしとら》」と表される。同様に，南東は「辰巳《たつみ》」または「巽《たつみ》」，南西は「未申《ひつじさる》」または「坤《ひつじさる》」，北西は「戌亥《いぬい》」または「乾《いぬい》」と表される。

十二支と方位

問3　九州西部を東経130度，八郎潟や北海道の渡島《おしま》半島を東経140度の経線が通っているので，図１の縦線のうち，アとイの間の線が東経130度，カとキの間の線が東経140度の経線ということになる。したがって，日本の標準時子午線である東経135度の経線は，エの経度帯にあてはまる。この経線が通る兵庫県明石市が，大阪のすぐ西にあることも手がかりになる。

問4　大阪が⑥に，九州南部にある大隅半島が⑧に位置すること，福岡県や大分県と愛媛・高知・徳島の各県の大部分がほぼ同じ緯度帯に位置していることなどから，⑦があてはまると判断できる。

問5　**1**　ウ⑤は中国地方の沖合の日本海上にあたり，隠岐《おき》諸島(島根県)が位置している。　**3**　名古屋の位置がオ⑥になっていることから，その北にあたるオ⑤に位置する半島は能登半島だとわかる。

問6　伊豆諸島や小笠原《おがさわら》諸島などを除く東京都の大部分は，東経139度と140度の間，北緯35度30分と36度の間に位置している。したがって，カ⑥があてはまる。

問7　(1)　図３は男鹿《おが》半島を示したもので，ここまでにみた内容から，「し」と判断できる。
(2)　八郎潟は，1950～60年代にオランダの技術協力で行われた大規模な干拓工事により，湖の大部分が陸地化された。陸地化の最大の目的は，水田(耕地)を増やし，米の増産をはかることであった。しかし，1970年代以降に全国で進められた減反政策の影響により，八郎潟でも畑作への転換が進められた。　(3)　干拓は通常，沿岸部の干潟などに堤防を設け，内部の水を排水することで進められるが，八郎潟の場合は湖の中央部を囲むように堤防が築かれ，内部が陸地化された。　(4)　1964年，八郎潟干拓地に新しい自治体が設けられ，秋田県大潟村となった。

問8　ア　図１の右端の縦線は東経146度の経線で，日本の最東端に位置する南鳥島の経度は東経153度59分なので，図１の範囲《はんい》外である。　イ　朝鮮半島は，東経125度と東経130度の間にほぼ全域が収まる。図１の左端の縦線は東経128度の経線なので，図１には朝鮮半島がふくまれることになる。　ウ　図１の最上段の横線は北緯46度の緯線で，北海道北端(北方領土を除く)の稚内《わっかない》は北緯45度30分付近に位置しているので，その東側に広がるオホーツク海も図１にふくまれることになる。　エ　2011年に東日本大震災を引き起こした東北地方太平洋沖地震の震源地は，宮城県牡鹿《おしか》半島沖合の東経143度，北緯38度付近の海底なので，図１の範囲内である。

問9　(1)　近年は各地で最高気温が更新《こうしん》される事態が発生するなど，夏に猛烈《もうれつ》な暑さが続く年が多く，その一方で暖冬傾向《けいこう》が続き，積雪量が減少傾向にある地域も多い。そうしたことから，新しい平年値では，各月の平均気温が上昇している場合が多いと推測できる。　(2)　気温の数値から，アとイが仙台，ウとエが東京，オとカが宮崎と判断できる。また，それぞれ数値の高いほうが新平年値と考えられるので，ア，エ，オがそれぞれの新平年値ということになる。

問10 ⑴　アは1986年，イは1997年のできごと。ウはエネルギー革命が進んだ1960年代のことで，1962年には一次エネルギー供給で初めて石油が石炭を上回った。　⑵　日本政府が2018年７月に定めた「第５次エネルギー基本計画」では，2030年までに国内の電力構成を，火力(石油，石炭，天然ガスなどの化石燃料)56％，原子力20～22％，再生可能エネルギー22～24％とするとともに，省エネルギーをいっそう進めることで実質エネルギー効率を35％削減《さくげん》するという方針が示された。なお，2021年10月に閣議決定された「第６次エネルギー基本計画」では，近年の社会情勢の変化などもふまえ，火力(化石燃料)41％，原子力20～22％，再生可能エネルギー36～38％，水素・アンモニア１％と，数値目標が改められている。

問11　ア　弥彦《やひこ》山ロープウェイの山頂駅付近の標高は520m前後，山麓《さんろく》駅付近の標高は120m前後なので，標高差は約400mである。　イ　山頂の西側には道路が通っているが，山頂を通ってはいない。　ウ　弥彦村役場(◎)の最寄駅は「やはぎ(矢作)」駅である。　エ　「観音寺」の文字がある西側と東側に温泉の地図記号(♨)が見られる。

問12　斜線《しゃせん》の長方形の縦は約１cm，横は約0.5cmとなる。(地形図上の長さ)×(縮尺の分母)で実際の距離が求められるので，縦は，１×50000＝50000(cm)＝500(m)，横は，0.5×50000＝25000(cm)＝250(m)である。ここから，500×250＝125000(m^2)＝12.5(ha)となる。

問13　燕《つばめ》市では，金属加工業が地場産業となっている。特にナイフ，フォーク，スプーンなどの洋食器の生産がさかんで，海外にも多く輸出されている。燕の金属加工業は，江戸時代に始められた和釘《わくぎ》の生産から発展した。明治時代以降，和釘の生産は衰《おとろ》えたが，その技術を生かして銅器などの生産が行われるようになり，第二次世界大戦後は金属洋食器を中心としたステンレス製品の生産がさかんになった。

問14　妙高《みょうこう》市に多くのスキー場があることや，佐渡《さど》市にトキ保護センターがあり，中国から贈《おく》られたトキを繁殖《はんしょく》させ多くのトキが育っていることから判断できる。また，1989年に新潟市の新潟港からウラジオストクへの観光船が就航したことなどから，両市の交流が深まった。

3 国際社会における取り組みを題材とした問題

問１　⑴　Ｇ７は，サミット(主要国首脳会議)に参加しているアメリカ合衆国，イギリス，フランス，ドイツ，イタリア，カナダ，日本の７か国がふくまれる。サミットにロシアが参加していた1998～2013年の間はＧ８とよばれていた。　⑵　サミットは，1973年に起きた第一次オイルショック(石油危機)を受け，世界経済の立て直しについて話し合うことを目的として開催された。第１回の会議は1975年にフランスのランブイエで開かれ，以後，各国持ち回りの形で毎年開かれている。

問２　⑴　ａは佐藤栄作内閣のときの1965年に，ｂは福田赳夫《たけお》内閣のときの1978年に，ｃは吉田茂《しげる》内閣のときの1951年に結ばれた。　⑵　OECDは「経済協力開発機構」の略称で，先進国が経済協力や発展途上国への支援などについて協議するため，1961年に発足した。　⑶　アは1960年，イは1954年，ウは1972年，エは1956年のできごとである。　⑷　ア　公害対策基本法は1967年に制定され，1993年にはこれを発展させる形で環境基本法が制定された。　イ　全国各地で公害が大きな問題となるなか，1970年の国会は「水質汚濁《おだく》防止法」や「海洋汚染防止法」など，公害防止や環境保護のための法律が審議され，成立したことから，「公害国会」とよばれた。　ウ　1971年に発足した環境庁は，2001年の中央省庁再編にともない，環境省に格上げされた。　エ　大阪空港公害訴訟《そしょう》は，航空機の騒音《そうおん》や振動《しんどう》に苦しむ空港周辺の住民らによって，1969年に起こされた。1981年に出された最高裁判決では一部の賠償《ばいしょう》が認められただけで，夜間の飛行差し止めは認められなかった。また，原告側が求めた環境権についてはふれられず，認められなかった。

(5)　水俣《みなまた》病は，1950～60年代を中心に熊本県水俣市周辺で発生した。化学工場が海に流した廃水中の有機水銀(メチル水銀)が魚介《ぎょかい》類を通して人体に入ったことが原因で，裁判では国や企業の責任が確定している。なお，同様の公害が世界各地で発生していることから，2013年に熊本県で開かれた会議で，水銀や水銀を使用した製品の製造と輸出入を規制する「水銀に関する水俣条約」が調印され，2017年には同条約が発効した。

問3　(1)　GAFA(ガーファ)は，インターネットの検索《けんさく》エンジン・サービスの大手であるGoogle(グーグル)，オンラインショップのサイトを運営するAmazon(アマゾン)，SNS(ソーシャル・ネットワーキング・サービス)を運営するFacebook(フェイスブック)，パソコンと周辺機器，ソフトウェアの大手メーカーであるApple(アップル)の４社の頭文字を合わせたものである。いずれもアメリカに本社がある巨大IT企業で，現代の世界経済と社会に大きな影響力を持っている。

(2)　工場などの拠点《きょてん》を持たない企業にも課税できるようにするしくみは，広告や音楽配信などのデジタルサービスを行うIT企業などが対象となることから，デジタル課税とよばれる。

問4　(1)　アは1995年，イは1992年，ウは2001年，エは1993年のできごとである。　(2)　社会保障関係費は少子高齢化にともなって増大しており，国の歳出で最も大きな割合を占める。なお，イは公共事業費，ウは食料安定供給費，エは地方交付税交付金等。

問5　ア　参議院に解散はない。　イ　各省庁はそれぞれの予算案を財務省に提出するが，財務省が中心となって作成した予算案を国会に提出するのは内閣の仕事である。　ウ　内閣総理大臣は国会が指名し，天皇が任命する。　エ　内閣不信任案は，衆議院だけが決議できる。

問6　ア　1945年４月，連合国50か国の代表がサンフランシスコに集まって会議を開き，６月に国際連合憲章に調印した。同年10月，51か国が参加し，正式に国際連合が発足した。1951年のサンフランシスコ講和会議は，日本と連合国の間で開かれた第二次世界大戦の講和会議である。　イ　国際連合の本部は，アメリカ合衆国のニューヨークに置かれている。スイスのジュネーブには，国際連盟の本部が置かれていた。　ウ　安全保障理事会は，常任理事国５か国と非常任理事国10か国の計15か国で構成され，決議にはすべての常任理事国をふくむ９か国以上の賛成が必要である。

エ　2021年４月時点での国際連合の加盟国は，193か国であった。

問7　(1)　1948年，国際連合の総会において，国際社会における人権保障の基準を示すものとして世界人権宣言が採択《さいたく》された。1966年には，同宣言を条約化したものとして国際人権規約が国際連合の総会で採択された。　(2)　日本国憲法前文のうちの，平和主義の精神について述べた部分である。

問8　下線部のような言動は，女性が仕事で単身赴任《ふにん》するのは不自然なことで，女性が育児をするのが当たり前という意識から出たものと考えられる。つまり，女性に対して下線部のような言動をとる人は，過去の経験や社会の習慣などにもとづいて，「育児は母親がするもの」「女性は仕事よりも家事や育児を優先すべきである」という固定観念を無意識に持っており，そうした「思い込《こ》み」

こそがまさに「アンコンシャス・バイアス」といえる。

理 科 （40分）＜満点：70点＞

解 答

1 問1 ⑴ ウ ⑵ エ ⑶ ア 問2 135 問3 イ 問4 イ，エ，オ 問5 ⑴ ウ ⑵ ア ⑶ エ 問6 ⑴ ア ⑵ ア ⑶ ウ，エ 問7 ア

2 問1 42.3cm 問2 124.2cm 問3 44.4cm 問4 43.8cm 問5 49.6cm 問6 10cm

3 問1 （例） 加熱する 問2 ウ，オ 問3 二酸化炭素 問4 ア，オ 問5 イ 問6 一定不変の性質

4 問1 ア 問2 ウ 問3 ア 問4 イ 問5 イ 問6 月曜日

解 説

1 身近な植物についての問題

問1 ⑴ ナズナはアブラナ科の植物で，茎《くき》のもとに近い方につく花から順に咲《さ》く。先に咲いた花はハート型をした果実になる。 ⑵ シロツメクサはマメ科の植物で，地面近くをはうように茎をのばす。そこから，３枚のだ円形をした葉や，多数の白い小さな花がボール状になったものをつけた茎が立ち上がる。 ⑶ カラスノエンドウはマメ科の植物で，小さな葉が羽のように対になってならび，その葉のならびの先は枝分かれした巻きひげになっている。

問2 １番目の葉と同じ方向にのびている葉は９番目の葉で，２番目の葉と同じ方向にのびている葉は10番目の葉であるから，葉は８枚ごとに同じ方向にのびていることがわかる。１番目の葉から９番目の葉までに茎のまわりを時計回りに約３周していることから，メマツヨイグサは，時計回りにおよそ，360×３÷８＝135(度)回転したところに次の葉をつける。

問3 ホウセンカの茎の断面は，形成層が輪のようになっており，形成層をはさんで内側に道管，外側に師管がある。根から吸収した水は道管を通るので，着色された水にしばらく入れたあとにホウセンカの茎の断面を観察すると，イのように見える。

問4 ふつう植物の種子が発芽するには，水と空気(酸素)と適当な温度が必要である。なお，日光や肥料は，植物が成長していくために必要な条件である。

問5 ⑴ アサガオの３枚目の葉(本葉)はふつう，ウのように中央と左右にのびた形をしている。 ⑵ ホウセンカの３枚目の葉は，アのように細長い形で，ふちにぎざぎざがある。 ⑶ ヘチマの３枚目の葉は，エのように手のひらのように浅く裂《さ》けた形で，ふちがぎざぎざになっている。

問6 ⑴ アサガオの花には，がく，ろうと状になった花びら，おしべ，めしべがある。 ⑵ ホウセンカの花は，がく，花びら，おしべ，めしべがあり，ラッパのような形とよくいわれる。 ⑶ ヘチマの花は，おしべとめしべのうち，おしべしかないお花とめしべしかないめ花がある。どちらの花も，がくと花びらをもっている。

問7 虫媒花《ちゅうばいか》は，昆虫《こんちゅう》のからだにつくために毛や突起《とっき》があったりねばりけがあったりする花粉をつくるものが多い。また，においやみつを出したり，目立つ花びらをもったりすることで昆虫をおびき寄せる。なお，風媒花は大量の花粉をつくるものが多く，その花粉は風に飛びやすいように軽

くなっていることが多い。

2 風船ののびちぢみについての問題

問1　空気を入れなかった右側の部分は長さが変化しないので，$36\times\frac{1}{2}=18$(cm)である。また，膨《ふく》らませた後に空気を抜《ぬ》いた左側の部分の長さは，$48.6\times\frac{1}{2}=24.3$(cm)になる。よって，風船の長さは，$18+24.3=42.3$(cm)になっているとわかる。

問2　空気を移動させた直後，風船の膨らんでいる部分はもとの風船の$\frac{2}{3}$だから，その長さは，$162\times\frac{2}{3}=108$(cm)である。また，風船の空気を移動させると，空気が通過した真ん中のしぼんだ部分は，１度膨らんだ後に空気を抜いた状態になったので，その長さは，$48.6\times\frac{1}{3}=16.2$(cm)になる。よって，このときの風船の長さは，$108+16.2=124.2$(cm)になる。

問3　風船の真ん中の部分は空気を抜く前にドライヤーで温めているから，$36\times\frac{1}{3}=12$(cm)になり，風船の両端《はし》の膨らんだ部分は空気を抜くと，$48.6\times\frac{2}{3}=32.4$(cm)になる。よって，空気を抜いた後の風船の長さは，$12+32.4=44.4$(cm)と求められる。

問4　空気を入れていない部分は，冷やした後に室温に戻《もど》すと，もとの風船と同じ状態になることから，$36\times\frac{1}{2}=18$(cm)である。また，空気を入れた部分は，室温にした後に空気を抜いても長さが戻りきらないから，$51.6\times\frac{1}{2}=25.8$(cm)になる。よって，このときの風船の長さは，$18+25.8=43.8$(cm)になる。

問5　風船の左側の部分は空気を入れたまま冷凍《れいとう》庫で冷やされているので，室温にした後に空気を抜いても，長さが戻りきらないから，$51.6\times\frac{1}{3}=17.2$(cm)になる。また，真ん中の部分と右側の部分は室温の状態で，１度膨らんだ後に空気を抜いた状態になるので，$48.6\times\frac{2}{3}=32.4$(cm)である。よって，全体の長さは，$17.2+32.4=49.6$(cm)となる。

問6　風船Ａの膨らませた部分の長さを□cmとする。風船Ａと風船Ｂの空気を移動させ終わった後の状態を比べると，右の図のように，風船Ａと風船Ｂの右側にある★の部分の長さは同じになるから，★の部分より左側にある，風船Ａのしぼんだ部分と風船Ｂの空気が入っている部分の長さの差が，$111.6-80.1=31.5$(cm)とわかる。風船全部を膨らませたときの長さと，空気を抜いた後の風船の長さの比は，$162:48.6=10:3$であるから，その差は，比の，$10-3=7$となる。このことから，□は，$31.5\times\frac{10}{7}=45$(cm)とわかる。すると，もとの風船の長さと風船全部に空気を入れたときの長さの比は，$36:162=2:9$だから，風船Ａに初めに空気を入れた部分の長さは，$45\times\frac{2}{9}=10$(cm)と求められる。

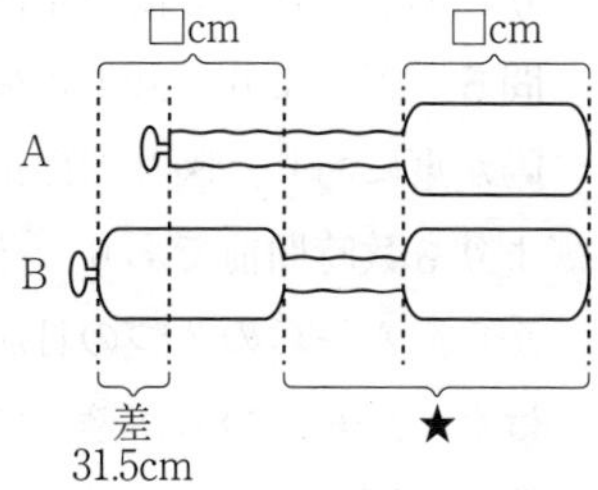

3 物質についての問題

問1　食塩水と炭酸水を熱して水を蒸発させると，食塩水にとけている食塩は結しょうになって残るが，炭酸水にとけている二酸化炭素はすべて蒸発するのであとに何も残らない。

問2　会話文中で，物の性質の中で変えることのできるものが可変の性質だと述べられている。たとえば，氷砂糖の体積は砕《くだ》き方によって大きくも小さくもできる。また，窓ガラスの表面温度は周りの温度によって変化する。

問3　石灰水を白くにごらせることから二酸化炭素である。石灰水に二酸化炭素をふきこむと，石灰水に含《ふく》まれる水酸化カルシウムと二酸化炭素が反応して，水にとけにくい炭酸カルシウムが生じて白くにごる。

問4，**問5**　先生は，まず何から物ができているかと考え，さらに砕いた場合にもそのままでいるかどうかを考えればよいと話している。ガラスや銀は砕いてもガラスや銀のままだからここでは物質と考えられるが，ペットボトルは砕いて形が変わるとペットボトルという名前ではなくなり，割りばしは砕くと木や竹になり，コップは砕くとガラスやプラスチックなどになるので，物質とはいえない。

問6　先生は，どんなものでも一定の物質は「一定不変の性質」をもっていて，この「一定不変の性質」をもっているものには，その物質の名前があたえられるといっている。

4　気象についての総合問題

問1　砂は水よりも温まりやすく冷めやすいので，雲がなく晴れた日には，最高温度は砂浜の方が海水よりも大幅《はば》に高くなる。

問2　晴れた日の昼間は，海の温度よりも陸の温度の方が高くなるため，陸では地面の熱であたためられた空気が上昇《じょうしょう》して気圧が低くなり，海から陸に向かって海風がふく。夜間は逆に陸の温度よりも海の温度の方が高くなって海上の空気が上昇して気圧が低くなり，陸から海に向かって陸風がふく。また，図2より，陸と海での温度差は昼間の方が大きいので，海風の方が陸風より強い。

問3　右手の方角が北だから，影《かげ》ができている自分の前方は西の方角になる。すると，太陽は東の方角にあることがわかる。よって，調べた時刻として8時が選べる。

問4　家の前の道を進むときに太陽が自分の正面に見えているので，東に進んでいることがわかる。その後，1つ目の交差点を曲がると方位磁針の針は反時計回りに90度回転したので，自分は時計回りに90度回転して南を正面にし，砂浜まで向かっている。

問5　図2より，砂浜の最高温度が40℃近いことから3月と12月ではない。問3より，8時には太陽が東にあり，図2で砂浜の温度が最低になっているのは5時ごろであることから，日の出は8時よりも数時間前であり，そのときの太陽の位置は真東よりも北寄りであると考えられる。このことから，A～Cの3つの日記が書かれた時期は，日の出のときに太陽がおよそ真東からのぼる9月ではなく，6月の方が適している。

問6　図2から，Aは1日中晴れているとわかるので月曜日か金曜日である。また，Bは8時に晴れているので月曜日か水曜日か金曜日である。Cは午後5時(17時)ごろに雨が降っているから火曜日か土曜日である。さらに，A～Cは連続した3日間だからAは月曜日，Cは火曜日，Bは水曜日であるとわかる。

国語　(50分) <満点：85点>

解答

問1　下記を参照のこと。　**問2**　(例)　友人から直接聞いたことで，父親の店へ向けられた，匿名の人間による「偽善者」という評判が広まっているのを痛感したから。　**問3**　(例)

「偽善者」という言葉に納得したような態度を取ったヤジさんに苛立ち，失望している。　**問4**　（例）　顔も見せないひきょう者が，善意の行いを続ける父を「偽善者」としてクラスメイトたちの前にさらしたこと。　**問5**　（例）　父の店や，「こども飯」を利用する石村や夕花に向けられた悪意に心を痛めていた自分こそ，深く傷ついていたことに気づき，あきれている。　**問6**　（例）「こども飯」の存続を決めるのは，「俺」をふくめた父の「自分の意思」と知り愛情を感じているが，それがわかるまで気持ちがゆさぶられたようで，反発している。

●漢字の書き取り

問1　①　平静　②　野次馬　③　満面　④　筋骨

解　説

出典は森沢明夫《もりさわあきお》の『おいしくて泣くとき』による。「偽善《ぎぜん》者のムスコ」と落書きされた机を目のあたりにした心也《しんや》(俺《おれ》)は，「こども飯」のサービスをはじめた父や，利用者である幼なじみの夕花《ゆうか》，隣《となり》のクラスの石村《いしむら》に思いをはせ，心を痛める。

問1　①　静かで落ち着いたようす。　②　自分と無関係なのに興味本位で見物したり，無責任に騒《さわ》ぎ立てたりする人々。「弥次馬」とも書く。　③　顔全体。「満面の笑《え》み」で，心からうれしいようすを表す。　④　筋肉と骨格，体つき。「筋骨隆々《りゅうりゅう》」で，体つきがたくましいようす。

問2　「こども飯」というサービスを始めた三年ほど前から，父が店主を務める「大衆食堂かざま」には「偽善者」と罵《ののし》る匿名《とくめい》の電話や中傷の紙切れが投函《とうかん》されるできごとが相次いでいた。「こっそり個人的に攻撃《こうげき》され」ているうちはまだ耐《た》えられていたものの，中学一年生となり，「クラスで最初に仲良くなった友人」から自分の家が「偽善者の店」だという評判が立っているらしいと聞かされたときには，思っていた以上に悪評が広まっている現実を思い知らされ，心也はさすがに「こたえた」のだろうと考えられる。なお，「こたえる」は，“強く衝撃《しょうげき》を受ける”という意味。「偽善」は，見せかけの善行のことをいい，「こども飯」のサービスに対する嫌《いや》がらせの言葉である。

問3　「偽善者のムスコ」という落書きを見たことで，自分の中に「真っ黒でドロドロとした感情」が渦巻《うずま》くのを認めた心也は，激しく動揺《どうよう》しながらも平静を装い，ヤジさんに事実を伝えている。しかし，「偽善者か……。なるほど」と，あたかも理解を示すような態度を見せられたことで，心也は今までヤジさんに抱《いだ》いていた「好感」が失望に変わり，苛立《いらだ》ちさえ覚えたのである。これをもとに，「『偽善者』という言葉を否定してくれなかったヤジさんに失望し，苛立っている」のようにまとめる。

問4　続く部分で心也は，落書きに込められた悪意が自分ではなく父に向けられたものであると気づき，「クラスメイトたちの前で」父を「吊るし上げ」た者に対し憤《いきどお》りを覚えている。「世のため人のため」に尽《つ》くす父へ思いを寄せることなく，ただ乱暴な言葉をぶつける，無責任で身勝手なひきょう者の行為《こうい》を，心也はどうしても許せなかったのである。これをもとに，「『こども飯』をがんばって提供している父親が，クラスメイトの目にふれるやり方で偽善者と罵られたこと」，あるいは「貧困に手を伸《の》べる父を，心也の机に落書きするという方法でクラスメイトたちの前にさらし，なぶったこと」のようにまとめる。

問5　父の店で「こども飯」を食べる姿を脳裏に浮《う》かべながら，心也は石村の机に落書きされた「ビンボー野郎」という言葉を消し，横殴《なぐ》りの雨がふりしきる中，夕花と一緒《いっしょ》に通学路の坂道を降りている。途中《とちゅう》，嵐《あらし》でびしょ濡《ぬ》れになった夕花の横顔に涙《なみだ》を見た心也は，石村同様「こども飯」を利用している彼女《かのじょ》が，彼《かれ》の机に書かれた落書きに自分の境遇《きょうぐう》を重ね，傷ついているのだろうと心配するとともに，父親に向けられた悪意ある言葉への苦しみをつのらせ，「ビンボーも，偽善者も」全部，打ちつけてくる雨に洗い流してほしいと願っている。しかし今，あらためて振《ふ》り返ってみると，偽善者と中傷される父親を心配し，「ビンボー野郎」と机に書かれた石村を無意識にかばい，恵《めぐ》まれない境遇にある夕花に胸を痛めている自分こそ，実は直接の被害者でないのにとてもつらい思いをしていたのだと今さらながら気づき，自分をあざけるように笑ったのである。

問６　「こども飯」を廃止《はいし》してはどうかという提案に対し，サービスの存続は「自分の意思」で決めると言われた心也は，やめることで訪れるであろう「胃が重くなるような未来」を想像させられたばかりか提案も無視されたので，気持ちが落ちこんだうえに独善的な父の姿に不満を抱いていた。しかし続けて，「こども飯」の存続を決めるのは息子の自分もふくめた「意思」だと父から言われたことで，あらためて自分に注がれていた愛情の深さを感じ取り，やはり「世のため人のため，自分を犠牲《ぎせい》にしてまで」続けてきた，いわば父にとって「人生」とまでいえるほどの取り組みを続けるべきではないかと思い，今度はやめることに不平を言いたくなったのである。「こども飯」の存続をめぐる父との一連のやりとりを通じ，心也は父の偉大《いだい》さや深い愛情を感じた一方で，サービスをやめて欲しいのか，続けて欲しいのか，自分の気持ちが父の発言によっていいようにゆさぶられたようで少し腹が立ち，あてつける意味で，父のつくった焼うどんを「まずかった」と言ってみせたのだろうと想像できる。

Dr.福井の

入試に勝つ！ 脳とからだのウルトラ科学

睡眠時間や休み時間も勉強!?

みんなは寝不足になっていないかな？　もしそうなら大変だ。睡眠時間が少ないと，体にも悪いし，脳にも悪い。なぜなら，眠っている間に，脳は海馬《かいば》という部分に記憶をくっつけているんだから。つまり，自分が眠っている間も頭は勉強しているわけだ。それに，成長ホルモン（体内に出される背をのばす薬みたいなもの）も眠っている間に出されている。昔から言われている「寝る子は育つ」は，医学的にも正しいことなんだ。

寝不足だと，勉強の成果も上がらないし，体も大きくなりにくく，いいことがない。だから，睡眠時間はちゃんと確保するように心がけよう。ただし，だからといって寝すぎるのもダメ。アメリカの学者タウブによると，10時間以上も眠ると，逆に能力や集中力がダウンしたという研究報告があるんだ。

睡眠時間と同じくらい大切なのが，休み時間だ。適度に休憩するのが勉強をはかどらせるコツといえる。何時間もぶっ続けで勉強するよりも，50分勉強して10分休むことをくり返すようにしたほうがよい。休み時間は，散歩や体操などをして体を動かそう。かたまった体をほぐして，つかれた脳を休ませるためだ。マンガを読んだりテレビを見たりするのは，頭を休めたことにならないから要注意！

頭の疲れに関連して，勉強の順序にもふれておこう。算数の応用問題や理科の計算問題，国語の読解問題などを勉強するときには，脳のおもに前頭葉という部分を使う。それに対して，国語の知識問題（漢字や語句など）や社会などの勉強では，おもに海馬《かいば》という部分を使う。したがって，それらを交互に勉強すると，１日中勉強しても疲れにくい。

Dr.福井（福《ふく》井《い》一成《かずしげ》）…医学博士。開成中・高から東大・文Ⅱに入学後，再受験して翌年東大・理Ⅲに合格。同大医学部卒。さまざまな勉強法や脳科学に関する著書多数。

Memo

2021年度　開成中学校

〔電　話〕(03) 3822－０７４１
〔所在地〕〒116-0013　東京都荒川区西日暮里４－２－４
〔交　通〕JR線・東京メトロ千代田線―「西日暮里駅」より徒歩１分

【算　数】（60分）〈満点：85点〉

【注意】１．答えが分数になるときは，できるだけ約分して答えなさい。円周率が必要なときは3.14を用いなさい。

２．必要ならば，「角柱，円柱の体積＝底面積×高さ」，「角すい，円すいの体積＝底面積×高さ÷3」を用いなさい。

３．式や図や計算などは，他の場所や裏面などにかかないで，すべて解答用紙のその問題の場所にかきなさい。

1　次の問いに答えなさい。

(1)　2021年２月１日は月曜日です。現在の暦《こよみ》のルールが続いたとき，2121年２月１日は何曜日ですか。

ただし，現在の暦において，一年が366日となるうるう年は，

・４の倍数であるが100の倍数でない年は，うるう年である

・100の倍数であるが400の倍数でない年は，うるう年ではない

・400の倍数である年は，うるう年である

であり，うるう年でない年は一年を365日とする，というルールになっています。

(2)　三角形の頂点を通る何本かの直線によって，その三角形が何個の部分に分けられるかについて考えます。ただし，３本以上の直線が三角形の内部の１点で交わることはないものとします。

右の図１のように，三角形の各頂点から向かい合う辺に，直線をそれぞれ２本，２本，３本引いたとき，元の三角形は24個の部分に分けられます。

では，三角形の各頂点から向かい合う辺に，直線をそれぞれ２本，３本，100本引いたとき，元の三角形は何個の部分に分けられますか。

図１

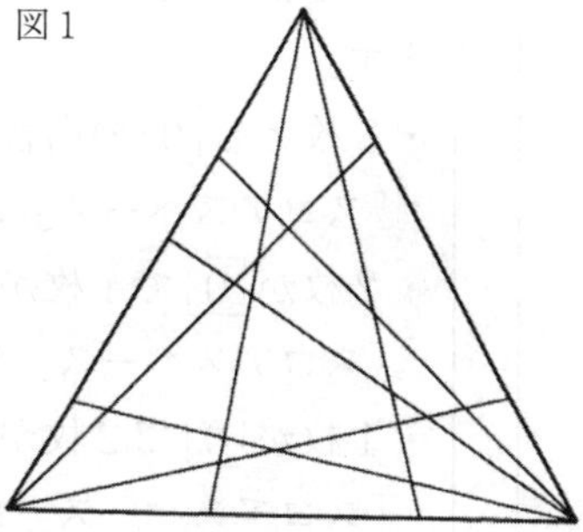

(3)　面積が$6\,cm^2$の正六角形ABCDEFがあります。右の図２のように，P，Q，Rをそれぞれ辺AB，CD，EFの真ん中の点とします。三角形PQRの面積を求めなさい。

図２

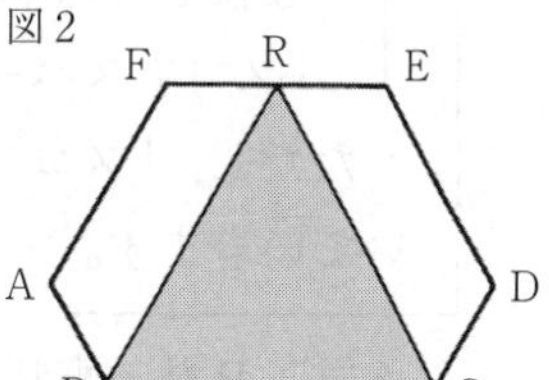

(4)　$\frac{1}{9998}$を小数で表すとき，小数第48位の数，小数第56位の数，小数第96位の数をそれぞれ求めなさい。

2 三角すいの体積は，(底面積)×(高さ)÷3により求めることができます。1辺の長さが6 cmの立方体の平行な4本の辺をそれぞれ6等分し，図のように記号を付けました。以下の問いに答えなさい。

(1) 4点き，G，a，gを頂点とする三角すいの体積を求めなさい。

(2) 4点き，ウ，G，aを頂点とする三角すいの体積を求めなさい。

(3) 4点い，オ，C，gを頂点とする三角すいの体積を求めなさい。

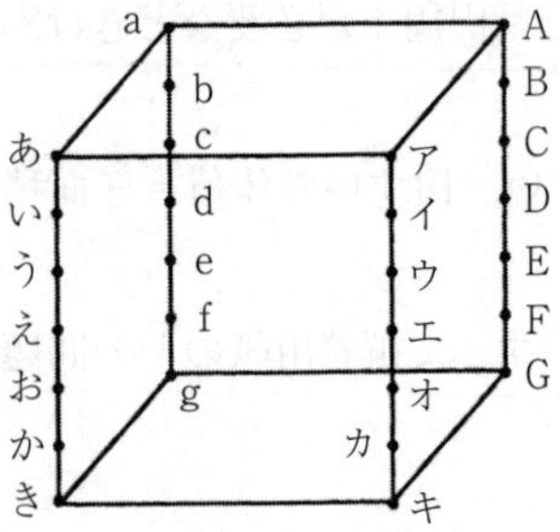

3 [1]と[0]のいずれかが書かれたカードがたくさんあります。はじめにA君とB君は同じ枚数のカードを手札として横一列に並べています。審判《しんぱん》には[0]のカードが1枚渡《わた》されていて，「スコアスペース」にはカードがありません。

次のような「操作」を考えます。

> A君とB君はそれぞれ手札の右はしのカード1枚を出し，審判は最後に渡されたカードのうち1枚(はじめは[0]のカード)を出します。これら合計3枚のカードを次のように移します。
>
> ・3枚とも[0]の場合は，
> 「スコアスペース」に[0]のカード1枚を置き，審判に[0]のカード2枚を渡します。
> ・2枚が[0]で1枚が[1]の場合は，
> 「スコアスペース」に[1]のカード1枚を置き，審判に[0]のカード2枚を渡します。
> ・1枚が[0]で2枚が[1]の場合は，
> 「スコアスペース」に[0]のカード1枚を置き，審判に[1]のカード2枚を渡します。
> ・3枚とも[1]の場合は，
> 「スコアスペース」に[1]のカード1枚を置き，審判に[1]のカード2枚を渡します。
>
> ただし，「スコアスペース」には古いカードが右に，新しいカードが左になるように置いていきます。

A君，B君，審判は，A君とB君の手札がなくなるまで上の「操作」を繰《く》り返《かえ》します。審判に最後に渡されたカードが[1]2枚ならばA君の勝ちです。審判に最後に渡されたカードが[0]2枚ならばB君の勝ちです。いずれの場合も「スコアスペース」に置かれている[1]のカードの枚数を，勝者の得点とします。

例えば，下の図のように，はじめの手札が3枚ずつであるとして，A君の手札が[0][0][1]でB君の手札が[1][0][1]のとき，最終的に「スコアスペース」には[1][1][0]が置かれて，審判に最後に渡されたカードが[0]2枚なので，B君の勝ちで得点は2点になります。

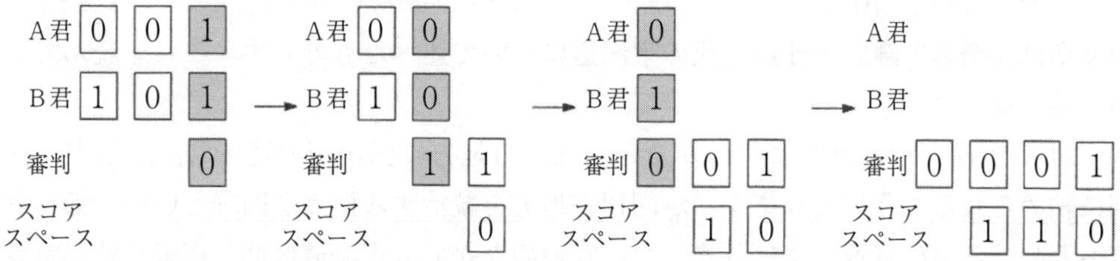

注意：塗《ぬ》られているカードは，次の「操作」で移すカードです。

(1) はじめの手札が4枚ずつであるとします。A君の手札が[0][1][0][1]でB君の手札が[0][0][0][0]のとき，最終的に「スコアスペース」に置かれているカードを答えなさい。

(2) はじめの手札が6枚ずつであるとします。A君の手札が[0][0][1][0][0][1]でB君の手札が[0][1][0][0][0][1]のとき，最終的に「スコアスペース」に置かれているカードを答えなさい。

(3) はじめの手札が6枚ずつであるとします。A君の手札が[0][0][1][0][0][1]のとき，B君が勝ちで得点が6点になるには，B君はどのような手札であればよいでしょうか(答えは一通りしかありません)。

(4) はじめの手札が6枚ずつであるとします。A君の手札が[0][0][1][0][0][1]のとき，B君が勝ちで得点が1点になるには，B君はどのような手札であればよいでしょうか。すべて答えなさい。ただし，解答らんはすべて使うとは限りません。

(5) はじめの手札が6枚ずつであるとします。A君の手札が[0][0][1][0][0][1]のとき，B君が勝ちで得点が2点になるようなB君の手札は何通りありますか。

【社　会】（40分）〈満点：70点〉

1　次の文章は，奈良・鎌倉・江戸時代の東海道について述べたものです。これを読んで，あとの問いに答えなさい。

律令《りつりょう》による支配が行われるようになると，都から地方に国司が派遣《はけん》され，ⓐ地方からは租《そ》税《ぜい》が都に納められるようになります。ⓑ国司が地方を統治する拠点《きょてん》を国府といい，都から各国の国府へとのびる道は官道とよばれました。官道のなかでも東海道は都と東国を結ぶ重要な幹線でした。

源頼朝《みなもとのよりとも》は，ⓒ鎌倉幕府をつくりあげていく過程のなかで，東海道の再整備を進めました。東国に新たに生まれた武家の都鎌倉と，政治の中心である京都をつなぐ東海道が，重要になると考えたからです。その後，ⓓ東海道は多くの人や物が往来し，東西の政治的交流をうながす大動脈としての役割を果たすようになりました。

徳川家康《とくがわいえやす》は，江戸の日本橋を起点とした五街道という新たな交通体系の整備に取り組みました。東海道は，京都の三条大橋まで53の宿場が設けられました。ⓔ参勤交代が制度として定められると，大名行列が東海道を行きかうようになります。ⓕ「鎖国《さこく》」が完成した後も，外国人の行列が東海道を通行することもありました。江戸時代も後半になると，庶民《しょみん》の旅もさかんになり，ⓖ東海道の名所風景は浮世絵にも描《えが》かれました。

問1　下線部ⓐに関して，右の資料は地方から都に租税を納めたときに荷札として用いられた木簡（一部改変）です。次の問いに答えなさい。

①　資料の空らん〔　〕にあてはまる租税の名称《めいしょう》を**漢字**で答えなさい。

②　資料から読み取れることを述べた文として**誤っているもの**を，次の**ア**～**エ**から一つ選び，記号で答えなさい。

ア　この租税は東海道を使って運ばれた。

イ　この租税を納めたときの都は平城京だった。

ウ　この租税は戸主がとりまとめて納入した。

エ　この租税は土地の広さを基準に課税された。

（表）伊豆国田方郡棄妾郷瀬埼里戸主茜部真弓〔　〕荒堅魚《かつお》
十一斤十両　六連一丸
（裏）天平七年＊十月　＊西暦の七三五年にあたる。

（奈良文化財研究所所蔵）

問2　下線部ⓑに関して，聖武天皇《しょうむてんのう》のときに国府の近くに建立《こんりゅう》された寺院の名称を**漢字**で答えなさい。

問3　下線部ⓒに関して，源頼朝が鎌倉幕府をつくりあげていく過程を述べた文**a**～**c**を，古いほうから年代順に正しく配列したものを，下の**ア**～**カ**から一つ選び，記号で答えなさい。

a　源頼朝が朝廷《ちょうてい》から守護と地頭を任命する権利を認められた。

b　源義経《みなもとのよしつね》をかくまったとして源頼朝は奥州《おうしゅう》藤原氏を滅ぼした。

c　源頼朝が朝廷から征夷《せいい》大将軍に任じられた。

ア　a→b→c　　**イ**　a→c→b　　**ウ**　b→a→c

エ　b→c→a　　**オ**　c→a→b　　**カ**　c→b→a

問4　下線部ⓓに関して，次の資料は執権北条泰時《しっけんほうじょうやすとき》が京都にいた弟の重時《しげとき》にあてて書き送った手紙の一部（部分要約）です。下の問いに答えなさい。

この式目は，とくに根拠《こんきょ》とした文章があるわけではなく，ただ道理の指し示すところを記したものです。あらかじめ御成敗《ごせいばい》のありかたを定めて，人の身分の高下にかかわらず，かたよりなく裁定されるように，これらの条文を定めました。もっぱら武家の人々へのはからいのためばかりのものです。これによって，律令の掟《おきて》は少しも改まるべきものではありません。京都の人々が非難を加えることがあれば，私の意をくんで説明して下さい。

① 弟の重時が長官をつとめていた鎌倉幕府の機関を答えなさい。

② 資料から読み取れることを述べた文として**誤っているもの**を，次の**ア**～**エ**から一つ選び，記号で答えなさい。

ア この手紙は承久《じょうきゅう》の乱の後に書かれたものである。

イ この式目は律令の規定の影響《えいきょう》を受けてつくられた。

ウ この手紙で北条泰時は朝廷の政治を尊重する姿勢をとっている。

エ この式目は武士の裁判の基準となる法律としてつくられた。

問5 下線部ⓔに関して，参勤交代について述べた文として**誤っているもの**を，次の**ア**～**エ**から一つ選び，記号で答えなさい。

ア 徳川家光《とくがわいえみつ》は武家諸法度《ぶけしょはっと》を改め，参勤交代を制度として定めた。

イ 親藩《しんぱん》や譜代《ふだい》の大名は，参勤交代の負担を免除《めんじょ》された。

ウ 参勤交代の行列の人数などは，大名ごとに決められていた。

エ 参勤交代を行う際，大名は弓・槍《やり》・鉄砲《てっぽう》などの武器を持参した。

問6 下線部ⓕに関して，「鎖国」のもとで東海道を通行した外国人の行列について述べた文として**誤っているもの**を，次の**ア**～**エ**から一つ選び，記号で答えなさい。

ア 将軍がかわったときに，朝鮮《ちょうせん》から通信使とよばれる使節団が東海道を通行して江戸に向かった。

イ 将軍や琉球《りゅうきゅう》国王がかわったときに，琉球からの使節団が東海道を通行して江戸に向かった。

ウ 中国人の商人団は，東海道を通行して江戸に向かい，中国皇帝《こうてい》からの国書を将軍に渡《わた》した。

エ オランダ商館長一行は，貿易を認められているお礼を将軍に伝えるため，東海道を通行して江戸に向かった。

問7 下線部ⓖに関して，右の資料は「東海道五十三次」のうち日米修好通商条約で開港が定められた宿場町を描いた作品(一部改変)です。次の問いに答えなさい。

① 「東海道五十三次」の作者を**漢字**で答えなさい。

(国立国会図書館所蔵)

② 資料に描かれている宿場町を**漢字**で答えなさい。

2 近代における大都市の人口は，社会や経済の動向などを反映して変化しました。次の表は，東京市と大阪市の人口の変化を示したものです。また，下の**A**～**D**は，この表をてがかりに，生徒が疑問に感じたことを書いた文です。これらについて，あとの問いに答えなさい。

年(西暦)	東京市の人口(千人)	大阪市の人口(千人)
1889	1,390	476
1893	1,214	483
1898	1,440	821
1903	1,819	996
1908	2,186	1,227
1913	2,050	1,396
1918	2,347	1,642

年(西暦)	東京市の人口(千人)	大阪市の人口(千人)
1920	2,173	1,253
1925	1,996	2,115
1930	2,071	2,454
1935	5,876	2,990
1940	6,779	3,252
1945	2,777	1,103

注(1) 『日本帝国《ていこく》統計年鑑《ねんかん》』，国勢調査の結果などをもとに作成した。
(2) 単位未満は四捨五入した。
(3) 東京市は1932年に市の範囲《はんい》を拡大した。都制施行《しこう》後の1945年は旧東京市の数字である。
(4) 大阪市は1897年と1925年に市の範囲を拡大した。

A 1889年から1918年までの期間をみると，大阪のほうが東京より，人口が急増しているのはなぜだろう。
B 1920年から1925年までの期間をみると，大阪では人口が急増したが，東京では人口が減少したのはなぜだろう。
C 1930年から1940年までの期間をみると，東京のほうが大阪より，人口が急増しているのはなぜだろう。
D 1940年から1945年までの期間をみると，東京・大阪ともに人口が急減したのはなぜだろう。

問1 つとむ君は，**A**と**C**の疑問について，それぞれの期間がどのような時期であったかを確認《かくにん》し，日本経済の特徴《とくちょう》を考えたうえで，解答を次のように表にまとめてみました。これについて，下の問いに答えなさい。

	Aの疑問	**C**の疑問
時　期	明治時代後半から(**1**)が終わるまでの時期	1931年に(**2**)がおこり，1937年に始まる(**3**)が長期化した時期
日本経済の特徴	(**X**)	(**Y**)
疑問に対する解答	大阪では(**a**)がさかんで，大工場が数多く操業していたため，東京よりも人口が急増した。	東京では(**b**)を生産する工場が発展したため，(**a**)がさかんな大阪を人口増加で上回った。

① 空らん(**1**)～(**3**)にあてはまる戦争の名称を**漢字**で答えなさい。
② 空らん(**X**)と(**Y**)にあてはまる文を，次の**ア**～**オ**からそれぞれ選び，記号で答えなさい。
ア 工業生産の中心は繊維《せんい》産業だった。
イ 国が運営する官営工場が工業生産の中心を占《し》めた。

ウ　産業構造が軽工業中心から重化学工業中心へと変化した。

エ　重化学工業の製品の輸出が急増した。

オ　石炭から石油へのエネルギーの転換《てんかん》が急速に進んだ。

③　空らん（**a**）と（**b**）にあてはまる語句を，次の**ア**～**カ**からそれぞれ選び，記号で答えなさい。

ア　製糸業　**イ**　紡績《ぼうせき》業　**ウ**　造船業

エ　民需《みんじゅ》品　**オ**　軍需《ぐんじゅ》品　**カ**　輸出品

問2　ゆきお君は，**B**の疑問の解答を次のように文章にまとめてみました。これについて，下の問いに答えなさい。

> 大阪は都市化が進み，市の範囲も広がったことで人口が急増したが，東京は〔　　〕で多くの被災者《ひさいしゃ》を出したため人口が減少した。

①　下線部の都市化にあてはまる動きとして**誤っているもの**を，次の**ア**～**エ**から一つ選び，記号で答えなさい。

ア　都市では電灯が一般《いっぱん》家庭にも普及《ふきゅう》した。

イ　都市と郊外《こうがい》を結ぶ高速道路の建設が進んだ。

ウ　都市ではラジオ放送が開始された。

エ　都市では市電やバスなどの交通機関が発達した。

②　空らん〔　〕にあてはまる語句を答えなさい。

問3　としひこ君は，**D**の疑問の解答を3つの要因に整理し，次のようにメモにまとめてみました。これについて，空らん（**X**）～（**Z**）にあてはまる適切な語句を，それぞれ答えなさい。

> ・男性で（　**X**　）される人が増えた。
> ・（　**Y**　）を避《さ》けるため，（　**Z**　）する人が増えた。
> ・（　**Y**　）で死亡する人が増えた。

3　開太《かいた》君・成也《せいや》君・先生による次の会話文を読んで，あとの問いに答えなさい。

開太：2020年9月に，日本の内閣総理大臣が〔 **A** 〕から〔 **B** 〕へと交代し，ⓐ新内閣が誕生しました。旧政権は，戦前もふくめて歴代最長政権だったそうです。

成也：それまでの歴代最長政権は，だれが総理のときだったんでしょう？

先生：連続在職日数では，ⓑ1964年11月から1972年7月までの佐藤栄作《さとうえいさく》政権が，最長記録だった。この記録は，2020年8月に更新《こうしん》されたんだ。

成也：「連続在職日数では」と断るということは，それ以外の記録があるのですか？

先生：通算在職日数では，戦前に総理を務めたⓒ桂太郎《かつらたろう》の三度の在職期間の合計，2886日が最長記録だったんだ。この記録も，2019年11月に更新されたけどね。

開太：2020年9月に辞任した総理も，二度目の政権だったんですよね。

先生：よく知っているね。

開太：海外では，長期政権はめずらしいのでしょうか？　たとえばアメリカでは？

先生：アメリカ合衆国の大統領の場合は分かりやすい。〔　ⓓ　〕

開太：2020年の大統領選挙で，大統領候補として勝利した〔 C 〕にも，そのルールが適用されるわけですね。

成也：ⓔ大統領選挙のルールは複雑だったけど，任期のルールは分かりやすいな。

開太：ヨーロッパの国々では，長期政権はめずらしいのでしょうか？

先生：ⓕドイツ首相《しゅしょう》やフランス大統領が10年以上連続して在職した例は，戦後にもあるよ。最近では，2005年にドイツで始まった〔 D 〕政権が長期政権だね。ただ現在，フランス大統領の連続在職の上限は10年ちょうどに変更されたんだ。

開太：日本の政治制度は，イギリスに似ているのですよね？

成也：ということは，内閣不信任決議や衆議院解散もあるのですか？

先生：欧米《おうべい》には議会が上院と下院に分かれている国が多いけど，イギリスには下院解散や内閣不信任決議の制度があるので，その点は日本に似ている。もっとも，解散のルールは2011年に変更されたから，日本とはだいぶちがう制度になったけどね。

成也：どのように変わったのでしょう？

先生：変更前はいつでも下院を解散できたけど，変更後，任期満了《まんりょう》前の解散には，内閣不信任決議案の可決か，総議員の３分の２以上の賛成が必要になったんだ。

開太：へー。じゃあ，〔　ⓖ　〕

先生：そうだね。ⓗイギリスの下院の選挙制度は完全小選挙区制だから二大政党が強いけど，片方の政党だけで３分の２を確保するのは難しいだろうからね。

開太：話をもどすと，イギリスでは長期政権がめずらしいのですか？

先生：おお，そうだった。10年以上連続して在職した首相も，戦後だけで２人います。

問１　会話文中の空らん〔A〕～〔D〕にあてはまる人名を答えなさい。ただし，日本人の場合は**フルネーム**で答えなさい。

問２　下線部ⓐに関して，次の問いに答えなさい。

①　2020年９月に新たな内閣総理大臣を指名した国会について，この会は，憲法に定められたどの会にあてはまりますか。次の**ア**～**エ**から一つ選び，記号で答えなさい。

ア　緊急《きんきゅう》集会　　　**イ**　常会（通常国会）

ウ　特別会（特別国会）　　　**エ**　臨時会（臨時国会）

②　2020年９月に内閣総理大臣は交代し，新たな内閣が誕生しました。一方で，財務大臣など複数の大臣職には，前内閣と同じ人物が引き続き就任しました。財務大臣の決定方法について述べた文として正しいものを，次の**ア**～**エ**から一つ選び，記号で答えなさい。

ア　国民による直接選挙で，財務大臣に選出される。

イ　国会議員による直接選挙で，財務大臣に選出される。

ウ　財務省の官僚《かんりょう》の長によって，財務大臣に任命される。

エ　内閣総理大臣によって，財務大臣に任命される。

問３　下線部ⓑに関して，次の問いに答えなさい。

①　1964年11月から1972年７月の出来事を，次の**ア**～**エ**から一つ選び，記号で答えなさい。

ア　いざなぎ景気が始まった。　　　**イ**　大戦景気が始まった。

ウ　特需《とくじゅ》景気が始まった。　　　**エ**　バブル景気が始まった。

②　次の文章中の空らん〔X〕・〔Y〕にあてはまる言葉の組み合わせとして正しいものを，下

の**ア**～**エ**から一つ選び，記号で答えなさい。

> 1971年8月にドル・ショック(ニクソン・ショック)が起きるまで，円とドルは〔 **X** 〕相場制で，二つの通貨の交換比率は現在よりも〔 **Y** 〕でした。

ア **X**―固定，**Y**―円高　　**イ** **X**―固定，**Y**―円安
ウ **X**―変動，**Y**―円高　　**エ** **X**―変動，**Y**―円安

問4 下線部ⓒの桂太郎に関して，次の問いに答えなさい。

① 桂太郎の出身県は，彼《かれ》より前に内閣総理大臣を務めた伊藤博文《いとうひろぶみ》や山県有朋《やまがたありとも》と同じです。また，2020年9月に辞職した内閣総理大臣や佐藤栄作も，同じ県の選挙区から衆議院議員に選出されています。この県を，次の**ア**～**エ**から一つ選び，記号で答えなさい。

ア 鹿児島県　**イ** 奈良県　**ウ** 福島県　**エ** 山口県

② 桂太郎の三度の在職期間は**【表】**の通りです。**【表】**中の**X**～**Z**と，**【語群】A**～**C**の組み合わせとして正しいものを，下の**ア**～**カ**から一つ選び，記号で答えなさい。

【表】

	期　間	出　来　事
第一次	1901年6月～1906年1月	〔 **X** 〕
第二次	1908年7月～1911年8月	〔 **Y** 〕
第三次	1912年12月～1913年2月	〔 **Z** 〕

【語群】 **A** 韓国併合《かんこくへいごう》　**B** 大正政変　**C** 日露《にちろ》戦争

ア **X**―**A**，**Y**―**B**，**Z**―**C**　　**イ** **X**―**A**，**Y**―**C**，**Z**―**B**
ウ **X**―**B**，**Y**―**A**，**Z**―**C**　　**エ** **X**―**B**，**Y**―**C**，**Z**―**A**
オ **X**―**C**，**Y**―**A**，**Z**―**B**　　**カ** **X**―**C**，**Y**―**B**，**Z**―**A**

問5 会話文中のⓓには，次の文章が入ります。これに関して，下の問いに答えなさい。

> アメリカ合衆国の大統領は任期〔 **X** 〕年で，現在の制度では〔 **Y** 〕期までしか続けられない。副大統領から昇格《しょうかく》する例外や，過去の例外を考慮《こうりょ》しなければね。

① 文章中の空らん〔**X**〕にあてはまる数を答えなさい。
② 文章中の空らん〔**Y**〕にあてはまる数を答えなさい。

問6 下線部ⓔに関して，アメリカ大統領選挙の制度を説明した次の文章を読んで，選挙の勝敗について，下の**ア**～**ウ**から正しい文を**すべて**選び，記号で答えなさい。一つもない場合には「なし」と答えなさい。

> アメリカ大統領選挙では，まず州の人口に応じて選挙人が割り当てられます。11月に各州の有権者は，大統領候補の一人に投票します。その票は州ごとに集計され，票数に応じて，候補がその州の選挙人を獲得《かくとく》します。ほとんどの州では，得票数の最も多かった候補が，その州の選挙人全員を獲得します。
>
> 12月に全米の選挙人が集まって投票を行い，そこで過半数の票を獲得した候補が大統領になります。

ア 12月の投票で，全米の選挙人の過半数が投票した候補が，大統領選挙において敗れる可

能性がある。

イ　11月の投票で，全米の合計得票数の過半数を獲得した候補が，大統領選挙において敗れる可能性がある。

ウ　11月の投票で，全米の過半数の州で得票数１位となった候補が，大統領選挙において敗れる可能性がある。

問７　下線部ⓕに関して，ドイツとフランスの政治制度が，それぞれ「議院内閣制」か「大統領制」かを考えます。それぞれの意味は，次の通りです。

・議院内閣制―議会(特に下院)の信任にもとづいて内閣が成立する制度。首相が下院によって選ばれ，内閣を形成し，行政に関わる。

・大統領制―国家元首としての大統領が国民から選ばれ，議会から独立して行政に関わる制度。

次の文章中の空らん〔**ア**〕～〔**ウ**〕には，それぞれ「議院内閣制」あるいは「大統領制」のいずれかの言葉が入ります。「議院内閣制」の言葉が入るものを，**ア**～**ウ**から**すべて**選び，記号で答えなさい。一つもない場合には「なし」と答えなさい。

> ドイツの政治制度は，一般的に〔 **ア** 〕に分類されます。国家元首の大統領は，下院議員と各州代表で構成される連邦《れんぽう》会議での選挙によって選出されますが，その権限は形式的・儀《ぎ》礼的《れいてき》な首相任命や下院解散にとどまります。一方，首相は下院議員によって選出され，大統領から任命され，内閣を形成し，行政に関わります。実質的には，首相が下院の解散権を持ち，下院が内閣不信任決議権を持ちます。
>
> フランスの政治制度は，一般的に〔 **イ** 〕に分類されます。国家元首の大統領は国民による選挙によって選出され，その大統領が首相の任命権や下院の解散権を名実ともに持つからです。大統領に任命された首相が内閣を形成し，行政に関わります。一方で，下院が内閣不信任決議権を持つこともあり，大統領の所属政党とは異なる場合でさえ下院の多数派の政党から首相を選ぶ伝統もあります。この伝統には〔 **ウ** 〕の要素が見られます。

問８　会話文中のⓖに関して，前後の会話の流れからⓖに入ると判断できる文を，次の**ア**～**ウ**から**すべて**選び，記号で答えなさい。一つもない場合には「なし」と答えなさい。

ア　選挙に有利な状況《じょうきょう》を見こした解散は，変更前よりも減りそうですね。

イ　下院議員が任期満了にいたることは，変更前よりも減りそうですね。

ウ　内閣不信任決議が可決される回数は，変更前よりも減りそうですね。

問９　下線部ⓗに関して，次の**【表】**は，2019年６月のイギリス下院選挙(定数650)における獲得議席数１位から４位までの政党について，2015年・2017年・2019年の選挙結果を並べて示したものです。各年の政党の数字は，左側の数が獲得議席数，カッコ内の数が得票率(％)を示します。(得票率とは，国内すべての票のうち，その政党の候補者が獲得した票の割合を意味します。)たとえば，2015年の下院選挙における保守党の獲得議席数は331，得票率は36.9％でした。

この結果を見ると，３回の選挙とも，得票率では自由民主党を下回るスコットランド国民党は，獲得議席数では自由民主党を上回っています。なぜこのような逆転現象が起きるのでしょうか。下の**【解説】**の〔X〕にあてはまる内容を，空らんに合う形で述べなさい。

【表】

	2015年	2017年	2019年
保守党	331（36.9）	318（42.4）	365（43.6）
労働党	232（30.4）	262（40.0）	202（32.1）
スコットランド国民党	56（ 4.7）	35（ 3.0）	48（ 3.9）
自由民主党	8（ 7.9）	12（ 7.4）	11（11.5）

（高安健将『議院内閣制』，HOUSE OF COMMONS LIBRARY「General Election 2019」により作成）

【解説】

小選挙区制においては，国内全体の得票率が二大政党から大きく引きはなされている政党であっても，〔　　X　　〕政党であれば一定の議席を獲得できる可能性があります。スコットランド国民党も，そのような政党であると推測することができます。

4　様々な自然環境《かんきょう》について述べた［A］〜［C］の文章を読んで，あとの問いに答えなさい。

［A］

日本は，ⓐ地震《じしん》，噴火《ふんか》，洪水《こうずい》など世界的にも災害が多く発生する地域とされています。ⓑ日本海溝《かいこう》や南海トラフなどで大きな地震が起きると津波《つなみ》が発生することもあり，古文書にも多くの災害の記録が残されています。また，ⓒ季節風や台風，梅雨前線などの影響によってたびたび大雨に見舞《みま》われています。こうした自然災害が発生した際には，気象庁によるⓓ速報や警報など様々な情報が発信されています。

近年では，過去の記録を防災に役立てる動きもあります。国土地理院では，2019年にⓔ自然災害伝承碑《ひ》という新しい地図記号を追加しました。

問1　文章中の下線部ⓐについて，次の**A**〜**C**は1990年〜2019年の顕著《けんちょ》な災害を発生させた地震・噴火・洪水のいずれかの分布を示したものです。**A**〜**C**と災害の種類との正しい組み合わせを，下の**ア**〜**カ**から一つ選び，記号で答えなさい。

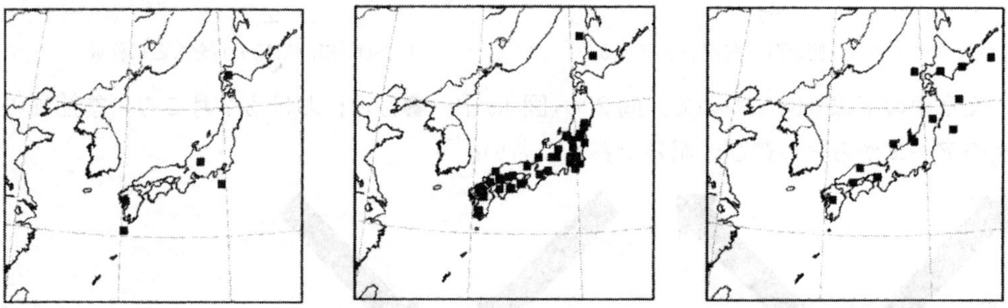

A　　　B　　　C

注：地震は震央の位置を示している。

気象庁HP「気象庁が名称を定めた気象・地震・火山現象一覧」により作成

	ア	イ	ウ	エ	オ	カ
地震	A	A	B	B	C	C
噴火	B	C	A	C	A	B
洪水	C	B	C	A	B	A

問2　文章中の下線部ⓑについて，下の**ア**～**エ**は〈**図1**〉中の**A**～**D**の線のいずれかにおける海底の断面図です。**A**と**C**における断面図として正しいものを，下の**ア**～**エ**からそれぞれ選び，記号で答えなさい。

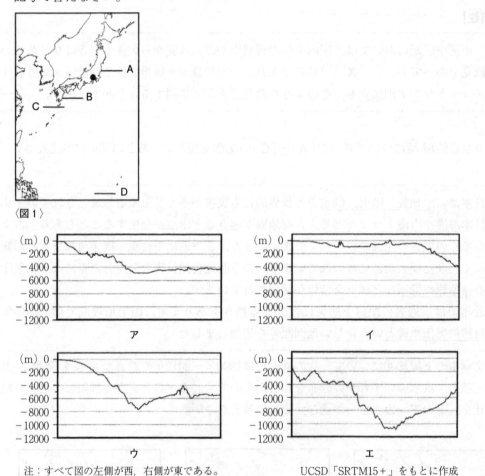

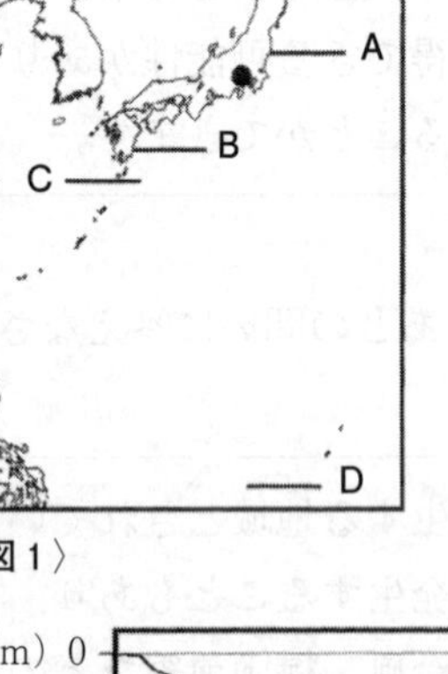

〈図1〉

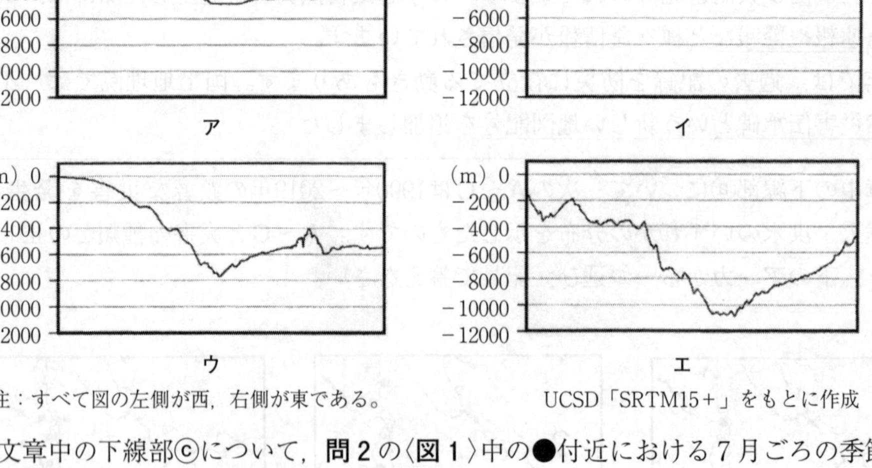

注：すべて図の左側が西，右側が東である。　　UCSD「SRTM15+」をもとに作成

問3　文章中の下線部ⓒについて，**問2**の〈**図1**〉中の●付近における7月ごろの季節風の向きを，次の**ア**～**エ**から一つ選び，記号で答えなさい。

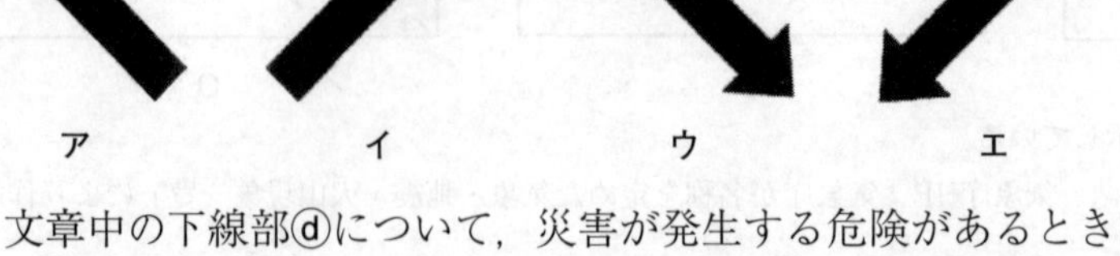

ア　　　イ　　　ウ　　　エ

問4　文章中の下線部ⓓについて，災害が発生する危険があるときに気象庁が発表する情報があります。その情報について述べた文として**誤っているもの**を，次の**ア**～**エ**から一つ選び，記号で答えなさい。

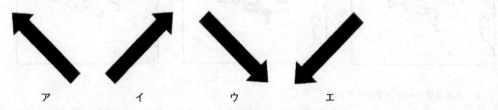

ア　火山活動によって地域に重大な被害を及《およ》ぼす噴火が発生，または切迫《せっぱく》していると予想されるときに噴火警報を発表する。

イ　1時間以内に最大震度が5弱以上の地震が発生すると予想された場合に，緊急地震速報を発表する。

ウ　台風や集中豪雨《ごうう》などにより数十年に一度の降水量となる大雨が予想される場合に，大雨特別警報を発表する。

エ　河川《かせん》の水位が氾濫《はんらん》危険水位を超《こ》え，いつ氾濫してもおかしくない状態の場合に氾濫危険情報を発表する。

問5　文章中の下線部ⓔについて，〈**図2**〉中の★周辺の地形図が〈**図3**〉です。この地図中にある自然災害伝承碑はどのような災害に対して置かれたものですか。最も適切なものを，下の**ア**～**エ**から一つ選び，記号で答えなさい。

〈図2〉

〈図3〉中のこの記号が自然災害伝承碑です。

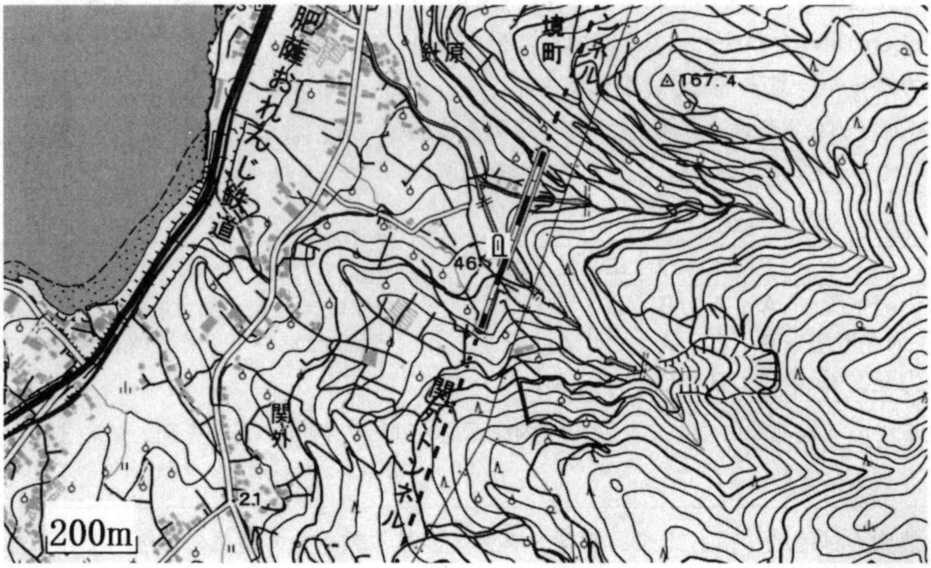

〈図3〉　国土地理院HP「地理院地図」を一部改変

ア　地震によって発生した津波が到達《とうたつ》した。

イ　大雨による土砂崩《どしゃくず》れの被害があった。

ウ　やませによる不作で，飢饉《ききん》が起こった。

エ　洪水による浸水《しんすい》被害が大きかった。

［B］

離島《りとう》では自然環境と生活の関係がより深いものになることがあります。伊豆《いず》諸島の八丈島《はちじょうじま》では西南日本や中国からの船舶が(　　)に流されて漂着《ひょうちゃく》し，八丈島の文化に影響を与《あた》えたともいわれています。また，右の〈表１〉は八丈島における発電量の内訳を示したものです。これを見ると，八丈島では再生可能エネルギーとⓕ火力発電を併用《へいよう》していることがわかります。特に需要《じゅよう》の少ない時期は火力発電の割合を小さくしています。

八丈島は温泉にも恵《めぐ》まれ，豊かな自然をいかしたⓖ観光開発を行い，国内外からのⓗ観光客も呼《よ》び込《こ》むようになりました。

〈表１〉　八丈島の電力需給(平成25年)

需要

最大需要	…………………	10,000kW
最小需要	…………………	3,500kW

供給

火力発電 (ディーゼル)	…………………	11,100kW
X	…………………	3,300kW
風力発電	…………………	500kW
合計	…………………	14,900kW

東京都環境局『https://www.kankyo.metro.tokyo.lg.jp/climate/renewable_energy/tousyo_renew/2_1.files/shiryou4dennryokukyoukyuu.pdf』による

問６　文章中の空らん(　)にあてはまる海流の名称を**漢字**で答えなさい。

問７　〈**表１**〉中の**X**にあたる発電方式の名称を**漢字**で答えなさい。

問８　文章中の下線部ⓕについて，右の〈**図４**〉中の**A**～**C**は日本の主な火力発電所，原子力発電所，主な水力発電所の分布を示したものです。〈**図４**〉中の**A**～**C**の組み合わせとして正しいものを，下の**ア**～**カ**から一つ選び，記号で答えなさい。

注：原子力発電所は，点検などにより運転を停止しているものをふくむ。廃炉《はいろ》となった発電所はふくまない。

	ア	イ	ウ	エ	オ	カ
火力発電所	A	A	B	B	C	C
原子力発電所	B	C	A	C	A	B
水力発電所	C	B	C	A	B	A

〈図４〉

『日本国勢図会《ずえ》 2020/21年版』，資源エネルギー庁『電気事業便覧2018』により作成

問９　文章中の下線部ⓖについて，次の枠内《わくない》に示したような観光の形態を何といいますか。**カタカナ**で答えなさい。

> 農山漁村地域に宿泊《しゅくはく》して，農業・林業・漁業体験やその地域の自然・文化に触《ふ》れ，地元の人々との交流を楽しむ旅。

問10　文章中の下線部ⓗについて，次の〈**グラフ１**〉は2000年，2010年，2018年の訪日観光客数のうち，アメリカ合衆国・韓国・タイからの観光客の割合を示したものです。**a**～**c**を古いほうから年代順に正しく配列したものを，下の**ア**～**カ**から一つ選び，記号で答えなさい。

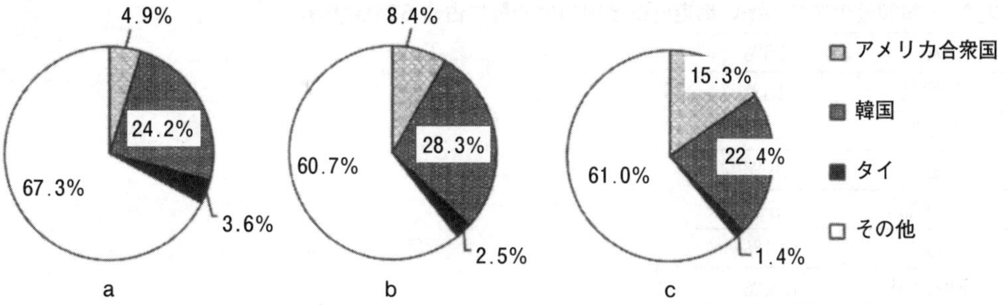

〈グラフ１〉　日本政府観光局HP「日本の観光統計」により作成

ア　a→b→c　　イ　a→c→b　　ウ　b→a→c

エ　b→c→a　　オ　c→a→b　　カ　c→b→a

［C］

多様な自然環境は農業などの産業にも大きく関わってきます。北海道の十勝《とかち》地方では，稲作《いなさく》に不向きなこともあって大規模な畑作や酪農《らくのう》が行われています。また，ⓘ十勝地方の1戸あたりの耕地面積は日本の平均のおよそ20倍あり，畑ではⓙ小麦やⓚビート，ばれいしょ，ⓛ大豆などの豆類，ⓜとうもろこしなど様々な作物が栽培《さいばい》されています。一方で，北海道の石狩《いしかり》地方では，泥炭地《でいたんち》の客土によって稲作が可能になりました。この２地域では土壌《どじょう》やⓝ気候の違いなどの影響を受けて作られる作物に違いが生まれています。

問11　文章中の下線部ⓘについて，十勝地方の農家１戸あたりの耕地面積として最も近いものを，次の**ア**～**キ**から一つ選び，記号で答えなさい。

ア　2.5ha　　**イ**　4ha　　**ウ**　15ha　　**エ**　85ha

オ　100a　　**カ**　4500a　　**キ**　10000a

問12　文章中の下線部ⓙについて，日本における小麦の状況について述べた文として正しいものを，次の**ア**～**エ**から一つ選び，記号で答えなさい。

ア　終戦直後から輸入量が増加し，高度経済成長期には食の多様化が進んだ。

イ　1991年に輸入が自由化されたため，国内の農家は高品質化を進めて安価な外国産との差別化を図《はか》った。

ウ　1995年にミニマムアクセスが設定されて以降，毎年一定量の小麦が輸入された。

エ　現在の主な輸入先はカナダが半分を占め，残りがアメリカ合衆国やオーストラリアなどとなっている。

問13　文章中の下線部ⓚについて，ビートは砂糖の原料の一つで，日本で生産されている砂糖の原料の多くを占めています。次の〈**表２**〉は2017年の日本国内における精製糖生産量で上位７つの都道府県を示したもので，〈**表２**〉中の**A**～**C**は大阪府，沖縄県，北海道のいずれかです。精製糖とは，粗《そ》糖から不純物を取り除いた砂糖で，上白糖やグラニュー糖，ざらめ糖などがあり，精製糖生産量には輸入した原料から精製したものをふくみます。

〈**表２**〉中の**A**～**C**の組み合わせとして正しいものを，下の**ア**～**カ**から一つ選び，記号で答えなさい。

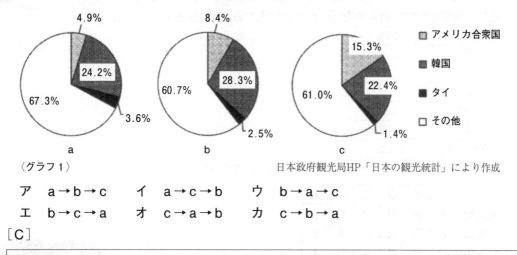

〈表２〉　精製糖生産量の多い都道府県と国内生産量に占める割合(％)

A	36％
千葉県	15％
愛知県	13％
B	6％
東京都	5％
C	0.4％
鹿児島県	0.2％

経済産業省資料「平成30(2018)年工業統計表　製造品に関する統計表」により作成

	ア	イ	ウ	エ	オ	カ
大阪府	A	A	B	B	C	C
沖縄県	B	C	A	C	A	B
北海道	C	B	C	A	B	A

問14　文章中の下線部ⓛについて，大豆油は食用油として多く利用されています。また，大豆油と並んで，〈**イラスト**〉に示した植物の果実からとれる食用油があります。これに関して下の問いに答えなさい。

① 〈**イラスト**〉に示した植物の果実からとれる食用油の名称を**３字**で答えなさい。

② 〈**イラスト**〉の作物の栽培による環境問題があります。そこで別の作物から油をとることも検討されていますが，それで問題が解決するわけではありません。次の〈**グラフ２**〉から考えられる，その解決しない問題とは何か説明しなさい。

〈**イラスト**〉
『データブック オブ・ザ・ワールド 2020年版』より

〈グラフ２〉　いくつかの食用油に関する農地１haあたりの収量(トン/ha)

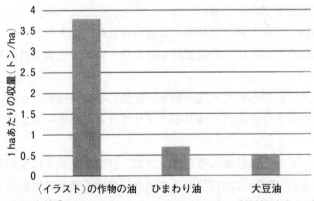

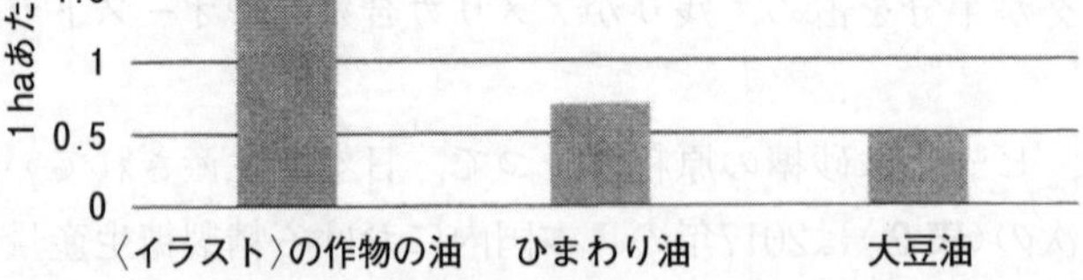

WWF資料「https://www.wwf.or.jp/activities/data/20180516_forest01.pdf」により作成

問15　文章中の下線部ⓜについて，とうもろこしはエネルギー資源としての需要が高まっています。また，薪《まき》や牛フンなど伝統的な燃料も化石燃料の代替《だいたい》として見直されています。このような生物に由来するエネルギーのことを何といいますか。**カタカナ**で答えなさい。

問16　文章中の下線部ⓝについて，次の〈**表３**〉中の**ア**～**エ**は下の〈**図５**〉に●で示したいくつかの地域における各月の気温と降水量の平年値です。旭川《あさひかわ》と網走《あばしり》にあたるものを，下の**ア**～**エ**からそれぞれ選び，記号で答えなさい。

〈**表3**〉　上段：月平均気温(℃)　下段：月降水量(mm)

地点	1月	2月	3月	4月	5月	6月	7月	8月	9月	10月	11月	12月
ア	-2.6	-2.1	1.4	7.2	11.9	15.8	19.7	22.0	18.3	12.2	5.7	0.0
	77.2	59.3	59.3	70.1	83.6	72.9	130.3	153.8	152.5	100.0	108.2	84.7
イ	-3.6	-3.1	0.6	7.1	12.4	16.7	20.5	22.3	18.1	11.8	4.9	-0.9
	113.6	94.0	77.8	56.8	53.1	46.8	81.0	123.8	135.2	108.7	104.1	111.7
ウ	-7.5	-6.5	-1.8	5.6	11.8	16.5	20.2	21.1	15.9	9.2	1.9	-4.3
	69.6	51.3	54.0	47.6	64.8	63.6	108.7	133.5	130.9	104.3	117.2	96.6
エ	-5.5	-6.0	-1.9	4.4	9.4	13.1	17.1	19.6	16.3	10.6	3.7	-2.4
	54.5	36.0	43.5	52.1	61.6	53.5	87.4	101.0	108.2	70.3	60.0	59.4
釧路《くしろ》	-5.4	-4.7	-0.9	3.7	8.1	11.7	15.3	18.0	16.0	10.6	4.3	-1.9
	43.2	22.6	58.2	75.8	111.9	107.7	127.7	130.8	155.6	94.6	64.0	50.8

気象庁 HP「地点別データ・グラフ(世界の天候データツール(ClimateView 月統計値))」により作成

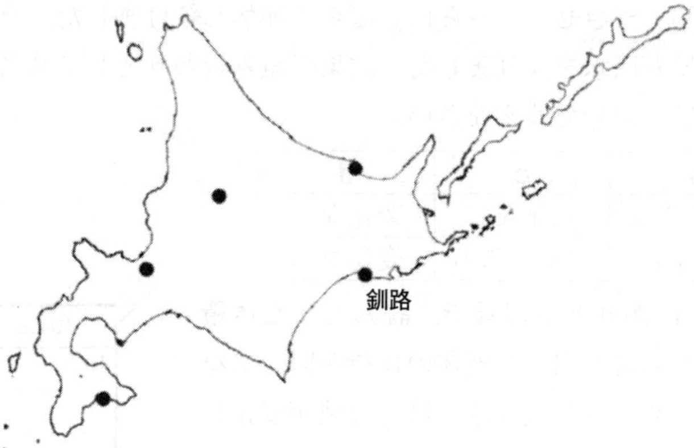

〈**図5**〉

【理　科】（40分）〈満点：70点〉

1　Ⅰ　次にあげる**ア**～**オ**の水よう液について，以下の問いに答えなさい。

ア　アンモニア水　　**イ**　塩酸　　**ウ**　水酸化ナトリウム水よう液
エ　食塩水　　**オ**　炭酸水

問1　においをかぐとき，どのようにすればよいですか。簡潔に答えなさい。

問2　においをかいだとき，においのするものはどれですか。においのするものを**ア**～**オ**の水よう液の中から**すべて**選び，記号で答えなさい。

問3　赤色リトマス紙につけると，リトマス紙の色が赤から青になるものはどれですか。**ア**～**オ**の水よう液の中から**すべて**選び，記号で答えなさい。

問4　**イ**～**オ**の水よう液にアルミニウムを入れるとアルミニウムがとけるものはどれですか。とけるものを**イ**～**オ**の水よう液の中から**すべて**選び，記号で答えなさい。

問5　**エ**と**オ**の水よう液をそれぞれ沸《ふっ》とうさせて，さらにしばらく加熱し続けました。その後，残った液体を冷やして，その中に石灰水《せっかいすい》を入れました。結果の組み合わせとして適当なものを，次の**a**～**d**の中から1つ選び，記号で答えなさい。

	a	b	c	d
エ　食塩水	白くにごる	白くにごる	変化なし	変化なし
オ　炭酸水	白くにごる	変化なし	白くにごる	変化なし

Ⅱ　**図1**のメスシリンダーは液体をはかりとる器具で，読みとった体積(目盛りの数値)とメスシリンダーから流し出した液体の体積が同じになるようにつくられています。そのため，取り扱《あつか》う際には，容積が変化してしまう可能性のある使い方は避《さ》けなければなりません。以上のことをふまえて以下の問いに答えなさい。なお，以下で用いるメスシリンダーはすべて**図1**と同じものとし，液体はすべて水よう液とします。

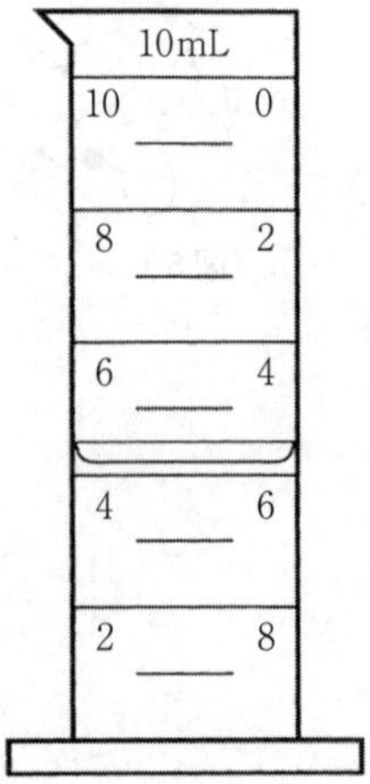

図1

問6　水よう液を入れたメスシリンダーが**図1**のようになっているとき，体積は何mLと読めますか。読みとった数値を答えなさい。

問7　メスシリンダーを洗って乾《かわ》かす方法として最も適当なものを次の**ア**～**エ**の中から1つ選び，記号で答えなさい。

ア　中の液体を流し，そこへ水を入れては捨てる作業を何回か繰《く》り返し，そのまま放置して乾かした。

イ　中の液体を流し，そこへ水を入れては捨てる作業を何回か繰り返し，乾燥機《かんそうき》で加熱して乾かした。

ウ　水と硬《かた》いブラシを用いて，中をよく洗い，そこへ水を入れては捨てる作業を何回か繰り返し，そのまま放置して乾かした。

エ　水と洗剤《せんざい》と硬いブラシを用いて，中をよく洗い，そこへ水を入れては捨てる作業を何回か繰り返し，乾燥機で加熱して乾かした。

問8　メスシリンダーAで液体を正確に10mLはかりとり，別の乾いたメスシリンダーBに移しました。このときメスシリンダーBの示す体積を読むとどうなっていますか。次の**ア**～**エ**の中から1つ選び，記号で答えなさい。

ア　10mLより少ない　　**イ**　10mLちょうど

ウ　10mL より多い　　　**エ**　10mL より少ないときも多いときもある

問 9　２つのメスシリンダーに，それぞれ正確に体積を読みとったまま液体が入っています。その２つの液体を，読みとった体積で混ぜ合わせているものはどれですか。最も適当なものを**ア**～**エ**の中から１つ選び，記号で答えなさい。なお，下の図は**ア**～**エ**の文に対応する模式図です。

ア　スポイトを用いてメスシリンダーからビーカーに移し，もう一方もスポイトを用いてビーカーに移して混ぜた。

イ　メスシリンダーに，もう一方のメスシリンダーから直接移して混ぜた。

ウ　メスシリンダーから直接移す方法で，同じビーカーに２つとも移して混ぜた。

エ　２つのメスシリンダーからそれぞれ別のビーカーに直接移した後，同じビーカーに２つとも移して混ぜた。

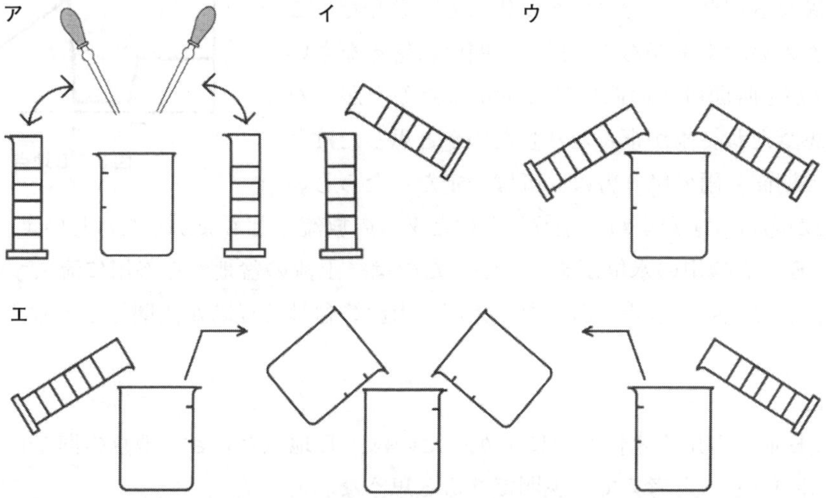

2　Ⅰ　**図 1** は太陽と地球と月の位置関係を示したもので，３つの天体は常に同じ平面上にあるものとします。この図で地球は反時計回りに自転しているものとします。ある日，東京で，左半分が光っている月がちょうど真南に見えました。以下の問いに答えなさい。

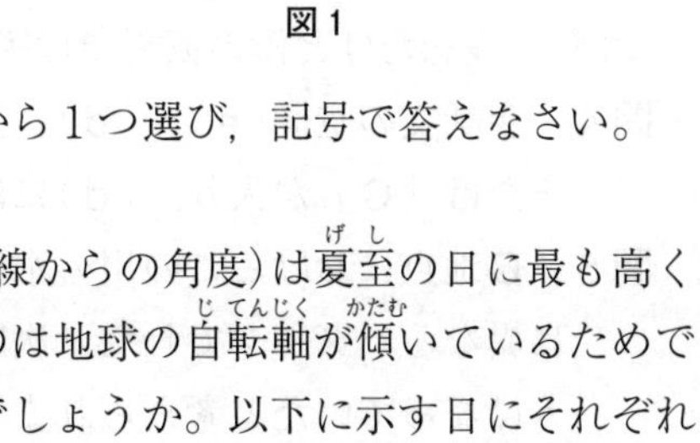

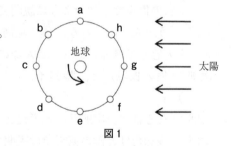

図 1

問 1　この時の月の位置として最も適当な場所を**図 1** の **a**～**h** の中から１つ選び，記号で答えなさい。

問 2　この時の時刻として最も近いものを次の**ア**～**エ**の中から１つ選び，記号で答えなさい。

ア　6時　　**イ**　12時　　**ウ**　18時　　**エ**　24時

問 3　東京での太陽の南中高度(太陽が真南に来た時の地平線からの角度)は夏至《げし》の日に最も高くなり，冬至《とうじ》の日に最も低くなります。このようになるのは地球の自転軸《じてんじく》が傾《かたむ》いているためです。それでは，東京で見る満月の南中高度はどうなるでしょうか。以下に示す日にそれぞれ満月になったとして，最も適当なものを次の**ア**～**オ**の中から１つ選び，記号で答えなさい。

ア　春分の日に最も高くなり，秋分の日に最も低くなる。

イ　秋分の日に最も高くなり，春分の日に最も低くなる。

ウ　夏至の日に最も高くなり，冬至の日に最も低くなる。
エ　冬至の日に最も高くなり，夏至の日に最も低くなる。
オ　１年を通じて変わらない。

Ⅱ **図２**に示されるように，両側が崖《がけ》になっている狭《せま》い谷川に沿って200mほどの間隔《かんかく》で**Ａ**，**Ｂ**，**Ｃ**の３地点があり，この谷川の上流には盆地《ぼんち》が広がっています。太郎《たろう》，次郎《じろう》，三郎《さぶろう》の３人は，非常に激しい雨が降り続いた時の**Ｂ**地点での水位の変化を調べました。普段《ふだん》に比べ水位は非常に高くなっていましたが，**図３**の時刻**ア**に急激に低下し，その後**図３**のように変化したことがわかりました。また，**Ａ**地点では**Ｂ**地点とほぼ同じパターンで水位が変化していましたが，**Ｃ**地点では**Ｂ**地点と明らかに異なるパターンで水位が変化していました。このことに関する次の会話文を読んで，以下の問いに答えなさい。

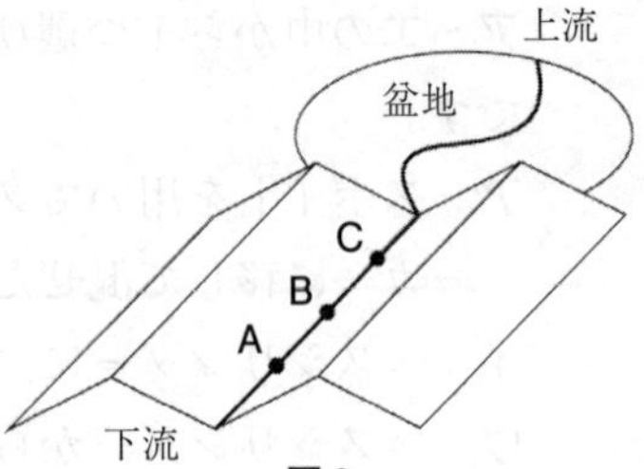

図２

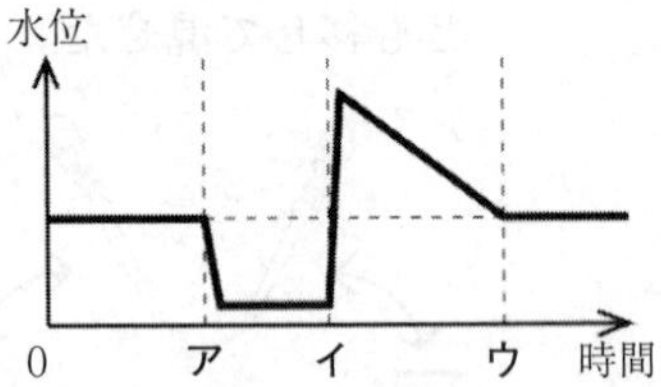

図３　Ｂ地点

三郎：「川の水位が１時間ほどの間に急に下がったり上がったりするのは不思議だね。雨が止《や》んだりしたのかと思ったけど，調べたらこの期間の雨の降り方は，ほぼ一定だったらしい。」
次郎：「何か理由があるはずだよね。確認《かくにん》したけどダムの放流などもなかったらしいよ。」
太郎：「時刻**ア**に**Ｂ**地点の川の水位が急に下がったのは，上流の盆地から谷川に流入する水が減少したと考えれば説明できるよね。たとえば，上流の盆地で堤防《ていぼう》が決壊《けっかい》したと考えれば説明できると思う。」
三郎：「なるほど。」
次郎：「時刻**ア**に**Ｂ**地点の川の水位が急に下がったのは，**Ｂ**地点と（　**ａ**　）地点の間で（　**ｂ**　）などが発生し，川が（　**ｃ**　）と考えても説明できると思うな。」
三郎：「２つの仮説が出たね。それでは，時刻**イ**に**Ｂ**地点の川の水位が急に上昇《じょうしょう》するのは，それぞれの仮説で，どのように説明できるのだろう？」
太郎：「うーん，困ったな。僕《ぼく》の堤防決壊仮説では，ちょっと説明できないかもしれない。堤防を大急ぎで修理しても，こんなに急には水位の上昇は起こらないだろうな。」
次郎：「僕の仮説だと，時刻**イ**に（　　**ｄ**　　）と考えれば，急激な水位の上昇も説明できると思う。」
三郎：「なるほど。次郎君の仮説だとうまく説明できるね。」
太郎：「残念だけど僕の仮説では説明できないことがあったね。僕も次郎君の仮説に賛成だ。」

問４　会話文の空欄《くうらん》（**ａ**）～（**ｄ**）に当てはまる適当な語句や文を答えなさい。なお，（**ａ**）には「**Ａ**」または「**Ｃ**」が入り，（**ｄ**）には「土砂《どしゃ》」という言葉を含《ふく》む10～20字の文が入るものとします。

問５　**Ｃ**地点におけるこの川の水位の変化は，**Ｂ**地点とは明らかに異なるパターンでした。次郎君の仮説に基《もと》づくと，どのようになっていたと考えられますか。時刻**ア**～時刻**ウ**の期間について，各時刻から図中の点を１つずつ選んで線で結び，その変化の大まかな様子を示しなさい。なお，時刻**ア**までと時刻**ウ**からは，**図４**の太線のようになっていたものとします。

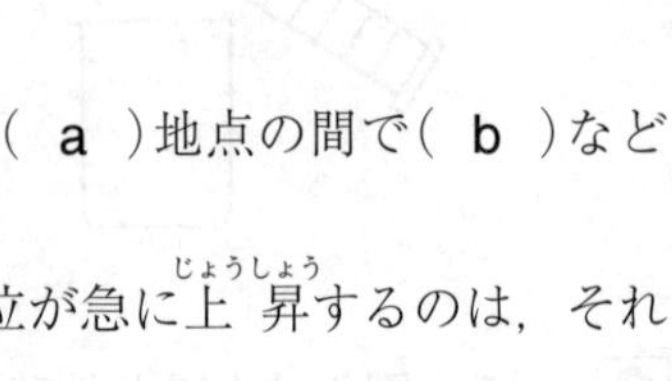

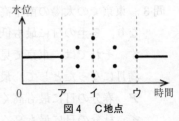

図４　Ｃ地点

問6　次の文の(　)に当てはまる語句を**漢字5文字**で答えなさい。

1時間に50mmを超《こ》えるような激しい雨が数時間以上続くのは積乱雲が同じ場所で次々と発生し同じ方向に移動してゆく場合が多いですが，このような場所を(　　)と呼ぶことが近年，新聞やテレビなどで多くなってきました。

3　次の文章を読み，以下の問いに答えなさい。

太郎君は，いろいろな生物を観察して，ある生物が別の生物にとてもよく似ていることがあることに気がつきました。似ている理由には，いろいろな場合があるようだったので，詳《くわ》しく調べてみました。

問1　**表1**の①～③の生物Aと生物Bの組み合わせにおいて，生物Aが生物Bに似ていることにより，生物Aにどのような利益があると考えられますか。最もよく当てはまると思われるものを下の**ア**～**ウ**の中からそれぞれ1つずつ選び，記号で答えなさい。

表1

	①	②	③
生物A	ナナフシ ※1 	ハナカマキリ ※2 	ホソヒラタアブ ※1 
生物B	植物の葉や枝 	ランの花 	セグロアシナガバチ ※1 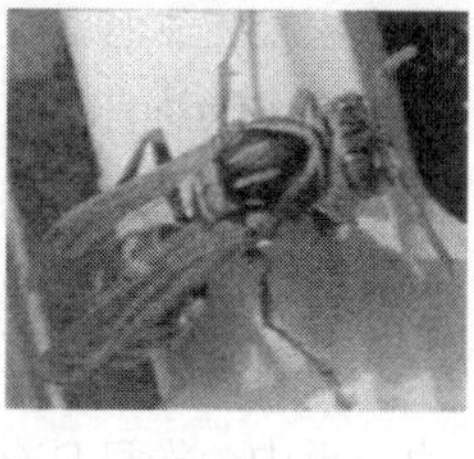

(なお，虫や植物の縮尺は均等ではありません)

※1：川邊透『昆虫探検図鑑1600』(全国農村教育協会) 2014より

※2：安佐動物公園(http://www.asazoo.jp/event/eventlist/3880.php)より

ア　他の生物に見つかりにくくなり，他の生物を捕《つか》まえて食べることが簡単になる。

イ　他の生物に見つかりにくくなり，他の生物に捕まって食べられてしまうことを避けやすくなる。

ウ　他の生物に見つかりやすくなるが，危険な生物と誤解させることによって，食べられてしまうことを避けやすくなる。

太郎君は，ある湖に生息する魚Aに興味を持ちました。この魚Aは，親が自分の巣に卵を産みます。卵を産んだ後も，親は巣を離《はな》れず，ふ化した稚魚《ちぎょ》(子供の魚)を食べようと襲《おそ》ってくる魚Bを追《お》い払《はら》うなど，稚魚を守る行動をします。

太郎君は，魚Aの稚魚は白黒の模様をしており，巣の周囲にいる巻貝Cの模様とよく似ていることに気がつきました。このことにどのような意味があるのか調べてみようと思いました。

問2　太郎君は魚Aの巣内と巣外(巣のすぐ近く)で，稚魚に似ている巻貝Cと，稚魚には似ていない巻貝Dの数を数えてみました。その結果を巻貝の種類ごとに巣内と巣外の比率(割合)としてまとめたものが**図1**です。以下の**ア**～**エ**の中で，**図1**の結果を最もよく説明しているものを1つ選び，記号で答えなさい。ただし巣ができる前は，巻貝C，巻貝Dともにそれぞれかたよりなく分布していました。また，調べた面積は巣内と巣外でほぼ同じであるとします。

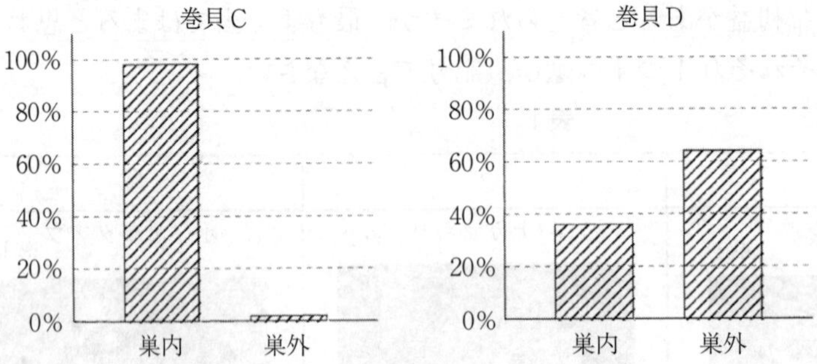

図1

ア　魚Aの親魚は巻貝Cも巻貝Dも巣内に運んだ。

イ　魚Aの親魚は巻貝Cも巻貝Dも巣外に運んだ。

ウ　魚Aの親魚は巻貝Cを巣内に運び，巻貝Dは巣外に運んだ。

エ　魚Aの親魚は巻貝Cを巣外に運び，巻貝Dは巣内に運んだ。

問3　太郎君は「稚魚は巻貝Cに似ていることによって魚Bに襲われにくくなっている」という予想をたてました。この予想が正しいことを確かめるには，**図1**の状態からどのように変化させる実験を行い，どのような結果が得られればよいですか。次の**ア**～**エ**の中から1つ選び，記号で答えなさい。ただし，魚Bは巻貝を食べないものとします。

ア　巣内の巻貝Cを巣外に人工的に移動させると，稚魚が生き残る割合が低くなる。

イ　巣外の巻貝Cを巣内に人工的に移動させると，稚魚が生き残る割合が低くなる。

ウ　巣内の巻貝Dを巣外に人工的に移動させると，稚魚が生き残る割合が低くなる。

エ　巣外の巻貝Dを巣内に人工的に移動させると，稚魚が生き残る割合が高くなる。

問3で答えた実験を行っても，実際には稚魚が生き残る割合は変わりませんでした。不思議に思った太郎君は，巣の親魚の行動をよく観察してみたところ，**問3**で答えた実験の前と後で，親魚が魚Bを追い払う回数が変化することに気がつきました。

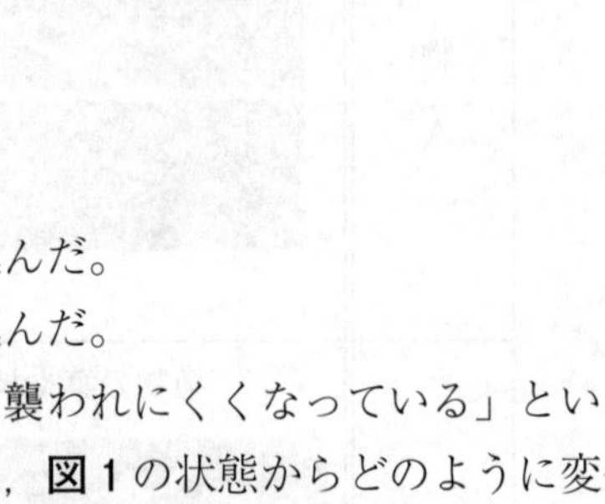

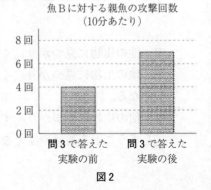

図2

問4　これらの結果からいえることを示した以下の文章の[1]～[4]には，次の**a**～**e**のいずれかの選択肢《せんたくし》が入ります。選択肢の組み合わせとして最も適当なものを以下の**ア**～**ク**の中から1つ選び，記号で答えなさい。

a　巻貝C　　b　巻貝D　　c　魚Aの親魚
d　魚Aの稚魚　　e　魚B

巣内の［ 1 ］の数が少ないと，［ 1 ］に似ている［ 2 ］が［ 3 ］に見つかりやすくなる。その結果，［ 4 ］が［ 3 ］を追い払う行動が増える。

	［1］	［2］	［3］	［4］
ア	a	c	d	e
イ	a	c	e	d
ウ	a	d	c	e
エ	a	d	e	c
オ	b	c	d	e
カ	b	c	e	d
キ	b	d	c	e
ク	b	d	e	c

問5　以下の(1)，(2)に，**下線部**(～～～)および**図2**をもとにして答えなさい。

(1)　魚Aの親魚が，魚Aの稚魚に似ている巻貝Cを運ぶことで，直接利益を得ている生物はどれですか。**問4**の**a**～**e**の中から1つ選び，記号で答えなさい。

(2)　(1)で答えた生物には，どのような利益がありますか。20字以内で答えなさい。

4　以下の問いに答えなさい。数値が割りきれない場合は小数第2位を四捨五入して，小数第1位まで答えなさい。

問1　長さが84cmの太さが一定でないバットを糸を使ってつるし，水平にすることを考えます。**図1**のようにするには540gの力が，**図2**のようにするには180gの力が必要でした。**図3**のように，糸1本だけでバットをつるすにはバットの左端《ひだりはし》から何cmのところをつるせばよいですか。また，このとき糸を支える重さは何gですか。

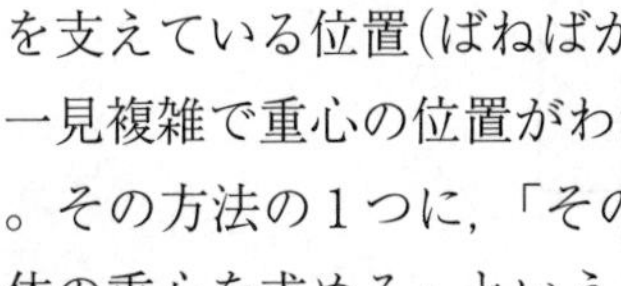

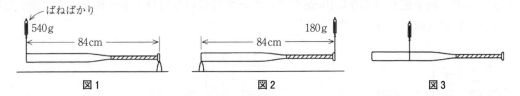

図1

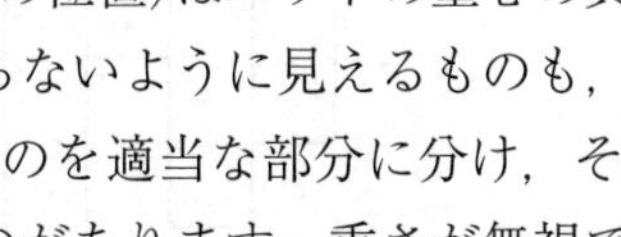

図2

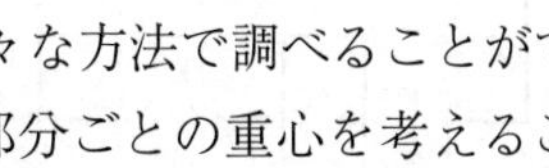
図3

ものをその一点で支えることができるとき，その点を「重心」といいます。例えば，**図3**で糸を支えている位置(ばねばかりの位置)はバットの重心の真上になります。

一見複雑で重心の位置がわからないように見えるものも，様々な方法で調べることができます。その方法の1つに，「そのものを適当な部分に分け，その部分ごとの重心を考えることで，全体の重心を求める」というものがあります。重さが無視できるほど軽く，曲がらない真《ま》っ直《す》ぐな棒を使い，この方法で，いろいろなものの重心の位置を考えてみましょう。

問2　重さ10gのおもり10個を**図4**のように10cmの棒2本に取り付け，それを棒の外側の端が揃《そろ》うように30cmの棒につり下げます。すべての棒が水平に保たれているとき，**図4**中の ア ， イ の長さはそれぞれ何cmでしょうか。

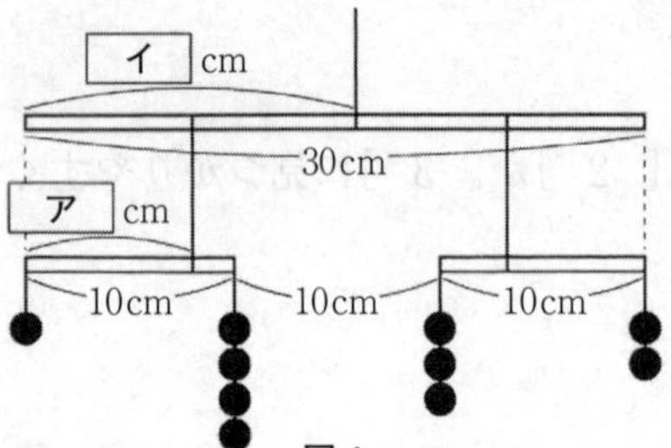

図4

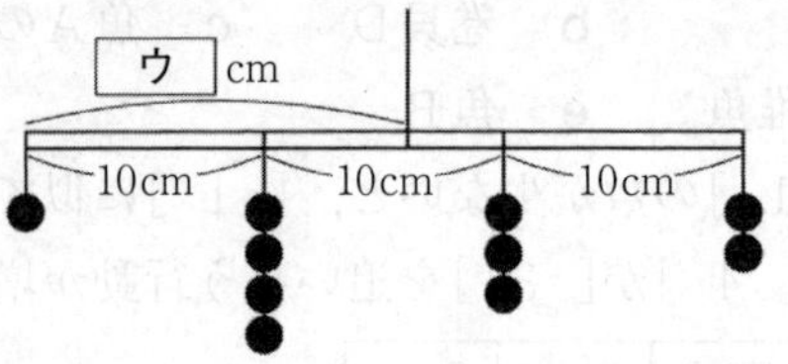

図5

実は図5のように10ｇのおもり10個を30cmの棒に取り付けたとき，棒に糸をつけて水平に保てる［ウ］の長さは［イ］の長さに等しくなります。このように，一見複雑で重心の位置がわかりにくいものも，うまく分けてその部分ごとに重心を求めることで，全体の重心を求めることができます。

厚さが一定の変形しない板(横80cm×縦50cm)から図6のような形を切り取りました。図7は切り取られて残った部分を表しています。なお，板の大きさがわかりやすいように，縦横10cmごとに破線が描《えが》かれています。また，板をつるしている糸はすべて同じ長さであるとします。

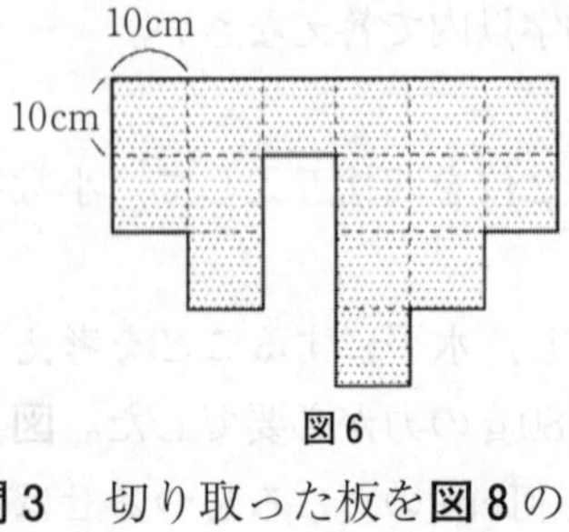

図6

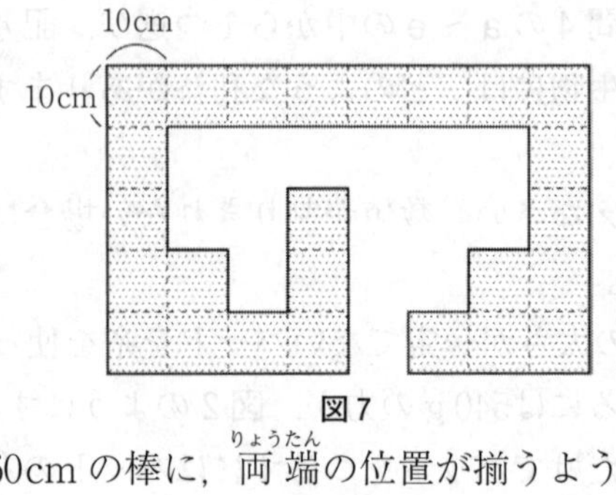

図7

問3　切り取った板を図8のように60cmの棒に，両端《りょうたん》の位置が揃うように取り付けました。このとき，棒が水平に保たれるためには，図中の［エ］の長さをいくらにすればよいでしょうか。なお，板を図9のように10cmごとに切って棒に取り付けても，棒を水平に保つために支える位置は同じになります。

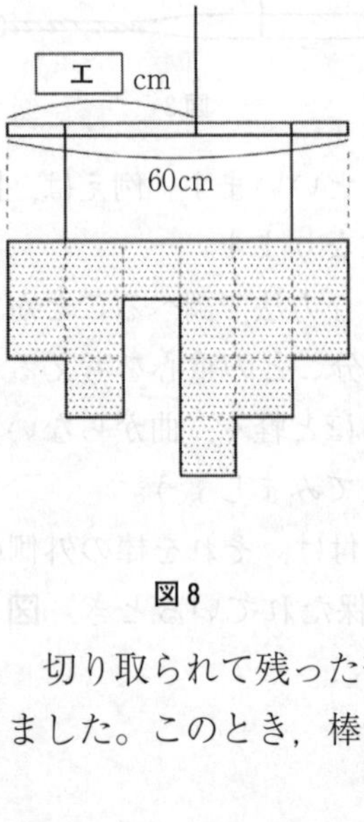

図8

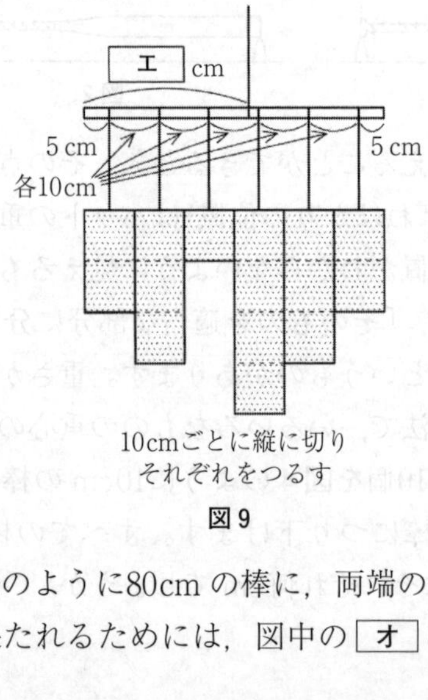

図9

問4　切り取られて残った部分を図10のように80cmの棒に，両端の位置が揃うように取り付けました。このとき，棒が水平に保たれるためには，図中の［オ］の長さをいくらにすればよいでしょうか。なお，切り取られる前の板の重心は，板の中心になります。

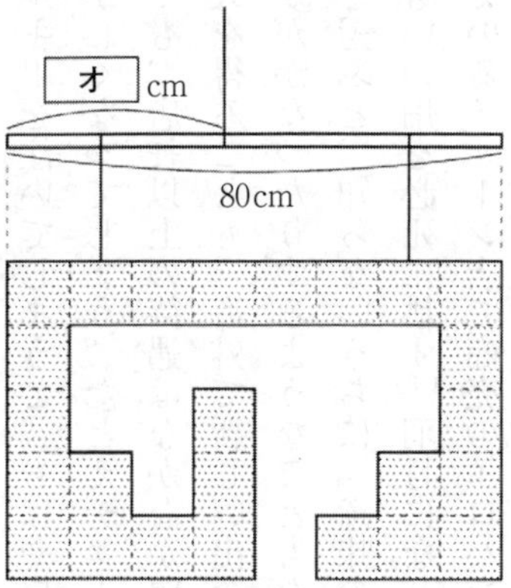

図10

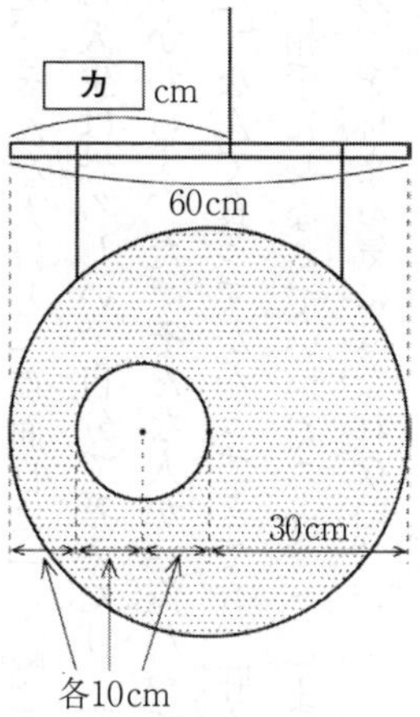

図11

問5　**図11**のように厚さが一定の半径30cmの円形の板から半径10cmの円形の板が切り取られて残った部分があります。この板を図のように60cmの棒に，２つの円の中心を結んだ線と棒が平行になるように，板が棒の幅《はば》にちょうどおさまるように取り付けました。このとき，棒が水平に保たれるためには，図中の カ の長さをいくらにすればよいでしょうか。

部分にエネルギーを注ぐべきかを考えなくてはならない。

本質的なことを考えずに、群れのなかをうまく泳ぎ切ることだけにエネルギーを注いでしまうと、もはや自分の人生を好転させることはむずかしくなってしまう。たとえチェーン店で身を**2**コにして働いたとしても、店長以上の待遇《たいぐう》はなかなか望めないだろう。成功して莫大《ばくだい》な収入を得ることも、海外で新しい出会いがあったり、密《ひそ》かに抱《かか》えていた夢がかなったりするようなこともない。携帯電話《けいたいでんわ》でも買うように仕事を選ぶと、知らないうちに「意味のないうさぎ跳び」や「耕さなくてもいい畑を必死に耕す」羽目になりかねないのだ。もちろん、成功しているチェーン店で商売のイロハを学びたいとか、将来的には本部の社長になりたいという人もいるだろう。しかし**3**タイハンの人は、「ただなんとなく有名だから」といった漠然《ばくぜん》とした理由で①定置網《ていちあみ》にはまり、そのなかでうさぎ跳びをしながら、出る杭《くい》に嫉妬《しっと》している。ただ、そんな人ほど「真面目に一生懸命《いっしょうけんめい》生きている」ように見えるから人生は恐《おそ》ろしい。自分で考えたり、行動することを怠《なま》けているにもかかわらず、だ。そんな人が「俺《おれ》だって朝から晩まで頑張《がんば》っているんだ」なんて食ってかかってきても、肝心《かんじん》のところで怠け者なのだから、相手にしなくていいだろう。ここまできて、「うさぎ跳び選手の努力」を称《たた》える気にはなれない。

知り合いの漁師がみんな、「魚が捕《と》れない」と言う。環境問題が背景なのはわかってはいるものの、実際に海に出て釣《つ》りをしてみると、その深刻さはここ数年、身に沁《し》みる。

ところで、そんなときに②どうしても向かってしまいがちなのが、「かつて大量に魚が捕れた漁場」だろう。ところが、「いま」はすでに「かつて」ではなく、その後、幾度《いくど》にもわたって大量の人間が押《お》しかけ、おまけにゴミや廃液《はいえき》まで流し込《こ》んで小魚すら住めなくなっている可能性が高い漁場だったりするのだ。

パチンコに行って少しの時間で大儲《おおもう》けした人は、その後、その何十、何百倍もの時間と財産をつぎ込んでしまう。それを人生のささやかな冒険《ぼうけん》と言うならば仕方ないが、自分が銀行員になって、それなりに安定した幸せな人生を過ごせたからといって、「なにがなんでも銀行員になれ」と子供に指図《さしず》するのは筋違《すじちが》いだ。時代が移り変わっていることに無自覚だと、親子ともども不幸になる可能性がある。これも思考停止という習慣が生んだ結果だ。かつての漁場にはもはや魚はいないと考えるべきだろう。

（山田玲司『非属の才能』による）

問一 ═部**1**～**3**のカタカナを漢字に直しなさい。

問二 ──部①「定置網にはまり、そのなかでうさぎ跳びをしながら、出る杭に嫉妬している」とありますが、どういうことですか。「に嫉妬しているということ。」につながるように、四十字以上、六十字以内でわかりやすく説明しなさい。

問三 ──部②「どうしても向かってしまいがちなのが、『かつて大量に魚が捕れた漁場』だろう」とありますが、どうして「かつて大量に魚が捕れた漁場」に向かってしまうのか、三十字以上、五十字以内で説明しなさい。

★ 問二、問三は、句読点や記号も一字として数えます。

拓也は、わざと裸《はだか》の足に力を入れて歩いてみる。
痛みは、体を通りぬけていった。

（最上一平「糸」による）

問一 ――部①は「いいかげんな返事、はっきりしない返事」を意味する言葉です。［　］に入る漢字一字を答えなさい。

問二 ――部②「きのうまで履いていた物なのに、もう何年もどこかでほこりにまみれていた、きたない物に見えた」とありますが、そのように見えたのはなぜですか。五十字以上、七十字以内で説明しなさい。

問三 ――部③B「言わなければよかった」とありますが、――部③A「『ちょっとカッコ悪いなァ』と言って、笑ってみせた」からここまでの拓也の心情の変化を、「後悔した。」につながるように、五十字以上、七十字以内で説明しなさい。

問四 ――部④「口ぎたなくののしられたり、悪口を言われたほうが、どれくらい気がかるくなるかしれやしない」とありますが、拓也の気の重さがわかる、ひと続きの二文を、これより前からさがし、はじめの五字を抜《ぬ》き出しなさい。

問五 ――部⑤「今まで何度も見てきた顔なのに、ひとつひとつが、拓也の知っていた和子とはちがっているように思えた」とありますが、拓也がそう感じたのはなぜだと考えられますか。五十五字以上、七十五字以内で説明しなさい。

★ 問二～問五は、句読点や記号も一字として数えます。

二 次の文章を読んで、あとの問いに答えなさい。

みかん栽培《さいばい》を生業《なりわい》としていた永田照喜治《ながたてるきち》氏は、若い頃《ころ》から植物をよく観察する人だったという。あるとき永田氏は、過酷《かこく》な土地に植えられたみかんのほうが、肥沃《ひよく》な土地に植えられたみかんより甘《あま》くておいしいことに気づく。そこで彼は肥沃な土地を手放し、石だらけの海沿いの土地を購入《こうにゅう》して、単独で甘いみかんの開発に挑《いど》んだ。最低限の肥料と水で、植物が本来持っている力を最大限まで引き出そうと1シコウ錯誤《さくご》をくり返したのだ。まわりの人はさんざん永田氏を非難したが、彼はまったく動じなかった。やがてその研究は国内最高峰《さいこうほう》の学者たちに認められ、水に沈《しず》み、フルーツのような甘さを誇《ほこ》るトマトや、生で食べられるタマネギなどを生む「永田農法」へとつながっていく。

まさに「非属の農夫」とも言える永田氏は、いまなんとロボットによる農業に取り組んでいるという。野外での過酷な肉体労働があたりまえの農業を、快適で安全に楽しくできるものに変えようとしているのだ。

「農地はただ必死に耕せばいいのではない」と永田氏は言う。体に悪いうさぎ跳《と》びを野球少年にさんざんやらせてきたように、この国ではよく、考えずに意味のない努力をさせがちだ。そして、その根拠《こんきょ》はたいがい「みんながしているから」である。

野球はどちらかといえば瞬発系《しゅんぱつけい》の「速筋《そっきん》」スポーツなのに、いまだにただひたすら走らせるなど、やみくもに「遅筋《ちきん》」を鍛《きた》えさせているコーチが多いと聞く。

永田氏はかつて特攻隊《とっこうたい》にいた。「みんながしているから」と、お国のために死んでいく仲間を見てきたのだろう。もし彼がずっと常識や伝統といったものに従っていたら、僕《ぼく》たちはいつまでも水っぽくてすっぱいトマトしか食べられなかったのかもしれない。

人生で自分が使えるエネルギーには限界がある。そうなると、どの

「いやだよ」

「いいから早ぐ」

和子は拓也の勢いにまけて、首に手をまわした。拓也はよろけながら土手をのぼった。

「また買ってもらわなくちゃ」

和子が背中で言った。

りんご畑を過ぎたころから、拓也の手はしだいにしびれてきた。何度もしょい上げながら、ピンクのズックを川に浮かべたときのことを思い出していた。

おこられることはしかたがないけれど、少しでもねたましい気持ちが自分にあったことを、知られるのではないかと思うと、拓也は自分が悲しかった。そして、ねたんだ気持ちがズックを流したんだと言われることが恐《おそ》ろしかった。

「ほんとうに、流そうとして流したんじゃないぞ」

あえぎながら拓也はつぶやいた。汗《あせ》だくだった。足はガクガクしていまにもつぶれそうだった。

「もう降ろしてよ。歩いて行くから」

拓也は聞こえてないように、のろのろと進んだ。

「降ろして」

背中で和子がさわいだので、拓也はよろめいた。その拍子《ひょうし》に、ぬってあった方のズックに力がかかって、プツンとぬい目がほどけて、白い糸が出てきた。

つぶれるもんか、と、しびれた腕《うで》に力を入れた。それでもズリズリ和子はさがってくる。気持ちとはうらはらに、とうとう拓也はつぶれた。

前を和子が歩いていく。じゃり道に裸足の右足をそっと置くようにして、一歩ずつ進む。④口ぎたなくののしられたり、悪口を言われたほうが、どれくらい気がかるくなるかしれやしない。それなのに、和子はなにも言わなかった。

うつむいて歩く拓也の目に映るのは、ズックのない右足だけだった。素足《すあし》がとがった小石を踏むと、ズックをはいた方の足が、あわてて先に出る。そしてしっかりと和子をささえた。そのたびに、拓也はズキンと胸が痛くなる。ひたいから流れてくる汗が冷たかった。ピンク色のズックが片方だけになると、前にもまして、残った片方がきれいに見えた。

「和ちゃん」

「……」

「和ちゃん」

拓也は和子の前に走り出て、糸のほどけたズックをぬいだ。

「ボロだけんど、はけば痛くない」

面と向かった拓也は、和子の顔をじっと見た。和子のひたいにも汗がにじんでいる。先の少し上がりぎみの目もとに、小さなほくろがある。口もとがすねたように、まんなかでつぼまった。⑤今まで何度も見てきた顔なのに、ひとつひとつが、拓也の知っていた和子とはちがっているように思えた。

ススキの穂《ほ》がさっとなびくと、吹いてきた風が和子の表情を運んできたように、顔がやわらかくふくらんだ。

「うん」

ピンクのズックと拓也のズックは、和子を交互に運んで行く。

流そうとして流したのではないけれど、流してしまったのは自分なんだ。どんな理由をつけたところで、片方のズックはもうないのだ。どんなに、ため息をついたところで、その事実からは逃げられはしない。

「なにすんのよ」

という言葉といっしょに、背中に水が飛んできた。

背中がヒヤッとして立ち上がったはずみに、手はズックをはなしてしまった。二人は同時にアッと叫《さけ》んだ。手からはなれたズックは、川に流されて二回、三回まわったかと思うと、本流の流れにのって川下の方に、どんどん流され始めたからだ。

拓也は走った。走りながら、まわりに棒きれがないかと、ズックと交互《こうご》に川原を見わたした。しかし、役にたちそうなものは何も落ちていなかった。拓也は岸に押《お》し戻《もど》されることを願いながら、玉石の間をすりぬけたり、砂に足をとられたりしながら、ズックを追いかけた。

川は、ところどころ早瀬《はやせ》になって白いしぶきを上げ、ズックをもて遊ぶように速く遅《おそ》く流した。岸から、だんだんとはなれていく。

拓也はねこやなぎやすすきのやぶになっている川原の端《はし》まで走っていた。そこから土手に上がり、なおも走った。

土手はどんどん高くせり上がって、りんご畑の端になると、そこからは雑木《ぞうき》の山で、川はがけの下に見えなくなった。ズックは沈んでしまったのか、がけの下を流れて行ってしまったのか、見つからなかった。拓也は肩《かた》で息をしながら、がけの下で砕《くだ》けている白いあわを、しばらくにらみつけた。

「ちくしょう」

ひょろひょろした女郎花《おみなえし》の花をペシッとおって、そこにたたきつけてから、しかたなく引き返した。

川原の土手にもどると、すぐ下の玉石に和子はすわっていて、片方のズックに人差し指を入れ、くるくるまわしていた。拓也はそれを見ると、どうにでもなれという、やけっぱちな気持ちになった。

「ズックどうしたァ」

和子が立ち上がった。

「流れて行った」

「アーア。きのうと今日しかはいていないのに無くしちゃった。きっとしかられるなァ」

「かんべん。んでも、流そうとして流したんじゃないぞ」

「いたずらしていたからよ」

そう言われると、拓也は何も言うことができなかった。ただ、和子の顔をずっとにらんでいた。視線をさけてしまえば、とんでもない悪者にされてしまいそうで、そうしていることが、拓也にすれば、自分を守る最後の術《すべ》だった。

「私、帰る」

和子は片足だけズックをはいて、裸足の方を近くの玉石にのせながら、ピョコタン、ピョコタンと歩き出した。小さな玉石のある川べりを歩いていくから、土手の上から見ていると、川の中に和子は見える。川面《かわも》をなでて川風が吹《ふ》くと、風の通った道が小さく波だって、キラキラと夕陽《ゆうひ》をあびて光った。その中を小さなハヤがときどきはねて、パチャンと落ちる音がさびしく聞こえた。

拓也は、どろどろによごれてしまった自分のズックを見て、流そうとして流したんじゃないぞ、と口の中でつぶやいた。そして、土手をかけ降りて、和子に追いついた。

「流そうとして流したんじゃないぞ。絶対に流そうとして流したんじゃないぞ」

拓也は同じことをくりかえした。

「わかってるわよ」

「おぶってってやる」

拓也はくるりと背を向けた。

「いいわよ、はずかしい」

「はずかしくとも、おぶってってやる」

りがあったり、小さな川が別れて、シャラシャラ流れていたりで、いたるところ絶好の遊び場だった。

遠足のつぎの日、拓也が川原の土手に立って見ると、いたのはめずらしく和子ひとりだった。川原は一昨日《おととい》の雨で増水して、水たまりの形が少し変わっていた。なかでも川原のまんなかにある大きな水たまりは、まだ本流とつながっていた。そこで和子は、白いスカートのすそをパンツにはさみこんで、ひざまで水に入っていた。増水したつぎの日は、ハヤやナマズが水たまりに流れてきて、そのままそこに巣くっていることがよくあるので、拓也は和子が何か見つけたなと思って、土手を一気にかけおりた。

やっぱり水たまりには大きなナマズが一匹《いっぴき》入っていた。

拓也は水たまりの流れ口から、本流に逃《に》げられないように、よもぎを引きぬいてきて、流れ口に山ほどつんだ。その上に石をのせておけば、水はすき間から逃げていくが、ナマズは逃げ出せなくなる。そうしておいて、水の入口《いりぐち》の方から少しずつ追っていく。

「どー、どどどど。どー、どどどど」

と、口をとがらせながら足で底を踏《ふ》んでナマズを追いたてた。和子は拓也が作ったインスタントのやなの前でまちかまえた。

ナマズは一番深いところに沈《しず》んでいて、なかなか動かなかった。やっとのっそり動いて浮《う》いてきたかと思うと、すぐにくるりと向きを変えて濁《にご》った底にかくれてしまった。

「早く早く」

と、和子がせかした。

「さわぐな。警戒《けいかい》すんべな」

拓也は見えなくなった底を、やみくもに足でかきまわした。それでもナマズは出てこなかった。

「だめだ。濁り過ぎで、どごさいるかさっぱりわがんね。おさまるまで、ちっと中止だ」

拓也は、半ズボンを両手で上に引っぱり上げながら水をこいで、水たまりの外に出た。

「拓ちゃんはだめだ。今度私《わたし》がやる。交代」

そう言うと、拓也の前の玉石の上を裸足《はだし》でポンポンと飛んで、和子は水の入口のところに行った。

「裸足じゃ爪《つめ》はがすぞ」

「だいじょうぶ、だいじょうぶ」

「なんでズックはかねんだ」

「んだって、まだ新しいもん」

和子は玉石の上で、だんだん澄《す》んでくる水底《みなそこ》に目をはしらせた。

拓也は新しいもんと言われて、忘れていた自分のズックを思い出した。頭だけちょっと下げて見てみると、乾いた玉石はぬってもらった右足のズックの方だけ、中にたまった水が流れ出て、黒くぬれていた。それを見るとなんとなく、もう水に入る気がしなくなった。

和子が向こうから水の中に入ったので、拓也は出口の方にのろのろと歩いた。さっきやなを作ったときは気がつかなかったが、水たまりの水が川に合流するわきの、大きな玉石の上に、きのう遠足にはいてきたピンクのズックがきちんとそろえて置いてあった。

和子のズックを見ているうちに、拓也は半分酔《よ》ったような気持ちで、やなを通りこし、何となく玉石に近づいた。そして、これも、さわってみようなどと少しも思っていないのに、右側のズックを手にしてながめた。

ながめている自分に気がつくと、今度は、はっきりと、このズックをぬらしてやりたいという気持ちがおこった。拓也はゆっくりとしゃがんで、かかとの上をそっとつまみながら水面に浮かべてみた。拓也はなかなかしみてこないズックの中をじっと見つめていた。

んか、そんな気持ちでだまっていると、

「食いたくなけりゃ、食わなけりゃいい」

と、父親がどなった。

拓也はくやしくなって、ふとんを頭からかぶって、そのまま眠《ねむ》ってしまった。

つぎの日は、遠足だということと、腹がへったのとで、いつもよりだいぶ早く目がさめてしまった。拓也は何回も寝返《ねがえ》りをうちながら、腹がへったのをがまんして、ホオジロの鳴くのを聞いていた。

「起きて用意すろは」

と、母親が戸の向こうから声をかけた。

「晴れたかァ」

ホオジロが鳴くので、晴れているのはわかっているけれど、きいてみた。

「日本晴れだ。早ぐ起きてご飯食えは」

いもの煮《に》えている、うまそうな匂《にお》いがした。

起きてきた拓也を見て、母親が言った。

「これなら、今日一日ぐらい、はけるべェ」

見ると、ズックは洗ってあって、穴のあいた片方のズックが、白い糸でぬってあった。

「もうちょいで乾《かわ》ぐは」

母親は、ズックの口を火にかざして乾かしていた。

「ケェー、ぬったんかァ」

「もうすぐ、米売ったら新しいの買ってやっから」

「うん……」

洗ったあとが黄色くしまになって、きばんでいる線が、拓也にはボロくさくていやだったけれど、しかたないと思ってうけとった。ボロはボロだけど、前のズックよりはよっぽどましだし、なんだかうれしい気がして、母親に何か言いたくなった。土間におろして、そろえながら、

③A「ちょっとカッコ悪《わり》いなァ」

と言って、笑ってみせた。

「なんもカッコ悪いことがあるもんか」

背中の方から聞こえてきた母親の言葉のおわりが、かすかに震《ふる》えているようだった。拓也は、③B言わなければよかった、と後悔《こうかい》した。

学校に集まると、和子はだれよりもしゃれた洋服を着て帽子《ぼうし》をかぶり、ズックもピンクの新しい物をはいていた。いつにもまして、はなやいだ雰囲気《ふんいき》が和子にはあった。

拓也は和子にだけは、ぬってあるズックを知られたくないと思った。とくに、汽車に乗って、向かい合って座席にすわったときなど、二人のズックがおたがいに並んで、ぬってある白い糸が見つかってしまいそうで、気が気ではなかった。拓也は気づかれないように少しずつ足を交差させ、ぬってある方のズックに片方をのせてかくした。

けれど、初めて乗った汽車がゴトンと揺《ゆ》れて、スピードをあげ、トンネルや鉄橋や町の家並みが、つぎつぎに現れる窓の外をながめているうちに、それもいつしか忘れてしまった。

九月は川遊びのできる最後の月だった。十月もやらないことはないが、水が少しずつ冷たくなってくるし、そのころは、山に栗《くり》が落ちたり、きのこが出てきたりするので、だんだん山の方に行くようになる。

川での遊び場は、大滝《おおたき》の川原ときまっていて、行くとだれかかれか必ずいた。

川にそった道路を、川下に十五分ばかり行くと発電所がある。その下がゆっくりとカーブしているのだが、りんご畑を過ぎて、土手を降りると、大きな玉石《たまいし》がごろごろしている川原に出る。川原には水たま

二〇二一年度 開成中学校

【国語】（五〇分）〈満点：八五点〉

一 次の文章を読んで、あとの問いに答えなさい。

今度の遠足は蔵王《ざおう》で、拓也《たくや》は初めて汽車に乗れるのでうれしかった。けれど、遠足の日が近づくにつれて、心配になってきたことがひとつある。

前々から遠足にはいて行くズックを買ってくれるように頼《たの》んでおいたのに、明日が遠足だという今日になっても、まだ買ってもらえなかった。

遠足の前日は朝から雨だった。はずれたといの間から落ちてくる雨水が、軒下《のきした》の古だるに当たって、ビチャビチャ音をたてるのを聞きながら、拓也は朝飯を食った。

ゆうべも母親によく頼んでおいたけれど、母親は①「　　」返事ばかりで、買ってやるとも、買ってやらないとも、言わなかった。

父親は朝飯をすませると、いろりでいっぷくをつけた。拓也はズックのことで、何か言うのではないかと、ときどき目のはしで見るのだが、ゆるゆるとたばこの青いけむりが上がっているだけで、いつもと少しも変わらなかった。ズックと、のどまで出かかったが、みそ汁《しる》といっしょに飲みこんで、母親の方をにらんだ。母親はセカセカと後かたづけを始めている。拓也は急いでご飯をかきこんだ。

土間で拓也が長ぐつをはいていると、そのわきにペチャンコになった貧相《ひんそう》なズックがあった。②きのうまで履《は》いていた物なのに、もう何年もどこかでほこりにまみれていた、きたない物に見えた。

母親も土間におりてきて、かけてあったカッパを着た。今日じゅうに町に行って、買ってきてもらわないことには間に合わないので、拓也は片方のズックを、つまむように持ち上げて、もう一度ねだった。

「かあちゃん、ほれ見でみろ。俺《おれ》のズック」

母親はゴワゴワのカッパを着て、髪《かみ》の毛をうるさそうに後ろになでつけた。母親がふり返ったところで、拓也は小指からかかとの方に向かって、大きく穴のあいているズックを、おおげさに開いて見せた。

「バクバクだ。こんじゃ遠足にはいていかんにェ。あしただぜ、遠足」

「ん、……」

わかったのかどうか、母親はあやしい返事をして戸を開けた。

「絶対買ってな」

と、もうひとこと言おうとして、拓也も外に出た。

雨はあいかわらず降っていて、その中をカッパをすっぽり着こんだ母親が歩いていた。かさを開いていると、和子《かずこ》の母親の山本先生も家から出て来た。拓也の母親は三度もおじぎをした。山本先生は薄茶《うすちゃ》のかさをさして、クリーム色のスラックスをはいていた。黒いゴムガッパは、とろとろにぬれながら山の方に曲がって行った。

拓也のすぐわきで、はずれたといからこぼれる水が、古だるに当たって四方に散っていた。そっとかさをさし出して、雨水をうけてみた。そして、ボンボンという不規則なかさに当たる水の音を聞きながら、右と左にだんだんわかれていく二人をながめていた。

夕方になると、西の方にある飯豊山《いいでさん》の上の空が、少しずつ明るくなってきた。拓也はその空を見てあしたは晴れるだろうと思った。

夜になっても、父親も母親も新しいズックのことはなにも言わなかった。

新しいズックは、家のどこにもないようだった。

拓也は腹がへっていたけれど、夕飯を食わなかった。食ってやるも

2021年度

開成中学校 ▶解説と解答

算数 （60分）＜満点：85点＞

解答

1 ⑴ 土曜日　⑵ 612個　⑶ $2.25cm^2$　⑷ **48位**…８，**56位**…３，**96位**…６
2 ⑴ $36cm^3$　⑵ $60cm^3$　⑶ $42cm^3$　3 ⑴ ０１０１　⑵ ０１１０１０
⑶ １１０１１０　⑷ ０００１１１，０１０１１１　⑸ 12通り

解説

1 周期算，図形と規則，構成，数列

⑴ 2121÷４＝530余り１より，１から2121までに４の倍数は530個あり，2020÷４＝505より，１から2020までに４の倍数は505個あるから，2021から2121までに４の倍数は，530－505＝25(個)ある。ただし，2100年は100の倍数であるが400の倍数ではないので，うるう年ではない。よって，2021年から2121年までのうるう年の回数は，25－１＝24(回)とわかる。また，365÷７＝52余り１より，365日後の曜日は１つ後ろにずれて，366日後の曜日は２つ後ろにずれる。2121年２月１日は2021年２月１日のちょうど，2121－2021＝100(年後)であり，その間にうるう年が24回あるから，曜日は，100＋24＝124後ろにずれる。したがって，124÷７＝17余り５より，2121年２月１日の曜日は，月曜日から５つ後ろにずれた土曜日である。

⑵ はじめに，右の図１のように，頂点Ａを通る直線を２本と頂点Ｂを通る直線を３本引くと，三角形ABCが12個の部分に分けられる。次に，点線のように頂点Ｃを通る直線を１本引くと，すでに引かれている，２＋３＝５(本)の直線とそれぞれ１回ずつ交わり，点線が，５＋１＝６(か所)に分かれる。すると，それぞれの点線を含《ふく》む図形が点線によって２個ずつに分かれるので，全体では６個増えて，12＋６＝18(個)の部分に分けられる。このように，頂点Ｃを通る直線を１本引くごとに６個ずつ増えるから，頂点Ｃを通る直線を100本引いたときは，12＋６×100＝612(個)の部分に分けられる。

図１
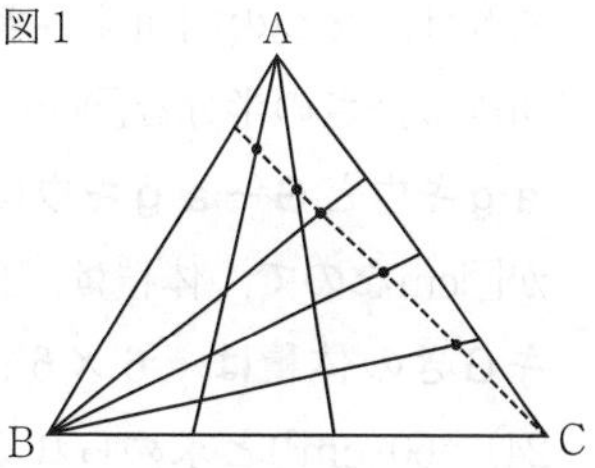

⑶ 右の図２のように正六角形ABCDEFを小さな正三角形に分けると，三角形PQRの面積は小さな正三角形の面積の，１＋３＋５＝９(個分)になる。また，斜線《しゃせん》部分には小さな三角形が４個あるので，正六角形ABCDEFの面積は小さな正三角形の面積の，４×６＝24(個分)とわかる。よって，三角形PQRの面積は，$6\times\frac{9}{24}=2.25(cm^2)$と求められる。

図２
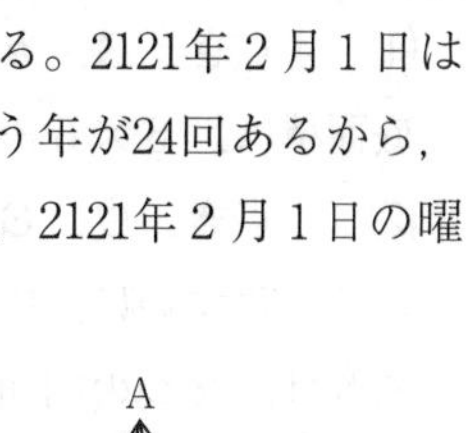

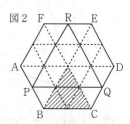

⑷ 下の図３のように，小数点以下を４けたごとに区切り，順番に①，②，③，…とする。①では，10000÷9998の計算を行うから，商は１，余りは２になる。すると，②では，20000÷9998の計算を行うことになる。このとき，割られる数が①の２倍になるので，商

と余りも①の２倍になり，商は２，余りは４とわかる。同様に考えると，商と余りが次々と２倍になるから，下の図４のようになる。48÷４＝12より，小数第48位の数は⑫の商の右端《みぎはし》の数とわかるので，8と求められる。その後も同様にして調べていくと，⑭は，商が，4096×２＝8192，余りが，8192×２＝16384となり，余りが割る数よりも大きくなってしまうから，商を１大きくする必要がある。それにともなって，余りは商を大きくする前よりも9998小さくなるので，⑭の商は，8192＋１＝8193，⑭の余りは，8192×２－9998＝6386となる。56÷４＝14より，小数第56位の数は⑭の商の右端の数とわかるから，3と求められる。その後も同様に考えると，下の図５のようになる(かげをつけた部分の商が１大きくなる)。96÷４＝24より，小数第96位の数は㉔の商の右端の数とわかるので，6と求められる。

図３

```
              ①    ②    ③
         0./0001/0002/0004/…
9998 ) 1./0000/0000/0000/…
           9998
              2/0000
              1/9996
                   4/0000
                   3/9992
                        8/…
```

図４

	①	②	③	④	⑤	⑥	⑦	⑧	⑨	⑩	⑪	⑫
商	1	2	4	8	16	32	64	128	256	512	1024	2048
余り	2	4	8	16	32	64	128	256	512	1024	2048	4096

図５

	⑬	⑭	⑮	⑯	⑰	⑱	⑲	⑳	㉑	㉒	㉓	㉔
商	4096	8193	6387	2774	5549	1098	2196	4392	8785	7571	5143	286
余り	8192	6386	2774	5548	1098	2196	4392	8784	7570	5142	286	572

2 立体図形―体積

(1)　４点き，G，a，gを頂点とする三角すいは，下の図１の太線の三角すい**a－gきG**である。底面積は，６×６÷２＝18(cm²)，高さは６cmだから，体積は，18×６÷３＝36(cm³)となる。

(2)　４点き，ウ，G，aを頂点とする三角すいは，下の図２の太線の三角すいである。はじめに，この三角すいに，図１の三角すい**a－gきG**と三角すい**ウ－キGき**を加えた立体の体積を求める。これは，２つの四角すい**き－agキウ**と**G－agキウ**を合わせた立体である。ここで，正方形の対角線の長さの半分を□cmとすると，□×□＝６×６÷２＝18(cm²)となる。よって，四角すい**き－agキウ**と**G－agキウ**は，斜線部分の底面積が，(４＋６)×(□×２)÷２＝10×□(cm²)，高さが□cmなので，体積は，10×□×□÷３＝10×18÷３＝60(cm³)とわかる。さらに，三角すい**ウ－キGき**の体積は，６×６÷２×４÷３＝24(cm³)だから，図２の立体の体積は，(60＋60)－(36＋24)＝60(cm³)と求められる。

図１

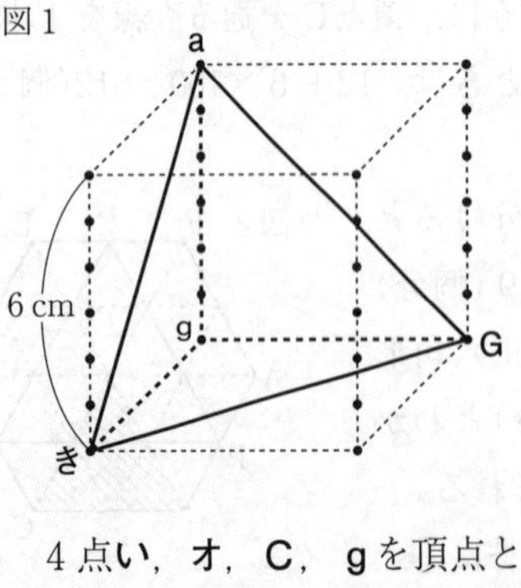

図２

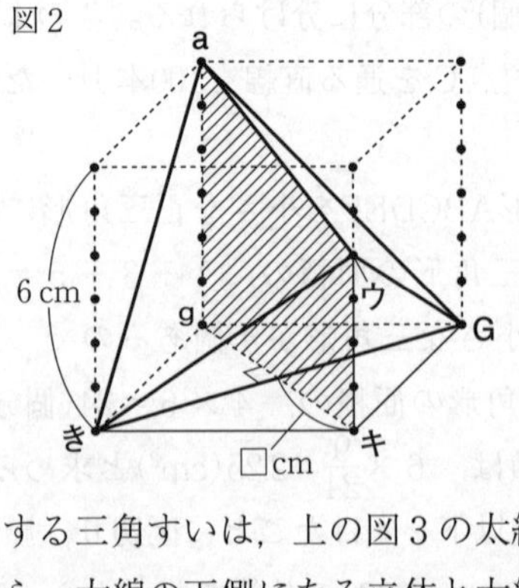

図３

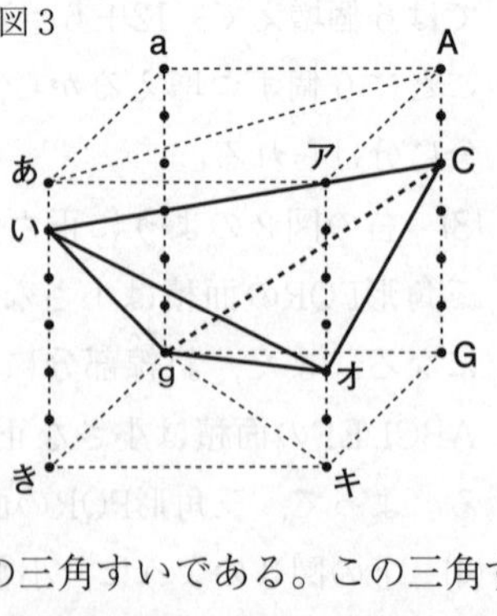

(3)　４点い，オ，C，gを頂点とする三角すいは，上の図３の太線の三角すいである。この三角すいの体積は，立方体全体の体積から，太線の下側にある立体と太線の上側にある立体の体積をひいて求めることができる。はじめに，太線の下側にある立体は，２つの四角すい**g－オいきキ**と**g－**

オキＧＣに分けることができ，四角すい**ｇ－オいきキ**の体積は，$(2+5)\times6\div2\times6\div3=42$(cm^3)，四角すい**ｇ－オキＧＣ**の体積は，$(2+4)\times6\div2\times6\div3=36$(cm^3)なので，合わせると，$42+36=78$(cm^3)となる。次に，太線の上側にある立体は，三角形**アＡあ**を底面とし，**オア**，**ＣＡ**，**いあ**の平均を高さとする立体(Ｐ)と，三角形**ａあＡ**を底面とし，**ｇａ**，**いあ**，**ＣＡ**の平均を高さとする立体(Ｑ)に分けることができ，立体Ｐの体積は，$6\times6\div2\times\frac{4+2+1}{3}=42$(cm^3)，立体Ｑの体積は，$6\times6\div2\times\frac{6+1+2}{3}=54$(cm^3)だから，合わせると，$42+54=96$(cm^3)となる。さらに，立方体全体の体積は，$6\times6\times6=216$(cm^3)なので，図３の立体の体積は，$216-(78+96)=42$(cm^3)と求められる。

3 条件の整理，*N*進数

⑴　３人が出す３枚の組み合わせは，{0，0，0}，{1，1，1}，{0，0，1}，{0，1，1}の４つの場合がある。このとき，３枚とも同じ場合は，スコアスペースと審判《しんぱん》にそのカードを移し，１枚だけ異なる場合は，異なる１枚をスコアスペースに，残りの２枚を審判に移す。このことに注意しながら，スコアスペースをＳとして右下の図１のように調べていく。はじめに，㋐の判定を行うと１だけ異なるから，１をＳに，２枚の０を審判に移す。次に㋑の判定を行うと３枚とも同じなので，１枚をＳに，２枚を審判に移す。このとき，Ｓは新しいカードが左側になるようにする(問題文中の図より，審判についてもＳと同様にする)。同様に，㋒，㋓の判定を行うと図１のようになるから，最終的にＳに置かれているカードは0101とわかる。

図１

	㋐	㋑	㋒	㋓	
Ａ君	0 1 0 1	0 1 0	0 1	0	
Ｂ君	0 0 0 0→	0 0 0 →	0 0 →	0	→
審判	0	0 0	0 0 0	0 0 0 0	0 0 0 0 0
Ｓ		1	0 1	1 0 1	0 1 0 1

⑵　⑴と同様にして調べると，下の図２のようになる。よって，最終的にＳに置かれているカードは011010とわかる。

図２

Ａ君	0 0 1 0 0 1	0 0 1 0 0	0 0 1 0	0 0 1	0 0	0	
Ｂ君	0 1 0 0 0 1→	0 1 0 0 0 →	0 1 0 0 →	0 1 0 →	0 1 →	0	→
審判	0	1 1	0 0 1	0 0 0 1	0 0 0 0 1	0 0 0 0 0 1	0 0 0 0 0 0 1
Ｓ		0	1 0	0 1 0	1 0 1 0	1 1 0 1 0	0 1 1 0 1 0

⑶　はじめの手札が６枚のときは全部で６回の判定を行うが，Ｂ君の得点が６点になるためには，すべての判定で１がＳに移る必要がある。そのためには，すべての判定が{0，0，1}または{1，1，1}になっている必要がある。下の図３のように，はじめのＢ君の手札を $a\ b\ c\ d\ e\ f$ とすると，１回目の判定で１がＳに移るためには，$f=0$ である必要がある。同様に，２回目の判定から，$e=1$，３回目の判定から，$d=1$，４回目の判定から，$c=0$，５回目の判定から，$b=1$，６回目の判定から，$a=1$ と決まる。よって，Ｂ君のはじめの手札は110110となる(最後に審判には０が移るので，Ｂ君が勝ちという条件にも合う)。

図３

Ａ君	0 0 1 0 0 1	0 0 1 0 0	0 0 1 0	0 0 1	0 0	0	
Ｂ君	$a\ b\ c\ d\ e\ f$→	$a\ b\ c\ d\ e$ →	$a\ b\ c\ d$ →	$a\ b\ c$ →	$a\ b$ →	a	→
審判	0	0 0	0 0 0	0 0 0 0	0 0 0 0 0	0 0 0 0 0 0	0 0 0 0 0 0 0
Ｓ		1	1 1	1 1 1	1 1 1 1	1 1 1 1 1	1 1 1 1 1 1

⑷　B君の得点が1点になるためには，最終的にSの中に1が1個だけある必要がある。右の図4のように，1回目の判定(⬇)でSに1が移ったとすると，最終的にSに置かれているカードは000001となり，このようになるためには，$f=0$である必要がある。すると，1回目の判定では審判に0が移るから，2回目の判定は｛0，e，0｝となり，$e=0$とわかる。同様に，3回目の判定は｛0，d，0｝となるので，$d=0$となる。すると，4回目の判定は｛1，c，0｝だから，$c=1$となり，審判には1が移る。よって，5回目の判定は｛0，b，1｝となり，$b=1$とわかる。さらに，6回目の判定は｛0，a，1｝なので，$a=1$となる。ところが，このとき最後に審判には1が移るから，B君が勝つという条件にあてはまらない。同様に考えて，2～6回目の判定でSに1が移った場合について調べると，下の図5のようになる(これは，そのときの「判定の対象となる審判の数」と「その結果Sに移された数」を，A君とB君の手札の下にそろえて表したもので，□の数は最後に審判に移る数である)。このうち，B君が勝つという条件に合うのは，最後に審判に0が移った場合なので，5回目と6回目の判定でSに1が移った場合である。よって，B君のはじめの手札は，000111，010111の2通り考えられる。

図4

	⑥⑤④③②①
	⬇（①）
A君	0 0 1 0 0 1
B君	a b c d e f
審判	0
S	0 0 0 0 0 1

図5

	⑥⑤④③②①（⬇②）		⑥⑤④③②①（⬇③）		⑥⑤④③②①（⬇④）		⑥⑤④③②①（⬇⑤）		⑥⑤④③②①（⬇⑥）
A君	0 0 1 0 0 1	A君	0 0 1 0 0 1	A君	0 0 1 0 0 1	A君	0 0 1 0 0 1	A君	0 0 1 0 0 1
B君	1 1 1 0 0 1	B君	1 1 1 0 1 1	B君	1 1 1 1 1 1	B君	0 0 0 1 1 1	B君	0 1 0 1 1 1
審判[1]	1 1 0 0 1 0	審判[1]	1 1 0 1 1 0	審判[1]	1 1 1 1 1 0	審判[0]	0 1 1 1 1 0	審判[0]	1 1 1 1 1 0
S	0 0 0 0 1 0	S	0 0 0 1 0 0	S	0 0 1 0 0 0	S	0 1 0 0 0 0	S	1 0 0 0 0 0

⑸　B君の得点が2点になるためには，最終的にSの中に1が2個だけある必要がある。このようなSの並び方は，6個の中から2個を選ぶ組み合わせの数と同じだから，$\frac{6\times5}{2\times1}=15$(通り)ある。また，図5からわかるように，最終的なSの並び方に対応して，はじめのB君の手札は1通りに決まるので，最終的なSの並び方が15通りあるとき，はじめのB君の手札も15通り考えられる。ただし，最後に審判に1が移る場合はA君の勝ちになるから，この場合を除く必要がある。そこで，最後に審判に1が移る場合について調べる。最後に審判に1が移るのは，右の図6で，$a=g=1$の場合なので，さかのぼると，$b=h=1$となる。さらに，＿の＊のうちの2個が1だから，＿は6通りの場合が考えられる。それぞれの場合を右の数から順に調べると右の図7のようになり，かげの部分で矛《む》盾《じゅん》が起きることがわかる。つまり，このような場合はありえないので，A君が勝つ場合は3通りある。よって，条件に合うのは，15－3＝12(通り)と求められる。

図6

A君	0 0 1 0 0 1	A君	0 0 1 0 0 1	A君	0 0 1 0 0 1
B君	a b c d e f →	B君	1 b c d e f →	B君	1 1 c d e f
審判	g h i j k 0	審判[1]	1 h i j k 0	審判[1]	1 1 i j k 0
S	＊＊＊＊＊＊	S	0＊＊＊＊＊	S	0 0＊＊＊＊

図7

A君	0 0 1 0 0 1	A君	0 0 1 0 0 1	A君	0 0 1 0 0 1
B君	1 1 1 0 1 0	B君	1 1 1 1 0 0	B君	1 1 0 0 0 0
審判[1]	1 1 0 0 0 0	審判[1]	1 1 0 0 0 0	審判[1]	1 1 0 0 0 0
S	0 0 0 0 1 1	S	0 0 0 1 0 1	S	0 0 1 0 0 1
A君	0 0 1 0 0 1	A君	0 0 1 0 0 1	A君	0 0 1 0 0 1
B君	1 1 1 1 0 1	B君	1 1 0 0 0 1	B君	1 1 0 0 1 1
審判[1]	1 1 0 0 1 0	審判[1]	1 1 0 0 1 0	審判[1]	1 1 0 1 1 0
S	0 0 0 1 1 0	S	0 0 1 0 1 0	S	0 0 1 1 0 0

〔ほかの解き方〕 問題文中の例や(1)，(2)から，A君とB君のカードを二進数で表された数と考えたとき，Sはそれらの和になることがわかる(最後に審判に1が移る場合は，Sの左端に1を置いたものが和になる)。また，各位の和にくり上がりがある場合，その次の位の判定の対象となる審判の数が1になることがわかる。さらに，最後に審判に1が移るとA君の勝ちになるから，B君が勝つためには，一番大きい位の和にくり上がりがあってはいけないことになる。このように考えると，次のように求めることもできる。

(3) B君が勝って得点が6点になるのは，右の図8の場合である。よって，二進数であることに注意して小さい位から順に求めると，$f=0$，$e=1$，$d=1$，$c=0$，$b=1$，$a=1$となり，B君の手札は110110とわかる。

図8

　　0 0 1 0 0 1…A君
＋) a b c d e f…B君
　　1 1 1 1 1 1…S

(4) 二進数の各位が表す大きさは右の図9のようになる。よって，A君の手札を十進数で表すと，8＋1＝9となる。また，B君が勝ちで得点が1点になるのは，Sの中の1つの位だけが1になる場合である。これが9以上になるから，考えられるのはSが010000と100000(十進数の16と32)の場合であり，そのときのB君の手札を十進数で表すと，16－9＝7と，32－9＝23になる。さらに，右の図10から，十進数の7と23を二進数に直すとそれぞれ111，10111となるので，B君の手札は000111，010111とわかる。

図9

	32の位	16の位	8の位	4の位	2の位	1の位
A君	0	0	1	0	0	1

図10

2) 7
2) 3 …1
　　1 …1

2) 23
2) 11 …1
2) 5 …1
2) 2 …1
　　1 …0

(5) (4)と同様に，B君が勝ちで得点が2点になるのは，Sの中の2つの位が1になる場合である。6個から2個を選ぶ組み合わせは15通りあるが，そのうち和が9未満になる場合が，1＋2＝3，1＋4＝5，2＋4＝6の3通りあるので，条件に合うB君の手札は，15－3＝12(通り)考えられる。

社　会　(40分)＜満点：70点＞

解　答

1 **問1** ① 調　② エ　**問2** 国分寺(国分寺・国分尼寺)　**問3** ア　**問4** ① 六波羅探題　② イ　**問5** イ　**問6** ウ　**問7** ① 歌川広重　② 神奈川
2 **問1** ① **1** 第一次世界大戦　**2** 満州事変　**3** 日中戦争　② **X** ア　**Y** ウ　③ **a** イ　**b** オ　**問2** ① イ　② 関東大震災　**問3** **X** 徴兵　**Y** 空襲　**Z** 疎開　**3** **問1** **A** 安倍晋三　**B** 菅義偉　**C** バイデン　**D** メルケル　**問2** ① エ　② エ　**問3** ① ア　② イ　**問4** ① エ　② オ　**問5** ① 4　② 2　**問6** イ，ウ　**問7** ア，ウ　**問8** ア　**問9** (例) 特定の地域に多くの支持者がいる(政党)　**4** **問1** オ　**問2** **A** ウ　**C** イ　**問3** ア　**問4** イ　**問5** イ　**問6** 黒潮(日本海流)　**問7** 地熱(発電)　**問8** エ　**問9** グリーンツーリズム　**問10** カ　**問11** カ　**問12** ア　**問13** エ　**問14** ①

パーム(油)　②　(例)　ひまわりや大豆などは単位面積あたりに得られる油の量が少ないため，油やしと同程度の油を得るためには広大な耕地が必要となる。　**問15**　バイオマスエネルギー
問16　**旭川**…ウ　**網走**…エ

解説

1 東海道を題材とした古代〜近世の歴史の問題

問1　①　律令制度の下で地方から都へ納められた税は，地方の特産物を納める調と，都で一定期間の労役につく代わりとして布を納める庸《よう》。ここでは木簡の表書きに「荒堅魚《かつお》」の表記が見られることから，調と判断できる。　②　木簡の表書きに「伊豆国(静岡県東部)」や「戸主」，裏書に「天平七年」(平城京が都であった奈良時代前半の735年)の表記があるので，ア〜ウはいずれも正しいと考えられる。土地の広さを基準に課税される税は，稲を納める租である。

問2　仏教を厚く信仰した聖武天皇は，741年に「国分寺建立《こんりゅう》の詔《みことのり》」を出し，地方の国ごとに国分寺・国分尼《に》寺を建てさせた。

問3　aは1185年，bは1189年，cは1192年のできごとである。

問4　①　史料は，鎌倉幕府の第3代執権《しっけん》北条泰時《やすとき》が六波羅《ろくはら》探題の長官をつとめる弟の重時《しげとき》にあてた手紙の一部。泰時はその中で，御成敗《ごせいばい》式目を定めたいきさつや目的などについて述べている。
②　ア　承久《じょうきゅう》の乱は1221年，御成敗式目の制定は1232年のできごとである。　イ　文中に「とくに根拠《こんきょ》とした文章があるわけではなく，ただ道理の指し示すところを記したものです」とある。ウ　文中に「これによって，律令の掟《おきて》は少しも改まるべきものではありません」とある。　エ　文中に「もっぱら武家の人々へのはからいのためばかりのものです」とある。

問5　参勤交代は，1635年に江戸幕府の第3代将軍徳川家光が改定した武家諸法度《しょはっと》で制度化された。原則としてすべての大名に義務づけられたので，イが誤っている。ただし，御三家の一つである水戸藩は江戸定住が定められており，幕府の役職についている譜代《ふだい》大名などは江戸に定住する必要があった。また，参勤交代は家臣である大名が主君である将軍を守るための軍役という名目で行われたので，大名は武器を持参して江戸に向かった。

問6　江戸時代に長崎で行われていた中国との貿易はあくまで中国人商人との民間貿易であり，明や清との正式な国交にもとづくものではないから，ウのようなことはなかった。アは朝鮮通信使，イは琉球《りゅうきゅう》王国から将軍の代がわりごとに江戸に派遣された慶賀使や，琉球国王がかわるごとに将軍のもとに派遣された謝恩使について述べた文。エはオランダに対して義務づけられていたもので，出島のオランダ商館の商館長(カピタン)一行は将軍に拝謁《はいえつ》するため，大坂(大阪)まで船で行き，東海道を経て江戸に向かった。

問7　①　浮世絵版画集「東海道五十三次」の作者は歌川広重である。　②　日米修好通商条約では，すでに開港されていた箱館(函館)に加えて，神奈川・新潟・兵庫・長崎の4港が開港地とされた。このうち，東海道の宿場町があるのは神奈川である。なお，開港による外国人とのトラブルなどをおそれた幕府は，人々の往来の激しい神奈川ではなく，対岸の寒村にすぎない横浜を開港地とした。また，兵庫は京都に近いため朝廷が反対したが，1868年になって兵庫の東の神戸が開港された。

2 東京市と大阪市の人口の移り変わりを題材とした歴史の問題

問1　①　**1～3**　1918年は第一次世界大戦が終わった年。1931年には満州事変が起こり，1937年には日中戦争が始まった。　②　**X**　明治時代から大正時代初期にかけて，日本の工業の中心は製糸・紡績《ぼうせき》などの繊維工業であった。　**Y**　満州事変や日中戦争が起きた1930年代には，軍需《ぐんじゅ》産業を中心とした重化学工業が大きく生産をのばし，生産額で繊維産業を上回った。なお，イは明治時代前半，エとオは高度経済成長期の1960年代にあてはまる。　③　**a**　大阪市とその周辺には，1883年に操業を開始した大阪紡績株式会社など多くの紡績工場が建てられ，綿糸がさかんに生産された。　**b**　戦時体制の下，東京湾沿岸では造船や機械など多くの軍需関連の工場で増産が進んだ。そのことが東京市の人口増加につながったと考えられる。なお，1889年から1943年まで東京府(現在の東京都)の中心部には東京市がおかれており，その最終的な市域が現在の東京23区となった。

問2　①　高速道路の建設が進んだのは1960年代以降のことなので，イが誤っている。ほかはいずれも大正時代後半の社会のようすである。　②　1923年９月１日に起きた関東大震災によって東京や横浜の中心部は壊滅《かいめつ》的な被害を受け，多くの死者が出た。

問3　**X～Z**　1940年から45年にかけては日中戦争が長期化し，さらに太平洋戦争も起こった。この時期に東京や大阪の人口が大きく減少したのは，男性が徴兵《ちょうへい》され，戦地に送られる人が多くいたこと，1944年から激化したアメリカ軍による空襲《くうしゅう》のため多くの市民が犠牲《ぎせい》になったこと，そうした空襲の被害を避《さ》けるため東京や大阪から疎開《そかい》し，地方へ移り住む人が多くいたことなどによる。

3　日本の政治制度を題材とした問題

問1　**A，B**　2020年８月28日，安倍晋三首相が体調不良などを理由に辞任を表明。これを受けて９月14日に自由民主党総裁選挙が行われ，そこで勝利した官房長官の菅義偉《すがよしひで》が，９月16日，第99代内閣総理大臣に就任した。　**C**　2020年11月に行われたアメリカ合衆国大統領選挙では，民主党候補のジョー・バイデン元副大統領が共和党候補のトランプ大統領を破り，2021年１月，第46代大統領に就任した。　**D**　ドイツでは，2005年に就任したアンゲラ・メルケルを首相とする長期政権が続いている。

問2　①　2020年９月16日，安倍内閣は臨時会(臨時国会)を召集し，その冒頭《ぼうとう》で安倍内閣は総辞職した。続けて衆参両議院で首相指名選挙が行われ，菅義偉が新しい内閣総理大臣に選出された。
②　財務大臣などの国務大臣は内閣総理大臣によって任命される。

問3　①　高度経済成長期には，神武景気(1955～57年)や岩戸景気(1958～61年)，オリンピック景気(1963～64年)などの好景気が続いた。1966年から1970年まで続いた好景気は，それらの景気を上回るものであったことから，いざなぎ景気とよばれた。「いざなぎ」は『古事記』などの国造り神話に登場するイザナギ・イザナミという夫婦神の名にちなむものである。なお，イは1914～18年の第一次世界大戦中，ウは1950～53年の朝鮮戦争中，エは1980年代後半のできごとである。　②　第二次世界大戦後，為替《かわせ》相場は１ドル＝360円の固定相場制が長く続いた。しかし，1971年８月，アメリカ合衆国のニクソン大統領が貿易赤字の解消を目的としてドルと金の交換停止を発表。このとき，円とドルの交換比率は１ドル＝308円となった。さらに1973年，世界の為替相場は変動相場制に移行したが，その後はおおむね円高ドル安となる傾向《けいこう》が続き，近年は１ドル＝100円～110円前後で推移している。したがって，１ドル＝360円であったかつての為替相場は，現在よりずっと円安ということになる。

問4　①　桂《かつら》太郎は山口県(長州藩)出身の軍人・政治家で，明治時代後半に長く首相をつとめた。

公家出身の西園寺公望《さいおんじきんもち》と交互に首相をつとめたことから，その時代は「桂園時代」ともよばれる。
② 大正元年にあたる1912年12月，桂太郎は三度目の首相就任を果たしたが，藩閥《はんばつ》政治の復活に反対する人々が第一次護憲運動を起こしたため，組閣から約２か月で退陣に追いこまれた。これを大正政変という。韓国併合は1910年，日露戦争は1904～05年のできごとである。

問５ ①，② アメリカ合衆国の大統領の任期は４年。1951年に合衆国憲法が修正され，大統領は２期までしか続けられないこととなった。

問６ ア 12月に全米の選挙人が集まって行う投票で過半数の票を獲得《かくとく》した候補が大統領となる。なお，11月に行われる有権者による投票で過半数の選挙人を獲得した候補が，事実上，選挙に勝利しており，12月に行われる選挙人による投票は形式的なものといえる。 イ 11月の投票で全米の合計得票数が過半数に達していても，選挙人の配分の関係で，それが過半数の選挙人の獲得につながるとは限らないから，選挙で敗れる可能性がある。実際，2016年の大統領選挙において，民主党候補のヒラリー・クリントンは全米の合計得票数では共和党のトランプ候補を上回っていたが，獲得した選挙人の数ではトランプ候補に及《およ》ばなかったため，当選できなかった。 ウ 11月の投票で全米の過半数の州で得票数が１位となっても，州によって選挙人の数に違いがあるため，それがそのまま過半数の選挙人の獲得につながるとは限らない。

問７ ア ドイツでは大統領は名誉《めいよ》職的な存在であり，行政の最高責任者である首相は下院議員によって選出される。また，下院は内閣不信任決議権を持っているから，実質的に議院内閣制であるということができる。 イ，ウ フランスの政治制度では，国家元首である大統領は国民による選挙で選出され，首相の任命権や下院の解散権を持っているから，大統領制といえる。その一方で，下院は内閣不信任決議権を持ち，大統領が下院の多数派の政党から首相を選ぶ伝統もあることから，議院内閣制の要素を取り入れているともいえる。

問８ ア 会話文中に，イギリスの下院解散については，2011年のルール変更により，「任期満了前の解散には，内閣不信任決議案の可決か，総議員の３分の２以上の賛成が必要になった」とある。さらに，イギリスの下院の選挙制度は完全小選挙区制だから二大政党が強いが，「片方の政党だけで３分の２を確保するのは難しい」ともある。したがって，内閣が比較《ひかく》的支持率が高い場合などに，より議席を増やそうとして解散を行うようなケースは減ると考えられる。 イ 解散を行うことが難しくなるので，下院議員が任期満了にいたることは，変更前より増えると考えられる。 ウ 内閣不信任決議は下院で過半数の議員が賛成すれば成立するから，それが可決される回数の増減は，解散のルールの変更とは直接の関係はないと考えられる。

問９ イギリスの下院選挙は完全小選挙区制で行われる。したがって，全国的な支持基盤はなくても特定の地域で強い支持がある政党であれば，そうした地域の選挙区で勝利して議席を獲得することができる。イギリス(正式名称は「グレートブリテン及び北アイルランド連合王国」)はイングランド，スコットランド，ウェールズ，北アイルランドの４つの地域の連合体で，スコットランド国民党はそのうちのスコットランドで強い支持基盤を持っているので，全国的な得票率は低くても地元の選挙区で勝利すれば，一定数の議席を獲得できる。

４ 日本の自然災害や自然環境，産業などについての問題

問１ 有珠《うす》山(北海道)，雄《お》山(東京都の三宅《みやけ》島)，御嶽《おんたけ》山(長野県・岐阜県)，雲仙岳(長崎県)などに印があるＡは「噴火」，中部・西南日本の各地を中心として全国各地に分布しているＢは「洪水」，東北地方太平洋沖地震(東日本大震災)，北海道南西沖地震，兵庫県南部地震(阪神・淡路大震災)，熊本地震などの震源地を示しているCは「地震」である。

問2　日本海溝《かいこう》があるAはウ，南海トラフがあるBはア，東シナ海に大陸棚《だな》があるCはイ，マリアナ海溝があるDはエと判断できる。なお，一般に，細長い海底盆地のうち，深さ6000m以上のものを海溝，それ未満のものをトラフという。

問3　日本では多くの地域で，夏は南東の季節風，冬は北西の季節風が吹《ふ》く。

問4　緊急《きんきゅう》地震速報は，P波の到達による初期微動《びどう》が起きてから，S波の到達による主要動が起きるまでの時間差を利用して初期微動の観測で得られたデータを分析《ぶんせき》し，次にくる主要動の規模や到達時刻などを予測，発表するもの。数秒から数十秒前に大きな揺《ゆ》れを予測するものであるから，イは「1時間以内に」とあるのが不適切である。

問5　地形図中の「自然災害伝承碑《ひ》」があるのは，山の斜面《しゃめん》のすそ野にあたる地域である。したがって，大雨による土砂崩《くず》れなどの土砂災害が発生した場所と考えられる。

問6　東京都に属する八丈《はちじょう》島付近には，南西から北東方向に暖流の黒潮(日本海流)が流れている。

問7　本文中に「八丈島は温泉にも恵まれ」とあることから，地中の熱水や高温の水蒸気を利用してタービンを回す地熱発電と判断できる。なお，八丈島の地熱発電所は1999年から稼働《かどう》していたが，施設の老朽《ろうきゅう》化などの理由から2019年に廃止され，新しい地熱発電所が建設される予定となっている。

問8　内陸部に多く分布しているAは水力発電所。大都市や工業地帯・地域に多く分布しているBは火力発電所。若狭《わかさ》湾沿岸(福井県)のほか，女川《おながわ》(宮城県)，柏崎《かしわざき》(新潟県)，伊方《いかた》(愛媛県)などにあるCは原子力発電所である。

問9　農山漁村地域に宿泊し，農業や林業，漁業の体験やその地域の自然・文化に触《ふ》れ，地元の人々との交流を楽しむ旅は，グリーンツーリズムとよばれる。特に農村に宿泊して農業体験などを行う場合はアグリツーリズム(「農業」を意味するアグリカルチャーと「旅行」を意味するツーリズムを合わせた造語)ともよばれる。内容がこれに近いものとして，自然環境や文化・歴史などを観光しながら，環境保全や持続可能性について学ぶことを目的とした旅行にエコツーリズムがあるが，「農山漁村に宿泊して」という点が条件としてあげられているので，グリーンツーリズムが適当と考えられる。

問10　近年，日本を訪れる外国人観光客を国・地域別に見ると，中国・韓国をはじめとするアジアの国々の割合が大きく増え，アメリカ合衆国の割合が相対的に低下している。特にここ数年，経済発展がめざましいタイからの観光客が増えており，その数値からｃ→ｂ→ａの順と判断できる。

問11　2019年の日本の農家1戸あたりの平均耕地面積は3.0haで，そのおよそ20倍なので，カの4500ａ(45ha)が最も近い。

問12　ア　小麦は第二次世界大戦後，アメリカ合衆国などから大量に輸入されるようになった。高度経済成長期に生活の洋風化が進み，食生活においてもパンやパスタなどが多く食べられるようになり，小麦の消費量がいっそう増えた。　イ　小麦の輸入は完全には自由化されておらず，政府がアメリカ合衆国などからまとめて輸入し，国内の製粉業者などに販売している。1991年に輸入が自由化されたのは牛肉とオレンジである。　ウ　1995年以降，最低限の輸入量であるミニマムアクセスが設定されているのは米である。　エ　小麦の最大輸入先はアメリカ合衆国。2019年における輸入額の国別割合は，アメリカ合衆国45.9％，カナダ34.8％，オーストラリア17.7％の順となっている。

問13　Aは北海道，Bは大阪府，Cは沖縄県。ビート（てんさい）の産地である北海道は精糖業もさかんだが，さとうきびの産地である沖縄県と鹿児島県では精糖業はあまりさかんではない。

問14　①〈イラスト〉に示されているのは油やし。その果実からとれる食用油はパーム油とよばれ，食用油として利用されるほか，マーガリンや石けんなどの原料にもなる。　②油やしは単位面積あたりの収量が多いが，その栽培を増やすために熱帯林が伐採《ばっさい》されるという環境問題が起きている。一方，ひまわりや大豆は単位面積あたりに得られる油の量が少ないため，油やしから得ていた量の油をとるためには，広大な農地が必要となる。

問15　生物由来の物質を利用して得られるエネルギーは，バイオマスエネルギーとよばれる。大豆やさとうきびなどを発酵《はっこう》させて得るバイオエタノールや，家畜のふんから得られるメタンを燃料とするバイオマス発電などが，その例として知られる。

問16　夏と冬の気温差が最も大きいウが旭川《あさひかわ》，7，8月の平均気温が20℃未満であるエが網《あ》走《ばしり》と判断できる。アは函館，イは札幌である。

理　科　（40分）＜満点：70点＞

解　答

1 **問1**　（例）　手であおぎ寄せるようにしてかぐ。　**問2**　ア，イ　**問3**　ア，ウ　**問4**　イ，ウ　**問5**　d　**問6**　4.2mL　**問7**　ア　**問8**　ア　**問9**　ウ　2 **問1**　e　**問2**　ア　**問3**　エ　**問4**　**a**　C　**b**（例）　土砂くずれ　**c**（例）　せき止められた　**d**（例）　川をせき止めていた土砂がおし流された　**問5**　右の図　**問6**　線状降水帯　3 **問1**　①イ　②ア　③ウ　**問2**　ウ　**問3**　ア　**問4**　エ　**問5**　⑴ c　⑵（例）　魚Bを追い払う労力を減らすことができる。　4 **問1**　**左端から**…21cm　**重さ**…720g　**問2**　**ア**　8　**イ**　16　**問3**　31　**問4**　39.4　**問5**　31.25

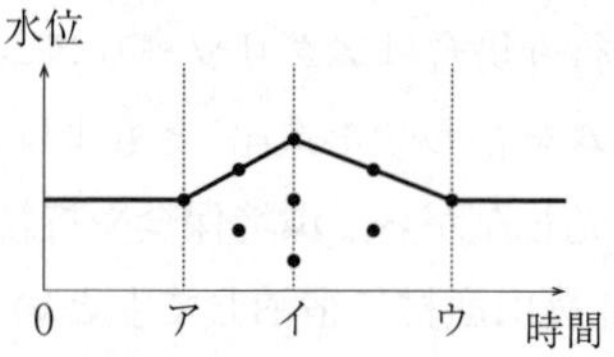

解　説

1 水よう液の性質，メスシリンダーの扱《あつか》い方についての問題

問1　鼻を水よう液に近づけて直接においをかぐと，有害な気体を大量に吸ってしまうおそれがある。そこで，手であおいで風を鼻に送るようにしてかぐ。

問2　アンモニア水には気体のアンモニア，塩酸には気体の塩化水素がとけていて，どちらの気体も鼻をさすようなにおいがする。

問3　赤色リトマス紙を青色に変えるのはアルカリ性の水よう液だから，アンモニア水と水酸化ナトリウム水よう液があてはまる。塩酸と炭酸水は酸性，食塩水は中性の水よう液である。

問4　アルミニウムは，強い酸性の塩酸や強いアルカリ性の水酸化ナトリウム水よう液に加えると，さかんに水素のあわを発生しながらとける。

問5　食塩水を沸《ふっ》とうさせて冷やしても食塩水のままなので，この液体に石灰水を入れても変化は見られない。また，炭酸水を沸とうさせると，とけている二酸化炭素が空気中にぬけ出てしまうため，それを冷やした液体には二酸化炭素がほとんどとけていない。よって，石灰水を加えても白くにごらない。

問6　メスシリンダーで水よう液の体積を読みとるときは，液面の中央部のへこんだ部分を１目盛りの$\frac{1}{10}$まで目分量で読みとる。この水よう液の体積は，4.2mLと読みとれる。

問7　メスシリンダーのような体積をはかる容器は，傷がついて容積が変わることがあるので，ふつうブラシを使って洗わない。また，熱によって変形して容積が変わることがあるため，乾燥《かんそう》機は使わずに乾《かわ》かす。

問8　メスシリンダーＡで10mLをはかりとり，メスシリンダーＡから液体をメスシリンダーＢに流し出したとき，メスシリンダーＡの内側の壁《かべ》などに液体が付着して残るので，メスシリンダーＢの示す体積は10mLよりも少なくなる。

問9　アやエのようにスポイトやビーカーを使って液体を移しかえると，スポイトやビーカーの中に液体が残り，はかりとった量よりも少なくなってしまう。また，イのようにもう一方のメスシリンダーの中に液体を加えると，加えた側の液体と受けた側の液体で混ぜあわせるときに液体の一部をメスシリンダーに残してきたかどうかに差が出てしまう。よって，ウが選べる。

2　月の動きと見え方，川の水位の変化についての問題

問1　真南にあって左半分が光っている月は下弦《かげん》の月である。図１で，地球から見て太陽の方向にあるｇが新月であるから，下弦の月の位置はｅとわかる。

問2　下弦の月は，真夜中ごろに東の地平線からのぼり，午前６時ごろに真南に見える。

問3　満月のとき，月は地球をはさんで太陽と反対側の位置にある。冬至の日に満月をむかえると，地球の自転軸《じく》は太陽と反対の方向に傾《かたむ》いているが，これは自転軸が満月の方向に傾いているともいえる。よって，このようなとき，東京では満月の南中高度が最も高くなる。逆に，夏至の日に満月をむかえたときには，太陽の南中高度が最も高くなるのに対して，満月の南中高度は最も低くなる。

問4　谷川で土砂くずれ(がけくずれ，地すべりなど)が起こり，川がせき止められると，その場所より下流では水が流れてこなくなるため水位が急激に下がり，その場所のすぐ上流ではせき止められた水がたまって水位が少しずつ上昇《じょうしょう》する。そして，せき止められた水がたまってきて，せき止めている土砂の高さを水位がこえたり，せき止めている土砂が水の重さにたえられなくなったりすると，せき止めていた土砂がくずされて，たまっていた水が一気に流れ下る。そのため，下流では水位が急激に上がる。

問5　問４で述べたことに基《もと》づくと，時刻アに土砂くずれが発生し，時刻イにたまっていた水が一気に流れ下ったことになる。Ｃ地点は土砂くずれが起こった場所のすぐ上流と考えられるから，時刻アから時刻イまでは水位が上昇し，時刻イから水位が下がる。ただし，一気に流れ下るのは時刻アからたまった水なので，時刻アより前，時刻ウより後の水位より下がることはない。

問6　積乱雲が同じ場所で次々と発生し，同じ方向に移動していくと，積乱雲が細長く並び，激しい雨が降っている範囲《はんい》が帯状になる。このような場所を線状降水帯という。

3　動物の擬態《ぎたい》についての問題

問1　①　ナナフシは草食動物で，体が木の枝に似ていることで，天敵の鳥などに見つかりにくくなっている。　②　ハナカマキリは肉食動物で，体をランの花に似せることによって，花のみつを食べにきた獲物《えもの》に警戒《けいかい》されにくくなる。　③　ホソヒラタアブは身を守るような毒針を持っていないが，毒針を持つセグロアシナガバチに体の色やつくりを似せることで，天敵を誤解させ，襲《おそ》われにくくしている。

問2　巣ができる前は，巻貝C，巻貝Dともにそれぞれかたよりなく分布していたのだから，巻貝Cは巣外から巣内に運びこまれ，巻貝Dは巣内から巣外へと運び出されたと考えられる。

問3　魚Aの稚魚《ちぎょ》と模様が似ている巻貝Cを巣内に運びこむと，巣内に侵入《しんにゅう》した魚Bが魚Aの稚魚を見つけにくくなり，魚Aの稚魚が生き残る可能性が高まると，太郎《たろう》君は予想している。この予想の通りであれば，巣内の巻貝Cを人工的に巣外に移動させたとき，魚Aの稚魚が生き残る割合は低くなるはずである。

問4　巣内にある巻貝Cを少なくすると，巣内に侵入した魚Bに魚Aの稚魚が見つかりやすくなる。しかし，魚Aの親魚が魚Bを追い払《はら》う回数を多くすることで，稚魚の生き残る割合が問3の実験の前後で変化しなかったと考えられる。

問5　巻貝Cが巣内に多くあると，魚Aの親魚が魚Bに対して攻撃《こうげき》する回数を減らすことができるといえるので，直接利益を得ているのは魚Aの親魚である。巣内に巻貝Cがあってもなくても魚Aの稚魚が生き残る割合は変わっていないのだから，魚Aの稚魚は直接利益を得ていない。

4　ものの重心とてこのつり合いについての問題

問1　バットの重さは，540＋180＝720(g)だから，図3で，糸を支える重さは720gである。また，バットの重心にはバットの重さ720gが集まってかかっていると見なすことができるので，図2で，バットの左端《はし》を支点とし，そこからバットの重心までの距離《きょり》を□cmとすると，180×84＝720×□が成り立つことになる。よって，□＝21(cm)と求められる。

問2　右の図①で，棒FHの両端にかかる力の比は，F：H＝1：4だから，Gの位置は棒FHの長さ10cmを4：1に分けたところにある。よって，FGの長さ(アの長さ)は，$10\times\frac{4}{4+1}=8$(cm)とわかる。次に，棒IKについて，棒の両端にかかる力の比は，I：K＝3：2なので，IJ：JK＝2：3より，JK(DE)の長さは，$10\times\frac{3}{2+3}=6$(cm)となる。すると，AB＝FG＝8cmより，BDの長さは，30－(8＋6)＝16(cm)と求められる。ここで，BとDにかかる力はともにおもり5個分で等しいので，BC：CD＝1：1である。したがって，BC＝16÷2＝8(cm)であるから，ACの長さ(イの長さ)は，8＋8＝16(cm)になる。

図①

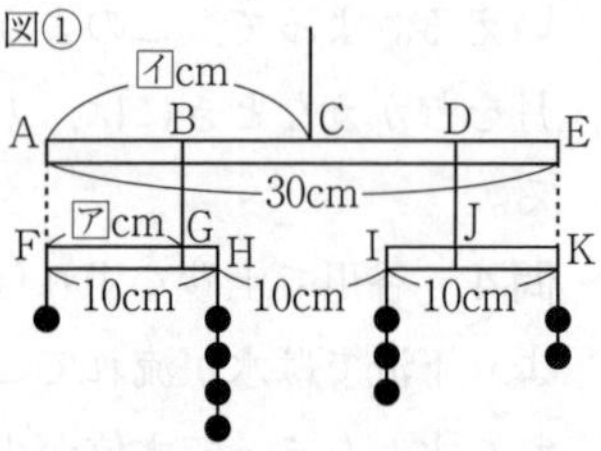

問3　縦と横の長さが10cmの正方形の板の重さを1とすると，図6の板の重さは15となる。図9で，棒の左端を支点として考えると，10cmごとに縦に切った板それぞれによって右回りのモーメントができ，棒をつるしている糸にかかる力によって左回りのモーメントができるから，2×5＋3×15＋1×25＋4×35＋3×45＋2×55＝15×エが成り立つ。よって，エ＝(10＋45＋25＋140＋135＋110)÷15＝31(cm)とわかる。

問4　切り取って軽くなった板の重さを上向きの力として考える。切り取る前の板の重さは，8×5＝40で，その重心は棒の左端から40cmの位置にある。また，切り取った後に残った板の重さは，

40－15＝25となる。そして，切り取った板の重さは15で，その重心は棒の左端から，10＋31＝41(cm)の位置にある。これらを棒に加わる力として表すと，右の図②のようになる。この図で，棒の左端を支点とすると，15×41＋25×オ＝40×40が成り立つので，オ＝(1600－615)÷25＝39.4(cm)と求められる。

図②

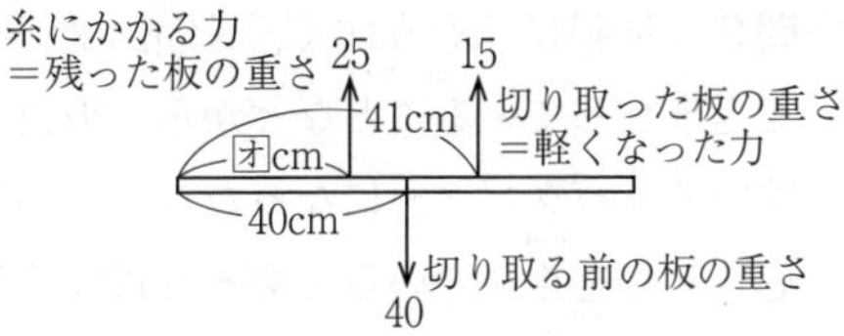

問5　切り取った円形の板(小円とする)の重さと，小円を切り取る前の円形の板(大円とする)の重さの比は，(10×10)：(30×30)＝1：9になるので，小円の重さを①，大円の重さを⑨とすると，大円から小円を切り取った後の板の重さは，⑨－①＝⑧である。また，大円の重心は棒の左端から30cmの位置にあり，小円の重心は棒の左端から20cmの位置にある。ここで，問4と同様に，小円を切り取ったことで軽くなった力を上向きの力として考え，棒の左端を支点として力のかかり方を表すと，右の図③のようになる。これより，①×20＋⑧×カ＝⑨×30が成り立つので，カ＝(270－20)÷8＝31.25(cm)である。

図③

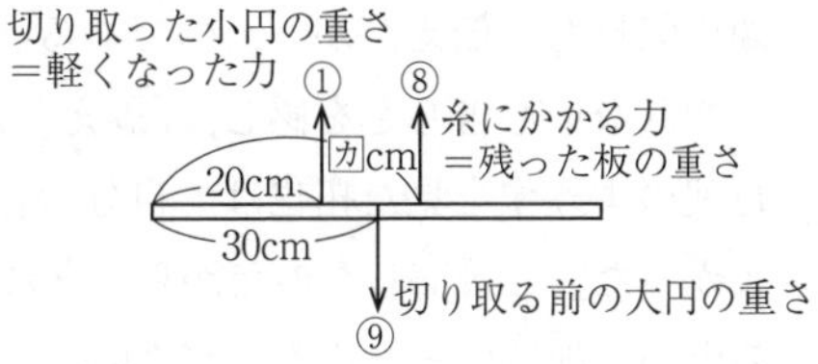

国語　(50分)＜満点：85点＞

解答

一　**問1**　生(空)　**問2**　(例)　新しいズックは買ってもらえないかもしれないと思い，穴のあいたズックで楽しみにしていた遠足に行くみじめさを痛感しているから。　**問3**　(例)　精一杯のことをしてもらったうれしさを明るく伝えようと，「ちょっとカッコ悪いなァ」と言ったのだが，逆に母親を悲しませたと気づき，不用意な言葉を(後悔した。)　**問4**　おこられる　**問5**　(例)　悪いところは知られたくないという思いで和子を見ていた拓也が，痛みを軽くしてやりたい一心でボロズックを差し出した結果，素直な気持ちで和子を見られたから。　二　**問1**　下記を参照のこと。　**問2**　(例)　よく考えることもなく漠然と選んだ仕事に就き，周囲に流されて意味のない努力をしながら，自分で考え行動して成功を手に入れた人(に嫉妬しているということ。)　**問3**　(例)　思考停止という習慣から，時代の移り変わりに無自覚になり，過去の成功体験が今も通用すると思うから。

●漢字の書き取り

二　**問1**　1　試行　2　粉　3　大半

解説

一　**出典は最上一平《もがみいっぺい》の『銀のうさぎ』所収の「糸」による。**川遊びで和子《かずこ》の真新しいピンクのズックを見た拓也《たくや》は，そのズックをぬらしてやりたいと水面に浮《う》かべてみたものの，ふとしたはずみで川下に流してしまう。

問1　拓也は，遠足にはいて行く新しいズックを買ってほしいと繰《く》り返し頼《たの》んだが，母親は言葉をにごし，「買ってやるとも，買ってやらないとも」言わなかったのだから，はっきりしない返事をすることを表す「生返事」がふさわしい。なお,「空返事」でもよい。

問2　母親に「もうすぐ,米売ったら新しいの買ってやっから」と言われた拓也が,「うん……」と返事をしていることなどから,彼《かれ》自身,家の貧しさを「しかたないと」思っていることや,穴が開いて「バクバク」になったズックのことを知りながら,新しいものを買ってあげたいができない心苦しさを抱《いだ》いているであろう母親の気持ちをおさえる。つまり拓也は,家が貧しいことや母親の思いを理解していながらも,みすぼらしいズックで翌日遠足に行かなくてはならない自分の境遇《きょうぐう》を思うとみじめな気持ちになり,ことさらズックが「きたない物に見えた」のだろうと想像できる。

問3　母親が,遠足の「今日一日」だけでも間に合うようにと,ズックの穴をつくろってくれたことを知った拓也が,「ボロはボロ」だが,「なんだかうれしい気がして,母親に何か言いたくなった」ことに注目する。つまり,拓也は愛情を感じ「笑ってみせ」,カッコ悪くても母親に向けて感謝の気持ちを伝えたかったのである。しかし母親は,「カッコ悪い」という言葉に,ズックを買ってやれない心苦しさを感じ,「震《ふる》え」た声で「なんもカッコ悪いことがあるもんか」と言っている。母親のようすを見た拓也は,自分の言葉が母親につらい思いをさせたことを察し,「言わなければよかった」と後悔《こうかい》したのだから,うれしさを伝えたかったのに,逆に悲しませたことを悔《く》やんでいるという趣旨《しゅし》でまとめるのがよい。

問4　遠足の日,「和子にだけは,ぬってあるズックを知られたくない」と思うほど,拓也は和子に好意を寄せていたにもかかわらず,翌日,川遊びをする中で目に入った彼女の真新しいピンクのズックへのねたましさから「ズックをぬらしてやりたい」と思ってしまったことをおさえる。結果,和子のズックを流してしまうことになった拓也は,何度も「流そうとして流したんじゃない」と話しているが,それは和子に,自分のいやしい気持ちを知られるのを恐《おそ》れたからだといえる。よって,傍線《ぼうせん》部④の少し前に書かれた,「おこられる～恐ろしかった」という部分がぬき出せる。

問5　問4でみたように,遠足の日,拓也は「和子にだけは,ぬってあるズックを知られたくない」と思っている。その拓也が,「ぬい目」のほどけたズックを「ボロだげんと,はけば痛ぐない」と和子に「面と向かっ」て差し出したことに注目する。じゃり道を素足《すあし》で踏《ふ》む和子の足の痛みを,拓也は自分の「胸」の痛みとして感じており,彼女の痛みを軽くしてやりたいと思う気持ちが,カッコ悪い自分を見せたくないなどの思いに勝《まさ》ったのである。つまり傍線部⑤は,自分の気持ちに素直になれたことで,これまで見ていた和子のはなやいだ姿ではなく,「先の少し上がりぎみの目もと～口もとがすねたように,まんなかでつぼまった」という素の彼女と対面できた拓也の心情を描いているものと推測できる。

二　**出典は山田玲司《やまだれいじ》の『非属の才能』による。**常識や伝統にとらわれずにさまざまな取り組みを行い,「永田農法」を生んだ永田照喜治《ながたてるきち》氏を紹介《しょうかい》し,現実を見て自分で考え,行動する大切さを語っている。

問1　**1**「試行錯誤」は,既存《きそん》の解決法がないときに種々の方法を試し,失敗を重ねながら適切な方法を見出《みいだ》していくこと。　**2**「身を粉にする」は,"労を惜《お》しまず一心に仕事をする"という意味。　**3**「大半」は,半分以上。大部分。

問2「定置網《あみ》」は,魚群が通る一定の場所に常設して誘導,捕獲《ほかく》する網。ここでは,「ただなんとなく有名だから」などといった漠然《ばくぜん》とした理由から,安易に仕事を選ぶことのたとえである。また,「うさぎ跳《と》び」は,二つ目の段落にあるように「みんながしているから」という理由で続けさせられる「意味のない努力」をいう。そして「出る杭《くい》」は，“集団内でぬきん出た能力を持つ人は制裁を受けがちである”という意味を持つ「出る杭は打たれる」の一部なので，“突出《とっしゅつ》した人”を指し，同じ段落で述べられた「成功」した人や「夢がかなった」人がそれにあたる。以上のことをまとめるとよい。

問３　続く段落で理由が説明されている。「いま」ではもう魚が捕《と》れない漁場へ向かうのは，人々が「時代が移り変わっていることに無自覚」で「思考停止」に陥《おちい》っているため，かつて魚が捕れた漁場，つまり成功したやり方に頼《たよ》ろうとするからだと述べられている。なお，「思考停止」は，自分で考えて行動することを怠《なま》けている状態をいう。

Memo

2020年度　開　成　中　学　校

〔電　話〕　(03) 3822－０７４１
〔所在地〕　〒116-0013　東京都荒川区西日暮里４－２－４
〔交　通〕　JR線・東京メトロ千代田線―「西日暮里駅」より徒歩１分

【算　数】　(60分)　〈満点：85点〉

【注意】　1．答えが分数になるときは，できるだけ約分して答えなさい。円周率が必要なときは3.14を用いなさい。

2．必要ならば，「角柱，円柱の体積＝底面積×高さ」，「角すい，円すいの体積＝底面積×高さ÷3」を用いなさい。

3．式や図や計算などは，他の場所や裏面などにかかないで，すべて解答用紙のその問題の場所にかきなさい。

1　まっすぐ進む２つのロボットＡとＢがあります。２つのロボットは，下のような指示が書かれた５枚のカードをそれぞれもっていて，カードがセットされた順にスタート地点から１分間ずつその指示に従って進みます。

カード①：毎分30cm で進みなさい。(このカードは２枚あります)
カード②：１分間停止しなさい。
カード③：毎分45cm で進みなさい。
カード④：毎分60cm で進みなさい。

例えば，カードが①，①，②，③，④の順にセットされた場合，スタートから２分間で60cm 進み，そこで１分間停止し，その後１分間で45cm 進み，その後１分間で60cm 進みます。このようなロボットの進み方をカードの番号を用いて＜11234＞と表すことにします。

いま，２つのロボットＡとＢを同じ方向に進めたとき，ＡとＢの間の距離《きょり》をグラフにしたところ下の図のようになりました。このとき，ロボットＡの進み方として考えられるものをすべて答えなさい。ただし解答らんはすべて使うとは限りません。

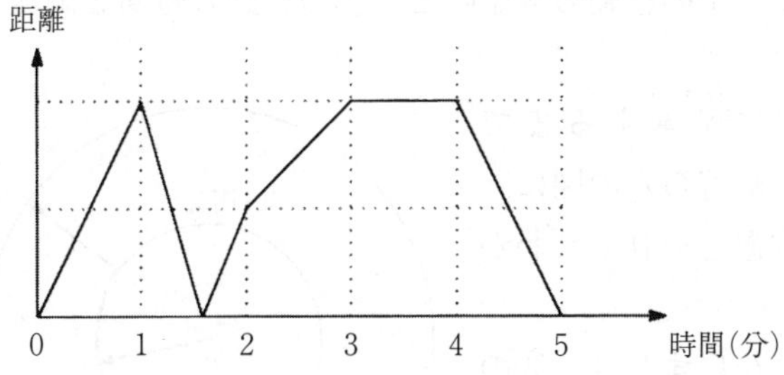

2　平面上に，点Ａを中心とする半径10mの円Ｘと半径20mの円Ｙがあり，円Ｘの周上を動く点Ｂと円Ｙの周上を動く点Ｃがあります。点Ｂは円Ｘの周上を一定の速さで反時計回りに進み，１時間で一周します。そして，点Ｃは円Ｙの周上を一定の速さで反時計回りに進み，３時間で一周します。

また，点Ｐがあり，点Ｐは，次の［移動１］，［移動２］，［移動３］ができます。

［移動１］：点Ａを通る直線上を１時間に50mの速さで12分間進む。
［移動２］：円Ｘの周上を点Ｂと一緒《いっしょ》に進む。
［移動３］：円Ｙの周上を点Ｃと一緒に進む。

現在，３点Ａ，Ｂ，Ｃは図のように１列に並んでいて，点Ｐは点Ａと重なっています。

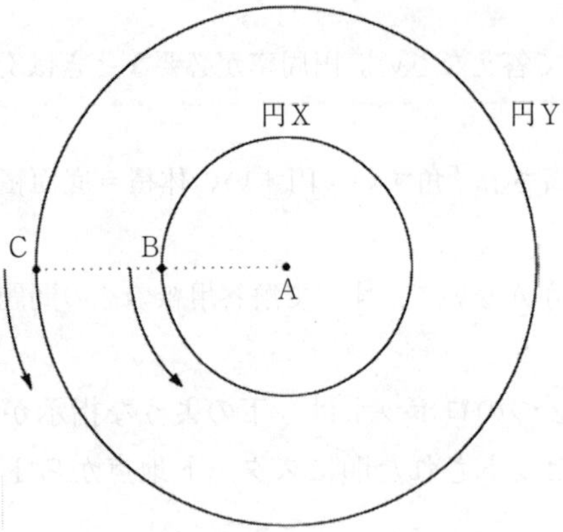

このあと，点Ｐが点Ａから移動して，以下のようにして点Ａに戻《もど》ってくることを考えます。

点Ｐの動き

① ［移動１］で点Ａから点Ｂに移る。
② ［移動２］で点Ｂと一緒に８分間進む。
③ ［移動１］で点Ｂから点Ｃに移る。
④ ［移動３］で点Ｃと一緒に何分間か進む。
⑤ ［移動１］で点Ｃから点Ｂに移る。
⑥ ［移動２］で点Ｂと一緒に８分間進む。
⑦ ［移動１］で点Ｂから点Ａに移る。

点Ｐが上の動きを最後までできるように，①の移動の開始時と，④の移動の時間を調節します。

(1) ①の移動を開始してから③の移動で点Ｃに到着《とうちゃく》するまでの点Ｐの動きは右の図のようになります。解答らんの図に，①の移動開始時の点Ｂと点Ｃのおよその位置をそれぞれわかるように書きこみなさい。

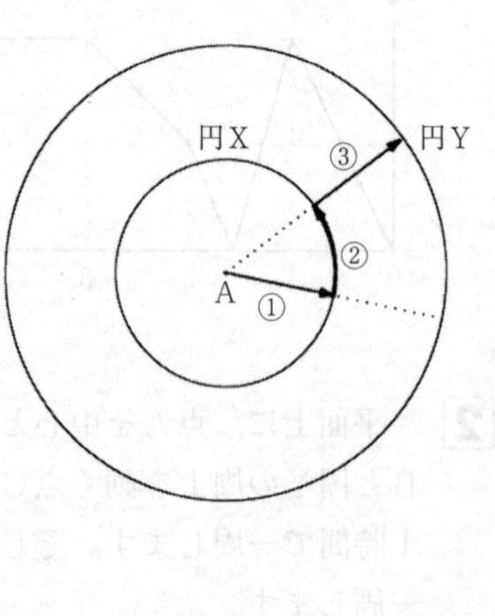

(2) ①の移動の開始時を現在から最短で何分後にすれば，③の移動までで点Ｐが点Ｃに到着することができますか。

(3) ①の移動を開始してから⑦の移動で点Ａに戻るまでに，点Ｐの動く道のりは最短で何ｍですか。四捨五入して小数第１位まで求めなさい。

3 あるクラスで，生徒全員から決まった金額を集めることになりました。そこで，学級委員の太郎君と花子さんは集めやすくするために次のようなルールを作りました。

ルール 1　使えるお金は 1 円玉，5 円玉，10円玉，50円玉，100円玉，500円玉の 6 種類の硬貨《こうか》とする。

ルール 2　おつりの無いように持ってくる。

ルール 3　硬貨は，1 人につき10枚まで持ってくることができる。

(1) クラスの生徒40人から28円ずつ集めることにしました。

(ア) ルールに合うように28円を持ってくる方法は全部で何通りありますか。

(イ) 集まったお金のうち，1 円玉を数えたら165枚ありました。このとき，5 円玉を 1 枚も持ってこなかった生徒は何人ですか。

(2) このルールについて，太郎君と花子さんは次のようなやり取りをしています。空らん①～⑧にあてはまる数を答えなさい。

太郎「集める硬貨が多くなり過ぎないようなルールを決めたけど，このルールだと集められない金額ってあるよね。」

花子「たしかにそうね。例えば389円を用意するとしたら，**ルール 1** と **ルール 2** を守れば，最低でも ① 枚の硬貨が必要だから，**ルール 3** を守れないわね。」

太郎「このような金額ってどれくらいあるのかな。」

花子「そのうち一番低い金額は ② 円だとわかるけど，たくさんありそうね。」

太郎「49円までの金額を用意するのに必要な最低枚数の表を作ってみたよ。」

最低枚数（枚）	金額（円）	何通りか（通り）
1	1，5，10	3
2	2，6，11，15，20	5
3	3，7，12，16，21，25，30	7
4	4，8，13，17，22，26，31，35，40	9
5	⋮	③
6	⋮	④
7	⋮	⑤
8	⋮	⑥
9	49	1

花子「なるほど，この情報と50円玉，100円玉，500円玉の組み合わせを考えると，**ルール 1** と **ルール 2** を守れば，**ルール 3** を守れないものは，300円までの金額では ⑦ 通りあり，1000円までの金額では ⑧ 通りあるわね。」

太郎「次に集めるときはルールを考え直してみないといけないね。」

4 （図１）のように，１辺の長さが５ｍの立方体の小屋ABCDEFGHがあります。

小屋の側面ABFEには［窓穴１］が，小屋の上面EFGHには［窓穴２］があり，外の光が入るようになっています。そして，この小屋の展開図は下の（図２）のようになっています。

晴天の日のある時刻においてこの小屋の床面ABCDで日のあたっている部分は，下にある（図３）の斜線《しゃせん》部分でした。このとき，小屋の中で他の面の日のあたっている部分を解答用紙の展開図に斜線を用いて示しなさい。

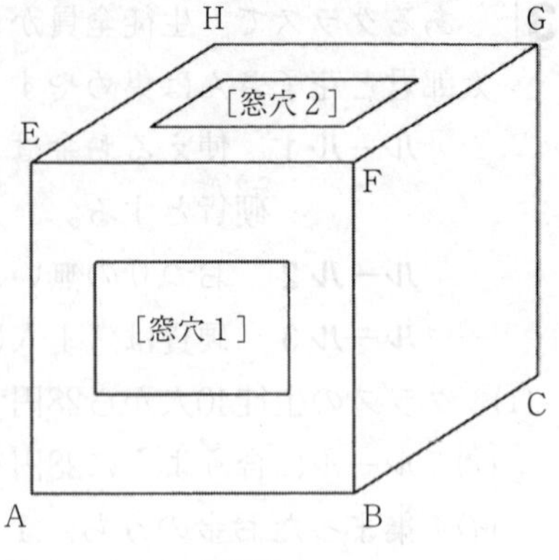

（図１）

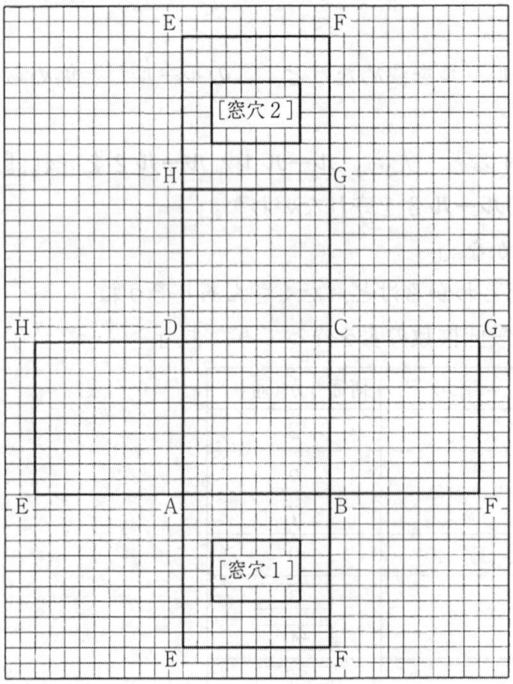

（図２）

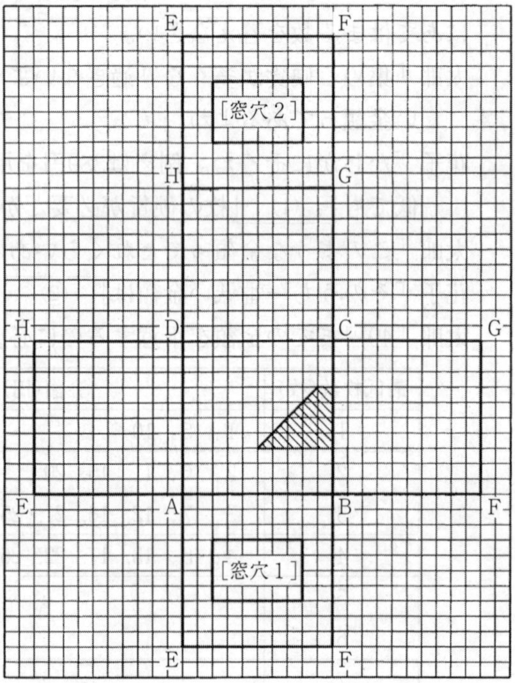

（図３）

【社　会】（40分）〈満点：70点〉

1　次の文章を読み，あとの問いに答えなさい。

日本の国会，内閣，裁判所の役割や，たがいの関係について考えてみましょう。「全国民を代表する選挙された議員」（日本国憲法第43条）の集まる国会は，主権者である国民の意思を反映する「唯一《ゆいいつ》の立法機関」（第41条）とされています。たとえば2019年10月に①消費税率が10%へ引き上げられましたが，この税率の変更《へんこう》も，国会での消費税法の改正などを通じて行われました。

また今回の増税によって得られる②税収の使い道として，子育て，教育，介護《かいご》，年金といった政策にあてられることが発表されており，そのいくつかはすでに実行に移されています。こうした③予算案の作成や政策の実行は内閣および行政機関の役割であり，④内閣は国会の信任によって成立しています。したがって，間接的ではありますが，行政も国民の意思の下《もと》にあると言えるでしょう。

ただし国会の定めた法律や内閣の実行する政策が憲法に反した内容であってはなりません。そのチェックをするのが違憲審査権《いけんしんさけん》を持つ⑤裁判所です。たとえば，2018年７月には公職選挙法が改正され，2019年７月にはそれに基《もと》づいて⑥参議院選挙が行われました。この選挙においても「一票の格差」が生じており，これは日本国憲法第14条などに反するのではないかという訴訟《そしょう》が起こされています。この点について，もし裁判所が違憲判決を下せば，国会や内閣には対応が求められるでしょう。

以上のことから，日本の政治制度は，人々の意思を反映させながら物事を決定・実行していく仕組みと，その決定・実行の内容に歯止めをかける仕組みの両方を兼《か》ね備《そな》えているという説明ができそうです。そしてどちらの側面も⑦日本国憲法に示されています。視点を定めて日本国憲法を読み直してみると，新たに気づくことがあるかもしれません。

問１　下線部①に関連して，消費税率10%への引き上げが行われる中で，酒類・外食を除く飲食料品と，定期購読契約《こうどくけいやく》が締結《ていけつ》された週２回以上発行される新聞については８%のままとされています。このような，一部の商品にかけられる低い税率を何といいますか。**漢字４字**で答えなさい。

問２　下線部②に関連して，以下の問いに答えなさい。

(1)　国の歳出《さいしゅつ》において，大きな割合を占《し》めるのが社会保障関係費です。社会保障制度と最も関連が深いものを，次の**ア**～**エ**から一つ選び，記号で答えなさい。

ア　法の下《もと》の平等

イ　思想・良心の自由

ウ　職業選択《せんたく》の自由

エ　生存権

(2)　社会保障は４つの部門に分かれていますが，老齢《ろうれい》年金が含《ふく》まれる部門として正しいものを，次の**ア**～**エ**から一つ選び，記号で答えなさい。

ア　社会保険

イ　公的扶助《ふじょ》

ウ　社会福祉《ふくし》

エ　公衆衛生

問3　下線部③に関連して，以下の問いに答えなさい。

(1)　次の文は，予算の成立過程における衆議院の優越《ゆうえつ》について述べたものです。この文中の空欄《くうらん》（**A**）（**B**）にあてはまる言葉の組み合わせとして正しいものを，下の**ア**～**エ**から一つ選び，記号で答えなさい。

> 参議院が衆議院の議決を受け取った後（ **A** ）日以内に議決しない場合，もしくは衆議院と参議院で異なった議決をした後の両院協議会でも不一致《ふいっち》の場合，衆議院の（　**B**　），予算が成立する。

ア　**A**　30　**B**　議決をそのまま国会の議決とし
イ　**A**　30　**B**　出席議員の３分の２以上の賛成で再可決されれば
ウ　**A**　60　**B**　議決をそのまま国会の議決とし
エ　**A**　60　**B**　出席議員の３分の２以上の賛成で再可決されれば

(2)　日本の国の予算は税収や公債金《こうさいきん》を主な財源としていますが，国際連合の予算は各国からの分担金を財源としています。次の表は，各国の分担金の割合による順位を示したものです。日本にあてはまるものを，表中の**ア**～**エ**から一つ選び，記号で答えなさい。

順位（2019～2021年）	国名	2016～2018年の分担率（%）	2019～2021年の分担率（%）
1	**ア**	22.000	22.000
2	**イ**	7.921	12.005
3	**ウ**	9.680	8.564
4	**エ**	6.389	6.090
5	英国	4.463	4.567
6	フランス	4.859	4.427

（外務省ウェブサイト「日本の財政貢献《こうけん》」による）

問4　下線部④に関連して，以下の問いに答えなさい。

(1)　内閣は国会の信任によって成立しており，また「国会に対し連帯して責任を負ふ《う》」（日本国憲法第66条第３項《こう》）とされています。国会と内閣の関係についての，こうした制度を何といいますか。**漢字５字**で答えなさい。

(2)　次の文は，衆議院が内閣不信任案を可決した後の動きについて述べたものです。この文中の空欄（**C**）（**D**）にあてはまる言葉の組み合わせとして正しいものを，下の**ア**～**エ**から一つ選び，記号で答えなさい。

> 衆議院が内閣不信任案を可決した場合，（ **C** ）日以内に衆議院が解散されない限り，内閣は総辞職をしなければならない。衆議院が解散された場合，選挙が行われ，その選挙の日から30日以内に（ **D** ）が開かれる。そこで新たに内閣総理大臣が指名される。

ア　**C**　10　**D**　臨時国会
イ　**C**　10　**D**　特別国会
ウ　**C**　40　**D**　臨時国会
エ　**C**　40　**D**　特別国会

(3)　国会と内閣についての日本国憲法の規定を述べた文として**誤っているもの**を，次の**ア**～

エから一つ選び，記号で答えなさい。

ア　内閣は，参議院の緊急《きんきゅう》集会の開催《かいさい》を求めることができる。

イ　内閣が条約を締結《ていけつ》する場合，国会による承認《しょうにん》が必要である。

ウ　内閣総理大臣は，衆議院議員の中から指名される。

エ　国務大臣は，国会に出席して議案について説明することができる。

問5　下線部⑤に関連して，国会および内閣が裁判所を抑制《よくせい》するための制度を述べた文として正しいものを，次の**ア**～**エ**から一つ選び，記号で答えなさい。

ア　最高裁判所の長官は国会が任命する。

イ　最高裁判所の長官以外の裁判官は内閣が任命する。

ウ　下級裁判所の裁判官は国会が指名も任命も行う。

エ　内閣は弾劾《だんがい》裁判によって裁判官を罷免《ひめん》することができる。

問6　下線部⑥に関連して，以下の問いに答えなさい。

(1)　次の文は，参議院選挙の制度について述べたものです。この文中の空欄（**E**）～（**G**）にあてはまる言葉の組み合わせとして正しいものを，下の**ア**～**ク**から一つ選び，記号で答えなさい。

> 選挙権は18歳以上の国民が持ち，被《ひ》選挙権は（ **E** ）歳以上の国民が持つ。選挙区選挙は一部の合区を除いて都道府県ごとに行われる。比例代表選挙は（ **F** ）で行われるが，2019年7月の参院選では初めて（ **G** ）が取り入れられた。

ア　E　25　F　拘束名簿《こうそくめいぼ》式　G　一人別枠《べつわく》方式

イ　E　25　F　拘束名簿式　G　特別枠

ウ　E　25　F　非拘束名簿式　G　一人別枠方式

エ　E　25　F　非拘束名簿式　G　特別枠

オ　E　30　F　拘束名簿式　G　一人別枠方式

カ　E　30　F　拘束名簿式　G　特別枠

キ　E　30　F　非拘束名簿式　G　一人別枠方式

ク　E　30　F　非拘束名簿式　G　特別枠

(2)　次のページに掲《かか》げる二つの表は，最近行われた2回の参議院選挙での「一票の格差」を計算したものです。「一票の格差」の意味をふまえた上で，これらの表から読み取れることとして正しいものを，次の**ア**～**エ**から一つ選び，記号で答えなさい。なお，表中の「格差」は，「議員一人あたりの有権者数」について，最も少ない選挙区を1としたときの比率を表しています。

ア　どちらの選挙でも，宮城県における一票は福井県における一票の約3倍の価値があった。

イ　選挙当日の有権者数が増えた神奈川県は，福井県との「一票の格差」が拡大した。

ウ　埼玉県の選挙当日の有権者数に変化がなかったとしたら，議員定数は減ったと推測できる。

エ　議員一人あたりの有権者数が減った選挙区はすべて，福井県との「一票の格差」も縮小した。

〔2016(平成28)年７月10日執行《しっこう》　第24回参議院議員通常選挙〕

	選挙区	選挙当日の有権者数	議員定数	議員一人あたりの有権者数	格差
1	埼玉県	6,069,018	6	1,011,503	3.08
2	新潟県	1,959,714	2	979,857	2.98
3	宮城県	1,947,737	2	973,869	2.96
4	神奈川県	7,577,073	8	947,134	2.88
	⋮				
42	香川県	834,059	2	417,030	1.27
43	山梨県	705,769	2	352,885	1.07
44	佐賀県	693,811	2	346,906	1.06
45	福井県	657,443	2	328,722	1.00

〔2019(令和元)年７月21日執行　第25回参議院議員通常選挙〕

	選挙区	選挙当日の有権者数	議員定数	議員一人あたりの有権者数	格差
1	宮城県	1,942,518	2	971,259	3.00
2	新潟県	1,919,522	2	959,761	2.97
3	神奈川県	7,651,249	8	956,406	2.96
4	東京都	11,396,789	12	949,732	2.94
	⋮				
42	和歌山県	816,550	2	408,275	1.26
43	山梨県	693,775	2	346,888	1.07
44	佐賀県	683,956	2	341,978	1.06
45	福井県	646,976	2	323,488	1.00

（参議院ウェブサイト「参議院議員選挙制度の変遷《へんせん》」，総務省ウェブサイト「平成28年７月10日執行　参議院議員通常選挙速報結果」「令和元年７月21日執行　参議院議員通常選挙速報結果」による）

問７　下線部⑦に関連して，以下の問いに答えなさい。

(1)　次の文**H**～**K**のうち，日本国憲法の内容として適切な文の組み合わせを，下の**ア**～**エ**から一つ選び，記号で答えなさい。

H　天皇は国の元首として，統治権を総攬《そうらん》する。

I　天皇は内閣の助言と承認に基づいて国事行為《こうい》を行う。

J　国民は臣民として，法律の範囲内《はんいない》において居住および移転の自由を有する。

K　国民は法律の定めるところにより，その能力に応じて等しく教育を受ける権利を有する。

ア　**H**と**J**　　**イ**　**H**と**K**　　**ウ**　**I**と**J**　　**エ**　**I**と**K**

(2)　日本国憲法の次の条文は，憲法改正の手続きについて述べたものです。この文中の空欄（**L**）～（**N**）にあてはまる言葉の組み合わせとして正しいものを，下の**ア**～**ク**から一つ選び，記号で答えなさい。

> **第96条**　この憲法の改正は，各議院の（　**L**　）の（　**M**　）の賛成で，国会が，これを発議《はつぎ》し，国民に提案してその承認を経なければならない。この承認には，特別の（　**N**　）又は…（中略）…において，その過半数の賛成を必要とする。

ア　L　出席議員　M　3分の2以上　N　国民投票

イ　L　出席議員　M　3分の2以上　N　国民審査

ウ　L　出席議員　M　過半数　N　国民投票

エ　L　出席議員　M　過半数　N　国民審査

オ　L　総議員　M　3分の2以上　N　国民投票

カ　L　総議員　M　3分の2以上　N　国民審査

キ　L　総議員　M　過半数　N　国民投票

ク　L　総議員　M　過半数　N　国民審査

(3)　日本国憲法の次の条文中の空欄（O）（P）にあてはまる言葉を**漢字**で書きなさい。

> **第41条**　国会は，国権の（　O　）であつて，国の唯一の立法機関である。

> **第98条**　この憲法は，国の（　P　）であつて，その条規に反する法律，命令，詔勅《しょうちょく》及び国務に関するその他の行為の全部又は一部は，その効力を有しない。

2　次の文章を読み，あとの問いに答えなさい。

日本は島国で，四方を囲む海が自然の防壁《ぼうへき》となって日本を守ってきました。そのため歴史的にみても日本が外国に攻撃《こうげき》されることはほとんどなく，また近代以前に日本が外国と戦争をすることは少なかったといえます。しかし日本と他の国との戦争が全くなかったわけではありません。

「日本」という国の名前がまだなく「倭《わ》」と呼ばれていた時代，朝鮮《ちょうせん》半島の北部にあった高《こう》句麗《くり》という国の王の功績を記した石碑《せきひ》には，4世紀の末に高句麗と倭国が戦ったという記述があります。また中国の歴史書には，5世紀後半に倭国の武という王が中国に使いを送り，高句麗との戦いに有利になるような官職を与《あた》えてほしいと願い出ていたことが記されています。この倭国王の武は，稲荷山古墳《いなりやまこふん》で発見された鉄剣《てっけん》に①「ワカタケル大王」と記された人物と同じであると考えられています。このように倭国が朝鮮半島に進出する際に高句麗など朝鮮半島の国々と対立し，戦うことがあったことがわかるのです。

倭国が朝鮮半島の政治に深く関《かか》わっていたため，外国との大きな戦いにいどんだことがありました。②倭国と友好関係にあった朝鮮半島の百済《くだら》が滅亡《めつぼう》すると，その救援《きゅうえん》のために③中大《なかのおお》兄皇子《えのおうじ》は大軍を朝鮮半島に派遣《はけん》することを決定し，海上で倭国は唐《とう》（中国）・新羅《しらぎ》（朝鮮半島）の連合軍と戦ったのです。この663年の白村江《はくそんこう》の戦いに敗北した倭国は，以後朝鮮半島から手を引き，内政の充実《じゅうじつ》に専念することとなります。やがて唐の律令《りつりょう》制度を導入して税制や官僚《かんりょう》組織などが整った中央集権的な国家が完成し，その前後の時期，「倭」にかわって「日本」の国号が，「大王」にかわって「天皇」の称号《しょうごう》が確立されました。唐の都の長安にならった平城京に都が置かれていた④奈良時代は，この律令制度が最もよく機能し広まった時代でした。外交面でも，⑤日本は唐と友好関係を保ち，しばしば遣唐使が派遣されて中国の進んだ文化がもたらされました。

唐が衰《おとろ》えると遣唐使は派遣されなくなりましたが，日本と中国・朝鮮との間では民間の貿易や僧侶《そうりょ》などの往来が活発で，おおむね平和な時代が続きました。近代になるまで日本が外国と戦争したことはほとんどなかったのですが，例外がありました。鎌倉時代のモンゴルの襲来《しゅうらい》(元寇《げんこう》)と豊臣秀吉《とよとみひでよし》による朝鮮出兵です。

13世紀にモンゴルはユーラシア大陸に大帝国《だいていこく》を築き，中国に君臨したフビライは朝鮮半島の高麗《こうらい》を従え，日本にも服属を要求してきました。日本がこれを拒絶《きょぜつ》すると⑥文永の役《えき》(1274年)と弘安《こうあん》の役(1281年)の二度にわたって北九州に攻《せ》め込んできましたが，退却《たいきゃく》しました。

また豊臣秀吉は⑦日本国内の統一を果たすと対外進出の野望をあらわにし，⑧1592年と1597年の二度にわたって朝鮮に攻め込んでいきましたが，日本軍は苦戦し，秀吉の死を機に撤退《てったい》しました。

このような例外的な出来事はありましたが，島国である日本は対外戦争をほとんど経験することなく，⑨鎖国《さこく》体制が確立された江戸時代においても日本が国際的な紛争《ふんそう》にまきこまれることはほとんどありませんでした。しかし19世紀になると外国船が日本に接近し，日本の鎖国体制を揺《ゆ》るがすようになりました。その頃《ころ》は国内でも百姓一揆《ひゃくしょういっき》や(⑩)が多く起こり，1838年，⑪水戸藩主《はんしゅ》だった徳川斉昭《とくがわなりあき》は幕府に意見書を提出した際に，日本が直面している状況《じょうきょう》を⑫「内《ない》憂外患《ゆうがいかん》」(国内の問題と国外からもたらされる問題が同時に起こること)と表現しています。そして(⑬)年にペリーが浦賀《うらが》に来航し，その翌年に日本は日米和親条約を結んで開国しました。やがて⑭日米修好通商条約が結ばれて貿易が開始されると，日本国内で尊王攘夷《そんのうじょうい》の思想(天皇のもとに結束して外国勢力を打ちはらうという考え)が強まりました。そして(⑮)の二つの藩はイギリスなどの外国と戦争をしましたが敗北し，攘夷をやめ，幕府を倒《たお》して天皇を中心とする新しい国家をつくることを目指しました。こうして明治新政府が成立し，「会議を開いてみなの意見を聞いて国の政治を行っていく」「これまでの攘夷などのよくない風潮を改める」「新しい知識を世界に求め大いに国を繁栄《はんえい》させる」などの⑯基本方針を明らかにしました。⑰欧米《おうべい》諸国と友好関係を保ち，進んだ海外の技術や文化を取り入れて⑱急速な近代化を推《お》し進《すす》めていきました。

軍事力を強化した日本は，国外，特に朝鮮や中国への進出を本格化させ，それが軍事衝突《しょうとつ》に発展したり，第三国との戦争に発展することにもなりました。19世紀末から20世紀前半の時代は，日本にとってまさに対外戦争の時代といってもよいでしょう。

朝鮮の支配権をめぐって日清《にっしん》戦争が起こり，日本は勝利して⑲下関条約を結びました。また満州(中国東北地方)の支配権をめぐって⑳日露《にちろ》戦争が起こり，戦いは日本に有利に進みましたが，両国とも戦いを続ける国力は限界に達し，㉑日露間で講和条約が結ばれました。

ヨーロッパで第一次世界大戦が始まると，これを対外進出のよい機会と考えた日本は，1914年に(㉒)に対し宣戦布告し，この大戦に参戦しました。第一次世界大戦の戦いは1918年末に終結しました。アメリカ大統領は㉓講和の方針として民族自決の原則(民族が自分たちの意思に基づいて自分の国のあり方を決定し，他国の干渉《かんしょう》を認めないとする考え)を主張し，国際的に大きな反響《はんきょう》を呼びましたが，1919年6月に結ばれたベルサイユ講和条約では必ずしもその理想は生かされず，戦勝国の利害が反映された内容となりました。日本の中国進出に有利な内容が条約にもりこまれたのもその一例といえましょう。㉔第一次世界大戦を契機《けいき》に日本は農業国から工業国に成長し，大正年間に国民の生活・文化の水準が向上し，大正デモクラシーと呼ばれる民主主義的な考え方が広まっていきました。

昭和になって日本が満州事変・日中戦争・太平洋戦争へと突《つ》き進んでいく過程は，軍国主義が深まり国際社会から孤立《こりつ》して対外戦争を拡大していった過程と考えられますので，これらの時期（1931～1945年）を一括《いっかつ》して㉕「十五年戦争」の時代ということがあります。

1945年８月，日本は（ ㉖ ）宣言を受諾《じゅだく》し，無条件降伏《こうふく》しました。そして連合国軍の占領《せんりょう》下で民主化を進め，1947年には新しい憲法が施行《しこう》され，日本は，戦争のための軍隊を持たない平和主義の国として復興していくことになります。1951年にサンフランシスコで講和会議が開かれ，日本は連合国諸国と㉗講和条約（平和条約）を結んで独立を回復することになりました。

問１　下線部①に関する説明として**誤っているもの**を，次の**ア**～**エ**から一つ選び，記号で答えなさい。

ア　「ワカタケル大王」の活躍《かつやく》した５世紀中頃には，奈良県や大阪府に巨大《きょだい》な前方後円墳《ぜんぽうこうえんふん》が造営され，中でも堺市《さかいし》の大山《だいせん》古墳は日本最大の大きさである。

イ　「ワカタケル大王」の名を刻んだ鉄刀が熊本県の古墳からも出土しており，大和朝廷《やまとちょうてい》の大王が関東から北九州に至る範囲の地方豪族《ごうぞく》を従えていたことがわかる。

ウ　中国の歴史書は，「ワカタケル大王」が神の言葉を伝えるという霊的《れいてき》な力を発揮して約30の国を従えていたことを伝えている。

エ　「ワカタケル大王」が活躍した５世紀，大陸から移り住んだ渡来人《とらいじん》によって土木工事・金属加工・養蚕・織物などの進んだ技術が日本にもたらされた。

問２　下線部②について，６世紀半ばに百済王から倭の大王に仏教が伝えられましたが，その仏教の導入に積極的だった古代豪族蘇我《そが》氏によって建立《こんりゅう》された，日本で最初の本格的な仏教寺院の名を，次の**ア**～**エ**から一つ選び，記号で答えなさい。

ア　法隆寺《ほうりゅうじ》

イ　興福寺

ウ　東大寺

エ　飛鳥寺《あすかでら》

問３　下線部③の人物は，後に即位《そくい》して天皇となりました。この天皇の名を，次の**ア**～**エ**から一つ選び，記号で答えなさい。

ア　天智《てんじ》天皇

イ　天武天皇

ウ　推古天皇

エ　文武天皇

問４　下線部④に関する説明として正しいものを，次の**ア**～**エ**から一つ選び，記号で答えなさい。

ア　農民は収穫《しゅうかく》した稲《いね》の約３％を国に納める調という税を負担した。

イ　地方の有力な豪族が朝廷から国司に任命され，地方の政治や軍事を任された。

ウ　平城京は碁盤《ごばん》目状に道路で区切られ，朝廷の役所の正門からまっすぐ南に朱雀大路《すざくおおじ》がのびていた。

エ　農民男子の一部は兵役《へいえき》についたが，居住地から遠く離《はな》れた地に配属されることはなかった。

問５　下線部⑤に関して，遣唐船によって日本から唐に渡《わた》った人物，あるいは唐から日本に渡ってきた人物として**誤っているもの**を，次の**ア**～**オ**から**二つ**選び，記号で答えなさい。

ア　行基　**イ**　鑑真《がんじん》　**ウ**　阿倍仲麻呂《あべのなかまろ》

エ　最澄《さいちょう》　**オ**　菅原道真《すがわらのみちざね》

問6　下線部⑥に関する説明として**誤っているもの**を，次の**ア**～**エ**から一つ選び，記号で答えなさい。

ア　文永の役・弘安の役のいずれの戦いについても，御家人《ごけにん》を指揮した鎌倉幕府の執権《しっけん》は北《ほう》条時宗《じょうときむね》であった。

イ　元寇のあった時代にはまだ火薬が発明されておらず，モンゴル軍が日本軍との戦闘《せんとう》で火薬を使った兵器を用いることはなかった。

ウ　文永の役の後，鎌倉幕府は博多湾《はかたわん》に沿って防塁《ぼうるい》(石塁)を築いていたので，弘安の役ではモンゴル軍の侵攻《しんこう》を防ぐのに役立った。

エ　肥後国(熊本県)の御家人竹崎季長《たけざきすえなが》は，自分のモンゴルとの戦いぶりや鎌倉幕府から恩賞を獲得《かくとく》した経緯《けいい》などを絵巻物に描《えが》かせた。

問7　下線部⑦に関する説明として正しいものを，次の**ア**～**エ**から一つ選び，記号で答えなさい。

ア　豊臣秀吉は安土に壮大《そうだい》な城を築いて，全国を統治する本拠地《ほんきょち》とした。

イ　豊臣秀吉は平定した国々に検地を命じたが，その際，地域によって異なる長さや面積などの単位が用いられた。

ウ　豊臣秀吉は朝廷から征夷大将軍《せいいたいしょうぐん》に任命されて，諸大名を従える地位についた。

エ　豊臣秀吉は小田原の北条氏を滅《ほろ》ぼすと，徳川家康の領地を関東に移した。

問8　下線部⑧に関する説明として正しいものを，次の**ア**～**エ**から一つ選び，記号で答えなさい。

ア　豊臣秀吉は，朝鮮半島に日本軍を派遣する基地とするため，長崎を直轄地《ちょっかつち》にして軍備を整えた。

イ　豊臣秀吉の朝鮮出兵は，日本と朝鮮の両国の戦いであり，明《みん》(中国)が介入《かいにゅう》することはなかった。

ウ　豊臣秀吉の朝鮮出兵の際に日本に連行された朝鮮の職人らによって，有田《ありた》焼や薩摩《さつま》焼の生産が始まった。

エ　豊臣秀吉の朝鮮出兵によって，江戸時代を通じて日本と朝鮮の国交は回復しなかった。

問9　下線部⑨に関する説明として正しいものを，次の**ア**～**エ**から一つ選び，記号で答えなさい。

ア　徳川家康は，キリスト教の禁教令を発した後，日本人の海外渡航《とこう》も禁止した。

イ　徳川家光は，島原の乱が鎮圧《ちんあつ》された後，ポルトガル船の来航を禁止した。

ウ　鎖国後もオランダ・中国・朝鮮の船は長崎港に来航して貿易が行われた。

エ　江戸時代を通じて，蝦夷地《えぞち》(北海道)は幕府の直轄地とされ，幕府の任命した奉行《ぶぎょう》によってアイヌの人々との交易が行われた。

問10　空欄⑩には，都市などで民衆が豪商の家屋などを破壊《はかい》する行為を意味する語が入ります。その語を答えなさい。

問11　下線部⑪の水戸藩主と尾張《おわり》・紀伊《きい》藩主をあわせて御三家といいますが，このような徳川氏一門の大名を，譜代《ふだい》や外様《とざま》に対して何というか，答えなさい。

問12　下線部⑫の「内憂」に該当する事件として，大坂(大阪)の町で引き起こされた反乱があります。この反乱を起こした幕府の元役人の名を答えなさい。

問13　空欄⑬に入る西暦《せいれき》年を**算用数字**で答えなさい。

問14　下線部⑭に関する説明として正しいものを，次の**ア**～**エ**から一つ選び，記号で答えなさい。

ア　貿易が開始されると，日本国内どこでも外国人の旅行や営業活動が自由となり，日本人との間でトラブルが頻繁《ひんぱん》に起こった。

イ　貿易が開始されると，日本に大量の生糸《きいと》が輸入されて国内の生糸の値段が下がり，養蚕をしていた日本の農民が打撃を受けた。

ウ　貿易品にかけられる関税を日本が自由に決める権限がなく，貿易相手国と協議しなければならなかった。

エ　日本国内で外国人が関わった事件を裁くときにも，日本の法律や規則に従って裁かれた。

問15　空欄⑮に入る藩の名を，次の**ア**～**オ**から**二つ**選び，記号で答えなさい。

ア　薩摩藩　　**イ**　土佐藩　　**ウ**　長州藩
エ　会津《あいづ》藩　　**オ**　佐賀藩

問16　下線部⑯を何というか，答えなさい。

問17　下線部⑰に関して，諸外国との友好親善と視察のため，1871年に日本を出発した政府使節団について述べた文として正しいものを，次の**ア**～**エ**から一つ選び，記号で答えなさい。

ア　この使節団の大使は岩倉具視《いわくらともみ》で，その他，薩摩藩出身の西郷隆盛《さいごうたかもり》や佐賀藩出身の大隈重《おおくましげ》信《のぶ》などが副使として随行《ずいこう》した。

イ　この使節団は太平洋を渡って最初にアメリカを訪問して大歓迎《だいかんげい》を受け，そこで不平等条約を改正することに成功した。

ウ　この使節団には国の費用で派遣される女子留学生が含まれており，その中には後に日本の女子教育に貢献した津田梅子がいた。

エ　この使節団が日本から太平洋を渡ってアメリカに向かう際に，咸臨丸《かんりんまる》が護衛艦《ごえいかん》として随行した。

問18　下線部⑱に関して，明治時代はじめの頃の近代化政策について述べた文として正しいものを，次の**ア**～**エ**から一つ選び，記号で答えなさい。

ア　1872(明治５)年12月３日を1873(明治６)年１月１日とすることで，太陽暦への切りかえがなされた。

イ　学制が定められ，全国に５万以上の小学校の校舎が建設され，児童の就学率もほぼ100％に達した。

ウ　群馬県の富岡《とみおか》に官営の製糸工場を建設し，イギリス人コンドルの指導のもと最新式の機械で生糸が生産された。

エ　国家財政安定のために地租《ちそ》改正を行ったが，それに反対する農民が西南戦争を起こしたので地租税率を引き下げた。

問19　下線部⑲に関して，下関条約について述べた文として正しいものを，次の**ア**～**エ**から一つ選び，記号で答えなさい。

ア　この条約で日本は多額の賠償金《ばいしょうきん》を手に入れ，その一部は八幡《やはた》製鉄所の建設費として使われた。

イ　この条約で日本は台湾《たいわん》をいったんは自国の領土にしたが，三国干渉によって清に返還《へんかん》した。

ウ　この条約で日本は朝鮮半島を自国の領土にし，朝鮮総督《そうとく》を置いて支配するようになった。

エ　この条約に調印した日本側の代表は，内閣総理大臣伊藤博文《いとうひろぶみ》と外務大臣小村寿太郎《こむらじゅたろう》であった。

問20　下線部⑳に関して，日露戦争の戦いの中にいる弟を歌った「君死にたまふ《もう》ことなかれ」という詩を発表した文学者の名を，次の**ア～エ**から一つ選び，記号で答えなさい。

ア　正岡子規《まさおかしき》

イ　与謝野晶子《よさのあきこ》

ウ　樋口一葉《ひぐちいちよう》

エ　石川啄木《いしかわたくぼく》

問21　下線部㉑に関して，この講和条約が結ばれた場所がある国の名を答えなさい。

問22　空欄㉒に入る国の名を答えなさい。

問23　下線部㉓に関して，この民族自決の理念に共鳴した朝鮮の人々が日本からの独立を求める運動を起こしましたが，大韓民国《だいかんみんこく》では今日《こんにち》それを記念する祝日が設けられています。その祝日は何月何日か答えなさい。

問24　下線部㉔に関して，大正期の社会や文化について述べた文として**誤っているもの**を，次の**ア～エ**から一つ選び，記号で答えなさい。

ア　第一次世界大戦中の日本では海運業や造船業が発展し，それによってにわかに大金持ちになった人々は「船成金」と呼ばれた。

イ　子供向けの文芸雑誌『赤い鳥』が出版され，芥川龍之介《あくたがわりゅうのすけ》の「蜘蛛《くも》の糸」などが掲載《けいさい》された。

ウ　全国水平社の創立大会で「人の世に熱あれ，人間に光あれ」という宣言文が読み上げられた。

エ　普通《ふつう》選挙の実現を求める国民運動が高まり，平民宰相《さいしょう》と呼ばれた原敬《はらたかし》の内閣により普通選挙法が成立した。

問25　下線部㉕に関して，この時期に起こった次の３つの出来事を，年代順に並べ，記号で答えなさい。

A　高橋是清大蔵《たかはしこれきよおおくら》大臣など政府要人が暗殺される二・二六事件が起こった。

B　日本が国際連盟から脱退《だったい》した。

C　アメリカが自国の石油を日本に輸出することを禁止した。

問26　空欄㉖に入る語を答えなさい。

問27　下線部㉗に関して，この講和条約について述べた文として**誤っているもの**を，次の**ア～エ**から一つ選び，記号で答えなさい。

ア　ソ連は講和会議に出席したが，講和条約には調印しなかった。

イ　講和条約調印と同日に日米安全保障条約が調印され，日本国内に米軍基地が置かれることになった。

ウ　講和条約で日本は南樺太《みなみからふと》と千島列島の主権を放棄《ほうき》した。

エ　講和条約の調印によって日本の国連加盟が約束され，翌年には正式に日本の国連加盟が実現した。

3 水に関する，次の問いに答えなさい。

問1 地球上に存在する水のうち，97.4％は海水で，陸にある水(陸水)は2.6％に過ぎません。＜**表1**＞は，陸水量の内訳を示したものです。表中の**A**～**C**の組み合わせとして正しいものを下の**ア**～**カ**から一つ選び，記号で答えなさい。

＜表1＞　**陸水量の内訳**

A	76.4％
B	22.8％
C	0.59％
その他	0.21％

(『理科年表 2019』による)

ア　**A**　湖水・河川《かせん》水　**B**　地下水　**C**　氷河
イ　**A**　湖水・河川水　**B**　氷河　**C**　地下水
ウ　**A**　地下水　**B**　湖水・河川水　**C**　氷河
エ　**A**　地下水　**B**　氷河　**C**　湖水・河川水
オ　**A**　氷河　**B**　湖水・河川水　**C**　地下水
カ　**A**　氷河　**B**　地下水　**C**　湖水・河川水

問2 ＜**図1**＞は，1975年と2015年の，日本における水使用量とその内訳を示したものです。

＜図1＞　**全国の水使用量**

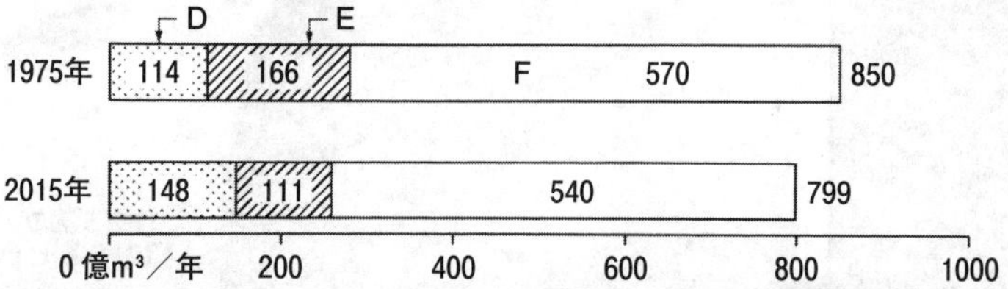

(『日本国勢図《ず》会《え》 2019/20年版』による)

(1) 図中の**D**～**F**にあてはまるものを，それぞれ「○○用水」のように，解答欄の形式に従って**漢字**で答えなさい。

(2) 2015年における**E**の使用量が1975年より減少しているおもな理由として正しいものを，次の**ア**～**エ**から一つ選び，記号で答えなさい。

ア　2015年における水の再利用率が，1975年より高くなった。
イ　2015年における日本の人口が，1975年より少なくなった。
ウ　2015年における**E**の産業の出荷《しゅっか》額が，1975年より少なくなった。
エ　2015年は各地で降水量が少なく，深刻な水不足が起こっていた。

問3 次の**G**～**J**の都市に関する，以下の問いに答えなさい。

G：東京　**H**：金沢　**I**：長野　**J**：尾鷲《おわせ》

(1) 解答用紙の地図中の「**G**」を例として，**H**～**J**の位置を書《か》き込《こ》んで示しなさい。

(2) **G**～**J**の都市を，年平均降水量の多い順に並べかえ，記号で答えなさい。

問4 次のページの＜**図2**＞は，東京都江戸川区が発行している「江戸川区水害ハザードマップ」の一部です。図中の **K** にあてはまる内容を答えなさい。

＜図2＞

想定最大規模の巨大台風や大雨で、荒川と江戸川が氾濫《はんらん》したら・・・
高潮が発生したら・・・
どうなる？
● 地球温暖化の影響で、今までに経験したことがないような巨大台風や大雨などにより、洪水や高潮による大規模な水害が世界各地で発生しています。
どうなる？
区のほとんどが
水没
多くの地域が K
の江戸川区は
ほとんどの地域が浸水《しんすい》します。
江戸川区
江戸川区だけ？
荒川洪水・江戸川洪水・高潮浸水想定区域図（想定最大規模）
江東5区の
人口の9割以上の
250万人が
浸水
江戸川区
だけでなく…
江東5区の
ほとんどが
水没
足立区
葛飾区
墨田区
江戸川区
江東区
江戸川区だけでなく
江東5区※は
ほとんどの地域が浸水
します。
※江戸川区・墨田《すみだ》区・江東区・
足立区・葛飾《かつしか》区
1～2週間以上
浸水が続く
長いところでは
2週間以上
最大で
10m以上
の深い浸水

問5　洪水《こうずい》の防止や水道水の安定供給などを目的として，日本各地にダムが建設されています。解答用紙の図は，国土地理院発行２万５千分の１地形図「米の川」の一部です。もし，図中に ━━━ で示したようなダムが完成し満水となった場合，水没《すいぼつ》が予想される範囲を，のように示しなさい。

問6　東京都水道局のウェブサイト「東京の水道の概要《がいよう》」によると，2017年度の東京都における一日平均配水量は約422万立方メートル，給水人口(水道の供給を受けている人の数)は約1344万人でした。配水量と水の使用量が等しいと考えると，一人あたり一日に約何リットルの水を使ったことになるか，小数第一位を四捨五入して答えなさい。

問7　下水道について，次の文章や資料を読んで，以下の問いに答えなさい。

下水排除《はいじょ》の二つの方式

下水の排除の方法には，汚水《おすい》と雨水を同じ管で集めて流す合流式と，汚水と雨水を別々の管で流す分流式の二つの方法があります。

【分流式】　汚水 → [汚水専用の排水設備] → [下水道管] → [下水処理場] → 川・海

　　　　　　雨水 → [雨水専用の排水設備] → [側溝《そっこう》・地下浸透《しんとう》] → 川・海

【合流式】　汚水・雨水 → [下水道管] → [下水処理場] → 川・海

(松戸市のウェブサイト「下水道のしくみ」による)

千葉県松戸市では，大部分の地域で分流式の下水道が整備されています。

一方，東京都では，大部分の地域で合流式の下水道が整備されています。

＜**表2**＞は，東京都と千葉県の下水道普及率《ふきゅうりつ》を示したものです。

＜表2＞　**下水道普及率**

	1975年	1990年	2000年	2017年
東京都	55%	88%	97%	99.5%
千葉県	13%	40%	57%	74.2%

(『データでみる県勢 2019』，東京都下水道局のウェブサイト「数字でみる東京の下水道」，千葉県のウェブサイト「公共下水道の紹介《しょうかい》」による)

2019年８月にお台場海浜《かいひん》公園で行われたオープンウォータースイミングの大会に出場した選手から「海水がトイレのような臭《くさ》さだった」という声が上がり，検査したところ，基準値の上限を上回る大腸菌《だいちょうきん》が検出されました。このおもな原因は，東京の合流式の下水道から，処理しきれない下水が川や海に流されてしまったことにあると考えられています。

(1)　合流式の下水道では，どのような時に，処理しきれない下水が川や海に流されてしまうと考えられるか，答えなさい。

(2)　東京都ではなぜ，(1)で挙げたような欠点がある合流式の下水道が整備されたと考えられるか，＜**表2**＞の内容も参考にして答えなさい。

【理　科】（40分）〈満点：70点〉

1　**図1**は，地球の公転のようすを示した図で，**図2**は棒を板に垂直に立ててつくった実験道具です。これらを見て，以下の問いに答えなさい。

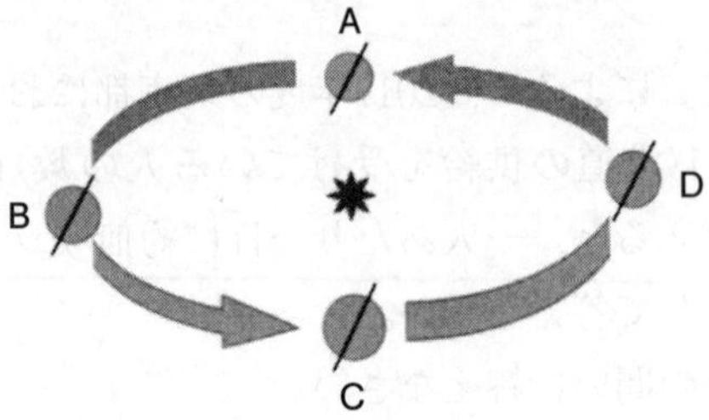

図1

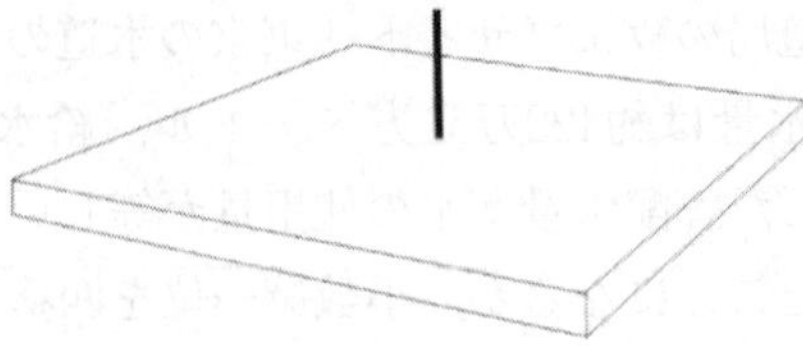
図2

問1　**図1**の中で，５月５日の地球はどの位置にありますか。あてはまるものを，次の**ア**～**エ**の中から一つ選び，記号で答えなさい。

ア　AとBの間　　**イ**　BとCの間

ウ　CとDの間　　**エ**　DとAの間

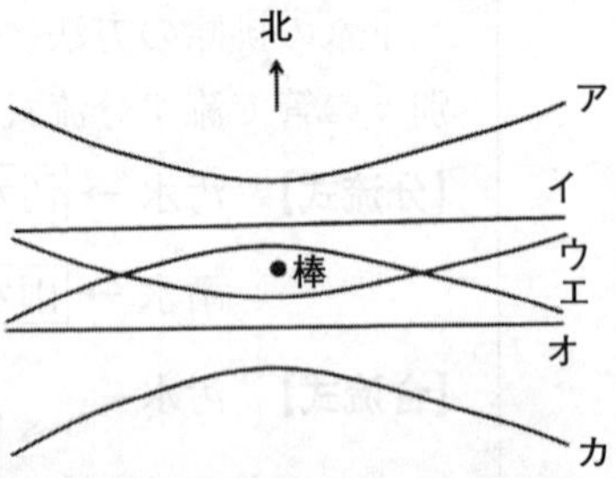

問2　次の(1)～(3)の日に日本で**図2**の道具を水平な地面に置いて，棒の先たんのかげの位置を板に描《えが》いたとき，どのようになりますか。それぞれもっとも近いものを右の図の**ア**～**カ**の中から一つずつ選び，記号で答えなさい。

(1)　２月１日　　(2)　５月５日

(3)　９月23日

写真１

問3　**写真1**は日本で西の空の広はん囲を長時間にわたって撮《と》ったもので，時間とともに星が動いているようすがわかります。星も太陽も自分で動いているわけではなく，地球の自転によって動いて見えるので，その動き方はほぼ同じになります。写真の中で５月５日の太陽と同じ経路を動く星としてもっとも近いものを，**ア**～**ウ**の中から一つ選び，記号で答えなさい。

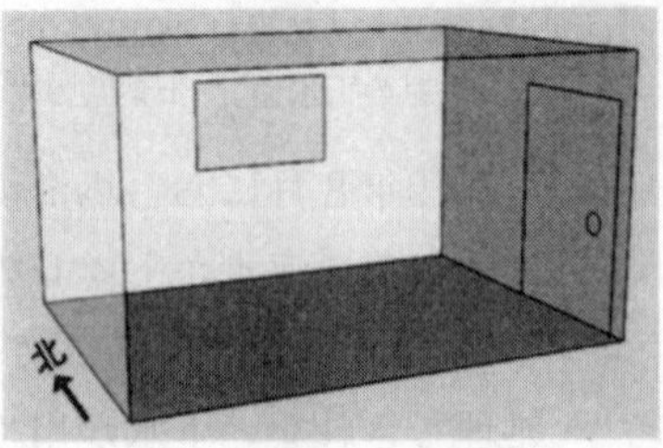

図3

問4　**図3**のように，水平なゆかに垂直に立つうすいかべに囲まれ，真北に向いた窓だけがある部屋があります。この部屋で５月５日に真北に向いた窓から太陽の光が直接差しこむかどうかを観察したとき，どのようになりますか。あてはまるものを，次の**ア**～**エ**の中から一つ選び，記号で答えなさい。ただし，この部屋は日本にあり，太陽は雲や建物などにさえぎられることはないものとします。

ア　差しこむことはない。　**イ**　朝と夕方のみ差しこむ。

ウ　昼前後だけ差しこむ。　**エ**　１日中差しこむ。

図2の道具では，同じ時刻でも季節によって太陽のかげができる向きが異なるので，日時計としては使いづらくなっています。一方，次のページの**写真2**は，ある場所に設置された日時

計の写真で，ななめになっている棒は地球の自転軸《じく》と平行になっています。そうすることで，太陽による棒のかげが，同じ時刻ならば季節によらずほぼ同じ方角にできるようになっています。**写真2**の棒は地面に対して垂直な方向から63度ほどかたむいています。

また，**写真3**には，**写真2**の日時計の台座にある時刻を示す目盛が示されています。真北にある目盛がⅫ(ローマ数字の12)ではなく，Ⅺ(11)になっています。

写真2

写真3

問5　**写真2**の棒の先たんの方向の延長上あたりに見られる星の名前を答えなさい。

問6　**写真2**および**写真3**から，この日時計が設置されているのは日本のどの地域だと考えられますか。あてはまるものを，次の**ア**～**オ**の中から一つ選び，記号で答えなさい。

ア　札幌《さっぽろ》　**イ**　名古屋《なごや》　**ウ**　淡路《あわじ》島　**エ**　小笠原《おがさわら》父島　**オ**　沖縄《おきなわ》本島

2　手回し発電機とはモーターに手回しハンドルを付けたもので，以下では，手回し発電機のハンドルの回転方向を，**ハンドルの側から見て**「時計回り」，「反時計回り」と表します。

はじめに，**図1**のように手回し発電機**G1**(以下では**G1**と表します)と豆電球を接続します。ハンドルを時計回りに手で回転させると豆電球が点灯します。このとき，電流は黒いたんしから出て豆電球を通過して白いたんしに入ります。

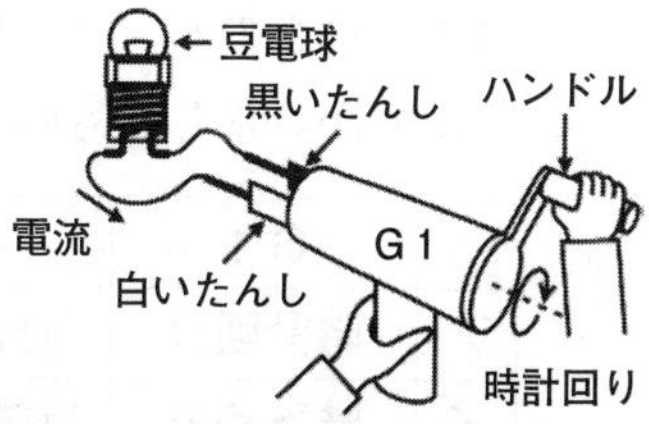

図1

次に，**図2**のように**G1**のハンドルにはさわらずに，かん電池を接続すると，ハンドルは時計回りに回転します。

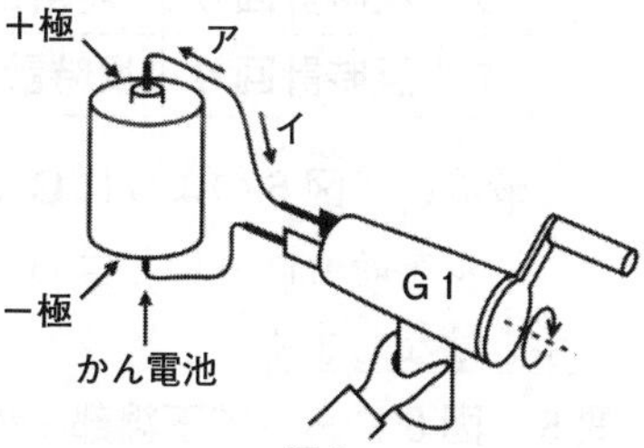

図2

問1　**図2**のとき，導線に流れる電流の向きは，**ア**，**イ**のどちらになりますか。正しいものを一つ選び，記号で答えなさい。

次に，電流の向きとハンドルの回転方向が**G1**と同じになる手回し発電機**G2**(以下では**G2**と表します)を用いて，**図3**のように接続し，**G2**のハンドルにはさわらずに，**G1**のハンドルを時計回りに手で回転させます。

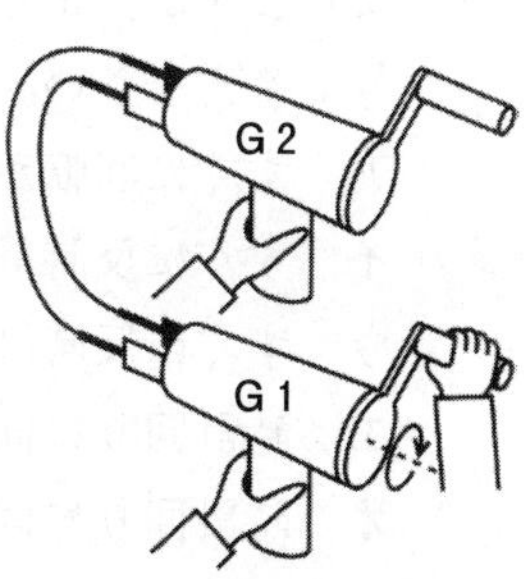

図3

問2　**図3**のとき，**G2**のハンドルはどのようになりますか。正しいものを，次の**ア**～**ウ**の中から一つ選び，記号で答えなさい。

ア　回転しない。　**イ**　時計回りに回転する。

ウ　反時計回りに回転する。

次に，**図4**のようにかん電池，コンデンサー，**G1**，スイッチ**S1**，スイッチ**S2**(以下では**S1**，**S2**と表します)を接続します。**S2**を開いた状態で**S1**だけを閉じてしばらく放置すると，コンデンサーに電気がたまります。続いて，①**S1**を開いてから**S2**を閉じるとコンデンサーにたまった電気が流れるので，**G1**のハンドルから手をはなしておくと時計回りに回転し始めます。そして，だんだん回転がおそくなって，しばらくすると止まります。

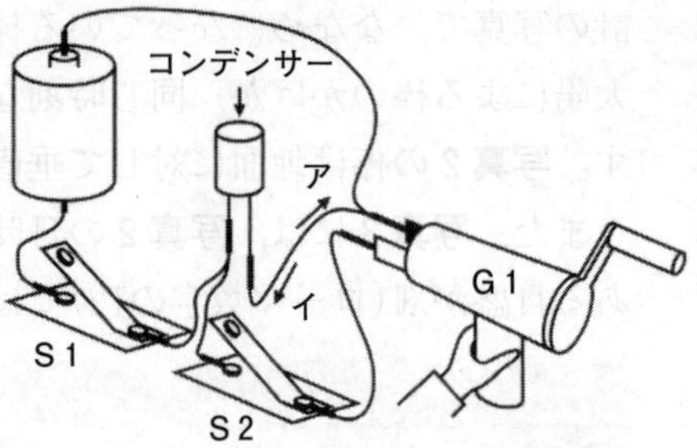

図4

問3　**図4**において**下線部**①の直後，コンデンサーと**G1**の回路に流れる電流の向きは，**ア**，**イ**のどちらになりますか。正しいものを一つ選び，記号で答えなさい。

次に，**図5**のようにかん電池，コンデンサー，**G1**，**G2**，スイッチ**S3**(以下では**S3**と表します)を接続します。**G1**，**G2**のハンドルにはさわらずに**S3**を閉じると，**G1**，**G2**のハンドルはどちらも時計回りに回転し始めます。しばらくすると，コンデンサーに電気がたまり，コンデンサーには電流が流れなくなり，②**G1**のハンドルの回転だけが止まります。

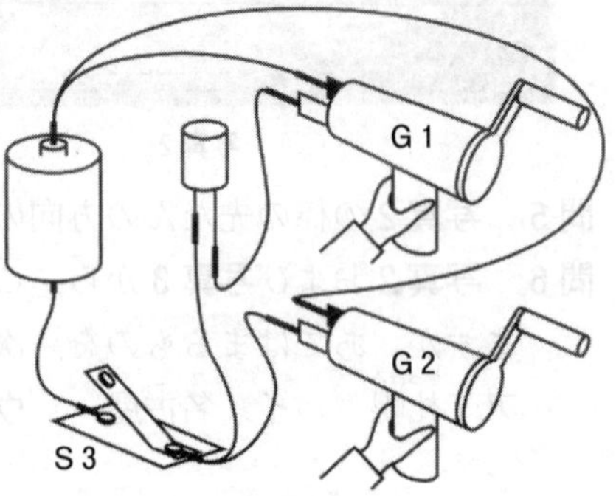

図5

問4　**図5**において**下線部**②の後に**S3**を開いた直後，**G1**，**G2**のハンドルはそれぞれどちら向きに回転しますか。正しいものを，表の**ア**～**エ**の中から一つ選び，記号で答えなさい。

	G1	G2
ア	時計回り	時計回り
イ	時計回り	反時計回り
ウ	反時計回り	時計回り
エ	反時計回り	反時計回り

最後に，**図6**のように**G1**とコンデンサーを接続し，**G1**のハンドルを時計回りにしばらくの間手で回転させ，③ハンドルから手をはなします。

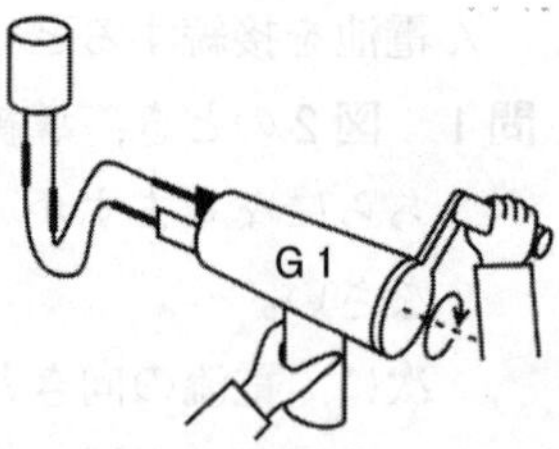

図6

問5　**図6**において**下線部**③の直後，**G1**のハンドルはどのようになりますか。正しいものを，次の**ア**～**オ**の中から一つ選び，記号で答えなさい。

ア　すぐに回転が止まり，そのまま回転しない。
イ　すぐに反時計回りに回転し始め，だんだん回転が速くなる。
ウ　すぐに反時計回りに回転し始めるが，だんだん回転がおそくなる。
エ　時計回りに回転し続け，だんだん回転が速くなる。
オ　時計回りに回転し続けるが，だんだん回転がおそくなる。

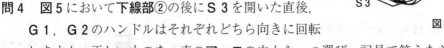

3　お湯につけたティーバッグから紅茶の成分がとけ出すようすに興味を持ち，食塩と水を用いて，固体が水にとけるようすを２種類の実験を通して調べることにしました。

［実験１］　茶葉の代わりに食塩をティーバッグに入れて，ビーカーに入れた水の中に静かにつるすと，「もやもやしたもの」が見えて，食塩が水中にとけ出すようすが観察されました。

問１　この実験において，食塩が水にとけ出すときの「もやもやしたもの」は，水中のどの方向に広がっていくでしょうか。もっとも近いものを，次の**ア**～**エ**の中から一つ選び，記号で答えなさい。

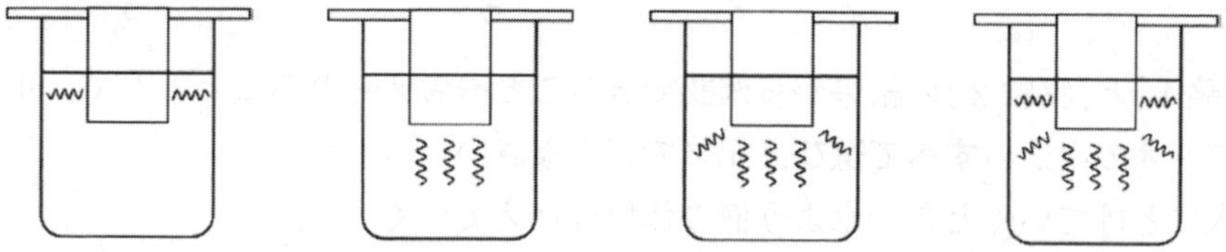

ア　　**イ**　　**ウ**　　**エ**

問２　食塩水は中性であるため，リトマス紙の色を変化させません。赤色リトマス紙を青色に変化させる水よう液を，次の**ア**～**オ**の中から**すべて選び**，記号で答えなさい。

ア　砂糖水　　**イ**　うすいアンモニア水　　**ウ**　石灰《かい》水

エ　炭酸水　　**オ**　うすい塩酸

［実験２］　水にとける食塩の重さや，できた水よう液の体積をくわしく調べることにしました。200mL のメスシリンダーの中に25℃の水100.0mL を入れて，ガラス棒でよくかきまぜながら，食塩を少しずつ加えていきました。加えた食塩の重さと，メスシリンダーで読み取った体積の関係は下の表のようになりました。ただし，水の体積1.0mL の重さは1.0ｇであるものとします。

状態	①	②	③	④	⑤	⑥	⑦
食塩の重さ(ｇ)	0.0	2.0	5.0	10.0	30.0	36.0	60.0
メスシリンダーで読み取った体積(mL)	100.0	100.4	101.6	103.6	111.6	114.0	125.0

（体積の値は，メスシリンダーの最小目盛の10分の１まで読み取っています。）

状態⑥になったとき，よくかき混ぜても固体の食塩がとけきれずにわずかに残りました。そこで，このときに加えた食塩の重さを，水100.0mL にとける限界の重さとみなしました。

問３　状態⑥から状態⑦にかけては，とけきれなくなった固体の食塩の体積分メスシリンダーで読み取った体積が増えています。ここから，固体の食塩の体積1.0cm^3の重さは何ｇとわかりますか。割り切れない場合は，四捨五入して小数第一位まで求めなさい。

問４　状態⑤の食塩水を加熱して40.0ｇの水を蒸発させた後，水よう液を25℃にしたとすると，とけきれなくなって残る固体の食塩は何ｇですか。割り切れない場合は，四捨五入して小数第一位まで求めなさい。

問５　［実験２］の結果について，横軸《じく》に「水に加えた食塩の重さ」を，縦軸に「メスシリンダーで読み取った体積の『状態①』からの増加分」をとって，グラフを作るとどのような形になりますか。もっとも近いものを，次の**ア**～**エ**の中から一つ選び，記号で答えなさい。なお，グラフにおける点線（----------）は直線を表しています。

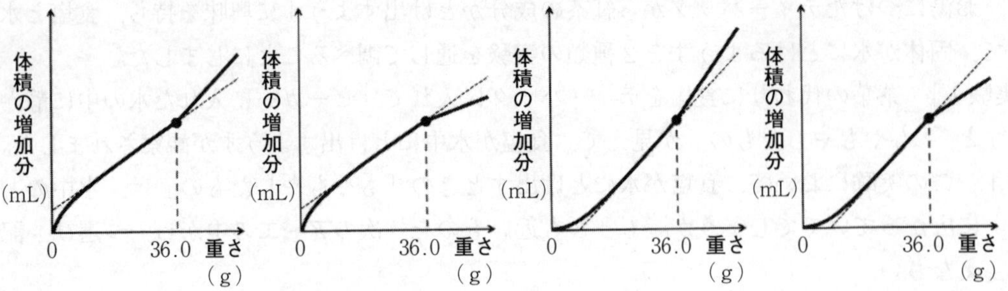

ア　　　イ　　　ウ　　　エ

問6　以上の[実験1]と[実験2]の結果から確認できることや考えられることとして，正しいものを，次の**ア**～**オ**の中から**すべて選び**，記号で答えなさい。

ア　食塩が水にとけていくとき，水よう液の体積は増えていく。

イ　水に食塩を加えてとかすと，できた水よう液の体積は，とかす前の水の体積と食塩の体積の和よりも小さくなる。

ウ　水に食塩を加えてとかすと，できた水よう液の重さは，とかす前の水の重さと食塩の重さの和よりも小さくなる。

エ　食塩は水の温度を上げても，水にとける重さはほとんど変わらない。

オ　状態①から状態⑥に向かって，食塩水の体積1.0mLの重さは増えていく。

4　**図1**に示した**葉A**と**葉B**の形を比べることにしました。

はじめに，**図2**に示した測定方法にしたがって，縦方向を長さ，横方向を幅《はば》として測り，平面部の形を調べました。ここでは，平面部の縦方向の長さの最大値を全長とよび，横方向の幅の最大値を最大幅とよびます。

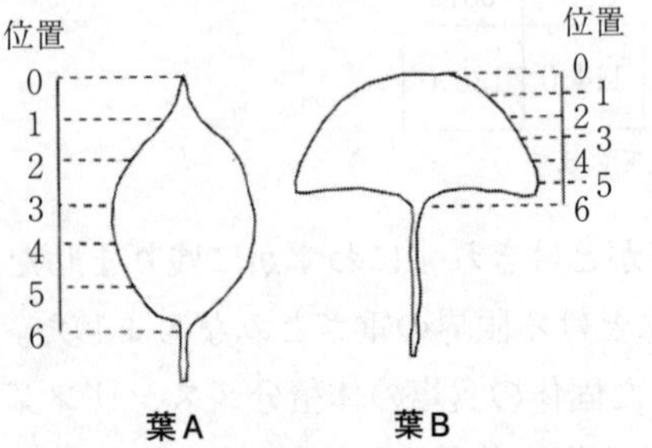

実物との比率は**葉A**，**葉B**で異なります

図1

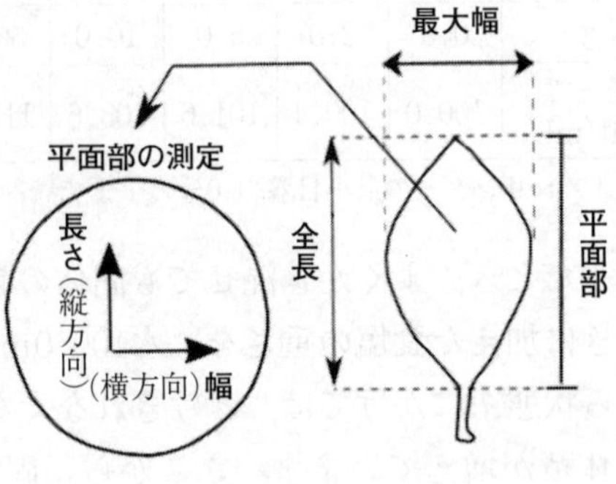

図2

次に，**葉A**，**葉B**それぞれの全長と最大幅から，全長に対する最大幅の割合「最大幅÷全長×100(%)」を計算しました(**表1**)。ただし，**表1**の①，②が**葉A**，**葉B**の順番になっているとは限りません。

	全長(mm)	最大幅(mm)	全長に対する最大幅の割合(%)
①	30	51	170
②	102	56	55

表1

さらに，葉の先たん部を位置0として，全長を6等分した位置0～6の各位置(**図1**)の幅を調べました。**図3**のグラフは**葉A**と**葉B**それぞれについて，横軸《じく》に位置をとり，縦軸に「最大幅に対するその位置での幅の割合(%)」をとって点で表し，それを直線で結んで作りました。

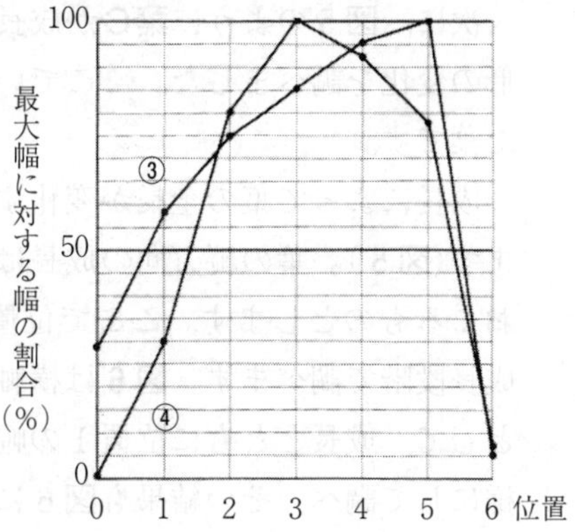

図3

問1　**表1**の①・②と**図3**の③・④からそれぞれ**葉A**のものを選んだ組み合わせを，次の**ア**～**エ**の中から一つ選び，記号で答えなさい。

	表1の値	**図3**のグラフ
ア	①	③
イ	①	④
ウ	②	③
エ	②	④

次に，**図4**に示した**葉C**の形を調べることにしました。葉の全長を6等分した位置0～6の各部分について，「最大幅に対する幅の割合(%)」が**表2**に示されています。

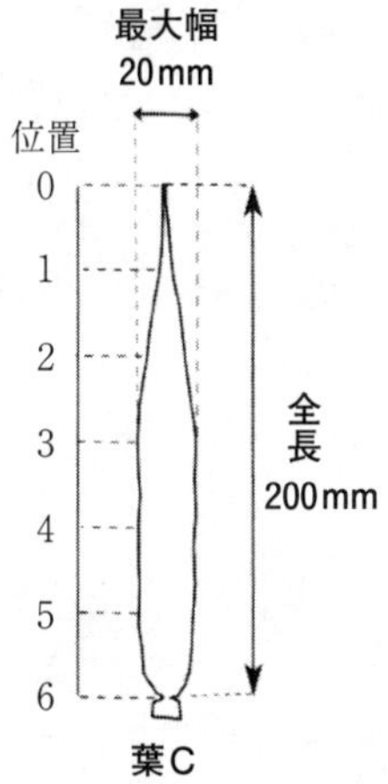

葉C

図4

	図4の最大幅20mmに対する幅の割合(%)
位置0	0
位置1	25
位置2	75
位置3	100
位置4	100
位置5	100
位置6	25

表2

問2　**葉C**の位置0～6での幅の値を**表2**から計算し，下の**例1**にならい，値を解答らんに点でかき入れ，各点を直線で結びなさい。

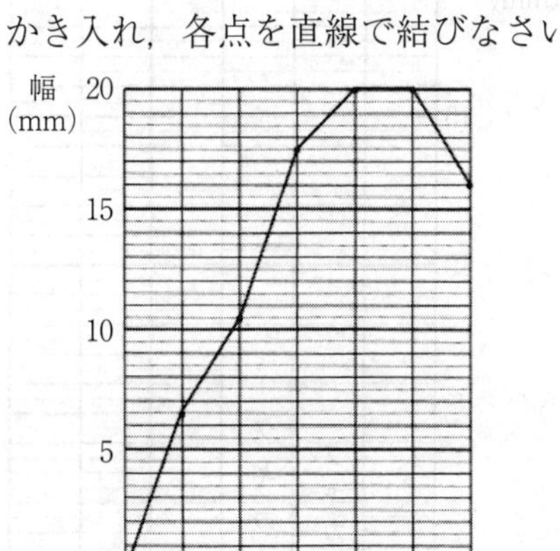

例1

次に，**図5**のように**葉C**が成長して全長20mmの幼葉《ようよう》から全長200mmの成葉《せいよう》になるときの形の変化を調べました。ここでいう幼葉とは成長中の葉で，成葉とは大きくなって成長をやめた葉です。

成長によって葉の全長が変化するそれぞれの段階で，葉の全長を6等分して位置0～6とします(**図5**)。葉の縦方向の成長は，位置0～6のそれぞれの間かくが同じ割合で広がるようにおこるものとします。ここで位置1について,「成葉の幅に対する幼葉の幅の割合(%)」を各成長段階で調べます。**図6**は横軸を全長とし,縦軸を「成葉の幅に対する幼葉の幅の割合(%)」として，成長とともに位置1の幅がどのように変化していくかを示したものです。位置2も同様にして調べ，その結果も**図6**に重ねて示しています。

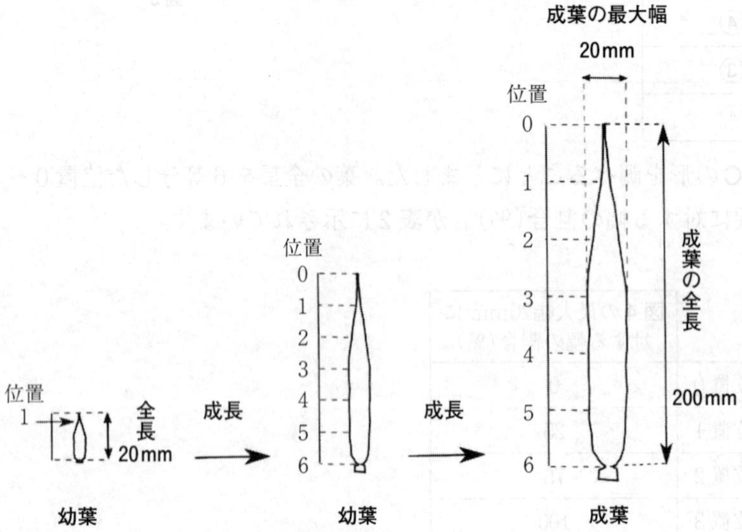

図5

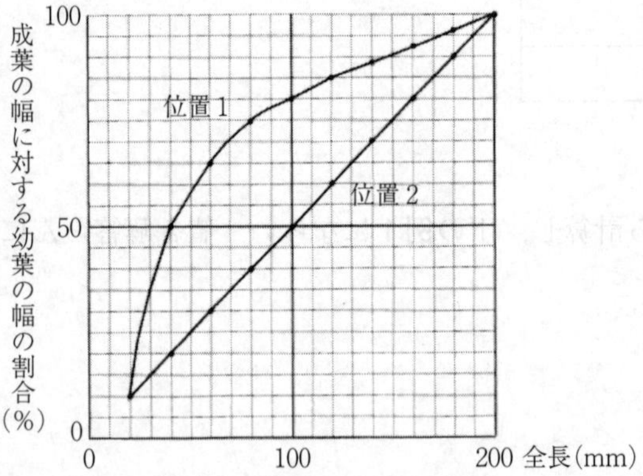

図6

問3　葉の全長が20mm，40mm，100mmのとき，位置1，位置2での幅の値を**表2**，**図6**をもとに計算し，右の**例2**にならい，値を解答らんに点でかき入れなさい。それぞれの点の右側に20mmは**カ**，40mmは**キ**，100mmは**ク**と記入すること。

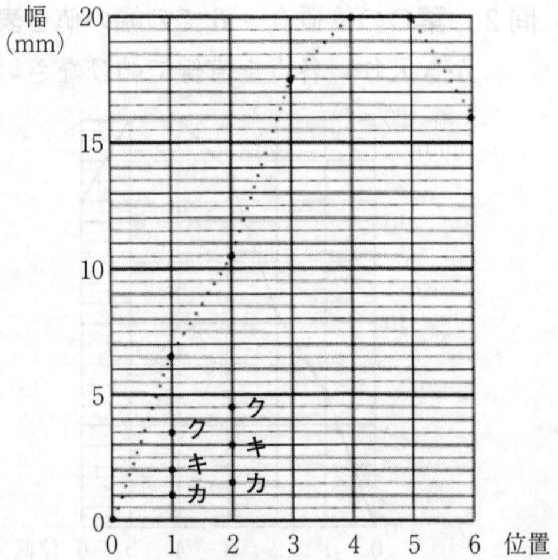

例2

問4　幅の増加量が位置２より位置１で多い期間を，次の**ア～ウ**の中から一つ選び，記号で答えなさい。

ア　葉の全長が20mm から40mm まで成長する期間

イ　葉の全長が40mm から100mm まで成長する期間

ウ　葉の全長が100mm から200mm まで成長する期間

問5　葉の①全長が20mm から40mm まで成長する期間と，②全長が100mm から200mm まで成長する期間では，ともに葉の全長は２倍になります。**問3**の位置１の結果をもとに考えると，**下線部**①，②のそれぞれの期間について，**葉C**の先たん(位置０～１)の長さと幅の比率はどうなりますか。もっとも近いものを，下の**ア～ウ**の中からそれぞれ一つずつ選び，記号で答えなさい。ただし，下図は長さと幅の比率を表したものであり，成長前後の長さの変化量を正確に表したものではありません。

ア　長さに比べて幅の比率が小さくなる。　**イ**　長さに比べて幅の比率が大きくなる。　**ウ**　長さと幅の比率は変わらない。

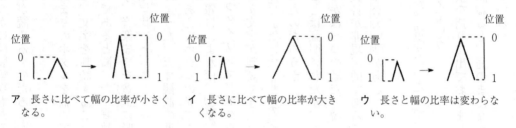

『康熙字典《こうきじてん》』や『古今図書集成《ここんとしょしゅうせい》』を編纂《へんさん》させるほど学問熱心な皇帝《こうてい》で、みずからも万巻の書を読んだが、古典のなかには眉唾物《まゆつばもの》もあるのではないか、たとえばホタルの光なんかで本が読めるものだろうかと疑いを抱《いだ》いてもいた。

そこであるとき、⑦**ソッキン**に百匹あまりのホタルを捕《と》ってこさせ、実際に絹の嚢に入れて試《ため》してみたところ、文字を判読することすらできなかったので、車胤の故事は嘘《うそ》っぱちであると断じた。宣教師を身近におき、西洋の幾何学《きかがく》や医学、天文学、音楽までを貪欲《どんよく》に吸収した1康熙帝らしい実証的な態度である。(中略)

しかし皮肉なことに、事実は逆だったようだ。天体観測の邪魔《じゃま》になるほど光があふれている現代になって、あえてホタルの光で本を読む実験をした人が少なからずいる。彼らの報告によれば、「読める」(見える)のだ。たとえば大型で強い光を放つタイワンマドボタルを使った実験では、二十匹程度ですでになんとか文字が判読できたという。百匹でも読めなかったという康熙帝が使ったのは、北京《ぺきん》の紫禁城《しきんじょう》周辺に生息する光の弱い種類のホタルだったのだろうか。

「蛍の光」の故事があながち嘘でないことは証明されたが、だからといって車胤のとった方法が賞賛に値《あたい》するかはべつの話だ。読めるかいなかはともかく、ホタルを光源にした読書が非現実的であることに、人びとはとっくに気づいていた。2こんな笑い話がある。

ある日、孫康が車胤の家を尋《たず》ねた。留守だったので、門番に「車胤殿《どの》はどちらへ」と聞くと、答えていう。

「へえ、主人は早朝から草むらに蛍を捕りに出ておりまして」

後日、今度は車胤が孫康の家を訪ねると、庭のまんなかに孫康が心配そうな面持《おもも》ちで立ち尽《つ》くしている。

「おや、机にも向かわず外でぼんやりしておいでとは。こんなに天気のいい日に、なにか気がかりでもおありですか」

「それなんですよ。どうやら今晩は雪が降りそうになくて」

(明《みん》・馮夢龍《ふうぼうりゅう》『笑府《しょうふ》』)

(瀬川千秋『中国 虫の奇聞録』による)

問一 文中の①~⑦の**カタカナ**を漢字に直しなさい。ハネ・トメなど丁寧《ていねい》でない場合は減点されることもあります。

問二 ——1「康熙帝らしい実証的な態度」とありますが、それはどのような態度ですか。説明しなさい。

問三 ——2「こんな笑い話がある」とありますが、この話はどのような点が笑い話なのですか。説明しなさい。

う、皆が忘れなければならないことだった。ほぼ同じタイミングで、小磯がまやまやに告白していたのだ。

小磯は、クラスの男子の中でもリーダー的な存在で、一部の女子から「かっこいい」と言われているほどには顔も整っているし、背も高い。だけど、スマホのトークアプリでのまやまやとの会話を保存《スクショ》して仲間たちに送信するという、信じられないバカをしたせいで、今や彼《かれ》の人気はダダ下がりである。

めぐ美も、誰からともなく回ってきた小磯の保存画面を見た。小磯の告白を、じらしながらも完全に拒否《きょひ》はしない意外なぶりっこぶり――そのぶりっこぶりが小磯を勘《かん》違いさせたようだが――を発揮しているまやまやは、女子どうしで遊んでいる時の彼女と違うキャラだった。

まやまや、終わったなー。

カナがまやまやに何か仕掛《しか》ける気だったら、めぐ美はそれにノろうと思っていた。そもそも、まやまやが小磯とトークアプリでつながっていることも、めぐ美は知らなかった。カナも知らなかったはずだ。これはもう、吊《つ》るし上げるしかない。あるいは集団無視かな。まやまやのやったことは、それに相当する裏切りだ。

しかし、新学期に四人また顔を合わせた時、5カナは意外にもまやまやに優《やさ》しかった。自分から「小磯に告られたってマジ？」と訊き、まやまやが恥《は》ずかしそうに頷《うなず》いたら、手を叩いて爆笑《ばくしょう》した。

カナが小磯を「私服がダサい」とか「よく見ると猿《さる》顔」などと言ってばかにするようになったのはその頃からだ。

（朝比奈あすか『君たちは今が世界《すべて》』より）

問一 ――1「同じ班になった『ひなっち』という子と仲良くなった」とありますが、めぐ美は、ひなっちと出会ったことで、どのように変わりましたか。説明しなさい。

問二 ――2「親友」にカギ括弧《かっこ》がついていることで、どのような意味になっていますか。「～という意味ではなく、～という意味。」の形で答えなさい。

問三 ――3「カナの自尊心の強さを、めぐ美は見て見ぬふりをする。実際、なんでも強気で向き合っていくカナの『でも』には、説得力があるようにも思った」とありますが、この部分から読み取れる、めぐ美のカナに対する思いを説明しなさい。

問四 ――4「かったるそうな声で返すと」とありますが、なぜめぐ美は「かったるそうな声」を出したのですか。説明しなさい。

問五 ――5「カナは意外にもまやまやに優しかった」とありますが、なぜカナはまやまやを攻撃《こうげき》しなかったのですか。説明しなさい。

二 次の文章を読んで、後の問に答えなさい。

「蛍《ほたる》の光」は日本の卒業式などで明治時代からうたわれてきたなじみの①**ショウカ**だ。原曲はスコットランド民謡《みんよう》だが、冒頭《ぼうとう》の歌詞「蛍の光、窓の雪」は、中国の故事に②**ユライ**している。

今から千六百年ほどまえの東晋《とうしん》代のこと。車胤《しゃいん》（？～四〇一年？）は幼いころから学問が好きだったが、家は灯油を買う金にもこと欠くほど貧しかったので、夏がくると練り絹の嚢《ふくろ》に数十匹《ぴき》のホタルを入れて灯《あか》りにし、夜を日についで書物を読んだ。孫康《そんこう》（生没年不詳《せいぼつねんふしょう》）もまた貧しく、冬は雪明りをたよりに夜ふけまで勉学にいそしんだ。苦学したかいがあって、成人したふたりは③**コウカン**にまで出世した。困難にくじけず学問に励《はげ》む大切さをしめす手本として、古来、中国の読書人たちが好んだ④**ビダン**である。「蛍雪《けいせつ》の⑤**コウ**」という⑥**セイゴ**もここから生まれた。

しかしそのいっぽうで、この故事には懐疑的《かいぎてき》な人も少なからずいた。ことに怪《あや》しまれたのがホタルの光である。清《しん》朝の名君・康熙帝《こうきてい》は、

「武市さん、順番に訊いていきますからね。ちょっと待っていてください」

藤岡が制止し、周りがくすくす笑った。

「武市、マラカス似合いすぎ！」

カナは武市を冷やかしてから、

「まやまやー、リッチー、アコーディオンに立候補しなよー」

と、席の離《はな》れたリッチーとまやまやにも声をかける。彼女はいつもこうだ。教室の中で信じられないぐらい傍若無人《ぼうじゃくぶじん》に振《ふ》る舞《ま》う。同じように自己中心的に振る舞っていても、カナは威圧《いあつ》感を与《あた》え、武市は面白《おもしろ》がられる。違《ちが》いはあれど、ふたりは心のままに振る舞っていて、藤岡は、武市にはちゃんと注意するくせに、カナの振る舞いには見て見ぬふりをすることが多いとめぐ美は思った。

立候補やらじゃんけんやら、一部の楽器にはオーディションもあって、ようやく全員の楽器が決まった時には、四時間目が終わろうとしていた。武市は最初の希望通りマラカスを仕留めていた。武市なんかと並んでマラカスをやるよりは、アコーディオンのほうがましだったとめぐ美は思った。

「はい！　では、もうあんまり時間がないけど、皆《みな》さん、パートごとに分かれてリーダーを決めてください」

藤岡が言い、それぞれの場所を割り振られる。アコーディオン組は、カナの机の周りに集まることになった。

「やった！　めぐー！」

カナがめぐ美に抱《だ》きつく。

アコーディオンのメンバーは女子六名、男子二名。カナがリーダーをやりたがるのかと思ったが、打楽器のじゃんけんに負けてアコーディオンになった小磯利久雄《こいそりくお》が、カナに推薦《すいせん》されて――実態は、押《お》しつけられたようなものだったが――リーダーを引き受けていた。

「ほらほら、リーダー、仕切ってよ」

カナに言われ、小磯が頰《ほお》を少し上気させながら、楽譜《がくふ》のプリントを皆に配る。

「リーダー、爪《つめ》きれいじゃね？」

突然《とつぜん》カナが小磯の手を取って言うと、小磯が赤くなってその手をひっ込めた。最近カナはよく小磯をからかう。からかわれるたび、小磯がまやまやの様子を窺《うかが》うことに、めぐ美は気づいていた。そのまやまやはといえば、カナと小磯のじゃれ合いには無関心なふりで、楽譜の上に右手の指をぱらぱらっと弾ませて、鍵盤《けんばん》を叩《たた》く真似《まね》をしているのだ。

「じゃ、えーと、明日から楽器使って合わせるんで、各自でテキトウにやっておいてください」

「どこまでー？」

カナに問われて、

「えーと」

小磯は楽譜を見て迷っている。

自分で訊いておいて、

「最後までやっちゃお、こんなの」

カナが決定する。ダンススクールに通うカナは、そのレッスンが本格化するまでピアノを習っていた。簡単な楽譜なのかもしれない。

「では、最後までやっといてくださーい」

小磯が雑に言い、それに対して不満が出ることもなく、皆「はーい」と言い合いながら、楽譜をしまった。

チャイムが響《ひび》く中、カナが「リーダー、よろしくねー」と、小磯の背中をポンッと叩いた。小磯は迷惑《めいわく》そうに無視している。

夏休みに、塾《じゅく》の講習で忙《いそが》しいまやまやを除いた三人で、遊びに行った。その帰り道にカナが小磯を好きだと打ち明けた。しかしそれはも学校四年生になると、めぐ美はほぼカナとふたり組で過ごすようになった。

そして、そのまま、今もカナとめぐ美は2「親友」だ。

長い付き合いだから、カナの口癖《くちぐせ》が「でも」だというのは知っている。誰《だれ》かが目立つと「でも」と必ず否定せずにはいられないカナの、あまりに大きな自尊心を、めぐ美は間近で見続けてきた。「でも」を言いたい相手は、髪型《かみがた》を変えた同級生の時も、朝会で挨拶《あいさつ》をする上級生の時も、テレビに出ているアイドルの時も、ティーン雑誌のモデルの時もある。

3カナの自尊心の強さを、めぐ美は見て見ぬふりをする。実際、なんでも強気で向き合っていくカナの「でも」には、説得力があるようにも思った。

(中略)

ふだん三時間目の音楽は、専門の三好《みよし》先生が音楽室で受け持つのだけれど、今日は、合奏会で演奏する『ブラジル』の担当楽器を決めるのが主題だったから、四時間目の学級会とつなげて、三組の教室で話し合うことになっていた。

合奏会は、毎年三学期に開かれ、六年生が卒業前に在校生に「音楽のプレゼント」をするというのがコンセプトだ。クラスごとに別の曲を演奏する。三好先生が、各組の個性に合った曲を選んでくれるのだが、三組は「明るくて、個性的なメンバーが溢《あふ》れているから」という理由で、『ブラジル』という曲を演奏すると決まっていた。始業式の日に題名だけ聞かされ、ネットの動画などで聴《き》くことができたら聴いておいてと言われたが、それきりめぐ美は忘れていた。だけど先週、三好先生がCDで流してくれたのを初めて聴いて、いっぺんで好きになった。知ってる！　知ってる！　めぐ美は近い席の子たちと言い合った。どこかで聴いたことがある、軽快なリズムが、終わった夏を思わせた。ブラジルは暑い国なんだろう。時おり聞こえた打楽器のリズムが楽しげで、胸が弾《はず》んで、自然と体がリズムを刻みたくなる。

楽器の説明で、めぐ美は「打楽器」に惹《ひ》かれた。小太鼓《こだいこ》、マラカス、タンバリンから選べるという説明だったので、マラカスがいいな、と思った。

それなのに、

「めぐ～、何にする？」

遠くの席から大きな声でカナに訊《たず》ねられた時、マラカスと言えなかった。やりたい楽器をもう決めているなんて、張り切りすぎている気がしたからだ。

「えー、決めらんない、てか、なんでもいい」

4かったるそうな声で返すと、

「一緒《いっしょ》にアコーディオンにしない？」

カナがさらに大きな声でめぐ美を誘《さそ》う。

「アコーディオン？」

「やろうよー、めぐ」

カナは周囲を牽制《けんせい》するように言う。

「やろ、やろ、ね。はーい、決まり。センセ、センセ、うちら、アコーディオンね、アコーディオン」

カナが勝手に藤岡《ふじおか》(＝担任の先生)に言うのを聞いていた。

「他にはいない？　今の時点で八人を超《こ》えていなければ、ふたりは決定ね」

藤岡がアコーディオンと書かれた文字の下に、見村《みむら》、前田《まえだ》、と名前を書く。流れるように、全《すべ》てが決められてゆく。

するとカナの隣の席の武市陽太《たけいちようた》が、唐突《とうとつ》に手を挙げて、

「おれ、マラカスやる！」

勝手に立候補した。

二〇二〇年度 開成中学校

【国語】(五〇分)〈満点:八五点〉

一 次の文章を読んで、後の問に答えなさい。なお、文章中の「(＝)」は、その直前の言葉の説明です。

——めぐって頭良かったの?

ママの言葉を聞いたミイ姉が、からかうように訊《き》いた時、

——頭良かったんだよ、この子。図書館に連れてっても、あんたと龍《りゅう》はすぐ飽《あ》きちゃったけど、めぐだけはずうっと本読んでたんだから。

と、ママは言った。

——マジで?

——字を覚えたのだって、三人の中で、一番早かった。

——マジか。

——やっとあたしからパパ似が生まれたって、思ったんだけど。

——今こいつ、本なんか全然読まないじゃん。

——どこでどうなっちゃったのか。

ママとミイ姉がげらげら笑うのを聞いていた。

どこでどうなっちゃったのか。ふたりの会話を聞いていて、めぐ美《み》はうっすらと、本が愉《たの》しかった頃《ころ》のことを思い出した。せいぜい小学校の低学年くらいのことだったが、十二歳《さい》のめぐ美にとっては、ものすごく遠い昔に思えた。自宅マンションの隣《となり》に、公共の図書館があって、たびたび訪《おとず》れた。職員による読み聞かせの回が楽しみだった。

絵本に慣れた彼女《かのじょ》に、次のステップはごく自然に訪れた。本棚《ほんだな》を眺《なが》め、華《はな》やかな文字の、わくわくしそうな題名の、その背に指をひっかけた。膝《ひざ》の上でそっと開くと知らない世界が広がった。

だけども次へのステップを、彼女は逃《のが》してしまうのだ。本を読んでいると、ミイ姉に「ネクラ」とか「キモい」と言われたり、読んでいた本を取り上げられて隠《かく》されたりしたせいだとも言えるが、それだけでなく、めぐ美自身が性格を変えたかった。

小学三年生の新しいクラスで、1同じ班になった「ひなっち」という子と仲良くなった。運動神経抜群《ばつぐん》で、男子より足が速いひなっちは、本など読まなかった。休み時間を告げるチャイムが鳴ると、真っ先に教室から飛び出してゆくような子だった。ドロケイでも脱走《だっそう》ゲームでもいつも大活躍《だいかつやく》のひなっちは、クラスの人気者だったから、そんな彼女に声をかけられて、嬉《うれ》しかった。

ひなっち、めぐ、と呼び合うようになった頃、めぐ美も彼女と同じく「人気者」というポジションの、端《はし》っこにいた。ひとりで本を読むのは寂《さび》しいこと、実際寂しくなくても、寂しそうに見られることだという考えを、めぐ美は自分に植えつけた。低学年の頃の自分は、大人数でわあっと盛り上がるノリには気後《きおく》れした。だけど、ひなっちに引っ張られて遊んでいるうちに、友達は自然と増えていったし、盛り上がることも楽しめるようになってきた。めぐ美は鬼《おに》ごっこやドロケイで活躍したし、友達から、友達の多い子だと思われるようになったら、学校が楽しくなった。その自信は、本からでは、得られないものだった。

ひなっちとめぐの間にカナが入り込《こ》んだのはいつ頃だったろうと思う。カナは当時の彼女のグループ内で色々と揉《も》めて、輪から飛び出し、なんとなくひなっちとめぐ美と三人で行動するようになったのだ。三人という関係性を巧《たく》みに操《あやつ》れるほど成熟していない九歳の少女たちは、愛憎《あいぞう》帯びた幼稚《ようち》なパワーゲームを始めるのが常だが、めぐ美とひなっちもカナを取り合うようになり、やがてめぐ美が勝ったのである。小

2020年度
開成中学校 ▶解説と解答

算数 (60分) <満点:85点>

解答

1 <12314>, <23411>, <42311>, <13412> 2 (1) 解説の図1を参照のこと。 (2) 76分後 (3) 94.4m 3 (1) (ア) 4通り (イ) 9人 (2) ① 12 ② 199 ③ 9 ④ 7 ⑤ 5 ⑥ 3 ⑦ 6 ⑧ 129
4 解説の図③を参照のこと。

解説

1 グラフ―条件の整理

2つのロボットの間の距離《きょり》は, カードの種類によって右の図1のように変化し, 同じカードの場合は変化しない。また, 1分ごとの変化の大きさを問題文中のグラフのたて軸《じく》の目盛りの数で表すと, 2目盛り→3目盛り→1目盛り→0目盛り→2目盛りとなるから, 1目盛りが15cmにあたり, 30cm→45cm→15cm→0cm→30cmと変化したことになる。よって, 0～1分後はアまたはウ, 1～2分後はエ, 2～3分後はイまたはカ, 3～4分後は同じカード, 4～5分後はアまたはウとなるので, 下の図2と図3の2通りの進み方が考えられる。図2と図3で, 実線と点線のどちらがAでもよいから, Aの進み方として考えられるのは, <12314>, <23411>, <42311>, <13412>の4通りある。

図1

ア	①と②	毎分30cm
イ	①と③	毎分(45−30=)15cm
ウ	①と④	毎分(60−30=)30cm
エ	②と③	毎分45cm
オ	②と④	毎分60cm
カ	③と④	毎分(60−45=)15cm

図2

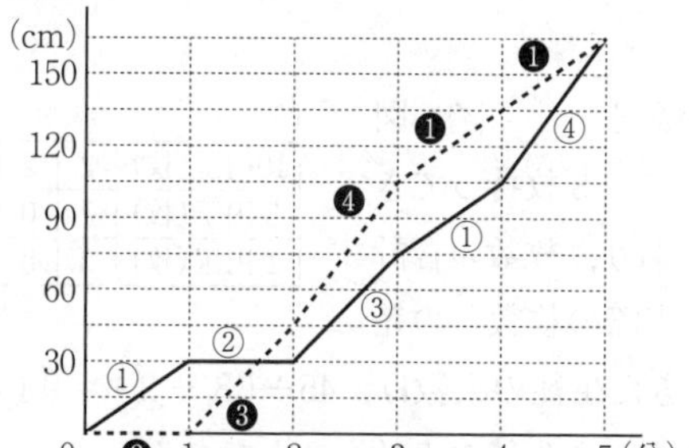

図3

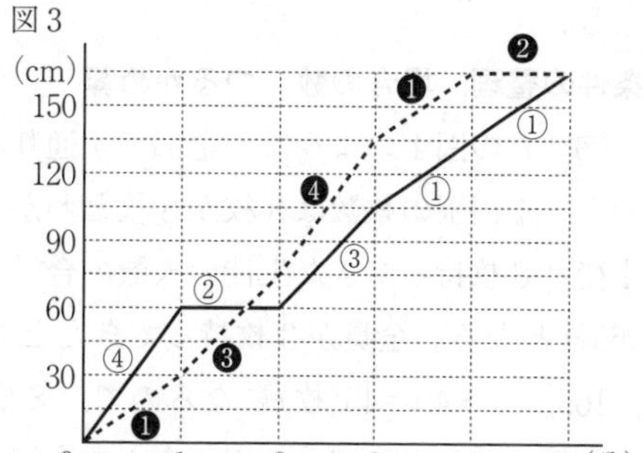

2 平面図形―図形上の点の移動, 速さ, 長さ

(1) 点Bは, 60×1=60(分)で, 点Cは, 60×3=180(分)でそれぞれ一周するから, 点Bの速さは毎分, 360÷60=6(度), 点Cの速さは毎分, 360÷180=2(度)である。また, 点Pが[移動1]で進む道のりは, $50\times\frac{12}{60}=10$(m)なので, 点Pは[移動1]で円Xと円Yの周上間を移動することになる。次に, ①の時間は12分だから, 点Pが下の図1の①の部分を動く間に, 点Bは, 6×12=72(度)動く。よって, 点Qの位置で点Pと点Bが重なるためには, 点Pが①の移動を開始するとき,点Bは点Qの72度後方にいる必要がある。また，①，②，③の時間の合計は，12＋8＋12＝32(分)なので，点Pが①，②，③の部分を動く間に，点Cは，2×32＝64(度)動く。したがって，点Rの位置で点Pと点Cが重なるためには，点Pが①の移動を開始するとき，点Cは点Rの64度後方にいる必要がある。つまり，①の移動開始時の点Bと点Cの位置は図1のようになる。

図1

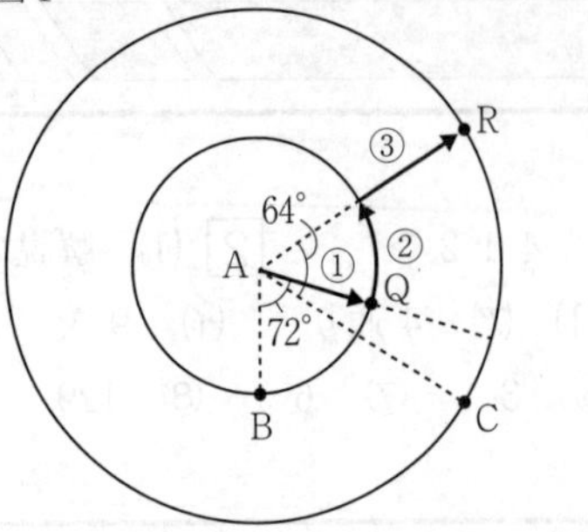

図2

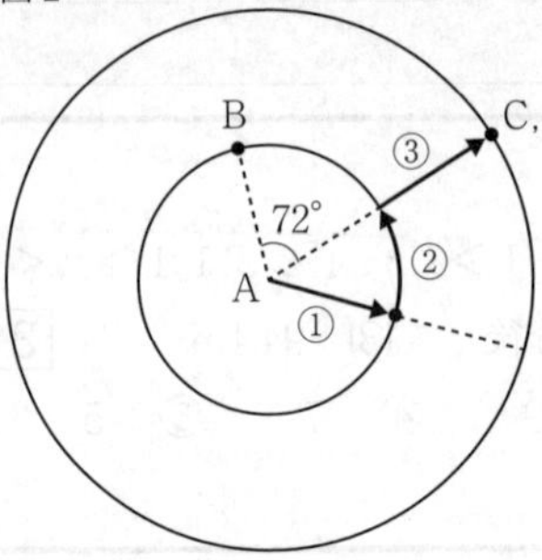

図3

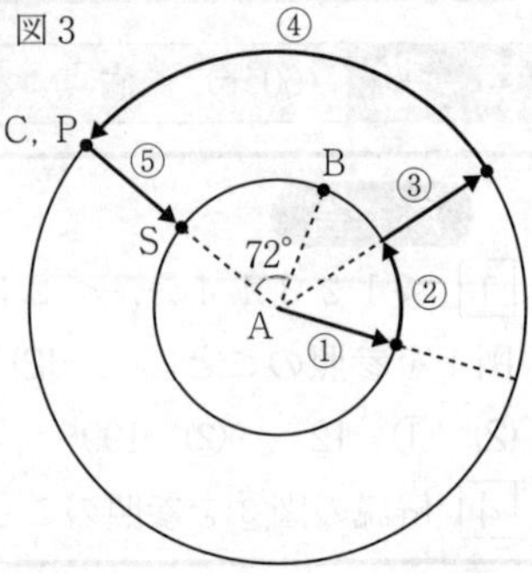

⑵　②の部分の中心角は，6×8＝48(度)だから，図1のときの角BACの大きさは，72－(64－48)＝56(度)である。よって，現在から最短で図1のようになるのは，点Bが点Cよりも，360－56＝304(度)多く動いたときとなる。したがって，304÷(6－2)＝76(分後)と求められる。

⑶　③の間に点Bは72度動くから，③が終了したとき，上の図2のように点Bは点Cの72度前方にいる。その後，⑤で点Pが点Cから点Bに移るためには，④が終了したとき，上の図3のように点Bは点Sの72度後方にいる必要がある。つまり，図2から図3までの間に点Bが点Cよりも，360－72×2＝216(度)多く動いたとわかる。よって，その時間(④の時間)は，216÷(6－2)＝54(分)だから，④で移動する道のりは，半径が20mで中心角が，2×54＝108(度)のおうぎ形の弧《こ》の長さになる。また，②，⑥で移動する道のりは，半径が10mで中心角が48度のおうぎ形の弧の長さなので，曲線部分の道のりの合計は，$20\times2\times3.14\times\frac{108}{360}+10\times2\times3.14\times\frac{48}{360}\times2=\left(12+\frac{16}{3}\right)\times3.14$＝54.42…(m)と求められる。さらに，①，③，⑤，⑦で移動する道のりはすべて10mだから，点Pが動く道のりの合計を四捨五入して小数第1位まで求めると，最短で，54.4＋10×4＝94.4(m)となる。

3　条件の整理，場合の数，つるかめ算

⑴　㋐　右の図1のように，全部で4通りの方法がある。　㋑　図1から，1円玉の枚数は3枚か8枚とわかる。よって，3枚持ってきた生徒と8枚持ってきた生徒の人数の合計が40人であり，枚数の合計が165枚となる。全員が3枚持ってきたとすると，実際の枚数との差は，165－3×40＝45(枚)になるので，8枚持ってきた生徒の人数は，45÷(8－3)＝9(人)と求められる。したがって，5円玉を1枚も持ってこなかった生徒の人数も9人である。

図1

10円玉(枚)	2	2	1	0
5円玉(枚)	1	0	3	5
1円玉(枚)	3	8	3	3

⑵　389円を用意するには，100円玉が3枚，50円玉が1枚，10円玉が3枚，5円玉が1枚，1円玉が4枚必要だから，最低でも，3＋1＋3＋1＋4＝12(枚)(…①)必要になる。また，11枚以上必要になる金額のうち，一番低い金額は，1円玉を4枚，5円玉を1枚，10円玉を4枚，50円玉を1枚，100円玉を1枚使う場合であり，1×4＋5×1＋10×4＋50×1＋100×1＝199(円)(…②)とわかる。次に，0円～49円までの金額を用意するのに必要な最低枚数を調べると，下の図2のように，5枚が9通り(…③)，6枚が7通り(…④)，7枚が5通り(…⑤)，8枚が3通り(…⑥)とな

る。図２のそれぞれの金額に50円を追加しても最低枚数は１枚増えるだけなので，50円～99円はすべて10枚以内でできる。同様に，100円を追加しても最低枚数は１枚増えるだけだから，100円～149円もすべて10枚以内でできる。ところが，150円を追加すると最低枚数は２枚増えるので，すでに９枚使っている場合は10枚以内で作れなくなる。つまり，49＋150＝199(円)は10枚以内で作れない。このように考えると，３枚追加する場合は，１＋３＝４(通り)，４枚追加する場合は，４＋５＝９(通り)，５枚追加する場合は，９＋７＝16(通り)，６枚追加する場合は，16＋９＝25(通り)の金額が作れなくなるから，図２に追加する金額，増える枚数，そのとき作れなくなる金額の数は下の図３のようになる。よって，10枚以内でできない金額は，300円まで(追加する金額が250円まで)は，１＋１＋４＝６(通り)(…⑦)，1000円まで(追加する金額が950円まで)は，１×４＋４×４＋９×４＋16×３＋25×１＝129(通り)(…⑧)と求められる。

図２

最低枚数	金額	何通りか
0	0	1
1	1，5，10	3
2	2，6，11，15，20	5
3	3，7，12，16，21，25，30	7
4	4，8，13，17，22，26，31，35，40	9
5	9，14，18，23，27，32，36，41，45	9
6	19，24，28，33，37，42，46	7
7	29，34，38，43，47	5
8	39，44，48	3
9	49	1

図３

金額	枚数	何通りか
50	1	0
100	1	0
150	2	1
200	2	1
250	3	4
300	3	4
350	4	9
400	4	9
450	5	16
500	1	0

金額	枚数	何通りか
550	2	1
600	2	1
650	3	4
700	3	4
750	4	9
800	4	9
850	5	16
900	5	16
950	6	25

4 立体図形―構成，展開図

はじめに，床面にできた斜線《しゃせん》部分について考える。もし，窓穴２を通った光が床面にあたったとすると右の図①のようになるから，斜線部分は窓穴２と合同になる。ところが，展開図の斜線部分には立方体の辺と平行でない辺があるので，これは窓穴１を通った光があたったものとわかる。そこで，窓穴１をPQRSとして，頂点Ｑを通った光について考える。下の図②のように，頂点Ｑを通った光は，展開図のマスの数で，下に３マス，右に３マス，奥《おく》に３マス進んで床面にあたっている。つまり，光は立方体の頂点Ｅから頂点Ｃに向かう方向に進んでいることがわかる。同様に考えると，頂点Ｓを通った光は，下に２マス，右に２マス，奥に２マス進み，面FBCGにあたることになる。頂点Ｒを通った光についても同様だから，これらを展開図に移すと，窓穴１を通った光があたるのは下の図③の斜線部分㋐，㋑となる。次に，窓穴２を通った光について考える。図②で，窓穴１と窓穴２は直線ECを軸として対称《たいしょう》の位置にあるので，窓穴２を通った光があたる部分は，窓穴１を通った光があたる部分と合同になる。ここで，立方体を頂点Ｅと頂点Ｃが重なる方向から見ると下の図④のようになる。図④で，窓穴１と窓穴２は直線FDを軸として対称の位置にあるから，同じ見方をすると，面ABCDと対称の位置にあるのは面HGCDとわかる。よって，窓穴１を通った光が面ABCDにあたる部分と，窓穴２を通った光が面HGCDにあたる部分は，展開図上では直線CDを軸として線対称になる。同様に，図④で面FBCGと対称の位置にあるのは同じ面FGCBなので，窓穴１を通った光が面FBCGにあたる部分と，窓穴２を通った光が面FGCBにあたる部分は，

図①

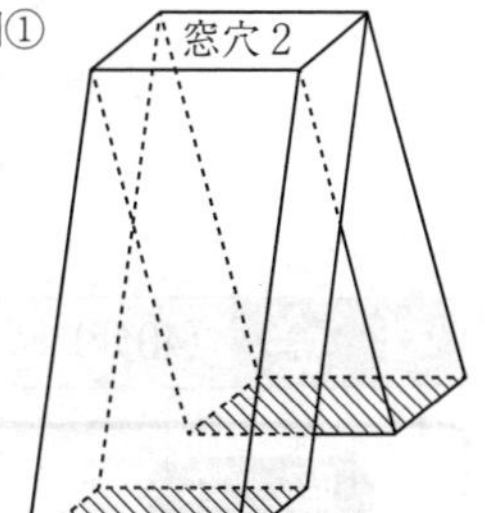

展開図上では直線CFを軸として線対称になる。したがって，窓穴２を通った光があたるのは図③の斜線部分㋒，㋓とわかる。

図②

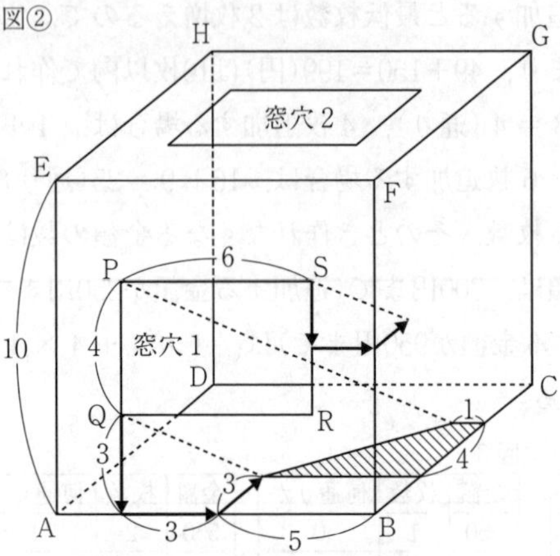

図③

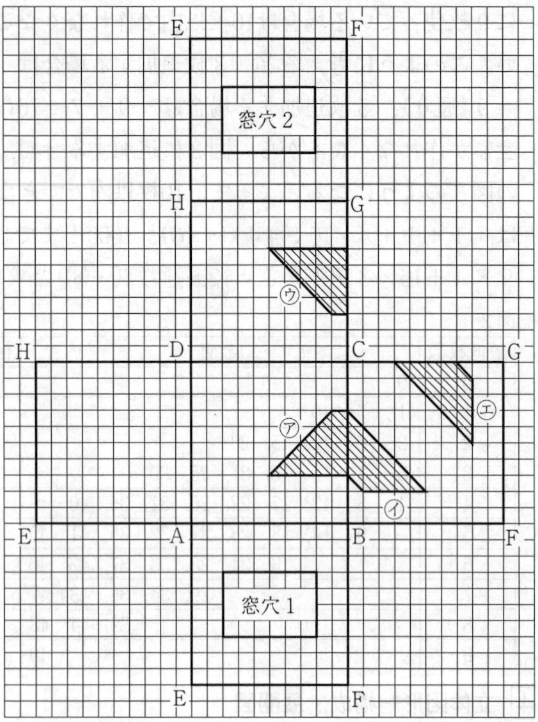

図④

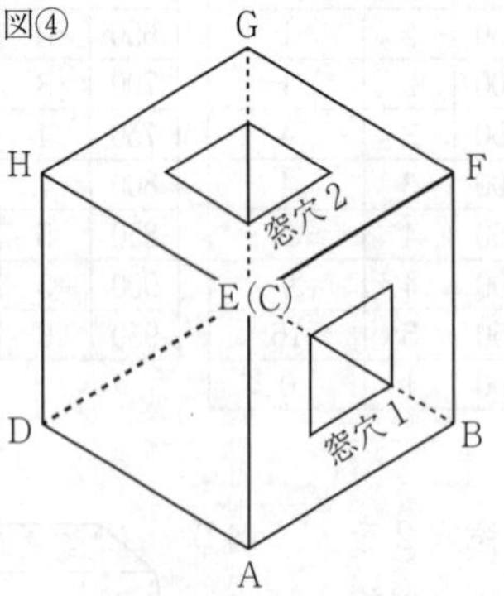

社 会 (40分) ＜満点：70点＞

解 答

1 問１ 軽減税率 問２ (1) エ (2) ア 問３ (1) ア (2) ウ 問４ (1) 議院内閣制 (2) イ (3) ウ 問５ イ 問６ (1) ク (2) イ 問７ (1) エ (2) オ (3) O 最高機関 P 最高法規 2 問１ ウ 問２ エ 問３ ア 問４ ウ 問５ ア，オ 問６ イ 問７ エ 問８ ウ 問９ イ 問10 打ちこわし 問11 親藩 問12 大塩平八郎 問13 1853(年) 問14 ウ 問15 ア，ウ 問16 五か条の御誓文 問17 ウ 問18 ア 問19 ア 問20 イ 問21 アメリカ合衆国 問22 ドイツ 問23 ３(月)１(日) 問24 エ 問25 B→A→C 問26 ポツダム 問27 エ 3 問１ カ 問２ (1) D 生活(用水) E 工業(用水) F 農業(用水) (2) ア 問３ (1) (例) 下の図１ (2) J→H→G→I 問４ (例) ゼロメートル地帯(海抜０m以下の地域) 問５ (例) 下の図２ 問６ (約)314(リットル) 問７ (1) (例) 大雨が降り，処理しきれない量の水が下水処理場に入ったとき。

(2)　(例)　人口が急速に増加した結果，短期間にできるだけ少ない費用で下水道を整備する必要があったから。

図1

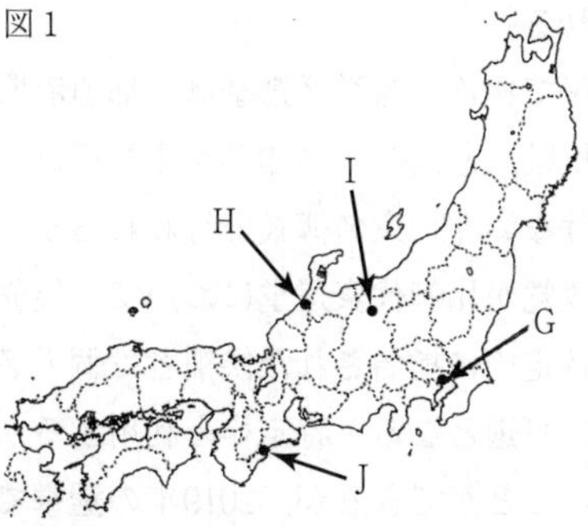

図2

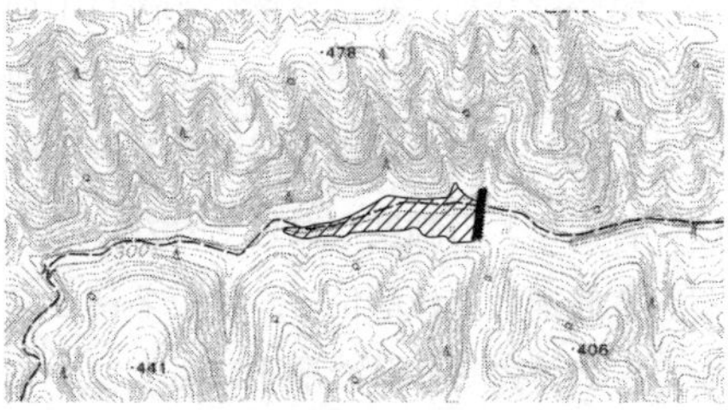

解　説

1　日本国憲法と日本の政治のしくみについての問題

問1　消費税などの税について，課税の対象となる品目のうち一部のものの税率を低くする制度を軽減税率という。日本では2019年10月，消費税の標準税率が10％に引き上げられたさいにこの制度が導入され，酒類・外食を除く飲食料品などについては税率が８％のまますえおかれた。

問2　(1)　社会保障制度は，日本国憲法第25条が保障する生存権(健康で文化的な最低限度の生活を営む権利)にもとづいて整備されている。　(2)　老齢年金などの年金保険は，介護保険や労災保険などとともに，社会保険にふくまれる。

問3　(1)　予算の議決について両院の議決が異なり，両院協議会を開いても意見が一致しない場合，または参議院が衆議院の議決を受け取ったあと，30日以内に議決しない場合は，衆議院の議決が国会の議決とされる。条約の承認と内閣総理大臣の指名についても同様の手続きがとられるが，内閣総理大臣の指名の場合は参議院の議決の期限が「30日以内」ではなく「10日以内」となる。法律案については，衆議院が可決した法律案を参議院が否決するか，衆議院の議決を受け取った後，60日以内に参議院が議決しない場合は，衆議院で出席議員の３分の２以上の多数で再び可決すれば，法律として成立する。　(2)　国連分担金は各国の経済力に応じて総会で決定され，３年ごとに改定される。日本の分担率は1980年代以降，アメリカについで第２位であったが，近年は経済成長が著しい中国がその割合を急増させ，2019年からは中国が第２位，日本が第３位となっている。

問4　(1)　内閣が国会の信任の上に成立し，行政権の行使にあたって国会に対し連帯して責任を負う制度は，議院内閣制とよばれる。日本やイギリスなどが，この制度を採用している。　(2)　衆議院が内閣不信任案を可決するか，内閣信任案を否決した場合には，10日以内に衆議院が解散されない限り，内閣は総辞職しなければならない。また，衆議院が解散された場合には解散の日から40日以内に総選挙が行われ，総選挙の日から30日以内に国会(特別国会)が開かれる。その国会の初めで内閣は総辞職し，新たに内閣総理大臣の指名選挙が行われることとなる。　(3)　内閣総理大臣は国会議員の中から国会がこれを指名し，天皇が任命する。したがって，参議院議員でも内閣総理大臣になることは可能であるから，ウが誤っている。ただし，これまでに参議院議員で内閣総理大臣に選出された者はいない。

問5　ア　最高裁判所の長官は内閣が指名し，天皇が任命する。　イ　最高裁判所の長官以外の裁判官は，内閣が任命する。よって，正しい。　ウ　下級裁判所の裁判官は，すべて内閣が任命する。　エ　裁判官として不適切な言動のあった者を罷免《ひめん》(辞めさせること)するかどうかを決定する弾劾《だんがい》裁判は，国会に設置される弾劾裁判所で行われる。

問6　(1)　参議院議員の被選挙権は30歳以上の日本国民である。選挙区選挙は各都道府県を選挙区として行われてきたが，2016年の選挙から鳥取県と島根県，徳島県と高知県がそれぞれ「合区」とされている。また，比例代表選挙は候補者に順位をつけない非拘束名簿《こうそくめいぼ》式で行われるが，2019年の選挙では「特定枠《わく》」の制度が設けられた。これは，各政党が比例代表選挙において「優先的に当選人となるべき候補者」に順位をつけた名簿をつくり，特定枠に指名された候補者は個人名の得票数に関係なく，名簿に書かれた順番にもとづいて優先的に当選となる。特定枠を利用するかどうか，また，利用する場合の候補者数は各政党が自由に決めることができるが，2019年の選挙では，おもな政党のうち自由民主党とれいわ新選組がそれぞれ２名の候補者をこの枠で立候補させ，ともに当選させている。なお，Gに「特別枠」とあるのは「特定枠」の誤りと考えられるが，「特定枠」も便宜《べんぎ》的な通称である。　(2)　ア　宮城県の議員一人あたりの有権者数は福井県の約３倍なので，宮城県における一票の価値は福井県の約３分の１ということになる。　イ　ともに議員定数は変わっていないが，2016年と比べて2019年の「選挙当日の有権者数」「議員一人あたりの有権者数」が減っている福井県に対し，神奈川県は「選挙当日の有権者数」が増えた結果，「議員一人あたりの有権者数」も増加しているから，福井県との「一票の格差」は拡大したことになる。よって，正しい。　ウ　埼玉県は議員一人あたりの有権者数が最も多い選挙区であり，有権者数も増加していることから，議員定数が６(改選数３)から８(改選数４)に増やされ，その結果，福井県などとの「一票の格差」は縮小した。選挙当日の有権者数に変化がなくても，議員定数が減らされれば格差はさらに拡大するので，議員定数が削減《さくげん》されることはない。　エ　福井県は2019年における議員一人あたりの有権者数が2016年よりも減少しているが，表中の県のうち新潟・山梨・佐賀の各県は減少の割合がそれ以上に大きかったため，福井県との「一票の格差」は縮小した。しかし，宮城県は減少の割合が福井県よりも小さかったことから，「一票の格差」は2.96倍から3.00倍に拡大した。

問7　(1)　Ｉは日本国憲法第３条，Ｋは同第26条１項の内容。ＨとＪは大日本帝国憲法の内容である。　(2)　日本国憲法の改正は，各議院の総議員の３分の２以上の賛成で国会がこれを発議し，国民投票で過半数の賛成が得られた場合に成立する。　(3)　**O**　国会は主権を持つ国民が選んだ代表者で構成されるため，「国権の最高機関」と位置づけられている。　**P**　憲法はあらゆる法律や命令の上位に位置づけられることから，「国の最高法規」と規定されている。

2　各時代の戦争や外交を題材とした問題

問1　霊的《れいてき》な力を発揮して約30の国を従えていたとされるのは邪馬台国《やまたいこく》の女王卑弥呼《ひみこ》であるから，ウが誤っている。中国に使いを送った倭《わ》国(日本)王の武は雄略《ゆうりゃく》天皇のことと推定され，埼玉県の稲荷《いなり》山古墳で発見された鉄剣に刻まれた「ワカタケル大王」と同一人物とされている。

問2　日本で最初の本格的な仏教寺院とされるのは，６世紀末に蘇我《そがの》馬子が建立した飛鳥《あすか》寺である。法興寺ともよばれるこの寺院は，平城京に都が移されるとともに元興寺となった。現在の明日香村に残る飛鳥寺(安居院《あんごいん》)は，「飛鳥大仏」ともよばれる釈迦如来《しゃかにょらい》像があることで知られる。

問3　667年，近江(滋賀県)の大津に都を移した中大兄《なかのおおえの》皇子は，翌668年，この地で即位《そくい》して天智天皇となった。

問4　ア　収穫した稲の約３％を納める税は租《そ》で，調は各地方の特産物を納める税である。　イ　朝廷が地方の国司に任命したのは都の貴族で，地方の有力な豪族は国司によって郡司に任じられた。　ウ　平城京のようすについて述べた文で，内容も正しい。　エ　兵役についた成年男子の中には，衛士《えじ》として都の警備にあたる者や，防人《さきもり》として遠く離れた九州北部の警備にあたる者もいた。

問5　鑑真《がんじん》は唐(中国)の高僧で，８世紀中ごろに遣唐使船で来日した。阿倍仲麻呂《あべのなかまろ》は８世紀に留学生として，空海は９世紀初めに学問僧として，それぞれ遣唐使船で唐に渡った。行基は渡来人の子孫とされるが，自身は中国へは渡っていない。菅原道真は９世紀末，遣唐大使に任命されたが，航海の危険と唐の衰《おとろ》えを理由として派遣の停止を朝廷に進言し，認められている。

問6　文永の役(1274年)と弘安の役(1281年)の２度にわたる元寇《げんこう》(元軍の襲来《しゅうらい》)のさい，元軍は「てつはう」とよばれる火薬兵器を用いて，日本の武士たちを苦しめた。

問7　ア　秀吉が全国統治の根拠《こんきょ》地としたのは大阪城で，安土城は織田信長が築いた城である。　イ　秀吉はそれまで地域によって異なっていた長さや面積，体積の単位を統一したうえで，全国的に検地を進めた。　ウ　秀吉は朝廷から関白や太政《だいじょう》大臣に任じられたが，征夷《せいい》大将軍にはなっていない。　エ　1590年，秀吉は小田原の北条氏を滅《ほろ》ぼして全国統一をなしとげると，東海地方で大きな勢力を持っていた徳川家康の領地を，北条氏が支配していた関東に移した。

問8　ア　秀吉は，肥前(佐賀県)の名護屋を前線基地として朝鮮出兵を行った。　イ　秀吉による朝鮮出兵は，明(中国)の征服《せいふく》をめざして始められたものであった。また，朝鮮の軍や民衆の抵抗《ていこう》に日本軍が苦戦するなか，明の援軍が朝鮮に送られたことから，日本軍はさらに苦境に追いこまれた。　ウ　有田焼(佐賀県)や薩摩焼(鹿児島県)，萩焼(山口県)などは，日本の各大名が朝鮮から連行してきた陶工によって始められた焼き物である。　エ　秀吉の朝鮮出兵によって断絶した朝鮮との国交は，家康が対馬《つしま》藩(長崎県)の宗《そう》氏に交渉《こうしょう》させたことで回復した。江戸時代には，日本の将軍の代がわりごとに朝鮮から通信使という慶賀の使節が来日した。

問9　ア　徳川家康は，第２代将軍秀忠《ひでただ》の名でキリスト教の禁教令を出したが，日本人の海外渡航を禁じたのは第３代将軍の家光である。　イ　家光の時代の1637年に島原・天草一揆《いっき》(島原の乱)が起きたあと，幕府はキリスト教に対する弾圧を強化し，1639年にはポルトガル船の来航を禁止して，鎖国体制を確立した。　ウ　江戸時代に長崎に来航し，幕府と貿易を行うことを許されたのは，オランダと中国の商人だけであった。対馬藩は釜山《プサン》に設けられた倭館に貿易船を出して通商を行ったが，朝鮮の船は日本に来ていない。　エ　江戸時代，蝦夷《えぞ》地(北海道)の大部分はアイヌの居住地で，南部を領地としていた松前藩がアイヌとの交易を独占していた。ロシアの進出に対抗するため蝦夷地が何度か幕府の直轄《ちょっかつ》地とされたのは，江戸時代後半のことである。

問10　江戸時代にはききんや物価高などで生活に苦しむ民衆が，農村で百姓一揆を，都市で打ちこわしを起こすことがあった。打ちこわしは民衆が集団で米屋や高利貸し，豪商などを襲《おそ》い，家屋や家財を壊すなどする行為である。

問11　江戸幕府は大名を，徳川氏の一門である親藩，古くからの家臣である譜代，関ヶ原の戦いのあとに徳川氏に従った外様に分け，要地には親藩や譜代を配置した。

問12　大坂(大阪)町奉行所の元役人で，陽明学者でもあった大塩平八郎は，天保のききんで民衆が苦しむなか，幕府が有効な対策をとろうとしないことに憤《いきどお》り，1837年，門弟らとともに大阪で乱を起こした。乱そのものは１日でしずめられたが，幕府の元役人が起こした乱は幕府や諸藩に大きな衝撃《しょうげき》をあたえた。

問13 1853年，アメリカの東インド艦隊《かんたい》司令長官ペリーが浦賀(神奈川県)に来航し，開国を求めるフィルモア大統領の親書を幕府の役人に提出した。

問14 ア 外国人が出歩けるのは，開港場の周辺に設けられた居留地に限られ，その外に出るには幕府の許可が必要であった。 イ 生糸は日本にとって最大の輸出品であった。大量に輸入され，国内の産業に打撃をあたえたのは綿織物である。 ウ 通商条約では日本に関税自主権がなかったため，関税の率は相手国と協議して決めなければならなかった。 エ 通商条約では，日本に滞在《たいざい》する外国人に治外法権(領事裁判権)が認められたため，事件などにかかわった疑いのある外国人を日本の法律で裁くことはできなかった。

問15 1863年，前年に起きた生麦事件(薩摩藩士によるイギリス人殺傷事件)の報復として，薩摩藩はイギリス艦隊の砲撃を受け，鹿児島の町などに大きな被害が出た。これを薩英戦争という。また，同年，長州藩は攘《じょう》夷《い》(外敵を追いはらい，国内に入れないこと)を実行するため，下関海峡を通過する外国船を砲撃したが，翌64年，アメリカ・イギリス・フランス・オランダの四国連合艦隊による報復攻撃を受け，下関砲台を占領された。

問16 1868年3月，天皇が神々に誓《ちか》うという形で五か条の御誓文《ごせいもん》が発布され，新しい政治の基本方針が天下に示された。

問17 ア 岩倉使節団には副使として大久保利通《としみち》や木戸孝允《たかよし》，伊藤博文らが参加しているが，西郷隆盛や大隈重信《おおくましげのぶ》は同行していない。 イ 岩倉使節団は江戸幕府が結んだ不平等条約の改正交渉を行うことを目的としていたが，国内の法整備のおくれなどを指摘《してき》され，アメリカ政府との交渉は失敗に終わった。なお，使節団はその後2年にわたって欧米諸国をまわり，各国の産業・経済などを視察した。 ウ 使節団には59人の留学生が同行したが，その中にはアメリカに行った津田梅子ら5人の女子留学生もいた。 エ 1860年，日米修好通商条約の批《ひ》准《じゅん》書交換のため，幕府の使節がアメリカの軍艦ポーハタン号で渡米した。咸臨《かんりん》丸はその護衛艦であった幕府海軍の軍艦である。勝海舟《かつかいしゅう》が艦長を務めたこの船は，日本人が操縦《そうじゅう》する船として初めて太平洋の横断に成功した。

問18 ア 旧暦(太陰《たいいん》太陽暦)の1872年12月3日が，新暦(太陽暦)の1873年1月1日とされた。 イ 1872年に学制が発布され，小学校が各地に建てられたが，校舎の建設費は地元住民の負担で，授業料が高かったこともあり，翌73年の就学率は男子が40%，女子が15%と低いものであった。その後，就学率は上がり，明治時代末期には98%に達した。 ウ 富岡製糸場で指導にあたったのは，フランス人の技術者ブリューナである。 エ 西南戦争は，1877年に鹿児島の士族たちが西郷隆盛を指導者におし立てて起こした最後で最大の士族の反乱である。西郷軍は近代装備にまさる明治政府軍に敗れ，西郷も自害した。

問19 ア 日清戦争(1894〜95年)に勝利した日本は，下関で調印された講和条約によって清(中国)から多額の賠償《ばいしょう》金を手に入れた。その一部に多額の政府資金を投入し，福岡県八幡村(現在の北九州市)に官営の製鉄所がつくられた。 イ 下関条約により日本は，清から遼東《リャオトン》半島，台湾，澎《ポン》湖《フー》諸島を譲《ゆず》り受けた。その直後，ロシアはフランス・ドイツをさそって遼東半島を清に返すよう勧告してきたため(三国干渉)，これらの国に対抗する力のなかった日本は，やむなく遼東半島を返還した。 ウ 日本が朝鮮を自国の領土としたのは，1910年の韓国併合によってである。 エ 下関での講和会議に日本の代表として出席し，講和条約に調印したのは，総理大臣の伊藤博文と外務大臣の陸奥《むつ》宗光《むねみつ》である。

問20　日露戦争中の1904年，歌人の与謝野晶子《よさのあきこ》は戦場にいる弟の身を案じる気持ちをうたった「君死にたま《(も)》ふ《(う)》ことなかれ」という詩を雑誌「明星」に発表し，反戦の意思を表明した。

問21　日露戦争は日本が優勢の状況にあったが，日本は兵器や弾薬が欠乏《けつぼう》するなど国力が限界に近づき，ロシアも国内で革命運動が広がるなど，ともに戦争を続けることが難しくなっていた。そうしたなか，アメリカのルーズベルト大統領が両国を仲立ちし，アメリカ東海岸の港町ポーツマスで講和会議が開かれた。この会議において，日本の代表であった外務大臣の小村寿太郎《じゅたろう》とロシアの代表ウィッテの間で，ポーツマス条約が結ばれた。

問22　1914年に第一次世界大戦が始まると，日本は日英同盟を理由とし，連合国側に立って参戦した。日本はドイツの東アジアにおける重要拠点であった青島《チンタオ》やドイツ領南洋諸島などに出兵し，これを占領した。

問23　日本の植民地となっていた朝鮮では，1919年３月１日，ソウルの公園で開かれていた集会で朝鮮の知識人らが「独立宣言」を発表。これを受けて数十万人の民衆が「独立万歳《マンセ》」をさけび行進するデモが行われ，日本からの独立を求める運動に発展した。これを三・一独立運動といい，日本政府は軍隊を送ってこの動きを徹底《てってい》的に弾圧した。なお，現在，韓国ではこの運動が始まった３月１日を「三一節」という祝日にしている。

問24　原敬《たかし》内閣は，普通選挙の実施は時期が早いとしてこれに反対したから，エが誤っている。普通選挙法は1925年，加藤高明内閣のもとで成立した。

問25　Ａは1936年，Ｂは1933年，Ｃは1941年８月のできごとである。Ｃは，日本軍による南部インドシナ(現在のベトナム)進駐《しんちゅう》に対する対抗措置《そち》として行われた。

問26　1945年７月，アメリカ・イギリス・ソ連の首脳がベルリン(ドイツ)郊外のポツダムで会談。ヨーロッパの戦後処理について話し合うとともに，日本に対して無条件降伏《こうふく》を求めるポツダム宣言をアメリカ・イギリス・中国(のちにソ連も参加)の名で発表した。日本政府は当初これを無視していたが，広島・長崎への原爆投下やソ連の対日参戦によって戦争続行が不可能とさとると，８月14日にこれを受け入れることを決定。翌15日，天皇がラジオ放送で国民にこれを知らせた。

問27　日本の国際連合への加盟が認められたのは1956年12月のこと。その年の10月，鳩山《はとやま》一郎首相がモスクワを訪れて日ソ共同宣言に調印したことで，ソ連との国交が回復した。これを受け，それまで日本の国際連合加盟に反対していたソ連が賛成に転じたことで，日本の加盟が実現した。

３　地球環境や水の利用，自然災害などについての問題

問１　陸水の70％以上を占《し》めるＡは氷河，ついで多いＢが地下水，残るＣが湖水・河川水である。氷河の大部分は南極大陸とグリーンランドに存在する。地下水が多い理由は，地上に降った雨の多くが地中にしみこみ，地下でいったんためられるからである。

問２　(1)　使用量の６割以上を占めるＦは農業用水，使用量が増えているＤは生活用水，減っているＥは工業用水である。農業用水の使用量が多いのは，日本の農業が稲作中心であることが深く関係している。生活用水の使用量が増えているのは，生活様式の変化により水洗トイレやシャワーの使用などが普及《ふきゅう》したためと考えられる。　(2)　工業用水の使用量が減った最大の理由は，環境問題への意識の高まりを背景として，水の再利用率が高くなったためである。

問３　(1)　Ｇは東京23区のことと考えられる。Ｈは石川県中南部，Ｉは長野県北部，Ｊは三重県南部の熊野灘《くまのなだ》沿岸に，それぞれ位置している。　⑵　1981～2010年の年降水量の平均値は，東京が1529mm，金沢が2399mm，長野が933mm，尾鷲《おわせ》が3849mmである。尾鷲が日本の最多雨地の１つであること，金沢が多雪地帯にあること，東京が太平洋側の地域の中でも年降水量は少ないほうであること，長野は内陸性の気候で降水量が少ないことなどが手がかりになる。

問４　東京湾岸に位置し，荒川と江戸川にはさまれている東京都江戸川区は，多くの地域が海抜０m以下である。なお，区のハザードマップには「ゼロメートル地帯」と記されている。

問５　地形図を見ると，等高線の分布からダムが築かれた川は西から東に流れていることと，ダムの最上部の標高が270mであることがわかる。したがって，ダムが満水となった場合に水没《すいぼつ》する範《はん》囲《い》は，ダムの西側の標高270m以下の地点ということになる。

問６　$1\,m^3$＝1000リットルであるから，422万m^3＝42億2000万リットルということになる。これを約1344万人で使うわけであるから，42億2000万÷1344万＝313.988…より，一人あたり一日で約314リットル使ったことになる。

問７　⑴　合流式の下水道では，大雨が降って処理しきれない量の水が下水処理場に入ってきた場合，下水がそのまま川や海に流されてしまう可能性がある。　⑵　表２を見ると，東京都では1970～80年代に急速に下水道の普及率が高まっていることがわかる。このことから，人口の増加にともなって下水道の整備が急がれるなか，汚水専用の排水設備と雨水専用の排水設備を並行して建設する時間的・資金的な余裕がなかったため，より簡易にできる合流式の下水道が整備されたのだと考えられる。

理　科　(40分)　<満点：70点>

解　答

1　問１　ア　　問２　⑴　ア　　⑵　エ　　⑶　イ　　問３　ウ　　問４　イ　　問５　北極星　　問６　エ　　**2**　問１　イ　　問２　ウ　　問３　ア　　問４　ウ　　問５　オ

3　問１　イ　　問２　イ，ウ　　問３　2.2g　　問４　8.4g　　問５　ウ　　問６　ア，イ，オ　　**4**　問１　エ

問２，問３　右の図　　問４　ア　　問５　①　イ　　②　ア

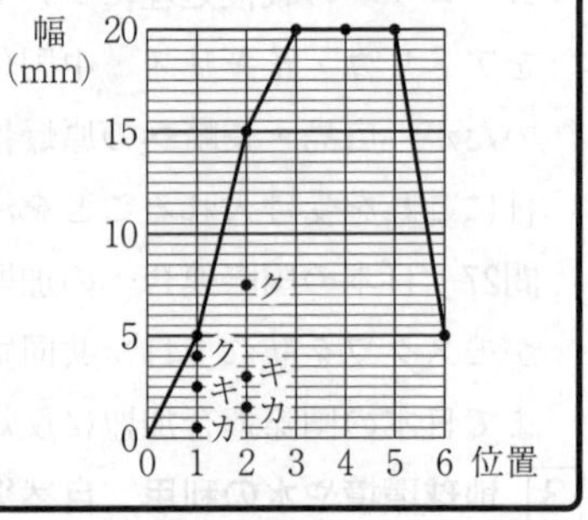

解　説

1　**太陽の動きとかげの位置についての問題**

問１　図１の地球の位置はそれぞれ，Aが春分の日（３月21日ごろ），Bが夏至の日（６月21日ごろ），Cが秋分の日（９月23日ごろ），Dが冬至の日（12月22日ごろ）である。５月５日は春分の日と夏至の日の間なので，AとBの間にあたる。

問２　⑴　日本では，太陽は東から出て南の空を通り西にしずむため，南中時の棒のかげは棒の真北にできる。イは，棒の先たんのかげの位置が直線上を動いていることから，春分の日や秋分の日のものとわかる。秋分の日を過ぎてから次の春分の日の前日までは，太陽の南中高度が春分の日や秋分の日より低くなるとともに，真東より南寄りから出て真西より南寄りにしずむ。したがって，

2月1日はアに近い線をえがく。　(2)　春分の日を過ぎてから次の秋分の日の前日までは，春分の日や秋分の日よりも太陽の南中高度が高くなり，真東より北寄りから出て真西より北寄りにしずむ。よって，5月5日はエに近い線となる。　(3)　9月23日は秋分の日と考えてよいので，イを選ぶ。

問3　写真1で，イの星(オリオン座の三つ星の1つ)は，ちょうど真西にしずむと考えられるため，春分の日や秋分の日の太陽と同じ経路を動く。5月5日は春分の日と夏至の日の間なので，太陽がしずむ位置は真西より北寄りとなる。よって，ウの星の経路がもっとも近い。

問4　5月5日の太陽は，真東よりも北寄りから出て真西よりも北寄りにしずむので，真北に向いた窓からは日の出のころと日の入りのころに日光が差しこむ。

問5　写真2の日時計の棒は地球の自転軸《じく》と平行になっていて，写真3より日時計の棒が真北にのびていることから，棒の延長上に見えるのは北極星である。

問6　写真2の棒が地面に対して，90－63＝27(度)かたむいているので，北極星は27度の高さに見えることになる。北極星の高度はその土地の緯度《いど》と同じなので，この日時計が設置されている場所は北緯27度である。また，この地域は11時ごろに太陽が南中するため，日本標準時子午線(東経135度)が通る兵庫県明石市よりも東にあることもわかる。これらのことから小笠原《おがさわら》父島が選べる。

2　手回し発電機についての問題

問1　電流は，かん電池の＋極から出て－極へ流れるので，電流の向きはイである。

問2　図3のG1のハンドルを時計回りに回転させると，電流が黒いたんしから出て，G2の白いたんしに入る。これは，図2のG1と逆向きなので，G2のハンドルは反時計回りに回転する。

問3　G1のハンドルが時計回りに回転したことから，電流が黒いたんしから入ったことがわかる。よって，電流は，コンデンサーの長い方のたんしから出て，アの向きに流れる。

問4　図5で，コンデンサーに電気がたまったあとにS3を開くと，コンデンサー，G1，G2が直列つなぎとなり，コンデンサーにたまった電気は長い方のたんしから出てG1の白いたんしに入るので，G1のハンドルは反時計回りに回転する。また，G2には電流が黒いたんしから入るので，G2のハンドルは時計回りに回転する。

問5　図6で，コンデンサーに電気がたまったところでハンドルから手をはなすと，コンデンサーにたまった電気がコンデンサーの長い方のたんしから出てG1の黒いたんしに入るので，そのままハンドルは時計回りに回転し続ける。しかし，コンデンサーにたまった電気が少なくなるにつれて回転はだんだんおそくなる。

3　食塩のとけ方と食塩水の体積の変化についての問題

問1　水中にあらわれた「もやもやしたもの」は，ティーバッグの食塩がとけてできたこい食塩水で，まわりの水よりも重いので，ティーバッグから真下の方向にしずんでいく。

問2　赤色リトマス紙を青色に変化させるのは，アルカリ性の水よう液のうすいアンモニア水と石灰水である。炭酸水とうすい塩酸は酸性で，青色リトマス紙を赤色に変化させる。砂糖水は中性で，どちらの色のリトマス紙も変化させない。

問3　状態⑥から状態⑦にかけて，加えた食塩の重さは，60.0－36.0＝24.0(g)増加し，体積は，125.0－114.0＝11.0(mL)，つまり11.0cm^3増加している。したがって，固体の食塩1.0cm^3の重さは，24.0÷11.0＝2.18…より，約2.2gである。

問4　状態⑥をとける限界としていることから，水100.0ｇ(100.0mL)にとける食塩の重さは36.0ｇとなる。状態⑤では，水100.0ｇに食塩30.0ｇがとけているので，水を40.0ｇ蒸発させて残る水は，100.0－40.0＝60.0(ｇ)である。これにとかすことのできる食塩は，36.0×$\frac{60.0}{100.0}$＝21.6(ｇ)なので，とけ残る食塩の重さは，30.0－21.6＝8.4(ｇ)とわかる。

問5　状態①から状態⑦の間について，それぞれ加えた食塩の重さ1.0ｇあたりに体積が何mL増加したかを計算するとよい。状態①から状態②の間は，食塩の重さが2.0ｇ，体積が，100.4－100.0＝0.4(mL)増加しているので，食塩1.0ｇあたりに増加した体積は，0.4÷2.0＝0.2(mL)である。同じように，状態②から状態③の間では，(101.6－100.4)÷(5.0－2.0)＝0.4(mL)，状態③から状態④の間では，(103.6－101.6)÷(10.0－5.0)＝0.4(mL)，状態④から状態⑤の間では，(111.6－103.6)÷(30.0－10.0)＝0.4(mL)，状態⑤から状態⑥の間では，(114.0－111.6)÷(36.0－30.0)＝0.4(mL)となり，状態①から状態②の間の増え方より大きい。また，状態⑥から状態⑦の間では，(125.0－114.0)÷(60.0－36.0)＝0.45…(mL)と，さらに増え方が大きくなっている。よって，ウのグラフが適当である。

問6　実験２の状態①～⑥の結果から，水にとかす食塩の重さが増えると，水よう液の体積は増えていることがわかるので，アは正しい。また，問５で選んだウのグラフから，加えた食塩がとけている状態①～⑥の間は，食塩がとけていない状態⑥～⑦よりも，体積の増加のしかたがゆるやかである。したがって，水よう液の体積の増加は加えた食塩の体積より小さくなるため，イも正しい。食塩水の重さはとかす前の水の重さと食塩の重さの和になるので，ウは正しくない。状態①～⑥のそれぞれについて，食塩水の重さを体積で割り食塩水1.0mLあたりの重さを求めると，1.00ｇ，約1.02ｇ，約1.03ｇ，約1.06ｇ，約1.16ｇ，約1.19ｇとなる。よって，状態①から状態⑥に向かって増えているため，オは正しい。なお，実験１には温度の条件がなく，実験２は水温を25℃に保っているので，エは確認できない。

4　葉の成長と葉の形の変化についての問題

問1　葉Ａは，最大幅《はば》よりも全長のほうが長いので，表１では②にあてはまる。また，葉Ａの最大幅は位置３あたりであることから，図３のグラフでは④にあてはまる。

問2　葉Ｃの最大幅が20mmなので，位置０の幅は，20×$\frac{0}{100}$＝０(mm)となる。同じように計算すると，位置１と位置６では，20×$\frac{25}{100}$＝５(mm)，位置２では，20×$\frac{75}{100}$＝15(mm)，位置３，位置４，位置５では，20×$\frac{100}{100}$＝20(mm)となる。これらの値を解答らんに点で書き入れ，各点を直線で結ぶ。

問3　位置１について，問２より，成葉(全長200mm)の位置１の幅は５mmである。図６のグラフから，葉の全長が20mmのとき，成葉の幅に対する幼葉の幅の割合は10％なので，幅は，５×$\frac{10}{100}$＝0.5(mm)とわかる。同じように，全長が40mmのとき，割合は50％なので，５×$\frac{50}{100}$＝2.5(mm)，全長が100mmのとき，割合は80％だから，５×$\frac{80}{100}$＝４(mm)となる。位置２について，成葉のときの位置２の幅は15mmであり，図６のグラフから割合を調べて計算すると，葉の全長が20mmのときは，15×$\frac{10}{100}$＝1.5(mm)，全長が40mmのときは，15×$\frac{20}{100}$＝３(mm)，全長が100mmのときは，15×$\frac{50}{100}$＝7.5(mm)と求められる。これらの値を解答らんに示す。

問4　問3で書き入れたカとキの値の差が，葉の全長が20mmから40mmまで成長する期間の幅の増加量にあたる。また，キとクの値の差は，葉の全長が40mmから100mmまで成長する期間，クと折れ線グラフの値との差は，葉の全長が100mmから200mmまで成長する期間の幅の増加量である。このうち，位置２より位置１の方で差が大きいのはカとキの間とわかる。

問5　①　葉Ｃの位置０～１の長さは，全長の$\frac{1}{6}$なので，全長が20mmから40mmまで成長する期間に，40÷20＝２(倍)になる。この期間で，問３の結果からわかるように，位置１の幅は0.5mmから2.5mmと，2.5÷0.5＝５(倍)になることから，長さに比べて幅の比率が大きいといえる。　②　全長が100mmから200mmまで成長する期間，位置０～１の長さは，200÷100＝２(倍)になる。この間に幅は４mmから５mmまで成長し，５÷４＝1.25(倍)になるので，長さに比べて幅の比率が小さいとわかる。

国語　(50分)＜満点：85点＞

解答

[一]　**問1**　(例)　ひとりで本を読む内気な性格だったが，活発なひなっちのおかげで友達も増え，大勢の中でも気後れせずに学校生活を楽しめるようになり，自信がついた。　**問2**　(例)　信頼し合える友という意味ではなく，表向きは親しく見えるだけの友という意味。　**問3**　(例)　自分以外が目立つことを許せないカナの言動に閉口はするが，衝突をおそれず自己主張するカナの，自分にはない強さを認め感心もしている。　**問4**　(例)　マラカスがやりたいと正直に答えたら，カナに目をつけられそうだから。　**問5**　(例)　まやまやにしっとしていると思われずにすむうえに，小磯への好意などなかったように印象づけることができ，自尊心を保つことができるから。　[二]　**問1**　下記を参照のこと。　**問2**　(例)　美談として広まっている故事であってもうのみにせず，疑問に思えば実際に試して確かめる，客観的事実を重んじる態度。

問3　(例)　貧しくとも学問に励んだとされる古典の中の立派な人物を，むしろ時間をむだにするおろか者として描き，本末転倒ぶりを突いている点。

●漢字の書き取り

[二]　**問1**　①　唱歌　②　由来　③　高官　④　美談　⑤　功　⑥　成語　⑦　側近

解説

[一]　**出典は朝比奈《あさひな》あすかの『君たちは今が世界《すべて》』による。**内気なめぐ美が活発なひなっちとの出会いで友達が増えたようす，その後，仲よくなったカナに振《ふ》り回されるようすなどが描《えが》かれている。

問1　小学校の低学年くらいのころ，めぐ美は「ひとり」で本を読んでいると周囲から「寂《さび》しそうに見られる」と思い込《こ》み，「大人数」の「ノリ」に「気後《きおく》れ」する内気な自分の「性格を変えた」がっていた。そんなとき，活発なひなっちと仲良くなったことで友達が増え，「学校が楽しく」なり，「本」からでは得られない「自信」がついたというのだから，「内気な本好きで，寂しそうに見られる自分を変えたがっていたが，活発なひなっちと遊ぶうちに友達が増え，学校が楽しくなって自信もついた」のようにまとめる。

問2「親友」は，特に仲が良く信頼《しんらい》し合っている友達のことだが，めぐ美は，自分以外の「誰《だれ》かが目立つ」ことを許さないカナの過剰《かじょう》な「自尊心」に対し見て見ぬふりをしたり，合奏会で演奏する楽器も本来やりたかった「マラカス」ではなく，自分の気持ちを押《お》し殺してカナに合わせ，「アコーディオン」を選んだりしている。小学校四年生からほぼふたりで過ごすようになってはいたものの，とうてい心を許し合っているとはいえないめぐ美とカナの表面的な関係を，あえて「カギ括弧《かっこ》」をつけることで表現しようとしているものと推測できる。

問3　「誰かが目立つ」と否定せずにはいられないような，カナの「大きな自尊心」をめぐ美は快く思ってはいないものの，ひなっちと仲良くなるまで内気な性格だった自分からすれば，「なんでも強気で向き合っていく」彼女《かのじょ》に感心するところもある。そのため，めぐ美は自分の思うままにふるまうカナのようすに対し「見て見ぬふり」をし，むしろ「説得力」さえ感じているのである。これをもとに，「カナの自尊心にうんざりする面はあるが，自分にはないカナの強さに感心する思いもある」のようにまとめるとよい。

問4「かったるい」は，気がのらないようす。これまでの状況《じょうきょう》とめぐ美の心情を整理する。合奏会で担当したい楽器を「何にする？」とカナに聞かれためぐ美は，本心ではマラカスをやりたいが，「やりたい楽器をもう決めているなんて，張り切りすぎている」気がして「なんでもいい」と答えている。このことはめぐ美の，「自尊心」の強いカナに対する遠慮《えんりょ》からきていることをふまえ，「カナに張り切りすぎだと思われるのをおそれ，マラカスがやりたいという正直な気持ちをかくすため」のように書く。

問5　小磯をめぐるカナとまやまやの思いとやり取りを整理し，カナが「自尊心」をどのように保ったかを読み取る。リッチーとめぐ美に「小磯を好きだ」とカナが打ち明けていたのとほぼ同じタイミングで小磯はまやまやに告白していたが，まやまやとの会話を仲間にスマホで送信してしまったことで，小磯の「人気はダダ下がり」になってしまった。カナの「自尊心」を傷つけたのは，自分の積極的なアプローチにもかかわらず，小磯がまやまやに好意を寄せていたこと，そして，いまや人気が地に落ちた小磯を好きになってしまっていたことが考えられる。しかし，ここでまやまやを「吊《つ》るし上げ」れば，彼女へのしっとや小磯への好意が浮きぼりになってしまうため，カナは小磯をばかにすることで，彼《かれ》に好意など抱《いだ》いていないことにしようとしているのである。これをふまえ，「まやまやにしっとしていると思われたくないので，小磯をばかにすることで彼とまやまやの二人を見下し，自分の自尊心を保とうとしたから」のようにまとめる。

二　出典は瀬川千秋《せがわちあき》の『中国　虫の奇聞録《きぶんろく》』による。「蛍雪《けいせつ》の功」の故事にまつわる話として，多くの人々が検証していることや，すでに明代の『笑府《しょうふ》』で笑い話に仕立ててあることなどが紹介《しょうかい》されている。

問1　①　旧制の学校教育用の歌。　②　ものごとがいつ何から起こり，どのようにして現在まで伝えられてきたかということ。　③　地位の高い官職。　④　立派な行いの話。　⑤　「蛍雪の功」は，苦労して勉学に励《はげ》み，目的をとげること。　⑥　二語以上から成るきまり文句やことわざで，古くから広く知られているもの。　⑦　貴人や権力者の近くに仕える人。

問2　第三，第四段落に，車胤《しゃいん》が夜，「蛍《ほたる》の光」で学問に励んだという故事を検証する康熙帝《こうきてい》のようすが書かれている。「古典のなかには眉唾《まゆつば》物もあるのではないか，たとえばホタルの光なんかで本が読めるものだろうかと疑」った康熙帝は，実際に百匹《ひゃっぴき》余りのホタルを絹《きぬ》の袋《ふくろ》に入れて試したが，文字を判読できなかったために車胤の故事は「嘘《うそ》」だと断じたのである。これをふまえ，「古典だからといってうのみにせず，車胤の故事に疑問を持てば，ホタルを実際に集めさせて，本が読めるかどうか試すような，客観的事実を重んじる態度」のように書くとよい。

問3　「蛍雪の功」の故事は，一般《いっぱん》的には貧しい中にあっても勉学に励み，立身した人の美談として流《る》布《ふ》しているが，『笑府』では，その立派な人物が「非現実的」な行いをするおろか者として描かれており，価値がくつがえっているところに笑いが生まれている。具体的には，蛍を捕《と》りに早朝から出かける車胤，雪が降るかどうかばかり心配する孫康といったように，学ぶ時間をむだにする二人の姿が描かれ，本末転倒の行いをしているさまが笑いを誘《さそ》う。また，蛍のいない季節，雪の降らない季節はどうするのか，表立っては描かれていなくとも，美談にはありがちなご都合主義も浮かび上がる。故事のまやかしを人物像の逆転によって描いていることをおさえ，「蛍の光や雪明かりで学んだという二人の美談をネタに，立派なはずの人物をむしろ学ぶ時間をむだにするおろか者として描き直している点」のようにまとめる。

Dr.福井の

入試に勝つ！ 脳とからだのウルトラ科学

復習のタイミングに秘密あり！

算数の公式や漢字，歴史の年号や星座の名前……。勉強は覚えることだらけだが，脳は一発ですべてを記憶することができないので，一度がんばって覚えても，しばらく放っておくとすっかり忘れてしまう。したがって，覚えたことをしっかり頭の中に焼きつけるには，ときどき復習をしなければならない。

ここで問題なのは，復習をするタイミング。これは早すぎても遅すぎてもダメだ。たとえば，ほとんど忘れてしまってから復習しても，最初に勉強したときと同じくらい時間がかかってしまう。これはとっても時間のムダだ。かといって，よく覚えている時期に復習しても何の意味もない。

そもそも復習とは，忘れそうになっていることを見直し，記憶の定着をはかる作業であるから，忘れかかったころに復習するのがベストだ。そうすれば，復習にかかる時間が一番少なくてすむし，記憶の続く時間も最長になる。

では，どのタイミングがよいか？　さまざまな研究・発表を総合して考えると，１回目の復習は最初に覚えてから１週間後，２回目の復習は１か月後，３回目の復習は３か月後——これが医学的に正しい復習時期だ。復習をくり返すたびに知識が海馬《かいば》(脳の，知識をためる倉庫みたいな部分)にだんだん強くくっついていくので，復習する間かくものびていく。

この計画どおりに勉強するには，テキストに初めて勉強した日付と，その１週間後・１か月後・３か月後の日付を書いておくとよい。あるいは，復習用のスケジュール帳をつくってもよいだろう。もちろん，計画を立てたら，それをきちんと実行することが大切だ。

ちなみに，記憶量と時間の関係を初めて発表したのがドイツのエビングハウスという学者で，「エビングハウスの忘《ぼう》却《きゃく》曲線」として知られている。

えーと
1週間後
あ．そうだった！
1ヵ月後
あ．思い出した！
3ヵ月後
もう．覚えてるよ

Dr.福井(福井《ふくい》一成《かずしげ》)…医学博士。開成中・高から東大・文Ⅱに入学後，再受験して翌年東大・理Ⅲに合格。同大医学部卒。さまざまな勉強法や脳科学に関する著書多数。

Memo

Memo

2019年度　開成中学校

〔電　話〕（03）3822－０７４１
〔所在地〕〒116-0013　東京都荒川区西日暮里４－２－４
〔交　通〕JR線・東京メトロ千代田線―「西日暮里駅」より徒歩１分

【算　数】（60分）〈満点：85点〉

◎答えが分数になるときは，できるだけ約分して答えなさい。円周率が必要なときは3.14を用いなさい。

◎必要ならば，「角柱，円柱の体積＝底面積×高さ」，「角すい，円すいの体積＝底面積×高さ÷3」を用いなさい。

◎式や図や計算などは，他の場所や裏面などにかかないで，すべて解答用紙のその問題の場所にかきなさい。

1　K君は，自宅からおばさんの家まで，スイカ２つを一人で運ぶつもりでした。ところが，弟のS君が「ぼくも手伝う！」と言ったので，次のようにしました。

(1)　K君とS君がそれぞれスイカを１つずつ持って，同時に自宅を出発する。

(2)　K君の方がS君より進む速さが速いので，おばさんの家に先に着く。そこで，すぐにスイカを置いて，S君に出会うまで引き返す。

(3)　K君は，S君に出会ったらすぐにS君からスイカを受け取り，すぐにおばさんの家に向かう。

ここで，K君の進む速さは

　スイカを２つ持っているときは　毎分60m，

　スイカを１つ持っているときは　毎分80m，

　スイカを持っていないときは　　毎分100m

です。

　スイカ２つを運び終えたK君がおばさんの家で休んでいると，後から追いかけてきたS君が到《とう》着しました。

S君「おにいちゃん，ぼく，役に立った？」

K君「もちろんだよ！　ぼくが一人で運ぶつもりだったけど，そうするのに比べて，$\frac{15}{16}$倍の時間で運び終えられたからね。ありがとう！」

S君「ほんと!?　よかった！」

　次の問いに答えなさい。

(1)　K君が一度目におばさんの家に着いてから，二度目におばさんの家に着くまでの時間は，K君がはじめに一人でスイカ２つを運ぶのにかかると考えていた時間の何倍ですか。

(2)　引き返したK君がS君に出会った地点から，おばさんの家までの距離《きょり》は，自宅からおばさんの家までの距離の何倍ですか。

(3)　S君がスイカを１つ持って進む速さは毎分何mですか。

2 次の図のような直方体 ABCD-EFGH があります。また，辺 CD，EF，GC 上にそれぞれ点 P，Q，R があり，DP＝8 cm，PC＝12 cm，EQ＝4 cm，CR＝9 cm が成り立っています。

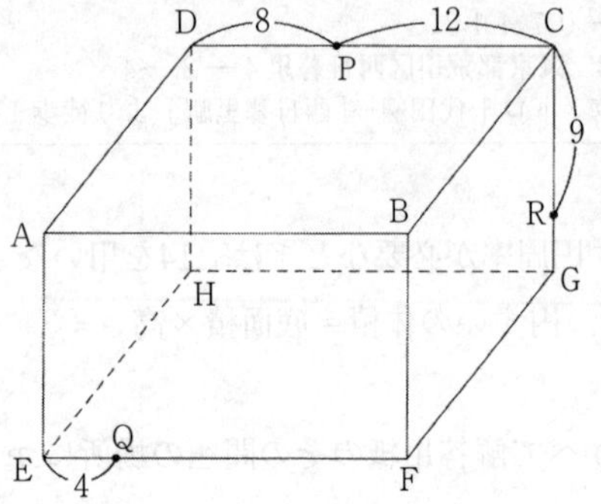

（単位は cm）

3点 P，Q，R を通る平面でこの直方体を切断し，切断したときにできる切り口の図形を X とします。

図形 X を前から見ると（面 ABFE に垂直な方向から見ると），面積が 228 cm^2 の図形に見えます。

図形 X を上から見ると（面 ABCD に垂直な方向から見ると），面積が 266 cm^2 の図形に見えます。

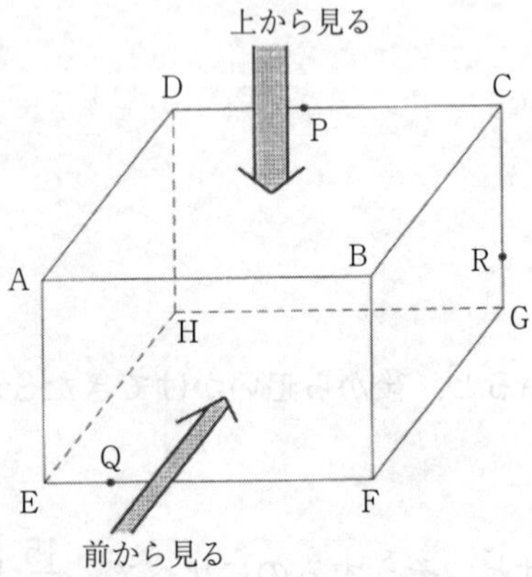

このとき，次の問いに答えなさい。

(1) 図形 X は何角形ですか。

(2) 直方体の高さ（辺 AE の長さ）は何 cm ですか。

(3) 直方体の奥《おく》行《ゆ》き（辺 AD の長さ）は何 cm ですか。

3　空間内または平面上にひかれた道を進んで，点Aから点Bまで移動するとき，その移動経路が何通りあるかを考えます。

(1)《図1》は一辺の長さが1の立方体を4個組み合わせて，横幅《はば》2，高さ2，奥《おく》行《ゆ》き1の直方体をつくり，その直方体と点A，Bを結ぶ道をつけたものです。図の中で点Aと点Bを結ぶ太線が，通ることのできる道です。

《図2》は一辺の長さが1の立方体を4個組み合わせて，横幅4，高さ1，奥行き1の直方体をつくり，その直方体と点A，Bを結ぶ道をつけたものです。《図1》と同じく太線で表された道を通ることができます。

これらの道を，右，上または奥のいずれかの方向に進むことで，点Aから点Bまで移動するとき，考えられる移動経路は，《図1》，《図2》のそれぞれについて何通りありますか。

《図1》

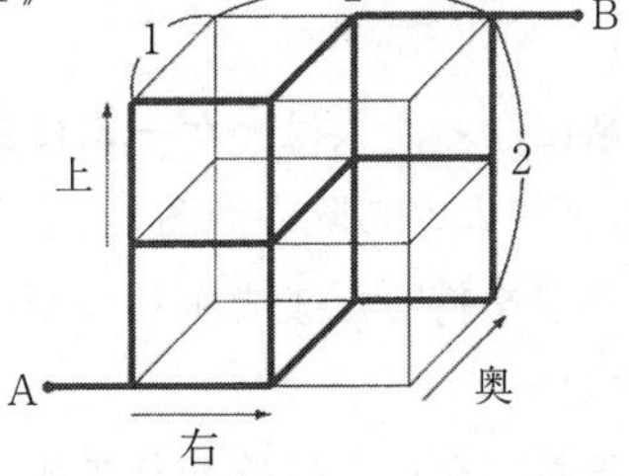

《図2》

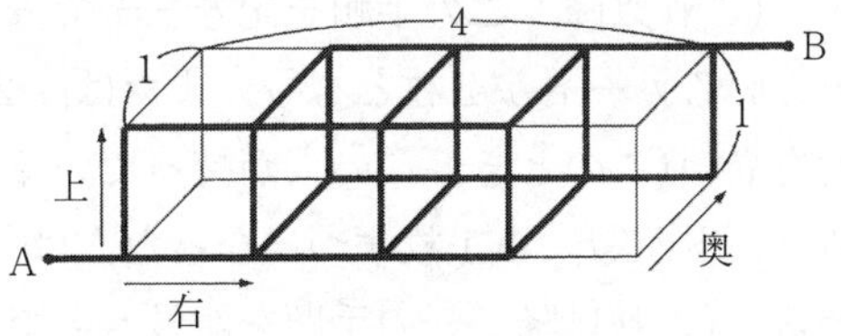

(2)《図3》は一辺の長さが1の正方形を2個並べて，横1，縦2の長方形をつくり，その長方形と点A，Bを結ぶ道をつけたものです。図の中で点Aと点Bを結ぶすべての線が，通ることのできる道です。

《図4》は一辺の長さが1の正方形を3個並べて，横3，縦1の長方形をつくり，その長方形と点A，Bを結ぶ道をつけたもので，《図5》は一辺の長さが1の正方形を6個並べて，横3，縦2の長方形をつくり，その長方形と点A，Bを結ぶ道をつけたものです。それぞれ《図3》と同じく，点A，Bを結ぶすべての線を道として通ることができます。

《図3》

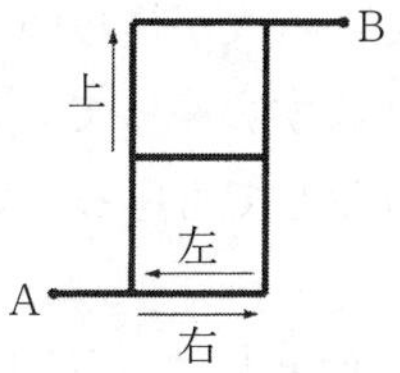

《図4》

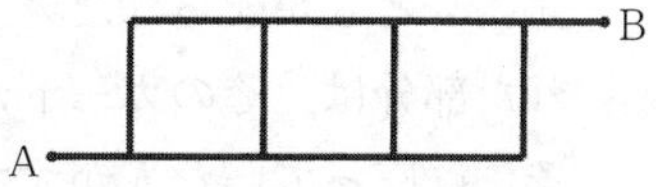

《図5》

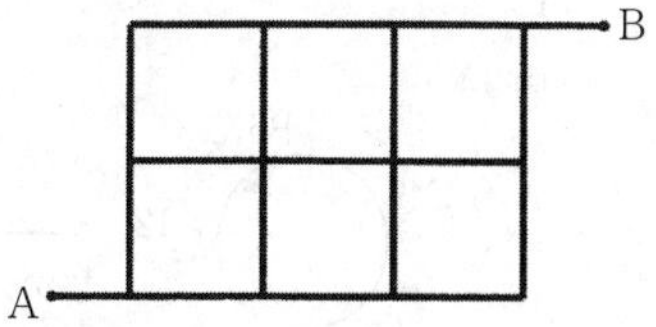

次のような規則に従ってこれらの道を通り，点Aから点Bまで移動することを考えます。

規則「一回だけ左に1進み，それ以外は右または上に進む」

ただし，進む方向を変更できるのは正方形の頂点の場所だけです。点Aにもどったり，点Bからもどったりはできません。また，規則に従うかぎり，同じ道を2回以上通ることも可能です。

このとき，《図3》の点Aから点Bまでの移動経路は10通りあります。では，《図4》，《図5》のそれぞれについて，考えられる移動経路は何通りありますか。

4　A，B，C，D，Eの５人が，次の10枚のカードを使って，ゲームをします。

（これらのカードはこれ以降，左から順に１，２，３，４，５，６，７，８，９，Tと書き表すことにします。）

《図１》

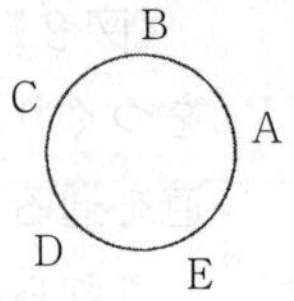

まず，５人が右の《図１》のようにまるく座《すわ》ります。

次に，５人に１枚ずつ，♡のカードを配ります。

さらに，５人に１枚ずつ，♠のカードを配ります。

そして，次の**手順[1]**，**手順[2]**を行います。

手順[1]　座っている全員が，持っている２枚のカードのうち，数が大きい方を，右どなりの人にわたす。（これ以降，この手順を記号 ⟶ で表します。）

手順[2]　持っているカードが２枚とも♡，または，２枚とも♠になった人は，ゲームに負けとなり，席を立つ（このとき，この人が持っているカードもゲームから除かれる）。また，持っているカードが♡，♠１枚ずつになった人は，そのカードを持ったまま座りつづけ，ゲームに残る。（これ以降，この手順を記号 ⟹ で表します。）

ここで，座っている人が１人だけになったら，その人の勝ちでゲームは終わります。

座っている人が複数いる場合は，座っている人が１人だけになるまで，⟶ と ⟹ を交互《ご》に繰り返します。座っている人が１人になったら，その人の勝ちでゲームは終わりです。（いつまで繰り返しても座っている人が１人にならないこともありますが，そのときは引き分けとします。）

下に，例として，「はじめに，Aに１と２が，Bに６と７が，Cに４と９が，Dに３とTが，Eに５と８が配られた場合」のゲームの進み方を示しました。ここで，<u>26</u>のように下線が引かれた部分は，そのカードが次の ⟹ でゲームから除かれることを表し，×が書かれた部分は，そこに座っていた人がすでに負けて席を立っていて，その席が空席になっていることを表します。

《図２》

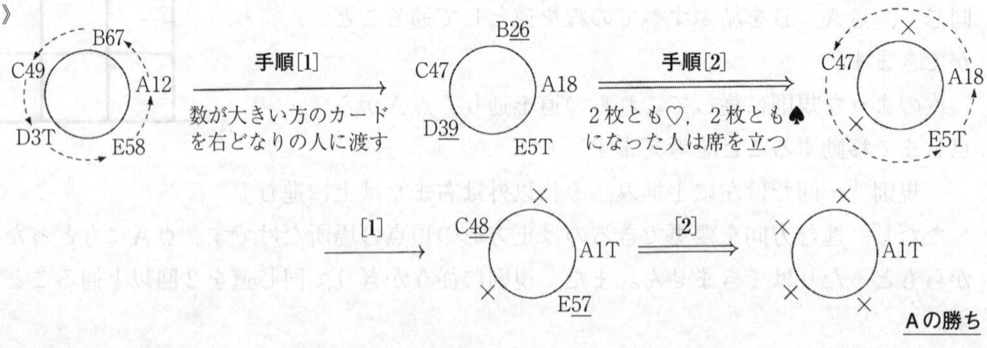

以下の問いに答えなさい。なお，たとえば「Aが１と２を持っている」ことを，「A12」と表しても「A21」と表しても，どちらでもかまいません。

《図３》

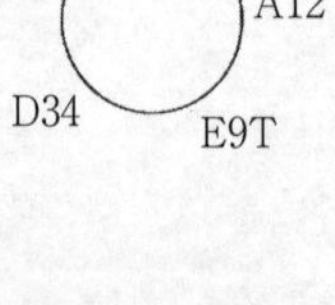

(1)　はじめに配られたカードが《図３》である場合のゲームの進み方を，《図２》にならって，解答らんの空らんに数字（１，２，３，…，９，T），文字（A，B，C，D，E），下線，×を適切に入れ，完成させなさい。

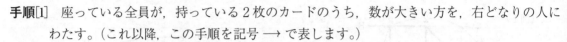

(2)　次の《図4》のように進んだゲームを考えます。

《図4》

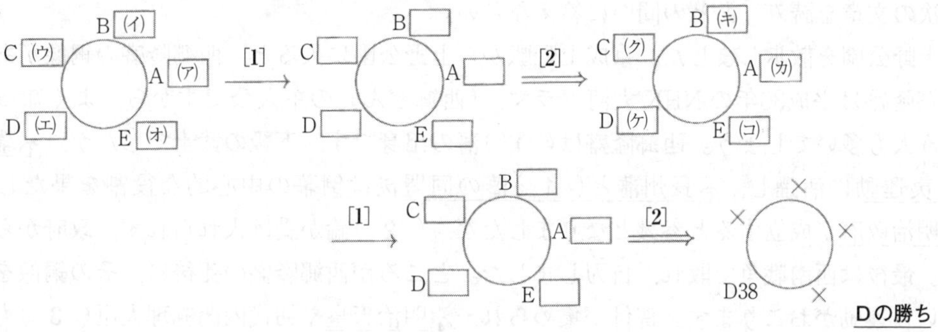

まず以下のようにして，(ケ)に3があることを説明しました。

> (ケ)に3がないと仮定する。
>
> このとき，最後にDが3と8を持っていることと，2回目の ⟶ で移動したカードのことを考え合わせると，(ク)は［　(x)　］，(ケ)は［　(y)　］しかありえない。この(ク)と(ケ)の内容から考えると，(ウ)は29または［　(z)　］だとわかる。
>
> 一方，1回目の ⟹ でだれも負けなかったことから
>
> (ア)，(イ)，(ウ)，(エ)，(オ)はいずれも［　(★)　］
>
> ということがわかるが，これはさきほどの(ウ)の内容と話が合わない。だから，(ケ)に3がないと仮定したのは誤りで，実際は，(ケ)には3がある。

(a)　上の説明の中の空らん(x)，(y)，(z)に，数字（1，2，3，…，9，T）を適切に補いなさい。

(b)　上の説明の中の空らん（★）に適切な文章を補いなさい。ただし，次にあげる2つの言葉を使うものとし，言葉を使った部分を［　］で囲みなさい。

使う言葉　♡のカードの数字，♠のカードの数字

また，次の例のように［♡のカードの数字］を［ハート］に，［♠のカードの数字］を［スペード］に

省略してもかまいません。

例　［ハート］と［スペード］の和が3になる

(c)　(ア)〜(コ)に入る数字の組として，可能性のあるものをすべて答えなさい。解答らんはすべて使うとは限りません。使わない解答らんには，全体に大きく斜《しゃ》線 ／ を引きなさい。

【社　会】（40分）〈満点：70点〉

1　次の文章を読み，あとの問いに答えなさい。

上野公園を散歩しました。京成上野駅から上野公園に入ると，西郷隆盛の銅像があります。西郷隆盛は平成30年のNHK大河ドラマ，『西郷《せご》どん』の主人公ですから，よく知っているという人も多いでしょう。西郷隆盛は（　1　）藩の出身です。下級の武士でしたが，①幕末の尊王《そんのう》攘夷《じょうい》運動に活躍《かつやく》し，②長州藩と（　1　）藩の同盟後は倒幕の中心的な役割を果たしました。③明治政府が成立すると参議となりましたが，（　2　）論が受け入れられず，政府から去りました。最後は西南戦争で敗れ，自刃《じじん》しました。ところが西郷隆盛の死後に，その銅像を建てようという運動がおこります。寄付が集められ，④明治天皇や初代内閣総理大臣（　3　）もお金を出しました。銅像は⑤日清戦争後の明治31年に完成し，除幕式が行われました。このとき，西郷隆盛の夫人も出席したのですが，「うちの人はこんな人ではなかった」とつぶやいたといわれています。

西郷隆盛の銅像の背後には彰義《しょうぎ》隊士の墓があります。幕末に15代将軍（　4　）が鳥羽《とば》・伏見《ふしみ》の戦いに敗れて江戸に逃《に》げ帰り，上野の寛永寺《かんえいじ》に謹慎《きんしん》したため，旧幕府を支持する者たちが，彰義隊を名乗って上野に集まりました。⑥江戸無血開城が決まり，（　4　）が⑦水戸に移っても彰義隊は解散せず，新政府軍に抵抗《ていこう》しましたが，壊滅《かいめつ》しました。彰義隊士たちの遺体はしばらく放置されましたが，やがて見かねた人が火葬《かそう》し，墓をつくったそうです。

そもそも上野公園は，江戸時代は寛永寺の敷地《しきち》でした。寛永寺の山号は「東叡山《とうえいざん》」といいますが，これは東の⑧比叡山という意味です。⑨徳川家康の信頼をうけた天海という僧《そう》が，２代将軍徳川秀忠，⑩３代将軍徳川家光にすすめて，寛永寺をつくりました。寛永寺には⑪８代将軍徳川吉宗など多くの将軍が埋葬《まいそう》され，増上寺とならんで徳川将軍家の菩提寺《ぼだいじ》になりました。幕末の新政府軍の攻撃《こうげき》で，多くの建物は焼けてしまいましたが，明治６年に上野の山は日本最初の公園として再生したのです。

西郷隆盛の像から少し歩くと，上野大仏があります。ただし大仏といっても，今は顔しかありません。この大仏はもともと京都にある⑫豊臣家ゆかりの方広寺の大仏を模してつくられたもので，はじめは体もありました。江戸時代に何度も大地震《じしん》で倒《たお》れ，⑬大正時代の関東大震災では頭部が落ちてしまいました。⑭第二次世界大戦中には政府の命令により，大仏を供出することになりました。ただし，顔だけは寛永寺が保管していたため，残されたのです。やがて顔はもとの場所にもどされ，壁面《へきめん》に固定されました。今では「もう二度と落ちない」大仏として，受験生の合格祈願《きがん》の対象になっています。

大仏の近くには，「時の鐘《かね》」があります。これは，江戸の町に時を知らせた鐘です。⑮松尾芭蕉の俳句に「花の雲　鐘は上野か　浅草か」という作品があります。松尾芭蕉も，上野の鐘をきいていたようですね。

上野公園には，⑯古墳もあります。⑰正岡子規記念球場の近くです。摺鉢山《すりばちやま》古墳といい，山がすり鉢のようになっており，今でも上にのぼることができます。

不忍池《しのばずのいけ》に面したところには清水観音堂《きよみずかんのんどう》があります。京都の清水寺の観音堂を模してつくられたものです。寛永寺をひらいた天海は，京都の名所を上野につくって，江戸の人々に楽しんでもらおうとしたのです。もともとは摺鉢山につくられましたが，焼失《しょうしつ》後，今の地に再建されました。ここには浮世絵師の⑱歌川広重が「名所江戸百景」で描《えが》いた「月の松」が復元されています。枝がくるりと一周し，満月のように円を描いている松です。ここから見える不忍池は，比叡山から眺《なが》める(　**5**　)湖に見立てられています。

不忍池の周りを散策し，上野公園から少し足をのばして，湯島天神(湯島天満宮《てんまんぐう》)に行きました。現在の湯島天神は，５世紀に⑲雄略天皇の命により⑳アメノタヂカラオノミコト(天之手力雄命)をまつったのが始まりと伝えられています。14世紀に湯島の人々が天神を迎えいれ，15世紀には太田道灌《どうかん》が再建したとされています。太田道灌は㉑室町時代の武将で，江戸城を築いたことで有名ですね。天神とは本来は天の神ですが，㉒平安時代の(　**6**　)を天神とするようになったものです。(　**6**　)が㉓九州の大宰府で亡《な》くなると，京都では雷火《らいか》による火災がしばしばおきたため，人々はこれをたたりと考えました。こうして(　**6**　)は天神として京都や大宰府でまつられましたが，同時に学者であったため学問の神として信仰《しんこう》されるようになったのです。湯島天神は江戸時代には亀戸《かめいど》天神・谷保《やぼ》天神とならぶ「江戸三天神」として知られました。やがて富くじが興行されるようになると，湯島天神の周辺は盛り場となり，㉔江戸の人々の楽しみの場となりました。

このように，上野公園やその周辺は，歴史の宝庫のようなところです。歴史を学び，昔を想像しながら歩くと，散歩するのがとても楽しくなりますね。

問１　文章中の空らん(**1**)〜(**6**)に入る語句を答えなさい。

問２　下線部①について，尊王攘夷運動の中心となった長州藩の萩《はぎ》には，松下村塾という私塾がありました。松下村塾で高杉晋作など多くの人材を育て，安政の大獄で刑死《けいし》した人物の名を答えなさい。

問３　下線部②について，長崎に海運や貿易のための結社として海援隊《かいえんたい》を組織し，この同盟をあっせんしたとされる人物の名を答えなさい。

問４　下線部③について，明治政府の政策について述べた文として正しいものを，次の**ア**〜**エ**から１つ選び，記号で答えなさい。

ア　20歳《さい》以上の男女に兵役《へいえき》の義務を負わせた。

イ　群馬県の富岡に官営の製糸場をつくった。

ウ　土地の所有者に地価の10%にあたる税を納めさせた。

エ　藩を廃止《はいし》して府・県を置き，府知事・県令は自治体の選挙で選ばせた。

問５　下線部④について，1868年に明治天皇の名のもとで五か条の誓文が出されました。五か条の誓文の内容としてあきらかに**誤っているもの**を，次の**ア**〜**エ**から１つ選び，記号で答えなさい。

ア　政治は会議を開いて，みんなの意見を聞いて決めよう。

イ　国民が心を合わせ，国の勢いをさかんにしよう。

ウ　憲法をつくって，これまでのよくないしきたりを改めよう。

エ　知識を世界から学んで，天皇中心の国家をさかんにしよう。

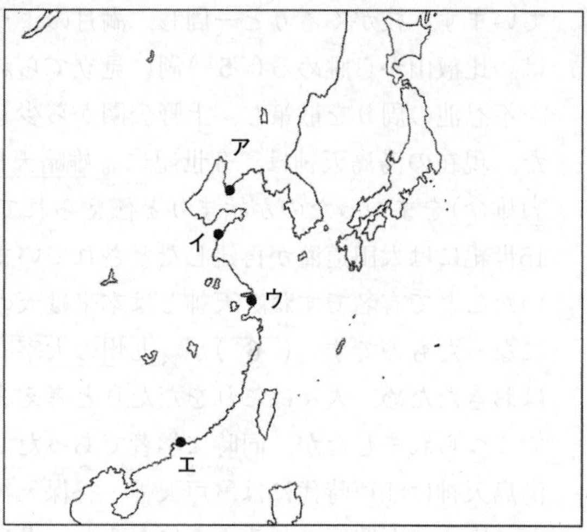

問6　下線部⑤について，日清戦争後の下関条約で，いくつかの地域の日本への割《かつ》譲《じょう》が決まりました。右の地図中の都市のうち，日本へ割譲された地域に含《ふく》まれるものを，**ア～エ**から１つ選び，記号で答えなさい。

問7　下線部⑥について，江戸の高輪《たかなわ》で西郷隆盛と会見し，江戸無血開城に努力した旧幕府側の人物の名を答えなさい。

問8　下線部⑦について，江戸時代には多くの藩校が設立されましたが，江戸時代末期に水戸に設立された藩校の名を答えなさい。

問9　下線部⑧について，唐から日本に天台宗を伝えた最澄が，比叡山に建てた寺の名を答えなさい。

問10　下線部⑨について，徳川家康は三河国の出身ですが，三河国は現在の何県の一部ですか。県名を**漢字**で答えなさい。

問11　下線部⑩について，徳川家光が将軍の時，ある地域でキリスト教徒の農民を中心とする一《いっ》揆《き》がおこり，彼《かれ》らは廃城跡《あと》にこもって幕府軍と戦いました。この一揆を指導した人物の名を答えなさい。

問12　下線部⑪について，徳川吉宗が行った政策について述べた文として正しいものを，次の**ア～エ**から１つ選び，記号で答えなさい。

ア　大名たちに米を納めさせ，かわりに参勤交代を廃止した。
イ　目安箱をつくって，民衆の意見をきいた。
ウ　生類あわれみの令を出して，犬などの動物を極端《きょくたん》に保護した。
エ　日米和親条約を結んで，漢訳洋書の輸入を緩和《かんわ》した。

問13　下線部⑫について，豊臣秀吉が行ったことについて述べた文として正しいものを，次の**ア～エ**から１つ選び，記号で答えなさい。

ア　刀狩令を出して，刀や鉄砲などの武器を農民から取り上げた。
イ　小田原の上杉氏を倒し，天下統一を完成させた。
ウ　朝鮮に出兵したが，李舜臣《りしゅんしん》（イ・スンシン）ひきいる水軍や，清の援軍《えんぐん》に苦戦した。
エ　本能寺の変の後，明智光秀を桶狭間の戦いでやぶった。

問14　下線部⑬について，大正時代の出来事を，次の**ア～エ**から１つ選び，記号で答えなさい。

ア　日露戦争で日本が勝利した。
イ　日本が朝鮮を併合《へいごう》する条約を結んだ。
ウ　日本は満州国を建設した。
エ　第一次世界大戦に日本も参戦した。

問15　下線部⑭について，第二次世界大戦について述べた文として正しいものを，次の**ア～エ**から１つ選び，記号で答えなさい。

ア　ドイツがポーランドを攻撃したことから，大戦がはじまった。

イ　日本はドイツ・イギリスと同盟を結んだ。

ウ　日本はグアムの真珠湾を攻撃し，太平洋戦争がはじまった。

エ　日本は東南アジアやオーストラリア大陸を占領《せんりょう》した。

問16　下線部⑮について，松尾芭蕉の代表作に

「五月雨《さみだれ》を　あつめて早し　（　　）」

という句があります。（　）に入る語句は，山形県を流れ，酒田で日本海にそそぐ川の名が入ります。その川の名を**漢字**で答えなさい。

問17　下線部⑯について，日本で最大の前方後円墳は大仙（大山）古墳ですが，これは現在では何という市にありますか。市の名を答えなさい。

問18　下線部⑰について，正岡子規は明治時代に活躍した俳人・歌人です。正岡子規の作品に

「行く我に　とどまる汝《なれ》に　秋二つ」

という句があります。故郷松山に滞在《たいざい》していた正岡子規が，再び東京にもどることになり，松山中学校に勤務していた「汝（おまえ）」に贈《おく》った句です。「汝」はのちに有名な小説家になり，四国の中学教師を主人公にした作品を書きます。「汝」にあたる人物の名を答えなさい。

問19　下線部⑱について，歌川広重は「東海道五十三次」の作者としても有名です。「東海道五十三次」に描かれている宿場として**誤っているもの**を，次の**ア**～**エ**から１つ選び，記号で答えなさい。

ア　庄野《しょうの》　**イ**　藤沢《ふじさわ》　**ウ**　板橋《いたばし》　**エ**　桑名《くわな》

問20　下線部⑲について，埼玉県の古墳から出土した鉄剣には

「ワカタケル大王の朝廷がシキの宮にある時，私は大王が天下を治めるのを補佐《ほさ》した」

ということが記されています。この「ワカタケル」は雄略天皇のことだと考えられています。この鉄剣が出土した古墳の名を答えなさい。

問21　下線部⑳について，アメノタヂカラオノミコトは，神話ではアマテラスオオミカミが天岩《あまのいわ》戸《と》にこもった時，外に引っぱり出した神です。このような神話が記されている歴史書を**漢字**で２つ答えなさい。

問22　下線部㉑について，室町時代の出来事について述べた文として正しいものを，次の**ア**～**エ**から１つ選び，記号で答えなさい。

ア　奥州藤原氏が平泉に中尊寺金色堂を建てた。

イ　３代将軍の足利義満は，北山に銀閣を建てた。

ウ　法隆寺が創建され，枯山水の庭もつくられた。

エ　観阿弥・世阿弥の父子が，能を大成した。

問23　下線部㉒について，平安時代に

「この世をば　わが世とぞ思う　もち月の　欠けたることも　なしと思えば」

という歌をよんだ人がいます。だれがどのような時によんだ歌ですか。正しいものを，次の**ア**～**エ**から１つ選び，記号で答えなさい。

ア　平清盛が太政大臣になった時によんだ。

イ　藤原道長が自分の娘《むすめ》を天皇のきさきにした時によんだ。

ウ　源義経が壇ノ浦の戦いに勝った時によんだ。

エ　清少納言が月を見て，夏は夜がよいと思った時によんだ。

問24　下線部㉓について，７世紀には大宰府の役所北方に水城《みずき》とよばれる防衛のための堤《つつみ》がつくられました。水城はなぜつくられたのですか。その理由として正しいものを，次の**ア**～**エ**から１つ選び，記号で答えなさい。

ア　卑弥呼ひきいる邪馬台国の反乱にそなえるため。

イ　藤原純友の反乱にそなえるため。

ウ　唐や新羅の侵攻《しんこう》にそなえるため。

エ　元の再度の侵攻にそなえるため。

問25　下線部㉔について，江戸時代における江戸の人々の楽しみについて述べた文として**誤っているもの**を，次の**ア**～**エ**から１つ選び，記号で答えなさい。

ア　寺や神社の修理費用を集めるため，勧進相撲《かんじんずもう》がもよおされた。

イ　江戸の隅田川では打ち上げ花火がもよおされ，見物人でにぎわった。

ウ　そば，にぎりずし，天ぷらなどの屋台が多く出店された。

エ　市川団十郎や近松門左衛門などの歌舞伎役者が人気となった。

2

日本には海岸線の長さが100メートル以上の島が，6,800以上もあります。そのうち人が住む島は300～400程度あるといわれます。面積が上位100位までに入る，**A**～**H**の８つの有人島(北方領土も含む)に関する文章を読み，それに続く問いに答えなさい。

A

九州北部からは(**あ**)灘《なだ》と東水道をはさんで約130キロメートル，朝鮮半島南部からは西水道をはさんで約50キロメートルの距離《きょり》にあり，古くから①日本と中国や朝鮮半島との経済交流や文化交流の窓口としての役割をもっていた。現在も韓国のプサンと定期航路で結ばれ，韓国からの観光客も多く訪《おとず》れる。島の中央にある浅茅《あそう》湾は，入り江が複雑に入り組むリアス海岸で，魚や真珠の養殖《ようしょく》が行われている。

問１　文章中の空らん(**あ**)にあてはまる語句を答えなさい。

問２　下線部①について，現代でも中国や韓国は，日本の重要な貿易相手国です。次の表中の**ア**～**オ**は，中国・韓国・アメリカ合衆国・オーストラリア・ベトナムのいずれかの，対日貿易収支と，日本への主な輸出品目およびその割合(2017年)を示しています。なお対日貿易収支は，日本への輸出総額から，日本からの輸入総額を引いたもので，△は赤字を示しています。**中国**と**韓国**にあたるものを，それぞれ**ア**～**オ**から１つ選び，記号で答えなさい。

	ア	イ	ウ	エ	オ
対日貿易収支(億円)	△28,225	△70,232	25,694	35,696	3,911
１位	機械類　30.0	機械類　29.2	石炭　36.7	機械類　46.6	機械類　30.4
２位	石油製品　10.7	科学光学機器　5.3	液化天然ガス　27.9	衣類　10.5	衣類　18.3
３位	鉄鋼　10.4	医薬品　5.1	鉄鉱石　12.8	金属製品　3.3	魚介類　5.6

(『日本国勢図会《ずえ》 2018/19年版』より作成)

B

第二次世界大戦後，②ロシア(ソ連)が実効支配してきた北方領土の島のひとつで，天気が良ければ知床《しれとこ》半島や野付《のつけ》半島，根室半島などから望むことができる。沖縄島よりも面積が大きい島で，戦前は昆布《こんぶ》・サケ・カニ漁や缶詰《かんづめ》加工などの産業が栄えていた。島内に暮らしていた日本人は1948年までに強制移住させられ，現在も，元島民や関係者の特例的な訪問や交流事業以外では，基本的に入域が制限されている。

問3　B島の名を**漢字**で答えなさい。

問4　下線部②について，日本とロシアの関係について述べた，次の**ア～オ**の文のうち，下線部が**誤っているもの**を１つ選び，記号で答えなさい。

ア　ウラジオストクと同程度の緯度にある札幌との間に，飛行機の定期便が就航している。

イ　ウラジオストクと同程度の経度にある境港との間に，船の定期便が就航している。

ウ　ロシアでは，全土で首都モスクワの時間を標準時としているため，日本に近いウラジオストクも日本との間に時差がある。

エ　日本政府は，サハリン(樺太)南部を帰属未定地としているが，便宜《べんぎ》上ユジノサハリンスクに総領事館を置いている。

オ　サハリンでは，日本企業《きぎょう》も出資した天然ガス田の開発が進められ，日本へもLNG(液化天然ガス)が輸出されている。

C

瀬戸内海で２番目に大きい島で，船でしか渡《わた》れない島のなかでは，日本で最も人口が多い。③通勤・通学などの移動のために日常的に船を利用する人も多く，島内には旅客船の港が６つあるが，そのうち４つが南側と西側に位置するのは，風や地形も関係している。④しょう油やそうめん，つくだ煮《に》などが名産で，この島のそうめんは，日本三大そうめんのひとつに数えられる。1970年代には集中豪雨《ごうう》によって，大規模な山地の崩壊《ほうかい》がおこった。扇状地に位置する集落が土石流による被害《ひがい》を受けたほか，田畑が⑤真砂土《まさど》に覆《おお》われ農作物も大きな被害を受けた。

問5　下線部③について，次の表は関東地方の７都県の，鉄道による旅客輸送，乗用車の100世帯あたり保有台数，通勤・通学にかかる平均時間を示しています。**茨城県**と**埼玉県**にあたるものを，それぞれ**ア～オ**から１つ選び，記号で答えなさい。

	鉄道旅客輸送（百万人）2015年	乗用車保有台数（100世帯あたり）2016年	通勤・通学時間 2016年
ア	2863	72.4	1時間45分
千葉県	1350	99.2	1時間42分
イ	1264	99.2	1時間36分
ウ	9989	45.2	1時間34分
エ	127	160.8	1時間19分
オ	65	162.5	1時間09分
群馬県	51	164.8	1時間09分

※　鉄道による旅客輸送は，JRグループおよび民間鉄道の合計で，各都道府県に所在する駅から乗車する人員数。

※　通勤・通学時間は，10歳以上の通勤・通学をしている人，平日１日あたり。

（『データでみる県勢2018年版』および総務省「平成28年社会生活基本調査」より作成）

問６　下線部④について，しょう油やそうめんの原料として，大豆・小麦・塩・食用油などが使われます。これらの日本における現状を述べた文として正しいものを，次の**ア**～**オ**から１つ選び，記号で答えなさい。

ア　しょう油や食用油などすべての加工品について，遺伝子組み換《か》え大豆を使用する場合，商品に表示する義務がある。

イ　大豆の絞《しぼ》り粕《かす》はミールとよばれ，加工食品の原料や飼料などに利用される。

ウ　小麦は80％以上を輸入に頼《たよ》っており，世界最大の生産国である中国からの輸入が最も多い。

エ　塩の販売《はんばい》は，1997年まで日本専売公社，それ以降は塩事業センターによる専売制としている。

オ　食用油のうち，植物油の原料の自給率は90％を超《こ》え，ほぼ自給できている。

問７　下線部⑤について，真砂土とは，どの岩石が風化してできた土壌《どじょう》ですか。次の**ア**～**オ**から１つ選び，記号で答えなさい。

ア　石灰《せっかい》岩　　**イ**　花こう岩　　**ウ**　玄武《げんぶ》岩

エ　凝灰《ぎょうかい》岩　　**オ**　斑《はん》れい岩

―― **D**

八重山列島のなかで，人口が最も多く，面積は西表島に次いで２番目に大きい島である。海や山の動植物には，八重山地方の固有種が数多く，独特な生態系を維持《いじ》している。⑥ラムサール条約に登録されている干潟《ひがた》エリアでは，甲殻類《こうかくるい》や貝類，は虫類，両生類，鳥類など，絶滅危惧種《ぜつめつきぐしゅ》を含む多くの生物が確認《かくにん》されている。

問８　下線部⑥について，ラムサール条約は，絶滅するおそれのある動植物の生息地を保全する目的もありますが，特に何の生息地としての湿地《しっち》を保全する目的で作られた条約ですか。次の**ア**～**オ**から１つ選び，記号で答えなさい。

ア　甲殻類　　**イ**　貝類　　**ウ**　は虫類

エ　両生類　　**オ**　鳥類

問9　次の図は，この島の一部を示した地形図(一部改変，縮尺はそのまま)です。この図を見て，あとの問い(1)・(2)に答えなさい。

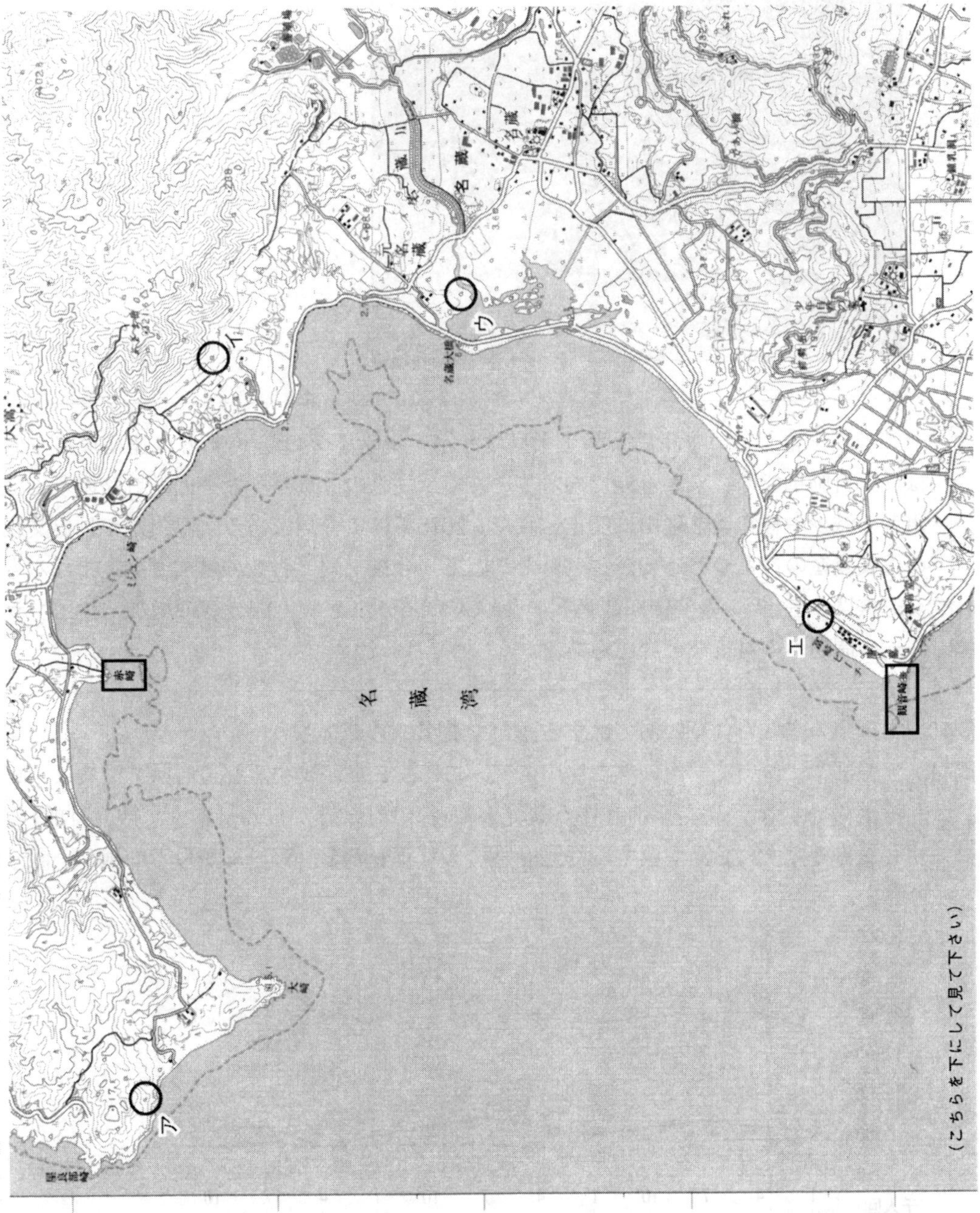

〈編集部注：編集上の都合により原図の80%に縮小してあります。〉

(1)　図中の赤崎から観音崎までを結んだ直線は，地図上で約14.3センチメートルの距離です。この距離は，およそ何海里に相当しますか。小数第一位を四捨五入し，**整数**で答えなさい。

(2) 次の写真は，地図中の**ア**～**エ**のいずれかの場所で撮影《さつえい》されたものです。撮影された場所を，**ア**～**エ**から１つ選び，記号で答えなさい。

E

この島を含む(**い**)諸島と宇土半島は，パールラインの愛称《あいしょう》をもつ連絡《れんらく》道路や橋で結ばれ，自動車での往来が可能である。一方で，従来のフェリーなど船舶《せんぱく》航路の多くは，利用者の減少や経営難を理由に廃止された。2018年にこの島にある﨑津集落が世界文化遺産の構成資産のひとつとして登録されたことで，今後⑦観光客数の増加が見込まれるものの，交通機関や駐車場《ちゅうしゃじょう》の整備，観光客の受け入れ態勢の充実《じゅうじつ》，観光客の増加と住民プライバシーの問題への対策など課題もある。

問10 文章中の空らん(**い**)にあてはまる語句を**漢字**で答えなさい。

問11 下線部⑦について，次のグラフ中の**ア**～**エ**は，**E**島が属する都道府県・愛媛県・東京都・北海道のいずれかの，宿泊《しゅくはく》を伴《ともな》う観光客数(都道府県外からの日本人，観光目的)の推移を示したものです。**E**島が属する都道府県にあたるものを，**ア**～**エ**から１つ選び，記号で答えなさい。

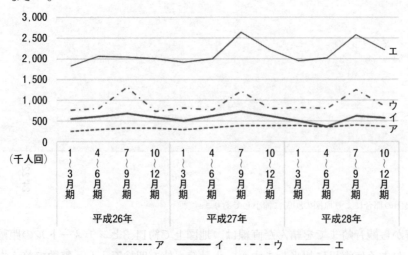

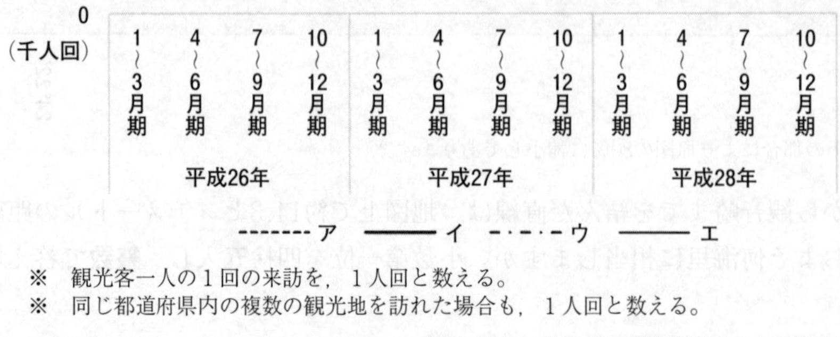

※ 観光客一人の１回の来訪を，１人回と数える。
※ 同じ都道府県内の複数の観光地を訪れた場合も，１人回と数える。

(観光庁ウェブサイト「統計情報」より作成)

F

伊豆諸島で最も大きな島である。この島は，過去に何度も噴火《ふんか》を繰《く》り返してきた火山島で，特に1986年の噴火の際には全島民が島外避難《ひなん》をした。この島は富士箱根伊豆国立公園の一部で，2010年には日本ジオパークにも認定《にんてい》され，⑧この火山のカルデラや中央火口周辺を巡《めぐ》るトレッキングコースを訪れる観光客も多い。本州に比べて温暖なこの島では，椿《つばき》や桜の一足早い開花を楽しむことができる。

問12　この島は，どの都道府県に属しますか。**漢字**で答えなさい。

問13　下線部⑧について，この山の名を**漢字**で答えなさい。

G

北海道本島と北方領土を除くと，日本最北に位置する有人島で，⑨北端《ほくたん》のスコトン岬《みさき》は宗谷岬とほぼ同程度の緯度である。島内にはダケカンバなどの落葉広葉樹，エゾマツ・トドマツ・ハイマツなどの針葉樹，チシマザサなどが広がるほか，冷涼《れいりょう》な気候のため高山植物の花が低標高の土地にも見られ，夏にはフラワートレッキングに訪れる観光客も多い。

問14　下線部⑨について，スコトン岬の緯度に最も近いものを，次の**ア**～**オ**から１つ選び，記号で答えなさい。

ア　北緯36度
イ　北緯39度
ウ　北緯42度
エ　北緯45度
オ　北緯48度

H

この島にある，三島神社の総本社である大山祇《おおやまづみ》神社のことを「大三島」と呼んでいたことから，島自体の名前となった。⑩この島を通る自動車道の橋梁《きょうりょう》部には，徒歩や自転車でも通れる道路が併設《へいせつ》され，⑪サイクリングを目的にこの地域を訪れる観光客が年々増加している。また最近では，村上水軍を扱《あつか》った小説が話題となり，関連する遺跡や施設，大山祇神社へ訪れる観光客も多い。

問15　下線部⑩について，この自動車道の名称《めいしょう》を答えなさい。

問16　下線部⑪について，公道での自転車の運転について述べた次の**ア**～**エ**の文のうち，**誤っているもの**を１つ選び，記号で答えなさい。

ア　ブレーキ装置が備えられていない自転車の走行は，禁止されている。
イ　歩道と車道の区別のある道路では，基本的に車道の左側を走行しなければならない。
ウ　右図**a**の標識がある道路では，自転車も時速20キロメートルを超えて走行してはいけない。
エ　右図**b**の標識は，自転車歩行者専用道や，自転車が走行してもよい歩道を示している。

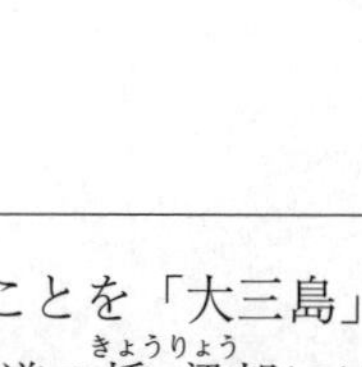

図a

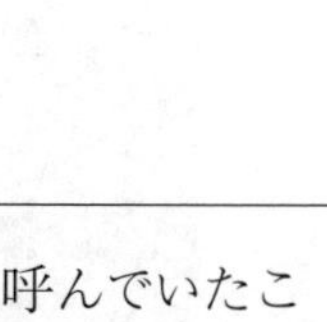
図b

問17　右の図**c**・**d**は，**A**～**H**のいずれかの島の形を表しています。(どちらの図も上が北です。ただし縮尺は異なります。) 図**c**・**d**の島は，それぞれ**A**～**H**のどれにあたりますか。記号で答えなさい。

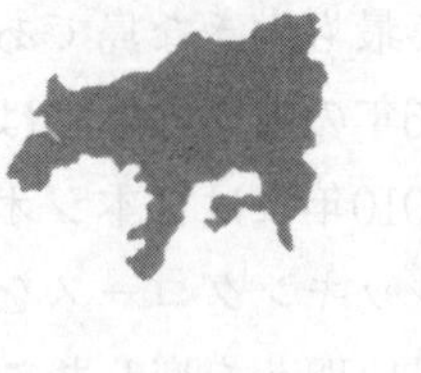

図c

図d

問18　次の図は，**A**～**H**のいずれかの島の一部を示した地形図です。図中の記号「―――」は，徒歩道を示しており，一般《いっぱん》のハイキング客も訪れることができるコースの一部です。この図を見て，あとの問い(1)・(2)に答えなさい。

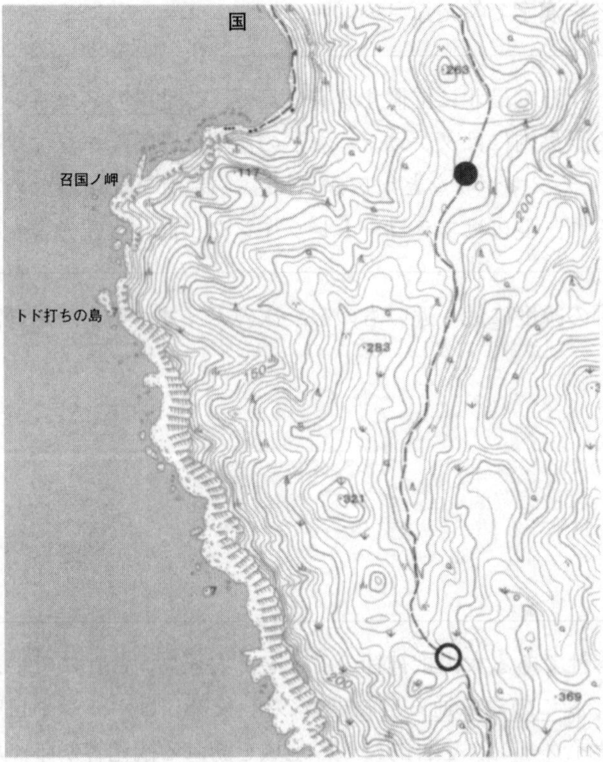

(1)　この島は，**A**～**H**のどれにあたりますか。記号で答えなさい。

(2)　図中の地点○から●へ向かって歩くとします。これについて述べた文として正しいものを，次の**ア**～**エ**から１つ選び，記号で答えなさい。

ア　地点○と●の標高差はおよそ80メートルである。

イ　ほぼ尾根《おね》伝いに歩くコースである。

ウ　左側には，常に海が見えている。

エ　地点●付近が最も傾斜《けいしゃ》が大きい。

問19　次の表中の**ア～エ**は，**A・D・F・H**の４つの島のいずれかの，ある地点における気象データ(1981年～2010年の平年値)です。上段は月別の平均気温(℃)，下段は月別の平均風速(メートル／秒)を示しています。**H**にあたるものを，**ア～エ**から１つ選び，記号で答えなさい。

		1月	2月	3月	4月	5月	6月	7月	8月	9月	10月	11月	12月	年平均
ア	気温	5.7	7.0	9.7	13.9	17.6	20.7	24.2	25.9	22.9	18.9	13.3	8.2	15.7
	風速	6.0	5.5	5.4	4.8	4.3	4.1	4.1	4.3	5.1	4.7	4.8	5.7	4.9
イ	気温	18.6	19.1	20.8	23.3	25.7	28.0	29.5	29.2	27.9	25.9	23.2	20.1	24.3
	風速	5.3	5.5	5.4	5.0	4.6	5.3	6.2	6.0	5.4	6.1	5.6	5.6	5.5
ウ	気温	5.6	5.7	8.3	13.2	17.5	21.3	25.3	26.8	23.5	17.9	12.7	8.1	15.5
	風速	3.2	2.7	2.3	2.0	1.7	1.6	1.7	1.8	1.9	2.0	2.4	3.0	2.2
エ	気温	7.3	7.4	9.9	14.2	17.9	20.8	24.1	25.7	23.0	18.5	14.2	9.9	16.1
	風速	5.4	5.0	5.2	5.1	4.7	4.2	4.4	4.2	4.5	4.9	5.1	5.4	4.9

(気象庁ウェブサイト「過去の気象データ検索《けんさく》」より作成)

問20　次の表中の**ア～エ**は，**A・D・F・G**の４つの島のいずれかの，夏至および冬至における，およその日の入り時刻(役場のある地点の経緯度から計算，地形は考慮《こうりょ》していない)を示したものです。**A**と**D**にあたるものを，それぞれ**ア～エ**から１つ選び，記号で答えなさい。

	夏至	冬至
ア	19:38	17:17
イ	19:35	18:01
ウ	19:28	15:56
エ	18:59	16:36

(国立天文台ウェブサイト「暦《こよみ》計算室」より作成)

3　次の文章を読み，あとの問いに答えなさい。

私たちにはさまざまな権利があり，それは①日本国憲法や②法律によって保障されています。しかし，日常生活のなかで権利の侵害《しんがい》がないとは言えません。そのような場合を考えて，日本国憲法には「何人も，③裁判所において④裁判を受ける権利を奪《うば》われない。」(第32条)という条文もあります。裁判によって権利を回復させたり，他者の権利を侵害した者を裁いたりする権力のことを司法権といい，⑤三権分立制のもと，その役割は裁判所だけが担《にな》っています。

21世紀に入ってからは，司法制度をもっと身近に利用することができ，社会の変化にも対応したものにしようとさまざまな改革が進められてきました。そのひとつである⑥裁判員制度はまもなく10年を迎《むか》えます。

裁判所は科学技術の進歩にも対応していかなくてはなりません。2017年，最高裁判所は，令状がないまま捜査《そうさ》対象者の車にGPS(全地球測位システム)の発信器を取り付けた捜査方法は違法《いほう》という判断を下しました。個人の行動を継続的《けいぞくてき》に把握《はあく》するこの捜査方法は，個人の(　**A**　)の権利を侵害する可能性があるというのがその理由です。

他方，インターネットの検索サイトから，自分にとって不都合な過去を記した記事などの削《さく》除《じょ》を求める裁判が増えています。⑦EU(ヨーロッパ連合)ではこれを「(　**B**　)権利」として法的に認めていますが，日本では最高裁判所が検索結果の削除に高いハードルを設けました。

ICT(情報通信技術)は私たちの生活を格段に便利にします。しかし同時に，新たな技術によって私たちの権利はどうなるのか，気にとめておく必要がありそうです。

問1　文章中の空らん(**A**)・(**B**)にあてはまる語句を答えなさい。

問2　下線部①について，次の条文は，日本国憲法第97条です。条文中の空らん(**1**)・(**2**)にあてはまる語句を答えなさい。

> **第97条**
> この憲法が日本国民に保障する基本的人権は，人類の多年にわたる(　**1**　)獲得《かくとく》の努力の成果であつて，これらの権利は，過去幾多《いくた》の試錬《しれん》に堪へ《たえ》，現在及《およ》び将来の国民に対し，侵《おか》すことのできない(　**2**　)の権利として信託《しんたく》されたものである。

問3　下線部②について，法律の制定過程について述べた文として**誤っているもの**を，次の**ア**～**エ**から１つ選び，記号で答えなさい。

ア　法律案は，国会議員だけでなく内閣からも提出できる。
イ　法律案は，衆議院が参議院より先に審議《しんぎ》するとは限らない。
ウ　委員会での審査の際，必要に応じて参考人の意見を聞くことができる。
エ　両議院が異なる議決をした場合，緊急集会での可決によって成立する。

問4　下線部③について，右の図は裁判所の種類を簡単に示したものです。次の問い(1)～(3)に答えなさい。

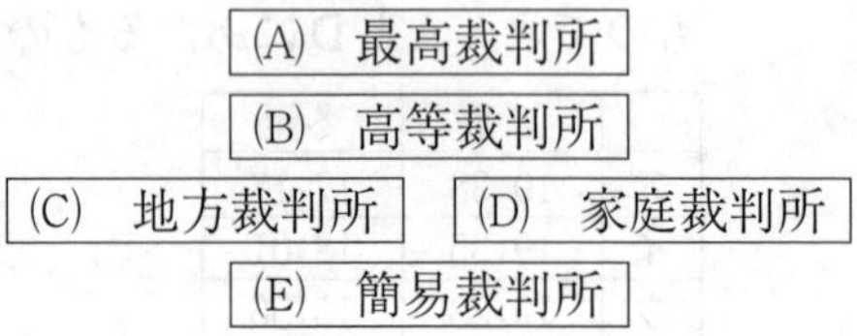

(1)　右の(A)～(E)の裁判所のうち，違憲審査権をもつ裁判所はどれですか。その組み合わせとして正しいものを，次の**ア**～**カ**から１つ選び，記号で答えなさい。

ア　Aのみ　　**イ**　Bのみ　　**ウ**　Cのみ
エ　AとB　　**オ**　AとBとC　　**カ**　A～Eすべて

(2)　右上の(A)～(E)の裁判所のうち，裁判員裁判が行われる裁判所はどれですか。その組み合わせとして正しいものを，次の**ア**～**カ**から１つ選び，記号で答えなさい。

ア　Aのみ　　**イ**　Bのみ　　**ウ**　Cのみ
エ　AとB　　**オ**　AとBとC　　**カ**　A～Eすべて

(3)　刑事裁判において，第一審が簡易裁判所だった場合，控訴《こうそ》審はどの裁判所ですか。図中の(A)～(E)から１つ選び，記号で答えなさい。

問5　下線部④について，ひとびとの権利が保障されるためには，公正で誤りのない裁判が行われなければいけません。公正で誤りのない裁判を行うためのしくみについて述べた文を，次の**ア**～**エ**から１つ選び，記号で答えなさい。

ア　地方裁判所は各都府県に１か所，北海道に４か所設置されている。
イ　同じ争いや事件について，３回まで裁判を受けることができる。
ウ　最高裁判所裁判官は，任命後，その後は10年ごとに国民審査を受ける。
エ　刑事裁判では，被害者《ひがいしゃ》ではなく検察官が裁判所に訴える。

問6　下線部⑤について，次の問い(1)・(2)に答えなさい。

(1)　著書『法の精神』でこの考えを示したフランスの思想家の名を答えなさい。

(2) 右の図は，日本国憲法で定められている三権分立のしくみを表したものです。次の**A**～**C**の内容は，どの機関がどの機関に対して行うものですか。最も適切なものを，それぞれ図中の矢印(あ)～(か)から１つ選び，記号で答えなさい。

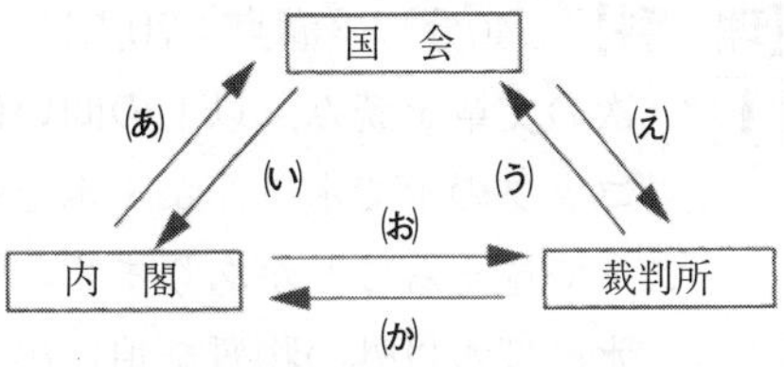

A 弾劾《だんがい》裁判を実施《じっし》する。

B 衆議院を解散する。

C 国政調査権を行使する。

問7 下線部⑥について，以下の２つの資料は，裁判員経験者を対象にしたアンケート結果の一部です。２つの資料から読み取れることとして正しいものを，あとの**ア**～**エ**から１つ選び，記号で答えなさい。

「裁判員に選ばれる前，裁判員に選ばれることについてどう思っていましたか。」

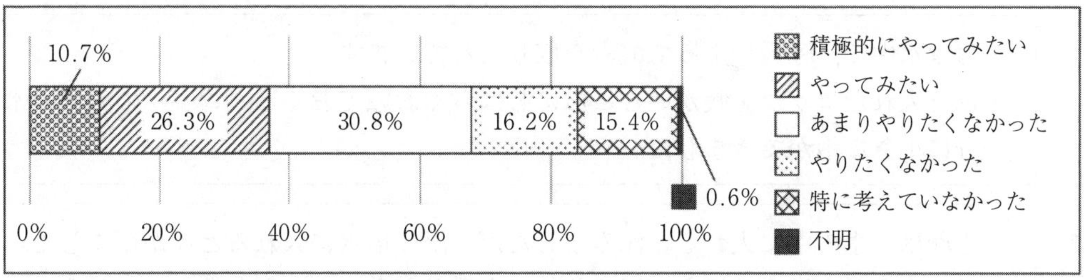

「裁判員として裁判に参加したことは，あなたにとってどのような経験であったと感じましたか。」

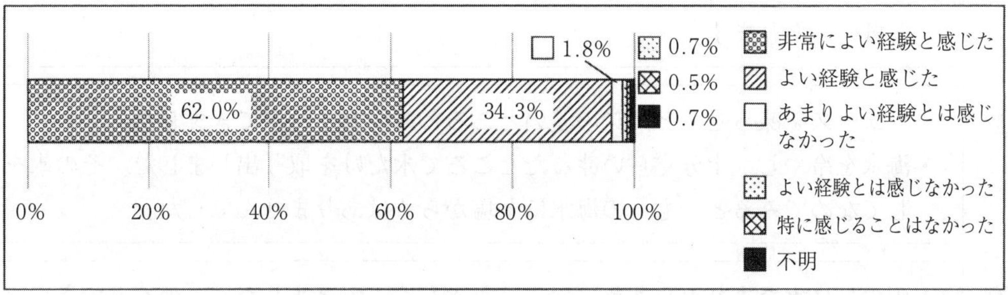

(最高裁判所「裁判員等経験者に対するアンケート調査結果報告書(平成29年度)」をもとに作成)

ア 裁判員に選ばれる前に「積極的にやってみたい」と思っていた人は，その全員が裁判員として裁判に参加したことを「非常によい経験」と感じている。

イ 裁判員に選ばれる前に「特に考えていなかった」人というのは，裁判員制度がどのようなしくみなのかを知らなかった人という意味である。

ウ 裁判員に選ばれる前は「あまりやりたくなかった」と思っていた人の多くが，裁判員として裁判に参加したことで「非常によい経験」または「よい経験」と感じた。

エ 裁判員として裁判に参加したことを「よい経験」と感じた人の多くは，裁判員に選ばれる前には，「やりたくなかった」か「特に考えていなかった」人である。

問8 下線部⑦について，EU(ヨーロッパ連合)の前身であるEC(ヨーロッパ共同体)結成当初からの加盟国として**誤っているもの**を，次の**ア**～**エ**から１つ選び，記号で答えなさい。

ア フランス　**イ** ルクセンブルク　**ウ** スペイン　**エ** イタリア

【理　科】（40分）〈満点：70点〉

1　次の文章を読み，以下の問いに答えなさい。

コップの中で水に浮《う》かぶ氷を見てみましょう。氷は透明《とうめい》であるはずなのに，部分的に白くにごって見えることがあります。

水には水以外の物質を追い出しながら水だけが固体となる性質があります。ところが，水道水や雨水などには水以外の物質が含《ふく》まれています。そして，水が氷になるときに，それらの物質が氷の中に最後に閉じ込《こ》められると，白くにごって見える氷になってしまいます。家庭用の冷凍庫《れいとうこ》では，このような氷になることが多くあります。

しかし，工夫をすれば透明な氷をつくることができます。水以外の物質を追い出しながら水だけが固体となる性質を上手に利用すればいいのです。

下の文①～④は，身近に聞いたり体験したりできるものです。なお，①～④は水の性質ごとに，２つずつまとめています。

①
- 魚は水中で，呼吸によって酸素を取り入れています。
- 水を入れたコップを暖かいところにしばらくおいておくと，コップの内側の水の部分に小さな泡《あわ》ができました。

②
- 生卵は，水の中に入れると沈《しず》みましたが，濃《こ》い塩水に入れると浮かびました。これは，水よりも塩水のほうが同じ体積でも重さが重いからだと教わりました。
- ペットボトルや缶《かん》には「凍《こお》らせないでください。容器が破損することがあります。」と書いてあります。

③
- ジュースを凍らせると，味の濃いところと薄《うす》いところができました。
- 海水を冷やし，半分ぐらい凍ったところで氷だけを取り出しました。その氷をとかしてなめてみると，もとの海水ほど塩からくはありませんでした。

④
- 雨の日に水たまりから茶色ににごった水をくんできました。このくんできた水をそのままにしておいたら，水がなくなり，土だけになっていました。
- 海水でぬれた浮き輪をそのままにしておいたら，水が蒸発して白い粉が残りました。

問１　①～④のうち，氷が水に浮かぶことと関係が深いものはどれですか。①～④の中から１つ選び，番号で答えなさい。

問２　家庭の冷凍庫でつくった氷を観察すると，**図１**のように，氷の縁《ふち》のあたりは透明でしたが，氷の真ん中あたりは白くにごっており，全体が透明な氷ではありませんでした。この氷はどのようにしてできたと考えられますか。あてはまるものを，次の**ア**～**エ**の中から１つ選び，記号で答えなさい。

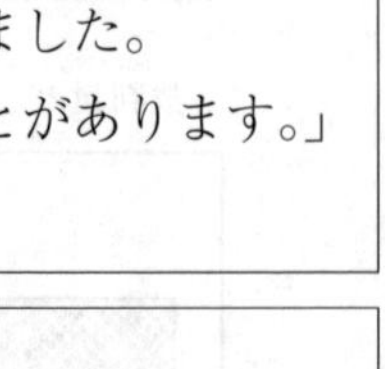

図１

ア　図１の上の方から下の方に向かって順に氷になった。

イ　図１の下の方から上の方に向かって順に氷になった。

ウ　図１の周りから中心に向かって順に氷になった。

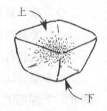

エ　**図1**の中心から周りに向かって順に氷になった。

問3　全体が透明な氷をつくるために，下のような手順を考えました。文中の下線部**A**，**B**の操作は，①～④のどれを手がかりにしていますか。下線部**A**，**B**のそれぞれについて，①～④の中から1つ選び，番号で答えなさい。

手順1　**水に溶《と》けている水以外の物質をできるだけ追い出す**

A蛇口《じゃぐち》からくんだ水道水には水以外の物質が含まれているので，一度やかんで沸《ふっ》とうさせます。やかんに残った水を部屋と同じ温度まで冷まします。

手順2　**まだ残っている水以外の物質を水だけが固体となる性質を利用して追い出す**

手順1のやかんの水を発泡《はっぽう》スチロールのカップに入れ，冷凍庫で冷やします。水の全部が氷になる前にカップを取り出し，Bまだ凍っていない部分の水を捨て，その分だけ**手順1**のやかんから新しい水を入れます。そのカップをまた冷凍庫で冷やします。この操作を，完全に水が凍るまでくり返します。

問4　海水は，海の底の方から上昇《じょうしょう》したり，水平に移動したり，とどまったり，海の底の方に沈み込んだりしながら，ゆっくりと循環《じゅんかん》しています。そして海水が循環することは，さまざまな地域の暑さや寒さをやわらげていると考えられています。このとき海では，透明な氷をつくるときと同じ理由で説明できることが起こっています。循環の中で，海の表面付近で氷ができているとき，凍らなかった海水はどのようになっていると考えられますか。①～④を参考にして，最もあてはまるものを，次の**ア**～**ウ**の中から1つ選び，記号で答えなさい。

ア　広がらずに海の表面付近にとどまっている。

イ　海の表面付近を水平に移動している。

ウ　海の底の方に向かって沈んでいる。

問5　水が循環しているのは海の中だけではありません。地球上の水は，氷になったり水蒸気になったりしながら，地上と空との間を循環しています。

地上の水には，インクやジュース，どろ水や海水など，いろいろな物質が溶けたり混じったりしています。それらの一部は地上から空に移動して雲となり，いずれは雨となって再び地上に降ってきています。それなのに，インクと同じ色の雲ができたり，オレンジジュース味の雨が降ったりはしません。この理由は，地上にある水が空に移動するときに起こることに関係しています。この理由を考える手がかりとなるものを，①～④の中から1つ選び，番号で答えなさい。

2　下校途中《とちゅう》で雨に降られたとき，ノートに書いてあった文字のインクがにじみ，いくつかの色に分かれてしまったことに興味をもちました。調べてみると，このような現象を使ってインクの成分を分ける方法をクロマトグラフィーということがわかりました。

そこで，どんな黒色インクでも水に溶《と》けて広がるのかと疑問に思い，予想をたてて調べました。

[予想1]　紙にいくつかの黒ペンで点を書き，その紙に下から水をしみこませると，どの点も水に溶け，水の移動と共に上に広がるだろう。

[予想1]をもとに3種類の黒色ペンA，B，Cを使って実験をしました。長方形に切ったろ紙に**図1**のようにそれぞれのペンで点を書いてスタンドにぶら下げ，ペンで書いた点が水につ

からないように注意しながら，皿に入れた水にろ紙をつけました。そしてある程度水がしみこんで上に移動したところで，ろ紙を水からあげました。結果は**図2**のようになりました。

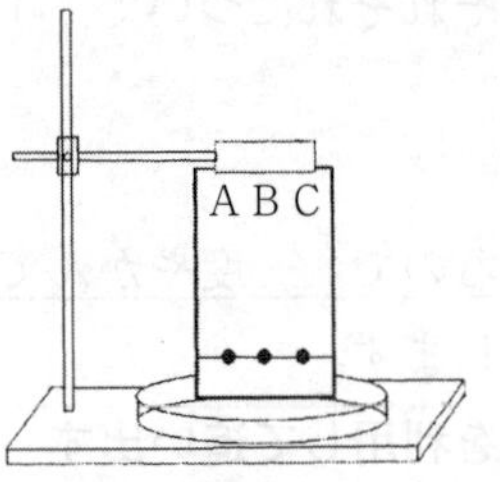

図1

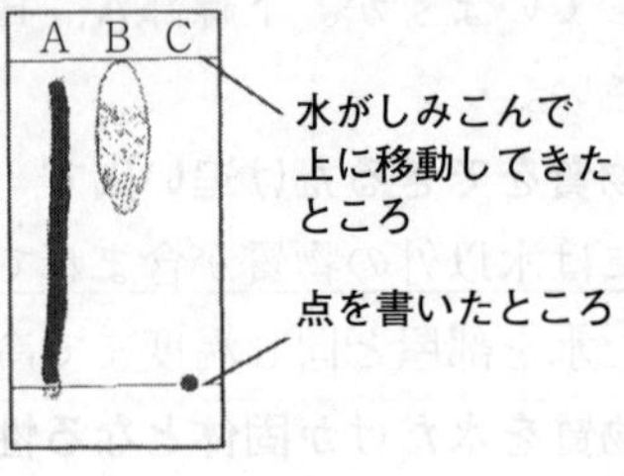

図2

問1　**図2**から［**予想1**］は正しかったですか。次の**ア**～**ウ**の中から1つ選び，記号で答えなさい。

ア　正しかった。

イ　間違っていた。

ウ　この結果だけからは判断できない。

問2　**図2**をもとにすると，ろ紙にペンで書いたすべての点が，はじめから水につかる状態でしばらくぶら下げておくと，どのような結果になると考えられますか。次の**ア**～**エ**の中から1つ選び，記号で答えなさい。

ア　**図2**と同じ状態になる。

イ　ペンで書いたすべての点が，水に溶けて水の移動と共に上に広がる。

ウ　ペンA，Bで書いた点はほぼ消え，Cは書いたままの位置に残る。

エ　ペンで書いた点は，すべてはじめの位置に残る。

問3　長方形のろ紙に新しい黒色ペンDで点を書き，**図1**と同じように水につけてくわしく観察すると，**図3**のようになっていました。この結果からわかることを，次の**ア**～**オ**の中から**2つ選び**，記号で答えなさい。

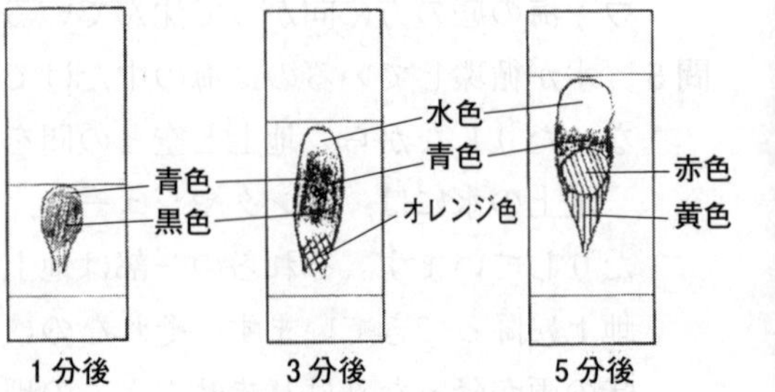

図3

ア　黒色ペンDのインクには成分が何種類かまざっている。

イ　黒色ペンDのインクは，水に溶けず，広がらない。

ウ　黒色ペンDの黄色のインクの成分は，水色のインクの成分より水に溶けて，上に広がりやすい。

エ　黒色ペンDの水色のインクの成分は，黄色のインクの成分より水に溶けて，紙にくっつきにくい。

オ　時間の経過とともに，黒色ペンDのインクの成分の量は増加した。

さらに，ろ紙を折り曲げたり斜《なな》めにしたりして水につけるとどうなるか疑問に思い，次のように予想をたてて調べました。

［**予想2**］　5分程度水につけておくと，ろ紙を折り曲げたところの水が，より高いところに移動する。また，ろ紙を斜めにしておくと，垂直にしておくよりも水の移動する距離《きょり》が長くなる。

［**予想2**］をもとにして，**図4**のように，ろ紙を①垂直に立てたもの，②折り曲げて垂直に立

てたもの，③斜めにしたものを，５分程度水につけておきました。結果は**図５**のようになりました。

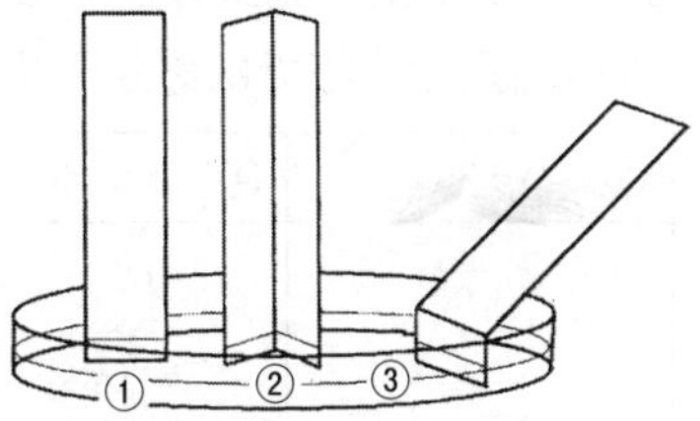

図４

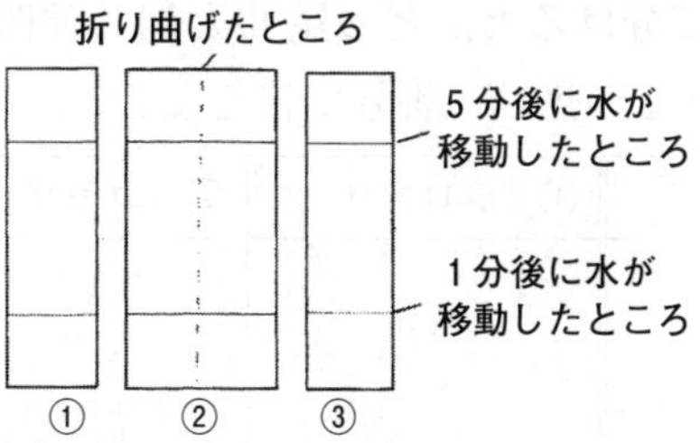

図５

問４　**図５**から［**予想２**］は正しかったですか。次の**ア**～**ウ**の中から１つ選び，記号で答えなさい。

ア　正しかった。

イ　間違っていた。

ウ　この結果だけからは判断できない。

問５　丸型ろ紙の中心を水につけるために，**図６**のようにして折り曲げ，中心のとがった部分を水につけて数分待ちました。ろ紙を開いて観察すると，水はどのように移動していると考えられますか。**図５**の結果をもとにして考え，下の**ア**～**エ**の中から最も近いものを１つ選び，記号で答えなさい。ただし，山折りと谷折りで水につかるろ紙の長さにほとんど差はないものとします。

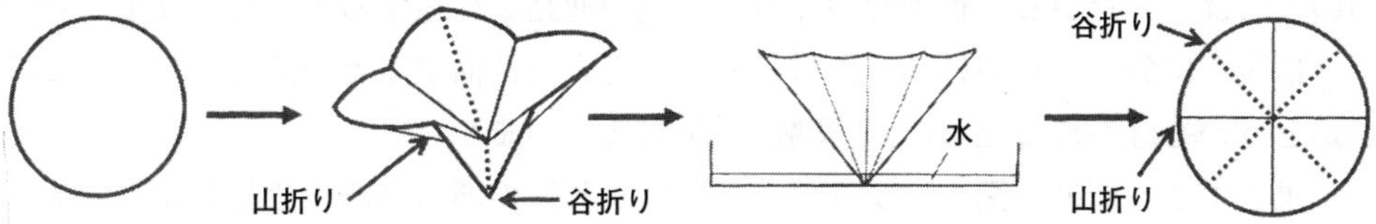

図６

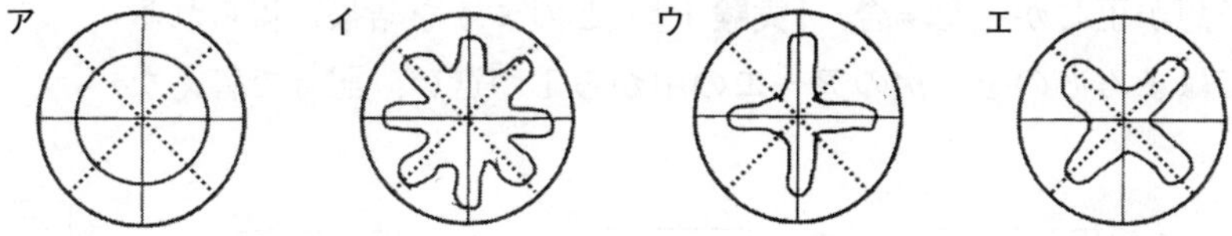

問６　**図７**のように黒色ペンＤで輪を書き，**図６**のようにろ紙を折り曲げてろ紙の中心を５分程度水につけました。このときに最も外側にくる色は何色だと考えられますか。次の**ア**～**エ**の中から１つ選び，記号で答えなさい。ただし，はじめに書いた輪は水面よりも上にあるようにしました。

ア　黄色　　**イ**　水色　　**ウ**　赤色　　**エ**　黒色

図７

3 太郎君は，アリが行列をつくっているのを見つけました。行列をたどっていったところ，落ちていたエサからアリの巣まで行列ができていました。

問1 アリは，育ち方で分けると，どの昆虫《こんちゅう》と同じ仲間ですか。下の幼虫と成虫の図を参考に，次の①～④の中から１つ選び，番号で答えなさい。なお，図の縮尺は均等ではありません。

	アリ	① シロアリ	② ゴキブリ	③ ハチ	④ トンボ
幼虫		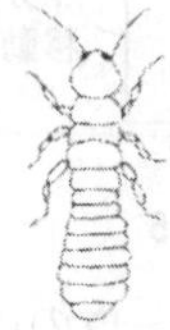	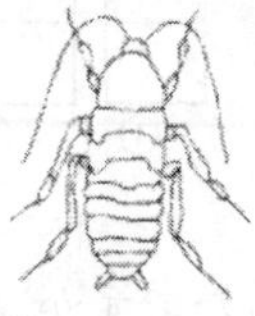		
成虫	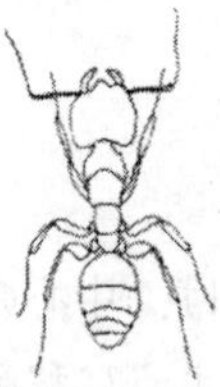	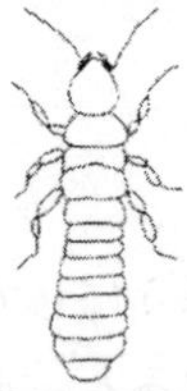	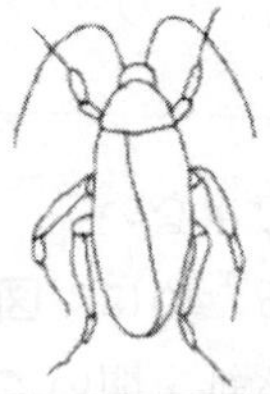	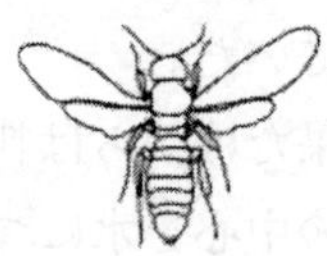	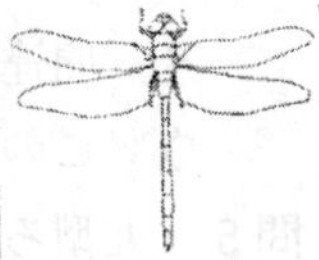

問2 アリの育ち方に関して，下の文の(　)にあてはまる語句を答えなさい。

アリは，[幼虫→(　)→成虫]の順に育つ。

太郎君は，巣とエサの間に複雑な迷路を設置してみました。最初，アリは迷った様子を見せたものの，しばらくたつと，行列をつくって一定の通路を往復するようになりました。太郎君は，アリは左右に分かれた道にぶつかったとき，必ず右に曲がると予想しました。この予想が正しいかどうかを確かめるために，[**実験１**]をおこないました。

[**実験１**] 巣とエサの間に，**図１**のような左右に分かれ道のある通路を設置しました。そして，巣とエサの間をアリがどのように移動するか観察しました。

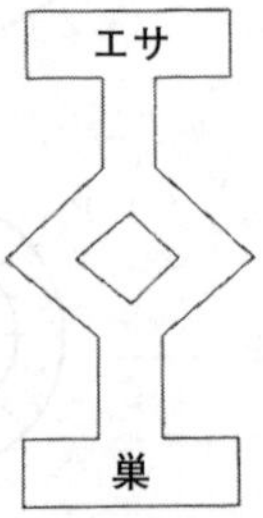

図１

問3 もし太郎君の予想が正しかった場合，[**実験１**]でどのような結果が得られるでしょうか。あてはまるものを，次の**ア**～**エ**の中から１つ選び，記号で答えなさい。

ア
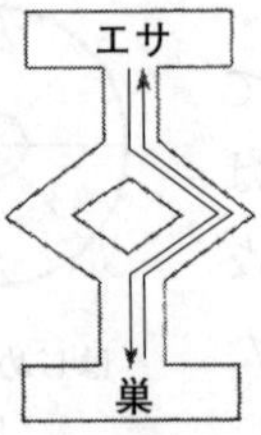

イ
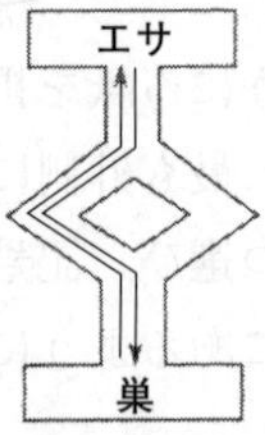

ウ
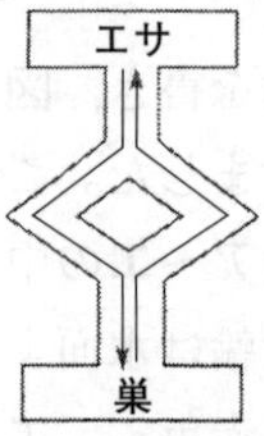

エ
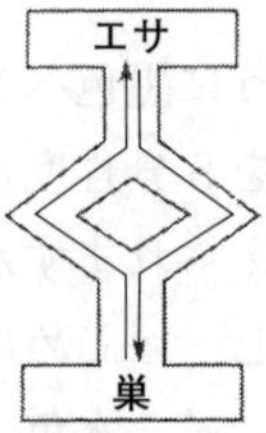

実際に[**実験１**]を何回かおこなってみると，アリが分かれ道を左右どちらに曲がるかは，規則性が無いようでした。しかし，いずれの回も30分ほどすると，アリは**図２**の**A**もしくは**B**のような行列をつくるようになりました。

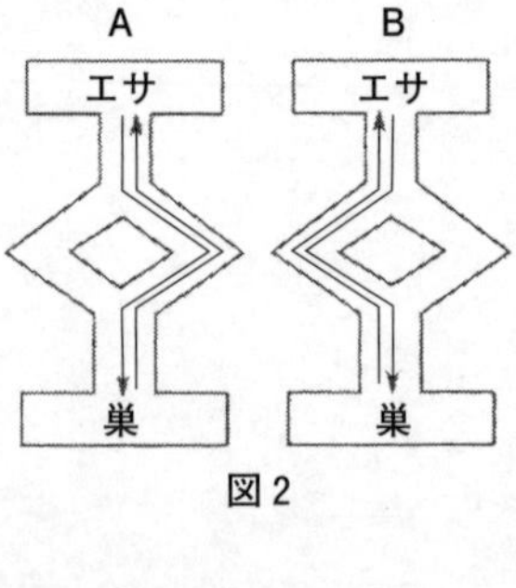

図２

太郎君は，エサを見つけたアリが巣にエサを持ち帰る途中，腹からにおいを出して道しるべにしているという仕組みがあり，その結果，エサを持って巣に帰ったアリがたまたま多かった道筋に従って，行列ができるのではないかと予想しました。この予想が正しいかどうかを確かめるために，[**実験２**]をおこないました。

[**実験２**]　凍《こお》らせたアリを少量のアルコールに加え，すりつぶしました。
このアルコール溶液《ようえき》をつけたガラス棒で，エサから巣まで直線を引きました。

[**結果**]　アリは引かれた直線にそってまっすぐエサまでたどり着いた。

問４　[**実験２**]では，太郎君が考えた仕組み以外の仕組みで，アリがエサまでたどり着いている可能性があります。下の[**可能性１**]を**否定するには**どのような実験をおこない，どのような結果が得られれば良いでしょうか。最もあてはまるものを，下の**ア**～**エ**の中から１つ選び，記号で答えなさい。

[**可能性１**]　アリは，アリの出すにおいには関係なく，エサまでの最短距離《きょり》を感じ取って，エサまでたどり着いた。

ア　アリを加えていないアルコールだけで直線を引いたところ，アリはその直線にそって最短距離でエサまで行列をつくった。

イ　アリを加えていないアルコールだけで曲線を引いたところ，アリはその曲線には従わず，最短距離でエサまで行列をつくった。

ウ　アリを加えてすりつぶしたアルコールで曲線を引いたところ，アリはその曲線にそってエサまで行列をつくった。

エ　アリを加えてすりつぶしたアルコールで曲線を引いたところ，アリはその曲線には従わず，最短距離でエサまで行列をつくった。

問５　下の[**可能性２**]を**否定するには**どのような実験をおこない，どのような結果が得られれば良いでしょうか。最もあてはまるものを，**問４**の**ア**～**エ**の中から１つ選び，記号で答えなさい。

[**可能性２**]　アリはアルコールのにおいをたどって，エサまでたどり着いた。

太郎君は，エサと巣を行き来するのに，におい以外の手がかりも使っているか調べてみることにしました。

エサと巣を10m離して設置し，その間を直線のせまい通路でつなげました。アリが，エサと巣を数回行き来した後で，直線の通路をにおいのついていない新しいものに変えました。この新しい通路は巣穴にはつながっていません。そうすると**図３**のように，エサから出発したアリが，巣があった位置のそばで通路を行ったり来たりして，巣を探すような行動が観察されました。

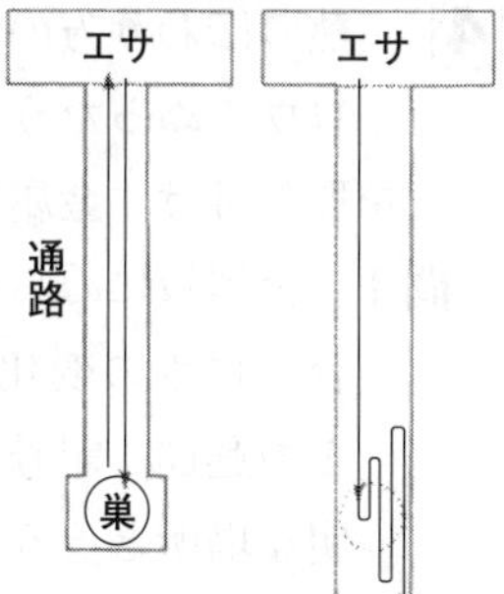

図３

太郎君はアリがエサから巣までの距離を覚えているのかどうか疑問に思い，[**実験３—１**]，[**実験３—２**]をおこないました。

[**実験３—１**]　多数のアリを用意し，巣とエサを数回往復させました。その後，３つのグループに分け，それぞれのグループのアリの足の長さを①～③のようにしました。

①　そのままの長さ　②　一部切って短くした　③　人工的に長くした

エサからの通路を新しいものに変えた後で，エサの位置でそれぞれのアリを放しました。アリが通路を進み，巣を探し始めたときのエサからの距離を測定し，グラフにまとめたところ，**図４**のようになりました。

[実験3―2] 多数のアリを用意し，巣とエサを往復させる前に3つのグループに分け，それぞれのグループのアリの足の長さを①～③のようにしました。

① そのままの長さ ② 一部切って短くした ③ 人工的に長くした

アリが巣とエサを数回往復した後で，エサからの通路を新しいものに変え，エサの位置でそれぞれのアリを放しました。アリが通路を進み，巣を探し始めたときのエサからの距離を測定し，グラフにまとめたところ，**図5**のようになりました。

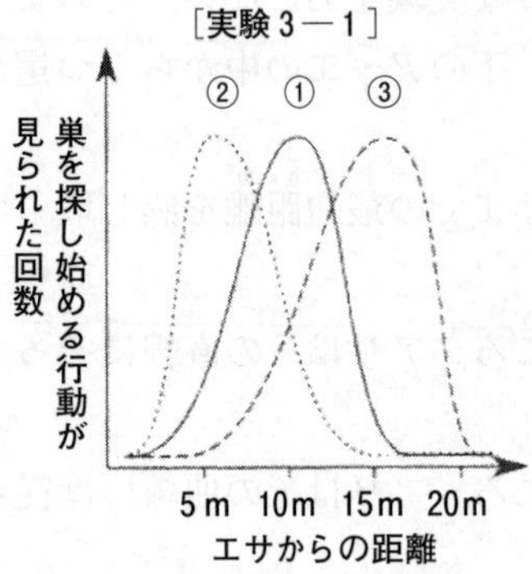

図4

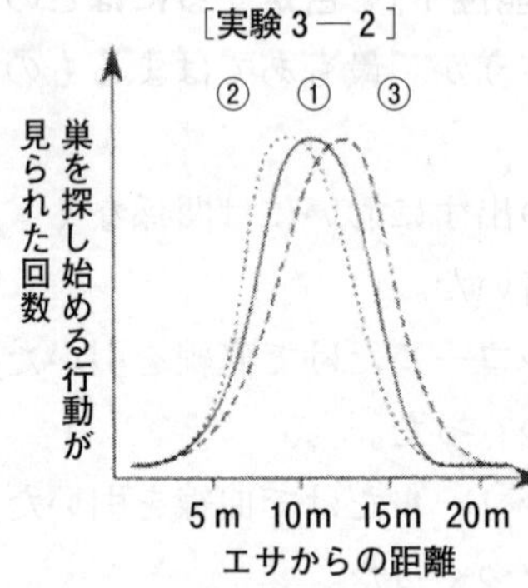

図5

問6 [実験3―1]，[実験3―2]の結果からわかることとして，最もあてはまるものを，次の**ア**～**エ**の中から1つ選び，記号で答えなさい。

ア アリは，エサと巣の間の距離を記憶することができない。

イ アリは，エサと巣の間の距離を目で測って記憶することができる。

ウ アリは，エサと巣の間の歩いた歩数を記憶することができる。

エ アリは，エサと巣の間の距離を，歩数と歩幅から計算し記憶することができる。

4 熱の伝わり方の実験について，以下の問いに答えなさい。

ロウをぬったうすい正方形の金属板を用意し，1つの角に細い金属棒を取り付け，金属板を床《ゆか》と平行にして棒をゆっくり加熱しました。

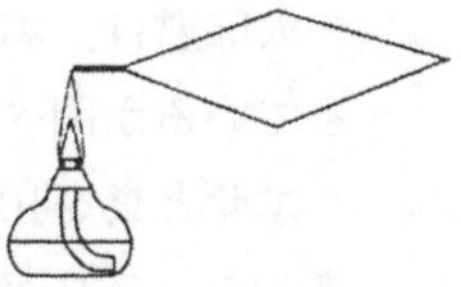

図1

問1 金属板にぬられているロウは加熱されて透明《とうめい》になります。**図1**の場合，ロウの変化の様子として最も近いものを，次の**ア**～**オ**の中から1つ選び，記号で答えなさい。図は金属板を上から見たもので，金属板の中の線はロウが透明な場所とそうでない場所の境目を表しています。

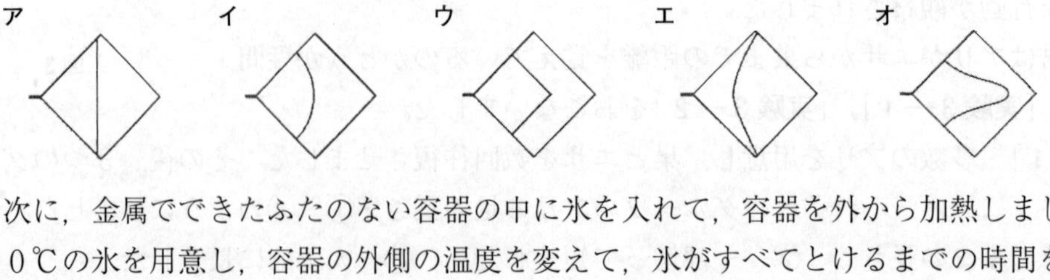

次に，金属でできたふたのない容器の中に氷を入れて，容器を外から加熱しました。同じ量の0℃の氷を用意し，容器の外側の温度を変えて，氷がすべてとけるまでの時間を計りました。**表1**はその結果を表しています。容器の内側の温度は氷や水の温度と常に同じであったとします。

表1

容器の外側の温度(℃)	630	560	420	300	210	105
氷がすべてとけるまでの時間(秒)	40	45	60	84	120	240

問2　容器の外側の温度と氷がすべてとけるまでの時間の関係として，正しいものはどれですか。次の**ア**～**ウ**の中から1つ選び，記号で答えなさい。

ア　比例　　**イ**　反比例　　**ウ**　比例でも反比例でもない

問3　容器の外側の温度が350℃のとき，氷がすべてとけるまでに何秒かかりますか。割り切れない場合は，小数第1位を四捨五入して整数で答えなさい。

長さが1ｍの種類が異なる金属棒を3本用意し，**図2**のような装置を用いて各金属棒の熱の伝わり方のちがいを調べました。各金属棒の上には左端《ひだりはし》から10cmのところから20cmの間隔《かんかく》でロウソクをとかしてつけました。はじめ，各金属棒の右端《みぎはし》は0℃の物質に接触《せっしょく》したままにして，棒全体の温度を0℃にしておきました。この状態で左端に600℃の物質を接触させました。物質の温度はそれぞれ600℃と0℃で一定に保ったまましばらく時間がたつと，温度が変化しなくなりました。このとき，各金属棒の左端からの距離《きょり》と温度の関係は**図3**のグラフのようになりました。

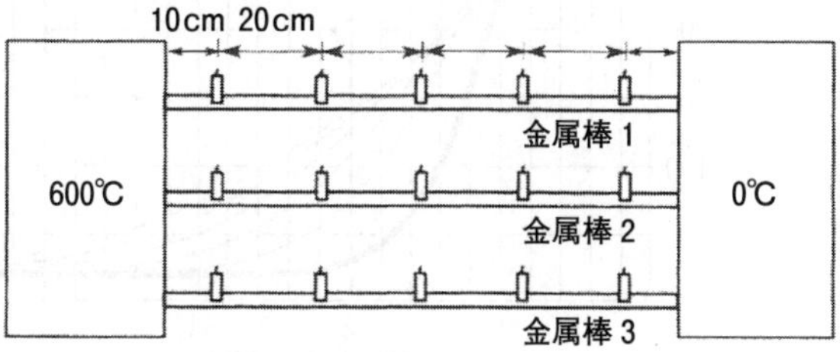

図2

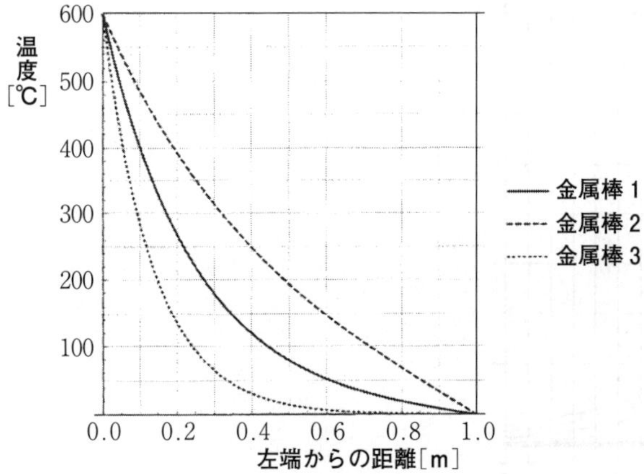

図3

問4　3本の金属棒の上に**残っているロウソク**の合計の本数を答えなさい。ただし，ロウソクは50℃でとけ，とけたら直ちに落下するものとします。

とても長い金属棒を2本(金属棒4と金属棒5)用意して，それぞれ左端を**図4**のように加熱し，左端の温度が同時に600℃になったところで加熱をやめました。このときの左端からの距離と温度の関係を調べ，**図5**，**図6**に太い線でグラフにしました。加熱をやめてから，1秒後，2秒後，…，5秒後についても同じように調べ，細い線でそれぞれグラフにしました。

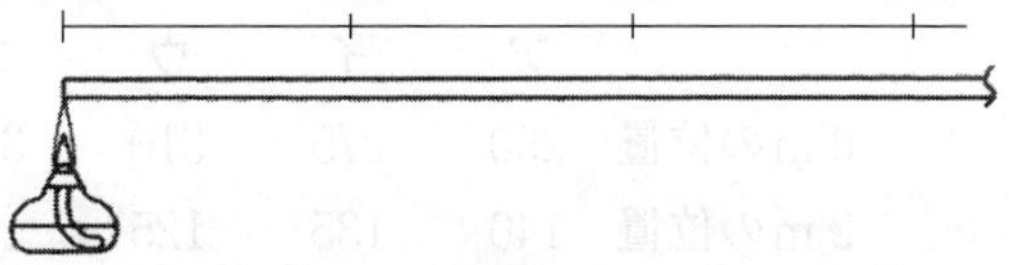

図4

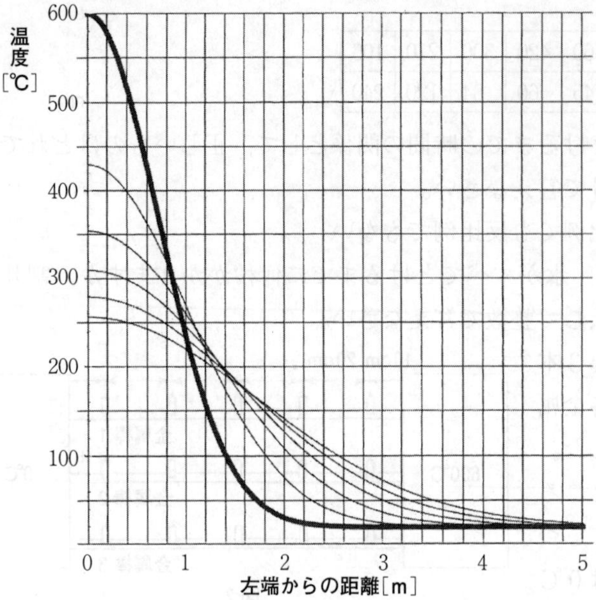

図5　金属棒4

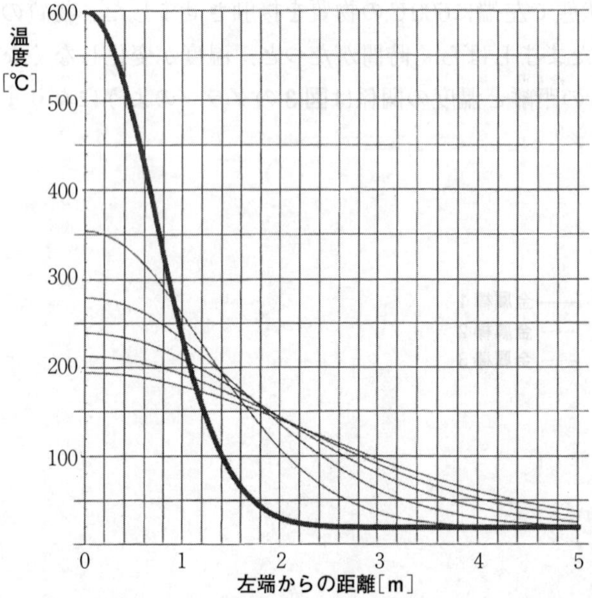

図6　金属棒5

問5　**金属棒4**で，左端から０ｍと２ｍの位置の１秒後の温度として，最も近い組み合わせはどれですか。次の**ア～カ**の中から１つ選び，記号で答えなさい。数値の単位は℃とします。

	ア	イ	ウ	エ	オ	カ
０ｍの位置	250	275	310	350	430	600
２ｍの位置	140	135	125	110	75	30

問6　加熱をやめてから３秒後に，金属棒４と金属棒５の上にあるロウソクを同時に落下させるためには，金属棒４と金属棒５の左端からそれぞれ何ｍの位置にロウソクをつければよいですか。ただし，ロウソクは50℃でとけ，とけたら直ちに落下するものとします。

きまで変わっていたかもしれない。いったい、エチオピアにいたときの「自分」は「だれ」だったのだろうか？　そんなことも考えた。

　でも日本の生活で、まったく感情が生じないわけではなかった。テレビでは、新商品を4センデンするために過剰《かじょう》なくらい趣向《しゅこう》を凝《こ》らした（＝工夫《くふう》した）CMが繰《く》り返し流され、物欲をかき立てていた。それまで疑問もなく観《み》ていたお笑い番組も、無理に笑うという「反応」を強《し》いられているように思えた。そんなとき、③ひとりテレビを観ながら浮かぶ「笑い」は、「感情」と呼ぶにはほど遠い、薄《うす》っぺらで、すぐに跡形《あとかた》もなく消えてしまう軽いものだった。

　多くの感情のなかで、特定の感情／欲求のみが喚起《かんき》され（＝呼び起こされ）、多くは抑制《よくせい》されて（＝おさえ込《こ》まれて）いるような感覚。エチオピアにいるときにくらべ、自分のなかに生じる感情の動きに、ある種の「いびつさ（＝ゆがみ）」を感じた。どこか意図的に操作されているようにも思えた。

（松村圭一郎『うしろめたさの人類学』より）

問一　＝＝1～4の**カタカナ**を漢字に直しなさい。一画ずつ、ていねいに書くこと。

問二　――①「それが、エチオピアにいるときは、まるで違っていた」とありますが、筆者がそのように言うのはエチオピアでの生活がどのようなものだったからですか。説明しなさい。

問三　――②「逆カルチャーショックを受けた」とはどういうことですか。説明しなさい。ただし、カルチャーショックとは、自分とは異なる文化に接したときに受ける精神的な衝撃《しょうげき》のことを言います。

問四　――③で筆者が「ひとりテレビを観ながら浮かぶ『笑い』」を「『感情』と呼ぶにはほど遠い」と表現しているのはなぜだと考えられますか。説明しなさい。

二　次の文章を読み、後の問いに答えなさい。ただし、〔＝　〕は出題者による注です。

エチオピアでの経験から話を始めよう。最初にエチオピアを訪《おとず》れたのは、もう二十年近く前のことだ。ほとんど海外に出たこともなかった二十歳《はたち》そこそこのころ。十カ月あまりの滞在《たいざい》期間の大半をエチオピア人に囲まれて過ごした。

それまで、自分はあまり感情的にならない人間だと思っていた。人とぶつかることもそれほどなく、どちらかといえば冷めた少年だった。

①それが、エチオピアにいるときは、まるで違《ちが》っていた。

なにをやるにしても、物事がすんなり運ばない。タクシーに乗るにも、物を買うにも、値段の交渉《こうしょう》から始まる。町を歩けば、子どもたちにおちょくられ、大人からは質問攻《ぜ》めにあう。調査のために役所を訪れると、「今日は人がいないから明日来い」と何日も引き延ばされる。「ここじゃない、あっちの窓口だ」と、たらいまわしにされる。話がうまくいったと思ったら最後に賄賂《わいろ》を1**ヨウキュウ**される……。

言葉の通じにくさもあって、懸命《けんめい》に身振《みぶ》り手振りを交えて話したり、大声を出して激高してしまったりする自分がいた。

村で過ごしているあいだも、生活のすべてがつねに他人との関わりのなかにあって、ひとりのプライベートな時間など、ほとんどない。いい意味でも、悪い意味でも、つねにある種の刺激《しげき》にさらされ続けていた。食事のときは、いつもみんなでひとつの大きな皿を囲み、「もっと食べろ」と声をかけあい、互《たが》いに気遣《きづか》いながら食べていた。

村にはまだ電気がなかった。食後はランプの灯《あか》りのもとで、おじいさんの話に耳を傾《かたむ》け、息子《むすこ》たちと腹を抱《かか》えて笑い転げたり、真顔で驚《おどろ》いたりと、にぎやかで心温まる時間があった。

村のなかにひとり「外国人」がいることで、いろんないざこざが起きて、なぜこんなにうまくいかないんだと、涙《なみだ》が止まらない日もあった。

毎朝、木陰《こかげ》にテーブルを出して、前日の日記をつけるのが日課だった。ふと見上げると、抜《ぬ》けるような青空から木漏《こも》れ日《び》がさし、小鳥のさえずりだけが聞こえる。さわやかな風に梢《こずえ》が揺《ゆ》れる。おばあさんが炒《い》るコーヒーのいい香《かお》りが漂《ただよ》ってくる。自分はなんて幸せなんだろうと、心からうっとりした。

腹の底から笑ったり、激しく憤慨《ふんがい》したり、幸福感に浸《ひた》ったり、毎日が喜怒哀楽《きどあいらく》に満ちた時間だった。顔の筋肉も休まることなく、つねにいろんな表情を浮《う》かべていた気がする。

そんな生活を終えて、日本に戻《もど》ったとき、不思議な感覚に陥《おちい》った。

関西国際空港に着くと、すべてがすんなり進んでいく。なんの不自由も、憤《いきどお》りや戸惑《とまど》いも感じる必要がない。バスのチケットは自動券売機ですぐに買えて、数秒も違《たが》わず2**テイコク**ぴったりに出発する。動き出したバスに向かって深々とお辞儀《じぎ》する女性従業員の姿に、びっくりして振《ふ》り返ってしまった。

人との関わりのなかで生じる厄介《やっかい》で面倒《めんどう》なことが注意深く取り除かれ、できるだけストレスを感じないで3**ス**むシステムがつくられていた。

おそらく、お辞儀する女性は感情を交えて関わり合う「人」ではなく、券売機の「ご利用ありがとうございます」という機械音と同じ「記号」だった。

つねに心に波風が立たず、一定の振幅《ふりはば》におさまるように保たれている。その洗練された仕組みの数々に、②逆カルチャーショックを受けた。

そのうち、自分がもとの感情の起伏《きふく》に乏《とぼ》しい「自分」に戻っていることに気づいた。顔の表情筋の動きも、すっかり緩慢《かんまん》になった。顔つて砂浜《すなはま》に戻《もど》った。それから傘《かさ》とゴミ袋《ぶくろ》で魚とりをした。一匹《いっぴき》もつかまらないうちに、海からオレンジ色が消えて、魚臭《くさ》い見渡《みわた》すかぎりの濁《にご》った水だけが残った。

空も急に暗くなった。暗くなったとたん、茜の頭に灯《あかり》がともった。現実という名前のその灯が、茜の薄《うす》もやみたいな夢と冒険を容赦《ようしゃ》なく照らし出した。③現実の光をまともにあてられたら、それはどれもこれも、役立たずのがらくたのおもちゃだった。

家出はむりだ。一人でどこかに泊《と》まるなんてできっこない。フォレストがいっしょでももちろんおなじ。母ちゃんにガトリング砲《ほう》みたいなお説教を食《く》らうだろうけど、やっぱり帰るしかない。

【茜は帰ろうと思っていましたが、そこへ男性が現れます。茜はその人のことを、「大きな男」という意味の「ビッグマン」と呼びます。ビッグマンは茜とフォレストを家に帰そうとします。しかし、フォレストがいやがったので、自分の住むブルーのシートでできた家に二人を泊めてくれました。夜中になって、茜は目を覚ましました。】

毛布を抜《ぬ》け出して、外へ顔を出してみた。

星は見えなかった。

そのかわり月が出ていた。ビッグマンの家を囲んだ木々の先に、海が見えた。その上に月が出ているのだ。

英語でいうと、月はムーン。今夜の月は、まんまるムーンだ。

茜は靴をはいて海岸へ歩いた。

月の真下の海には、月の光の細い帯ができていた。まるで一本の道みたいに。

想像の中で茜は、その光の道を歩いた。靴を脱ぐ必要はない。海の上を歩ける道なのだ。光の道はあったかくて、ふわふわやわらかかった。

そうだ。明日はまた新しい道を歩いてみよう。いまはそう思えた。ほんとうのことを言えば、今朝、家を出たときには、夕方には怖《こわ》くなって帰るだろうって自分でもわかっていた。

でも帰らずに、ここにいる。

そのことに茜は興奮していた。誰《だれ》もいない夜の海岸にひとりでいることを忘れるほど興奮していた。ぜんぜん怖くなかった。初めてひとりで見る海は、茜を包んで、茜を抱《だ》きしめて、茜の体に新しい何かを注ぎこんでくれる気がした。月の光みたいな何かだ。

④ありがとう、海。お前もがんばれよ。

（荻原　浩「空は今日もスカイ」より）

問一　――①「たんぼを荒らすカラスを見る目つき」とありますが、ここで茜は泰子おばさんのどのような気持ちを読み取っていますか。説明しなさい。

問二　――②「生活なんか嫌いだ。茜はライフがしたい」とありますが、ここには茜のどのような気持ちが表れていますか。説明しなさい。

問三　――③「現実の光をまともにあてられたら、それはどれもこれも、役立たずのがらくたのおもちゃだった」とありますが、「夢と冒険」が「がらくたのおもちゃ」であるとはどういうことですか。説明しなさい。

問四　――④「ありがとう、海」とありますが、なぜ茜は海に感謝しているのですか。説明しなさい。

じゃない。大冒険だ。ホーム・ゴーをしてきたのだ。日本語でいうと家出。

　行き先は海。それしか決めていない。道の先のどこかに海があるはずだった。去年死んだ、忠志おじさんの家のばぁばが元気だったころ、ここから海へ遊びに行ったことを茜は覚えている。父ちゃんもいっしょだった。まだ泳げなくて浮《う》き輪《わ》にしがみついていた茜を、海岸にいる母ちゃんたちがガシャポン人形に見えるぐらい海の先の先まで連れていってくれた。

　海に着いたら、海を見るのだ。

彼女《かのじょ》は海を見る。英語でいうと、シー・シー・シー。

　ここを好きになれないのは、きっと海がないからだ。

　茜が二カ月前まで住んでいた街には、海があった。マンションの窓を開ければ、いつも海が見えた。運がいいときにはコンビナートのすき間から船も見えた。色はブルーというより灰色だったけれど、きれいな灰色だった。茜にとって海は、いつもそこにあるものだった。空や酸素や壁紙《かべがみ》みたいに。

　さぁ、急ごう。シー・シー・シー。

【茜は海を目指して歩いていく途中《とちゅう》、森島陽太《もりしまはるた》君という男の子に出会います。茜は森島君のことを、英語で「森」という意味の「フォレスト」と呼び、いっしょに海を目指します。途中で雨が降ったので、二人は道ばたで雨宿りをし、それからまた先へ進むことにしました。】

　坂を下ると道が広くなって、両側に建物が増えてきた。ここじゃだめだ。もっと見晴らしのいいところに行けば虹《にじ》が見えるかもしれない。茜は正面の緑の帯に見える細長い林を指さした。

「あっちに行って虹をさがそう」

「海はいいの？」

「虹は海にかかるんだよ」

　雨が降ってくるまで、ずっと茜とフォレストの前を歩いていた二人の影《かげ》は、いまは真横をついてくる。いつのまにか影はずいぶん長くなっていた。

　緑の帯が近づくと、かすかな音が聞こえてきた。

　ざわざわざわ。

　ざわざわざわざわ。

　茜は鼻をひくつかせる。波の音に聞こえたのだけれど、海の匂《にお》いがしない。茜がよく知っている海はガソリンの匂いがするのだ。

　緑の帯に見えた背の低い林の中に入ると、わかめと干し魚をミックスジュースにしたような匂いが強くなった。林の向こうがきらきら光っている。茜は光に向かって駆《か》けだした。

「海だ」

「海だ」

　海にはあまり人がいなかった。サーファーをしているピープルが少し。釣《つ》りをしているピープルがもっと少し。泳いでいるピープルは、いない。

　海はブルーじゃなかった。茜の街の海の灰色でもない。オレンジ色に光っていた。

　まぶしい。茜は片手を目の上にあてて波を見つめた。両手で双眼《そうがん》鏡《きょう》みたく輪っかをつくって空との境目を眺めた。

　うん、海だ。

　元気だったか、海。

　靴《くつ》と靴下を脱《ぬ》いで海に入った。フォレストも後ろからついてきた。

　何度も何度も波を追いかけて走り、同じ回数だけ波に追いかけられ

二〇一九年度 開成中学校

【国語】〈五〇分〉〈満点：八五点〉

一 次の文章を読み、後の問いに答えなさい。ただし、【 】は省略した部分の説明、〔＝ 〕は出題者による注です。

【小学三年生の茜《あかね》は、お母さんといっしょに大きな街から引っ越《こ》してきて、今は忠志《ただし》おじさんと泰子《やすこ》おばさんの家に住んでいます。茜は小学校では英語を習っていませんが、いとこの澄香《すみか》ちゃんが英語を教えてくれていました。英語にすると、自分の身の回りの色々なものが「別のものに見えてくる」と茜は感じています。】

このあたりに住んでいるピープル〔＝人〕たちはお互《たが》いに知り合いで、新入りの茜たちのことを同じピープルとは思っていない。最初は親切でも、しばらくここに住むとわかると、とたんに警戒《けいかい》する目つきになる。泰子おばさんもそうだ。母ちゃんが「しばらくお世話になります」と言ったときには、「ずっといていいんだよ」と笑ってくれたのに、泰子おばさんの「ずっと」は十日間ぐらいだった。最近は茜が、おはよう、おやすみなさい、とあいさつしても、返事をしてくれない。「いただきます」のときは、①たんぼを荒《あ》らすカラスを見る目つきになる。母ちゃんにわざと聞こえるように忠志おじさんに言う。いつまでいる気だろうね。あんた、きちんと食費をもらってよね。

英語だと、おばさんは、アント。ありんこだ。〔＝「おばさん」も「あり」も、英語では「アント」〕

澄香ちゃんが英語を教えてくれなくなったのも、きっとアントのせいだ。澄香ちゃんが最後に教えてくれた英語は「パラサイト〔＝寄生虫。ほかの動物にくっついて生きる虫〕」。茜たちのことだそうだ。いまでは茜は、澄香ちゃんの部屋のイラスト英和辞典という本をこっそり持ち出して新しい英語を覚えている。

スタディ。ブック。ペンシル。フレンド。ファミリー。ペアレンツ。〔＝勉強。本。えんぴつ。友だち。家族。両親。〕

母ちゃんは母ちゃんで、最近はすぐにカラスみたいなカー声をあげる。仕事がなかなか見つからないからだ。いままで住んでいた街では医療《いりょう》事務の仕事をしていたのだが、「近くの大きな病院がなくなっちゃった。私が子どもの頃《ころ》より田舎《いなか》になってる。事務どころか、医療がない」なんて言ってる。

勝手《かって》なことゆーなよ。だったらなんでここに来たんだよ。茜は来たくて、このビレッジ〔＝村〕に来たわけじゃない。学校の友だちと別れなくちゃならないことが決まったとき、悲しくて何日も泣いたのに。いまだって毎日寄せ書きを取り出して眺《なが》めているのに。

茜は気に入らなかった。澄香ちゃんはマイタウン〔＝私の街〕というけど、どこから見てもビレッジなここが。母ちゃんといっしょに寝《ね》ている物置《ものおき》の隣《となり》の狭《せま》くて湿《しめ》ったタタミがぶかぶかした部屋が。窓を開けるときまって流れてくる鶏《にわとり》小屋の臭《にお》いが。どこを見てもイネしかない風景が。一学年が二クラスしかない小学校が。転校したとたん夏休みになって遊ぶ相手がいない長い長い長い夏休みが。

ビレッジは嫌《きら》いだ。空以外は、みんな嫌いだ。消えてしまえばいい。

母ちゃんは言う。「もう少し我慢《がまん》してよ。仕事が見つからないと家も探せないの。生活できないもの」

②生活なんか嫌いだ。茜はライフがしたい。

茜は石を拾ってたんぼにぽこぽこ投げこんだ。大人は勝手だ。だから茜も勝手にやることにした。今日の茜はただの冒険《ぼうけん》をしているわけ

2019年度
開成中学校 ▶解説と解答

算数 (60分) ＜満点：85点＞

解答

1 (1) $\frac{3}{16}$倍 (2) $\frac{5}{36}$倍 (3) 毎分62m 2 (1) 六角形 (2) 14.4cm (3) 20.3cm 3 (1) 《図１》…10通り，《図２》…18通り (2) 《図４》…18通り，《図５》…63通り 4 (1) 解説の図①を参照のこと。 (2) (a) (x) 23 (y) 89 (z) 38 (b) (例) スペードがハートよりも１大きい (c) (ア) 12 (イ) 78 (ウ) 56 (エ) 34 (オ) 9T (カ) 1T (キ) 27 (ク) 58 (ケ) 36 (コ) 49

解説

1 速さと比

(1) K君とS君の進行のようすをグラフに表すと，右のようになる(たとえば，⑧⓪はそのときの速さが毎分80mであることを表している)。問題文中の条件より，ADの長さがAFの長さの$\frac{15}{16}$倍にあたることがわかる。また，K君がスイカを１つ持っているときと２つ持っているときの速さの比は，80：60＝４：３だから，この速さで同じ距離《きょり》を進むのにかかる時間の比は，$\frac{1}{4}:\frac{1}{3}=3:4$となり，ABとAFの長さの比も３：４とわかる。よって，AFの長さを１とすると，ADの長さは，$1\times\frac{15}{16}=\frac{15}{16}$，ABの長さは，$1\times\frac{3}{4}=\frac{3}{4}$，BDの長さは，$\frac{15}{16}-\frac{3}{4}=\frac{3}{16}$となるので，求める割合は，$\frac{3}{16}\div 1=\frac{3}{16}$(倍)とわかる。

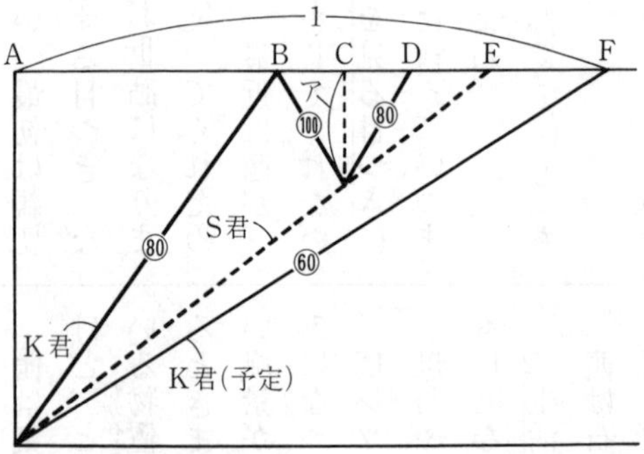

(2) AFの部分の時間を１(分)とすると，自宅からおばさんの家までの距離は，60×１＝60となる。また，K君がスイカを持っていないときと１つ持っているときの速さの比は，100：80＝５：４だから，BCとCDの部分の時間の比は，$\frac{1}{5}:\frac{1}{4}=4:5$とわかる。この和が$\frac{3}{16}$なので，BCの部分の時間は，$\frac{3}{16}\times\frac{4}{4+5}=\frac{1}{12}$となり，アの距離は，$100\times\frac{1}{12}=\frac{25}{3}$と求められる。よって，求める割合は，$\frac{25}{3}\div 60=\frac{5}{36}$(倍)である。

(3) S君がK君と出会うまでに進んだ距離は，$60-\frac{25}{3}=\frac{155}{3}$である。また，S君がこの距離を進むのにかかった時間(AC)は，$\frac{3}{4}+\frac{1}{12}=\frac{5}{6}$だから，S君の速さは毎分，$\frac{155}{3}\div\frac{5}{6}=62$(m)と求められる。

2 立体図形―分割，相似，長さ

(1) 下の図１のように，PRを延長した直線と，HG，HDを延長した直線の交点をそれぞれＩ，Ｊ

とする。次に，IQを延長した直線とHEを延長した直線の交点をKとする。最後にJとKを結ぶと，図形Xは太線で囲んだ六角形PLMQNRとわかる。

⑵　図形Xを前から見ると，下の図2のようになる。図2で，かげをつけた三角形は相似だから，これらの三角形の直角をはさむ2辺の比はすべて，9：12＝3：4になる。よって，MEの長さは，4÷4×3＝3(cm)なので，三角形EQMの面積は，4×3÷2＝6(cm^2)とわかる。また，三角形BPRの面積は，12×9÷2＝54(cm^2)だから，長方形AEFBの面積は，228＋6＋54＝288(cm^2)となり，AEの長さは，288÷(8＋12)＝14.4(cm)と求められる。

⑶　図2で，RFの長さは，14.4－9＝5.4(cm)なので，FIの長さは，5.4÷3×4＝7.2(cm)となり，上から見た図は下の図3のようになる。図3で，4つの三角形AKQ，CNI，DLP，DKIは相似であり，相似比は，4：7.2：8：(8＋12＋7.2)＝5：9：10：34だから，面積の比は，(5×5)：(9×9)：(10×10)：(34×34)＝25：81：100：1156とわかる。この比の，1156－(25＋81＋100)＝950にあたる面積が266cm^{2}なので，三角形AKQの面積は，$266\times\frac{25}{950}$＝7(cm^2)となり，AKの長さは，7×2÷4＝3.5(cm)と求められる。また，かげをつけた三角形は相似だから，これらの三角形の直角をはさむ2辺の比はすべて，4：3.5＝8：7になる。よって，CNの長さは，7.2÷8×7＝6.3(cm)，BNの長さは，16÷8×7＝14(cm)なので，ADの長さは，6.3＋14＝20.3(cm)とわかる。

図1
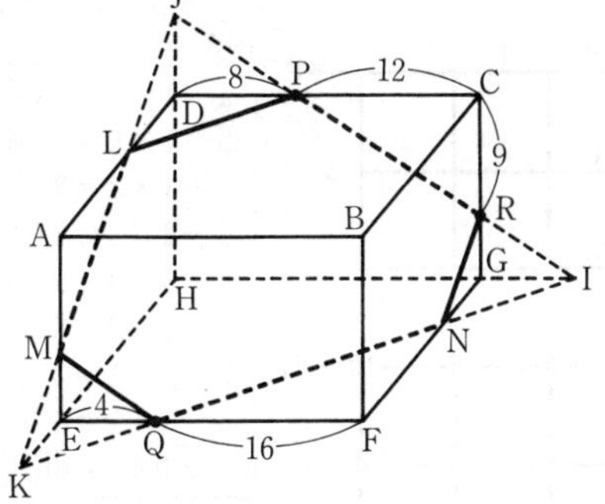

図2
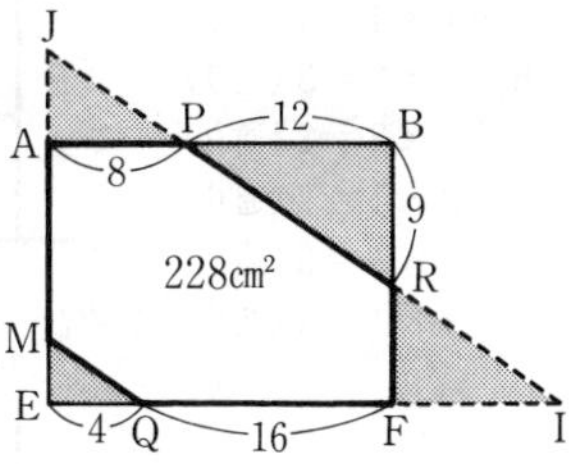

図3
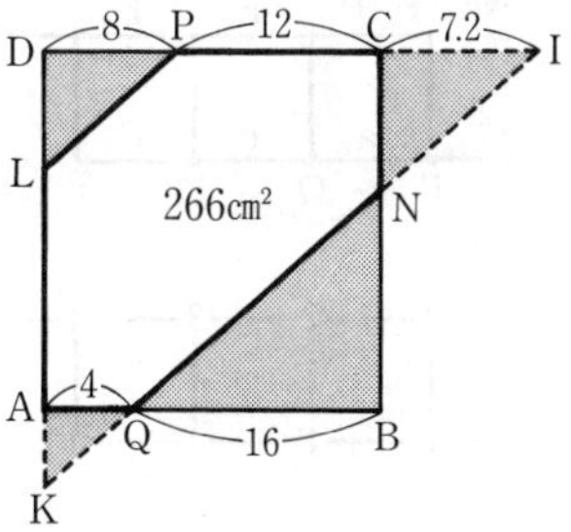

(単位はcm)

〔ほかの解き方〕⑶　図1で，JDの長さは，8÷4×3＝6(cm)，AMの長さは，14.4－3＝11.4(cm)だから，三角形JDLと三角形MALの相似より，DL：AL＝6：11.4＝10：19となる。また，図3で，三角形CNIと三角形BNQの相似から，CN：BN＝7.2：16＝9：20となる。ここで，10＋19＝9＋20＝29なので，ADの長さを㉙とすると，上から見た図は右の図4のようになる。よって，三角形DLP，三角形QBN，長方形ABCDの面積の比は，(8×10÷2)：(16×20÷2)：{29×(8＋12)}＝2：8：29なので，この比の，29－(2＋8)＝19にあたる面積が266cm^{2}となり，三角形DLPの面積は，$266\times\frac{2}{19}$＝28(cm^2)とわかる。したがって，DLの長さは，28×2÷8＝7(cm)だから，①にあたる長さは，7÷10＝0.7(cm)となり，ADの長さは，0.7×29＝20.3(cm)と求めることもできる。

図4
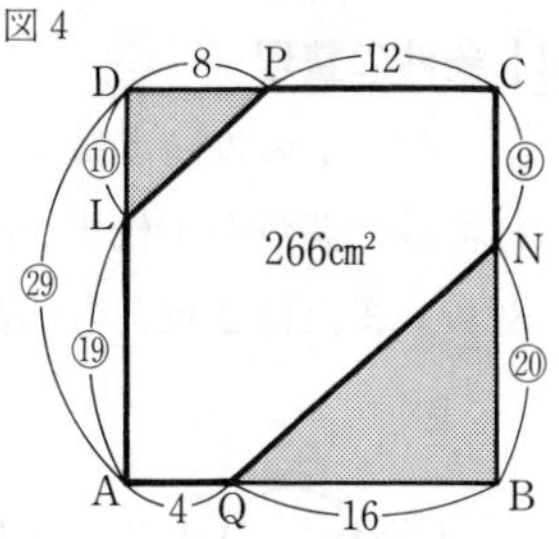

3　場合の数

⑴　平面上の道を最短距離で行く場合と同じように，交差点ごとに移動経路の数を加えて求める。

すると，それぞれ右の図①，②のようになるから，問題文中の《図１》は10通り，《図２》は18通りとわかる。

図①

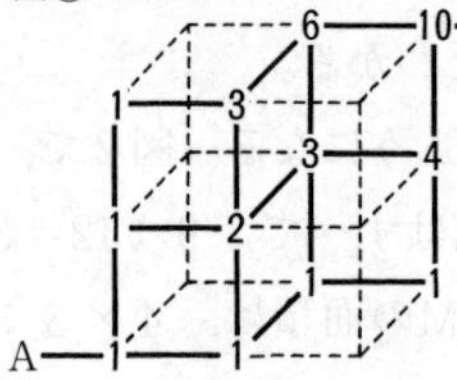

図②

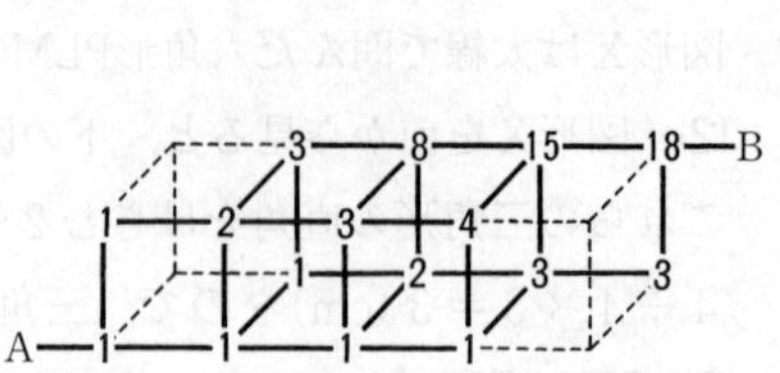

(2)　問題文中の《図４》の場合，左に進む道は，下の図③のａ～ｆの６通り考えられる。左に進む道がａの場合，ＡからＱまでの行き方は１通りである。また，下の図④(ＡからＢまで最短で行く場合の図)を見ると，ＰからＢまでの行き方は４通りとわかるので，Ａ→Ｑ→Ｐ→Ｂの移動経路は，１×４＝４(通り)と求められる。次に，左に進む道がｂの場合，ＡからＲまでの行き方は１通りである。このとき，ＱからＢまでの行き方は，図④のかげをつけた部分を見ると３通りとわかるから，Ａ→Ｒ→Ｑ→Ｂの移動経路は，１×３＝３(通り)と求められる。ｃ～ｆの場合も同様に求めると下の図⑤のようになるので，全部で，４＋３＋２＋２＋３＋４＝18(通り)とわかる。問題文中の《図５》の場合も同様に考えると，左に進む道は下の図⑥のａ～ｉの９通り考えられる。また，ＡからＢまで最短で行く場合の図は下の図⑦のようになるから，それぞれ下の図⑧のように求められる。よって，全部で，10＋６＋３＋８＋９＋８＋３＋６＋10＝63(通り)となる。

図③

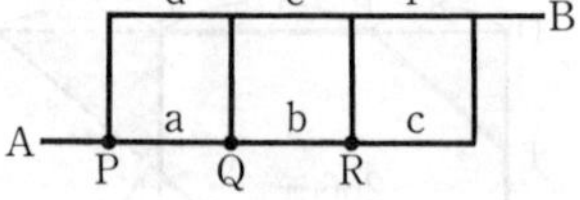

図④

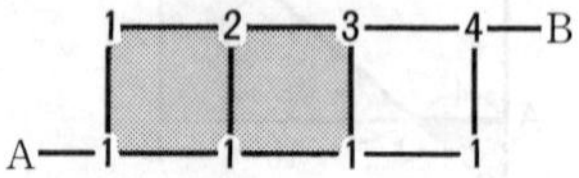

図⑤

ａ…１×４＝４(通り)
ｂ…１×３＝３(通り)
ｃ…１×２＝２(通り)
ｄ…２×１＝２(通り)
ｅ…３×１＝３(通り)
ｆ…４×１＝４(通り)

図⑥

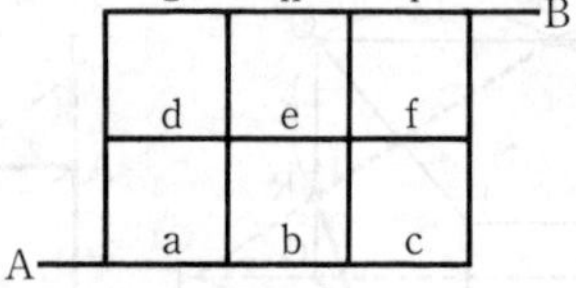

図⑦

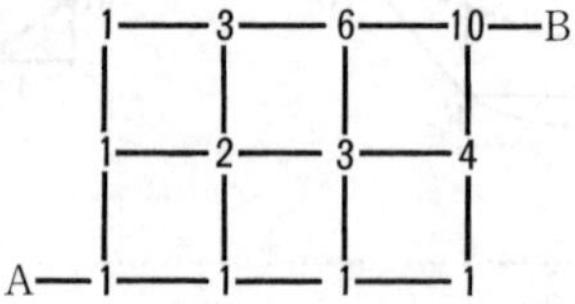

図⑧

ａ…１×10＝10(通り)
ｂ…１×６＝６(通り)
ｃ…１×３＝３(通り)
ｄ…２×４＝８(通り)
ｅ…３×３＝９(通り)
ｆ…４×２＝８(通り)
ｇ…３×１＝３(通り)
ｈ…６×１＝６(通り)
ｉ…10×１＝10(通り)

4　条件の整理

(1)　ハートのカードはすべて奇数《きすう》であり，スペードのカードはすべて偶数《ぐうすう》である。そして，はじめに奇数と偶数が１枚ずつ配られ，大きい方のカードを右どなりの人にわたす。この結果，２枚とも奇数，または２枚とも偶数になると負けになるから，下の図①のようになり，Ｃの勝ちとわかる。

図①

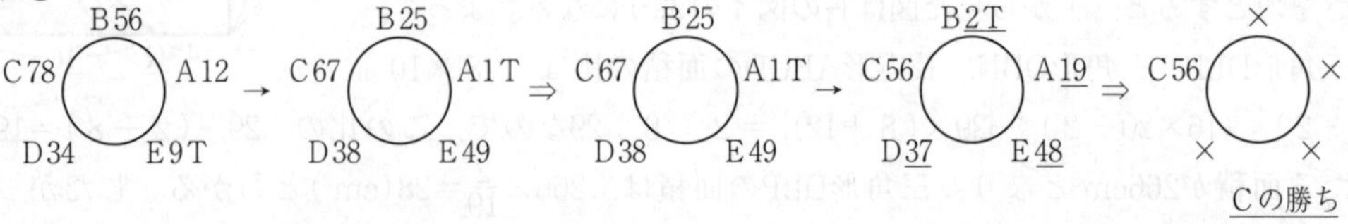

〔注意〕　⇒の部分では「負ける人の判定」だけを行い，カードの移動は行わないことに注意する。つまり，図①の２つ目の図を見ると，全員が奇数と偶数を１枚ずつ持っていて，この段階で負ける人はいないから，２つ目の図と３つ目の図は同じになる。

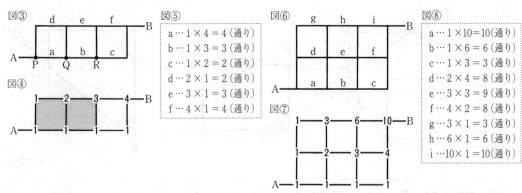

(2)　(a)　２つ目の図で負ける人はいないから，２つ目の図と３つ目の図は同じになる。また，４つ目の図でＤだけは負けていないので，下の図②のように表すことができる。次に，図②の３つ目の図と４つ目の図に注目する。Ｄの８がＣからもらったものであったとすると，(ケ)には３がふくまれていることになる。これは，(ケ)に３がないという仮定に反するから，Ｄの８はもともと持っていたものであり，Ｄの３はＣからもらったものとわかる(つまり，(ク)には３，(ケ)には８がある)。すると，ＣがＤに３をわたすときに持っていたもう１枚のカードは，３よりも小さい偶数である２なので，(ク)は23と決まる。また，ＤがＥにわたしたカードは８よりも大きい奇数である９だから，(ケ)は89と決まり，下の図③のようになる。次に，図③の１つ目と２つ目の図に注目する。Ｄの89のうち，Ｃからもらったのが９だとすると(ウ)は29または39となるが，はじめに配られたのは奇数と偶数なので，29と決まる。また，Ｃからもらったのが８だとすると(ウ)は28または38となるが，同じ理由で38と決まる。よって，(ウ)は29または38である。したがって，(x)は23，(y)は89，(z)は38となる。

図②

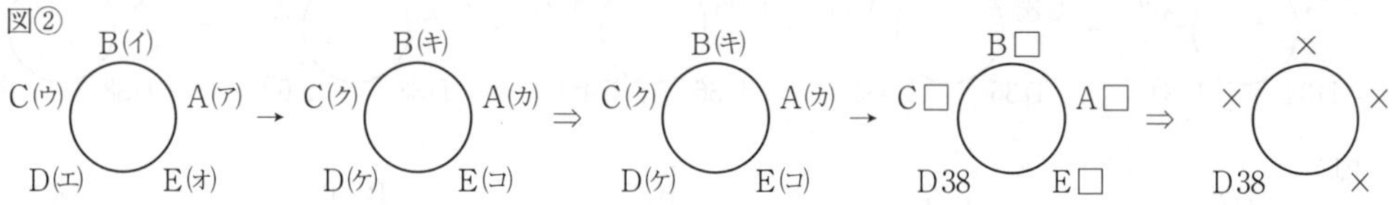

図③

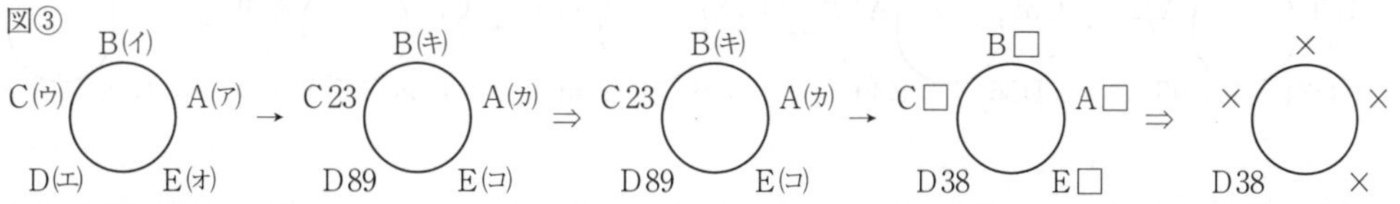

(b)　１回目にだれも負けていないことに注目する。もし，１回目にＡさんがＢさんに奇数をわたしたとすると，Ｂさんが負けないためには，ＢさんはＣさんに奇数をわたす必要がある。すると，ＣさんもＤさんに奇数をわたす必要があり，ＤさんもＥさんに，ＥさんもＡさんにそれぞれ奇数をわたす必要がある。１回目にＡさんがＢさんに偶数をわたした場合も同様に考えると，１回目にわたしたカードは，すべて奇数かすべて偶数かのどちらかになる。ところが，Ｔよりも大きい奇数はないから，１回目にわたしたカードはすべて偶数と決まる。次に，２よりも小さい奇数は１だけなので，はじめに２を持っていた人は１も持っていたことになる。また，残りのカードで４よりも小さい奇数は３だけだから，はじめに４を持っていた人は３も持っていたことになる。同様に考えると，(ア)～(オ)は，（２，１），（４，３），（６，５），（８，７），（Ｔ，９）のいずれかなので，偶数(スペード)が奇数(ハート)よりも１大きいことになる。

(c)　図②で，(ケ)には３があるから，Ｄの８はＣからもらったものとなり，(ク)には８があることがわかる。また，１回目にわたしたカードはすべて偶数なので，Ｃの８はＢからもらったものとなり，(イ)は78と決まり，(キ)には７があることがわかる。さらに，Ｄは１回目にわたした後に３が残るから，(エ)は34と決まり，(コ)には４があることがわかる。よって，下の図④のようになる。次に，２回目にＣはＤに８をわたしたので，わたす前に持っていたもう１枚(図④の★)は，８よりも小さい奇数で残っている１か５である。これが１だとすると(ウ)は12となり，下の図⑤のようになる。すると，Ｄが２回目にわたすカードが３になってしまうから，★は５と決まり，(ウ)は56とわかる。よって，下の図⑥のようになる。ここで，図⑥の☆は残っている奇数なので１か９となるが，１だとすると最後のＥは16となり，Ｅは負けないことになる。したがって，☆は９だから，(オ)は9T，(ア)は12と決まり，下の図⑦のようになる。以上より，可能性がある組は1通りだけあり，(ア)は12，(イ)は78，(ウ)は56，(エ)は34，(オ)は9T，(カ)は1T，(キ)は27，(ク)は58，(ケ)は36，(コ)は49となる。

図④

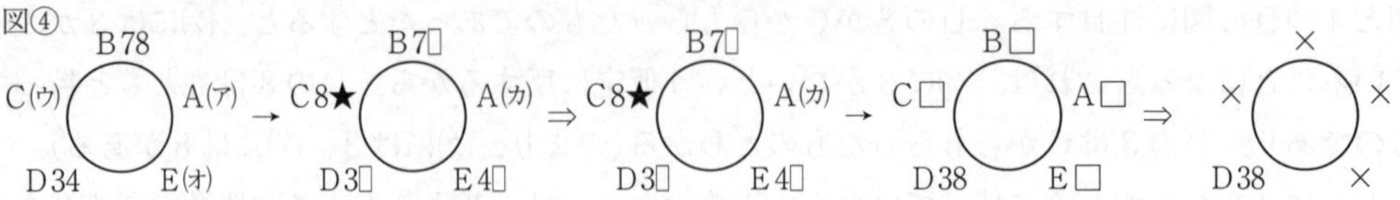

図⑤

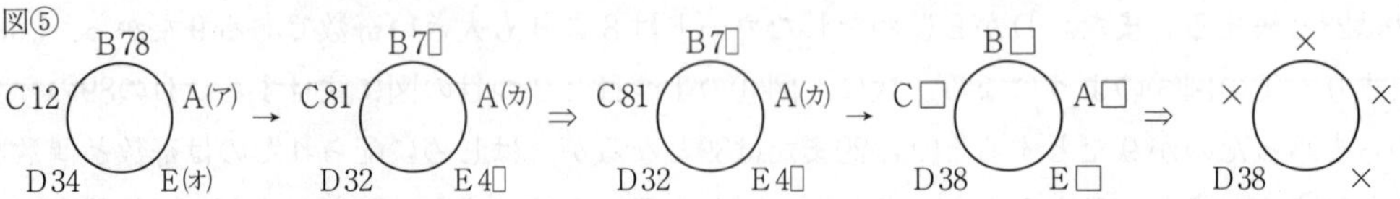

図⑥

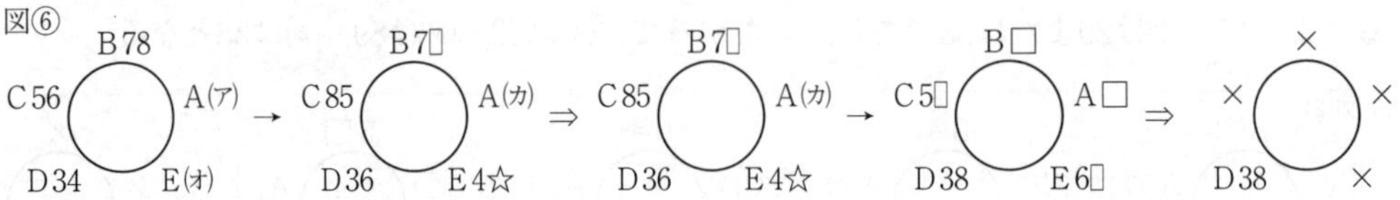

図⑦

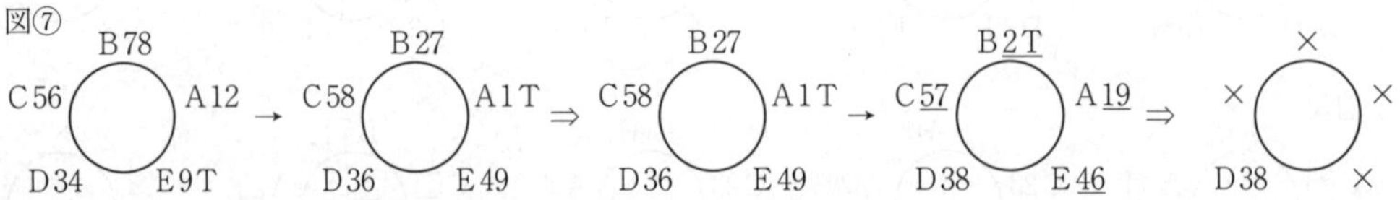

社 会 (40分) ＜満点：70点＞

解 答

[1] **問1** **1** 薩摩 **2** 征韓 **3** 伊藤博文 **4** 徳川慶喜 **5** 琵琶 **6** 菅原道真 **問2** 吉田松陰 **問3** 坂本竜馬 **問4** イ **問5** ウ **問6** ア **問7** 勝海舟 **問8** 弘道館 **問9** 延暦寺 **問10** 愛知(県) **問11** 天草四郎(益田時貞) **問12** イ **問13** ア **問14** エ **問15** ア **問16** 最上川 **問17** 堺(市) **問18** 夏目漱石 **問19** ウ **問20** 稲荷山(古墳) **問21** 古事記(と)日本書紀 **問22** エ **問23** イ **問24** ウ **問25** エ [2] **問1** 玄界(灘) **問2** **中国**…エ **韓国**…ア **問3** 国後(島) **問4** ウ **問5** **茨城**…エ **埼玉**…イ **問6** イ **問7** イ **問8** オ **問9** (1) 4(海里) (2) ウ **問10** 天草(諸島) **問11** イ **問12** 東京都 **問13** 三原山 **問14** エ **問15** 西瀬戸自動車道(瀬戸内しまなみ海道) **問16** エ **問17** **c** C **d** B **問18** (1) G (2) ア **問19** ウ **問20** **A** ア **D** イ [3] **問1** **A** プライバシー **B** 忘れられる **問2** **1** 自由 **2** 永久 **問3** エ **問4** (1) カ (2) ウ (3) (B) **問5** イ **問6** (1) モンテスキュー (2) **A** (え) **B** (あ) **C** (い) **問7** ウ **問8** ウ

解 説

[1] 上野公園周辺の史跡を題材とした問題

問1 **1** 西郷隆盛は薩摩藩(鹿児島県)の下級武士出身で，薩摩藩の事実上のリーダーとして倒幕運動で活躍《かつやく》した。1868年に始まった戊辰《ぼしん》戦争では新政府軍の参謀《さんぼう》となり，明治維新後は新政府の参議などを務めた。　**2**　鎖国を続ける朝鮮を，武力を用いてでも開国させようとする考え方を征《せい》韓《かん》論という。西郷や板垣退助らが主張したが，国内の政治を優先すべきであるとする大久保利通《としみち》らとの論争に敗れ，1873年，西郷や板垣らは政府を去った。　**3**　1885年，内閣制度が創設され，伊藤博文が初代内閣総理大臣となった。　**4**　江戸幕府の第15代将軍は徳川慶喜《よしのぶ》。1867年10月に大政奉還を行い，最後の将軍となった。　**5**　比叡山《ひえいざん》(京都府・滋賀県)から眺《なが》められるのは琵琶湖。僧の天海は上野を比叡山になぞらえ，そこから見える不忍池《しのばずのいけ》を琵琶湖に見立て，琵琶湖の竹《ちく》生《ぶ》島にならって弁天《べんてん》島をつくらせたといわれている。　**6**　天神としてまつられているのは菅原道真。道真は宇多天皇の信頼も厚く，899年に右大臣に昇進《しょうしん》するなど朝廷内で活躍したが，左大臣の藤原時平《ときひら》らのたくらみによって901年に大宰府《だざいふ》に左遷《させん》され，2年後にその地で亡《な》くなった。死後，北野天満宮(京都府)や太宰府天満宮(福岡県)にまつられ，学問や詩歌にもすぐれていたことから「学問の神様」としても人々の信仰を集めるようになった。

問2　松下村塾で多くの人材を育てたのは吉田松陰。尊王攘夷《じょうい》運動の中心人物の1人であり，幕府政治を批判する人を弾圧した安政の大獄(1858～59年)でとらえられて処刑された。

問3　薩長同盟(1866年)を仲立ちしたのは土佐藩出身の坂本竜馬。長崎で海運や貿易を行う亀山社中(のちの海援隊)を運営する一方で，倒幕運動を支える活動を行ったが，大政奉還の直後に京都で暗殺された。

問4　ア　徴兵《ちょうへい》令により兵役の義務を負わされたのは20歳以上の男子である。　イ　殖産《しょくさん》興業を進めた明治政府は各地に官営工場を建てた。群馬県の富岡製糸場はその代表的なもので，フランス人技師ブリュナの指導のもと，フランスから機械を輸入して設立され，1872年に操業を開始した。　ウ　1873年の地租改正では，地価の3％にあたる税を現金で納めることが土地所有者に義務づけられた。　エ　1871年に廃藩置県が実施され，政府が任命した府知事・県令が各府県に派遣された。

問5　五か条の御誓文《ごせいもん》は新政府の基本方針を明らかにしたもので，1868年3月，明治天皇が神々に誓《ちか》う形で発表された。公議世論を重視することや開国和親の政策を進めることなどが示されており，ア，イ，エはその内容として正しい。憲法の制定にはふれられていないので，ウが誤っている。

問6　日清戦争(1894～95年)に勝利した日本は，下関条約で清(中国)から遼東《リャオトン》半島，台湾，澎湖《ポンフー》諸島を譲《ゆず》り受けるとともに，多額の賠償《ばいしょう》金も手に入れた。地図中のア付近が遼東半島である。しかし，条約が結ばれた直後，ロシア，ドイツ，フランスの三国干渉《かんしょう》により，遼東半島は清に返還された。

問7　1860年，幕府の軍艦咸臨《かんりん》丸の艦長として遣米使節に従い，太平洋を横断してアメリカに渡った勝海舟は，その後，海軍奉行や軍事総裁などを歴任。戊辰戦争のさいには幕府側の代表として江戸の高輪にあった薩摩藩邸《てい》で西郷隆盛と会談し，江戸城の無血開城を実現した。明治維新後，勝は新政府の参議や枢密顧問《すうみつこもん》官などを務めている。

問8　江戸時代末期，水戸藩に設けられた藩校は弘道館。藩主の徳川斉昭《なりあき》(慶喜の実父)が設立した日本最大の藩校で，藩士に武道や諸学問を教えた。

問9　9世紀初め，最澄は空海とともに学問僧として遣唐使船で唐(中国)に渡り，新しい仏教を学んで帰国後，比叡山に延暦《えんりゃく》寺を建てて天台宗を開いた。

問10　三河国は現在の愛知県東部にあたる。なお，愛知県西部は尾張《おわり》国とよばれた。

問11　領主の課す重税とキリシタンに対する弾圧に苦しめられていた島原・天草地方の農民・キリシタンは1637年，天草四郎(益田時貞《ときさだ》)をかしらとして大規模な一揆《いっき》を起こした。これを島原・天草一揆(島原の乱)という。４万人近い一揆軍は原城跡《あと》に立てこもって幕府軍に激しく抵抗《ていこう》したが，幕府はおよそ12万人にのぼる大軍を投入し，オランダの助けもかりてようやくこれをしずめた。

問12　ア　江戸幕府の第８代将軍徳川吉宗は，大名に対して石高１万石につき100石の米を幕府に献上《けんじょう》させる代わりに，参勤交代における江戸滞在《たいざい》期間を１年から半年に縮めるという上米の制を定めた。　イ　吉宗は民衆の意見を取り入れるため，江戸城の評定所門前に目安箱を設けた。町火消のしくみや小石川養生所の設置などは，目安箱への投書をもとに実施された政策である。

ウ　1685年以降たびたび出された生類あわれみの令は，第５代将軍徳川綱吉によって定められた。

エ　日米和親条約が結ばれたのは1854年のことで，第13代将軍徳川家定のときのできごとである。

問13　ア　豊臣秀吉は1588年に刀狩令を出し，農民から武器を取り上げた。　イ　秀吉は1590年，小田原の北条氏を倒し，天下統一事業を達成した。　ウ　秀吉の命令で朝鮮に出兵した日本軍は，朝鮮民衆の抵抗や李舜臣《りしゅんしん》率いる朝鮮水軍の活躍，明(中国)からの援軍の前に苦戦を強いられた。

エ　1582年に起こった本能寺の変のあと，秀吉は山崎の戦いで明智光秀を破り，信長の後継《こうけい》者としての地位を固めた。

問14　大正時代は1912年７月から1926年12月までの期間。アは1905年，イは1910年，ウは1932年，エは1914年のできごとなので，エがあてはまる。

問15　ア　1939年，ドイツ軍がポーランドに侵攻《しんこう》を開始し，これに対してイギリスとフランスがドイツに宣戦布告したことで，第二次世界大戦が始まった。　イ　1940年，日本はドイツ・イタリアとの間で軍事同盟(日独伊三国同盟)を結んだ。　ウ　1941年12月８日，日本海軍がハワイの真珠湾にあるアメリカ海軍基地を奇襲《きしゅう》攻撃するのとほぼ同時に，日本陸軍がイギリス領マレー半島に上陸を開始した。これによって太平洋戦争が始まった。　エ　太平洋戦争が始まると，日本軍は約半年の間に東南アジア各地や太平洋の島々を占領した。日本はオーストラリア本土などに空襲を行ってはいるが，オーストラリア大陸を占領したという事実はない。

問16　山形県酒田市で日本海に注ぐのは最上川である。「五月雨《さみだれ》をあつめて早し最上川」という一句は，松尾芭蕉の俳諧《はいかい》紀行文『奥の細道』に収められている。

問17　国内最大の前方後円墳は，大阪府堺《さかい》市にある大山(大仙)古墳。５世紀につくられたと考えられている古墳で，仁徳《にんとく》天皇陵《りょう》と伝えられている。

問18　「汝《なれ》」とは夏目漱石《そうせき》のこと。正岡子規と漱石は東京大学予備門(旧制第一高等学校)の同級生で，親友でもあった。「四国の中学教師を主人公にした作品」とは，漱石の代表作『坊《ぼ》っちゃん』のことを指す。

問19　板橋(現在の東京都板橋区)は中山道の宿場町である。なお，庄野は現在の三重県鈴鹿《すずか》市にあった東海道の45番目の宿場町。歌川(安藤)広重が描《えが》いた浮世絵木版画の連作「東海道五十三次」のなかの「庄野・白雨《はくう》」という作品もよく知られている。

問20　1968年に埼玉県行田市の稲荷山《いなりやま》古墳から出土した鉄剣を10年後にX線で調査した結果，「ワカタケル大王」の名をふくむ115字の銘文《めいぶん》が刻まれていたことがわかった。ワカタケルは雄略《ゆうりゃく》天皇のこととされており，５世紀に中国南朝の宋に使いを送った倭王《わおう》「武」と同一人物と考えられている。この発見により，５世紀には大和政権の勢力が関東地方にまでおよんでいたことが証明された。

問21　皇祖神とされる天照大神(アマテラスオオミカミ)などの神話が収められている歴史書は，『古事記』と『日本書紀』。『古事記』は稗田阿礼《ひえだのあれ》が暗記していた神話や伝承を太安万侶《おおのやすまろ》が筆録し，712年に元明天皇に献上したもの。『日本書紀』は皇室に伝わる神話や伝承を舎人《とねり》親王らが国の正史として編さんしたもので，元正天皇の時代の720年に完成した。

問22　ア　奥州藤原氏が中尊寺金色《こんじき》堂を建てたのは平安時代末期である。　イ　足利義満が京都の北山に建てたのは金閣である。　ウ　法隆寺は飛鳥時代に聖徳太子が創建した。　エ　観阿《かんあ》弥《み》・世阿弥《ぜあみ》父子は足利義満の保護を受け，民間芸能である田楽・猿楽をもとに能を大成した。

問23　藤原道長は４人の娘を次々に天皇の妃《きさき》としており，「この世をば」に始まる和歌は，三女の威子《いし》を後一条天皇の妃とした祝いの席でよまれたものである。

問24　663年，大和政権は百済《くだら》救援のため朝鮮半島に大軍を送ったが，白村江《はくすきのえ》の戦いで唐と新羅《しらぎ》の連合軍に大敗し，以後，朝鮮半島から手を引いた。当時，政治を行っていた中大兄《なかのおおえの》皇子(のちの天智天皇)は，唐や新羅が日本に侵攻してくるのを警戒し，664年，大宰府の北方に水城《みずき》とよばれる防衛施設(幅80m，高さ13mの土塁と深さ４mの水堀からなり，全長は1.2km)を築いた。

問25　近松門左衛門は歌舞伎《かぶき》や人形浄瑠璃《じょうるり》の脚本家で役者ではないから，エが誤りである。

2　日本各地の島を題材とした地理の問題

問１　Ａは対馬《つしま》(長崎県)について述べた文。九州北部と対馬の間にある海域は玄界灘《げんかいなだ》とよばれる。なお，対馬海峡《かいきょう》のうち，対馬の南東側は東水道，北西側は西水道とよばれる。

問２　対日貿易収支の赤字額が最も大きいイはアメリカ合衆国，黒字額が大きいウとエのうち，おもな輸出品目が石炭・液化天然ガス・鉄鉱石であるウはオーストラリア，衣類が上位にあるエは中国と判断できる。残る２つのうち，輸出品目の上位に石油製品や鉄鋼が入っているアは韓国，対日貿易収支の黒字額が最も少なく，衣類や魚介類が入っているオはベトナムである。

問３　北方領土の島々のうち，沖縄島より面積が大きいのは択捉《えとろふ》島と国後《くなしり》島。このうち根室半島などから望むことができるのは国後島である。

問４　日本の面積の約45倍という広大な国土を持つロシアは，東端と西端で10時間の時差があり，国内で11の地域標準時が設けられているから，ウが誤り。なお，ウラジオストクは日本海に面した港湾都市で，広島市などとほぼ同経度に位置しているが，周辺地域で用いられている「ウラジオストク時間」は日本の標準時より１時間先行している。

問５　鉄道網《もう》が発達している都市部では，移動手段として鉄道が利用されることが多いので，世帯数あたりの乗用車保有台数はそれほど多くない。したがって，鉄道旅客輸送の人数が最も多く，100世帯あたりの乗用車保有台数が最も少ないウが東京都，ついで鉄道旅客輸送の人数が多いアが神奈川県と判断できる。また，群馬県と同様に，鉄道旅客輸送の人数が少なく，100世帯あたりの乗用車保有台数が多いオは栃木県であることもわかる。残る２つのうち，鉄道旅客輸送の人数がより多いイが埼玉県で，100世帯あたりの乗用車保有台数がより多いエが茨城県である。

問６　ア　現在の日本の規定では，原料に遺伝子組み換《か》え大豆を使用している場合，商品に表示をすることが義務づけられているが，しょう油・食用油などについては検査しても遺伝子組み換え大豆を使ったものかどうかがわからないので，表示は義務づけられていない。　イ　大豆油を絞《しぼ》ったあとの大豆粕《かす》を粉砕《ふんさい》して粉末にしたものはミールとよばれ，加工食品の原料や飼料などに利用される。　ウ　小麦の最大輸入相手国はアメリカである。　エ　塩の販売は，1985年までは日本専売公社，日本専売公社が民営化されたあと，1997年までは日本たばこ産業株式会社による専売制で行われていた。1997年に専売制が廃止されてからは，日本たばこ産業株式会社の塩事業部門が独立した「塩事業センター」による製造・販売が行われている。　オ　食用油のうち，植物油の原料(大豆や菜種など)の自給率は10％未満となっている。

問7　真砂土《まさど》とは花こう岩が風化してできた砂状の土壌《どじょう》。特に西日本に広く分布するが，水をふくむともろくなりやすい性質があり，2018年７月の西日本豪雨では，広島県などで発生した多くの土砂崩れの原因の１つとなった。

問8　ラムサール条約は生態系に重要な役割をはたす湿地や干潟を保護することを目的とした条約で，1971年にイランのラムサールで調印された。正式名称は「特に水鳥の生息地として国際的に重要な湿地に関する条約」という。

問9　(1)　等高線が20ｍごとに引かれているのが読み取れるので，縮尺５万分の１の地形図であることがわかる。実際の距離は，(地形図上の長さ)×(縮尺の分母)で求められるから，14.3(cm)×50000＝715000(cm)＝7150(ｍ)となる。１海里は約1852ｍなので，7150÷1852＝3.86…より，およそ４海里ということになる。　(2)　写真はヤエヤマヒルギというヒルギ科の植物の群落で，たこの足のように見えるのは呼吸根である。これは熱帯や亜《あ》熱帯の河口付近の干潟などに多く見られるから，ここではウがあてはまる。

問10　宇土半島は熊本県中西部に位置し，天草諸島と橋や連絡道路で結ばれている。

問11　宿泊を伴《ともな》う観光客数が最も多いエは東京都，最も少ないアは愛媛県と判断できる。残る２つのうち，平成28(2016)年の４～６月期の人数が大きく減っているイが熊本県で，いずれの年も７～９月期の人数が多いウが北海道である。熊本県では2016年４月に発生した熊本地震によって熊本城など多くの観光資源が被害を受けたため，観光客の数も落ちこんだ。

問12　伊豆諸島のうち最も面積が大きいのは伊豆大島(大島)で，この島をふくめた伊豆諸島は東京都に属している。

問13　伊豆大島中央部にある火山は三原山。本文にもあるようにたびたび噴火をしている活火山で，1986年に噴火したさいには，全島民が島外へ避難《ひなん》する事態となった。

問14　Ｇは礼文《れぶん》島で，この島の南東に位置する利尻《りしり》島とともに，フラワートレッキングに訪れる観光客が多いことで知られており，礼文島の北には，北緯45度30分の緯線が通っている。また，礼文島の少し東に位置する宗谷岬の緯度は北緯45度31分で，北海道最北の地となっている。なお，日本の最北端は択捉島カモイワッカ岬の北緯45度33分である。

問15　大三島は愛媛県に属し，本州四国連絡橋の尾道－今治ルート上にある島である。このルートを通る自動車道は「西瀬戸自動車道」であるが，一般には公募で選ばれた「瀬戸内しまなみ海道」の愛称で知られている。

問16　図ｂの標識は「横断歩道・自転車横断帯」(横断歩道と自転車横断帯があることを示す)なので，エが誤っている。「自転車歩行者専用道」(サイクリングロード)の標識ではないことに注意。

問17　図ｃは香川県の小豆島なので，Ｃにあてはまる。図ｄは国後島なので，Ｂがあてはまる。

問18　(1)　地形図中に「トド打ちの島」とあることに注目する。トドは北太平洋一帯の冷涼《れいりょう》な海域に生息するアシカ科の動物なので，Ｇの礼文島と判断できる。なお，トドは多くの魚を食べることから，かつては害獣《がいじゅう》として駆除《くじょ》の対象とされていた。「トド打ち」とはそうした駆除を意味する言葉である。　(2)　ア　等高線は10mごとに引かれている。地点○の標高は270〜280m前後，地点●の標高は200m前後であるから，両地点の標高差は約70〜80mということになる。　イ　徒歩道は地点○から地点●に向かって下っているので，谷沿いのルートになっている。　ウ　地点○から北に向かうと西側に標高の高い地点が複数あるので，常に海が見えているわけではない。　エ　地点●付近は標高200mの等高線にはさまれた位置にあり，平たんな場所となっている。

問19　Ａは対馬，Ｄは石垣島(沖縄県)，Ｆは伊豆大島，Ｈは大三島である。表中のア〜エのうち，年平均気温が20℃を超《こ》えているイは石垣島，一年を通して風速が弱いウが瀬戸内海に位置する大三島と判断できる。残る２つのうち，年平均気温が少し高いエは伊豆大島，大陸から吹《ふ》く北西季節風の影響で12〜３月の風速がやや強いアが対馬である。

問20　Ａは対馬，Ｄは石垣島，Ｆは伊豆大島，Ｇは礼文島である。太陽は東から昇《のぼ》って西に沈《しず》むが，地球の地軸が公転面と直角に交わる線に対して約23.4度傾《かたむ》いているため，季節と緯度によって東西の日の出，日の入り時刻が入れ代わることがある。夏は北極側が太陽のほうを向くため，同じような経度なら，緯度が高い地域のほうが日の入り時刻が遅くなる(北極付近では，日が沈まない白《びゃく》夜《や》となる)。逆に，冬は北極側が太陽と反対の方向を向くので，同じような経度なら，緯度が高い地域のほうが日の入り時刻が早くなる。示された表では，夏至の日よりも冬至の日の日の入り時刻のほうが各地点の時刻の差が大きいので，こちらに注目したほうが判別しやすい。まず，最も時刻の早いウは，最も東に位置し，かつ高緯度にあるＧの礼文島だとわかる。一方，最も時刻の遅いイには，最も西に位置し，かつ緯度も低いＤの石垣島があてはまる。残ったアとエのうち，夏至の日の日の入り時刻がより遅いアが西に位置するＡの対馬で，エがＦの伊豆大島ということになる。

3　司法と人権を中心とした問題

問１　Ａは「プライバシー」の権利で，他人に知られたくない私的な情報を守る権利である。Ｂは「忘れられる」権利とよばれるもの。インターネットやSNSの発達により個人情報が拡散するおそれが強まったことから，新たに主張されるようになった権利である。ただし，いずれの権利とも，表現の自由などとの関係から，無制限に守られるわけではない。

問２　１は「自由」。基本的人権は最初からあたえられていたものではなく，近代社会において多くの人々の努力のうえに自由や平等などの権利が確立されたのだということを示している。２は「永久」。「侵《おか》すことのできない永久の権利」という考え方は，日本国憲法第11条にも示されている基本的人権の基本概念《がいねん》である。

問３　衆議院が可決した法律案を参議院が否決した場合，衆議院が出席議員の３分の２以上の賛成により再可決すれば成立するので，エが誤っている。

問４　(1)　違憲審査権(違憲立法審査権)は，国会が制定した法律が憲法に違反していないかどうかを，裁判所が具体的な裁判を通して判断する権限であり，すべての裁判所が持っている。　(2)　裁判員裁判とは，殺人・強盗《ごうとう》致《ち》死《し》などの重大な刑事事件の第一審に，抽選《ちゅうせん》で選ばれた一般市民が裁判員として参加し，被告人が有罪か無罪か，有罪の場合はどのような刑にするのかを裁判官との合議によって決めるしくみである。「重大な刑事事件の第一審」で取り入れられているので，Ｃの地方裁判所だけで行われる。　(3)　簡易裁判所を第一審とする民事裁判では，第二審(控訴《こうそ》審)は地方裁判所，第三審は高等裁判所で行われる。一方，刑事裁判の場合，簡易・家庭・地方のいずれの裁判所で第一審が行われたとしても，第二審は高等裁判所，第三審は最高裁判所で行われる。

問5　「公正で誤りのない裁判を行うためのしくみ」であるから，三審制について述べているイがあてはまる。第一審の判決に不服なとき，第二審の裁判所に訴《うった》えることを控訴，第二審の判決に不服なとき，第三審の裁判所に訴えることを上告という。

問6　(1)　三権分立とは，国の権力を，法律をつくる立法権，法にもとづいて政治を進める行政権，裁判を行う司法権の3つに分け，それぞれ別の機関に受け持たせるしくみである。18世紀にフランスの政治思想家モンテスキューがその著書『法の精神』のなかで主張した考え方で，現代の民主政治の基本原則の1つとなっている。　(2)　**A**　弾劾《だんがい》裁判は職務違反や非行のあった裁判官を辞めさせるかどうか決定するもので，弾劾裁判所は国会に設置される。よって，(え)にあてはまる。**B**　内閣は衆議院の解散を決定することができるので，(あ)にあてはまる。　**C**　国政調査権は国会が内閣の行った政治について調査する権限なので，ここでは(い)が最も適当と考えられる。

問7　裁判員に選ばれる前は「あまりやりたくなかった」と答えた人が全体の30.8％を占めていたが，裁判員を経験したあとでは，「非常によい経験と感じた」と「よい経験と感じた」を合わせると全体の96.3％に達している。つまり，「あまりやりたくなかった」と答えた人の多くが「非常によい経験」または「よい経験」と感じているのだから，ウが正しいと判断できる。

問8　EU(ヨーロッパ連合)の前身であるEC(ヨーロッパ共同体)は，1967年にフランス，ドイツ(当時は西ドイツ)，イタリア，ベルギー，オランダ，ルクセンブルクの6か国で発足した。その後，イギリス，アイルランド，デンマーク，ギリシア，スペイン，ポルトガルが加わって12か国となり，そのまま1993年にEUとなった。なお，EUの加盟国はその後28か国まで増えている。

理　科　(40分)＜満点：70点＞

解　答

[1]　問1　②　　問2　ウ　　問3　A　①　　B　③　　問4　ウ　　問5　④　　[2]　問1　イ　　問2　ウ　　問3　ア，エ　　問4　イ　　問5　ア　　問6　イ　　[3]　問1　③　　問2　さなぎ　　問3　ウ　　問4　ウ　　問5　イ　　問6　ウ　　[4]　問1　イ　　問2　イ　　問3　72秒　　問4　6本　　問5　オ　　問6　金属棒4…3m，金属棒5…3.7m

解　説

[1]　水のすがたについての問題

問1　水が氷になると，重さは変わらないが，体積が約1.1倍に増える。すると，同じ体積どうしで比べたとき，氷の方が水より軽くなるため，氷が水に浮《う》かぶ。ペットボトルや缶《かん》に，冷凍《れいとう》しないように注意をうながす文が書かれているのは，中の水が凍《こお》ると体積が増え，中から強い圧力がはたらいてペットボトルや缶が破損するおそれがあるからである。

問2　水を入れた製氷皿を冷凍庫に入れると，製氷皿にふれているところや水面が先に冷やされて凍る。つまり，図1の氷では，氷の縁《ふち》のあたり(周り)が先に凍る。このとき，水に含《ふく》まれる水以外の物質は真ん中のまだ凍っていない方に追いやられ，やがて真ん中も凍って閉じ込《こ》められてしまうため，真ん中あたりが白くにごった氷となる。

問３　**A**　①の下側の文は，水に溶《と》けている空気などの一部が溶けきれなくなって出てきたことによる。水の温度が高いほど，気体は溶けにくくなるからである。そこで，水道水を沸《ふっ》とうさせることで，水道水に含まれる水以外の物質のうち，水に溶けている空気などを追い出す。　**B**　③の文は両方とも，水以外の物質を追い出しながら水だけが固体となる（凍る）性質による。水の全部が氷になる前は，水の一部が水以外の物質を追い出しながら凍って透明《とうめい》な氷になっていて，あとは水以外の物質の濃《こ》さが濃くなった水が凍らずに残っている。この水を捨てて新しい水を入れると，水以外の物質の濃さを薄《うす》くすることができるので，最後に全部が凍ったときに白いにごりが出にくい。

問４　海の表面付近で氷ができるさいには，凍った水に含まれていた塩分などが追い出されるため，氷のまわりにある海水は塩分などの濃さが濃くなる。したがって，周囲の海水よりも重くなり，海の底の方に向かって沈《しず》んでいく。

問５　地上の水が空に移動するときは，水が蒸発して気体（水蒸気）となって移動する。そのさい水以外の物質（インクなど）は残される。④の文では，水だけが蒸発し，水にまじっていた土や水に溶けていた塩分などが残ったようすが述べられている。

2　**クロマトグラフィーについての問題**

問１　図２を見ると，ペンＡとペンＢではインクの成分が水に溶け，水の移動と共に上に広がっているが，ペンＣでは水に溶けたり移動したりしていない。よって，予想１は「どの点も」という部分が間違っている。

問２　ろ紙に書いた点がはじめから水につかる状態になっていると，ペンＡとペンＢではインクの成分が水に溶け，そのほとんどが皿の水の方に広がっていくため，点がほぼ消える。一方，ペンＣではインクの成分が水に溶けないので，点は書いたままの位置に残る。

問３　図３の５分後の結果から，ペンＤのインクは，少なくとも水色，青色，赤色，黄色の４種類の水に溶ける成分がまざっていることがわかる。また，これらの成分のうち，水色の成分は水の広がりと共に最も遠くまで移動していて，黄色の成分は最も移動していないことから，水色の成分は黄色の成分よりも水に溶けて，紙にくっつきにくいといえる。

問４　図５の結果から，ろ紙上を水が移動した距離《きょり》は①～③のどのろ紙でも同じであったことがわかる。よって，予想２は間違っているといえる。

問５　ろ紙上を水が移動する距離は折り曲げ方や傾《かたむ》き方に関係がないので，図６で，ろ紙の中心から吸い上げられた水は，ろ紙のどの部分でも中心からろ紙上を等距離に広がる。したがって，開いたろ紙はアのようになると考えられる。

問６　図３より，インクの水色の成分が最も長い距離を移動しているので，図７では水色が最も外側にくる色になる。

3　**アリの行動についての問題**

問１，問２　アリとハチは，卵→幼虫→さなぎ→成虫の順にすがたを変えながら育つ昆虫《こんちゅう》で，このような育ち方を完全変態という。一方，シロアリ，ゴキブリ，トンボは，幼虫から成虫になる間にさなぎの時期がなく，このような育ち方を不完全変態という。

問３　「アリは左右に分かれた道にぶつかったとき，必ず右に曲がる」という予想が正しいとしたら，アリはウのように移動する。

問４　可能性１が正しいとすれば，アリを加えてすりつぶしたアルコールで曲線をひいた場合，アリはそれに従わずに最短距離でエサまで行列をつくるはずである。しかし，曲線にそってエサまで行列をつくれば，エサまでの最短距離を感じ取っているという可能性1を否定できる。

問5　可能性2が正しいとすれば，アルコールだけで曲線を引いた場合，アリはその曲線にそってエサまで行列をつくるはずである。しかし，最短距離でエサまで行列をつくれば，アルコールのにおいをたどっているという可能性2を否定できる。

問6　そのままの①に比べ，②では歩幅《ほはば》を短く，③では歩幅を長くしている。実験3－1では，巣とエサを数回往復させてから歩幅を変えているが，図4より，①ではおよそ正しいところで巣を探し始めるのに対し，②では巣の手前，③では巣を通りこしてから探し始めている。また，実験3－2では，歩幅を変えてから巣とエサを数回往復させており，その場合は図5より，歩幅に関係なくおよそ正しいところで巣を探し始めているといえる。したがって，アリは巣とエサの間の歩いた歩数を記憶していると考えられる。

4　金属の熱の伝わり方についての問題

問1　金属板の1点を加熱すると，そこからどの方向にも同じように熱が伝わっていく。したがって，加熱したところを中心とした円がだんだんと大きくなっていくようにして，ロウが透明になっていく。

問2　表1を見ると，どの場合も，(容器の外側の温度)×(氷がすべてとけるまでの時間)＝25200となっている。つまり，2つの量の積が一定なので，反比例の関係である。

問3　問2で述べた関係式を用いて，25200÷350＝72(秒)と求められる。

問4　ロウソクの位置は棒の左端《はし》から0.1m，0.3m，0.5m，0.7m，0.9mである。また，ロウソクは50℃でとけるから，図3で50℃未満となるロウソクの位置を読み取る。すると，金属棒1では0.7mと0.9mの位置にある2本，金属棒2では0.9mの1本，金属棒3では0.5mと0.7mと0.9mの3本があてはまり，合計で6本が金属棒の上に残っていることになる。

問5　加熱をやめると，加熱した点(左端から0m)の温度はだんだんと下がっていくから，図5で，加熱をやめてから1秒後の左端から0mの位置では約430℃になると考えられる。また，そこから始まるグラフをたどると，左端から2mの位置での温度は約75℃と読み取れる。

問6　図5で，加熱をやめてから3秒後の左端から0mの位置では約310℃になると考えられ，そこから始まるグラフをたどると，ロウソクが落下する50℃となっているのは左端から3mの位置とわかる。また，図6で，加熱をやめてから3秒後の左端から0mの位置は約240℃と考えられ，そこから始まるグラフをたどると，50℃になっているのは左端から約3.7mの位置と読み取れる。

国　語　(50分)＜満点：85点＞

解　答

一　**問1**　(例)　食費もはらわないで居続ける茜たち母子への不満。　**問2**　(例)　村には遊ぶ友だちもいないし，居候暮らしの我慢も限界で，引っ越し前の楽しい暮らしに戻りたいという気持ち。　**問3**　(例)　日暮れと共に帰るしかない現実に直面し，家出では嫌な毎日からぬけ出せないとわかったこと。　**問4**　(例)　現実に負けそうだったとき，海上の光の道を見たことで，新しい道を遠くまで行ってみようという元気がわいたから。　**二** **問1**　下記を参照のこと。　**問2**　(例)　物事はすんなり運ばず，言葉は通じにくいが，常に他人と関わる刺激的な生活のなかで，喜怒哀楽に満ちた毎日だったから。　**問3**　(例)　エチオピアでの生活を経て，心も波立たないほどすべてがとどこおりなく進む日本のシステムに，あらためて驚かされたということ。　**問4**　(例)　エチオピアで人と関わるなかで生じた腹の底からの笑いと違い，日本のお笑い番組を見たときの笑いは，強いられた薄っぺらなものに思えたから。

●漢字の書き取り

二 **問1**　1　要求　2　定刻　3　済(む)　4　宣伝

解説

一 **出典は荻原 浩《おぎわらひろし》の『海の見える理髪《りはつ》店』所収の「空は今日もスカイ」による。**引っ越《こ》してきた村の生活になじめずに家出した茜《あかね》は森島《もりしま》君と連れ立ち，海で出会った「ビッグマン」のところに泊《と》めてもらう。

問1　前後の内容から読み取る。「いただきます」を言うとき，泰子《やすこ》おばさんは茜と母ちゃんに対し「たんぼを荒《あ》らすカラスを見る目つき」になると書かれている。また，聞こえよがしに「いつまでいる気だろうね。あんた，きちんと食費をもらってよね」と忠志《ただし》おじさんに言っていることからも，居《い》 候《そうろう》の母子を「たんぼを荒らすカラス」同様のじゃま者とみなしていることが読み取れる。これをふまえ，「茜たち母子が，居候として居続けていることへの不満」「食費も出さない茜たち母子に早く出ていってほしい気持ち」のようにまとめる。

問2　「生活」と「ライフ」の違《ちが》いに注目して整理する。茜は「我慢《がまん》してよ。仕事が見つからないと家も探せないの。生活できないもの」と言う母ちゃんに反発しているのだから，ここでの「生活」は「我慢」を強《し》いる今の暮らしのことだと判断できる。具体的には，厄介《やっかい》者 扱《あつか》いされて「物置の 隣《となり》の～部屋」で寝泊《ねと》まりし，「 鶏《にわとり》小屋の臭《にお》い」が鼻をつき，どこを見ても「イネしか」なく，夏休みにも「遊ぶ相手がいない」ような村での日々を指す。逆に，「友だち」がいた二カ月前までの暮らしや，父ちゃんと海水浴に行ったときのような楽しい日々が「ライフ」にあたる。これをふまえ，現在と以前を対比し，「気がねばかりで友だちもいない村での毎日にうんざりし，引っ越し前の楽しい暮らしに戻《もど》りたい気持ち」「村には遊ぶ相手もいないし居候暮らしの我慢も限界で，以前のような楽しい暮らしがしたいという気持ち」のようにまとめるとよい。

問3　「夢と冒険《ぼうけん》」は，今の暮らしに嫌気《いやけ》のさした茜が，「海」を目指して「家出」してきたことを指す。「海」は，ばあばも父ちゃんも元気なころにしていた海水浴や，マンションの窓から海が見えた二カ月前までの街の暮らし，つまり，以前までの楽しい暮らしにつながっている。しかし，空が「暗くなったとたん」，茜が見ていた「オレンジ色」に光る理想の海は姿を消し，「一人でどこかに泊まるなんてできっこない」，家に「帰るしかない」という「現実」と向き合うほかはなく，「夢と冒険」に思えていた「家出」が「がらくたのおもちゃ」に変わってしまったのである。この移り変わりをふまえてまとめる。

問4　「夢と冒険」が「現実」の前ではどれもこれも「役立たずのがらくたのおもちゃ」だったことに落胆《らくたん》した茜が，「ビッグマン」の家に泊めてもらい，夜中に目覚めた場面である。少し前の，「月の真下の海」にできた「月の光」の道を見て，茜が巡《めぐ》らした想像に注目する。その想像のなかで「光の道」を歩く茜の心に，「明日はまた新しい道を歩いてみよう。もっと遠くへ行ってみよう」と，新たな意欲がわいていることがわかる。自分に「光の道」を見せてくれた海に対し，「ありがとう」と思ったのだから，勇気づけられたという内容を盛りこんでまとめればよい。

二 **出典は松村圭一郎《まつむらけいいちろう》の『うしろめたさの人類学』による。**エチオピアで筆者が体験した，喜怒哀楽《きどあいらく》に満ちた時間について述べ，日本に戻ったときに自分の感情の動きにゆがみを感じたことを語っている。

問1　**1**　当然のこととして強く相手に求めること。　**2**　決まった時刻。　**3**　音読みは「サイ」で，「返済」などの熟語がある。　**4**　広く人々に伝えること。

問2　「それ」は，「人とぶつかることもそれほどなく，どちらかといえば冷めた」，あまり「感情的にならない人間」だったという筆者の日本での自己認識《にんしき》を指す。しかし，続く部分で，エチオピアにいるときは「まるで違っていた」筆者のことが述べられている。筆者が訪《おとず》れたエチオピアでは言葉が通じず，なにをするにも「物事がすんなり運ばな」かったが，「つねに他人との関わりのなか」で「刺激にさらされ続けていた」ため，「腹の底から笑ったり，激しく憤慨《ふんがい》したり，幸福感に浸《ひた》ったり，毎日が喜怒哀楽に満ちた時間」を過ごしていたというのである。このように，日本での筆者とは「違っていた」ようすをまとめればよい。

問3　問2でみたような感情の発露《はつろ》をエチオピアで経験した筆者は，帰国後，日本での生活をあらためて見つめ直したさいに衝撃《しょうげき》を感じている。エチオピアとは違い，「人との関わりのなかで生じる厄介で面倒《めんどう》なことが注意深く取り除かれ，できるだけストレスを感じないで済むシステム」が日本には整っていた。つまり，すべてにわたって「心に波風が立たず，一定の振幅《ふりはば》におさまる」ように「洗練された仕組み」ができていることに，筆者は驚《おどろ》いたというのである。

問4　エチオピアでの「笑い」との違いをおさえる。エチオピアでは，他人と関わって「刺激にさらされ」続けるなか，筆者は「腹の底から」笑っていた。しかし，日本の「お笑い番組」の場合は，「無理」に「強いられ」た笑いのように思えるため，「薄《うす》っぺらで，すぐに跡形《あとかた》もなく消え」てしまう「軽い」ものだと言っている。このことを，本文の最後で「どこか意図的に操作されている」感じだと説明している。これを整理して「エチオピアで人と関わるなかで感情をともなって生じた笑いと違い，日本のお笑い番組を見たときの笑いは強いられた薄っぺらなものに思えたから」「日本のお笑い番組を見て笑ってもすぐ跡形もなく消え，エチオピアで腹の底から生じた笑いと比べれば，操作された反応に過ぎないと感じるから」のようにまとめる。

2018年度　開 成 中 学 校

〔電　話〕（03）3822－０７４１
〔所在地〕〒116-0013　東京都荒川区西日暮里４－２－４
〔交　通〕JR線・東京メトロ千代田線－「西日暮里駅」より徒歩１分

【算　数】（60分）〈満点：85点〉

◎答えが分数になるときは，できるだけ約分して答えなさい。円周率が必要なときは3.14を用いなさい。

◎必要ならば，「角柱，円柱の体積＝底面積×高さ」，「角すい，円すいの体積＝底面積×高さ÷3」を用いなさい。

◎式や図や計算などは，他の場所や裏面などにかかないで，すべて解答用紙のその問題の場所にかきなさい。

1　(1)　次の□には同じ数が入ります。あてはまる数を求めなさい。

$$0.1875\times\left(1\frac{1}{3}-\boxed{}\right)=\left(\frac{17}{21}-\boxed{}\right)\div1\frac{1}{7}$$

(2)　赤球，青球，黄球が２個ずつ６個あります。同じ色の球がとなり合わないように６個すべてを左から右へ一列に並べます。このような並べ方は何通りあるか求めなさい。ただし，同じ色の球は区別しないことにします。

(3)　川の上流のＡ町と下流のＢ町の間を船で往復します。Ａ町からＢ町までは42分かかり，Ｂ町からＡ町までは１時間52分かかります。船の静水での速さは川の流れる速さの何倍か答えなさい。船の静水での速さと，川の流れる速さはそれぞれ一定とします。

(4)　容器Ａには濃度《のうど》1.62％の食塩水が600グラム，容器Ｂには濃度のわからない食塩水が400グラム入っています。Ａの食塩水のうちNグラムをＢに移してよくかきまぜたのち，同じNグラムをＡにもどしました。さらにまた同じことをくり返したところ，Ａ，Ｂの食塩水の濃度は順に1.88％と2.04％になりました。最初のＢの食塩水の濃度を求めなさい。

(5)　下の図１はある立体の展開図です。Ｂ，Ｃ，Ｄは一辺が６cmの正方形，Ａ，Ｅ，Ｆは直角二等辺三角形，Ｇは正三角形です。この立体の体積を求めなさい。

(6)　面積が$9\,\mathrm{cm}^2$である正六角形ABCDEFの各辺の中点（真ん中の点）を結んで新しい正六角形を作ります。新しい正六角形の面積を求めなさい。下の図２の点Ｏは対称の中心です。

(7)　下の図３において，四角形ABCDは正方形で，BE＝EF＝FC，CG＝GDです。

(i)　三角形AIJと四角形ABCDの面積比を最も簡単な整数の比で答えなさい。

(ii)　四角形HIJKと四角形ABCDの面積比を最も簡単な整数の比で答えなさい。

図１

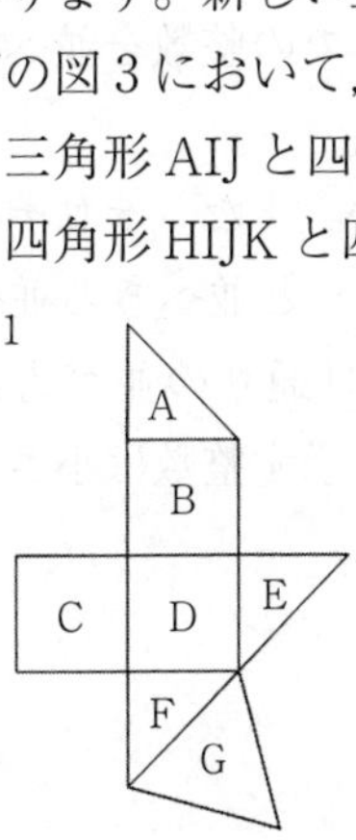

図２

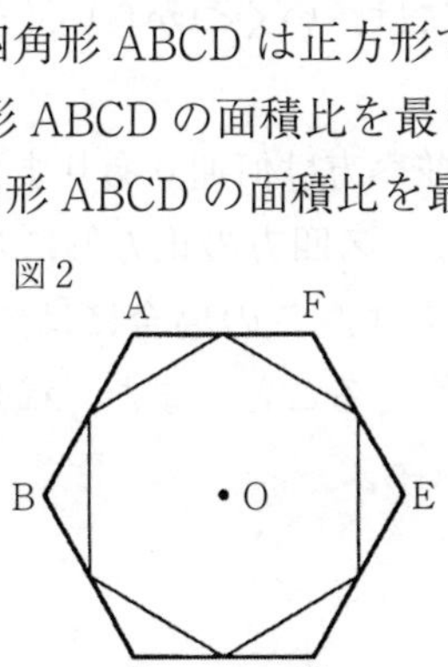

図３

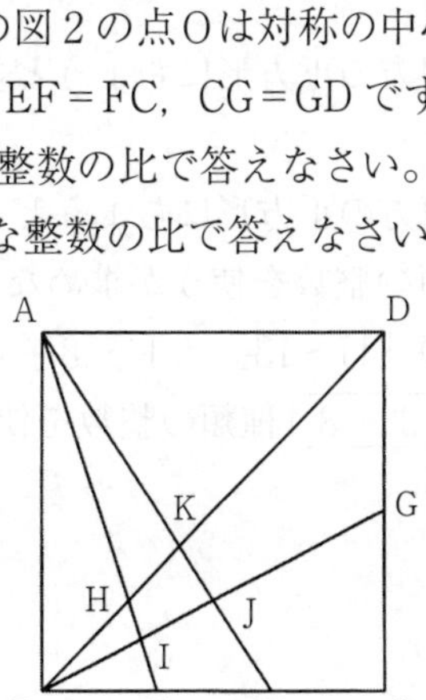

2　図のように，直線上に中心をもつ半円が上下交互《こうご》につながった「道路」があります。この道路の一番左の点をＡ，３番目の半円が終わった所をＰとします。

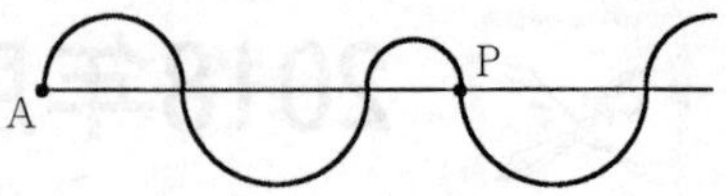

(1)　左から１番目，２番目，３番目の半円の半径がそれぞれ3.45m，4.21m，2.34mのとき，ＡからＰまでの道のりを求めなさい。

(2)　$\frac{4}{11}$＝0.363636…のように分数を小数で表し，その小数第１位の数字を１番目の半円の半径，小数第２位の数字を２番目の半円の半径，小数第３位の数字を３番目の半円の半径，…とすることを考えます。ただし，メートルを単位とします。すなわち，この場合は左から１番目，２番目，３番目，…の半円の半径はそれぞれ３m，６m，３m，…となります。

同じように$\frac{1}{7}$を小数で表し，その小数第１位の数字を１番目の半円の半径，小数第２位の数字を２番目の半円の半径，小数第３位の数字を３番目の半円の半径，…とします。Ａからこの道路を道のり2018m進んだ地点は，左から何番目の半円上の点となるか，答えなさい。

3　正方形のマスの中に，１は１個，２は２個，３は３個のように整数nはn個使い，ある整数から連続した３種類以上の整数を図のように小さい順に並べます。

図１

2	2	3
3	3	4
4	4	4

図２

11	11	11	11	11	11
11	11	11	11	11	12
12	12	12	12	12	12
12	12	12	12	12	13
13	13	13	13	13	13
13	13	13	13	13	13

図３

1	2	2	3	3	3
4	4	4	4	5	5
5	5	5	6	6	6
6	6	6	7	7	7
7	7	7	7	8	8
8	8	8	8	8	8

図１では３マス四方の正方形に，２を２個，３を３個，４を４個，ちょうど並べきりました。

図２，図３では，６マス四方の正方形に11から13まで，１から８までの整数をちょうど並べきりました。（６マス四方に並べる並べ方はこの２通り以外ありません。）次の問いに答えなさい。(1)，(2)では，２通り以上の並べ方がある場合は，すべて答えること。解答らんには，図１の３マス四方なら［２～４］，図２，図３の６マス四方なら［11～13／１～８］のように書きなさい。

(1)　７マス四方の正方形にちょうど並べきるには，いくつからいくつまでの整数を並べればよいですか。

(2)　10マス四方の正方形にちょうど並べきるには，いくつからいくつまでの整数を並べればよいですか。

(3)　30マス四方の正方形にちょうど並べきる並べ方は何通りありますか。また，それぞれの並べ方は何種類の整数を使うか求めなさい。（６マス四方の正方形にちょうど並べきる並べ方は図２，図３の「11～13」，「１～８」の２通りです。この場合には，「［２］通りの並べ方があり，それぞれ［３，８］種類の整数を使う。」と答えること。また，種類を示す整数は小さい順に並べること。）

【社　会】（40分）〈満点：70点〉

1　次の文章は，ある日の中学校の職員室での，先生と生徒の会話です。これを読んで，あとの問いに答えなさい。

A君：リオオリンピックが終わり，次はいよいよ2020年の①東京大会ですね。この東京を舞台《ぶたい》にオリンピックが開かれるなんて，考えただけでワクワクしてくるなあ。

先生：そうだね。オリンピックというのは，世界中が注目する大きなイベントだからね。日本でオリンピックが開催《かいさい》されるのは，冬季大会が開かれた1972年の（　②　）大会と1998年の（　③　）大会をあわせると，今回で４回目だ。君たちの記憶《きおく》にある一番古いオリンピックは，どこで開催された大会だろう？　2004年の(あ)アテネ大会ぐらいかな。

A君：その頃《ころ》，僕《ぼく》はまだ生まれたばかりで，記憶にはありません。

B君：僕の記憶にある一番古いオリンピックは，④中国で初めて開催された，2008年の北京大会だな。競泳の北島康介《きたじまこうすけ》選手，アテネに続いて２大会連続の金メダル！　すごかった，感動したよ。2012年の(い)ロンドン大会になると，さすがにいろいろなことを，はっきりと覚えているよ。

先生：⑤私は，ちょうど前回の東京オリンピックが開催された年に生まれたんだ。さすがに生まれたばかりで，その当時の記憶はまったくないけどね。

A君：オリンピックって，いつ始まったんですか？

先生：近代のオリンピックは，フランスのクーベルタンという人の提案で，19世紀末に始まったんだ。⑥第１回大会は1896年，古代オリンピック発祥《はっしょう》の地であるアテネで開かれたんだよ。

B君：じゃあ，もう100年以上続いているんだ。

先生：そうだね。でも，その歴史は，決して平坦《へいたん》な道のりではなかったんだ。

A君：どういうことですか？

先生：そうだね，たとえば，東京でオリンピックが開かれるのは，今回で何回目かな？

B君：えっ？　もちろん２回目ですよね。

先生：そう。でも，実はその前の1940年にも，開催が予定されていた「幻《まぼろし》の東京大会」があったんだ。しかし，実際には開催されなかった。その理由はわかるかな？

A君：1940年ということは，⑦第二次世界大戦ですね。

先生：そう。国際関係の悪化によって，当時決まっていた東京開催は見送られたんだ。

B君：そんなことがあったんだ。

先生：その前回大会である，第二次世界大戦開戦前の1936年の(う)ベルリン大会は，⑧ナチスの絶大な権力を，世界にアピールする場として使われたんだ。

A君：戦争とオリンピックか，難しい問題ですね。

先生：他にも，1980年開催の(え)モスクワ大会に，日本選手団が参加しなかったのは知っているかな？

B君：聞いたことはあります。当時の国際情勢が関係していたんですよね。

先生：そう。当時の国際情勢って，具体的に言うと，どういうことかな？

A君：⑨東西冷戦ですか。

先生：そのとおり。当時，日本はアメリカなどとともに西側陣営《じんえい》に属していたから，それらの国々と歩調を合わせる形で，1979年のソ連による（　⑩　）侵攻《しんこう》に反発して，モスクワ大会をボイコットしたんだ。

B君：一生懸命《いっしょうけんめい》その大会を目指して練習していた選手達《たち》は，きっとがっかりしただろうな。

先生：そうだね。1年1年が勝負のスポーツ選手にとって，4年間というのは，ものすごく長い時間だからね。

A君：スポーツと戦争や政治，国際情勢などは，切り離《はな》して考えるべきですよね。

先生：そうだね。近代オリンピックの原型である，⑪紀元前9世紀頃から紀元後4世紀頃まで開かれていた，いわゆる古代オリンピックでは，「聖なる休戦」といって，どんなに都市国家(ポリス)同士がはげしい争いをしていても，オリンピアの祭典，つまり古代オリンピックが始まると，一切《いっさい》の争いをやめ，一同が集まって競技に集中するという原則があったんだ。

B君：昔の人々は，なかなかやるなあ。

先生：ポリスは違《ちが》っても，自分たちは同じギリシア人だという仲間意識があったことが，その理由のひとつだろうね。また，1968年の(お)メキシコシティ大会では，⑫アメリカの黒人選手が表彰台《ひょうしょうだい》の上で黒手袋《てぶくろ》をした腕《うで》を高く突《つ》き上げ，人種差別反対を世界に訴《うった》えたこともあった。

A君：オリンピックは，世界中が注目しているから，それを利用して，世界の人々に訴えようとしたのかな？

B君：選手生命をかけての，まさに命がけの抗議《こうぎ》だったんだろうね。

A君：2020年の東京大会でも，何かオリンピックの歴史に残るような出来事が起こるのかな。

先生：起こるかもしれないね。前回の2016年の(か)リオデジャネイロ大会には，⑬約200の国と地域が参加したんだ。次の東京大会も，それを上回る参加が予想されるからね。

A君：2024年は(き)パリ，2028年は(く)ロサンゼルスでの開催が決まったそうですね。

先生：うん。君たちが大学生，社会人になっている頃だ。パリもロサンゼルスも，今度がそれぞれ3度目の開催だ。

B君：僕たちが大学生や社会人の頃か。そんな時が来るなんて，何だか信じられないなあ。

先生：私が大学生の時，ちょうど成人を迎《むか》えた1984年にロサンゼルスで，新任の教師になった1988年に⑭韓国《かんこく》のソウルで，結婚《けっこん》した1992年に(け)バルセロナで大会があったんだ。さらに子どもが生まれたのが1996年のアトランタ大会，そしてこの学校に着任したのが2000年の(こ)シドニー大会の頃なんだ。自分の人生の節目と，オリンピックがぴったり重なっているんだよ。

B君：先生，さりげなく自分の幸せな人生を披露《ひろう》していますね。

先生：いやいや。でも君たちも大人になると，あのオリンピックの頃自分はどうだったとか，自分の人生と重ね合わせて思い出すことが，きっとあると思うよ。

A君：2024年と2028年か。その頃の自分は，日本は，そして世界は，いったいどうなっているんだろう。考えただけでドキドキ，ワクワクしてきます。

先生：本当だね。その時の自分に恥《は》ずかしくないように，今日もお互《たが》いしっかり頑張《がんば》ろう！

A君・B君：はい！！

問1　会話文中の下線部(あ)～(こ)の都市は，それぞれ次のページの地図中の**A**～**Z**のどこにあたるか，記号で答えなさい。

問2　下線部①について，東京の歴史に関する以下の問い(1)～(3)に答えなさい。

(1)　江戸《えど》で15世紀から18世紀までに起こった出来事に関する以下の4つの事項を，時代の古い順に，**ア**～**エ**の記号を使って正しく並べかえなさい。

（こちらを上にして見てください。）

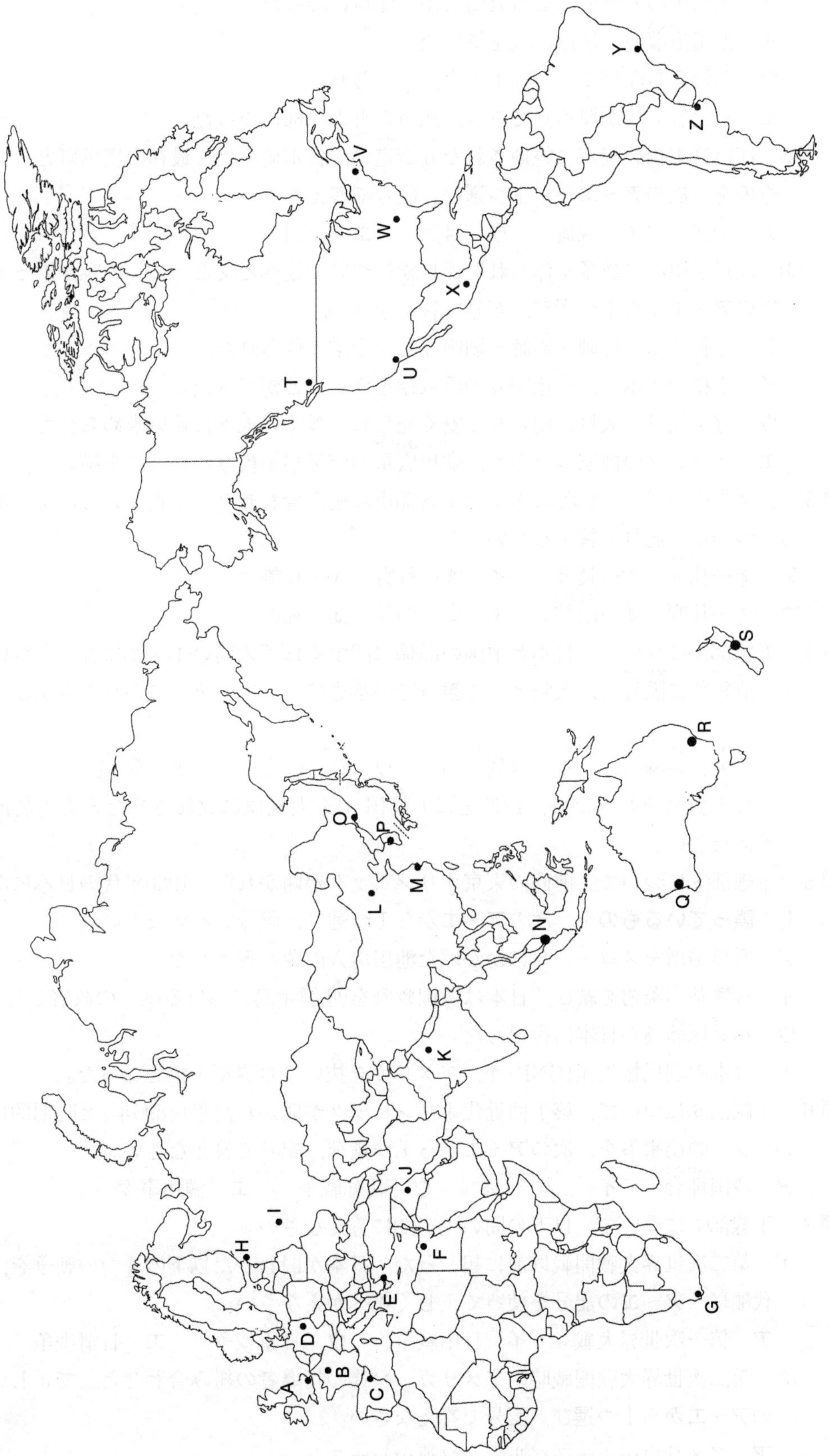

ア　浅間山の大噴火《ふんか》による火山灰が，江戸に降った。

イ　太田道灌《おおたどうかん》が，江戸に城を築いた。

ウ　羽村《はむら》から江戸まで，玉川上水がつくられた。

エ　日比谷《ひびや》入江が埋《う》め立てられ，江戸の町の一部になった。

(2)　江戸日本橋を起点に整備された五街道《かいどう》の，日本橋を出て最初の宿場町として**誤っているもの**を，次の**ア**～**エ**から１つ選び，記号で答えなさい。

ア　千住《せんじゅ》　　**イ**　板橋　　**ウ**　目黒　　**エ**　品川

(3)　江戸を中心に数多く作られた浮世絵について述べた文として，内容が**誤っているもの**を，次の**ア**～**エ**から１つ選び，記号で答えなさい。

ア　浮世絵は，絵師《えし》・彫師《ほりし》・刷師《すりし》などの分業で作られた。

イ　１枚の版木で，多色刷りの浮世絵を作ることができた。

ウ　浮世絵は，大量に刷られて安く売られ，多くの人々に買い求められた。

エ　オランダの画家ゴッホが，歌川広重《ひろしげ》の浮世絵を模写した油絵を描いた。

問３　会話文中の(②)・(③)にあてはまる都市の組み合わせとして正しいものを，次の**ア**～**エ**から１つ選び，記号で答えなさい。

ア　②…札幌《さっぽろ》　③…長野　　**イ**　②…長野　③…札幌

ウ　②…札幌　③…函館《はこだて》　　**エ**　②…函館　③…札幌

問４　下線部④について，日本と中国の関係に関する以下の問い(1)・(2)に答えなさい。

(1)　遣唐使《けんとうし》に随行《ずいこう》した人物として**誤っているもの**を，次の**ア**～**エ**から１人選び，記号で答えなさい。

ア　阿倍仲麻呂《あべのなかまろ》　　**イ**　吉備真備《きびのまきび》　　**ウ**　鞍作止利《くらつくりのとり》　　**エ**　最澄《さいちょう》

(2)　日宋《にっそう》貿易を行うため，12世紀に大輪田泊《おおわだのとまり》を大規模に改修させた人物の名前を，**漢字**で答えなさい。

問５　下線部⑤について，前回の東京オリンピックが開かれた，1960年代の日本に関する記述として**誤っているもの**を，次の**ア**～**エ**から１つ選び，記号で答えなさい。

ア　所得倍増をスローガンにかかげた池田勇人《はやと》内閣が誕生した。

イ　日韓基本条約を結び，日本は韓国政府を朝鮮《ちょうせん》半島における唯一《ゆいいつ》の政府として承認《しょうにん》した。

ウ　小笠原《おがさわら》諸島が日本に復帰した。

エ　日本の国民総生産(GNP)が，アメリカを抜《ぬ》いて世界第１位となった。

問６　下線部⑥について，第１回近代オリンピックが開かれた年(1896年)と時期的にもっとも近いアジアの出来事を，次の**ア**～**エ**から１つ選び，記号で答えなさい。

ア　韓国併合《へいごう》　　**イ**　三国干渉《かんしょう》　　**ウ**　朝鮮戦争　　**エ**　満州事変

問７　下線部⑦について，以下の問い(1)～(3)に答えなさい。

(1)　第二次世界大戦開戦以前に起こった，日本が関わった以下の４つの戦争を，起こった時代順に，**ア**～**エ**の記号を使って正しく並べかえなさい。

ア　第一次世界大戦　　**イ**　日中戦争　　**ウ**　日露《にちろ》戦争　　**エ**　日清《にっしん》戦争

(2)　第二次世界大戦開戦時のアメリカ・ソ連の指導者の組み合わせとして正しいものを，次の**ア**～**エ**から１つ選び，記号で答えなさい。

ア　アメリカ…ルーズベルト　ソ連…レーニン

イ　アメリカ…ブッシュ　　ソ連…スターリン

ウ　アメリカ…ルーズベルト　ソ連…スターリン

エ　アメリカ…ブッシュ　　ソ連…レーニン

(3)　第二次世界大戦に関連した以下の文について，内容が**誤っているもの**を，次の**ア**～**エ**から1つ選び，記号で答えなさい。

ア　ドイツがポーランドに侵攻し，第二次世界大戦が始まった。

イ　日本・ドイツ・ソ連が，三国同盟を結成した。

ウ　日本がハワイの真珠湾《しんじゅわん》を攻撃《こうげき》し，太平洋戦争が始まった。

エ　アメリカが日本に，原子爆弾《ばくだん》を投下した。

問8　下線部⑧について，以下の問い(1)～(3)に答えなさい。

(1)　1936年のベルリン大会の時の，ナチスの最高指導者の名前を答えなさい。

(2)　ナチスの政策として，ユダヤ人をはじめとする多くの人々が弾圧《だんあつ》され，強制収容所に送り込《こ》まれました。現在は世界遺産にも登録されている，ポーランドにある代表的な強制収容所の名称《めいしょう》を，**カタカナ**で答えなさい。

(3)　ナチスによる迫害《はくがい》を受けていた多くの人々を救うため，当時の日本の外務省の方針に反して，大量のビザ(査証)を発行した日本人を，次の**ア**～**エ**から1人選び，記号で答えなさい。

ア　小村寿太郎《じゅたろう》　**イ**　陸奥宗光《むつむねみつ》　**ウ**　井上馨《かおる》　**エ**　杉原千畝《ちうね》

問9　下線部⑨について，以下の問い(1)～(3)に答えなさい。

(1)　東西冷戦において対立の根幹をなした，東側諸国・西側諸国がそれぞれ支持したイデオロギー(理念・主義)の組み合わせとしてもっともふさわしいものを，次の**ア**～**エ**から1つ選び，記号で答えなさい。

ア　東側…資本主義　西側…民主主義　　**イ**　東側…自由主義　西側…社会主義

ウ　東側…社会主義　西側…資本主義　　**エ**　東側…民主主義　西側…社会主義

(2)　日ソ共同宣言に調印し，ソ連との国交を回復した時の日本の首相《しゅしょう》として正しいものを，次の**ア**～**エ**から1人選び，記号で答えなさい。

ア　吉田茂《よしだしげる》　**イ**　鳩山一郎《はとやまいちろう》　**ウ**　岸信介《きしのぶすけ》　**エ**　佐藤栄作《さとうえいさく》

(3)　1989年に東西冷戦の終結を告げる会談が開かれた，地中海にある島の名前を，次の**ア**～**エ**から1つ選び，記号で答えなさい。

ア　マルタ島　**イ**　セイロン島　**ウ**　ジャワ島　**エ**　オアフ島

問10　会話文中の(⑩)にあてはまる国名を，次の**ア**～**エ**から1つ選び，記号で答えなさい。

ア　イラク　**イ**　クウェート　**ウ**　アフガニスタン　**エ**　シリア

問11　下線部⑪について，古代オリンピックが開かれていた頃の日本と中国について述べた以下の文のうち，内容が**誤っているもの**を，**ア**～**エ**から1つ選び，記号で答えなさい。

ア　大陸から移り住んだ人々によって，稲作《いなさく》が九州北部に伝えられ，やがて東日本にまで広がった。

イ　倭《わ》には100余りの国があり，なかには楽浪郡《らくろうぐん》を通じて，漢に使いを送る国もあった。

ウ　倭の奴国《なこく》の王が，隋《ずい》に使いを送り，皇帝《こうてい》から金印を授《さず》けられた。

エ　邪馬台国《やまたいこく》の女王卑弥呼《ひみこ》が，魏《ぎ》に使いを送り，皇帝から「親魏倭王」の称号《しょうごう》を授けられた。

問12　下線部⑫について，以下の問い(1)・(2)に答えなさい。

(1)　南北戦争中に奴隷《どれい》解放宣言を出した第16代アメリカ合衆国大統領を，次の**ア**～**エ**から１人選び，記号で答えなさい。

ア　ワシントン　**イ**　ジェファーソン　**ウ**　リンカーン　**エ**　ケネディ

(2)　第二次世界大戦後のアメリカで黒人差別と戦い，最後には暗殺された，「私には夢がある」の演説で有名な人物を，次の**ア**～**エ**から１人選び，記号で答えなさい。

ア　マンデラ　**イ**　キング　**ウ**　ガンジー　**エ**　スーチー

問13　下線部⑬について，台湾《たいわん》が「地域」とされる背景には，中国と台湾の，いわゆる「ふたつの中国」の問題があります。これに関する右の表とその<説明文>の（ **1** ）・（ **2** ）にあてはまる国名を，それぞれ**漢字**で答えなさい。

「ふたつの中国」の対比

	中国(大陸)	台湾
国名	（ **1** ）	（ **2** ）
指導者(内戦時)	毛沢東《もうたくとう》	蔣介石《しょうかいせき》
中心政党(内戦時)	共産党	国民党

<説明文>　第二次世界大戦後の内戦に敗れ，（ **2** ）が台湾に拠点《きょてん》を移した当初，国際連合は，（ **2** ）政府を中国の正式代表とする立場をとっていた。しかし国際情勢の変化にともない，国際連合はのちに方針を転換《てんかん》。1971年に中国の代表権を（ **1** ）に変更《へんこう》し，また安全保障理事会の常任理事国の地位も，（ **1** ）が引き継《つ》ぐこととなった。

問14　下線部⑭について，豊臣秀吉《とよとみひでよし》の朝鮮侵略《しんりゃく》に関して述べた以下の文のうち，内容が**誤っているもの**を，次の**ア**～**エ**から１つ選び，記号で答えなさい。

ア　秀吉は，明《みん》の征服《せいふく》を考え，その足がかりとして大軍で朝鮮に攻《せ》めこんだ。

イ　朝鮮の人々は激しく抵抗し，水軍の活躍《かつやく》と明の援軍により，秀吉の軍を退けた。

ウ　多くの人々が殺され，学者や焼き物の技術者が朝鮮から日本に連れ去られた。

エ　秀吉は，２度の戦いに失敗した後，朝鮮への３度目の出兵を計画した。

問15　下線部(け)について，昨年(2017年)バルセロナを中心とする州で，分離《ぶんり》独立について賛否を問う住民投票が行われ，独立賛成が反対を大きく上回りました。この州の名前を，**カタカナ**で答えなさい。

2　以下の**問１**～**問10**に答えなさい。

問１　右のグラフ中の**ア**～**エ**は，札幌《さっぽろ》・東京・多治見《たじみ》・那覇《なは》のいずれかにおける，2016年８月１日～31日の日《にち》最高気温の推移を示したものです。**東京**と**那覇**にあたるものを，それぞれ**ア**～**エ**から１つ選び，記号で答えなさい。

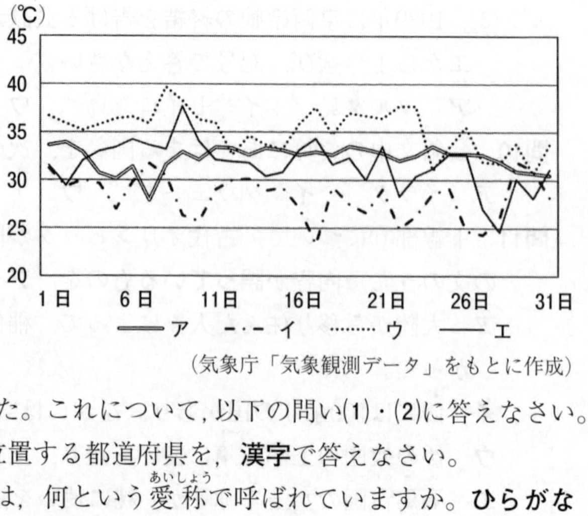

(気象庁「気象観測データ」をもとに作成)

問２　2017年10月10日，Ｈ－ⅡＡロケット36号機の打ち上げが行われました。このロケットには，準天頂衛星システム(日本版ＧＰＳ)のための人工衛星が搭載《とうさい》されました。これについて，以下の問い(1)・(2)に答えなさい。

(1)　打ち上げが行われた宇宙センターが位置する都道府県を，**漢字**で答えなさい。

(2)　この準天頂衛星システムや人工衛星は，何という愛称《あいしょう》で呼ばれていますか。**ひらがな**

で答えなさい。

問3　右の天気図は，ある年の7月1日のものです。図中のHは高気圧，Lは低気圧を示しています。オホーツク海に高気圧があることが分かります。この年の7月は北日本・東日本で，この天気図に象徴《しょうちょう》されるような気象状態が続き，東北地方を中心とした米の不作の原因となりました。これについて，あとの問い(1)～(3)に答えなさい。

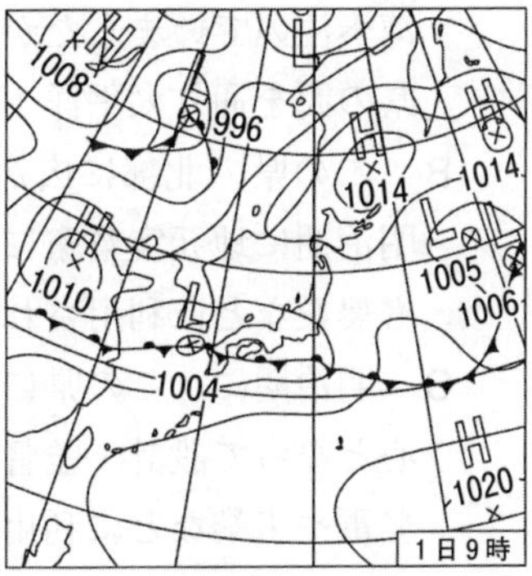

(気象庁「過去の天気図」による図を一部加工)

(1)　次の表は，東北6県における**7月の平均気温・日照時間**と**米の作況《さっきょう》指数**を，この年を含《ふく》む5年間について示したものです。A・BおよびC・Dのグループには，それぞれ青森県と福島県以外の4県が，2県ずつ含まれます。**宮城県が含まれるグループの組み合わせ**として正しいものを，あとの**ア～エ**から1つ選び，記号で答えなさい。

7月の平均気温(上段)日照時間(下段)

	青森	福島	Aグループ		Bグループ		
2年前	21.9	26.1	23.8	25.4	23.2	24.7	℃
	135.3	190.0	133.1	207.6	142.1	207.5	時間
1年前	21.5	25.1	23.8	24.6	22.9	23.3	℃
	96.2	130.1	115.7	144.4	101.9	126.0	時間
この年	18.1	19.6	20.8	20.2	18.8	18.4	℃
	140.6	49.4	134.8	92.9	74.9	34.2	時間
1年後	22.7	25.6	24.1	25.1	23.2	23.8	℃
	171.0	199.8	160.4	213.6	156.8	196.2	時間
2年後	20.3	23.1	22.3	23.0	20.6	21.4	℃
	137.9	100.9	120.0	104.3	88.4	95.2	時間

※観測地点は各県庁所在都市
(気象庁「気象観測データ」をもとに作成)

米の作況指数

	青森	福島	Cグループ		Dグループ	
2年前	99	105	103	101	101	102
1年前	98	103	103	100	98	101
この年	53	89	69	73	92	92
1年後	101	104	108	102	85	95
2年後	103	101	101	101	100	101

※平年並みを100とする
(平成28年農林水産省資料をもとに作成)

ア　A・C　**イ**　A・D　**ウ**　B・C　**エ**　B・D

(2)　この年の米の不作の原因となった東北地方特有の気象現象は，何と呼ばれていますか。

(3)　昭和の初めごろに著《あらわ》されたある作品では「サムサノナツハオロオロアルキ」という表現を用いて，この年と同じような農業の不作の様子が描《えが》かれています。この作品を著した人物の名前を答えなさい。

問4　47都道府県のうち，海に面していない内陸県で，県庁所在都市名が県名と異なるものが4県あります。(漢字とひらがなで読みが同じ場合は，同じ名前とします。) 次の**A～D**は，この4県に関することがらについて述べた文です。**A～D**を読んで，あとの問い(1)～(5)に答えなさい。

A　この県の北東部には，片品《かたしな》川が流れています。片品川が合流する河川《かせん》は，かつては東京湾《わん》へ注いでいましたが，江戸《えど》時代以降の治水事業によって流路が変更《へんこう》され，千葉県と茨城県の間を通り太平洋へ流れ出ています。

B　この県の北部に広がる扇状地《せんじょうち》は，水持ちが悪く農業・生活用水が不足していたため，明治期に地元実業家によって，疏水《そすい》が建設されました。那珂《なか》川から取水した用水は，現在も農業などに利用されています。

C　明治期に，この県にある湖から隣接《りんせつ》する都道府県へ疏水が建設されました。（ ① ）が中心となって設計・監督《かんとく》し，県境である山にトンネルを掘《ほ》って通した疏水で，完成後は水力発電や工業などに利用されました。

D　この県の北部にある甲武信ヶ岳《こぶしがたけ》は３県の県境にあたり，昔の国名の頭《かしら》文字を合わせた名前だと言われています。甲武信ヶ岳を水源とする笛吹《ふえふき》川は，釜無《かまなし》川と合流して富士川となり，（ ② ）湾に流れ出ています。

(1)　**B**県の県庁所在都市の名を，**漢字**で答えなさい。

(2)　文章中の(①)にあてはまる人名を，次の**ア**～**オ**から１人選び，記号で答えなさい。

ア　布田保之助《ふたやすのすけ》　　**イ**　田辺朔郎《たなべさくろう》　　**ウ**　矢板武《やいたたけし》

エ　吉田勘兵衛《よしだかんべえ》　　**オ**　浜口梧陵《はまぐちごりょう》

(3)　文章中の(②)にあてはまる湾の名を答えなさい。

(4)　右の表は，ぶどう・キャベツ・いちご・米(水稲《すいとう》および陸稲《りくとう》)について，この４県の収《しゅう》穫《かく》量(2015年，単位：トン，表中の「－」はデータなし)を示したものです。**A**と**B**の県にあたるものを，それぞれ表中の**ア**～**エ**から１つ選び，記号で答えなさい。

	ぶどう	キャベツ	いちご	米
ア	511	8,800	－	166,800
イ	1,030	243,900	3,260	77,300
ウ	41,400	4,170	－	27,100
エ	1,760	6,490	24,800	310,300

（e-Stat「作物統計調査」をもとに作成）

(5)　この４県について述べた文として**誤っているもの**を，次の**ア**～**エ**から１つ選び，記号で答えなさい。

ア　４県のすべてが，４つ以上の都道府県と隣接している。

イ　４県のうち，新幹線の駅がない県は１つである。

ウ　４県のうち，県名と同じ名前の市を持つ県は２つである。

エ　４県のうち，政令指定都市がない県は３つである。

問５　日本の水産業について，以下の問い(1)～(3)に答えなさい。

(1)　日本の漁業や漁業環境《かんきょう》について述べた次の**ア**～**オ**の文のうち，正しいものを１つ選び，記号で答えなさい。

ア　沿岸・沖合《おきあい》・遠洋漁業のうち，ここ30年でもっとも漁獲《ぎょかく》量が減少しているのは，沿岸漁業である。

イ　遠洋漁業では，定置網《ていちあみ》やさし網を利用して，大型の回遊魚を漁獲する漁法が中心に行われる。

ウ　いけすを利用し稚魚《ちぎょ》や稚貝《ちがい》を成魚や成貝になるまで育てる栽培《さいばい》漁業は，漁獲・収入が安定するメリットがある。

エ　魚つき林は，熱帯や亜熱帯《あねったい》地域の海岸沿いや河口に育つ森林で，沖縄県や鹿児島県などで見られる。

オ　海藻《かいそう》の育成や人工漁礁《ぎょしょう》の設置などによって，人工的につくられた魚の生育環境を，海洋牧場と呼ぶ。

(2)　次のグラフ**A**～**D**は，2015年における日本の漁港別水揚《みずあげ》量５位以内の漁港のうち，４漁港の主要水揚品目を表したものです。あとの**ア**～**エ**は，４漁港のいずれかの位置を，経度のみ示したものです。(「分」は，１度の60分の１を表す単位です。) **B**と**D**の漁港の位置にあたるものを，それぞれ**ア**～**エ**から１つ選び，記号で答えなさい。

なお，グラフ中の魚種は「〇〇類」を示しています。例えば，マグロとはクロマグロ・メバチマグロ・ビンナガマグロなどマグロ類について，生・冷凍《れいとう》(および魚種によっては塩漬《しおづ》け)の合計を表しています。

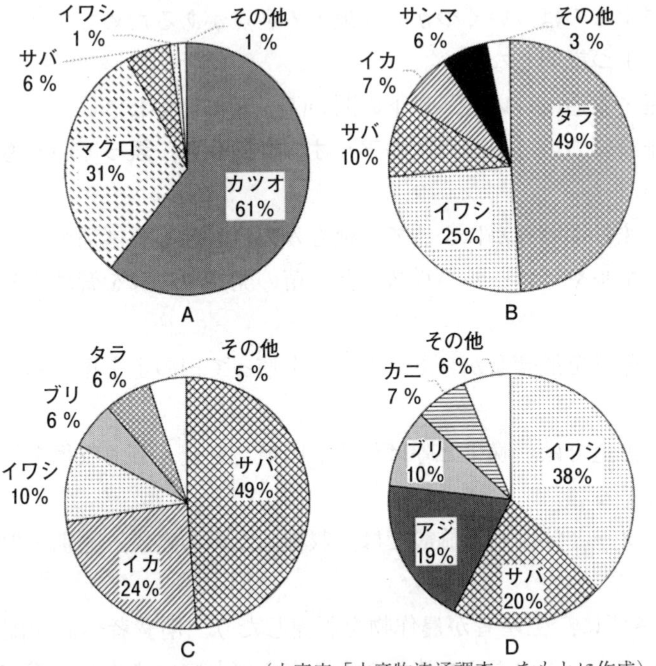

(水産庁「水産物流通調査」をもとに作成)

ア　東経133度13分　　**イ**　東経138度20分

ウ　東経141度30分　　**エ**　東経144度21分

(3)　港で水揚げされた水産物を，低温のまま保存・輸送し，市場や小売店をへて，新鮮《しんせん》なまま消費者へ届けられるしくみがつくられています。このようなしくみのことを，何といいますか，**カタカナ**で答えなさい。

問６　日本の工業について，以下の問い(1)～(4)に答えなさい。

(1)　右の表は，事業所規模別の工業統計(2014年)です。**ア**～**ウ**は，従業者数が29人以下，30～299人，300人以上のいずれかの事業所にあたります。30～299人の事業所にあたるものを１つ選び，記号で答えなさい。

	事業所数	製造品出荷額等(億円)	1人あたり現金給与(万円)
ア	3,210	1,591,876	583
イ	354,274	341,040	282
ウ	40,251	1,137,167	407

(矢野恒太記念会『日本国勢図会2017/18年版』をもとに作成)

(2)　ある一定の地域に，特定の業種の中小企業《きぎょう》が集積(集中して立地)する場合があります。これらの産業は，江戸時代からの伝統産業を背景とするものや，明治・大正以降の工業化によって発展したものなどがあります。このような産業を何といいますか，**漢字**で答えなさい。

(3) 上の(2)の産業について，地域と産業の組み合わせとして**誤っているもの**を，次の**ア〜オ**から１つ選び，記号で答えなさい。

ア 今治《いまばり》(愛媛)―タオル
イ 堺《さかい》(大阪)―自転車部品
ウ 鯖江《さばえ》(福井)―洋食器
エ 高岡《たかおか》(富山)―銅器
オ 丸亀《まるがめ》(香川)―うちわ

(4) 上の(2)の産業について，同業者のライバルが増えるというデメリットがあるにもかかわらず，一定の地域に集積するのは，いくつかの立地上の利点があるためです。この利点として考えられることを，１つ説明しなさい。

問７ 日本の農業や食品の生産・流通について，以下の問い(1)〜(3)に答えなさい。

(1) 米の生産工程や関連施設《しせつ》について述べた次の**ア〜オ**の文のうち，**誤っているもの**を１つ選び，記号で答えなさい。

ア 一定の濃度《のうど》の塩水に沈《しず》むかどうかによって，種もみの良し悪《あ》しを選別する。

イ 温度管理をしたトンネルやビニールハウスなど，苗《なえ》の発芽や生育を管理するための場所を苗床《なえどこ》という。

ウ 田に水をはる前に，肥料を混ぜながらトラクターを使って田の土を掘り起こす作業は，田おこしと呼ばれる。

エ 気温の低い東北や北海道では，晩生《おくて》と呼ばれる，田植えを遅《おそ》くして収穫を早める品種の稲《いね》が多く生産されている。

オ カントリーエレベーターと呼ばれる施設では，収穫した米の乾燥《かんそう》・選別・保存が行われる。

(2) 近年，卸売《おろしうり》業者を通さずに，生産者が農作物を販売《はんばい》したり，消費者へ直接配送したりする流通形態が増えています。このような流通のあり方を何といいますか，**漢字４文字**で答えなさい。

(3) 次の表は，日本の農作物の主要輸入相手国(2016年)を示したものです。**ア〜エ**は，小麦・大豆・茶・コーヒー(生豆《きまめ》)のいずれかです。**大豆**にあたるものを１つ選び，記号で答えなさい。また，表中の**X**にあたる国名を答えなさい。

ア	%	イ	%	ウ	%	エ	%
中国	48.1	アメリカ合衆国	46.3	X	31.7	アメリカ合衆国	71.5
スリランカ	27.3	カナダ	33.0	ベトナム	22.8	X	16.7
インド	11.6	オーストラリア	15.5	コロンビア	15.4	カナダ	10.9
その他	13.0	その他	5.2	その他	30.1	その他	0.9

(矢野恒太記念会『日本国勢図会2017/18年版』をもとに作成)

問８ 日本の防災や消防について，以下の問い(1)・(2)に答えなさい。

(1) 緊急地震《きんきゅうじしん》速報の発令や火山活動の監視《かんし》を行う機関は，何省に属しますか。省の名前を，**漢字**で答えなさい。

(2) 消防について述べた，次の**ア〜オ**の文のうち，**誤っているもの**を１つ選び，記号で答えなさい。

ア　公道の消火栓《しょうかせん》は，すべてマンホール内に地下式で設置されることが，消防法により定められている。

イ　離島《りとう》や規模の小さい町村には，消防署や消防本部が設置されていないところがある。

ウ　消防車には，はしご車・ポンプ車・化学車・指揮車などの種類がある。

エ　119番通報により出動する救急車は，地方公共団体の消防本部や消防局などに所属している。

オ　消防法により，現在の新築住宅には，居室や階段上などに火災警報器を設置することが義務づけられている。

問９　日本の国会や内閣について，以下の問い⑴・⑵に答えなさい。

⑴　国会や内閣について述べた文として正しいものを，次の**ア**～**オ**から１つ選び，記号で答えなさい。

ア　参議院には解散がなく，議員を選出する選挙は，６年に１度行われる。

イ　内閣総理大臣は，国会によって国会議員の中から任命される。

ウ　国務大臣は，すべて国会議員の中から内閣総理大臣によって任命される。

エ　内閣不信任案が可決された場合，内閣は衆議院を解散し，総選挙を実施《じっし》しなければならない。

オ　国会議員だけでなく，内閣からも法律案を提出することができる。

⑵　衆議院・参議院選挙をはじめ，日本の選挙は，投票自体も任意である自由選挙です。その他に，選挙に関する４つの原則があります。普通《ふつう》選挙・秘密選挙・直接選挙と，あと１つの原則は何ですか，**漢字**で答えなさい。

問10　次の条文は，日本国憲法の一部です。これについて，あとの問い⑴～⑷に答えなさい。

第十一条　国民は，すべての a 基本的人権の享有《きょうゆう》を妨《さまた》げられない。この憲法が国民に保障する基本的人権は，侵《おか》すことのできない永久の権利として，現在及《およ》び将来の国民に与《あたえ》へられる。

第十三条　すべて国民は，個人として尊重される。生命，自由及び幸福追求に対する国民の権利については，（ ① ）に反しない限り，立法その他の国政の上で，最大の尊重を必要とする。

第九十六条　この憲法の改正は，各議院の総議員の（ ② ）の賛成で，国会が，これを発議し，国民に提案してその承認《しょうにん》を経《へ》なければならない。この承認には，b 特別の国民投票又《また》は国会の定める選挙の際行《おこな》は《わ》れる投票において，その（ ③ ）の賛成を必要とする。

⑴　条文中の(①)にあてはまる語句を答えなさい。

⑵　条文中の(②)・(③)にあてはまる語句を，それぞれ次の**ア**～**エ**から１つ選び，記号で答えなさい。

ア　三分の一以上

イ　過半数

ウ　三分の二以上

エ　四分の三以上

⑶　条文中の下線部**a**について，社会生活の変化にともなって，新しい人権が主張されるよ

うになりました。日本における新しい人権に関することがらについて述べた**ア～エ**の文のうち，**下線部の内容が誤っているもの**を１つ選び，記号で答えなさい。

ア　プライバシーの権利を背景に制定された個人情報保護法は，日本国民，外国人を問わず，生存する個人や死者および法人の情報に適用される。

イ　知る権利の主張を背景として，国や地方公共団体が持つ情報について，一般《いっぱん》市民が開示請求《せいきゅう》できることを定めた法律がつくられた。

ウ　自己決定権のうち生命・身体の自己決定について，尊厳死や積極的安楽死を認める法律は制定されていない。

エ　大阪の伊丹《いたみ》空港において，周辺住民の環境権を根拠《こんきょ》に，騒音《そうおん》対策として夜間飛行の差し止めを求める訴訟《そしょう》が起こった。

(4)　条文中の下線部**b**について，2007年に定められた国民投票法(日本国憲法の改正手続きに関する法律)では，何歳《さい》以上の国民に投票権がありますか，答えなさい。

【理　科】（40分）〈満点：70点〉

1　棒の真ん中を支点とした実験用てこがあります。**図１**のように，左のうでにおもり**A**を２個，右のうでにおもり**A**を１個下げると，棒は水平につり合います。棒の目盛りは等間隔《かく》とし，おもり**A**１個の重さを10ｇとして，以下の問いに答えなさい。

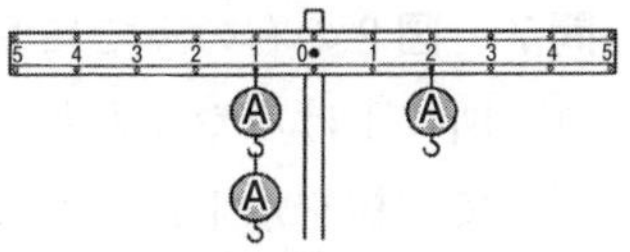

図１

　図２のように，左のうでにおもり**A**を２個下げました。**図２**の右のうでの目盛り**１**～**５**の５か所のうちの，**どこか１か所だけに**おもり**A**を何個か下げて，棒を水平につり合わせることを考えます。

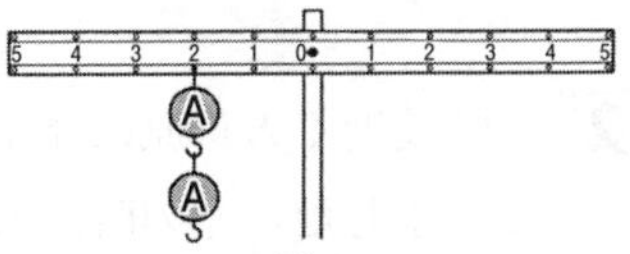

図２

問１　**図２**の右のうでのどこかにおもり**A**を１個下げると，棒は水平につり合いました。このとき，おもり**A**を下げた位置はどこですか。**図２**の右のうでの目盛り**１**～**５**の中から１つ選び，数字で答えなさい。

問２　**図２**の状態にもどした後，右のうでの目盛り**１**におもり**A**を何個か下げると，棒は水平につり合いました。このとき，右のうでに下げたおもり全部の重さは何ｇですか。

問３　もう一度，**図２**の状態にもどした後，右のうでのどこか１か所だけにおもりを下げて，棒が水平につり合うときを考えます。このとき「支点から右のおもりまでの距離《きょり》」と「右のおもり全部の重さ」は，比例の関係ですか，反比例の関係ですか。

　次に，棒の左のうでの，ある位置に目盛り**X**をとり，おもりを下げるための小さな穴をあけました。おもり**A**とは別のおもり**B**を用意して，**図３ａ**のように，左のうでの目盛り**X**におもり**B**を１個，右のうでの目盛り**５**におもり**A**を１個下げると，棒は水平につり合いました。また，**図３ｂ**のように，左のうでの目盛り**X**におもり**A**を４個，右のうでの目盛り**５**におもり**B**を１個下げても，棒は水平につり合いました。（**図３ａ**と**図３ｂ**の目盛り**X**の位置は，正しく書かれてはいません。）

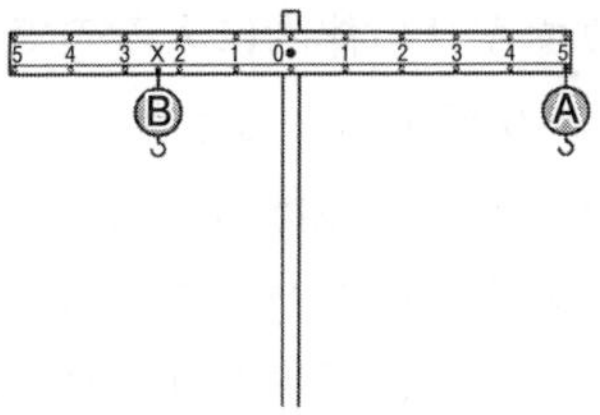

図３ａ

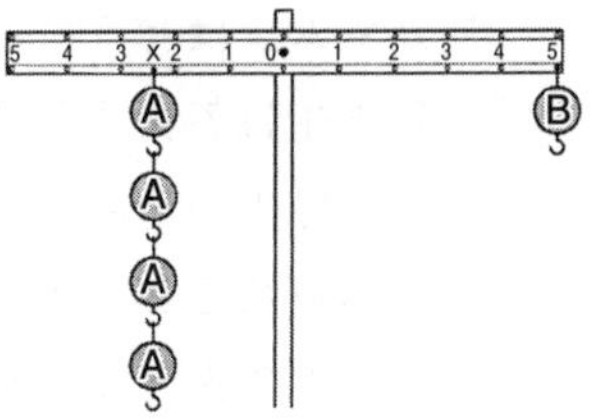

図３ｂ

問４　**図３ａ**と**図３ｂ**で，「支点から左右のおもりまでの距離の比」を，「片側のおもり全部の重さと，もう片側のおもり全部の重さの比」で表すと，どうなりますか。次の式の空らん［**あ**］・［**い**］に入るおもりの重さを答えなさい。

図３ａの式

支点から目盛り**X**までの距離：５目盛り分の長さ＝［　**あ**　］ｇ：おもり**B**１個の重さ

図３ｂの式

支点から目盛り**X**までの距離：５目盛り分の長さ＝おもり**B**１個の重さ：［　**い**　］ｇ

問５　おもり**B**１個の重さは何ｇですか。また，支点から目盛り**X**までの距離は１目盛り分の長さの何倍ですか。割り切れない場合は，四捨五入して小数第１位まで求めなさい。

　最後にもう一度，上の**図２**の状態にもどします。今度は，**図２**の右のうでの目盛り**１**～**５**の５か所のうちの**何か所かに**おもり**A**を何個か下げて，棒を水平につり合わせることを考えます。

問６　**図２**の右のうでのどこか**２か所に**おもり**A**を１個ずつ下げると，棒は水平につり合いました。このとき，おもり**A**を下げた位置はどことどこですか。**図２**の右のうでの目盛り**１**～**５**

の中から**2つ選び**，数字で答えなさい。

問7　**図2**の右のうでにおもり**A**を下げて，棒を水平につり合わせるやり方には，おもりを1か所に下げるやり方と，2か所に下げるやり方があります。**図2**の右のうでにおもり**A**を下げて，棒を水平につり合わせるやり方は，**問1**，**問2**，**問6**の場合をふくめて，全部で何通りありますか。

2　学校近くの草原に昆《こん》虫採集に来ていたS君は，虫取りあみでチョウやトンボなどを追いかけていました。その時，背の高い草のてっぺんで，何かが動いたような気がしました。気になって近づいてみると，A草とほとんど見分けがつかない色の大きなカマキリと目が合って，おどろきました。体も羽も茶色で，羽のふちが緑色の，雌《めす》のカマキリでした。つかまえてK先生に見せると，「それはチョウセンカマキリだね」と言われました。「もう成虫がいるのか。さっきハラビロカマキリの幼虫を見かけたよ。ハラビロカマキリの幼虫は，B腹部が垂直に立っているから他のカマキリとすぐに見分けがつくんだ」そう言うとK先生は，**図1**のようなスケッチをかいてくれました。

図1

それを見たS君は，以前から疑問に思っていたことを聞いてみました。「そういえば，去年，川の近くで，死んだカマキリとそのおなかから出てきたハリガネムシを見かけたのですが，ハリガネムシはどうやってカマキリの体内に入るのですか？」

K先生は答えました。「ハリガネムシは水中に卵を産むのだけれど，卵からかえった子どもは水生昆虫の幼虫に食べられて，その体内に入るんだ。C水生昆虫が成虫になって，カマキリに食べられると，水生昆虫の中にいたハリガネムシもカマキリの体内に移るんだよ。おもしろいのはそのあとで，ハリガネムシに寄生されたカマキリは，なぜか本来は大きらいな水場に移動するようになるそうだ。寄生されたカマキリの行動も変化させるなんて，不思議だね」

「だから水の中にすむハリガネムシが，ちゃんと川にもどれるのですね」カマキリの行動を変化させる仕組みは何か，S君はいつかその謎《なぞ》を解いてみたいと思いました。

冬になると，同じ草原には昆虫の姿がほとんど見られなくなりました。夏にはあれほどたくさんいた，チョウもトンボもセミもバッタももういません。それでもS君が周りをよく探すと，かれた草の間にオオカマキリの卵《らん》のうを見つけました。

「どうして冬になると昆虫は見られなくなるのですか？」S君は聞いてみました。

「冬は寒くて乾燥《かんそう》していて，生きものが暮らすには不向きだよね。この厳しい季節をどうやって乗り切るかは，生きものにとって重要な問題なんだ」K先生が答えました。「D多くの昆虫は卵や蛹《さなぎ》の状態で冬をやり過ごすけれども，中には成虫で冬ごしするものもいるんだよ」K先生はそう言うと，近くの木の根元にあった落ち葉をそっとかき分け，E落ち葉と石の下に固まっていた昆虫を見せてくれました。

「成虫で冬ごしすることには，どんな利点があるのですか？」S君が聞くと，

「Fこの昆虫のえさを考えてみればわかるよ。この昆虫のえさはどこにでもいるわけではないよね。卵で冬ごししたとして，かえった幼虫はえさを見つけられるかな？」K先生は笑って答えてくれませんでした。

問1　下線部**A**について，カマキリの保護色はどのように役立っていると考えられますか。あて

はまるものを次の**ア～エ**の中から**2つ選び**，記号で答えなさい。

ア　カマキリを食べる昼行性の(昼に活動する)鳥から身を守る。

イ　カマキリを食べる夜行性の(夜に活動する)動物から身を守る。

ウ　カマキリが食べる昼行性のチョウに気づかれないようにする。

エ　カマキリに寄生するハリガネムシに気づかれないようにする。

問2　下線部**B**に関連して，**図2**はチョウセンカマキリの成虫を示しています。チョウセンカマキリの腹部はどこから始まりますか。腹部と胸部の境目として正しいものを，**図2**の**ア～エ**の中から1つ選び，記号で答えなさい。

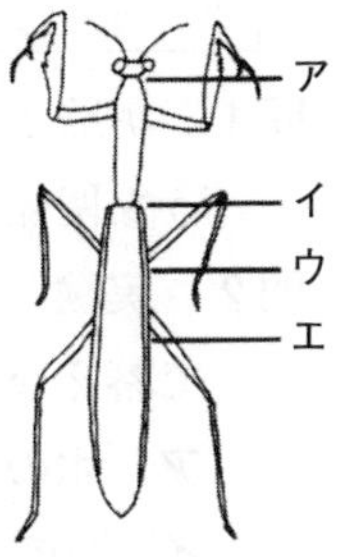

図2

問3　下線部**C**について，昆虫には，幼虫から直接成虫になるもの(不完全変態)と，幼虫から蛹を経て成虫になるもの(完全変態)がいます。水生昆虫では，カゲロウやカワゲラは不完全変態ですが，トビケラは完全変態です。学校周辺で見かける次の**ア～キ**の昆虫のうち，**不完全変態のもの**はどれですか。**すべて選び**，記号で答えなさい。

ア　モンシロチョウ　**イ**　カブトムシ　**ウ**　ナミテントウ　**エ**　ナミアゲハ

オ　オオカマキリ　**カ**　ショウリョウバッタ　**キ**　シオカラトンボ

問4　下線部**D**について，多くの昆虫が「幼虫や成虫」ではなく「卵や蛹」で冬ごしする理由は何ですか。「冬は寒くて乾燥していて～が少ないから」という形で4字以内で答えなさい。

問5　下線部**E**の昆虫としてあてはまるものを次の**ア～カ**の中から1つ選び，記号で答えなさい。

ア　カブトムシ　**イ**　ナミテントウ　**ウ**　エンマコオロギ

エ　ショウリョウバッタ　**オ**　シオカラトンボ　**カ**　モンシロチョウ

問6　下線部**F**について，「この昆虫のえさ」とは何ですか。5字以内で答えなさい。

問7　下線部**E**の昆虫が成虫で冬ごしする理由は，何だと考えられますか。あてはまるものを次の**ア～エ**の中から1つ選び，記号で答えなさい。

ア　春にえさがどこに出てくるか秋のうちからわかっているので，待ちぶせしたいから。

イ　春にえさがいつどこに出てくるかわからないので，競争相手より早く広い範《はん》囲を探しに行きたいから。

ウ　春まで待たなくても，冬の間にもえさが十分にあるから。

エ　春にえさを食べるより前に，交尾《び》して子孫を残したいから。

3　Ⅰ　実験室の薬品庫に，硝《しょう》酸カリウムという白色粉末の薬品がありました。この硝酸カリウムが水にどのようにとけるか知りたいと思い，次の実験1と実験2を行いました。ただし，表の「とける量」とは，硝酸カリウムを水にこれ以上とけなくなるまでとかしたときの量をいいます。

＜実験1と結果＞

水の温度20℃で，水の量を100g，200g，300g，400gと変えたとき，硝酸カリウムのとける量を調べました。その結果は，**表1**のようになりました。

表1　「水の量」と「硝酸カリウムのとける量」の関係(水の温度20℃)

水の量(g)	100	200	300	400
とける量(g)	31.6	63.2	94.8	126.4

＜実験２と結果＞

水100ｇの温度を20℃，40℃，60℃，80℃と変えたとき，硝酸カリウムのとける量を調べました。その結果は，**表２**のようになりました。

表２　「水の温度」と「硝酸カリウムのとける量」の関係(水の量100ｇ)

水の温度(℃)	20	40	60	80
とける量(ｇ)	31.6	63.9	109	169

問１　実験１の結果に見られる，同じ温度における「水の量」と「とける量」の間には，どのような関係がありますか。

問２　実験１，実験２の結果を参考にして，次の**ア**～**エ**の中から正しいものを**すべて選び**，記号で答えなさい。

ア　水の量が一定の場合，水の温度が高くなると，硝酸カリウムのとける量が増える。

イ　20℃の水500ｇに硝酸カリウム170ｇのすべてをとかすことができる。

ウ　20℃の水250ｇに硝酸カリウム100ｇのすべてをとかすことはできないが，そこに20℃の水100ｇを加えると，すべてをとかすことができる。

エ　80℃の水100ｇに硝酸カリウム50ｇのすべてをとかした後，これを40℃まで冷やすと，硝酸カリウムの固体が出てくる。

問３　硝酸カリウムを60℃の水にこれ以上とけなくなるまでとかしました。この水よう液の重さに対する硝酸カリウムの重さの割合は何％ですか。四捨五入して，整数で答えなさい。

問４　硝酸カリウムを80℃の水にこれ以上とけなくなるまでとかしました。この水よう液200ｇを20℃まで冷やしたときに出てくる固体は何ｇですか。四捨五入して，整数で答えなさい。

Ⅱ　二酸化炭素について，次の問いに答えなさい。

問５　次の**ア**～**オ**の中から正しいものを**すべて選び**，記号で答えなさい。

ア　二酸化炭素の中に火がついた線香《こう》を入れると，線香が激しく燃える。

イ　二酸化炭素の水よう液を加熱すると，とけきれなくなった二酸化炭素が出てくる。

ウ　ドライアイスを気温20℃の教室で放置しておくと，気体の二酸化炭素になる。

エ　動物の呼吸によって，二酸化炭素が体内に取りこまれ，酸素が放出される。

オ　ろうそくが燃えると，二酸化炭素ができる。

二酸化炭素を用いて，次のように①～④の手順で実験を行いました。ただし，ＢＴＢ《ビーティービー》よう液の色は，中性で緑，酸性で黄，アルカリ性で青になります。

実験操作

①　ペットボトルに４分の１くらい水を入れる。

②　ペットボトルにＢＴＢよう液を数滴《てき》加え，水の色を緑にする。

③　二酸化炭素ボンベを用いて，ペットボトルの残り４分の３を二酸化炭素で満たす。

④　ペットボトルのふたをしっかりと閉め，よく振《ふ》る。

問６　この実験の結果とその理由として，正しいものを次の**ア**～**カ**の中から**すべて選び**，記号で答えなさい。

ア　二酸化炭素が水にとけて，ペットボトルがへこんだ。

イ　二酸化炭素が増えて，ペットボトルがふくらんだ。

ウ　二酸化炭素が水にとけて，水よう液の色が緑から青に変化した。

エ　二酸化炭素が水にとけて，水よう液の色が緑から黄に変化した。

オ　二酸化炭素が水と反応して，白くにごった。

カ　二酸化炭素が冷えて，ペットボトルの中がくもった。

4　月日や曜日のような時間の区切り方は，自然の現象を利用しています。これについて，以下の問いに答えなさい。なお，2018年の春分の日は３月21日，秋分の日は９月23日，2019年の春分の日は３月21日です。また，2018年，2019年ともに閏《うるう》年ではありません。

問１　太陽の中心が真南を通過した時から再び真南を通過するまでの時間をもとに，１日の長さを決めました。ただし，地球から観察する太陽には大きさがあるため，真南を通過するのにいくらか時間がかかります。太陽の片方の端《はし》が真南を通過して，もう片方の端が真南を通過するまで何分かかりますか。割り切れない場合は，四捨五入して整数で答えなさい。なお，下の**図１**に示すように，太陽の見かけの大きさは角度にして0.5°です。

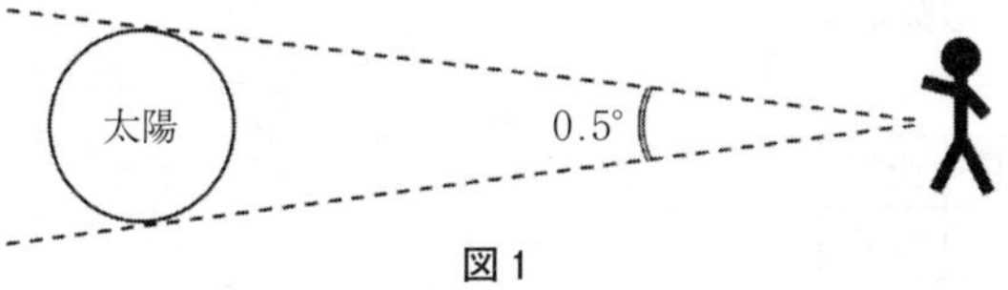

図１

問２　月は，新月から満月となり再び新月にもどります。この変化は29.5日でくり返されます。2018年最初の満月は１月２日でした。2018年の春分の日，空に明るく輝《かがや》いて見える月の見え方についてあてはまるものを，次の**ア**～**オ**の中から１つ選び，記号で答えなさい。

ア　満月のような丸い形の月が，一晩中見える。

イ　半円のような形の月が，南の空から西の空に見える。

ウ　半円のような形の月が，東の空から南の空に見える。

エ　三日月のような形の月が，東の空に見える。

オ　三日月のような形の月が，西の空に見える。

問３　春分の日から秋分の日の前日までを夏半年とします。秋分の日から翌年の春分の日の前日までを冬半年とします。2018年の春分の日から始まる夏半年と，2019年の春分の日の前日までの冬半年の日数を比べると，どちらが何日多いですか。

問４　地球は，**図２**のように太陽を中心としてその周りをまわっています。太陽の周りをまわっている地球のような天体は他にもあり，それらを惑《わく》星といいます。また，月は地球の周りをまわっています。惑星，太陽，月などをまとめて天体といいます。これらの天体は**図２**のような位置関係になっており，太陽から惑星までの距離は，**表１**のとおりです。**表１**に示す太陽からの距離は，太陽と地球の距離を１として，その何倍かで示しています。

さて，曜日は，**図３**のように地球が宇宙の中心と考えられていたころに，次のように作られたといわれています。まず，１日を24等分してその各１時間をそれぞれ異なる天体が順番に支配するものとしました。その天体とは，当時知られていた５つの惑星に太陽と月をあわせた７つであり，支配する順番は，土星・木星・火星・太陽(日)・金星・水星・月としました。この順は，当時考えられていた地球中心の宇宙において，地球からその天体までの距離が遠い順です。これを，**図４**のように，１時からあてはめ，その日の１時を支配する天体をその日の曜日としました。例えば，**図４**のように，１時に土星，２時に木星，３時に火星・・・と順にあてはめると，24時に火星となり，翌日の1時は太陽となります。このようにして，曜日は現在知られている土・日・月・火・水・木・金の順となりました。

(1)と(2)に答えなさい。

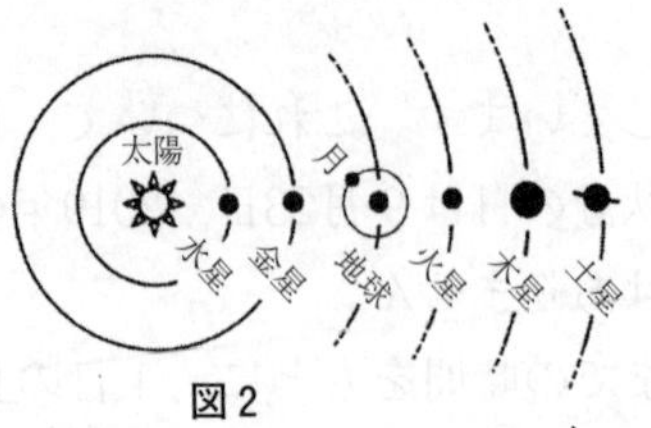

図2

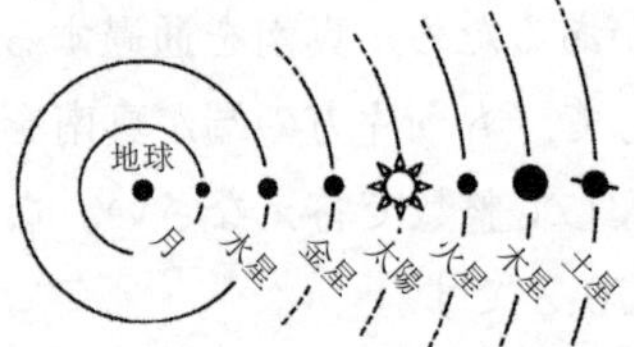

図3

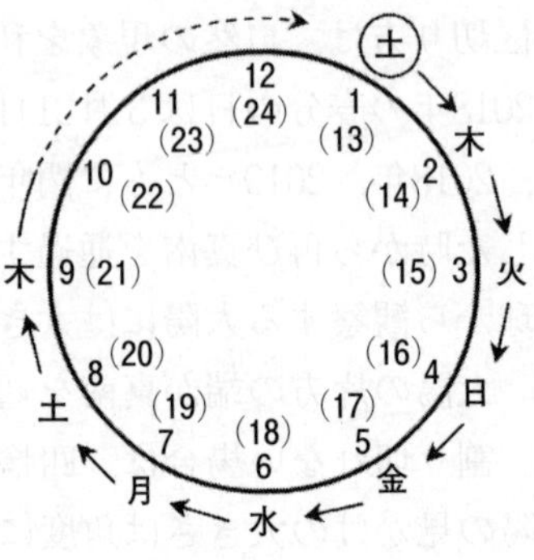

図4

表1　太陽から惑星までの距離

天　体	水星	金星	地球	火星	木星	土星
太陽からの距離	0.39	0.72	1	1.5	5.2	9.6

(1)　**図2**のように並んでいるとき，水星と火星のうち，地球に近い惑星はどちらですか。ここで，地球からそれぞれの惑星までの距離は，**表1**を使って比べるものとします。

(2)　**図2**のように並んでいるとき，地球から遠い順に天体を並べて曜日の配列を考え直すとどのようになりますか。「日」を1番目としたとき，2番目にくる曜日を書きなさい。なお，地球からそれぞれの天体までの距離は月が最も近いものとし，他の天体については(1)と同様に，**表1**を使って比べるものとします。

「私《わたし》は、小池社員の方を高く評価する」
と答えました。部長が、
「新宿支店よりやや小さめの池袋支店でも、小池社員が、高い成果を上げたということがポイントでしょうか」
と尋《たず》ねたところ、社長は、
「支店規模の問題ではない」
と告げ、自分の考えを示しました。

問一　社長は、部長の報告のどの表現に、客観性に欠けたものを感じたのでしょうか。二つ探し出し、なるべく短い字数で書きぬきなさい。

問二　大西社員より小池社員の方を高く評価する社長の考えとは、どのようなものと考えられるでしょうか。「たしかに」「しかし」「一方」「したがって」の四つの言葉を、この順に、文の先頭に使って、四文で説明しなさい。

三

以下の**問題**にある空欄《くうらん》①～⑤には、それぞれ、上の漢字から続いて二字熟語を作り、下の漢字へ続いて二字熟語を作ることのできる漢字が入ります。空欄に入る漢字については、**例題一**のように、上の漢字から続く熟語の場合と、下の漢字へ続く熟語の場合で、同じ読み方になる場合もありますが、**例題二**のように、異なる読み方になる場合もあります。

空欄①～⑤に入れることのできる漢字を答えなさい。なお、人名・地名などは熟語にふくまれません。

・**例題一**　安（　）理　**答え**「心」
例題二　劇（　）所　**答え**「場」

・**問題**　状（①）度　下（②）順　意（③）式
辺（④）目　博（⑤）別

問三　――ウ「自分が泣いているのだと知って驚いた」とありますが、「私」は自分が泣いている理由についてどのように考えましたか。説明しなさい。

問四　――エ「絵なんか売れないで。誰にも認められないで」・――オ「輝也の絵、たくさんの人に見てもらえるといいね」とありますが、この気持ちの変化を説明しなさい。

二　次の文章を読んで、後の問いに答えなさい。

北海商事株式会社は、北海道の名産物を、各地に紹介《しょうかい》し、販売《はんばい》する会社です。大手百貨店の安田デパートから、「月末の休日に、新宿支店と池袋《いけぶくろ》支店で北海道物産展を行うので、カニ弁当を仕入れてほしい」と依頼《いらい》されました。

北海商事では、新宿支店の仕入れ販売を大西社員が担当し、新宿支店よりやや規模の小さい池袋支店の仕入れ販売は小池社員が担当することになりました。両支店での販売を終え、翌月の月例報告会では、販売部長が下記のグラフを示しながら、両支店での成果を社長に報告しました。

「大西社員は、販売用に500個のカニ弁当を発注し、小池社員は、450個のカニ弁当を発注しました。最終的に、新宿支店では、見事にカニ弁当は完売となりました。池袋支店では、20個の売れ残りが生じてしまいました。グラフは、九時の開店から十九時閉店までの、カニ弁当の売れ行き総数を示したものです。二人の社員の評価について、社長はいかがお考えになりますか」

この報告を聞いて、社長は、

「部長の報告は客観性に欠ける。君はすでに大西社員を高く評価しようとしているではないか」

と伝えたうえで、

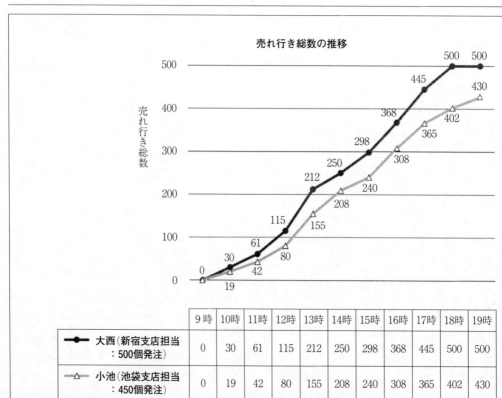

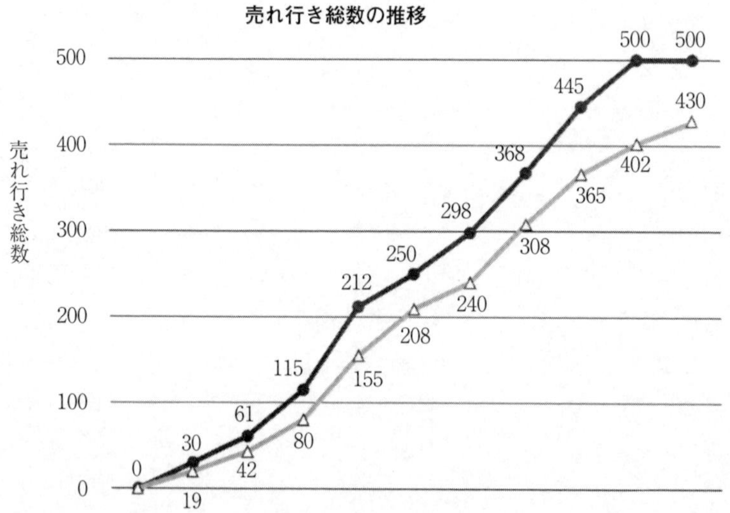

	9時	10時	11時	12時	13時	14時	15時	16時	17時	18時	19時
大西（新宿支店担当：500個発注）	0	30	61	115	212	250	298	368	445	500	500
小池（池袋支店担当：450個発注）	0	19	42	80	155	208	240	308	365	402	430

める。でも輝也は、穏《おだ》やかに言った。

「どのフライパン使ってる？」

「え？　壁《かべ》にかけてあった赤くて丸いの……」

「それ、古くてテフロン（＝熱した時に食品がこびりつかないようにするもの）はがれちゃってるから卵がくっつくでしょ。場所がちょっと違うからわかんなかったと思うけど、卵焼き用の四角いのがあるんだ。買い替《か》えたばっかりだから使いやすいと思う。シンクの下の扉《とびら》開けてみて。青い柄《え》だよ」

言われるままキッチンに戻り、扉を開けたら、あった。小ぶりの、長方形のフライパン。たしかに本にもこんなのが載っていたけど、私はてっきり撮影《さつえい》用のプロが使うものだと思っていた。

「最初によーく熱して。卵を落としたときにじゅって音がするくらいだよ。調味料は塩ひとつまみでOK。油は少量、直接じゃなくて、キッチンペーパーに含《ふく》ませて引いて。たぶん、ひっくり返すタイミングがちょっと早いんだと思う。待ってるから、ちょっとやってみ」

私はいったんスマホを食器棚《しょっきだな》の端《はし》に置き、輝也の指示をたどった。その四角いフライパンは軽くて扱いやすくて、信じられないくらいきれいな卵焼きが生まれた。角にうまく卵を押し当てると、形も整えやすい。百点とはいえないけどそこそこ合格だった。

「な、なんか、できたみたい」

「でしょ」

四角いフライパンは、卵焼きを皿に移してもまだすべすべで、いっさいのこびりつきがない。

「なんて優秀なフライパン。丸いほうだと、ぜんぜんダメだったのに」

「いや、丸いのも優秀なんだよ。深くてどっしりしてて、すごく使いやすいんだ。炒めものとか麻婆豆腐《まーぼーどうふ》作るときなんか、それが一番。ちょっとパスタ茹でたりもできるしね。いくら新しくて小回り効いても、卵焼き器に中華《ちゅうか》なんて任せられない。合った道具があるんだ」

合った道具。そう言われて、なんとなく自分が慰《なぐさ》められた気がした。奮闘《ふんとう》してくれた大きな丸いフライパンを私はそっと愛《め》でる。輝也と話せてよかった。ありがとうね、と言おうとしたら、先を越《こ》された。

「がんばったね。素敵《すてき》なお母さんじゃないか、ちっともダメじゃないよ。朝美のそういうまじめで純粋《じゅんすい》なところ、好きだよ」

さっきぽっかり空いてしまった穴が、じわじわと埋《う》まって満たされていく。輝也のその言葉が、私の居場所を作ってくれたように思えた。

私はゆっくりと言った。

「**オ**輝也の絵、たくさんの人に見てもらえるといいね」

ちょっとずつ、家事もできるようにがんばってみるね。そんな言葉も浮《う》かんだけど、今日のところはとりあえず、胸にしまっておくことにした。まずは明日の朝、幼稚園でボーダー添島さんに会ったら、私から「おはようございます」と挨拶しよう。

気がつくとキッチンに拓海が入り込んでいて、「これ食べていい？」と問いかけてきた。私の腰《こし》のあたりで、さらさらしたまるい頭のキューティクル（＝髪の毛の表面をおおっているもの）が光る。できそこないの卵焼きを指さしているその小さな手は、菜の花にとまったモンシロチョウみたいだった。

（青山美智子「きまじめな卵焼き」より）

問一　――**ア**「振り返らずに私は、再び歩き出した」とありますが、ここでの「私」の気持ちを説明しなさい。

問二　――**イ**「不遜な自分に気づく」とありますが、自分のどのような点を不遜だと感じたのでしょうか。具体的に説明しなさい。

できることができないコンプレックスから逃げてきた。

仕事はどれだけでもやれる。クライアント（＝仕事を注文してきた人や会社）の名前や顔は一度会ったら絶対に忘れないし、どんな大企業《だいきぎょう》の重役と会っても緊張《きんちょう》しないで堂々と意見を言える。みんなをあっと驚かせる企画を出すことも、大勢の人の前でプレゼン（＝企画や意見を映像などを使いながら効果的に説明すること）することも、部下のミスのフォロー（＝失敗を助けたり補ったりすること）も、私は誰よりもうまくこなせる自信がある。

だけど、私にはママ友ひとりいない。拓海の同級生のお母さんたちの輪がこわい。幼稚園の先生の名前すら間違《まちが》える。りんごの皮をむけば食べるところがなくなってしまうし、ゴミは全部燃えるとしか思えないし、洗濯《せんたく》ものを折り紙みたいに形よくたたむなんて難しい芸当、私にはできない。

唯一《ゆいいつ》、家計を支えているという自負がこれまではあった。でもそれももう、私を安心させてはくれない。輝也がデイトレードでどれほどの利益を上げているのかは知らないけど、私が収入をなくしたとしてもきっと大丈夫《だいじょうぶ》なのだ。輝也にとって、拓海にとって、私がこの家にいる意味ってなんなんだろう。

どうしよう、輝也の絵が売れるようになったら。どうしよう、家にいてくれなくなったら。**エ**絵なんか売れないで。誰にも認められないで。ずっと私と拓海のそばにいて。

涙《なみだ》がつつっと流れ落ちた瞬間《しゅんかん》、スマホが鳴った。画面表示を見ると、輝也だった。

「お父さんだから、出て」

私は拓海にスマホを渡《わた》す。拓海ははしゃぎながら電話に出た。

もしもし、おとーさん！　うん、うん、そうなの、ハンバーグ食べたよ。拓海の声をぼんやり聞きながら動かしていた菜箸が、次の言葉で止まった。

「すごいんだよ。おかあさん、お料理してるの。あのね、菜の花畑みたいなの。すっごくきれいでおいしそう！」

はっと顔を上げる。菜の花畑？　黄緑色の皿を使ったから、拓海にはそんなイメージが湧《わ》いたのかもしれない。ボロボロの卵の群れが、突然《とつぜん》報《むく》われてほほえんでいるように見える。

拓海は「おかあさん、おとうさんが代わってって」とスマホを差し出した。

「朝美？　すごいじゃん、何作ってるの」

輝也のやさしい声に、私はこらえきれず息を漏《も》らした。拓海に聞かれないように奥《おく》の部屋に移り、小さな声でしゃくりあげながら伝える。

「卵焼き……お弁当の。ぜんぜんうまくできないよ。ちゃんと形にならないし、なんかべとべとしてるし」

「明日のために練習してるの？　卵焼きじゃなくてもいいじゃん、炒《い》り卵でもゆで卵でも」

「ダメなの！　卵焼きじゃなきゃ。去年、幼稚園でもらった拓海のバースデーカードに、好きな食べものは卵焼きって書いてあったでしょ、卵焼きがないと絶対がっかりするよ」

「しないでしょう、がっかりなんて」

「する！　するよ。本の通りにやってるつもりなのに、なんでぜんぜん違うのができちゃうの？　卵焼きも作れないこんなダメなお母さんじゃ、拓海がかわいそうだよっ」

「朝美」

輝也がピシャリと私を制した。珍《めずら》しく怒《おこ》ったのかと、私は身をすく私は思わず「そんなのいいよ、出してあげるから使いなさいよ」と言ってしまい、その直後にハッとした。「出してあげる」だって。イ不遜《ふそん》な自分に気づく。

しかし輝也は、そこには特に引っかからない様子で、さらりと言った。

「いや、ほんとに。お金のことはいいから。僕もそこそこ稼いでるから」

「え？」

稼いでる？　私が首を前に突《つ》き出すと、輝也はちょっとうつむきながら告げた。

「うん……言ってなかったけど、デイトレード（＝株などを一日のような短期で細かく取引すること。自宅のパソコンなどでも行える。）がわりとうまくいってるんだ」

私は言葉を失った。そんなの、想像もしたことがなかった。ぽかんとしたまま輝也を見つめていると、彼はうかがうように言った。

「拓海のことお願いできる？」

うん、まあ……。仕方なく口ごもりながら承諾《しょうだく》したが、私はそこからずっと、悶々《もんもん》とした不安に取り憑《つ》かれている。

さておき、まずは目前のハードルをクリアしなければならない。

幼稚園の送迎は、その日だけ仕事をやりくりすればなんとかなるだろう。輝也がいない間の食事も、外食なりデパ地下の惣菜《そうざい》なり、どうとでもできる。

問題は、金曜日の弁当だ。

赤、緑、黒、茶、そして黄。どうにも逃げられない卵焼き。

拓海と一緒にファミレスで夕食をすませて帰宅したあと、私はキッチンに立ち、フライパンを片手に特訓に入った。「卵焼きの作り方」は、本でもネットでもたくさん見て頭に入れたはずなのに、どうしてだかうまくいかない。ふっくらせずぺたんこだし、卵がフライパンにひっついてきれいに巻けない。おまけに、レシピによって卵に入れるのは塩だったり砂糖だったり醤油《しょうゆ》だったり、あるいは片栗粉《かたくりこ》や牛乳と書いてあるものもあって、うちの卵焼きはどうなのかわからない。でもそんなことを輝也に電話して聞くのも憚《はばか》られた。

キッチン台の上に、崩れまくった卵焼きがどんどん並んでいく。リビングでテレビを見ていた拓海がやってきて「うわー！」と声をあげ、無邪気《むじゃき》にこう言った。

「これ、なんていうお料理？」

その言葉に私はがっくりと脱力《だつりょく》し、無言で新しい卵をボウルに割る。テレビからアニメの主題歌が流れてきた。拓海は歌いながらあやしいダンスを始め、ぴょんと飛び跳《は》ねると「ぶーん」と飛行機になってリビングに戻《もど》った。

菜箸《さいばし》で卵を混ぜる。シャカシャカ、シャカシャカ。どれくらい混ぜればいい？　どれくらい焼けばうまくなる？　視界いっぱいの黄色がだんだんぼやけてきて、ウ自分が泣いているのだと知って驚いた。

なんで、なんで。なんで卵焼きくらい満足に作れないのだろう。子どものころから一生懸命《いっしょうけんめい》勉強して、大学生になったら一生懸命就職活動して、会社に入ったら一生懸命仕事して、ずっと優秀《ゆうしゅう》だ優秀だと言われてきたのに。

仕方ない、私はずっと、逃げてきた。大嫌《きら》いな家事と自信のない育児を輝也に一切《いっさい》まかせて、仕事に逃げてきた。みんながなんでもなくめちゃくちゃだ。おもしろいけど。

私は思わず吹《ふ》き出しながら、拓海のしめった手をぎゅっと握《にぎ》った。

蝉《せみ》が鳴いている。そういえば少し前に、拓海がお父さんと拾ったと言って蝉の抜《ぬ》け殻《がら》を持って帰ってきたっけ。季節の移り変わるこの道を毎日毎日、輝也はこうやって拓海と歩いているんだなと思ったら、なんだか急に仲間はずれみたいな気持ちになって、胸がきしんだ。

夫の輝也は絵を描《か》いて暮らしている。絵を「売って」ではない。「描いて」いるばかりだ、今のところは。知り合ったときは同じ広告代理店で働く、2つ年下の部下だった。

結婚するまぎわになって、彼《かれ》は「僕《ぼく》、絵を描きたいんだよ」と言い出し、「もしできるなら、会社を辞《や》めて家事を受け持ちたい」と懇願《こんがん》した。

そう言われて一応「ええーっ」と驚いては見せたが、私は内心ラッキーと思っていた。ずっと実家暮らしに甘《あま》んじていた私は、それまで茶碗《ちゃわん》を洗ったこともなく、炊飯器《すいはんき》のスイッチさえ押《お》したことがなかったのだ。

家事なんかより仕事のほうが百倍楽しい。「絵描き志望の夫を食わせる大黒柱の妻」でいられるなら、これで大義名分ができたというものだ。

かくして私はますます仕事に精を出し、輝也はかいがいしい主夫となった。料理が上手で、シーツにまでアイロンをかけ、ちりひとつなく部屋を整える。電車で1時間ほどのところに住む私の両親とぬかりなくうまくやることも忘れない。私が妊娠《にんしん》して産休を取っている間も、彼は私をそれはそれは大事に扱《あつか》い、拓海が生まれてからは私がしっかり睡眠《すいみん》を取れるように時々別室で寝させてくれた。母乳の出が悪かったのもあって早々にミルクに切り替《か》え、仕事への復帰を早めたので、私は拓海を育児しているという実感があまりない。【中略】

ともかく、我が家は完璧《かんぺき》なコンビネーションで成り立っていたのだ。

京都から誘《さそ》いがくるまでは。

インスタグラム（＝インターネット上で写真などを公開・共有するシステム。読者がコメントなどもつけられる。）に載せた輝也の絵が「独特でユニークだ」と評価されて、フォロワー（＝読者登録をしている人）が増えたりコメントがきたりしているのは知っていたが、まさかグループ展のオファー（＝さそい、招待）がくるほどだとは思っていなかった。京都のモノ好きなギャラリーのオーナーが、まだ世に出ていない画家やイラストレーターを5人ほど集めて展覧会を開くからやってみないかと声をかけてくれたのだ。【中略】インスタ（＝「インスタグラム」のこと）経由でダイレクトメッセージを受け取った輝也は、私に言った。

「グループ展自体は金曜から日曜だけど、搬入《はんにゅう》とか打ち合わせとかあるから、木曜日の朝に拓海を幼稚園に送ってその足で京都に行きたいんだ。だから、木曜日のお迎えと、金曜日の送迎《そうげい》と弁当をお願いできないかな。日曜日の最終で帰ってくるから」

私はすぐに「いいよ」とは返せなかった。「仕事あるし、無理」という非情な言葉が喉元《のどもと》までせりあがっていた。私が黙《だま》っていると、輝也はとりなすように言った。

「交通費とかホテル代とかなら、僕、自分で出すよ。朝美が働いて稼《かせ》いでくれたお金は1円も使わないから、お願い」

絶句した。輝也はもしかしたらずっと「お金を稼いでいない自分は好きなことを我慢《がまん》しなくてはならない、生活費を自分のことに使ってはいけない」などと思いながらつつましく暮らしていたのだろうか。ひょっとしてこれまでも、絵を描くのに必要なものはすべて、結婚前から持っていた自分の貯金を崩《くず》して買っていたのだろうか。

んいるからパパに会えるのかと思ったのに」と、輪の中からあきらかにがっかりな声がして、私は思わず足を止める。

なんだ、人気者なのね、輝也パパは。ア振《ふ》り返らずに私は、再び歩き出した。

園舎に入ると、拓海がマッシュルーム頭を揺《ゆ》らしながら「おかあさーん」と駆《か》けてきた。両腕《りょううで》をぴっと横へ伸《の》ばして、飛行機のマネをする。乗ったことのない飛行機は拓海の憧《あこが》れだ。

拓海に続き、ハタチくらいの先生が寄ってきた。たしか副担任の、えり先生だ。むきたてのゆで卵みたいに肌《はだ》がつるんとしていて、ピンクのエプロンがこの上なく似合っている。

「わあ、初めてじゃないですか、ママがお迎えなんて。たっくん、よかったねえ」

またそれか。私が迎えに来ることがそんなに驚《おどろ》きなのか、それともみんな、そんなに輝也に会いたいのか。被害妄想《ひがいもうそう》かもしれないけど、普段《ふだん》送り迎えしないことをみんなに責められているように思えた。

拓海はロッカーから通園バッグを取り出し、先生に向かって「おとうさん、キョートなの」と得意気《とくいげ》に話した。先生が拓海と目線を合わせるように中腰《ちゅうごし》になる。

「キョート？　旅行なのかな？」

「ううん、おしごと！」

「へえ、パパ、お仕事始めたの？」

私は先生に「仕事ってほどじゃないんですけどね」と答えながら、通園バッグを拓海の肩《かた》にかけた。

「たっくんちはトーキョーで、おとうさんはキョート。トーキョーとキョート」

拓海は覚えたての地名をうれしそうに唱えながら玄関《げんかん》へ走り出していく。5歳児《さいじ》の脳は、新しいものを取り入れるのが楽しくて仕方ないらしい。

園舎の窓から、まだ話し込《こ》んでいるお母さんたちの輪が見えた。私は先生に「あの、あそこのボーダーシャツの方、誰のお母さんでしたっけ」と小声で訊《たず》ねた。

「ああ、瑠々《るる》ちゃんのママ。添島《そえじま》瑠々《るる》ちゃん」

そえじま、そえじまるるちゃんね。私は頭の中で復唱し、言われてみれば入園式のとき隣の席に彼女がいたような、うっすらとした記憶《きおく》がよみがえってきた。そのとき挨拶《あいさつ》と簡単な自己紹介《じこしょうかい》をしたかもしれない。

「じゃ、失礼します、えり先生」

頭を下げたら、先生のエプロンに「えな」と刺繍《ししゅう》されたワッペンが縫《ぬ》い付けられているのに気づいた。しまった、「えり」じゃなくて「えな」だ。

しかし先生はまったく気にするふうでもなく、笑顔で「さようなら」と言って他《ほか》のお母さんのところに行ってしまった。

はい、さようなら。逃《に》げるように園舎を飛び出す。バカな親って思われたかな。暑さのせいだけじゃない変な汗《あせ》が、額からにじみ出た。

手をつないで歩道へ出ると、拓海が顔を上げた。

「ねえねえ、おかあさん。おとうさん、飛行機に乗ったかな」

「乗ってないよ。京都には新幹線で行くんだよ」

「新幹線は、飛ぶ？」

「飛ばない」

「カナブンは飛ぶよ」

「カナブンの話なんかしてないじゃん」

「キョートゆき、たっくん号、離陸《りりく》しまーす！　出発しんこーう！」

二〇一八年度　開成中学校

【国語】（五〇分）〈満点：八五点〉

一　次の文章を読んで、後の問いに答えなさい。ただし（＝　）は出題者による注です。なお、出題の都合上、省略している部分があります。

腕時計《うでどけい》を見ると、お迎《むか》え時間の16時になろうとしていた。7月中《ちゅう》旬《じゅん》の陽射《ひざ》しは、この時間になってもまだ暑い。太陽にまで追い立てられている気分になって、ストッキングのはりつく足を速める。仕事のファイルに加え、特集誌を2冊入れているせいでショルダーバッグがパンパンだった。

幼稚園《ようちえん》は、橋を渡《わた》った向こう岸にある。今から拓海《たくみ》をピックアップして、ファミレスで早めの夕食を食べて、帰宅して、そのあとは……。ああ、拓海を風呂《ふろ》に入れたり寝《ね》かしつけたりしなくちゃいけないんだった。今日は練習することがあるのに。仕事よりもうんと荷が重い、結婚《けっこん》してから最大のミッション（＝任務、役割）。

私《わたし》は明日、初めて拓海の弁当を作らなくてはならない。

さっきカフェでめくった弁当づくりの本には、「おいしそうに見せる基本の5色」が載《の》っていた。赤、緑、黒、茶、黄。赤のプチトマトは入れるだけだから楽勝。緑はブロッコリーで、茹《ゆ》で具合《ぐあい》に自信はないけどそう難なくいけるだろう。黒は海苔《のり》、小さいおにぎりを作るとして、茶色はウィンナーを炒《いた》めればいい。よくわからないけど、切り目を入れればタコだとかカニだとかになるはず。

黄色。

そう、問題は、黄色。黄色い食べ物って、そして弁当って、もうアレしかない。

幼稚園の門が見えてきた。考えてみたら、幼稚園に拓海をお迎えに行くのも初めてだった。入園してから2年以上たつのに、私がこれまで幼稚園を訪《おとず》れたのは、入園式と運動会、クリスマス会くらいのものだ。どれも輝也《てるや》と一緒《いっしょ》に、ビデオカメラを回した。でも今日は、隣《となり》に輝也がいない。ひとりでは心もとなくて緊張《きんちょう》しながら門をくぐると、横から誰《だれ》かに「こんにちは」と言われた。

そちらを向くと、4人のお母さんたちがぐるりと輪になっている。そのまわりで子どもたちが追いかけっこをしていた。お母さんも子どもも、誰ひとり見覚えがなくて私は体をこわばらせる。

ボーダー（＝横じまのもよう）のシャツを着た、お母さんのひとりが私を見ていた。声をかけてくれたのは彼女《かのじょ》だろう。ぱさついた髪《かみ》の毛を後ろでひとつにくくり、銀縁《ぎんぶち》の眼鏡をかけている。

「今日はパパじゃないのね」

「あ、はい、ええ」

誰だっけと思いながら、私はせいいっぱいの愛想《あいそ》笑いをした。ボーダーさんは、私に話しかけたはいいものの、それ以上の会話が広がらないらしくて苦笑いをしている。私は早く場を離《はな》れたくて、お辞儀《じぎ》をしつつ園舎に体を向けた。他のお母さんたちもぎこちない笑顔《えがお》で会《え》釈《しゃく》しながら、私に視線を走らせているのがわかる。

私が彼女たちに背中を向けると、「誰？」「たっくんとこの」「ああ」と話しているのが聞こえた。

「パパ来ないんだー。今日は私、パートで延長保育したけど、たっく

2018年度 開成中学校 ▶解説と解答

算数 （60分）＜満点：85点＞

解答

1 (1) $\frac{2}{3}$　(2) 30通り　(3) 2.2倍　(4) 2.43％　(5) 180cm^3　(6) $6\frac{3}{4}\text{cm}^2$　(7) (i) 3：28　(ii) 9：280　2 (1) 31.4m　(2) 左から144番目　3 (1) 4～10　(2) 18～22，9～16　(3) 8通り／3，5，8，9，15，24，25，40種類

解説

1 比の性質，場合の数，流水算，濃度《のうど》，展開図，体積，辺の比と面積の比

(1) $0.1875=\frac{3}{16}$，$1\frac{1}{7}=\frac{8}{7}$より，あたえられた式は，$\frac{3}{16}\times\left(1\frac{1}{3}-\square\right)=\left(\frac{17}{21}-\square\right)\times\frac{7}{8}$となる。また，$P\times\frac{b}{a}=Q\times\frac{d}{c}$のとき，$P:Q=\frac{a}{b}:\frac{c}{d}$だから，$\left(1\frac{1}{3}-\square\right):\left(\frac{17}{21}-\square\right)=\frac{16}{3}:\frac{8}{7}=\frac{2}{3}:\frac{1}{7}=(2\times7):(1\times3)=14:3$になる。右の図1より，①にあたる大きさは，$\left(1\frac{1}{3}-\frac{17}{21}\right)\div(14-3)=\frac{1}{21}$とわかる。よって，③にあたる大きさは，$\frac{1}{21}\times3=\frac{1}{7}$なので，$\square=\frac{17}{21}-\frac{1}{7}=\frac{2}{3}$と求められる。

図1

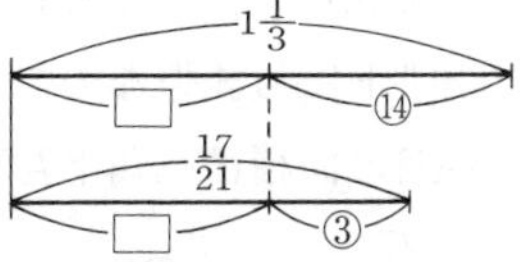

(2) 赤球，青球，黄球をそれぞれA，B，Cとして，一番左がA，その次がBの場合を調べると，右の図2のように5通りとなる。一番左がA，その次がCの場合も同じように5通りあるから，一番左がAの場合は，5×2＝10(通り)とわかる。一番左がB，Cの場合も同様に10通りずつあるので，全部で，10×3＝30(通り)である。

図2

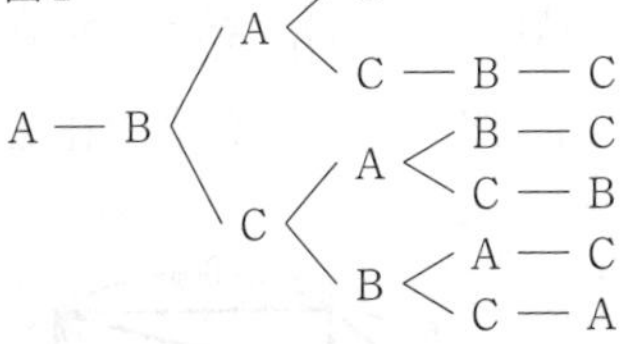

(3) 下りと上りにかかる時間の比は，42：(1×60＋52)＝3：8だから，下りと上りの速さの比は，$\frac{1}{3}:\frac{1}{8}=8:3$となる。右の図3より，船の静水での速さは，(3＋8)÷2＝5.5，川の流れる速さは，(8－3)÷2＝2.5とわかるので，船の静水での速さは川の流れる速さの，5.5÷2.5＝2.2(倍)になる。

図3

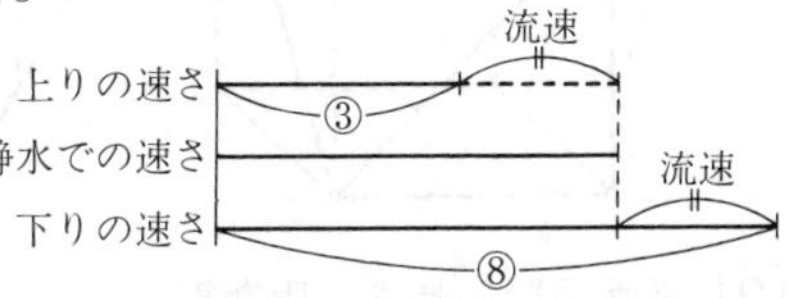

(4) 同じ重さの食塩水をやりとりしているから，最後にA，Bにできた食塩水の重さは，どちらも最初の重さと同じである。また，(食塩の重さ)＝(食塩水の重さ)×(濃度)より，最初にAにふくまれていた食塩の重さは，600×0.0162＝9.72(グラム)，最後にAにふくまれている食塩の重さは，600×0.0188＝11.28(グラム)，最後にBにふくまれている食塩の重さは，400×0.0204＝8.16(グラム)になる。さらに，A，Bにふくまれている食塩の重さの和は変わらないので，食塩の重さの和は，11.28＋8.16＝19.44(グラム)となり，最初にBにふくまれていた食塩の重さは，19.44－9.72＝9.72(グ

ラム)とわかる。したがって，最初のBの濃度は，9.72÷400×100＝2.43(％)である。

(5) この展開図を組み立てると，下の図1のように，立方体から三角すいを切り取った形の立体になる。もとの立方体の体積は，6×6×6＝216(cm^3)，切り取った三角すいの体積は，6×6÷2×6÷3＝36(cm^3)だから，この立体の体積は，216－36＝180(cm^3)と求められる。

(6) 下の図2で，正六角形ABCDEFの面積を1とすると，三角形ABFの面積は$\frac{1}{6}$になる。また，三角形ABFと三角形APQは相似であり，相似比は2：1なので，面積の比は，(2×2)：(1×1)＝4：1となる。よって，三角形APQの面積の割合は，$\frac{1}{6}\times\frac{1}{4}=\frac{1}{24}$だから，新しい正六角形の面積の割合は，$1-\frac{1}{24}\times6=\frac{3}{4}$とわかる。したがって，新しい正六角形の面積は，$9\times\frac{3}{4}=6\frac{3}{4}$($cm^2$)である。

(7) (i) 下の図3のように，正方形の1辺の長さを6とすると，BE，EF，FCの長さは，6÷3＝2，CG，GDの長さは，6÷2＝3になる。また，ADとBGを延長して交わる点をLとすると，三角形DGLと三角形CGBは合同なので，DLの長さは6である。この長さを用いると，三角形AEFの面積は，2×6÷2＝6，四角形ABCDの面積は，6×6＝36と表すことができる。さらに，三角形AILと三角形EIBは相似だから，AI：IE＝AL：BE＝(6＋6)：2＝6：1，三角形AJLと三角形FJBは相似なので，AJ：JF＝AL：BF＝(6＋6)：(2＋2)＝3：1となる。よって，三角形AIJの面積は三角形AEFの面積の，$\frac{6}{6+1}\times\frac{3}{3+1}=\frac{9}{14}$(倍)であり，三角形AIJの面積は，$6\times\frac{9}{14}=\frac{27}{7}$とわかるので，三角形AIJと四角形ABCDの面積比は，$\frac{27}{7}$：36＝3：28と求められる。 (ii) 図3で，三角形AHDと三角形EHBは相似なので，AH：HE＝AD：BE＝6：2＝3：1，三角形AKDと三角形FKBは相似だから，AK：KF＝AD：BF＝6：(2＋2)＝3：2となる。よって，三角形AHKの面積は三角形AEFの面積の，$\frac{3}{3+1}\times\frac{3}{3+2}=\frac{9}{20}$(倍)になるので，三角形AHKの面積は，$6\times\frac{9}{20}=\frac{27}{10}$とわかる。さらに，(i)から，四角形HIJKの面積は，$\frac{27}{7}-\frac{27}{10}=\frac{81}{70}$と求められる。したがって，四角形HIJKと四角形ABCDの面積比は，$\frac{81}{70}$：36＝9：280である。

図1

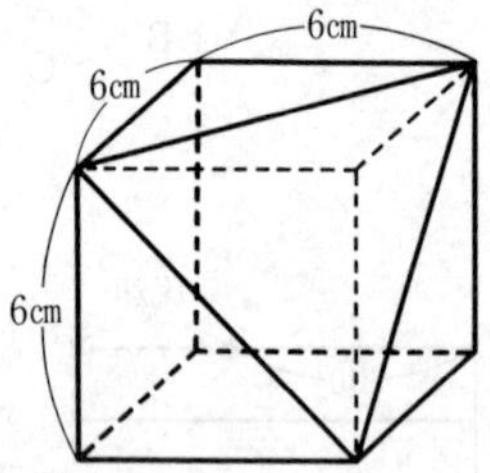

図2

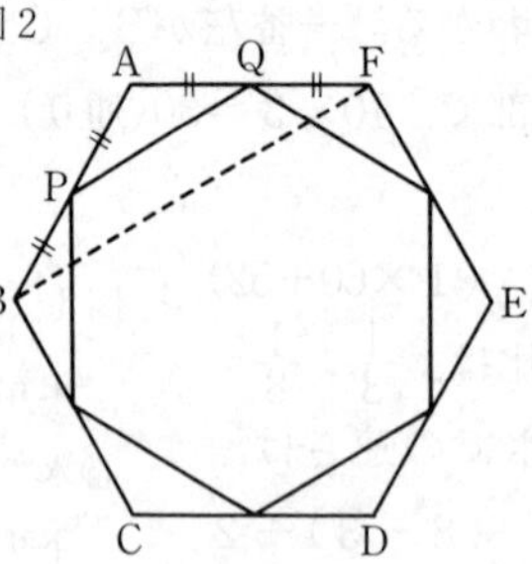

図3

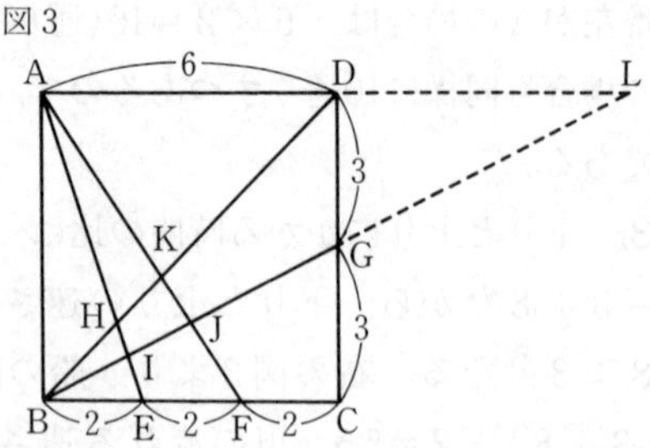

2 平面図形─長さ，周期算

(1) 半径がNmの半円の弧《こ》の長さは，N×2×3.14÷2＝N×3.14(m)となる。よって，1番目，2番目，3番目の半円の弧の長さの和は，3.45×3.14＋4.21×3.14＋2.34×3.14＝(3.45＋4.21＋2.34)×3.14＝10×3.14＝31.4(m)と求められる。

(2) $\frac{1}{7}$＝1÷7＝0.14285714…より，小数点以下は{1，4，2，8，5，7}の6個の数字がくり返されるので，左から1番目，2番目，…，6番目の半円の半径はそれぞれ{1m，4m，2m，8m，5m，7m}となる。これを周期と考えると，1つの周期の道のりは，1×3.14＋4×3.14＋2×3.14＋8×3.14＋5×3.14＋7×3.14＝(1＋4＋2＋8＋5＋7)×3.14＝27×3.14＝84.78(m)

と求められる。よって，2018÷84.78＝23(周期)あまり68.06mより，Aから2018m進んだ地点は，23＋1＝24(周期目)の終わりから，84.78－68.06＝16.72(m)もどった地点になる。また，7×3.14＝21.98(m)＞16.72mなので，この地点は，24周期目の最後の半円上であることがわかる。したがって，左から，6×24＝144(番目)の半円上の点となる。

3 整数の性質

(1) はじめに，問題文であたえられた図1～図3の場合について整理する。問題文中の図1の場合，連続する整数の和を，3×3＝9にするから，2＋3＋4＝3×3＝9と表すことにより，真ん中の数が3で連続する整数の個数が3個と考えられる。同様に，問題文中の図2の場合，連続する整数の和を，6×6＝36にするので，11＋12＋13＝12×3＝36と表すことにより，真ん中の数が12で連続する整数の個数が3個と考えられる。さらに，問題文中の図3の場合も連続する整数の和を36にするが，1＋2＋3＋4＋5＋6＋7＋8＝(1＋8)＋(2＋7)＋(3＋6)＋(4＋5)＝9×4＝36と表すことにより，和が9の組が4組と考えられる。このように，連続する整数の個数が奇数《きすう》個の場合は，(真ん中の数)×(個数)と表し，連続する整数の個数が偶数《ぐうすう》個の場合は，(1組の和)×(組の数)と表すことができる(組の数は個数の半分となる)。7マス四方のとき，マスの数は全部で，7×7＝49(個)だから，連続する整数の和が49になるようにすればよい。ここで，49を2つの整数の積で表すと，49＝7×7なので，真ん中の数が7で連続する整数の個数が7個となる。つまり，4＋5＋6＋7＋8＋9＋10＝7×7＝49と表すことができるから，4～10を並べればよい。なお，49＝49×1(和が49の組が1組)と表すこともできるが，49＝24＋25のことだから，連続する整数を2種類しか使っていないので，この問題の条件には合わない。

(2) 10マス四方のとき，マスの数は全部で，10×10＝100(個)なので，連続する整数の和が100になるようにすればよい。そこで，右の図のように，連続する整数の個数が奇数個の場合と偶数個の場合に分けて求める。アの場合，100は偶数であり，(偶数)×(奇数)＝(偶数)だから，真ん中の数は偶数と決まる。また，100を2つの整数の積で表すと，100＝1×100，2×50，4×25，5×20，10×10となり，このうち，(偶数)×(奇数)となるのは図の①～③の3通りである。次に，イの場合，連続する整数のうち，最小の数が奇数であれば最大の数は偶数，最小の数が偶数であれば最大の数は奇数になるので，最小の数と最大の数の和は必ず奇数になる。よって，1組の和は奇数になるから，組の数は偶数であり，考えられるのは図の④～⑥の3通りとなる。これらのうち，条件に合う並べ方は③と⑤であり，それぞれ，18～22，9～16を並べればよい。

ア 個数が奇数個の場合 (真ん中の数)×(個数)＝100
①100×1(真ん中の数が100で個数が1個)
➡100(1種類しか使っていないので不適)
②4×25(真ん中の数が4で個数が25個)
➡□＋…＋3＋4＋5＋…＋□
(最小の数が1より小さくなるので不適)
③20×5(真ん中の数が20で個数が5個)
➡18＋19＋20＋21＋22

イ 個数が偶数個の場合 (1組の和)×(組の数)＝100
④1×100(和が1の組が100組)
➡和が1になるのは(0＋1)なので不適
⑤25×4(和が25の組が4組)
➡(25÷2＝)12.5より，中央の2つは12と13
➡9＋10＋11＋12＋13＋14＋15＋16
⑥5×20(和が5の組が20組)
➡(5÷2＝)2.5より，中央の2つは2と3
(最小の数が1より小さくなるので不適)

(3) 30マス四方のとき，マスの数は全部で，30×30＝900(個)だから，連続する整数の和が900になるようにすればよい。また，900を素数の積で表すと，下の図1のようになる。これを利用して900を2つの整数の積で表すと，900＝1×900，~~2×450~~，3×300，4×225，5×180，~~6×150~~，9

×100, ~~10×90~~, 12×75, 15×60, ~~18×50~~, 20×45, 25×36, ~~30×30~~となることがわかる(900は偶数なので，(2)と同様に，(偶数)×(偶数)の場合は条件に合わない)。よって，下の図2のようになるから，考えられる並べ方は○をつけた8通りである。また，使う整数の種類は，**ア**の場合は個数と一致《いっち》し，**イ**の場合は，(組の数)×2と一致する。したがって，4×2＝8，12×2＝24，20×2＝40より，それぞれ3，5，8，9，15，24，25，40種類の整数を使うことがわかる。

図1

2) 900
2) 450
3) 225
3) 75
5) 25
　　5

図2

ア　個数が奇数個の場合　(真ん中の数)×(個数)＝900

真ん中の数(偶数)	900	300	4	180	100	12	60	20	36
個数　(奇数)	1	3	225	5	9	75	15	45	25
可・不可	×	○	×	○	○	×	○	×	○

(左の○から順に，299～301，178～182，96～104，53～67，24～48)

イ　個数が偶数個の場合　(1組の和)×(組の数)＝900

1組の和　(奇数)	1	3	225	5	9	75	15	45	25
組の数　(偶数)	900	300	4	180	100	12	60	20	36
可・不可	×	×	○	×	×	○	×	○	×

(左の○から順に，109～116，26～49，3～42)

社会　(40分)　<満点：70点>

解答

[1] **問1**　(あ)　E　(い)　A　(う)　D　(え)　I　(お)　X　(か)　Y　(き)　B　(く)　U　(け)　C　(こ)　R　**問2**　(1)　イ→エ→ウ→ア　(2)　ウ　(3)　イ　**問3**　ア　**問4**　(1)　ウ　(2)　平清盛　**問5**　エ　**問6**　イ　**問7**　(1)　エ→ウ→ア→イ　(2)　ウ　(3)　イ　**問8**　(1)　ヒトラー　(2)　アウシュビッツ(強制収容所)　(3)　エ　**問9**　(1)　ウ　(2)　イ　(3)　ア　**問10**　ウ　**問11**　ウ　**問12**　(1)　ウ　(2)　イ　**問13**　**1**　中華人民共和国　**2**　中華民国　**問14**　エ　**問15**　カタルーニャ(州)　[2] **問1**　**東京**…エ　**那覇**…ア　**問2**　(1)　鹿児島県　(2)　みちびき　**問3**　(1)　ウ　(2)　やませ　(3)　宮沢賢治　**問4**　(1)　宇都宮　(2)　イ　(3)　駿河(湾)　(4)　**A**　イ　**B**　エ　(5)　エ　**問5**　(1)　オ　(2)　**B**　エ　**D**　ア　(3)　コールドチェーン　**問6**　(1)　ウ　(2)　地場(産業)　(3)　ウ　(4)　(例)　その産地のものであることで，製品の品質が信頼される。　**問7**　(1)　エ　(2)　産地直送　(3)　**大豆**…エ　**X**…ブラジル　**問8**　(1)　国土交通(省)　(2)　ア　**問9**　(1)　オ　(2)　平等(選挙)　**問10**　(1)　公共の福祉　(2)　②　ウ　③　イ　(3)　ア　(4)　18(歳以上)

解説

[1] **オリンピックを題材とした総合問題**

問1　(あ)　アテネはギリシャの首都。ギリシャは古代オリンピック発祥《はっしょう》の地であり，約1500年を経て行われた近代オリンピックの第1回大会はこれを記念して，1896年にアテネで開かれた。(い)　ロンドンはイギリスの首都で，世界経済の一大中心地。　(う)　ベルリンはドイツの首都で，同国の行政・立法の中心地。　(え)　モスクワはロシアの首都で，位置は地図中のI。Hはロシア第二の都市サンクトペテルブルクである。　(お)　メキシコシティはメキシコの首都で，標高約2200mの高地に位置する。　(か)　リオデジャネイロはサンパウロにつぐブラジル第二の都市で，国内最大の観光都市でもある。　(き)　パリはフランスの首都で，芸術，ファッション，文化などの世界的な中心地。　(く)　ロサンゼルスはアメリカ西海岸に位置する同国第二の都市で，位置は地図中のU。Wは1996年に夏のオリンピックが開催されたアトランタ，Vはアメリカ最大の都市ニューヨークである。　(け)　バルセロナはスペイン東部に位置するカタルーニャ自治州の州都。首都マドリードにつぐスペイン第二の都市でもある。　(こ)　シドニーはオーストラリア最大の都市。位置は地図中のRで，Qは同国南西部の都市パース。

問2　(1)　アは1783年，イは1457年，ウは1653年，エは1620年代のできごとである。なお，太田道《どう》灌《かん》は扇谷《おうぎがやつ》上杉氏の家臣で，江戸城を築いたことで知られる武将。　(2)　それぞれ，千住は日光街道，板橋は中山道，品川は東海道の最初の宿場町であった。目黒は江戸郊外の農村地帯であり，目黒不動に参拝する人々が訪れる門前町・行楽地でもあった。　(3)　江戸時代の半ば以降，錦《にしき》絵《え》とよばれる多色刷りの浮世絵版画がさかんにつくられ，広く人々に愛好された。錦絵は原画をもとに多くの版木をつくり，色を重ねていくものであったから，イが誤り。

問3　1972年に札幌，1998年には長野で冬のオリンピックが開かれている。

問4　(1)　阿倍仲麻呂《あべのなかまろ》と吉備真備《きびのまきび》はともに8世紀に留学生として，最澄《さいちょう》は9世紀初めに学問僧として唐(中国)に渡っている。鞍作止利《くらつくりのとり》(止利仏師)は，飛鳥時代の仏師(仏像の制作者)で法隆寺の釈迦三尊像《しゃかさんぞんぞう》の制作者として知られる。　(2)　12世紀後半，平清盛は大輪田泊《おおわだのとまり》(現在の神戸港の一部)を修築するなど瀬戸内海の航路を整備し，宋(中国)と民間貿易を行って大きな利益をあげた。

問5　アは1960年，イは1965年，ウは1968年のできごと。1968年に日本は当時の西ドイツを抜《ぬ》き，アメリカについでGNP(国民総生産)が世界第2位となった。よって，世界第1位とあるエが誤り。

問6　アは1910年，イは1895年，ウは1950年，エは1931年のできごとである。

問7　(1)　アは1914年，イは1937年，ウは1904年，エは1894年に始まっている。日清戦争，日露戦争，第一次世界大戦が始まった年は10年ずつずれていることをおさえておくとよい。　(2)　第二次世界大戦開戦時にアメリカの指導者であったのはフランクリン・ルーズベルト。1933年から1945年まで大統領を務めた人物で，ニューディール政策により世界恐慌《きょうこう》を切り抜け，大戦時には連合国の指導者として活躍した。同じ時期にソ連の指導者であったのはスターリン。レーニンの後をついでソ連の最高権力者となった人物で，5か年計画を次々と進めて重工業化と農業の集団化をおし進める一方，反対派を次々と処刑・追放するなどして独裁政治を行った。　(3)　1940年に三国同盟を結んだのは日本・ドイツ・イタリアであるから，イが誤り。

問8　(1)　ナチス(国民社会主義ドイツ労働者党)の指導者であったのはアドルフ・ヒトラー。1933年に政権をにぎると，独裁政治により軍国主義・全体主義の政策をおし進め，第二次世界大戦を引き起こした。1936年にベルリンで開かれたオリンピックはナチス・ドイツにとって絶好の国威発揚《こくいはつよう》の場となり，「ヒトラーのオリンピック」ともよばれた。　(2)　ユダヤ人を厳しく弾圧したナチス・ドイツは，国内や占領地のユダヤ人を次々と各地の強制収容所に送り，その多くを殺害した。強制収容所の中で最もよく知られるのが，ポーランド南部にあったアウシュビッツ強制収容所である。ドイツ占領下の1940〜45年に置かれたこの収容所では，110万人とされるユダヤ人や政治犯，障害者などが過酷《かこく》な強制労働を強いられ，その多くがガス室などで殺害された。1979年，収容所は

「人類の負の遺産」として世界遺産に登録されている。　(3)　ナチスによるユダヤ人迫害《はくがい》が強まっていた1940年，リトアニアにある日本領事館の領事代理であった杉原千畝《ちうね》は，日本を経由して亡命を希望する多くのユダヤ人に対し，外務省の方針にそむいて大量のビザ(査証)を発行。ユダヤ人を中心とする6000人以上の避難民の命を救った。

問９　(1)　第二次世界大戦後，アメリカを中心とする西側の資本主義陣営と，ソ連を中心とする東側の社会主義陣営がするどく対立した。この対立は直接戦火をまじえなかったことから，「冷たい戦争」(東西冷戦)とよばれた。　(2)　1956年10月，鳩山《はとやま》一郎首相はモスクワを訪れて日ソ共同宣言に調印。これにより，第二次世界大戦後に断絶していたソ連との国交が回復した。　(3)　1980年代後半になると，ソ連のゴルバチョフ書記長はペレストロイカ(立て直し)という政治・経済改革に乗り出し，経済面ではそれまでの計画経済から市場経済へと移行した。これを受けて，東ヨーロッパ諸国の間でも民主化の動きが強まり，社会主義体制がくずれていった。こうした中，1989年12月に，地中海の島国マルタ島沖のソ連客船マクシム・ゴーリキー号の船内で，アメリカの第41代大統領ブッシュ(その子のブッシュは第43代大統領)とソ連のゴルバチョフ書記長が会談。両首脳により冷戦の終結が宣言された。

問10　1978年，アフガニスタンで社会主義政権が誕生すると，これに反発する住民の間で反政府運動が高まった。こうした動きに対し，1979年，ソ連が軍事介入し，親ソビエト派の新たな政権が樹立した。これにアメリカや西ヨーロッパ諸国などが強く反発。翌80年に開催されたモスクワ・オリンピックでは，日本やアメリカなど多くの西側諸国が参加をボイコットした。なお，ソ連軍は1989年に撤退《てったい》したが，その後もアフガニスタン国内ではイスラム原理主義勢力が台頭するなどして混乱が続くこととなった。

問11　１世紀，倭《わ》(日本)の奴国《なこく》の王は漢(中国)に使いを送り，皇帝から金印を授かっているので，隋《ずい》とあるウが誤り。

問12　(1)　奴隷解放宣言を出したことで知られるのは，アメリカ合衆国の第16代大統領であるリンカーン。アメリカ国内で北部と南部が対立して南北戦争(1861～65年)が起こると，リンカーンは北部を指導して勝利に導いた。なお，アは初代，イは第３代，エは第35代のアメリカ大統領である。(2)　1960年代のアメリカで広がった公民権運動(すべての国民に憲法で保障された諸権利の保護を求める運動)の指導者の１人で，「私には夢がある」という言葉で始まる演説を行ったのはキング牧師。この演説は，1963年，ワシントンで20万人以上が参加した行進のさいに行われたものである。なお，アは南アフリカ共和国の黒人解放運動の指導者，ウはインドの独立運動の指導者，エはミャンマーの民主化運動の指導者である。

問13　中国では，第二次世界大戦前から蔣介石《しょうかいせき》率いる国民党の中華民国政府(国民政府)と，毛沢《もうたく》東《とう》率いる共産党勢力が対立していた。両勢力は大戦中には抗日民族統一戦線を組織して日本と戦ったが，終戦後，再び対立が激化し，中国は内戦状態となった。この戦いは共産党の勝利に終わり，1949年，毛沢東を国家主席とする中華人民共和国が成立。国民政府は台湾に逃《のが》れた。国際社会は当初，台湾の国民政府を中国の正式代表と見なし，国際連合にも中華民国が加盟していたが，1970年代になると多くの国が中華人民共和国を中国の正式代表としてあつかうようになり，国際連合における中国の代表権も，中華民国から中華人民共和国に移ることとなった。

問14　豊臣秀吉は文禄《ぶんろく》の役(1592～96年)と慶長《けいちょう》の役(1597～98年)の２度にわたり朝鮮侵略《しんりゃく》を行っ

た。慶長の役は秀吉の死によって終わり，日本軍は朝鮮から撤退しているから，エが誤りである。

問15　スペイン北東部に位置するカタルーニャ州は，歴史的に独自の伝統や文化，言語を持つ地域であり，現在はスペインの自治州とされているが，住民の間には独立を求める声も多かった。そして，2017年10月，スペインからの分離独立の是非《ぜひ》を問う住民投票が行われ，独立に賛成する票が過半数を大きく上回った。これを受け，自治政府や州議会は独立に向けて手続きを進めようとしているが，スペイン政府はこれを認めていない。また，住民の中にも独立に反対する意見が根強くあり，事態は先行き不透明の状況となっている。

2　日本の国土と自然，産業，政治，憲法などについての総合問題

問1　25℃以下の日もあるイが札幌，35℃以上の猛暑《もうしょ》日が最も多く，40℃近い日もあるウが多治見(岐阜県)であることは，すぐにわかる。残る２つのうち，最高気温が30〜35℃の暑い日が続くアが那覇，比較的気温の変動が大きいエが東京である。

問2　(1)　ロケットの発射が行われる日本の宇宙センターは，鹿児島県の内之浦《うちのうら》と種子島《たねがしま》の２か所にある。2010年と2017年に準天頂衛星システムのための人工衛星を搭載《とうさい》したロケットの打ち上げが行われたのは，いずれも種子島の宇宙センターである。　(2)　準天頂衛星システムとは，衛星からの電波によって地上での位置情報を高精度に測位するもので，アメリカのGPSがよく知られる。日本が進めている「みちびき」は，日本版GPSともよばれているもの。衛星測位システムは多くの衛星を利用したほうが安定した測位が可能になるため，「みちびき」では2010年に打ち上げられた１号機と，2017年６〜10月にあいついで打ち上げられた２〜４号機の４機のほか，2023年までに計７機の打ち上げを計画している。

問3　(1)「この年」の７月の日照時間を見ると，ＡグループよりもＢグループのほうが極端に短くなっている。また，米の作況指数を見ると，ＤグループよりもＣグループのほうが極端に数値が低くなっている。これは，低温や日照不足で冷害が発生したことが原因と考えられる。このような事態が起きる最大の原因は，夏に「やませ」とよばれる冷たく湿った北東風が長い間吹《ふ》いたためである。「やませ」が吹くのは太平洋側の地域であるから，ＡグループとＤグループは日本海側の秋田県と山形県，ＢグループとＣグループは太平洋側の岩手県と宮城県と判断できる。　(2)　やませは，梅雨期から盛夏にかけて寒流の親潮(千島海流)の上を吹き渡ってくるため冷たく，天気はくもりがちになり，小雨が降ったり霧が発生したりすることも多い。これが長い間続くと夏でも日照不足となって気温が上がらず，冷害が発生しやすくなる。　(3)「サムサノナツハオロオロアルキ」は宮沢賢治の詩「雨ニモマケズ」の中の一節。故郷の花巻(岩手県)で農学校の教員や農業指導をしていた賢治にとって，冷害が起きる「サムサノナツ」は，切実な問題であったことがうかがえる。

問4　内陸県は栃木・群馬・埼玉・山梨・長野・岐阜・滋賀・奈良の８県あり，このうち県庁所在都市が県名と異なるのは，栃木(宇都宮)・群馬(前橋)・山梨(甲府)・滋賀(大津)の４県(カッコ内は県庁所在都市)。これをもとに判断していく。　(1)　Ａは群馬県。片品川は同県の北東部を流れる川で，利根川の支流の１つである。Ｂは栃木県。那須疎水《なすそすい》は同県北部を流れ，那珂《なか》川の水を那須野ヶ原に引く用水路である。Ｃは滋賀県。この県にある湖から引かれた疎水とは，琵琶湖の水を京都に引く琵琶湖疏水のこと。Ｄは山梨県。同県と埼玉・長野の３県の県境にある甲武信ヶ岳《こぶしがだけ》は，３県の旧国名である「甲斐《かい》」「武蔵」「信濃」から１字ずつとったものである。　(2)　琵琶湖疏水の建設を中心となって設計・監督したのは田辺朔郎《たなべさくろう》。のちに東京帝国大学教授も務めた技術者である。なお，アは19世紀半ば，熊本県中部の白糸台地をかんがいする通潤橋《つうじゅんきょう》を中心となってつくった人物。ウは那須疏水の建設を中心となって進めた実業家。エは17世紀の江戸の材木商で，現在の横浜市の中心部にあたる地域に吉田新田とよばれる地域を埋め立て・開発した。オは現在の和歌山県広川町で広村堤防を築いた人物。堤防建設のきっかけとなった1854年の安政南海地震のさい，自分の田にあった藁《わら》の山に火をつけ，安全な高台の神社への避難路を示して村人を津波の被害から救った。　(3)　甲府盆地を流れる釜無《かまなし》川と笛吹川は合流して富士川となり，静岡県側に流れて駿河《するが》湾に注いでいる。　(4)　キャベツの生産量が多いイが群馬県，いちごの生産量が多いエが栃木県と判断できる。ぶどうの多いウは山梨県，残るアは滋賀県である。　(5)　ア　それぞれ，群馬県は新潟・福島・栃木・埼玉・長野の５県，栃木県は福島・茨城・埼玉・群馬の４県，滋賀県は福井・岐阜・三重・京都の４府県，山梨県は埼玉・東京・神奈川・静岡・長野の５都県と接している。イ　群馬県には上越新幹線と北陸新幹線，栃木県には東北新幹線，滋賀県には東海道新幹線が通り，それぞれ駅もあるが，山梨県には新幹線は通っていない。　ウ　栃木県には栃木市，山梨県には山梨市がある。　エ　４県のいずれにも政令指定都市はない。

問５　(1)　ア　ここ30年で最も漁獲量が減少しているのは遠洋漁業である。　イ　定置網《あみ》やさし網を使うのは沿岸漁業である。　ウ　稚魚《ちぎょ》や稚貝を成魚や成貝になるまで育てるのは養殖漁業である。　エ　熱帯や亜《あ》熱帯地域の海岸沿いや河口に育つ森林はマングローブである。　オ　海洋牧場について述べた文として，正しい。　(2)　カツオとマグロで90％以上を占《し》めるＡは焼津港（静岡県），タラが半分近くを占めるＢは釧路港（北海道），サバとイカの水揚《みずあげ》量が多いＣは八戸港（青森県），イワシ，サバ，アジの水揚量が多く，カニも上位に入っているＤは境港（鳥取県）である。したがって，最も東に位置するＢがエ，最も西に位置するＤがアと判断できる。　(3)　保冷トラックなどを使って水産物や農産物を低温のまま保存・輸送し，新鮮なまま市場や小売店に届けるしくみは，コールドチェーンとよばれる。

問６　(1)　従業者数が29人以下の工場を小工場，30～299人の工場を中工場，300人以上の工場を大工場という。従業員１人あたりの生産額は工場の規模が大きいほど多いから，「１人あたり現金給与」の金額から，表のアが大工場，イが小工場，ウが中工場と判断できる。　(2)　特定の業種の中小企業が集積し，その地域の経済を支えているような産業は，地場産業とよばれる。伝統工業を背景とする場合と，近代になって発展した産業である場合がある。　(3)　鯖江《さばえ》（福井県）は眼鏡フレームの生産量が全国の９割以上を占めていることで知られる。洋食器の生産が地場産業となっているのは燕《つばめ》（新潟県）である。　(4)　同業者が一定の地域に集積する利点としては，その地域が特定の製品の生産地として広く知られており，品質の信頼性が高いことなど，いわゆるブランド力を利用できることや，たがいに励《はげ》まし競い合うなかで，技術や技能の改善・向上をはかりやすいことなどがあげられる。

問７　(1)　稲の品種は，開花・成熟する期間が短い早生《わせ》，開花・成熟する期間が比較的長い晩生《おくて》，その中間の中生《なかて》に分けられる。それらは気候条件の違いによって選ばれることになるが，一般に気温の低い北海道や東北地方では，低温の影響を避《さ》けるため早生の品種が栽培されることが多い。したがって，エが誤りである。　(2)　農産物などを，卸売《おろしうり》業者や小売業者などを通さずに生産者が販売したり，消費者に直接配送する流通形態は，産地直送とよばれる。流通の経費が少なくてすむことから，一般に消費者は新鮮なものを安い価格で入手できる。　(3)　中国とスリランカが輸入相手国の第１位，第２位を占めるアは茶，アメリカ・カナダ・オーストラリアの３国でほぼ100％を占めるイは小麦，アメリカが70％以上を占めるエは大豆である。したがって，残るウはコーヒーであり，コーヒーの最大輸入先はブラジルである。

問８　(1)　緊急《きんきゅう》地震速報の発令や火山活動の監視を行う行政機関は気象庁。国土交通省の外局である。　(2)　消火栓《せん》の設置と管理は市町村が行うことや，その設置法については消防法に定められているが，公道では地下に設置しなければならないとは定められていないから，アが誤り。なお，ウにある「指揮車」とは，火災現場で消火活動の指揮を行うさいの活動拠点となる消防車のこと。オについては，2006年の消防法改正により，新築住宅には火災報知機の設置が義務づけられるようになった。

問９　(1)　ア　参議院議員は，３年ごとに半数ずつが改選される。　イ　内閣総理大臣は国会の議決によって指名され，天皇が任命する。　ウ　国務大臣の過半数は国会議員でなければならない。　エ　衆議院が内閣不信任案を可決した場合，内閣は10日以内に衆議院が解散されない限り，総辞職しなければならない。　オ　法律案は内閣または国会議員のいずれかが議長に提出できる。

(2)　選挙の原則のあと１つは，有権者が１人１票で行う平等選挙である。

問10　(1)　①は「公共の福祉」。社会全体の利益のことで，憲法の条文の中に何回も出てくる言葉である。　(2)　日本国憲法の改正は，衆参両議院がそれぞれ総議員の３分の２以上の賛成で可決した場合に国会がこれを発議し，国民投票で過半数の賛成が得られれば成立する。　(3)　個人情報保護法により，生存する個人にはプライバシーの権利が認められるが，死者や法人には適用されないから，アが誤り。なお，オは1970年代に大阪国際空港（伊丹《いたみ》空港）の周辺住民が環境権を根拠とし，夜間飛行の差し止めを求めて起こした裁判であるが，1981年の最高裁の判決により住民側の敗《はい》訴《そ》が確定した。　(4)　憲法改正のさいの国民投票については，国民投票法により18歳以上の日本国民に選挙権があると定められている。

理　科　（40分）＜満点：70点＞

解　答

[1]　**問１**　4　**問２**　40ｇ　**問３**　反比例（の関係）　**問４**　**あ**　10ｇ　**い**　40ｇ　**問５**　**重さ**…20ｇ　**距離**…2.5倍　**問６**　1，3　**問７**　5通り　[2]　**問１**　ア，ウ　**問２**　エ　**問３**　オ，カ，キ　**問４**　（例）（冬は寒くて乾燥していて）えさ（が少ないから）　**問５**　イ　**問６**　アブラムシ　**問７**　イ　[3]　**問１**　比例　**問２**　ア，ウ　**問３**　52％　**問４**　102ｇ　**問５**　イ，ウ，オ　**問６**　ア，エ　[4]　**問１**　2分　**問２**　オ　**問３**　夏半年が７日多い　**問４**　(1)　火星　(2)　金曜日

解　説

[1]　てこのつり合いについての問題

問１　図２で，棒にかかる左回りのモーメント（てこをかたむけようとするはたらき）は，10×２×２＝40なので，40÷10＝４より，おもりＡ１個を支点から右に４目盛り分はなれたところ，つまり

右のうでの目盛り４に下げると，棒が水平につり合う。

問２　右のうでの目盛り１に，40÷１＝40(ｇ)の重さがかかれば，棒が水平につり合う。

問３　この場合，棒にかかる右回りのモーメントは，(支点から右のおもりまでの距離《きょり》)×(右のおもり全部の重さ)で求められ，その積は40(棒にかかる左回りのモーメント)になる。よって，２量の積が一定であるから，反比例の関係といえる。

問４　問３より，「支点から左右のおもりまでの距離の比」と「片側のおもり全部の重さと，もう片側のおもり全部の重さの比」は逆比であることがわかる。したがって，図３ａにおいては，(支点から目盛りＸまでの距離)：(５目盛り分の長さ)＝(おもりＡ１個の重さ)：(おもりＢ１個の重さ)となるので，「あ」は10ｇである。図３ｂについても同様に考えると，「い」にはおもりＡ４個分の重さにあたる，10×４＝40(ｇ)があてはまる。

問５　図３ａの式の左辺と図３ｂの式の左辺が等しいので，おもりＢ１個の重さを□ｇと表すと，10：□＝□：40となる。よって，□×□＝10×40＝400，400＝20×20より，□＝20(ｇ)と求められる。また，この値を図３ａの式にあてはめると，(支点から目盛りＸまでの距離)：(５目盛り分の長さ)＝10：20になるので，10×５÷20＝2.5より，支点から目盛りＸまでの距離は１目盛り分の長さの2.5倍とわかる。

問６　支点から，一方のおもりＡまでの距離を△，もう一方のおもりＡまでの距離を○とすると，棒のつり合いの式は，10×△＋10×○＝40となる。これより，10×(△＋○)＝40，△＋○＝40÷10＝４となるので，和が４になる２つの整数の組み合わせを考えればよい。したがって，４＝１＋３より，右のうでの目盛り１と目盛り３におもりＡを１個ずつ下げたことになる。

問７　問６と同様に，和が４になる整数の組み合わせを考えればよく，右のような５通りが考えられる。

「１＋１＋１＋１」	→目盛り１に４個
「１＋１＋２」	→目盛り１に２個と目盛り２に１個
「１＋３」	→目盛り１に１個と目盛り３に１個
「２＋２」	→目盛り２に２個
「４」	→目盛り４に１個

２　昆虫《こんちゅう》のからだのつくりとくらしについての問題

問１　カマキリはカマのような前あしでほかの昆虫などをつかまえて食べる。このときからだが保護色になっていれば，それだけえものに気づかれにくくなり，つかまえやすくなる。一方，鳥などの敵に食べられるが，からだが保護色になっていれば，それだけ敵に見つかりにくくなる。

問２　カマキリのような昆虫は，からだが頭部・胸部・腹部からなり，胸部にあしが３対ある。よって，図２で，あしがついている位置から考えて，胸部はアからエの間の部分とわかる。頭部はアから上の部分，腹部はエから下の部分である。

問３　不完全変態の昆虫には，カマキリやバッタ，トンボ，セミのなかまなどがある。なお，チョウ，ハチ，アリ，カブトムシ，ナミテントウなどは完全変態をする。

問４　冬は寒く，変温動物である昆虫にとっては活動しにくくなる。また，冬は多くの植物が枯《か》れてしまい，植物をえさにしている昆虫や，その昆虫をえさにしている昆虫も少なくなってしまう。そのため，多くの昆虫は寒くてえさの少ない冬の時期を卵や蛹《さなぎ》の状態で過ごす。なお，幼虫や成虫のすがたで冬ごしするものも，温度が低くなりにくい場所でじっとしていることが多い。

問５　ナミテントウは，落ち葉や石の下などに成虫が集まって冬をこす。なお，エンマコオロギとショウリョウバッタは卵，カブトムシとシオカラトンボは幼虫，モンシロチョウは蛹のすがたでそれぞれ冬をこす。

問6　ナミテントウは，幼虫も成虫もアブラムシをえさにしている。

問7　アブラムシは一年草などの植物のくきなどにいて，植物のしるを吸ってくらす。秋に多くの植物が枯れ，アブラムシは卵で冬をこすため，春にアブラムシがいつどこに出てくるかを秋のうちから知ることはできない。よって，春に卵からかえって幼虫になるよりも，成虫のまま冬ごしした方が，春になってアブラムシを見つけやすいと考えられる。

3　硝酸《しょうさん》カリウムのとけ方，二酸化炭素の性質についての問題

問1　表1で，水の量が2倍，3倍，…になると，とける量も2倍，3倍，…となっているから，水の温度が同じとき，硝酸カリウムのとける量は水の量に比例するといえる。

問2　ア　表2を見ると，水の量が100gで一定のとき，水の温度が高くなるほど，硝酸カリウムのとける量は増えている。　イ　20℃の水500gに硝酸カリウムは，$31.6\times\frac{500}{100}=158$(g)までしかとけない。　ウ　硝酸カリウムは，20℃の水250gには，$31.6\times\frac{250}{100}=79$(g)までしかとけないが，20℃の水，250＋100＝350(g)には，79＋31.6＝110.6(g)までとける。　エ　40℃の水100gに硝酸カリウムは63.9gまでとけるから，40℃まで冷やしても固体は出てこない。

問3　60℃の水100gに硝酸カリウムは109gまでとける。よって，この水よう液の重さに対する硝酸カリウムの重さの割合は，109÷(109＋100)×100＝52.1…より，52%である。

問4　もし，80℃の水100gに硝酸カリウムをとけるだけとかすと，硝酸カリウムは169gまでとけるから，水よう液は，100＋169＝269(g)となる。そして，20℃の水100gに硝酸カリウムは31.6gまでとけるので，この水よう液を20℃まで冷やすと，169－31.6＝137.4(g)の固体が出てくる。したがって，80℃での水よう液の重さを200gにした場合は，$137.4\times\frac{200}{269}=102.1\cdots$より，102gの固体が出てくる。

問5　ア　二酸化炭素にはものを燃やすはたらきがないので，二酸化炭素の中に火がついた線香《せんこう》を入れると，線香の火は消える。　イ　二酸化炭素などの気体は，水の温度が低いほど水にとけやすい(とける量が多くなる)。そのため，二酸化炭素の水よう液(炭酸水)を加熱すると，とけきれなくなった二酸化炭素が出てくる。　ウ　ドライアイスは二酸化炭素を冷やし固めたもので，これをあたためると(室内に放置しておくだけで)，液体にはならないで直接気体の二酸化炭素になる。
エ　動物が呼吸すると，酸素が体内に取りこまれ，二酸化炭素が放出される。二酸化炭素が体内に取りこまれ，酸素が放出されるのは，植物が光合成を行うときである。　オ　ろうそくのような炭素をふくむものが燃えると，炭素と酸素が結びつくことで二酸化炭素が発生する。

問6　二酸化炭素は水に比かく的とけやすいので，水と二酸化炭素を入れたペットボトルを振《ふ》ると，二酸化炭素が水にとけてペットボトル内の気圧が低くなり，ペットボトルがへこむ。また，二酸化炭素の水よう液(炭酸水)は弱い酸性を示すので，ペットボトル内の水よう液は緑色から黄色へと変化する。

4　太陽系の天体と暦《こよみ》についての問題

問1　太陽の中心が真南を通過したときから再び真南を通過するまでの時間が1日なので，太陽が360度動くのに，60×24＝1440(分)かかることになる。よって，太陽の見かけの大きさは0.5度だから，求める時間は，$1440\times\frac{0.5}{360}=2$(分)となる。

問２　春分の日（３月21日）は，満月の１月２日から数えて，(31－２)＋28＋21＝78(日後)であり，78÷29.5＝２余り19より，満月から19日過ぎている。満月から約15日過ぎると新月になることから，新月から約４日後の形になると考えられる。したがって，三日月のような形の月が南西～西の空に見ることができる。

問３　2018年の春分の日から始まる夏半年の日数は，(31－21＋１)＋30＋31＋30＋31＋31＋(23－１)＝186(日)と求められ，それに続く冬半年の日数は，365－186＝179(日)とわかるので，夏半年の方が，186－179＝７(日)多い。

問４　⑴　太陽と地球の距離を１として表されている表１より，図２のように並ぶときの地球と水星の距離は，１－0.39＝0.61，地球と火星の距離は，1.5－１＝0.5となる。よって，火星の方が地球に近い。　⑵　表１より地球からそれぞれの天体までの距離を求めると，太陽が１，水星が0.61，金星が0.28，火星が0.5，木星が4.2，土星が8.6となる。よって，図２のように並ぶとき，地球から遠い順に天体を並べると「土星・木星・太陽(日)・水星・火星・金星・月」となる。ここで，周期性に注目しながらはじめの説明文を整理すると，「土星・木星・火星・太陽(日)・金星・水星・月」という並びの場合は，「土」を１番目とした場合，24÷７＝３余り３より，２番目は「土」から３つ進んだ「日」，３番目は「日」から３つ進んだ「月」，４番目は始めにもどって３つ進んだ「火」となる。これと同様に考えると，「土星・木星・太陽(日)・水星・火星・金星・月」という並びで，「日」を１番目としたときは，２番目が「金」となり，全体では「日・金・木・火・土・水・月」となる。

国　語　(50分)＜満点：85点＞

解　答

一　**問１**　(例)　なじみのないお母さんたちの輪を見て緊張しきっていたところに，「パパ来ないんだ」と聞こえよがしの声がし，いたたまれなくなっている。　**問２**　(例)　お金を「出してあげる」というとっさの言葉に，稼いでいる自分を上，稼いでいない輝也を下に見る気持ちが出ていた点。　**問３**　(例)　勉強や仕事をがんばって優秀だと言われ続けてきたが，卵焼きさえ作れない現実に直面し，苦手なことから逃げていただけの情けない自分に気がついたから。　**問４**　(例)　輝也が稼いでいることを知って家計を支えてきた自負が崩れ，稼ぐだけの自分に居場所はないとパニック状態になり，輝也を応援できなかったが，的確でやさしい輝也のサポートで落ち着きを取り戻し，輝也に感謝するとともに，応援する余裕ができた。　二　**問１**　見事に／てしまい　**問２**　(例)　(たしかに)大西社員の担当した新宿支店では完売し，売り上げも多い。(しかし)最後の一時間は品切れ状態で，需要の見込みが甘かった。(一方)小池社員の担当した池袋支店は品切れがなく，最後まで売り上げがあった。(したがって)客の期待を裏切らない発注ができており，販売機会を逃していない。　三　①　態　②　手(降)　③　図(表)　④　境(際)　⑤　識(大)

解　説

一　**出典は青山美智子《あおやまみちこ》の『木曜日にはココアを』所収の「きまじめな卵焼き」による。**夫の輝也《てるや》に家事・育児をまかせ，仕事に専念していた「私」(朝美)が，夫の留守中に幼稚園《ようちえん》のお迎《むか》えや家事の難しさに直面するようすを描《えが》いている。

問1　「私」が幼稚園の「お迎え」に行くのは「初めて」で，ほかのお母さんや子どもに「誰《だれ》ひとり見覚えがなく」，お母さんたちの輪を見て「体をこわばらせ」ている点に注目する。そのうちのひとりに声をかけられても緊張《きんちょう》したままで会話が続かず，輪に背を向けたとたん，「パパ」の「お迎え」でないことに「あきらかにがっかり」した声が聞こえてきたのである。さらにこの後，先生に「初めてじゃないですか，ママがお迎えなんて」と言われただけで，「私」が「みんな，そんなに輝也に会いたいのか～普段《ふだん》送り迎えしないことをみんなに責められているように思えた」と感じていることにも注意する。こうした状況《じょうきょう》・心情をふまえ，お母さんたちを「振《ふ》り返らずに～歩き出した」ときの疎外《そがい》感を，「なじみのないお母さんたちの輪から『パパ来ないんだ』と聞こえよがしの声がして，いたたまれない気持ち」「幼稚園の送り迎えを夫にまかせきりだったことを，みんなに責められているようで居心地が悪い」のようにまとめる。

問2　「不遜《ふそん》」は，思い上がったようす。「私」はこの前で，自分でお金を「稼《かせ》いでいない」輝也が「生活費を自分のことに使ってはいけない」と考えていたのではないかと思い，つい「出してあげるから使いなさい」と言っている。「出してあげる」という言葉に，稼いでいる自分はえらいという無意識の思い上がりが出たと感じたのである。これを整理して，「稼いでいる自分はえらいような気になっていて，お金を『出してあげる』と言ってしまった点」「とっさに出た輝也への言葉が，お金を稼いでいない輝也を下に見る言葉づかいになっていた点」のようにまとめる。

問3　続く部分から読み取る。「子どものころから一生懸命《けんめい》勉強して～会社に入ったら一生懸命仕事して，ずっと優秀《ゆうしゅう》だ優秀だと言われてきた」が，「卵焼き」も「満足に作れない」自分に直面して「泣い」たのである。さらにこの後では，苦手な家事や育児，幼稚園での付き合いの一切《いっさい》を輝也にまかせ，「仕事に逃《に》げてきた」ことを思っており，これを加えてもよい。「卵焼き」さえ作れない点に焦点をあてた場合，「今まで勉強も仕事も一生懸命やってきて，ずっと優秀だと言われてきたが，みんながなんでもなくできる卵焼きさえ作れない自分が情けないから」のようにまとめる。苦手なことから逃げていたことを加えた場合は，「勉強も仕事もがんばって優秀だと言われてきたが，苦手な家事や育児から逃げていただけなのを，卵焼き一つできないことで身にしみたから」のようにまとめられる。

問4　問3で見たように，「卵焼き」も「満足に作れない」現実から，「私」は自分の情けなさに涙《なみだ》している。それでもこれまでは，「家計を支えているという自負」が「私」を支えてきたのだが，輝也が稼いでいることを知ってその自負も崩《くず》れ，自分が「この家にいる意味」を見失って，不安に取り憑《つ》かれているのである。こうした気持ちが，ぼう線エにはこめられている。その後，輝也との電話でのやりとりを経て，ぼう線オのように言えるようになったのだから，心情の変化を明確にし，「輝也の絵が売れたら稼ぐだけの自分の存在価値はますますなくなるとパニック状態になり，輝也を思いやれなくなっていたが，輝也の的確なサポートと言葉で安心し，自分も輝也を支えたいと思う余裕《よゆう》ができた」「輝也が稼いでいることを知って家計を支えてきた自負が崩れ，自分の居場所はないという不安にばかりとらわれていたが，輝也の言葉で落ち着きを取り戻《もど》し，感謝して応援《おうえん》する余裕ができた」のようにまとめればよい。

二　文章とグラフの読み取り

問1　販売《はんばい》部長の報告を聞き，社長は「君はすでに大西社員を高く評価しようとしている」と指摘《してき》している。「大西社員は～なりますか」という部長の報告の中で，大西社員(新宿支店の担当)への評価の高さが表れているのは，「見事に～完売となりました」という部分。逆に，小池社員(池袋支店の担当)への評価の低さが表れているのは，「売れ残りが生じてしまいました」という部分である。「完売」を高く，「売れ残り」を低く評価していることは，「見事に」「(生じて)しまい(ました)」の表現でわかる。「見事に」は，結果などがすばらしいようす。「(～て)しまう」は，期待と異なる結果になったという気持ちをそえる補助動詞。

問2　両支店での成果を比べたとき，販売個数以外の明らかな違《ちが》いは，閉店前の1時間の状況である。新宿支店では商品が1時間前に売り切れたため，客がカニ弁当を目当てに来店したとしても買えなかった。単純に売り切ることが目的なら高評価だが，客の期待に応えられなかった，販売機会を逃《のが》したと言える。池袋支店の場合，「20個の売れ残り」を出してはいるが，最後の1時間にカニ弁当を目当てに来店し，買えた客の満足が次の来店に結びつくと考えるなら，高く評価できる。あるいは，小池社員が新宿支店を担当していれば，仕入れ数をより適切に判断し，最後の1時間にも品切れはなく，売り上げがのびたとも言えるだろう。

三 熟語の完成

①「態」を入れると，上から順に「状態」「態度」という熟語ができる。　②「手」を入れると，上から順に「下手」「手順」という熟語ができる。「降」を入れると，上から順に「下降」「降順」という熟語ができる。「降順」は，値の大きい順に並べること。ほかにも，「席」「道」などが入る。　③「図」を入れると，上から順に「意図」「図式」という熟語ができる。「表」を入れると，上から順に「意表」「表式」という熟語ができる。　④「境」を入れると，上から順に「辺境」「境目」という熟語ができる。「際」を入れると，上から順に「辺際」「際目」という熟語ができる。「辺際」は，果て。「際目」は，土地の境界。ほかにも，「地」「側」などが入る。　⑤「識」を入れると，上から順に「博識」「識別」という熟語ができる。「大」を入れると，上から順に「博大」「大別」という熟語ができる。

Dr.福井の

入試に勝つ！ 脳とからだのウルトラ科学

記憶に残る“ウロ覚え勉強法”とは？

人間の脳には，ミスしたところが記憶に残りやすい性質がある。順調にいっているときの記憶はあまり残らないが，まちがえて「しまった！」と思うと，その部分がよく記憶されるんだ（これは，脳のヘントウタイという部分の働きによる）。その証拠に，おそらくキミたちも「あの問題を解けたから点数がよかった」ことよりも，「あの問題をまちがえたから点数が悪かった」ことのほうをよく覚えているんじゃないかな？

この脳のしくみを利用したのが“ウロ覚え勉強法”だ。もっと細かく紹介すると，テキストの内容を一生懸命覚え，知識を万全にしてから問題に取り組むのではなく，テキストにざっと目を通した程度（つまりウロ覚えの状態）で問題に取りかかる。もちろんかなりまちがえると思うが，それを気にすることはない。まちがえた部分はよく記憶に残るのだから……。言いかえると，まちがえながら知識量を増やしていくのが“ウロ覚え勉強法”なのである。

ここで，ポイントが2つある。1つは，ヘントウタイを働かせて記憶力を上げるために，まちがえたときは「あ〜っ！」とわざとらしく驚くこと。オーバーすぎるかな……と思うぐらいでちょうどよい。

もう1つのポイントは，まちがえたところをそのままにせず，ここできちんと見直すこと（残念ながら，驚くだけでは覚えられない）。問題の解説を読んで理解するのはもちろんだが，必ずテキストから見直すようにする。そうすれば，記憶力が上がったところで足りない知識をしっかり身につけられるし，さらにその部分がどのように出題されるかもわかってくる。頭の中の知識を実戦で役立てられるようにするわけだ。

Dr.福井（福《ふく》井《い》一成《かずしげ》）…医学博士。開成中・高から東大・文Ⅱに入学後，再受験して翌年東大・理Ⅲに合格。同大医学部卒。さまざまな勉強法や脳科学に関する著書多数。

Memo

平成29年度　開成中学校

〔電　話〕(03) 3822－０７４１
〔所在地〕〒116-0013　東京都荒川区西日暮里４－２－４
〔交　通〕JR線・東京メトロ千代田線－「西日暮里駅」より徒歩１分

【算　数】（60分）〈満点：85点〉

◎答えが分数になるときは，できるだけ約分して答えなさい。円周率が必要なときは3.14を用いなさい。

◎式や図や計算などは，他の場所や裏面などにかかないで，すべて解答用紙のその問題の場所にかきなさい。

1　次の各問いに答えなさい。

(1)　次の□には同じ数が入ります。その数を求めなさい。

$$\frac{35}{3}\times\left(\square\times1.4+\square\div\frac{1}{2}+20\right)\div\frac{7}{60}=2017$$

(2)　１から2017までの整数のうち，３でも４でも割り切れないものを考えます。そのうち，２の倍数と５の倍数はそれぞれ何個ありますか。

2　右の図１は，正方形で分割《ぶんかつ》された長方形です。ただし，正方形の中の数はその正方形の１辺の長さ(単位はcm)を表しています。この分割された長方形から，以下のような手順にしたがって，点を矢印つきの線(以下では，この線を「矢印」ということにします)で結んだ図形(図４)を作ります。最後にできたこの図形(図４)を「長方形の分割を表す経路」ということにします。

【「長方形の分割を表す経路」を作る手順】

(ⅰ)　図１のそれぞれの縦線の真ん中に点をとり，図２のように左にある点から順にA，B，C，…と名前をつけます。

(ⅱ)　各正方形について，左の辺を含む縦線の真ん中の点から右の辺を含む縦線の真ん中の点へ向かう矢印をかき，その近くにその正方形の中の数を移します。(図３)

(ⅲ)　もとの長方形，正方形の辺の線をすべて消します。(図４)

矢印の近くに記入した数を「矢印に対応する数」ということにします。いずれの問いも，解答らんに答えのみを記入しなさい。

図１

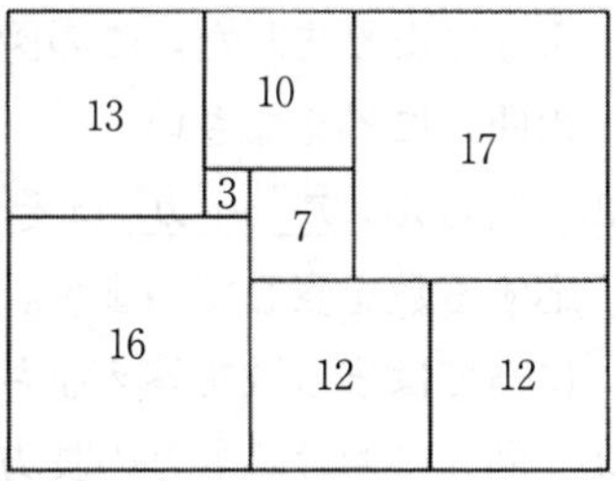

(ⅰ)

図２

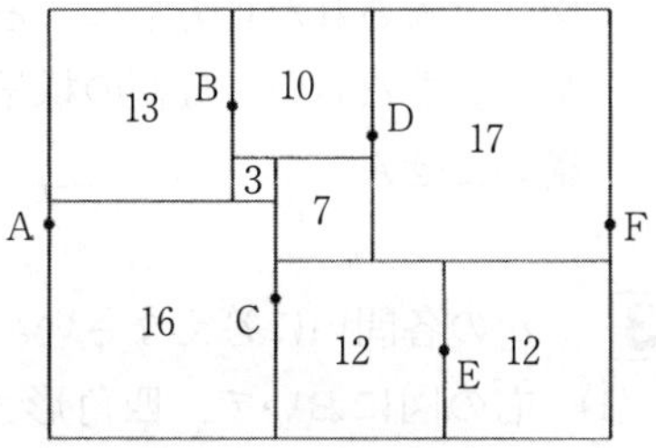

(ⅱ)

図３

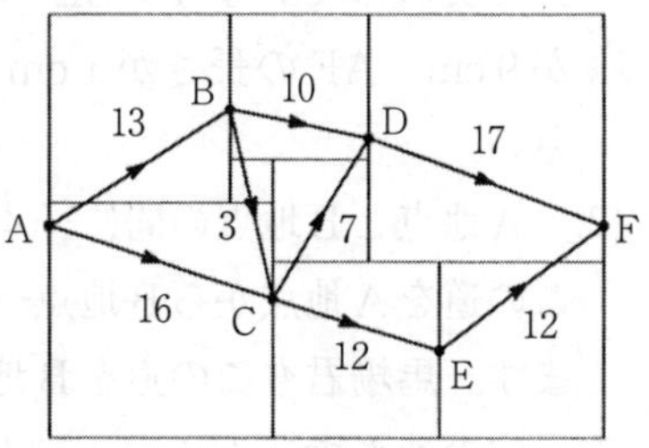

(ⅲ)

図４

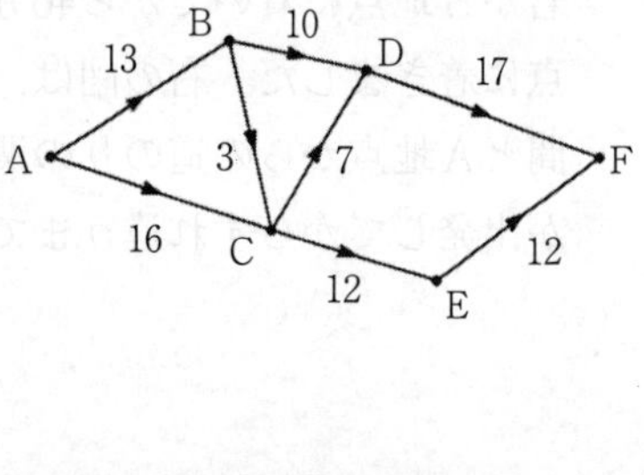

(1)　矢印に対応する数の間にはいくつかの法則があります。その１つは，１つの点に注目したとき，その点に入ってくる矢印に対応する数の和と，その点から出ていく矢印に対

応する数の和は必ず等しくなることです。例えば図4で，点Cに入ってくる矢印B→C，A→Cに対応する数の和3+16と，点Cから出ていく矢印C→D，C→Eに対応する数の和7+12はともに19になります。この理由を表した文を，次の(い)，(ろ)の中から1つ選び，その記号を答えなさい。

(い)　1つの縦線と辺が重なっているすべての正方形について，その縦線の左側にある正方形の中の数の合計と右側にある正方形の中の数の合計が等しいから。 (ろ)　1つの横線と辺が重なっているすべての正方形について，その横線の上側にある正方形の中の数の合計と下側にある正方形の中の数の合計が等しいから。

図1とは別の，正方形で分割された長方形を考えます。同じ手順にしたがってその長方形の分割を表す経路を作ると，図5のようになりました。この図について，以下の問いに答えなさい。

図5

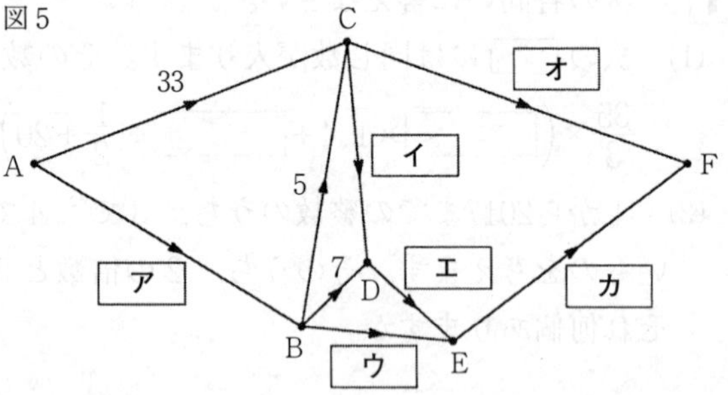

(2)　空らん ア ～ カ はそれぞれ矢印に対応する数を表しています。これらの空らんに当てはまる数を答えなさい。

(3)　図5におけるもとの長方形の縦，横の長さを答えなさい。

(4)　解答らんの長方形は(3)で縦，横の長さを求めたもとの長方形を表しています。この長方形に図5で表された正方形による分割をかきこみ，それぞれの正方形の中にその1辺の長さを表す数を書きなさい。分割の様子がわかれば，辺の長さは多少不正確でも定規を使っていなくても構いません。

3　次の各問いに答えなさい。

(1)　右の図において，四角形ABCDと四角形ABEFはどちらも長方形で，3つの直線AG，BD，EFが1点Hで交わっています。GEの長さが1 cm，DFの長さが9 cm，AFの長さがx cmのとき，xの値《あたい》を求めなさい。

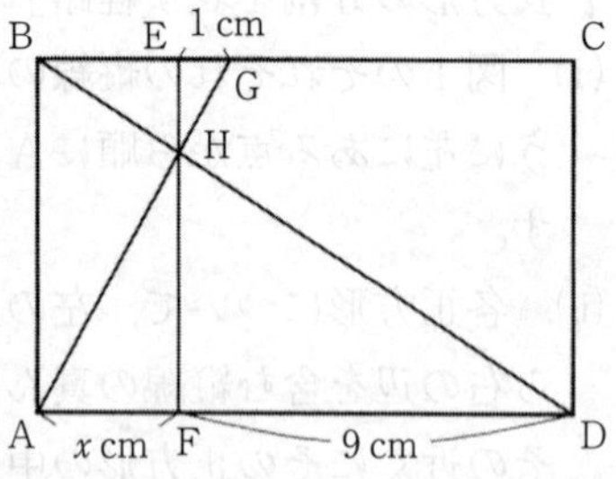

(2)　A地点とB地点の間に一本道があります。阿部《あべ》君はこの道をA地点からB地点へ向かって分速50mで進みます。馬場君もこの道をB地点からA地点へ向かって一定の速さで進みます。二人は同時に出発し，B地点から250m離れた地点ですれ違いました。また，阿部君がB地点に着いてから46分12秒後に，馬場君はA地点に着きました。右の図は，二人が出発してからの時間とA地点からの道のりの関係を表しています。二人が出発してからすれ違うまでにかかった時間をy分とするとき，yの値を求めなさい。

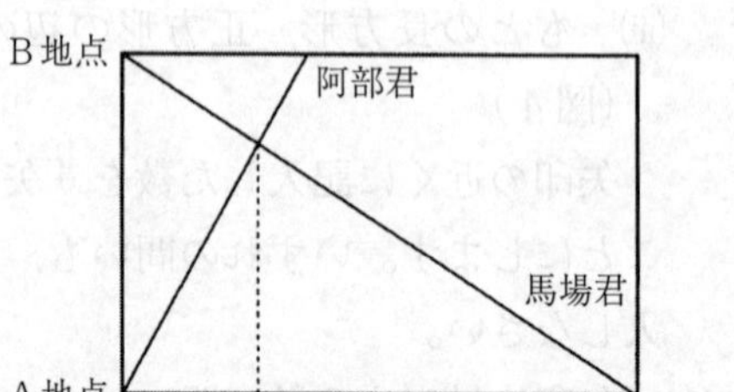

4 図1のように，底面がAB＝4cm，BC＝3cm，CA＝5cm，角ABCの大きさが90°の三角形であり，側面がすべて長方形の透明《とうめい》な三角柱のガラスでできた容器があります。この容器には水を入れることができ，どのような向きに置いても水はもれないものとします。また，容器のガラスの厚さは考えません。

まず，この容器に少し水を入れたところ，面DEFを下にして水平な床《ゆか》に置いたときと，図2のように面BCFEを下にして水平な床に置いたときとで，容器の下の面から水面までの高さが等しくなりました。

次に，この容器に，これまでに入っていた量の$\frac{5}{4}$倍の水をさらに追加したところ，面DEFを下にして水平な床に置いたときと，図3のように面ABEDを下にして水平な床に置いたときとで，容器の下の面から水面までの高さが等しくなりました。

ただし，下の図において斜線《しゃせん》の部分は入っている水を表しています。次の問いに答えなさい。

図1

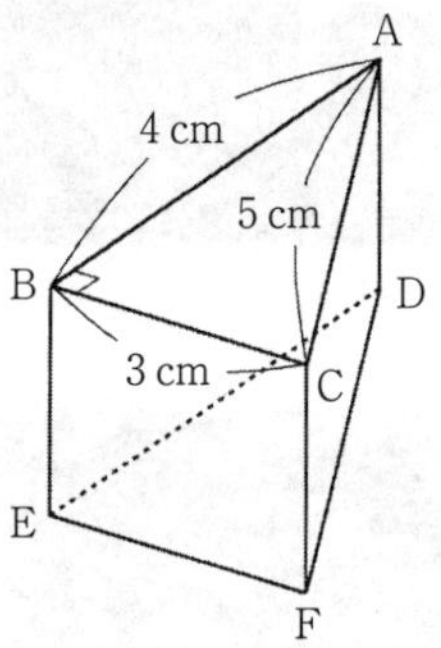

図2

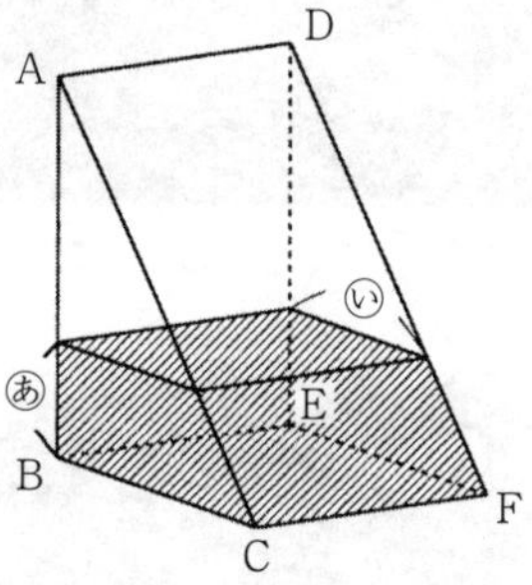

図3

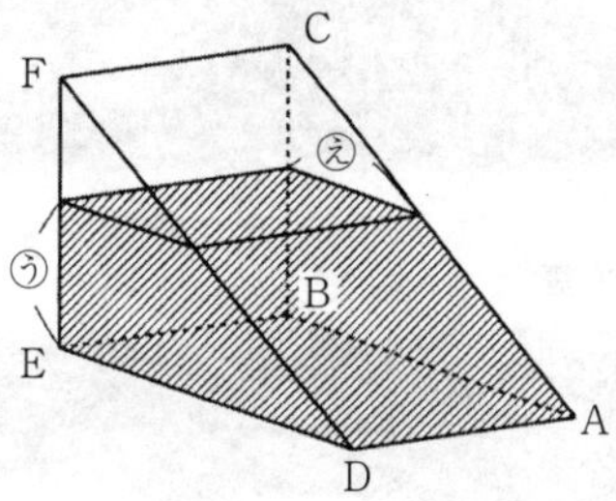

(1) 図3のうの長さは，図2のあの長さの何倍ですか。

(2) 図3のえの長さは，図2のいの長さより何cm長いですか，または短いですか。解答らんの「長い」，「短い」のいずれかに○印を付け，その差を答えなさい。

(3) 図2のあの長さは何cmですか。

(4) BEの長さは何cmですか。

(5) 図3の状態のあと，この容器に水をさらに追加したところ，面DEFを下にして水平な床に置いたときと，面ACFDを下にして水平な床に置いたときとで，容器の下の面から水面までの高さが等しくなりました。このとき，等しい水面の高さは何cmですか。

【社　会】（40分）〈満点：70点〉

1　次の文章は，東京をテーマにしたグループ学習中の中学生４人の会話です。これと関連する図を参照しながら，あとの問いに答えなさい。

『江戸図屏風《びょうぶ》』左隻《させき》

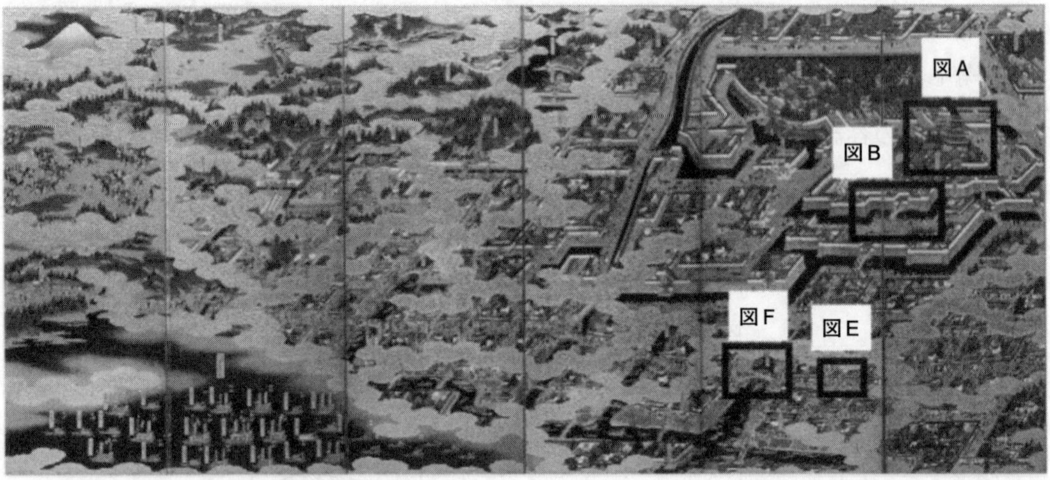

『江戸図屏風』右隻

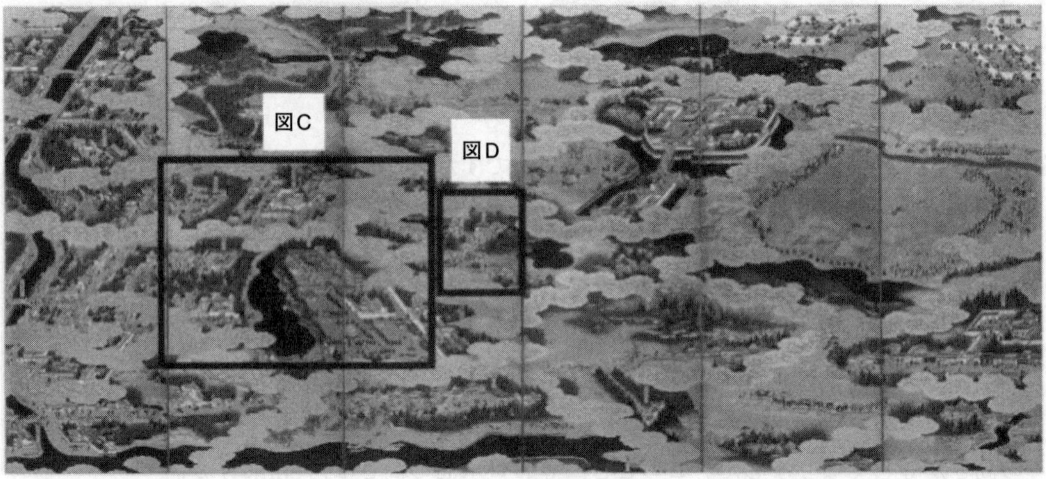

（左隻・右隻とも国立歴史民俗博物館ウェブサイトより）

A：僕《ぼく》らの班は，「①『江戸図屏風』から東京を探《さぐ》る」というテーマだったよね。これは左右一対《つい》の屏風で，今は千葉県佐倉《さくら》市にある国立歴史民俗博物館《こくりつれきしみんぞくはくぶつかん》に所蔵されているんだ。

B：僕が小学生の時に使っていた社会科の教科書に写真があったような気がする。国立歴史民俗博物館のある佐倉市は，奈良時代に作られた律令の行政区分でいえば［　1　］国になるね。この屏風と今の(1)東京を比べて，その違《ちが》いを確認してみよう。

C：左隻と右隻はそれぞれ６つの面からなり，右から順に１扇《せん》から６扇と数えるんだ。両者をならべると，江戸城を中心とした江戸の町が見られるんだね。

D：それにしても，この屏風は，左隻と右隻を少し見比べただけでも，左のほうが華《はな》やかなのがわかるね。建物や人の数が違いすぎる。

C：確か，この屏風にはおよそ②5000人が描《えが》かれているみたいだけど，人の数も建物の数も左隻に集中しているね。左隻には，右隻寄りの1扇に江戸城があり，最も離《はな》れた6扇には目黒や③品川宿があり，遠くに(2)富士山が顔をのぞかせているよ。

D：あれ。「御本丸《ごほんまる》」（**図A**）のところを見ると，立派な[　**2**　]があるよ。今の皇居に[　**2**　]はないよね。いつまであったんだろう。

C：1657年に起きた[　**3**　]で，西の丸を除く江戸城の大半が失われ，江戸の町の大部分も被害にあったみたいだよ。

B：ということは，この江戸図屏風に描かれた江戸の町は，1657年以前の様子を伝えていることになるね。将軍でいえば④徳川家綱《いえつな》より前になる。明治以降の⑤天皇はもちろん，江戸幕府の歴代将軍も，ほとんどが[　**2**　]を知らないんだね。

A：実は，この屏風の制作年代には諸説があり，はっきりしていないんだよ。ただ3代将軍の[　**4**　]の功績をたたえる目的で作られたということはどの学者も同意しているようなんだ。

D：大手門のところでは，旗が掲《かか》げられているね（**図B**）。

C：これは⑥朝鮮通信使《ちょうせんつうしんし》を迎《むか》え入れているところで，武士の警備も厳重だよね。使節がもたらした産物も置かれている。(3)朝鮮との関係は，[　**4**　]の時代になってようやく回復するからね。

A：そして江戸城の周りには，(4)大名屋敷《やしき》や(5)町人地も見えるね。左隻2扇の下側には，(6)日本橋がかけられている（**図F**）。

B：江戸東京博物館に復元された日本橋が展示されているけれど，ここまでの反《そり》橋ではないよね。ところでそろそろ右隻を見てみよう。水戸中納言下屋敷（右隻6扇）は現在の後楽園，加賀肥前守下屋敷（右隻5扇）は現在の[　**5**　]で，いずれも後に上屋敷となった。

A：加賀肥前守下屋敷の左側には，⑦平将門を祀《まつ》る[　**6**　]があるね。この神社のお祭は，山王祭・三社祭とともに江戸三大祭の一つに数えられているけれど，学校の運動会と同じ日に開催《かいさい》されるんだよね。[　**6**　]の下には湯島天神も見えるけど，この右側に見える黒いのは何を表しているんだろう（**図C**）。

C：[　**7**　]だ。そうするとこの辺りは現在の⑧上野にあたるから，大仏や五重塔《ごじゅうのとう》などの建物は(7)寛永寺《かんえいじ》ということになるね。寛永寺や[　**7**　]は，⑨平安京やその周辺をモデルにして作られているんだよ。これらは江戸城からみて北東，すなわち艮《うしとら》の方角で百鬼《ひゃっき》（さまざまな妖怪《ようかい》）が出入りする[　**8**　]にあたるんだ。

B：そういえば，寛永寺は東叡山《とうえいざん》という山号を持っていることから，(8)比叡山延暦寺《ひえいざんえんりゃくじ》をイメージして作られたことがわかる。そうすると[　**7**　]は琵琶湖《びわこ》をイメージしているということになるね。

D：確かこの辺りには，世界遺産に選ばれた国立西洋美術館があったよね。

C：ル・コルビュジエが設計し，(9)1959年に開館した美術館で，大陸をまたぐ初の(10)世界遺産（文化遺産）でもあるんだ。

A：西洋美術館だけが選ばれたわけではないんだね。2015年には，⑩国内の県をまたぐかたちで世界遺産が認められたけれど，国をもまたいでしまうんだなあ。

C：展示物としては，第4代目の内閣総理大臣で，後に元老にもなった(11)松方正義の三男，松方幸次郎が収集した「松方コレクション」が中心となっているね。例えば，モネの「睡蓮《すいれん》」とか。

B：屏風では寛永寺の下側には⑪浅草寺の五重塔が見えるね。その下には隅田川が流れている。

D：学校に一番近い場所はどのように描かれているのかな。

C：谷中は学校から歩いて数分のところだよ。この屏風には，谷中の感応寺から善光寺にかけての通りに，人々が［ 9 ］をしている様子が描かれている（**図D**）。17世紀に刊行された『可笑記』という書物には，善光寺境内《けいだい》で町人たちが［ 9 ］を楽しむ様子が記されているとか。

A：この近くにある上野公園での［ 9 ］は今も有名だけれど，この時期から行われていたんだね。感応寺は現在「天王寺」といって，日暮里駅前にあるよ。もともとは(12)日蓮《にちれん》宗のお寺だったのが，江戸時代に入り幕府の命令で天台宗に改宗することになったんだ。善光寺については，今は「善光寺坂」という道が残っているだけで，お寺そのものは見られない。1705年に現在の港区に移転したようだ。

B：ほかにも川越城《かわごえじょう》や鹿狩《しかが》り・猪狩《いのししが》りの様子が描かれていたり，寛永寺と同じく徳川家代々の墓がある［ 10 ］なども描かれていて，情報が豊富だ。ここから何を取り上げてテーマとすべきか，話し合いを深めないといけないね。

図A

図B

図C

図D

問1　文中の空らん［ 1 ］～［10］にあてはまる語句を**漢字**で書きなさい（［ 3 ］にはひらがなも入る）。

問2　文中の波線部(1)～(12)に対応する以下の問いに答えなさい。

(1)　2016年7月31日に行われた東京都知事選挙において，都知事に当選した人物名を**漢字**で答えなさい。

(2)　江戸時代に富士山を描いた「富嶽《ふがく》三十六景」の作者を答えなさい。

(3)　朝鮮との関係について，日本から朝鮮へはどこの藩《はん》の者が，朝鮮のどの都市にわたって交流をしていたのか，説明しなさい。

(4)　江戸の町に大名屋敷が置かれるようになった理由を説明しなさい。

(5)　**図E**のように，屋根より一段高くして家の格式を示したり，また防火用としても用いられたりした小屋根を付けた壁を何というか答えなさい。

図E

（図E拡大図）

(6)　**図F**のような日本橋のたもとに設けられているものを何というか，**漢字**で答えなさい。

図F

（図F拡大図）

(7)　寛永寺を開山（創建）し，徳川家康以来三代の政治顧問《こもん》をつとめた僧侶《そうりょ》の名を**漢字**で答えなさい。

(8)　平安時代後期に，この寺の僧たちが集団となって日吉《ひえ》神社のみこしを担《かつ》ぎ，権力者に訴《うった》えを起こしましたが，この行為《こうい》を何というか答えなさい。

(9)　この翌年１月に岸信介首相によって改定された条約を何というか，**漢字８文字**で答えなさい。

(10)「法隆寺地域の仏教建造物」は日本で最初に世界遺産に選ばれたもののひとつですが，はじめて倭国《わこく》に対しておおやけに仏教を伝えた百済《くだら》の国王を何というか答えなさい。

(11)　この人物が首相在任中に開催された第二回帝国議会《ていこくぎかい》で，渡良瀬川《わたらせがわ》流域の汚染《おせん》問題を取り上げ，政府を追及《ついきゅう》した衆議院議員の人物名を答えなさい。

(12)　日蓮宗で唱える「南無妙法蓮華経《なむみょうほうれんげきょう》」のことを何というか答えなさい。

問３　文中の下線部①～⑪に対応する以下の問いに答えなさい。

①「屏風」の説明として正しいものを，次の**ア**～**エ**から１つ選び，記号で答えなさい。

ア　木枠《わく》に紙や布を張って連結し，たためるようにしたもの。

イ　枠の縦横に桟《さん》をわたし，白い和紙などを張った，部屋の内外を仕切る建具。

ウ　鴨居《かもい》から垂れ下げた布で，室内の仕切りや外界との隔《へだ》てとしたもの。

エ　木の骨を組み，その両面に布・紙などを張り重ねた建具。

②『江戸図屏風』には，右図のような衣服を着た女性が描かれています。室町時代から一般的となり，江戸時代になると友禅《ゆうぜん》染など様々な文様がほどこされました。この衣服を何というか，次の**ア**～**エ**から１つ選び，記号で答えなさい。

ア　狩衣《かりぎぬ》　　**イ**　小袖　　**ウ**　束帯　　**エ**　直衣《のうし》

③　品川宿を描いたものとして正しいものを，次の**ア**～**エ**から１つ選び，記号で答えなさい。

ア

イ

ウ

エ

（『東海道五十三次ハンドブック改訂版』より一部改変）

④　徳川家綱が将軍の時の出来事として正しいものを，次の**ア**～**エ**から１つ選び，記号で答えなさい。

ア　禁中並公家諸法度が制定された。　　**イ**　正徳小判が作られた。

ウ　殉死《じゅんし》の禁止を命じた。　　**エ**　湯島聖堂が建立《こんりゅう》された。

⑤　生前譲位《じょうい》（存命中に天皇の位をゆずること）を行った天皇を，次の**ア**～**エ**から１人選び，記号で答えなさい。

ア　持統天皇　　**イ**　推古天皇　　**ウ**　天智《てんじ》天皇　　**エ**　天武天皇

⑥　朝鮮通信使に関して述べた文のうち**誤っているもの**を，次の**ア**～**エ**から１つ選び，記号で答えなさい。

ア　豊臣秀吉による朝鮮出兵の影響《えいきょう》から，江戸時代初期の朝鮮使節は回答兼刷還《さっかん》使と呼ばれた。

イ　江戸幕府の将軍が就任するごとに派遣《はけん》されたため，使節は計15回日本を訪れた。

ウ　朝鮮通信使が立ち寄った岡山県牛窓町では，その影響を受けた踊《おど》りが祭として残っている。

エ　江戸時代の終わりごろには，費用の問題などで江戸までは行かないこともあった。

⑦　平将門が活躍《かつやく》した10世紀前半に起きた出来事として正しいものを，次の**ア**～**エ**から１つ選び，記号で答えなさい。

ア　桓武天皇が都を奈良から京都に移した。

イ　藤原道長が「この世をば…」の歌を詠《よ》んだ。

ウ　源義家が後三年の役を戦った。

エ　藤原純友が瀬戸内海で乱を起こした。

⑧　1927年に上野—浅草間で日本初の地下鉄が開通しましたが，この前後の出来事**ア〜エ**のうち，**2番目に古い出来事**を記号で答えなさい。

ア　関東大震災が起きた。　　**イ**　世界恐慌《きょうこう》が起きた。

ウ　国際連盟に加盟した。　　**エ**　日中戦争がはじまった。

⑨　平安京で起きた出来事として**誤っているもの**を，次の**ア〜エ**から１つ選び，記号で答えなさい。

ア　応仁の乱が起きた。　　**イ**　菅原道真が亡くなった。

ウ　保元の乱が起きた。　　**エ**　室町幕府が開かれた。

⑩　このようなかたちで世界遺産が認められたものとして正しいものを，次の**ア〜エ**から１つ選び，記号で答えなさい。

ア　「琉球王国のグスク及《およ》び関連遺産群」

イ　「平泉—仏国土(浄土)を表す建築・庭園及び考古学的遺跡《いせき》群」

ウ　「古都京都の文化財」

エ　「古都奈良の文化財」

⑪　浅草寺が創建されたといわれる７世紀の出来事として**誤っているもの**を，次の**ア〜エ**から１つ選び，記号で答えなさい。

ア　中大兄皇子により蘇我氏が滅《ほろ》ぼされた。　　**イ**　第１回遣唐使が派遣された。

ウ　『日本書紀』が完成した。　　**エ**　白村江の戦いで倭が敗退した。

2　人やものの移動に関連して，あとの問いに答えなさい。

図1

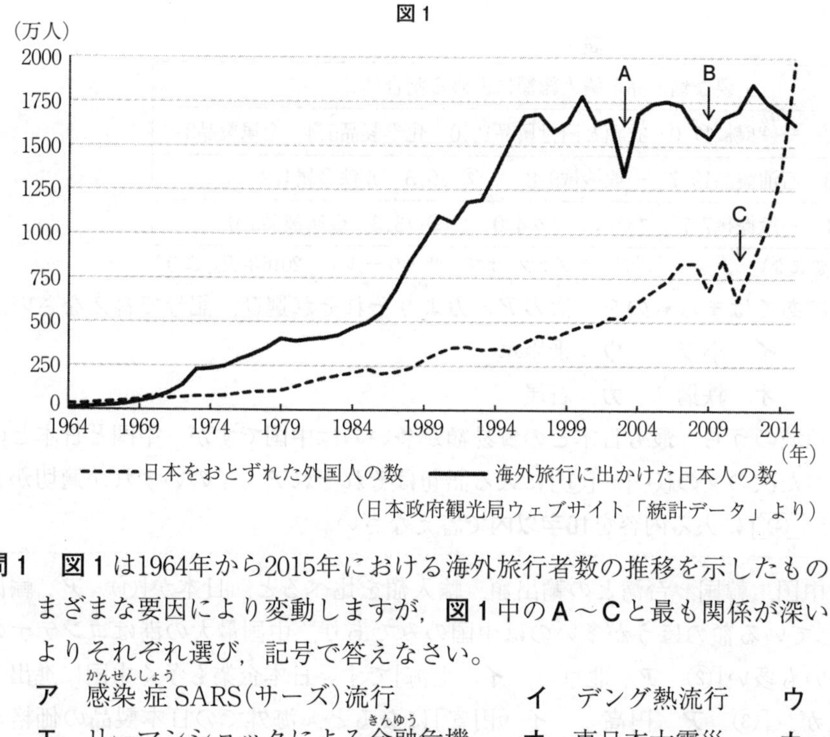

(日本政府観光局ウェブサイト「統計データ」より)

問1　**図1**は1964年から2015年における海外旅行者数の推移を示したものです。旅行者の数はさまざまな要因により変動しますが，**図1**中の**A〜C**と最も関係が深い出来事を，次の**ア〜カ**よりそれぞれ選び，記号で答えなさい。

ア　感染症《かんせんしょう》SARS(サーズ)流行　　**イ**　デング熱流行　　**ウ**　バブル経済崩壊《ほうかい》

エ　リーマンショックによる金融《きんゆう》危機　　**オ**　東日本大震災　　**カ**　阪神淡路大震災

問2　日本をおとずれる外国人のなかでも中国，韓国，台湾からの入国者は多いです。**図2**の①～③は，成田空港および，関西国際空港(関西)，福岡空港，那覇空港への，この3つの国，地域からの2015年における入国者の国籍・地域別割合を示したものです。①～③にあてはまる空港の組み合わせを，次の**ア**～**カ**より選び，記号で答えなさい。なお，中国の統計には香港および他国政府発給の身分証明書等を所持する者は含みません。

図2

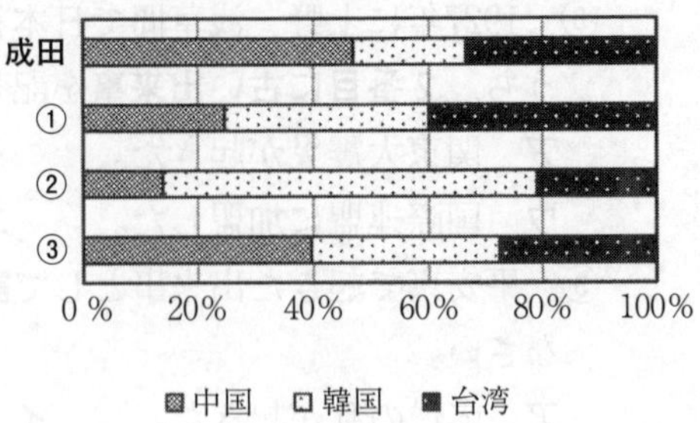

(法務省ウェブサイト「出入国管理統計統計表」より)

	①	②	③
ア	関西	福岡	那覇
イ	関西	那覇	福岡
ウ	福岡	関西	那覇
エ	福岡	那覇	関西
オ	那覇	関西	福岡
カ	那覇	福岡	関西

問3　日本をおとずれる外国人観光客は「入ってくる，内向きの」という意味の用語でよばれることがあります。その用語を**カタカナ**で答えなさい。

問4　中国，韓国，台湾と日本は貿易でも密接な関係があります。**表1**は2014年におけるこの3つの国，地域からの日本の主要な輸入品と輸入総額に占《し》める割合を示したものです。**(1)**，**(2)**に答えなさい。

表1

	主要な輸入品と輸入総額に占める割合(％)
中国	(①)29.2　一般《いっぱん》機械17.0　衣類と同付属品12.0　化学製品5.4　金属製品3.2
韓国	(①)20.3　石油製品19.7　一般機械9.8　(②)9.5　非鉄金属4.2
台湾	(③)31.1　一般機械7.7　プラスチック4.0　(②)3.3　金属製品3.0

※中国には香港を含まない　　(『データブック オブ・ザ・ワールド　2016年版』より)

(1)　(①)～(③)にあてはまるものを，次の**ア**～**カ**よりそれぞれ選び，記号で答えなさい。

ア　電気機器　　**イ**　小麦　　**ウ**　乗用車

エ　集積回路　　**オ**　鉄鋼　　**カ**　石炭

(2)　3つの国，地域のうち，最も日本との貿易額が多いのは中国ですが，中国と日本との貿易に関して述べた次の文の[①]～[③]に入る語句はそれぞれ**ア**・**イ**のいずれが適切か答えなさい。また，④ に入る内容を**10字以内**で答えなさい。

日本と，中国，韓国，台湾との輸出額，輸入額を比べると，日本が[①　**ア**　輸出　**イ**　輸入]している額のほうが多いのは中国のみであり，中国最大の港はコンテナの取りあつかいも多い[②　**ア**　北京　　**イ**　上海]です。日本企業《きぎょう》も多く中国に進出してきましたが，[③　**ア**　円高　　**イ**　円安]になると，海外での日本製品の価格が下がるため日本からの輸出がしやすくなることや，中国の経済発展にともなって [④] ことによって中国から引き上げる動きもみられました。

問5　海外旅行に出かけた日本人の数は経済成長とともに増加してきましたが，旅行が自由化された1964年から1970年までは日本をおとずれた外国人の数のほうが多いです。1964年から1970年までのできごととして**誤っているもの**を，次の**ア**～**カ**より２つ選び，記号で答えなさい。

ア　日本万国博覧会の開催　　**イ**　日韓基本条約の調印
ウ　日ソ共同宣言の調印　　**エ**　東名高速道路の開通
オ　東海道新幹線の開業　　**カ**　所得倍増計画の策定

問6　日本をおとずれる外国人のなかには，買い物を目的とする人々もいます。**図3**はかれらが買い物をする際にあることが可能となる店舗《てんぽ》を示すシンボルマークです。このマークについて説明した次の文を(①)，(②)にあてはまるかたちで完成させなさい。なお(①)は**漢字3文字**で答えなさい。

図3　(観光庁ウェブサイトより)

このマークのある店舗では(①)が(②)。

問7　日本をおとずれる外国人のなかには，世界遺産の訪問を目的とする人々もいます。(1)～(3)に答えなさい。

(1)　2016年７月には上野にある国立西洋美術館を含む「ル・コルビュジエの建築作品」が世界文化遺産に登録されることが決まりました。この世界遺産は７カ国が共同で推薦《すいせん》した17作品であり，その７カ国は**図4**に色をぬって示した国々です。①～④はこれらの国々のうち４カ国に関して述べた文ですが，それぞれどの国についての文ですか。**図4**中の位置をそれぞれ記号で答え，国名を答えなさい。

図4

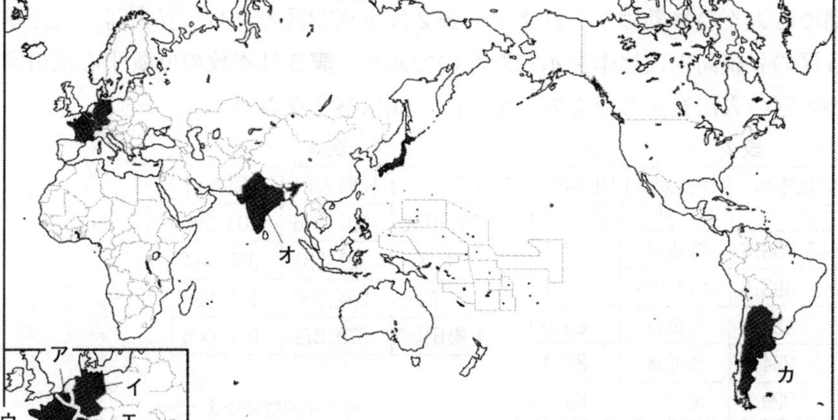

① 日本との時差は12時間。スペイン語が公用語であり白人が大多数を占める。

② 人口は世界第2位である。古くからの身分制度やヒンドゥー教の影響《えいきょう》が強い。

③ ヨーロッパ最大の工業国で人口はEU最大である。日本へは乗用車などの輸出が多い。

④ 多民族・多言語国家であり，永世中立国としても知られる。観光業がさかんである。

(2) ル・コルビュジエが活動の拠点《きょてん》とし，17作品のうち最も多くの作品がある国は**図4**中のどの国ですか。位置を記号で答え，国名を答えなさい。

図5

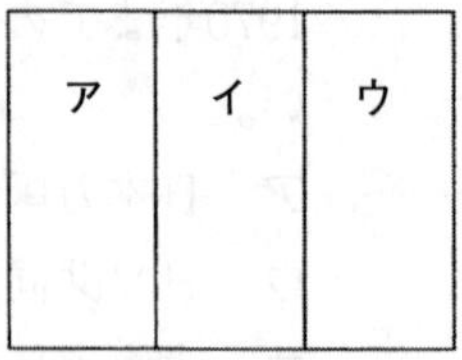

(3) (2)で答えた国の国旗は3色からなります。**図5**は模式的にその国旗を示したものですが，**ア～ウ**にあてはまる色をそれぞれ**漢字1文字**で答えなさい。なお，**ア**の色は日本の国旗に使われていません。

問8 2020年の東京オリンピック・パラリンピックの開催に向けて，さらに多くの人々が東京をおとずれることが予想されます。(1)～(3)に答えなさい。

(1) **図6**は2016年8月から導入されている首都圏《けん》における駅名表示のイメージです。

図6

(JR東日本ウェブサイトより)

① この図のなかには日本語，英語，中国語以外の文字による表示が1つありますが，その文字を使用する言語は何語か答えなさい。

②「目黒」の文字の横に「JY22」という表示がみられます。この表示のなかで「JY」が表しているものを具体的に答えなさい。

(2) 2020年におとずれる多くの人々の宿泊施設《しゅくはくしせつ》については不足が予想され，住宅の空き部屋などを宿泊施設として利用することも検討されています。住宅の空き部屋などを宿泊施設として利用することは一般に何とよばれますか，**漢字2文字**で答えなさい。

(3) 1964年のオリンピックでも多くの人々が東京をおとずれましたが，マラソン競技では国立競技場から江戸時代の五街道《かいどう》に由来する道がコースとなり，都内に折り返し地点が設けられました。その街道の名前を答えなさい。

問9 1日の間でも人々の移動はみられます。**表2**は東京23区のうち，昼夜間人口比率の高い5区と低い5区の昼夜間人口比率を示したものであり，**表3**は本校の位置する荒川区および隣《りん》接《せつ》する3つの区の人口を示したものです。(1)～(3)に答えなさい。

表2

昼夜間人口比率の高い5区		昼夜間人口比率の低い5区	
千代田区	1,738.8	練馬区	82.1
中央区	493.6	江戸川区	84.1
港区	432.0	葛飾区	85.0
渋谷区	254.6	杉並区	87.4
新宿区	229.9	足立区	89.1

表3

	昼間人口	夜間人口
荒川区	191,626	203,296
北区	321,581	335,544
台東区	294,756	175,928
墨田区	279,272	247,606

(平成22年国勢調査より)

(1) 昼夜間人口比率について述べた文として**誤っているもの**を，次の**ア～エ**より1つ選び，記号で答えなさい。

ア　昼夜間人口比率は夜間人口100人あたりの昼間人口の比率を示したものである。

イ　昼夜間人口比率が100を上回る場合，夜間人口よりも昼間人口のほうが多い。

ウ　昼夜間人口比率が100を下回る地域は夜間人口が多いため人口密度が高い。

エ　都市部への通勤・通学者が多く住む地域では昼夜間人口比率は低いことが多い。

(2)　**表2**の昼夜間人口比率が高い5区および低い5区に色をぬって示したものを，それぞれ下の地図**ア～エ**より選び，記号で答えなさい。

ア

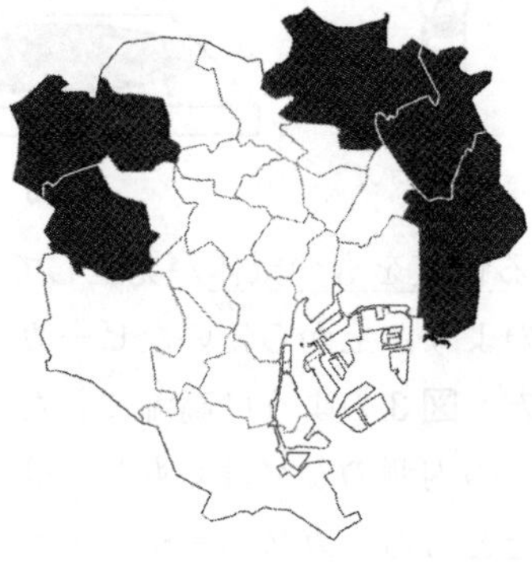

イ

ウ

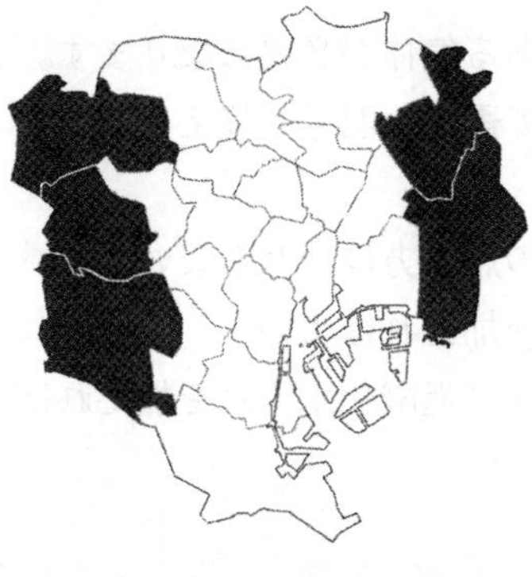

エ

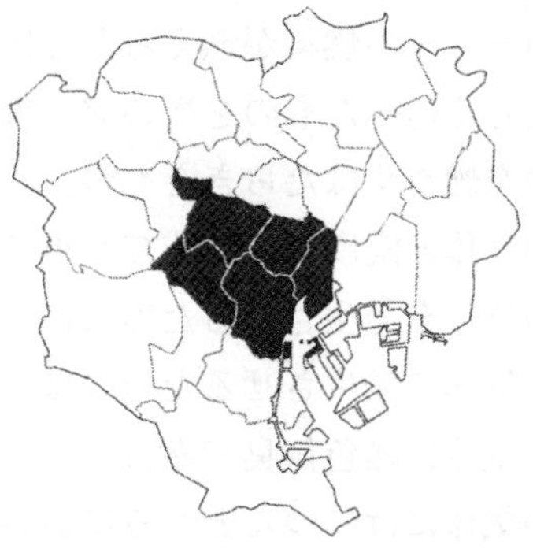

(3)　**表3**を読み，次の①～③に答えなさい。

①　荒川区の位置を**図7**の**ア～エ**より選び，記号で答えなさい。

②　荒川区の昼夜間人口比率を計算しなさい。なお，小数第2位を四捨五入し，**小数第1位**までの数値で答えなさい。

③　**表3**のなかで，昼夜間人口比率が最も高い区はどれか，区名を答えなさい。

図7

【理　科】（40分）〈満点：70点〉

1　次の文を読み，以下の問いに答えなさい。

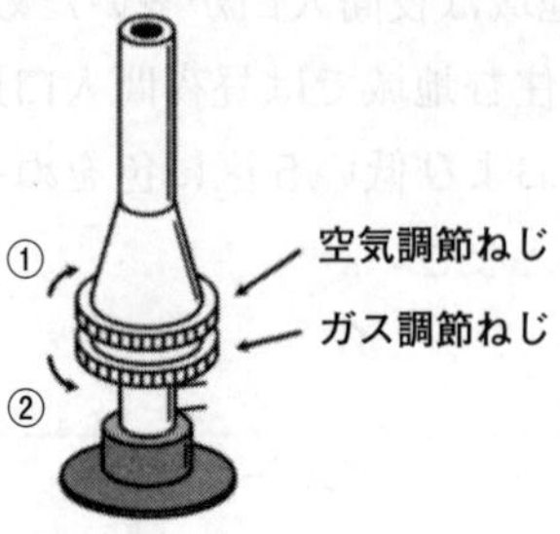

図1

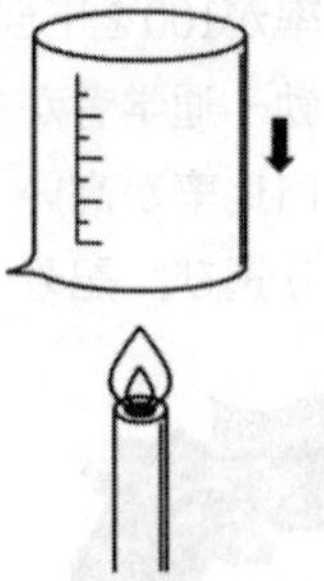
図2

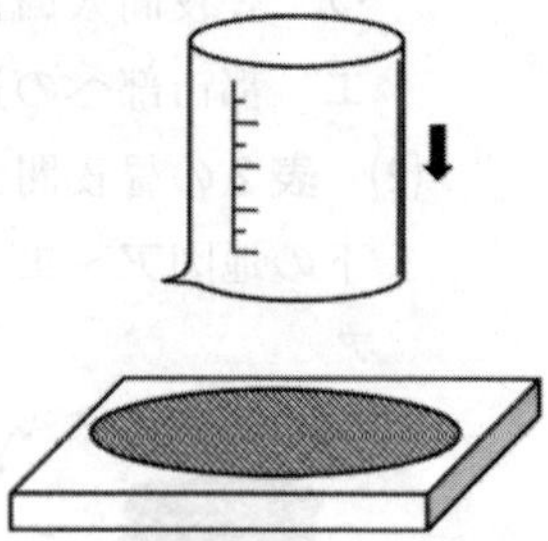
図3

図1のようなガスバーナーでは，２種類の調節ねじを回すことで，流れ出てくる燃料のメタンガスと空気の量とを調節することができます。空気が十分に出ている状態の青色の炎《ほのお》では，ガスは完全に燃えていて，石灰水《せっかいすい》をにごらせる性質をもつ気体が発生しています。

ここで，青色の炎が出ているガスバーナーに，**図2**のように上から乾《かわ》いたビーカーを近づけたところ，ビーカーの内側のかべがくもりました。一方，**図3**のように高温にした電熱器に対しては，上から乾いたビーカーを近づけても，ビーカーの内側のかべはくもりませんでした。このとき，ビーカーの口付近での空気の温度を測定したところ，ガスバーナーと電熱器で温度に差はほとんどありませんでした。

問1　ガスバーナーの燃料が燃えるためには，空気中のある気体が必要になります。この気体について正しく述べたものを次の**ア**～**カ**の中から**すべて選び**，記号で答えなさい。

ア　ものを燃やすはたらきをもつ。

イ　この気体の濃度が大きくても小さくても，ものの燃え方は変わらない。

ウ　この気体を発生させるためには，石灰石に塩酸を加えればよい。

エ　この気体を発生させるためには，二酸化マンガンに過酸化水素水を加えればよい。

オ　この気体は無色無臭《むしゅう》である。

カ　この気体には，つんとするにおいがある。

問2　**図1**のガスバーナーで炎の大きさを調節しましたが，炎の色はオレンジ色でした。炎を青色にするためにもっとも適当な方法を次の**ア**～**エ**の中から１つ選び，記号で答えなさい。

ア　ガス調節ねじをおさえたまま，空気調節ねじを①の方向に回す。

イ　ガス調節ねじをおさえたまま，空気調節ねじを②の方向に回す。

ウ　空気調節ねじをおさえたまま，ガス調節ねじを①の方向に回す。

エ　空気調節ねじをおさえたまま，ガス調節ねじを②の方向に回す。

問3　文中の下線部の気体の物質名を，漢字で答えなさい。

問4　文中の下線部の気体を溶《と》かした水溶液《すいようえき》をつくりました。この水溶液と同様に，加熱して蒸発させても何も残らないものを次の**ア**～**オ**の中から**すべて選び**，記号で答えなさい。

ア　食塩水　　**イ**　塩酸

ウ　砂糖水　　**エ**　石灰水

オ　アンモニア水

問5　文中の下線部の気体を十分に溶かした水溶液の性質として，もっとも適当なものを次の**ア**～**エ**の中から１つ選び，記号で答えなさい。

ア　水溶液からは，つんとするにおいがする。

イ　BTB溶液を加えると，うすい黄色になる。

ウ　アルミニウムを加えると，アルミニウムが気体を出して溶ける。

エ　ムラサキキャベツの液を加えると，うすい緑色になる。

問6　**図2**のビーカーの内側のかべはくもり，**図3**のビーカーの内側のかべはくもりませんでした。**図2**のビーカーの内側のかべのくもりの説明として，もっとも適当なものを次の**ア**～**エ**の中から１つ選び，記号で答えなさい。

ア　**図2**のビーカーの内側のかべのくもりは，大気中に元からあった水蒸気が，ビーカーに触《ふ》れて冷やされて生じた。

イ　**図2**のビーカーの内側のかべのくもりは，大気中に元からあった水蒸気が，ビーカーに触れて温められて生じた。

ウ　**図2**のビーカーの内側のかべのくもりは，ガスの燃料が燃えることによって新しく生じた水蒸気が，ビーカーに触れて冷やされて生じた。

エ　**図2**のビーカーの内側のかべのくもりは，ガスの燃料が燃えることによって新しく生じた水蒸気が，ビーカーに触れて温められて生じた。

問7　水は，温度によって，固体(氷)，液体(水)，気体(水蒸気)にすがたを変えます。**図4**は，氷をビーカーに入れてガスバーナーでゆっくり加熱したときの温度変化を表しています。**図2**のビーカーの内側のかべに生じたくもりは，**図4**のどの部分の水のすがたと同じですか。もっとも適当なものを図中の**ア**～**エ**の中から１つ選び，記号で答えなさい。

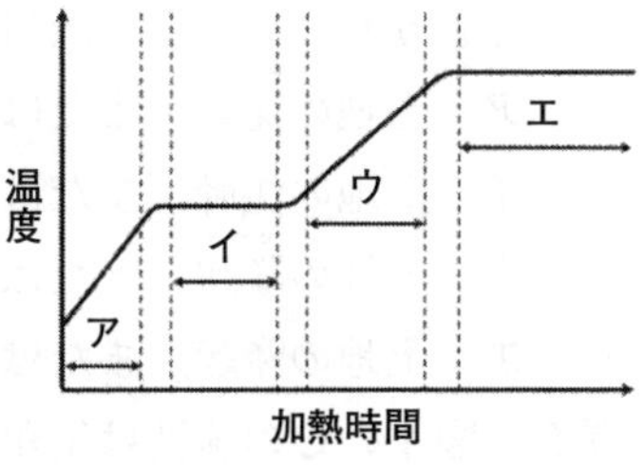

図4

2　次の**図1**は，ある地域の地形の断面を示したものです。川と同じ高さの水平面が**C**の範囲《はんい》に広がっており，川から４ｍ高い**B**と**D**の範囲に，そしてさらに４ｍ高い**A**と**E**の範囲にも，それぞれ水平面が広がっています。川は蛇行《だこう》しながら**C**の範囲全体を流れており，川に運ばれたれきなどは，**C**の範囲全体に水平に堆積《たいせき》しています。**ア**～**オ**の各地点の地表付近には，厚さ１ｍのれき層があり，いずれも川のはたらきで堆積したものだと考えられます。

このように，川は土砂を堆積させる作用がある一方で，川底を侵食《しんしょく》する作用もあります。この地域に見られる<u>階段状の地形は侵食作用により形成された</u>と考えられます。

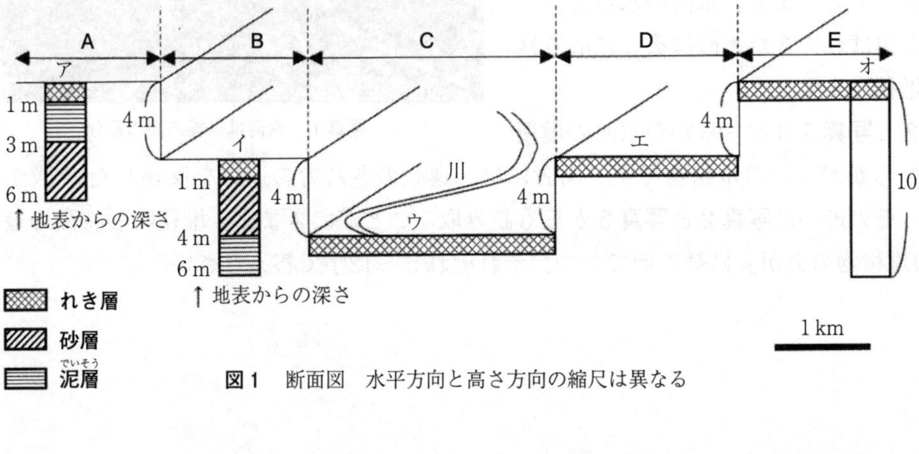

図1　断面図　水平方向と高さ方向の縮尺は異なる

問1　**ウ**地点のれき層が堆積した時代には，川は**C**の範囲全体を蛇行しながら流れていましたが，**イ**地点のれき層が堆積した時代には，川は**A**～**E**のどの範囲を蛇行しながら流れていたと考えられますか。**A**～**E**の記号で答えなさい。ただし，複数の範囲にまたがる場合はその記号をすべて書きなさい。

問2　**ア**，**イ**，**ウ**の各地点の地表付近にあるれき層が堆積した時代が古いものから順に**ア**，**イ**，**ウ**の記号を並べて答えなさい。

問3　**ア**地点と**イ**地点のボーリング調査で，深さ6ｍまでの地層の重なりがそれぞれ**図1**に示されるようになっていることがわかりました。**オ**地点で地表から深さ10ｍまでボーリングした場合，地層の重なり方はどのようになっていると考えられますか。解答らんの図にかき入れて答えなさい。地層の種類は前のページの**図1**のパターン(横線など)を使って区別できるように示すこと。ただし，砂層と泥層は，この地域全体に水平に広がっているものとします。

問4　文中の下線部に関して，川底の侵食が進むと，川底の高さと海面の高さの差が小さくなるため川の流れが遅くなり，侵食作用は弱まります。それでは，いったん弱まった侵食作用が再び強くなり，この地域に見られるような階段状の地形が形成されるのはどのような場合でしょうか。もっとも適当なものを次の**ア**～**エ**の中から1つ選び，記号で答えなさい。

ア　土地の沈降《ちんこう》，または海面の上昇
イ　土地の沈降，または海面の低下
ウ　土地の隆起《りゅうき》，または海面の上昇
エ　土地の隆起，または海面の低下

問5　**図1**の**C**の範囲は川が蛇行して流れています。川の流れが川岸を侵食する力がもっとも強いと考えられる場所を**図2**の**a**～**e**の中から1つ選び，記号で答えなさい。

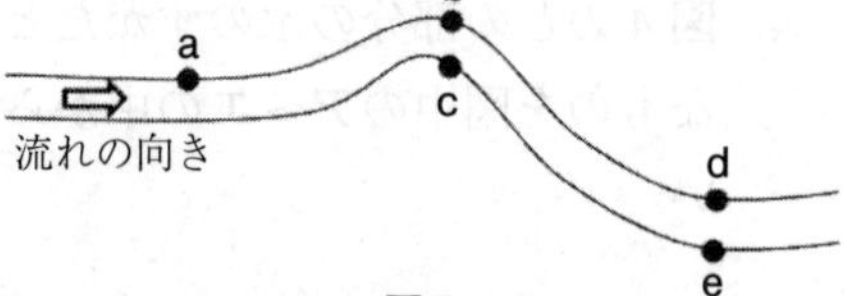

図2

問6　川の流れが土砂を運搬《うんぱん》し堆積させるように，氷河も土砂を運搬し堆積させます。**写真1**の点線の間の部分が氷河で，谷に沿って氷が年間数百メートルほど流れ下っていきます。矢印で示された黒い筋は氷河の上にのっている土砂であり，氷河の流れとともに移動していきます。氷河の氷がとけてしまうと運ばれてきた土砂はそこに取り残されて堆積します。

写真1　氷河は点線の間の部分

写真2と**写真3**はどちらかが氷河の堆積物でどちらかが河川《かせん》の堆積物です。両者には，運搬のされ方の違《ちが》いを反映した特徴《とくちょう》がありますが，その違いは**写真2**と**写真3**からも読み取ることができます。堆積物の特徴の違いを「氷河の堆積物の方が」に続く形で2つ，それぞれ5～12字で答えなさい。

写真2　矢印のれきの大きさは約５cm

写真3　矢印のれきの大きさは約５cm

3　動物や植物は，子が生まれるまで守り育てるしくみをもっています。植物の子は，種子として育ちます。植物の花は受粉すると実になりますが，このときめしべの中では動物と同じように受精がおこり，種子のもとになるものができます。種子のもとは，親の体の一部分である実の中で育ち，やがて実が熟すと親の体から離《はな》れ，外の世界に種子として生まれます。

図1，**図2**は順にカボチャのおばな，めばなで，花の一部をとりのぞいて中を見やすくした状態が示されています。**図3**はカボチャの実です。**図1**～**図3**について，互《たが》いの大きさの関係は実際とは異なっています。

図1　カボチャのおばな

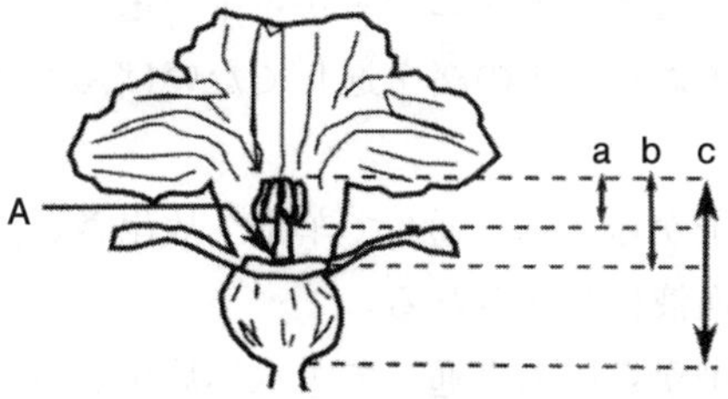

図2　カボチャのめばな

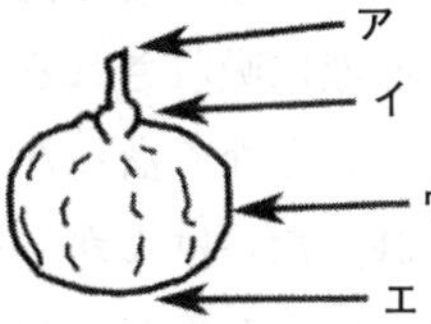

図3　カボチャの実

問1　**図2**のa，b，cは花の一部分を示しています。めしべ全体と，めしべのうち受粉する部分を，ともに正しく示したものはどれですか。もっとも適当なものを下の①～⑥の中から１つ選び，番号で答えなさい。

	①	②	③	④	⑤	⑥
めしべ全体	a	b	c	b	c	c
受粉する部分	a	a	a	b	b	c

問2　カボチャのめばなは受粉すると，成長して実になります。花から実になるときに，**図2**のめばなの**A**で示した位置は，**図3**の実のどの位置に近くなりますか。もっとも近いものを**図3**の**ア**～**エ**の中から１つ選び，記号で答えなさい。

図4はメダカの受精卵《らん》です。メダカのメスは一度に20個程度の卵を産み，オスがそれを受精させます。受精卵は，長い毛と短い毛がついた透明《とうめい》なまくに包まれ，守られています。

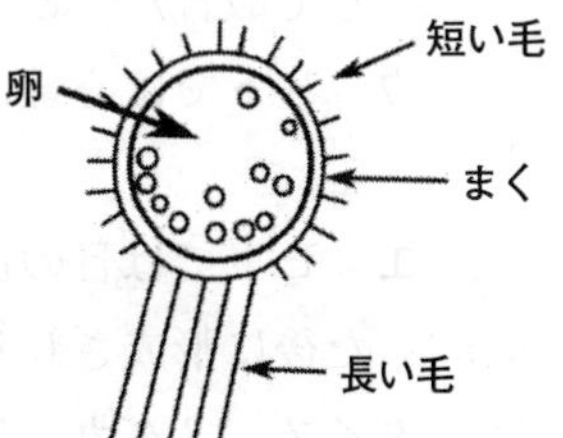

図4　まくに包まれた
メダカの受精卵

問3　メダカの受精卵がある場所とその状態としてもっとも適当なものを次の**ア**～**エ**の中から１つ選び，記号で答えなさい。

ア　受精卵は，１つ１つばらばらになって水面に浮《う》き，卵が育つために必要な酸素が届くようになっている。

イ　受精卵は，１つ１つばらばらになって水底の土の中に埋《う》まり，外敵に見つかりにくいようになっている。

ウ　受精卵は，多数がひとかたまりになるよう水底の土の上に産みつけられ，ふ化するまで親がすぐ近くで守り，新しい水を送るなど卵の世話をしている。

エ　受精卵は，多数がひとかたまりになり，ふ化するまで水草などに付着し，流されないようになっている。

ヒトの子は，ある程度大きくなるまでは，母体の中で育ちます。

問４　母体の中でヒトの子が酸素や養分など，成長に必要な物質を得るしくみとしてもっとも適当なものを次の**ア**～**エ**の中から１つ選び，記号で答えなさい。

ア　必要な物質は一度たいばんを通り，子の腹部から直接体内に吸収される。

イ　必要な物質は一度たいばんを通り，子の口と消化器官とを通って吸収される。

ウ　必要な物質は一度たいばんと羊水を通り，子の皮ふから体内に吸収される。

エ　必要な物質はたいばんを通らず，母体の血液が子の体内に直接流れこむことにより吸収される。

問５　母体の中でヒトの子が出す二酸化炭素などの，いらなくなったものを処理するしくみの説明としてもっとも適当なものを次の**ア**～**エ**の中から１つ選び，記号で答えなさい。

ア　いらなくなったものは子からへその緒《お》を通してたいばんへ送られ，たいばんから母体の血液に吸収される。

イ　いらなくなったものは子からえらを通して羊水へ放出され，羊水からたいばんに吸収され，たいばんから母体の血液に吸収される。

ウ　いらなくなったものは子から皮ふを通して羊水へ放出され，羊水からたいばんに吸収され，たいばんから母体の血液に吸収される。

エ　いらなくなったものは子から肺を通して羊水へ放出され，羊水からたいばんに吸収され，たいばんから母体の血液に吸収される。

問６　ヒトとメダカの特徴としてもっとも適当なものを次の**ア**～**エ**の中から１つ選び，記号で答えなさい。

ア　ヒトは生まれる前に体の一部を動かすようになるが，メダカはふ化した後にはじめて体を動かすようになる。

イ　ヒトは生まれて数か月のあいだ親から与《あた》えられた乳を飲む期間が続くが，メダカはふ化して数日たつと自分でえさを追いかけて食べるようになる。

ウ　ヒトでは心臓は生まれる前にできて動き始めるが，メダカでは心臓はふ化した後にできる。

エ　ヒトでは目の位置は生まれる前にはっきりわかるようになるが，メダカでは目はふ化した後に形成される。

ダイズ，メダカ，ヒキガエル，ヒトの４種の生物で，子が生まれるときの様子を調べました。ダイズでは受粉した花のめしべの中で受精がおこり，実の中でダイズの子，すなわち種子が育ちます。次のページの**図５**はダイズの実の一部をとりのぞいて，中の種子が見えるように示したものです。ダイズの実は熟すにつれて乾燥《かんそう》し，一度大きくなった種子から水分がぬけてやや小さくなります(**図6**)。やがて実がはじけ，種子が外の世界に生まれます。ダイズでは，受精卵の大きさは0.1mmで，受精から生まれるまでの時間は70日です(**表1**)。メダカ，ヒキガエルでは受精卵が水中で育ち，やがてふ化して子が外の世界に生まれます。ヒトでは，子は母体の中である程度大きく育った後，母体から生まれます。**表1**からは，受精卵の大きさと受精から生まれるまでの時間が4種の生物のあいだでさまざまであることがわかります。

図7は4種の生物について，受精から生まれるまでの子の大きさの変化を示したグラフです。たて軸《じく》は体長を示しており，各生物で，生まれる時点での体長を100%としています。よこ軸は，受精の時点を0%，生まれる時点を100%とした時間を示しています。図中の**A**～**D**には，ダイズ，メダカ，ヒキガエル，ヒトのいずれかが対応します。

表1　受精卵の大きさと受精から生まれるまでの時間

	ダイズ	メダカ	ヒキガエル	ヒト
受精卵の大きさ(直径)(mm)	0.1	1	3	0.1
受精から*生まれるまでの時間(日)	70	9	6	270

*生まれるとは，本文の内容と同じことを指す。

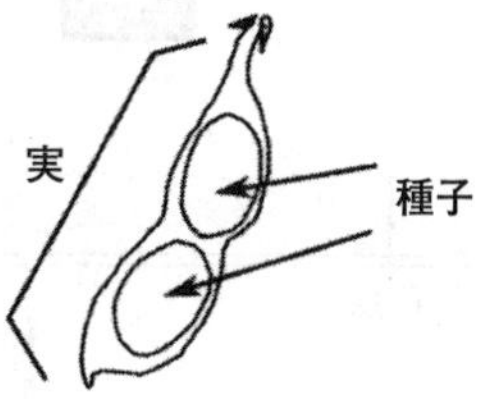

図5　ダイズの実と中の種子

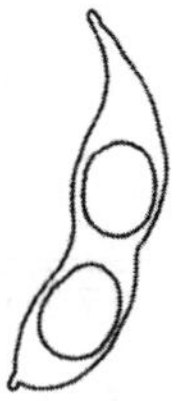
図6　熟したダイズの実と中の種子

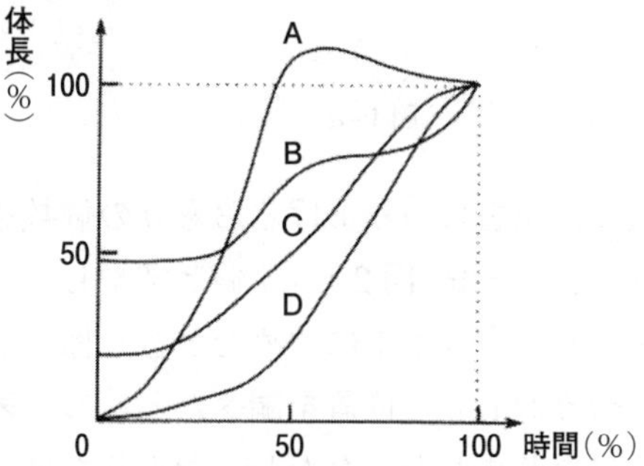

図7　受精から生まれるまでの子の大きさの変化

問7　**図7**では，4種の生物の生まれる時点での体長と，それぞれの受精卵の時点での大きさを比べることができます。生まれる時点での体長が受精卵の大きさに比べて**10倍以上**になるものを**図7**の**A**～**D**から**2つ**選び，記号で答えなさい。

問8　**問7**のように，生まれる時点での大きさが受精卵に比べて10倍以上と，たいへん大きくなって生まれる2種の生物に共通する特徴を次の**ア**～**オ**から1つ選び，記号で答えなさい。

ア　卵が受精してから生まれるまでのあいだ卵の養分だけで成長する生物であり，透明なまくを破って生まれる。

イ　卵が受精してから生まれるまでのあいだ卵の養分だけで成長する生物であり，子の体内の各部分に養分を送る心臓と血管ができてから生まれる。

ウ　卵が受精してから生まれるまでのあいだ卵の養分だけで成長する生物であり，生まれた直後から活発に動いて移動することができる。

エ　一生の中で水中から陸上へと生活の場を変える生物であり，そのときに呼吸の方法をえら呼吸から肺呼吸にかえる。

オ　卵が受精してから生まれるまでのあいだ子の体が親の体とつながりをもつ時間が長い生物であり，そのあいだ養分を親から直接もらう。

問9　**図7**で，ダイズとヒトのグラフをそれぞれ1つずつ選び，**A～D**の記号で答えなさい。

4　次の文を読み，以下の問いに答えなさい。ただし，答えが割り切れない場合は四捨五入して**小数第1位**まで求めなさい。

I　軽くて重さが無視でき，太さのかわらない長さ72.0cmの棒の真ん中(O点)にひもを結びつけ，ひもを持ち上げたところ，棒は水平につり合いました。この棒とおもりを使ってつり合いの実験を行いました。使用するおもりの重さは1個20.0gで，大きさは同じです。

実験：棒の両端《りょうはし》に1個ずつおもりをつり下げます(**図1-a**)。水を入れた容器を用意し，右端のおもりを水中に沈《しず》めたところ，棒は水平につり合わなくなりました。そこで棒が水平につり合うように左端のおもりの位置を動かして調整しました。

その結果，左端から7.2cmの位置におもりをつり下げたとき，棒は水平につり合いました(**図1-b**)。

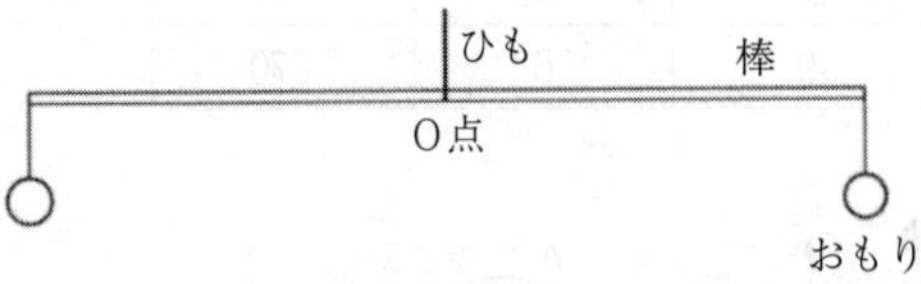

図1-a

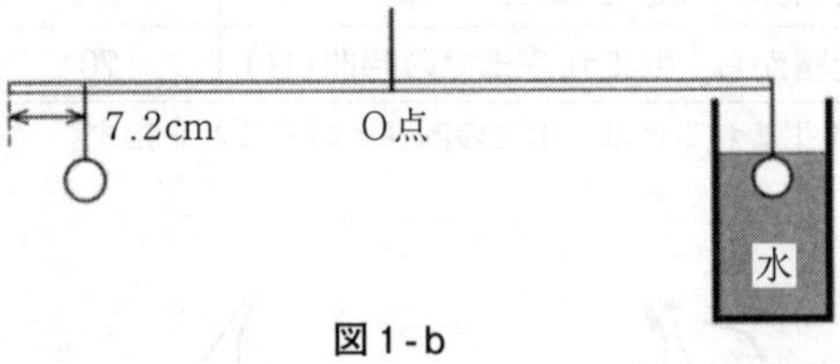

図1-b

次に，左右につり下げるおもりの個数をそれぞれ2個，3個(**図2**)，4個と増やして，右端のおもりを全部水中に沈めたとき，棒が水平につり合うおもりの位置を調べたところ，**表1**のようになりました。ただし，おもりを増やしても，右側のおもりが容器にさわってしまうことはありませんでした。

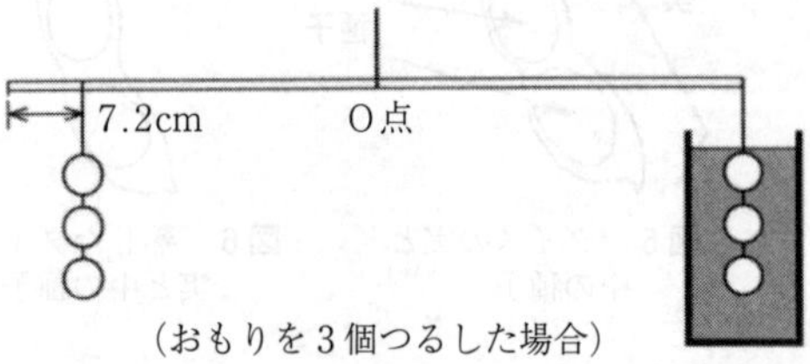

(おもりを3個つるした場合)
図2

表1

つり下げたおもりの個数(個)	1	2	3	4
左側のおもりのつり合いの位置(左端からの距離)(cm)	7.2	7.2	7.2	7.2

問1　**図1-b**で，棒の右端にかかっている力の大きさを答えなさい。

問2　**図1-b**のつり合っている状態から，水に沈めたおもりを棒の右端から10.0cm左側の位置に動かしました。このとき棒が水平につり合うためには，左側のおもりを棒の左端から何cmの位置に動かせばよいか答えなさい。

問3　**図2**のつり合っている状態から，**図3**のように水に沈めた3個のおもりのうち，一番上のおもりだけを水面の上に出しました。このとき棒が水平につり合うためには，左側のおもりを棒の左端から何cmの位置に動かせばよいか答えなさい。

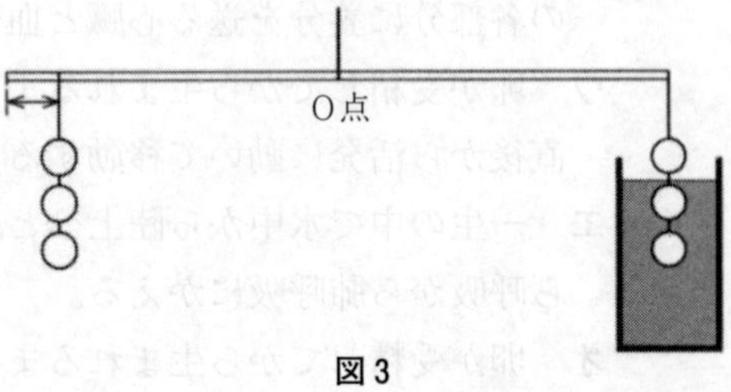

図3

実験では左側のおもりの位置を動かして棒を水平につり合わせましたが，両端のおもりは動かさないで，棒をつり下げているひもの位置を真ん中(O点)から動かすことによってつり合わせるという方法もあります。

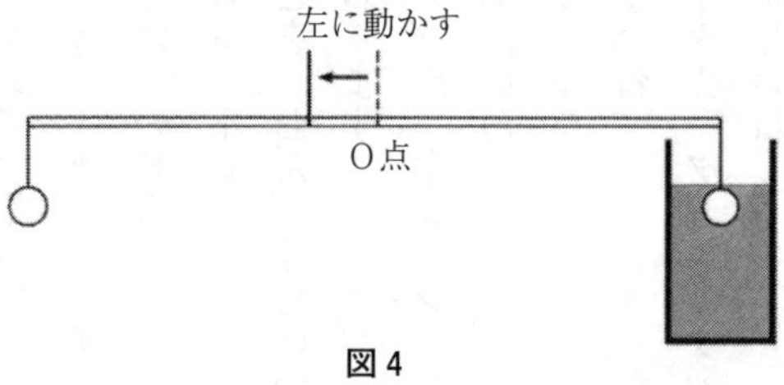

図4

問4　**図4**のようにつり合わせるためには，ひもの位置をO点から左に何cm動かせばよいか答えなさい。

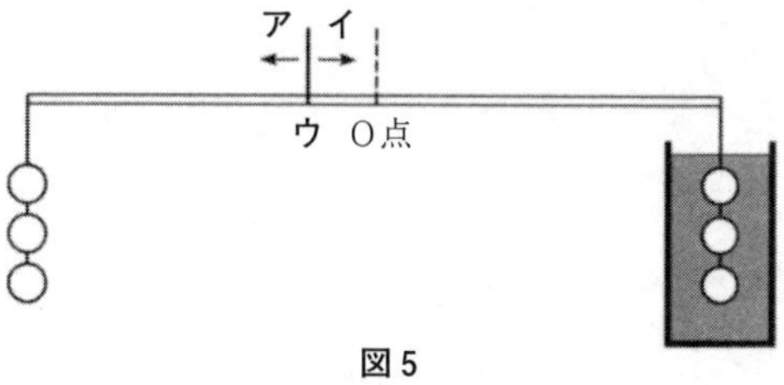

図5

問5　**図5**のようにおもりの数をそれぞれ3個にしてつり合わせるためには，ひもの位置を**問4**で求めた位置からどのように動かせばよいでしょうか。もっとも適当なものを次の**ア**～**ウ**の中から1つ選び，記号で答えなさい。

ア　少し左に動かす

イ　少し右に動かす

ウ　動かさない

Ⅱ　次に，使っていた棒を，重さが無視できない別の棒にかえて**図4**と同じ実験を行いました。棒に重さがあるとき，棒の重さはいつも棒の真ん中のO点にすべてかかっていると考えることができます。ただし，棒の長さと太さはⅠで使ったものと同じです。

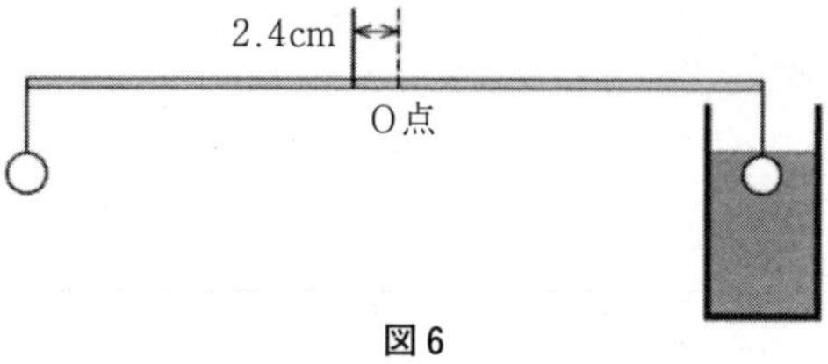

図6

この棒でつり合わせるには，**図6**のように，ひもの位置を棒の真ん中のO点から左に2.4cm動かす必要がありました。

問6　棒の重さを答えなさい。

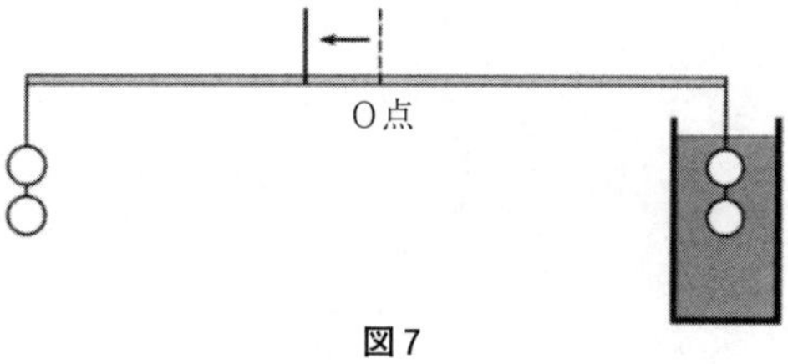

図7

問7　**図7**のようにおもりの数をそれぞれ2個にしてつり合わせるためには，ひもの位置をO点から左に何cm動かせばよいか答えなさい。

問8　このあと，左右のおもりの個数をそれぞれ3個，4個，…と増やしていったとき，棒がつり合うためのひもの位置はO点からどのように動いていくでしょうか。もっとも適当なものを次の**ア**～**エ**の中から1つ選び，記号で答えなさい。ただし，おもりを増やしても，右側のおもりは全部水中にあり，容器にさわってしまうことはありませんでした。

ア　おもりの数が増えるにしたがい，左へ等間隔《とうかんかく》に動いていく。

イ　おもりの数が増えるにしたがい，左へ動いていくが，等間隔ではない。

ウ　おもりの数が増えるにしたがい，左へ動いていくが，ある個数より多くなると右(O点の方)へ向かって動いていく。

エ　おもりの数が増えても，O点から左に2.4cmの位置から動かない。

性格の子供としてえがかれているか、説明しなさい。

問六 ――A～Eのカタカナを漢字にしなさい。

二 **次の詩を読んで後の問に答えなさい。作者は「いぬのおまわりさん」で知られる童謡《どうよう》作家で、この詩も昭和三五年に作られた童謡の歌詞です。**

アイスクリームのうた　　佐藤　義美

おとぎばなしの　おうじでも
むかしは　とても　たべられない
アイスクリーム
アイスクリーム
ぼくは　おうじではないけれど
アイスクリームを　めしあがる
スプーンですくって
ピチャッ　チャッ　チャッ
したに　のせると
トロン　トロ
のどを　おんがくたいが
とおります
プカプカ　ドンドン
つめたいね
ルラ　ルラ　ルラ
あまいね
チータカ　タッタッタッ
おいしいね
アイスクリームは
たのしいね。

（『日本児童文学大系　第二七巻』より）

問一 ――「めしあがる」とありますが、ここでの「めしあがる」は一般的な使い方ではありません。「めしあがる」という言い方の一般的に見ておかしな点を説明しなさい。

問二 あえて「めしあがる」という言い方をしているのはなぜか、その理由を考えて説明しなさい。

真一は淡々《たんたん》と言い置いて持ち場の幹の先に戻《もど》って行った。

健二はうつ伏《ぶ》せになって指さしながら年輪を数え、助けを求めるような顔を兄の方に向けた。

「ほんとうに七歳で死んだのかあ」

泣き出しそうな声だった。

「年輪が七本で終わっているんだから、そうだろう」

真一は振り返らずに、先の方に残る枝にノコギリをあてていた。

「おれとおなじ年で死んだのかよお、こいつ」

健二がおどけた表情を造ろうとして定まらない顔をこちらに向けたので、そうさ、とそっけなく応《こた》えてやった。

兄とどんな交渉《こうしょう》をしたのか知らないが、太い倒木の中程《なかほど》まで切ってひと休みしながら見ると、健二は枝を適当に切る役に替わっていた。

子供達とそれぞれ一本ずつ倒木を処理したところに沢から澄子がもどって来た。出がけに母がかぶせた麦ワラ帽子《ぼうし》の中にはタラの芽が山盛りになっていた。

「きれいな沢ねえ、芹《せり》もあったわよ」

澄子は子供達に笑いかけたが、ノコギリで木を切る初体験のおもしろさと不気味さを知った彼らは、

「早く手伝えよお」

と、そろえて口を尖《とが》らせた。

作業に澄子が加わり、倒木の処理ははかどった。枝を払い、適当な長さに切り揃《そろ》えた五本の倒木は、ここを墓地にするとき、県道からの段差を埋《う》める階段に用いればよさそうだったので、林の端《はし》にまとめて積んだ。

健二は七歳で死んだ木にこだわり、それが人の足で踏《ふ》まれる階段の用材として使われることが気に入らなかった。それではどうするのだ、と問うてみても膨《ふく》れっ面《つら》を返すだけであった。

「木のお墓を作ってやれば」

積み上げた倒木に腰をおろし、ポットの麦茶を飲んでいた真一が独り言のように小さくつぶやいた。

それを聞きとめた健二は、まだ運んでいない木を立て、自分の身長と同じ高さにノコギリで印をつけてから切った。

横に寝《ね》かせてから根でも枕《まくら》にして足で押《おさ》えてノコギリを引けば楽なのに、健二は木を立てたまま両膝《りょうひざ》で抱《かか》え込み、左手でつかんで4いとおしむように切った。稀《まれ》に見る真剣《しんけん》な目をしていた。

「それ、どうするの」

真一の横で汗《あせ》を拭《ふ》く澄子が優《やさ》しく笑いかけた。

健二はそのとき初めて、自分の没頭《ぼっとう》していた奇妙《きみょう》な作業が、腰をおろして休むみんなの注目を浴びていたのに気づいた。

「きたねえなあ、みんなで休んでよお」

照れ隠《かく》しの乱暴な言葉を吐きながらも、自分の身長分に切った唐松を立ち木にそっと立て掛けてから、彼は走ってきて澄子の首にからみついた。

（『熊出没注意　南木佳士自選短篇小説集』より）

問一　――1「缶蹴りに加わるのに金が要る」とはどういうことか、わかりやすく説明しなさい。

問二　――2「それでいながら、翌朝からも榧の木の味噌漉しを使うのはやめなかった」とは、澄子のどのような思いを表しているか、説明しなさい。

問三　――3「思い出しの苦笑」とありますが、語り手はなぜ「苦笑」したのか、理由を説明しなさい。

問四　――4「いとおしむように切った」ときの健二の心情を説明しなさい。

問五　この文章全体を通して、兄真一、弟健二はそれぞれどのような

「やることが乱暴だな。おかあさんは」
　祖母の墓に水をかけたついでに、棒切れで苔《こけ》を落としていた真一が大人びた笑《え》みを投げかけた。
　お墓でそういうことしていいのかよお、いいのかよお、と健二が澄子のスカートの裾《すそ》を引いた。いいかしら、という目で澄子が見たので、曖昧《あいまい》な返事をしたら、彼女はボディビルダーのように両腕《りょううで》をしめて、枝の先を五十センチほど折りとった。口数も少なく、ふだんは身のこなしもおとなしい方の女なのだが、無言で荒《あら》っぽいことをするときがある。玄界灘《げんかいなだ》を見て育った女なのだな、と妙《みょう》に感心させられたりする。
　澄子は折った枝を二叉《ふたまた》の部分だけ残して東京に持って帰り、婦人雑誌の図解どおりに味噌漉しを作った。なんだかたまらなく手作りの物を台所に置きたくなったの、とだけ言った。三人目の子を妊娠《にんしん》し、これからも金の要る都会暮らしが続くことを考え、何度も話し合った末に結局産むことにしたやさき、あっけなく流産してしまってから、まだ三月も経《た》っていない頃のことだった。
「ねえ、行きましょう。行って、お墓を移すの手伝いましょう」
　澄子は上気した頰を両手でこすりながら、夕食の席で幾度《いくど》もそう繰《く》り返した。
　2それでいながら、翌朝からも榧の木の味噌漉しを使うのはやめなかった。

《中略》

　唐松林の整理はまず倒木を切っていくことから始めた。この唐松林は以前はニンジンとゴボウの植えられていた畑であったが、三十年前、仕事が忙《いそが》しくなって畑に通いきれなくなった祖母が植林したものだという。祖母に連れられて下刈《したが》りに来た覚えがある。
「おまえさんが嫁《よめ》でももらったら、この唐松で家を建てりゃあいい」
　若木にまとわりつく蔓《つる》をナタ鎌《がま》で切りながら、祖母は何度もそう繰り返していたものだった。
　唐松はたしかに家を建てるのが可能な太さに育っているのだが。そして、「おまえさん」は嫁ももらって子もいるのだが……。細い倒木を見おろしながら3思い出しの苦笑《くしょう》をしていると、健二が、笑ってる場合じゃねえよ、早くやろうぜ、と背を叩いた。澄子はタラの芽を探して沢の方へ降りて行ったらしい。
　根をつけたまま横倒《よこだお》しになって枯《か》れきっていない倒木の根元にノコギリを入れた健二は、おどけて腰《こし》をふらつかせながら作業していた。枝払《えだはら》いの真一は一本ずつ丁寧《ていねい》に枝を幹からそぎ落としていった。材木にするのではないから適当でいい、と言ったのだが、真一はニヤニヤ笑っているだけだった。このようにしか仕事のできない自分の性分《しょうぶん》に照れているような、大人びた微笑《びしょう》であった。
「やったぜ」
　太い倒木を切っていると、うしろから健二のはしゃいだ声がした。振《ふ》り向いてみると、彼は背を丸めて枝を切る三歳上の兄に向かって、やったんだぜ、とノコギリを差し上げてポーズをきめていた。真一はおもむろに腰を伸ばし、どれどれ、と切り口をのぞきに来た。
「うーん、年輪は七本だな」
　しゃがみ込んで切り口の年輪を数えた真一は、慎重《しんちょう》にもう一度数え直しながら言った。
「なんだ、ねんりんてのは」
　分からない宿題を兄に聞くときと同じ横柄《おうへい》さで健二は真一を見おろした。
「年輪ていうのはこの輪のことで、木の年齢《ねんれい》をあらわすんだ。つまり、この木は七歳のときに死んだってことさ」

めずらしく語尾《ごび》が上がり、責めるような口調だった。

上州の山村でCザッカ屋をDイトナむ母は今年で六十五歳になる。年に一度、正月か盆《ぼん》に帰省して会うのだが、若造りをしているためにいつも五十代の印象が抜《ぬ》けない。それに比べて、七十歳になる父の方はめっきり老《ふ》け込《こ》んでしまっている。

「鉄砲《てっぽう》水が出てなあ、裏山が崩《くず》れてお墓は土の下になっちまったよ」

母の声から、わざとらしくなく力が失《う》せた。

テレビや新聞に出るほどの大雨は最近なかったはずだが、Eキョクチ的な豪雨《ごうう》でもあったのだろうか。

「芽吹《めぶ》きどきに雨が降るのは、昔からよくあることさ。悪いのはゴルフ場だよ。あんなもんができてから、家の前の県道まで水に浸《つ》かることがよくあったんさ」

再び語尾が上がり始めた。

山の中の盆地で育った、と知り合ったばかりの澄子に話していたのだが、父母に会うために初めて村の駅に降りた彼女《かのじょ》は、これは盆地じゃなくて谷よ、とつぶやいたものだった。一方に高さ三十メートルばかりの崖《がけ》がそそり立ち、その下を流れる川に沿って電車が走っている。川の対岸の斜面《しゃめん》に人家と狭《せま》い田畑がへばりつき、背後の森はいくつもの尾根《おね》を経て隣県《りんけん》まで数十キロに亙《わた》る深さである。

三年前、森を開いてゴルフ場ができた。それから一年してスキー場がオープンした。山の入会《いりあい》権を持っていた小農家の錆《さ》びたトタン屋根が新しくなった。年に一度の帰省のたびに、村の畑と田の数が減り、レジャー施設《しせつ》に勤めるためにUターンした次男、三男の色つき瓦《かわら》の家が増えていた。

「この際だから、お墓を移そうと思ってな。硫黄沢《いおうざわ》の唐松植えてある山にな」

連休に帰省してくれ、とは決して言わないが、受話器を持ち替《か》えたのが分かるくぐもった声で母の電話は切れた。

墓を移す作業というのが具体的にどういうものなのかは分からないが、とにかく男手が必要らしいことは明らかだった。夕食の席で、田舎《いなか》の墓が土砂崩《どしゃくず》れで埋《う》まったらしい、と澄子に話すと、彼女は飲みかけの味噌汁《みそしる》を誤って気管に入れ、激しくむせた。真一が背を叩《たた》いてやってようやく咳《せき》はおさまったが、頬《ほお》が真っ赤になっていた。

「罰《ばち》が当たったのかしら」

澄子は背後のキッチンに立って味噌漉《みそこ》しを手にした。榧《かや》の木で把手《とって》と枠《わく》を作り、金網《かなあみ》を張った味噌漉しは澄子の手製だった。

二年前の盆に家族そろって帰省し、裏山の墓参に出かけたとき、澄子は祖母の墓の前にある榧の木に目をつけた。ちょうど婦人雑誌の「手製の食器特集」で見たばかりの、榧の木で作った味噌漉しの写真が、彼女の脳裏《のうり》に鮮明《せんめい》に浮《う》かんだ。

「ねえ、これは榧の木よねえ」

澄子は一応はていねいに墓前で手を合わせてから、墓の上に枝を広げる榧の木を見上げた。

榧の実なんてうまくないぞ、と口中にあの独特の苦味を想い出しながら答えたのだが、彼女は何も言わずにサンダルを脱《ぬ》ぎ、ワンピース姿のまま木に登った。

裏山は人家のある土地よりもさらに斜面が急なので、榧の木は墓地にへばりつくように枝を伸《の》ばしていた。上への丈《たけ》は三メートルばかりだが、枝の周囲は五メートルを越《こ》えそうだった。澄子は素足《すあし》で枝を捕《とら》えながら、上下に目を配っていた。やがて、あった、と叫《さけ》ぶと同時に頭上の枝をつかむと、そのまま草の上にとびおりた。弾力《だんりょく》に富む榧の枝は、雑草の上に立った小柄《こがら》な澄子をもう一度空中に弾《はじ》きそうなほど急な円弧《えんこ》を描《えが》いてしなっていた。

平成二十九年度
開成中学校

【国　語】（五〇分）〈満点：八五点〉

一　次の小説は南木佳士「ニジマスを釣る」の部分です。語り手である父は、ゴールデンウイークに妻澄子《すみこ》、長男真一《しんいち》、次男健二《けんじ》の家族で実家の唐松林《からまつばやし》の倒木《とうぼく》の処理をすることになりました。これを読んで後の問に答えなさい。なお、出題の都合上、省略している箇所《かしょ》があります。

ゴールデンウイークをどのように過ごすかについてはそれぞれの思《おも》惑《わく》があった。真一は三浦《みうら》半島の海に行き、海辺の生物の観察をしたかった。健二は池袋《いけぶくろ》の水族館とプラネタリウムに行きたかった。そして、澄子は久しぶりに福岡《ふくおか》の実家に帰りたがっていた。

会社は交代で五日間の連休がとれることになっていた。会社といっても、副都心のはずれに建つ老朽《ろうきゅう》ビルの三階で、建設業界向けの外国語論文や法規の翻訳《ほんやく》をしている、電話番の女の子を含《ふく》めて社員五名の零細《れいさい》企業《きぎょう》である。

三十二歳《さい》までは都内の中学校の教師をしていた。これといった夢があって就《つ》いた仕事ではなく、大学の英文科を出るとき、生来の緊張《きんちょう》Aカタの体質に合わない仕事を除外していって辛《かろ》うじて最後に残った職であった。卒業を控《ひか》えた夏、アパートの壁《かべ》に張ったカレンダーの日付の上に思いつく職業を十五ばかり書き連ね、毎日一つずつ消して行った。折り畳《たた》みテーブルを出し、自炊《じすい》の夕食をコロッケやサバの水煮《みずに》の缶詰《かんづめ》で食べながら、なるべく体に無理のない仕事を、とおよそ若者らしくない眼《め》つきでカレンダーを見上げていた結果、十二日の土曜日の上にあった教師が残ったのだ。

しかし、学校はもしかしたらカレンダーから最初に除外した商社よりも体にこたえる職場だったのではないか、と後になって思った。英語の好きな子だけに英語を教える、などといった青くさい道理が通ろうとははなから思っていなかったが、Bセイセキの悪い子の親の、アパートまで押《お》し掛《か》けてくる理不尽《りふじん》な抗議《こうぎ》。非行防止の夜回り。そして、いわゆる明るい人気教師となるよう「性格の改造」を諭《さと》す教頭。

十年の間に三つの学校に勤めた。通勤電車の中での腹痛に悩《なや》まされ続け、家と職場とブレザーのポケットの中にいつも正露丸《せいろがん》の瓶《びん》を置いて飲みまくり、吐《は》く息がクレオソートくさい、と生徒たちに笑われるようになって教師をやめた。

その間《かん》、電話会社に勤める澄子と結婚《けっこん》し、郊外《こうがい》の公団住宅に入居していたが、次第《しだい》に食が細くなるので、私と暮らすのがそんなに嫌《いや》なら、と何度か泣かれたこともあった。

大学の先輩《せんぱい》に誘《さそ》われて気楽な翻訳の仕事に移ってからは、体重は着実に増えてきたが、収入は教師の頃《ころ》より減った。澄子との共稼《ともかせ》ぎを続けなければ、東京の郊外で暮らすサラリーマンの平均的な生活を維持《いじ》できない。体面など繕《つくろ》わなくても、と思うだけは思うのだが、子供達をスイミングスクールに通わせたり、少年サッカーチームに入れたりする支出は削《けず》りたくない。1缶蹴《かんけ》りに加わるのに金が要《い》る時代になったのだ、と諦《あきら》めている。

このごろ、公団住宅の四階のベランダに出て、建ち並ぶ五階建てのコンクリの塊《かたまり》の群れを眺《なが》めながら、ため息をつくことが多くなった。どんなに体調が悪いときでも、以前には考えもしなかった、ここで死ぬのか、という想《おも》いが頭を過《よぎ》るのである。

母からの電話はちょうどそんな夕暮れどきにかかってきた。

「墓が流れちまったぞ」

平成29年度

開成中学校　▶解説と解答

算数　(60分)＜満点：85点＞

解答

1 (1) $\frac{1}{20}$　(2) **2の倍数**…336個，**5の倍数**…202個　2 (1) (い)　(2) **ア**…28，**イ**…2，**ウ**…16，**エ**…9，**オ**…36，**カ**…25　(3) **縦の長さ**…61cm，**横の長さ**…69cm　(4) 解説の図⑦を参照のこと。　3 (1) 3　(2) 16　4 (1) $2\frac{1}{4}$倍　(2) 1cm短い　(3) $\frac{8}{9}$cm　(4) $2\frac{1}{4}$cm　(5) $2\frac{6}{25}$cm

解説

1 計算のくふう，逆算，整数の性質

(1) $A\times B+A\times C=A\times(B+C)$となることを利用すると，$\square\times1.4+\square\div\frac{1}{2}=\square\times1.4+\square\times2=\square\times(1.4+2)=\square\times3.4$となるから，あたえられた式は，$\frac{35}{3}\times(\square\times3.4+20)\div\frac{7}{60}=2017$となる。よって，$\square\times3.4+20=2017\times\frac{7}{60}\div\frac{35}{3}=2017\times\frac{7}{60}\times\frac{3}{35}=\frac{2017}{100}=20.17$，$\square\times3.4=20.17-20=0.17$，$\square=0.17\div3.4=\frac{0.17}{3.4}=\frac{17}{340}=\frac{1}{20}$である。

(2) 2と3と4の最小公倍数は12なので，2，3，4で割ったときの余りは12ごとに同じになる。これを周期とすると，1つの周期の中に，「2の倍数で3でも4でも割り切れない数」は，｛2，~~4~~，~~6~~，~~8~~，10，~~12~~｝の2個あることがわかる。また，2017÷12＝168余り1より，2017までには168個の周期と1個の数があり，最後の1個は条件に合わないから，条件に合う数は，2×168＝336(個)とわかる。同様に，3と4と5の最小公倍数は60なので，60を周期とすると，1つの周期の中に，「5の倍数で3でも4でも割り切れない数」は，｛5，10，~~15~~，~~20~~，25，~~30~~，35，~~40~~，~~45~~，50，55，~~60~~｝の6個あることがわかる。2017÷60＝33余り37より，2017までには33個の周期と37個の数があり，37個の中に条件に合う数は4個あるので，条件に合う数は，6×33＋4＝202(個)と求められる。

2 平面図形―構成

(1) 下の図①の縦線aに注目すると，この縦線の左側には▒の正方形があり，右側には▩の正方形がある。▒の正方形の1辺の長さの和と▩の正方形の1辺の長さの和は等しいから，この縦線の長

図①

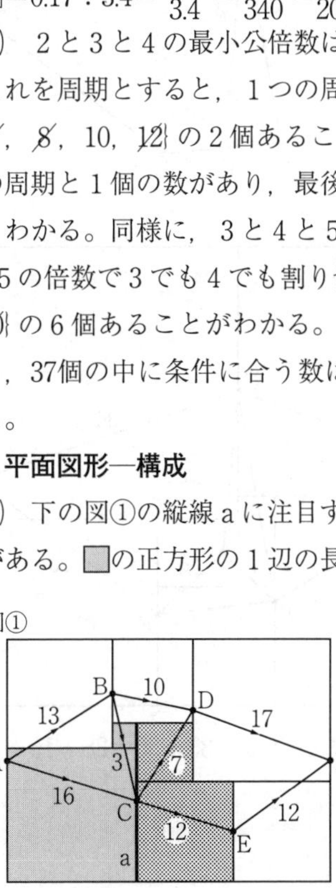

図②

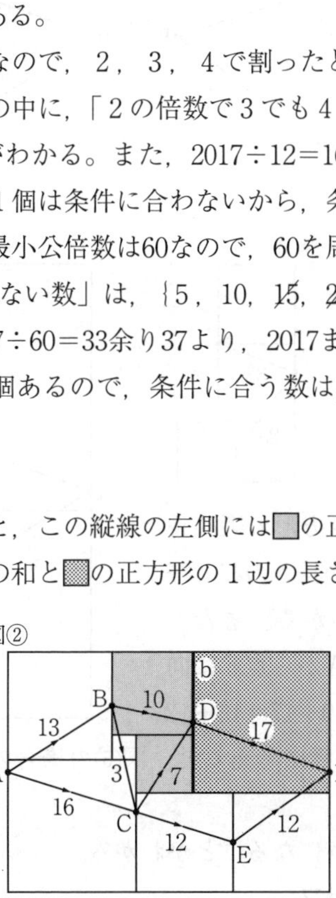

図③

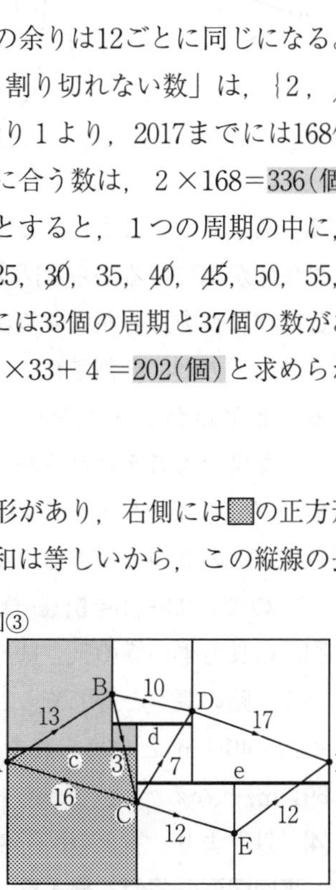

さは，3＋16＝7＋12＝19となる。同様に，上の図②の縦線ｂに注目すると，この縦線の長さは，10＋7＝17となる。これは，1つの点に入ってくる矢印に対応する数の和と，その点から出ていく矢印に対応する数の和が必ず等しくなることを示している。よって，正しい理由を表しているのは(い)である。

(2)　上の図③の横線ｃに注目すると，この横線の上側には■の正方形があり，下側には▩の正方形がある。■の正方形の1辺の長さの和と▩の正方形の1辺の長さは等しいので，この横線の長さは，13＋3＝16となる。このように，A→BとB→Cに対応する数の和は，A→Cに対応する矢印の数と等しくなる。つまり，点Aから点Cに向かって進む経路は「A→B→C」と「A→C」の2通りあるが，どちらの場合も経路に対応する矢印の数の和は等しくなることを示している(同様に，横線ｄに注目すると，点Bから点Dに向かう経路の長さは，10＝3＋7，横線ｅに注目すると，点Cから点Fに向かう経路の長さは，7＋17＝12＋12となる)。この法則を下の図④に利用すると，点Aから点Cに向かう経路の長さは，33＝ア＋5となるから，ア＝33－5＝28とわかり，点Bから点Dに向かう経路の長さは，5＋イ＝7となるので，イ＝7－5＝2と求められる。次に，(1)の法則を点Bに利用すると，28＝5＋7＋ウより，ウ＝28－12＝16，点Cに利用すると，33＋5＝オ＋2より，オ＝38－2＝36，点Dに利用すると，2＋7＝エより，エ＝9，点Eに利用すると，9＋16＝カより，カ＝25と求められ，下の図⑤のようになる。

図④
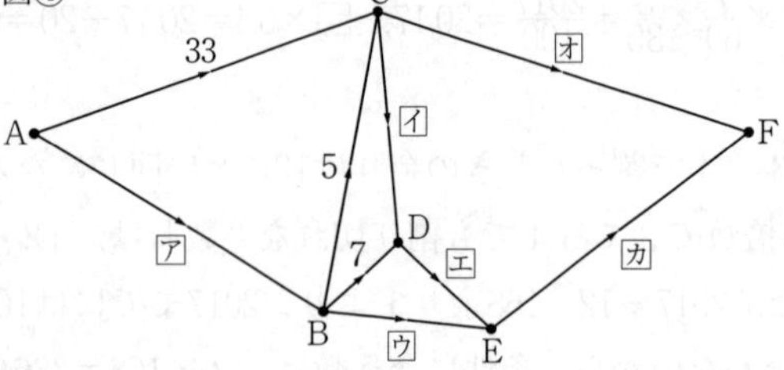

図⑤
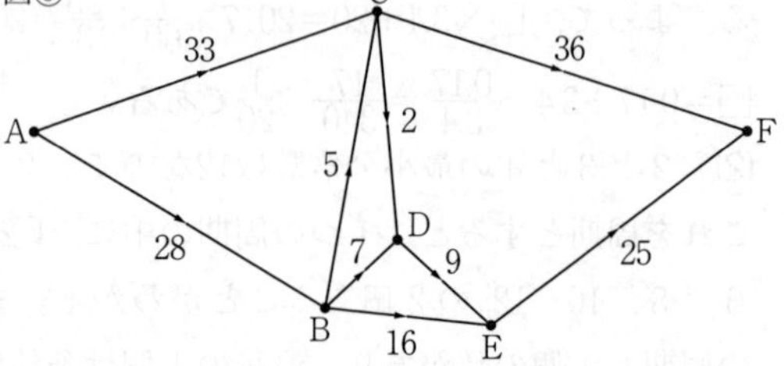

(3)　図⑤で，点Aからは2本の矢印が出ているから，図①と同様に長方形の左側の辺は2つの正方形に分割されていることがわかる(右の図⑥のような場合も考えられるが，他の部分の条件に合わない)。長方形の縦の長さは，この2つの正方形の1辺の長さの和と等しいので，33＋28＝61(cm)とわかる。また，図①の長方形の横の長さは，点Aから点Fに向かう経路の長さと等しく，13＋10＋17＝16＋12＋12＝40(cm)と求められる。同様に考えると，図⑤の場合の横の長さは，33＋36＝28＋16＋25＝69(cm)となる。

図⑥
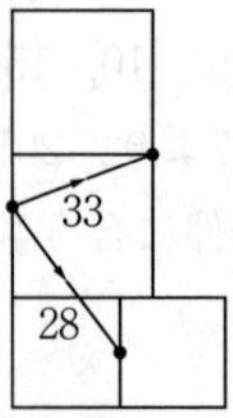

図⑦
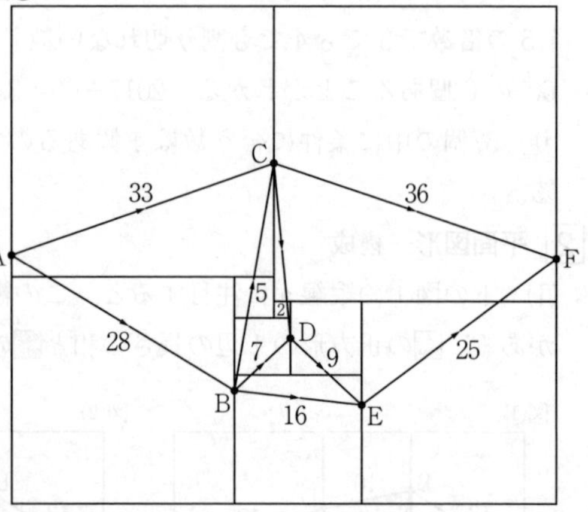

(4)　以上より，右上の図⑦のようになることがわかる。

3　平面図形―相似，旅人算，グラフ

(1)　右の図1で，三角形EHGと三角形FHAは相似であり，相似比は，EG：FA＝1：xだから，EH：FH＝1：xとなる。また，三角形BHEと三角形DHFも相似であり，相似比は，EH：FH＝1：xなので，BE：DF＝1：xとなる。ここで，BE＝$x$cm，DF＝9cmだから，x：9＝1：xという比例式を作ることができる。さらに，比例式の外項《がいこう》の積と内項の積は等しいので，$x\times x=9\times1$，$x\times x=9=3\times3$より，$x=3$と求められる。

図1

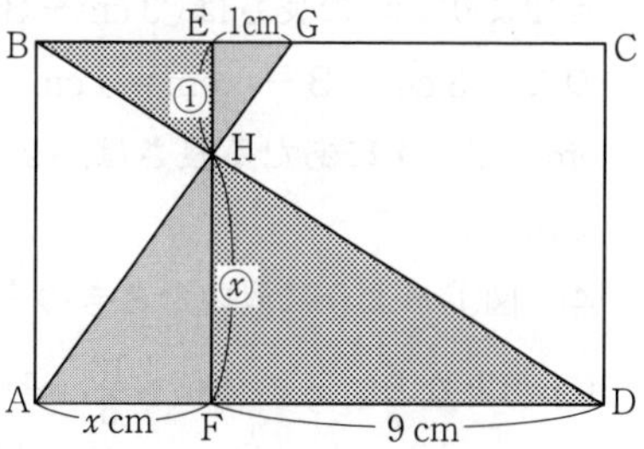

図2

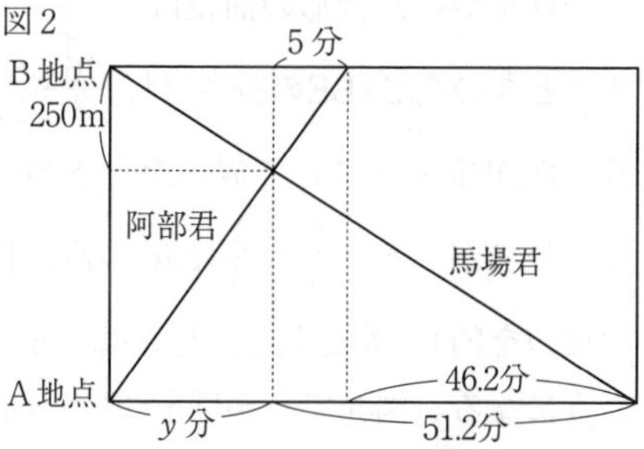

(2)　阿部君が最後の250mを進むのにかかった時間は，250÷50＝5(分)である。また，12÷60＝0.2より，46分12秒は46.2分だから，2人がすれ違《ちが》ってから馬場君がA地点に着くまでの時間は，5＋46.2＝51.2(分)となり，右の図2のように表すことができる。図2で，2直線は図1の直線AG，BDと同じ交わり方をしている。また，図1と同じ部分の値がわかっているので，図1と同様の求め方をすることができる。つまり，y：51.2＝5：yという比例式を作ることができるから，$y\times y=51.2\times5$，$y\times y=256=16\times16$より，$y=16$と求められる。

4　立体図形―水の深さと体積，相似

図①

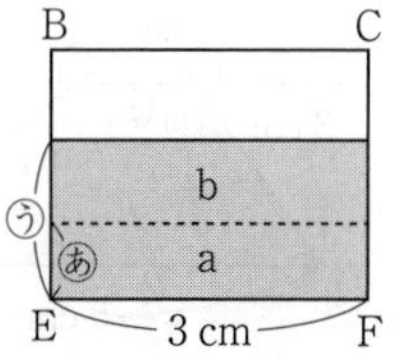

図②

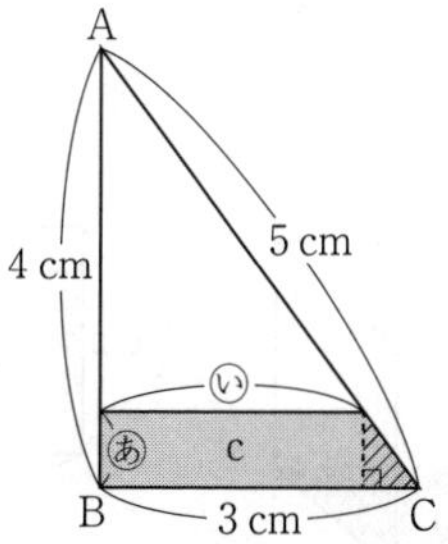

図③

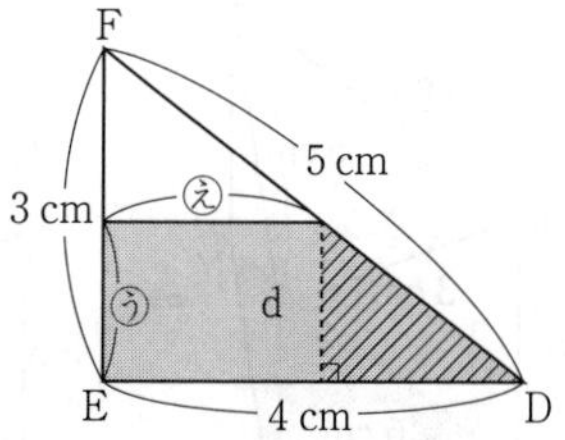

(1)　面DEF，面BCFE，面ABEDを下にしたときのようすを正面から見ると，それぞれ上の図①～図③のようになる(aとcの高さは等しく，(a＋b)とdの高さも等しいから，図①のように，aの高さは(あ)，(a＋b)の高さは(う)となる)。次に，aとbの体積の比は，$1:\frac{5}{4}=4:5$なので，高さの比も4：5となり，(あ)：(う)＝4：(4＋5)＝4：9とわかる。よって，(う)の長さは(あ)の長さの，$9\div4=\frac{9}{4}=2\frac{1}{4}$(倍)である。

(2)　aとcの体積は等しく，(a＋b)とdの体積も等しいから，cとdの体積の比は4：9である。また，図②と図③の奥《おく》行き(BE)は同じなので，かげをつけた台形の面積の比も4：9となる。さらに，cとdの高さの比も4：9だから，かげをつけた台形の{(上底)＋(下底)}は等しくなる。よって，(い)＋3cm＝(え)＋4cmと表すことができるので，(い)－(え)＝4cm－3cm＝1cmとなる。つまり，(え)は(い)より1cm短いことがわかる。

(3)　図②と図③の斜線《しゃせん》をつけた三角形はどちらも三角形ABCと相似だから，3辺の長さの比は3：4：5となる。そこで，図②の(あ)の長さを**4**，図③の(う)の長さを**9**とすると，$\mathbf{4}\times\frac{3}{4}=\mathbf{3}$，$\mathbf{9}\times\frac{4}{3}$

＝**12**より，㋑の長さは（3 cm－**3**），㋓の長さは（4 cm－**12**）と表すことができ，この差が1 cmなので，3 cm－**3**－1 cm＝4 cm－**12**となる。したがって，**12**－**3**＝4 cm－3 cm＋1 cm，**9**＝2 cmより，**1**にあたる長さは，$2\div 9=\frac{2}{9}$(cm)と求められるから，㋐の長さは，$\frac{2}{9}\times 4=\frac{8}{9}$(cm)である。

(4) 図①のように置いたときの底面積は，$3\times 4\div 2=6$(cm^2)なので，aの体積は，$6\times\frac{8}{9}=\frac{16}{3}$(cm^3)となり，cの体積も$\frac{16}{3}$cm^{3}とわかる。また，㋑の長さは，$3-\frac{2}{9}\times 3=\frac{7}{3}$(cm)だから，図②のかげをつけた台形の面積は，$\left(\frac{7}{3}+3\right)\times\frac{8}{9}\div 2=\frac{64}{27}$(cm^2)となる。よって，この台形を底面と考えたときの高さ(BEの長さ)は，$\frac{16}{3}\div\frac{64}{27}=\frac{9}{4}=2\frac{1}{4}$(cm)と求められる。

(5) 面DEFを下にして置いたときの底面積は6 cm^{2}なので，下の図④のように，縦の長さが$\frac{9}{4}$cm，横の長さが，$6\div\frac{9}{4}=\frac{8}{3}$(cm)の直方体と考えても，水面の高さは変わらない。また，三角形EFDの底辺をFDと考えると，高さは，$6\times 2\div 5=\frac{12}{5}$(cm)になるので，正面から見た図は下の図⑤のようになる。図⑤で，かげをつけた部分は体積も奥行きの長さも等しいので，面積も等しくなる。また，かげをつけた2つの四角形は高さが等しい台形と考えることができるから，{(上底)＋(下底)}も等しくなる。よって，HIとFDの長さの和は，$\frac{8}{3}\times 2=\frac{16}{3}$(cm)なので，HIの長さは，$\frac{16}{3}-5=\frac{1}{3}$(cm)と求められる。次に，三角形EFDと三角形EHIは相似であり，相似比は，$5:\frac{1}{3}=15:1$だから，EG：JG＝15：(15－1)＝15：14となる。したがって，JGの長さは，$\frac{12}{5}\times\frac{14}{15}=\frac{56}{25}=2\frac{6}{25}$(cm)となる。

図④

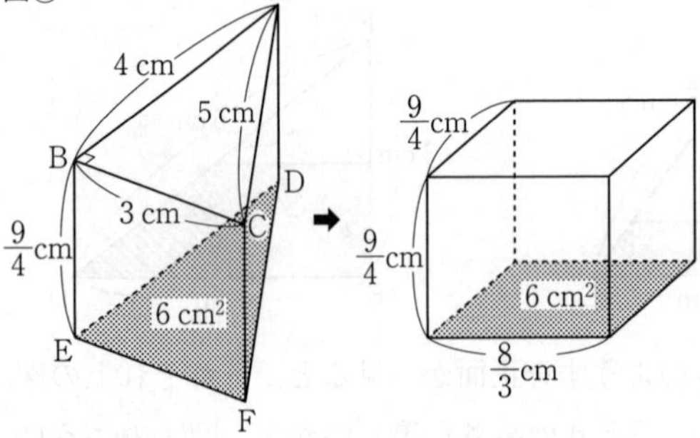

図⑤

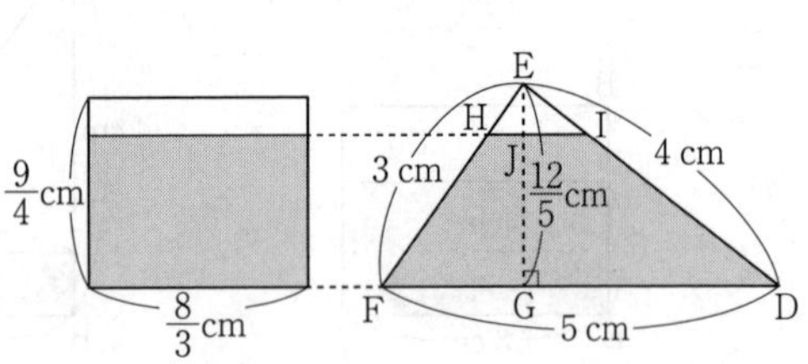

社 会 (40分) ＜満点：70点＞

解 答

1 問1 **1** 下総 **2** 天守閣 **3** 明暦の大火 **4** 徳川家光 **5** 東京大学 **6** 神田明神(神田神社) **7** 不忍池 **8** 鬼門 **9** 花見 **10** 増上寺 問2 (1) 小池百合子 (2) 葛飾北斎 (3) (例) 対馬藩の者が朝鮮のプサン(釜山)にわたって交流していた。 (4) (例) 参勤交代の制度により，大名が1年おきに江戸と領国に住まなければならなかったから。(参勤交代の制度により，大名とその妻子，家臣たちが住む場所が必要だったから。) (5) うだつ (6) 高札 (7) 天海 (8) 強訴 (9) 日米安全保障条約 (10) 聖明王 (11) 田中正造 (12) 題目 **問3** ① ア ② イ ③ イ ④ ウ ⑤ ア ⑥ イ ⑦ エ ⑧ ア ⑨ イ ⑩ ウ ⑪ ウ **2** **問1** **A** ア **B** エ **C** オ **問2** カ **問3** インバウンド **問4** (1) ① ア ② オ ③ エ (2) ① イ ② イ ③ イ ④ (例) 人件費が高くなった **問5** ウ，カ **問6** ① 消費税 ② 免除される(課せられない) **問7** (1) ① カ，アルゼンチン ② オ，インド ③ イ，ドイツ ④ エ，スイス (2) ウ，フランス (3) **ア** 青 **イ** 白 **ウ** 赤 **問8** (1) ① 韓国(朝鮮)(語) ② JR山手線 (2) 民泊 (3) 甲州街道 **問9** (1) ウ (2) **高い5区**…エ **低い5区**…ア (3) ① イ ② 94.3 ③ 台東(区)

解 説

1 **『江戸図屏風《びょうぶ》』を題材とした東京の歴史についての問題**

問1 **1** 佐倉市は千葉県北部に位置する市。周辺はかつての下総《しもうさ》国にあたる。 **2** 天守閣は城郭《じょうかく》の中心となる最も高い物見やぐらのことで，16世紀から各地の城で築かれるようになった。江戸城の天守閣は明暦《めいれき》の大火で焼失し，その後，再建されることはなかった。 **3** 明暦の大火は1657年(明暦３年)に起きた大火災。江戸市中の55%が焼失したとされ，死者は10万人をこえた。 **4** 江戸幕府の第３代将軍は，第２代将軍秀忠《ひでただ》の次男にあたる徳川家光である。 **5** 現在，東京大学本郷キャンパスがある場所には，かつて加賀藩前田氏の江戸下屋敷《やしき》(のちに上屋敷)があった。明治維新後，政府によって接収され，1876年，東京医学校(東京大学医学部の前身)が神田からこの地に移転。翌年，東京開成学校と統合され東京大学となった。 **6** 平将門《まさかど》を祀《まつ》るのは神田明神(神田神社)。730年に創建されたとされる神社であるが，京都から持ち去られた将門の首がこの近くに葬《ほうむ》られ，14世紀初めに当神社の神として祀られた。 **7** 「琵琶湖をイメージしている」ということから，上野にある不忍池《しのばずのいけ》とわかる。不忍池は上野台地と本郷台地の間に位置する天然の池である。本文にあるように，僧侶《そうりょ》の天海は不忍池を琵琶湖に見立てて，その北東にあたる上野の山に寛永寺《かんえいじ》を建立した。 **8** 中国から伝来した陰陽道《おんようどう》で北東の方角は「鬼門《きもん》」とよばれ，邪悪《じゃあく》な鬼が出入りするとして忌《い》みきらわれた。 **9** 屏風には，花見を楽しむ人々が描かれている。日本で桜の花見が行われるようになったのは平安時代ごろのことで，江戸時代には庶民《しょみん》の間にも広まった。上野公園の桜は天海が吉野(奈良県)の桜を持ちこんだことに始まるとされる。 **10** 寛永寺とともに徳川家代々の墓が置かれているのは芝(港区)の増上寺。もとは光明寺という現在の千代田区紀尾井町付近にあった真言宗の寺院で，14世紀末に浄土《じょうど》宗に改めて増上寺となり，家康によって現在地に移された。

問2 (1) 前知事の舛添要一《ますぞえよういち》が政治資金を私的流用した問題から辞職したことを受け，2016年７月31日，東京都知事選挙が行われた。結果は，衆議院議員であった小池百合子が，元岩手県知事で自民党・公明党が支持した増田寛也《ひろや》やジャーナリストで民進党・社民党・共産党などが支持した鳥越俊太郎《しゅんたろう》などの候補を破って当選した。 (2) 「富嶽《ふがく》三十六景」は江戸時代後期の浮世絵師・葛飾《かつしか》北斎《ほくさい》が描いた浮世絵版画集で，その中の「神奈川沖浪裏《なみうら》」や「凱風快晴《がいふうかいせい》(赤富士)」などの作品は特に有名である。 (3) 江戸時代には対馬《つしま》藩が幕府の承認のもと，朝鮮のプサン(釜山)に渡航船を出し，倭館《わかん》とよばれる施設で朝鮮と貿易を行っていた。　⑷　江戸幕府は大名に参勤交代を義務づけ，江戸と領地に１年おきに住まわせた。江戸在住のために幕府が大名にあたえたのが大名屋敷で，大名の妻子が住む本邸《ほんてい》である上屋敷のほかに，中屋敷や下屋敷を設ける大名もいた。　⑸　図Ｅに見られるような，建物の端《はし》の壁を屋根より一段高く突《つ》き出させ，上に瓦《かわら》を葺《ふ》いたものを「うだつ」という。土壁が厚く塗《ぬ》られていたため防火用の機能もはたしたが，しだいに装飾《そうしょく》の意味合いが濃くなり，家の富や格式を示すものとなった。そこから，「うだつがあがらない」(出世できない，ぱっとしない)という慣用句が生まれたといわれる。　⑹　図Ｆに示されているのは高札。幕府や藩が法令などを板に記して掲《かか》げたもので，人通りの多いところなどに高札所を設けて人々に法令やお触《ふ》れなどを知らせた。　⑺　寛永寺を創建したのは天海。天台宗の僧侶で，家康・秀忠・家光と３代にわたる将軍に仕え，幕政にも深くかかわった。　⑻　平安時代，延暦寺や興福寺などの大寺院は下級僧侶などを武装させた僧兵たちを都にのぼらせ，権力者に対して自分たちの要求を通そうとした。これを強訴《ごうそ》という。延暦寺の僧兵たちは日吉《ひえ》神社のみこしを担《かつ》ぎ，興福寺の僧兵は春日神社の神木を担いで朝廷などにおしかけた。　⑼　1960年，岸信介《のぶすけ》内閣はアメリカとの間で日米安全保障条約の内容を強化した新日米安全保障条約に調印。日米間の事実上，軍事同盟というべきこの内容に対して，国民の間に反対する運動(安保闘争《とうそう》)が広がったが，内閣は衆議院でその承認を強行採決。条約は参議院の承認を得ないまま自然成立し，こののち岸内閣は総辞職した。⑽　538年(一説に552年)，朝鮮半島南西部にあり，日本と友好関係にあった百済《くだら》の聖明王《せいめいおう》が，欽明《きんめい》天皇に仏像や経典などを贈った。これが仏教の公式伝来とされている。　⑾　明治時代，栃木県の足尾銅山から多量の鉱毒が渡良瀬《わたらせ》川に流れ出し，流域の田畑を荒廃《こうはい》させるなどの被害が広がった。栃木県選出の衆議院議員であった田中正造は，この問題を帝国議会で取り上げ，政府の責任を追及するなど，被害を受けた農民や漁民を救済するために力をつくした。　⑿　日蓮《にちれん》宗を開いた日蓮は法華経《ほけきょう》の教えを最上のものとし，「南無妙法蓮華経《なむみょうほうれんげきょう》」という題目を一心に唱えれば人も国家も救われると説いた。

問３　①　屏風にあてはまるのはア。仕切りや装飾などのために用いる調度品で，多くは表面に絵や書が描かれている。なお，イは障子，ウは帳《とばり》，エは襖《ふすま》の説明。　②　資料の衣服は小袖《こそで》。平安時代に貴族が装束の下着として着用していたものであったが，室町時代以降，庶民が内着や外着として用いるようになった。なお，ウは平安時代の貴族の正装。アとエは平安時代に貴族が平服として用いたもの。　③　図はいずれも，江戸時代後期の浮世絵師・歌川広重《ひろしげ》の代表作「東海道五十三次」の中の作品。品川宿を描いたのはイの「品川　日之出《ひので》」。アは「由井《ゆい》(由比)　薩埵嶺《さつたれい》」，ウは「京師《けいし》　三条大橋」，エは「箱根　湖水図」である。　④　徳川家綱は江戸幕府の第４代将軍(在職期間は1651～80年)。武力によらず，文化や教育に重点を置く文治政治を進めたことで知られ，主君が死んだ後，家臣がこれを追って自害する「殉死《じゅんし》」を禁止するなどしたから，ウがあてはまる。アは第２代将軍秀忠の時代の1615年のできごと。イは1714年，第６・７代将軍の補佐役をつとめた新井白石により発行された貨幣《かへい》の１つ。エは1690年，第５代将軍綱吉が上野忍岡《しのぶがおか》にあった林家の私塾を湯島に移し，聖堂として孔子《こうし》を祀ったものである。　⑤　持統天皇は697年，孫にあたる15歳の文武天皇に譲位《じょうい》した。　⑥　朝鮮通信使は1607年の第１回以来，日本の将軍の代替《が》わりごとに来日するようになり，計12回派遣された。したがって，イが誤り。なお，アにあるように第１回から第３回までは「回答兼刷還使《さっかんし》」とよばれたが，「回答」は国書に対する返書の意味,「刷還」は豊臣秀吉による朝鮮出兵のさいに日本に連れて来られた捕虜《ほりょ》の返還という意味である。ウは岡山県牛窓町に伝わる「唐子踊《からこおど》り」のこと。エについて,費用面の問題などから,1811年の朝鮮通信使に対し,日本側は対馬に出向いて応対した(最後の通信使)。　⑦　アは794年,イは1018年,ウは1083～87年,エは939～941年のできごとである。　⑧　アは1923年,イは1929年,ウは1920年,エは1937年のできごと。　⑨　10世紀初めの901年,右大臣であった菅原道真は左大臣の藤原時平《ときひら》らのはかりごとにより北九州の大宰府《だざいふ》に追われ,2年後にその地で亡くなった。
⑩　ア～エの世界遺産のうち複数の都道府県にまたがっているのは,ウの「古都京都の文化財」だけ。これに登録されている延暦寺《えんりゃくじ》は滋賀県大津市にある。　⑪　アは645年,イは630年,ウは720年,エは663年のできごとである。

2 人やものの移動に関連した問題

問1　A　2002年から2003年にかけて,中国などアジア各地で重症《じゅうしょう》急性呼吸器症候群(SARS《サーズ》)が流行。新型肺炎ともよばれるこの病気はSARSコロナウイルスにより引き起こされる感染症だが,有効なワクチンがないことなどから不安が広がり,海外に出かける日本人旅行者の数が大きく減少した。　**B**　2008年,アメリカで大手投資銀行リーマン・ブラザーズが経営破たんしたことから金融《きんゆう》危機が起こり,これをきっかけに広がった世界的な不景気は,「リーマンショック」とよばれた。その影響で,日本をおとずれる外国人や海外旅行に出かける日本人の数がともに減少した。
C　2011年3月に起きた東日本大震災と福島第一原子力発電所の事故の影響で,地震と放射能汚染に対する不安が広がり,日本をおとずれる外国人の数が大きく減少した。　なお,イのデング熱はデングウイルスを原因とする感染症で,熱帯地方でしばしば発生するが,日本への影響は少ない。ウは1991年,カは1995年のできごとである。

問2　台湾からの入国者が多い①は那覇《なは》空港,韓国からの入国者が多い②は福岡空港と判断できる。いずれも距離的に近いことから多くの観光客がおとずれる。残る③が関西国際空港である。

問3　「入ってくる,内向きの」という意味の英語であるインバウンドには「外国人旅行者を自国へ誘致《ゆうち》すること」という意味もあるが,そこから転じて,日本では「日本をおとずれる外国人観光客」そのものを指す言葉として用いられるようになった。その反対語はアウトバウンド。

問4　(1)　中国と韓国からの輸入品でともに第1位を占《し》める①は電気機器,台湾からの輸入品の第1位である③は集積回路,残る②は鉄鋼である。中国には日本の家電メーカーの工場が多く進出し,その製品が逆輸入される形で国内に入ってくる。また,韓国には世界有数の家電メーカーがあり,その家電製品やスマートフォンなどが日本でも多く販売されている。また,台湾は集積回路など情報機器部品の生産がさかんであり,日本をはじめ世界各国へ輸出している。なお,韓国からの鉄鋼の輸入が多いのは,韓国の企業と提携を結ぶ日本の製鉄会社があることによるものと考えられる。
(2)　①　近年,日本と中国の貿易では,日本の輸入超過《ちょうか》の状態が続いている。　②　上海《シャンハイ》には世界有数の貿易港がある。内陸に位置する北京《ペキン》には港はない。　③　1ドル＝100円であったものが1ドル＝120円になるような状態を円安という。円安になると海外における日本製品の価格が安くなるため,輸出がしやすくなる。　④　日本企業が中国に多く進出した最大の理由は中国の人件費が安かったからであるが,近年,中国では経済発展にともない人件費が上昇していることから,より人件費の安い東南アジアなどに工場を移す企業も増えてきている。

問5　アは1970年,イは1965年,ウは1956年,エの全線開通は1969年,オは1964年,カは1960年である。

問6　「Tax-free Shop《タックス フリー ショップ》」とあることから，免税店であることがわかる。具体的には，外国人には消費税が免除される店であることを示している。

問7　⑴　①　アルゼンチンは西経45度の経線を標準時子午線としているから，日本との時差は12時間となる。多くの中南米諸国と同様，スペイン語を公用語としているが，混血の人々が多い周辺諸国とは異なり，スペインなどヨーロッパ諸国からの移民とその子孫が多く住む。　②　インドの人口は13億人をこえ，中国についで世界第２位。住民の多くがヒンドゥー教徒であるが，カーストとよばれる古くからの身分制度が社会に根強く残っている。　③　EU最大の工業国はドイツ。日本へは自動車などをさかんに輸出している。　④　永世中立国として知られるのはスイス。多民族国家で，ドイツ語系住民，フランス語系住民，イタリア語系住民，ロマンシュ語系住民が住む。アルプスの雄大な自然を求めて世界中から多くの観光客がおとずれる。　なお，地図中のアはベルギー，イはドイツ，ウはフランス，エはスイス，オはインド，カはアルゼンチンである。⑵　ル・コルビュジエはフランスの建築家。世界文化遺産に登録された建築物17作品のうち10作品はフランス国内にある。　⑶　一般に「三色旗」とよばれるフランスの国旗は，左から順に青，白，赤の３色からなり，それらは「自由・平等・博愛」を意味するとされる。フランス語で「３色」を意味する「トリコロール」の名でよばれることも多い。

問8　⑴　①　駅名の「目黒」の右側に韓国語(韓国・朝鮮語)の文字であるハングルによる表示が見られる。　②　JYのＪは「JR」の，Ｙは「山手(Yamanote)線」の頭文字を示している。
⑵　一般の住宅やマンションなどの空き部屋を宿泊施設として利用することは，一般に「民泊」とよばれる。現行の法律では，宿泊施設を営むには旅館業法にもとづく営業許可が必要であるが，いわゆる規制緩和《かんわ》により，「民泊」の利用を広げる政策が検討されている。　⑶　1964年に開かれた東京オリンピックのマラソン競技では，国立競技場(新宿区霞《かすみ》ヶ《が》丘《おか》町)から新宿を経て甲州街道(国道20号線)を西に向かい，調布市の飛《とび》田《た》給《きゅう》を折り返し地点として国立競技場にもどるコースが設定された。

問9　⑴　昼夜間人口比率とは，夜間人口を100としたときの昼間人口の比率を表したもの。その数値が100を上回る場合は夜間人口よりも昼間人口のほうが多く，100を下回る場合には夜間人口よりも昼間人口のほうが少ないことを意味する。一般に，都市部への通勤・通学者が多く住む大都市周辺部では100を下回り，多くの通勤・通学者が集まる都心部では100を上回ることが多い。したがって，ア，イ，エは正しい。昼夜間人口比率からだけでは人口密度はわからないから，ウが誤り。
⑵　昼夜間人口比率が高い千代田・中央・港・渋谷・新宿の５区を示すのはエ。イは中央区ではなく豊島区が入っている。比率が低い練馬・江戸川・葛飾・杉並・足立の５区を示すのはア。ウは足立区ではなく世田谷区が入っている。　⑶　①　荒川区はイ。アは北区，ウは台東区，エは墨田区である。　②　昼夜間人口比率は，(昼間人口)÷{(夜間人口)×100}で求められるから，荒川区の場合，191626÷203296×100＝94.25…より，94.3となる。　③　荒川区以外の区の昼夜間人口比率は，北区が95.8，台東区が167.5，墨田区が112.8となる。

理　科　(40分) ＜満点：70点＞

解　答

1 問1　ア，エ，オ　問2　イ　問3　二酸化炭素　問4　イ，オ　問5　イ　問6　ウ　問7　ウ　2 問1　B，C，D　問2　ア，イ，ウ　問3　右の図　問4　エ　問5　b　問6　(例)　(氷河の堆積物の方が)角ばっている。／(氷河の堆積物の方が)大きさが不ぞろいである。　3 問1　③　問2　エ　問3　エ　問4　ア　問5　ア　問6　イ　問7　A，D　問8　オ　問9　ダイズ…A，ヒト…D　4 問1　16 g　問2　15.2cm　問3　4.8cm　問4　4 cm　問5　ウ　問6　24 g　問7　3 cm　問8　イ

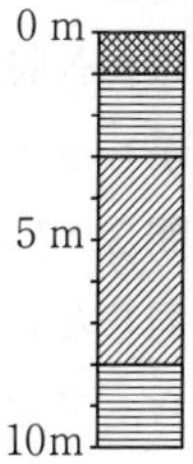

解　説

1 ガスバーナーでの燃焼についての問題

問1　ガスバーナーの燃料が燃えるためには，空気中の酸素が必要である。酸素は無色無臭《むしゅう》で，ものを燃やすはたらき(助燃性)がある。理科の実験では一般的に，二酸化マンガンに過酸化水素水(オキシドール)を加えて発生させる。なお，イで，気体中の酸素濃度が大きいと，ものははげしく燃え，逆に酸素濃度が小さいと，燃えにくくなったり燃えなかったりする。また，ウで，石灰石に塩酸を加えて発生するのは二酸化炭素である。

問2　ガスバーナーの炎《ほのお》がオレンジ色のときは，空気の量が少ないので，ガス調節ねじをおさえたまま，空気調節ねじを②の方向に回して開き，空気の量を増やす。すると，完全燃焼している青色の炎になる。

問3　ガスバーナーの燃料のメタンガスには成分として炭素がふくまれており，それが燃えると，炭素と酸素が結びついて二酸化炭素が発生する。二酸化炭素には，石灰水を白くにごらせる性質がある。

問4　二酸化炭素の水溶液《すいようえき》を炭酸水といい，これを加熱して水分を蒸発させると，水とともに二酸化炭素も空気中に逃げていくため，あとに何も残らない。気体の塩化水素が溶《と》けている塩酸，気体のアンモニアが溶けているアンモニア水も同様に，加熱して水分を蒸発させると，あとに何も残らない。一方，食塩水，砂糖水，石灰水はいずれも固体が溶けている水溶液で，これらを加熱して水分を蒸発させたときには，あとに溶けていた固体が残る。

問5　炭酸水は無色無臭で，弱い酸性を示すため，BTB溶液を加えるとうすい黄色，ムラサキキャベツの液を加えるとうすい赤色になる。また，炭酸水の酸性は，加えたアルミニウムが気体(水素)を出して溶けるほどの強さではない。

問6　ガスバーナーの燃料のメタンガスには成分として水素がふくまれており，それが燃えると，水素と酸素が結びついて水(水蒸気)が発生する。そのため，図2のようにすると，発生した水蒸気がビーカーのかべに触《ふ》れて冷やされ，液体の水に変化し，ビーカーの内側のかべをくもらせる。

問7　図4で，アは氷が温まっているとき，イは氷が水に変化しているとき(氷と水が混じった状態)，ウは水が温まっているとき，エは水が沸とうしているときにそれぞれあたる。ビーカーの内

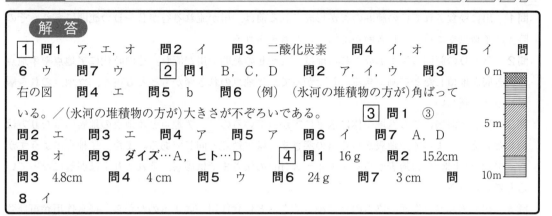

側のかべに生じたくもりは水てき(液体)なので，ウがもっとも適当である。

2 河岸段丘と氷河の侵食《しんしょく》についての問題

問１　川に侵食されてＣの範囲《はんい》の谷が形成される前は，川が流れる谷がＢ～Ｄの範囲にあり，その時代にイ地点やエ地点のれき層が堆積《たいせき》したと考えられる。

問２　Ｂ～Ｄの範囲の谷が形成される前は，Ａ～Ｅの範囲で川が流れ，その時代にア地点やオ地点のれき層が堆積したと推測できる。したがって，ア地点のれき層がもっとも古く，ウ地点のれき層がもっとも新しい。

問３　砂層と泥層《でいそう》はこの地域全体に水平に広がっているので，ア地点とオ地点の地層の重なり方は同じといえる。よって，地表から６ｍの深さまではア地点と同じである。また，イ地点のようすから，ア地点(オ地点)の地表から，４＋４＝８(ｍ)の深さまでは砂層，それより下は泥層になっていると考えられる。

問４　川底の高さと海面の高さの差が小さくなると侵食作用が弱まるのだから，侵食作用が再び強くなるのは，川底の高さと海面の高さの差が再び大きくなる場合，つまり，土地が隆起《りゅうき》したり海面が低下したりする場合である。

問５　川すじが曲がっているところの曲がりの外側の川岸は，川の流れが速いために侵食されやすい。また，曲がりの大きい方が，川岸を侵食する力がより強くはたらく。

問６　河川では，写真３のように，れきは川に流される間に角がけずられるため丸みをおびており，また，同じ地点に堆積しているれきの大きさは比かく的そろっている。一方，氷河では，写真２のように，れきが氷河におされるようにして運ばれるため角ばったままで，堆積しているれきの大きさが不ぞろいになる(矢印のれきより大きなれきがいくつも見られる)。

3 動物や植物の増え方についての問題

問１　図２で，ａは柱頭，ｂの下の方は花柱，ｃの下の方は子房《しぼう》といい，これらを全部合わせてめしべと呼ぶ。運ばれてきた花粉がついて受粉するのはａの柱頭の部分である。

問２　図３で，実とくきはアのところでつながっていたので，イ～エの間のふくらみが図２の子房の部分にあたり，エが図２の花びらやがくの根元にあるＡの位置にあたる。

問３　メダカの卵には付着毛と呼ばれる長い毛があり，これが水草などにからみつく。メダカのメスは産んだ卵をしばらくつけたまま泳いでいるが，やがて水草などにこすりつけるようにして卵をからみつかせる。

問４，問５　母体の中のヒトの子をたい児という。たい児の腹部からはへその緒《お》という管がのびていて，それは母親側の子宮のかべにあるたいばんにつながっている。たいばんは母親の血液のプールの中をたい児側の毛細血管がただよっているようなつくりになっており(したがって，母親の血液とたい児の血液は混じらない)，ここでたい児の血液は，酸素や養分を母親の血液から受け取り，二酸化炭素などの不要物を母親の血液にわたしている。

問６　メダカのからだはふ化する前にできあがっていて(心臓や目もできている)，ふ化する直前にはさかんに体を動かす様子が観察できる。ふ化したメダカは，２～３日すると自分でえさをとり始める。

問７　図７を見ると，ＡとＤは，生まれる時点での体長が受精卵の大きさ(時間０％における体長の値)に比べて100倍近くになっている。なお，Ｂは約２倍，Ｃは約５倍と読み取れる。

問8　受精してから生まれるまでの間，親から栄養をもらって育つ生物は，受精卵に栄養をたくわえておく必要がほとんどないので，卵は小さい。その結果，生まれる時点での大きさは受精卵に比べてたいへん大きくなる。

問9　ＡとＤには，受精卵の大きさがとても小さく，そのわりに生まれる時点での体長がとても大きいダイズとヒトがあてはまると考えられる。Ａのグラフは，いったん体長が100％をこえるものの，その後は体長が小さくなっているが，これは説明文中で「ダイズの実は熟すにつれて乾燥《かんそう》し，一度大きくなった種子から水分がぬけてやや小さくなります」と述べられていることと一致《いっち》するから，ダイズと決まる。よって，Ｄはヒトのグラフである。

4　てこのつり合いについての問題

問1　棒の真ん中のＯ点は両端《りょうはし》から，72÷２＝36(cm)の位置にある。よって，図１－ｂで，棒の右端にかかっている力の大きさを□ｇとすると，つり合いの式は，20×(36−7.2)＝□×36となり，□＝576÷36＝16(ｇ)と求められる。なお，このことから，水中に沈《しず》めたおもりの見かけの重さは16ｇであることがわかる。

問2　水に沈めたおもりの位置は支点(Ｏ点)から，36−10＝26(cm)のところなので，支点から左側のおもりの位置までの距離《きょり》を，16×26÷20＝20.8(cm)にするとつり合う。したがって，左側のおもりは棒の左端から，36−20.8＝15.2(cm)の位置に動かせばよい。

問3　図３で，棒の右端にかかっている力の大きさは，20＋16＋16＝52(ｇ)である。よって，つり合うときの支点から左側のおもりの位置までの距離は，52×36÷(20×３)＝31.2(cm)なので，左側のおもりを棒の左端から，36−31.2＝4.8(cm)の位置に動かせばよい。

問4　図４で，棒の左端にかかっている力と右端にかかっている力の比は，20：16＝５：４なので，棒を左端から４：５に分ける位置を支点とすれば，棒がつり合う。その位置は，棒の左端から，72 $\times\frac{4}{4+5}$＝32(cm)，Ｏ点から左に，36−32＝４(cm)のところである。

問5　おもりの数が左右で同じであれば，何個ずつになっても，棒の左端にかかっている力と右端にかかっている力の比は５：４のまま変わらない。したがって，支点の位置は動かさなくてもよい。

問6　図６で，棒の重さを□ｇとしたときのつり合いの式は，20×(36−2.4)＝□×2.4＋16×(36＋2.4)となる。これを解くと，672＝□×2.4＋614.4，□＝57.6÷2.4＝24(ｇ)とわかる。

問7　図７で，ここでは棒の右端を支点と見なして考える。ひもの位置にかかる力の大きさは，20×２＋16×２＋24＝96(ｇ)なので，棒の右端からひもの位置までの距離を□cmとすると，つり合いの式は，20×２×72＋24×36＝96×□となる。よって，2880＋864＝96×□より，□＝3744÷96＝39(cm)と求められるので，ひもの位置をＯ点から左に，39−36＝３(cm)動かせばよい。

問8　左右のおもりの個数をそれぞれ３個，４個，…と増やしていくと，棒の左端にかかる力の大きさは20ｇずつ大きくなり，棒の右端にかかる力の大きさは16ｇずつ大きくなる。すると，棒を左にかたむけるはたらき(左回りのモーメント)の方が大きくなっていくので，棒をつり合わせるためにはおもりの数が増えるにしたがって支点を左へ動かす必要がある。ただし，図６と図７より，おもりが０個から１個に増えたときの移動距離は2.4cmなのに対して，おもりが１個から２個に増えたときの移動距離は，3.0−2.4＝0.6(cm)であることから，動き方は等間隔《とうかんかく》ではないと考えられる。

国　語　(50分)＜満点：85点＞

解　答

一　**問1**　(例)　今は昔とちがって，子供達が遊ぶのにも，習い事として金をはらう必要があるということ。　**問2**　(例)　乱暴に墓前の木の枝を折ったことに後ろめたさはあるが，流産後のつらい時期に自作した味噌漉しには愛着があり手放せないという思い。　**問3**　(例)　祖母が孫の未来に思い描いていた，ゆるぎない大人の姿とは異なり，妻に頼って生活を維持する自分の現実を思ったから。　**問4**　(例)　自分とおなじ七歳で死んだ木をかわいそうに思い，自分の代わりに寄りそう墓標を作ってやりたいという真剣な気持ち。　**問5**　(例)　真一は，ゆうずうが利かないほど慎重な，大人びた配りょのできる子供として描かれている。健二は，七歳児らしいほがらかさと高い共感力を持った子供として描かれている。　**問6**　下記を参照のこと。

二　**問1**　(例)　尊敬語なのに，自分の動作を表すのに使っている点。　**問2**　(例)　身分の高い王子様でも昔は食べられなかったアイスクリームを「ぼく」は食べているんだという，自まんしたいほどうれしい気持ちを，ほほえましくユーモラスに描くため。

●漢字の書き取り

一　**問6**　A　過多　B　成績　C　雑貨　D　営　E　局地

解　説

一　**出典は南木佳士《なぎけいし》の『熊出没《くましゅつぼつ》注意―南木佳士自選短篇《たんぺん》小説集』所収の「ニジマスを釣《つ》る」による。**

田舎の母から唐松林《からまつばやし》に墓を移すという連絡《れんらく》が入り，唐松林の倒木《とうぼく》処理をするため，ゴールデンウイークに家族で帰省したいきさつや林でのようすを描《えが》いている。

問1　「缶蹴《かんけ》り」はかくれんぼの一種で，定位置の空き缶を蹴り，鬼《おに》がその缶を戻《もど》す間にほかのメンバーがかくれる。語り手である父親は，現代の「スイミングスクール」や「少年サッカーチーム」などの習い事を，「缶蹴り」と同じ子供の遊びと考えている。ただし，ふだんの子供の遊びが無料だった昔とちがい，今の習い事には「金が要《い》る」のである。これらを整理し，「昔とちがって，今は子供達が日々の遊びの場に参加するのにも金がかかるということ」「子供達が自由に屋外で遊んだ昔とちがい，今は金をはらって習い事として遊ぶ時代になったということ」といった内容でまとめればよい。

問2　「榧《かや》の木の味噌漉《みそこ》し」と「祖母の墓」との関係を整理する。「榧の木の味噌漉し」は，「流産」して三か月も経《た》っていないとき，「たまらなく手作りの物を台所に置きたくなった」澄子《すみこ》の「手製」である。また，「田舎の墓が土砂崩《どしゃくず》れで埋《う》まった」と聞いたとき，澄子がわざわざその「味噌漉し」を手にして，「罰《ばち》が当たったのかしら」と言ったことに注目する。これは二年前，墓の前で「荒《あら》っぽい」ふるまいをしたことへの反省である。具体的には，「味噌漉し」の素材にするため，墓前の木に登ったりそこからとびおりたりして，枝を折ったことを指す。つまり，墓を見舞《みま》った災害を知って，自分の乱暴な行為《こうい》を後ろめたい気持ちで思い出したが，自作の「味噌漉し」には特別な愛着があって手放せないのだと推測できる。

問3　「苦笑」は，ある状態に対する不快感や戸惑《とまど》いをまぎらすため，しかたなく笑うこと。「おまえさんが嫁《よめ》でももらったら，この唐松で家を建てりゃあいい」と繰《く》り返していた祖母の期待を思い，語り手が自分の現状を省《かえり》みている場面である。ぼう線3のすぐ前に，「『おまえさん』は嫁ももらって子もいるのだが……」とあることに注目する。緊張《きんちょう》カタの体質からくる転職，「嫁」である澄子の働きを当てにしている低収入といったかんばしくない現実を思って，「苦笑」したのだと読み取れる。

問4　自分の処理した倒木が「七歳《さい》で死んだ」と教わった健二《けんじ》は，「おれとおなじ年で死んだのかよお」と言い，その木にこだわっていたと前にある。ぼう線4は，そんな弟の気持ちを察した真一《しんいち》が「木のお墓を作ってやれば」と提案したのを受けて，健二がそれを実行する場面である。健二は墓標にする木を「自分の身長と同じ高さ」で切ることにし，「いとおしむ」ような態度，「真剣《しんけん》な目」で作業している。「いとおしむ」は，愛着を感じて大事にすること。これをふまえ，自分とおなじ年で死んでしまった木に同情し，自分の代わりに寄りそう墓標を作ってやりたいと真剣に思う気持ちをまとめればよい。

問5　二人の言動を整理する。真一は，墓前で荒っぽく木の枝を折った母親に対して「やることが乱暴だな。おかあさんは」と言い，「大人びた笑《え》み」を向けている。倒木処理の場面でも，「適当でいい」と言われたのに「丁寧《ていねい》に」作業してしまう「自分の性分《しょうぶん》に照れ」て「大人びた微笑《びしょう》」を見せている。また，倒木の年輪を「慎重《しんちょう》にもう一度数え直し」たり，倒木に同情する弟の心情を察して，「木のお墓を作ってやれば」と小声ながら的確に指針を示したりしている。これらのことから，ゆうずうは利《き》かないが，ものごとを「慎重」に観察して正確にとらえる性質，ひかえめでおだやかな大人びた性格がうかがえる。一方の健二は，荒っぽく木の枝を折った母親に「お墓でそういうことしていいのかよお」と言って服の裾《すそ》を引っ張るなど，七歳児らしく開けっ広げである。また，倒木処理では「おどけて」作業したり，七歳で死んだ木に同情したりと，明朗ながら繊細《せんさい》な優しさも持っている。以上の内容を整理し，「真一はゆうずうが利かないほど慎重だが，観察眼と的確な判断力を備えた性格である。健二は子供らしい開放的な明るさを持っており，共感力が高く優しい性格である」のような内容でまとめればよい。

問6　**A**　多すぎるようす。　**B**　学業の成果。　**C**　こまごまとした日用品。　**D**　音読みは「エイ」で，「経営」などの熟語がある。　**E**　限られた一部の地域。

二　出典は『日本児童文学大系　第二七巻』所収の「アイスクリームのうた(佐藤義美《さとうよしみ》作)」による。
小さな男の子の視点で，アイスクリームを食べるときのうれしい気持ちを描いている。

問1　「めしあがる」は，「食べる」の尊敬語。ふつう，自分の動作には尊敬語を使わない。

問2　一，二行目に，「おとぎばなしの　おうじでも／むかしは　とても　たべられない」とあることに注目する。「むかし」なら身分の高い王子様でも食べられない「アイスクリーム」を，ふつうの子供である「ぼく」が食べるのだから，「アイスクリーム」を食べられる点では「ぼく」のほうがめぐまれた立場と言える。ぼう線には，その状況《じょうきょう》を小さな「ぼく」が得意になっているように描き，ほほえましい雰囲気《ふんいき》を表す効果がある。これをふまえ，「昔なら王子様でも食べられなかったアイスクリームを自分は食べることができるのだという，『ぼく』の得意で上きげんなようすを，ほほえましくユーモアたっぷりに表現するため」のようにまとめる。

Memo

平成28年度　開 成 中 学 校

〔電　話〕 (03) 3822－0741
〔所在地〕 〒116-0013　東京都荒川区西日暮里4－2－4
〔交　通〕 JR線・東京メトロ千代田線—「西日暮里駅」より徒歩1分

【算　数】 (60分) 〈満点：85点〉

◎答えが分数になるときは，できるだけ約分して答えなさい。円周率が必要なときは3.14を用いなさい。

◎式や図や計算などは，他の場所や裏面などにかかないで，すべて解答用紙のその問題の場所にかきなさい。

1　2つの地点X，Yを結ぶ道があります。A君はXからYへ向かって，B君はYからXへ向かって移動し，地図上の中間地点Mで出会うことにしました。地図には等高線が描《か》かれていなかったため，B君は，図1のように2人とも水平な道を移動すると考えました。B君は，自分がA君より速く移動できること，おのおのがつねに同じ速さで移動することの2つをふまえて，A君が出発してから15分後に出発しました。これで，2人はちょうどMで出会うはずでした。

図1

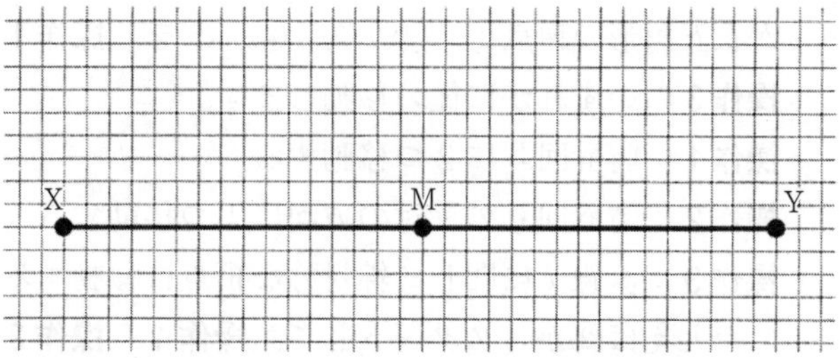

図2

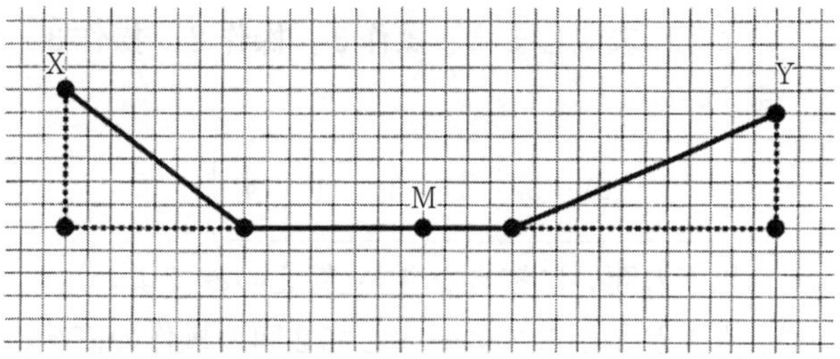

ところが，実際には図2のような下り坂がありました。x%の下り坂では移動する速さがx%だけ増すことになります。ここで下り坂がx%であるとは，

$$x=\frac{(\text{下向きに移動する長さ})}{(\text{横向きに移動する長さ})}\times 100$$

のことを指します。それでも無事に，2人はちょうどMで出会いました。このとき，以下の問いに答えなさい。

なお，3辺の長さの比が3：4：5や5：12：13となる直角三角形を利用してもかまいません。

(1)　①　A君がXを出発してからMでB君に出会うまでに「実際にかかった時間」は，「事前にB君が想定していた時間」の何倍ですか。

②　B君がYを出発してからMでA君に出会うまでに「実際にかかった時間」は，「事前にB君が想定していた時間」の何倍ですか。

(2)　A君がXを出発してからMでB君に出会うまでに「実際にかかった時間」を求めなさい。

2　3人の職人A，B，Cの1日あたりの賃金はそれぞれ6000円，9000円，30000円です。ある仕事をA1人に頼《たの》むと600日，B1人に頼むと400日，C1人に頼むと200日でちょうど完了《りょう》します。職人が2人，あるいは3人で同じ日に作業したとき，それぞれの能率は1人のときと変

わらず，その合計の作業がされます。また，最後の日は途《と》中で仕事が完了しても１日と数え，１日分の賃金を支払《はら》います。以下の問いに答えなさい。

⑴　どの日もＡ，Ｂ２人だけで作業すると，この仕事は何日で完了しますか。

⑵　210日以内にこの仕事を完了させるとき，賃金の合計金額が一番少ないのは，Ａ，Ｂ，Ｃそれぞれに何日ずつ頼むときですか。また，そのときの賃金の合計金額はいくらですか。

⑶　賃金の合計金額を420万円以内とするとき，この仕事が完了するまでにかかる日数が一番少ないのは，Ａ，Ｂ，Ｃそれぞれに何日ずつ頼むときですか。また，そのとき何日で仕事は完了しますか。

3　図の正五角形は直線 l に関して線対称《しょう》です。いま，点Ａが正五角形の頂点①，②，③，④，⑤を，**操作１**，**操作２**，**操作３**のいずれかに従い移動します。

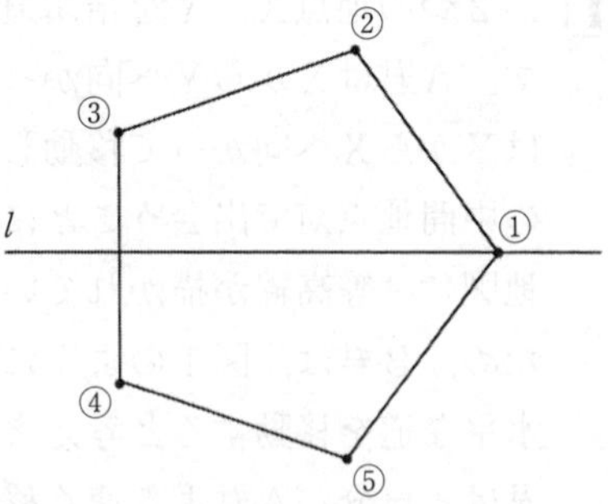

操作１：時計回りに２つ移動する

操作２：時計回りの反対の方向に１つ移動する

操作３：直線 l に関して線対称な頂点に移動する

たとえば②からスタートして，**操作１**，**操作２**，**操作３**，**操作３**，**操作１**の５回の操作による点Ａの移動は，次の例のように表記します。**操作３**，**操作２**，**操作３**，**操作３**，**操作１**による移動も同じ表記になります。

例	②	⑤	①	①	①	④

以下の問いに答えなさい(答えのみでよい)。

⑴　点Ａが②からスタートして２回の操作の直後にいることができる頂点をすべて書きなさい。

⑵　１回の操作の直後に点Ａが④にいられるような頂点をすべて書きなさい。

⑶　点Ａが②からスタートして５回の操作の直後に④にいる移動の表記は全部で何通りありますか。さらに，その表記を上の例にならってすべて書き上げなさい。

4　⑴　右図において，３つの円の直径 AB，AC，AD はすべて６cm で，直線 AB と直線 AD は垂直です。また，直線 AC を線対称の軸《じく》とみるとき，点Ｂと点Ｄが対応します。点Ｇは一番左にある円の中心です。

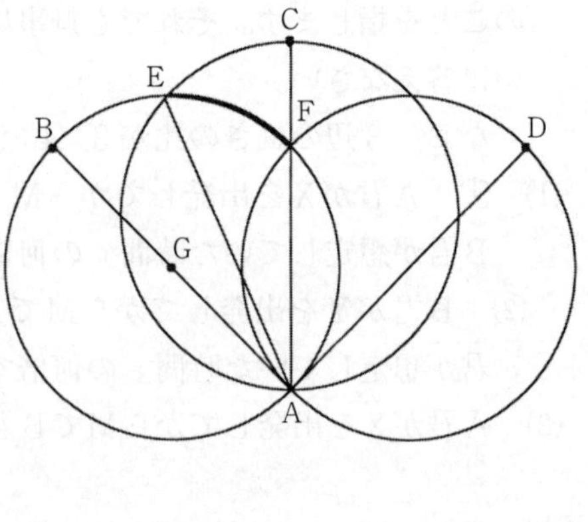

(i)　点Ｅと点Ｆとを結ぶ曲線(右図の太線)の長さは何cm ですか。

(ii)　三角形 ABE の面積は三角形 EFG の面積の何倍ですか。

(iii)　三角形 AEF の面積は何 cm^2 ですか。

⑵　点Ｏを中心とする半径３cm(直径６cm)の円の周上に，周の長さを８等分する点を取り，順に点Ｐ，Ｑ，Ｒ，Ｓ，Ｔ，Ｕ，Ｖ，Ｗとします。８個の点Ｐ，Ｑ，Ｒ，Ｓ，Ｔ，Ｕ，Ｖ，Ｗそ

れぞれを中心とする半径3cmの円を描《か》くと，下の図1のようになります。

図1

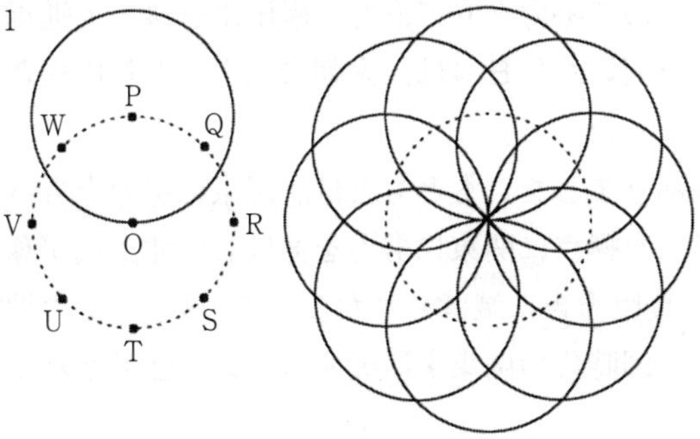

図2

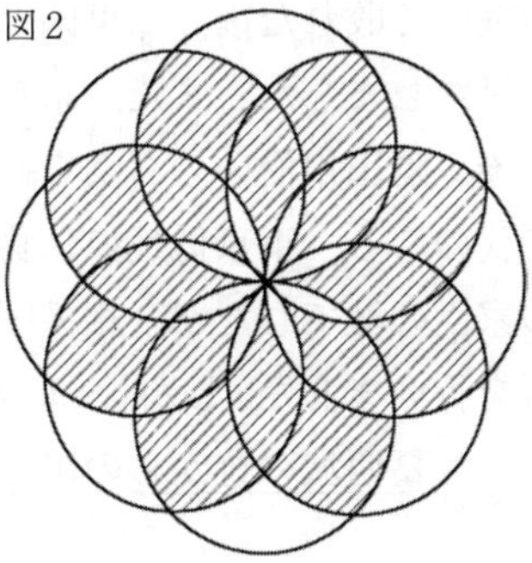

このとき現れる線を利用して，上の図2の斜《しゃ》線部の図形を考えます。この斜線部の図形の面積は何cm^2ですか。

【社　会】（40分）〈満点：70点〉

1　次の文章を読んで，あとの問いに答えなさい。

現在，東京低地を流れる隅田川は，江戸時代までは，荒川水系や（ A ）水系の下流部を形成していました。江戸時代の初めの河川《かせん》工事によって，（ A ）を銚子に流れるよう移動させ，隅田川は荒川の下流となりました。その結果，関東平野では（ B ）が進んで耕地面積は拡大し，①荒川は関東各地と江戸を結ぶ物資の輸送路として重要な役割を果たすようになりました。いっぽう，洪水《こうずい》の被害《ひがい》にもたびたび悩《なや》まされました。(1)荒川流域の低地では，洪水から暮らしを守るための施設《しせつ》が見られました。

明治時代になると，隅田川沿いには(2)鐘淵紡績《かねがふちぼうせき》や札幌麦酒《ビール》など多くの工場が建てられました。立地条件として，水運の便がよいこと，(3)安価に工場用地を取得できたことがあげられます。(4)1910年の大洪水では，東京低地の大部分が浸水《しんすい》し，隅田川沿いにあった工場も被害を受けました。東京を守る治水事業の必要性が高まり，政府は荒川放水路の建設を決断しました。工事は，②1913年に始まり，1930年に完成しました。現在では，荒川放水路が荒川の本流とされ，③分岐点《ぶんきてん》である水門より下流を隅田川とよんでいます。

治水事業によって，荒川や隅田川が氾濫《はんらん》し，東京低地に洪水の被害が及《およ》ぶことはなくなりました。しかし，現在，異常気象による集中豪雨《ごうう》などが問題となり，荒川や隅田川の堤防《ていぼう》が決壊《けっかい》する可能性も否定できません。そこで，④スーパー堤防の整備を進めたり，⑤洪水ハザードマップを作成したりするなどの取り組みが行われています。

東京低地で，人々が活動するようになったのは，古墳時代のころのようです。足立区にある伊興遺跡《いこういせき》からは，⑥渡来人が伝えた技術で焼かれた土器が出土しています。台東区にある浅草《せんそう》寺《じ》は，⑦推古天皇のころ，漁民が網《あみ》で隅田川からひろい上げた観音《かんのん》像をまつったのが始まりとされています。このころから，仏教も広まっていったようです。

現在，荒川区には二の坪《つぼ》といった地名が残っています。⑧奈良時代に土地が区画されていたことと関連があるかもしれません。(5)正倉院には，東京低地にあった大嶋郷《おおしまごう》の戸籍《こせき》が残されています。戸籍に「兵士」と記された男性は，九州を守る（ C ）になったのかもしれません。奈良時代の東国を研究する貴重な資料といえます。

隅田川の流域は戦いの舞台《ぶたい》にもなりました。平氏を倒《たお》すために立ちあがった源頼朝は，(D)の戦いで敗れた後，⑨東国の武士を集めて勢力を立て直し，隅田川を渡《わた》って進軍して鎌倉入りを果たしました。また，京都に幕府を開いた(E)は，南朝に味方した新田氏らの軍勢と戦った際，隅田川沿いの石浜《いしはま》を拠点《きょてん》にしました。

戦国時代のころ，東京低地には葛西《かさい》城がありました。もともとは⑩関東に勢力をもっていた足利氏の家臣の城でしたが，相模国の(F)を拠点に関東に勢力を伸《の》ばした北条氏が奪《うば》い，整備と拡張を行いました。しかし，北条氏が(6)豊臣秀吉に滅《ほろ》ぼされたことで，城としての役割を終えました。⑪葛西城の跡《あと》からの出土品は，戦国時代の関東を研究するうえで注目されています。

隅田川にかかる橋の歴史と現在の周辺の様子を調べてみました。

千住大橋は，徳川家康が隅田川にはじめてかけさせた橋です。⑫千住は江戸幕府が整備した街道《かいどう》の最初の宿場町で，千住大橋をはさんで南北に広がっていました。千住大橋の南側には小塚原《こづかっぱら》の刑場《けいじょう》と回向院《えこういん》がありました。現在，⑬回向院の入り口の壁《かべ》には観臓記念碑《きねんひ》があります。

隅田川に２番目にかけられた橋は両国橋です。⑭江戸時代の最大の火事であった明暦《めいれき》の大火のとき，橋がなくて逃《に》げられずに多数の死者が出たため，大火後に両国橋がかけられました。両国とは，隅田川が(G)国と(7)下総国の国境であったことに由来します。両国の川開きとして行われた(H)は，現在も隅田川の夏の風物詩となっています。

隅田川の河口付近にあるのが勝鬨《かちどき》橋です。勝鬨とは，戦いに勝利したときに上げる喜びの声をいい，203高地の戦いが行われた(I)の陥落《かんらく》を記念して，1905年に勝鬨の渡しが設けられたことに由来します。その後，オリンピックとともに開催《かいさい》する(J)の会場が月島に計画されたため，⑮1938年に開催中止が決定されたものの，1940年に勝鬨橋がかけられました。(8)中央が開閉する跳《は》ね橋《ばし》ですが，1970年以降，開かれていません。現在，勝鬨橋の上からは，近く移転が予定されている(K)市場を眺《なが》められます。

問１　文中の空らん(**A**)～(**K**)にあてはまる語句を**漢字**で答えなさい。

問２　文中の波線部(1)～(8)に対応する以下の問いに答えなさい。

(1)　荒川流域の低地に見られる土盛りした施設の名称《めいしょう》を答えなさい。

(2)　明治時代のころに鐘淵紡績で生産された代表的な製品を**漢字**で答えなさい。

(3)　次の文章は，安価に工場用地を取得できた理由を説明したものです。文章の空らん(　)にあてはまる語句を答えなさい。

> 江戸時代の古地図を見てみました。札幌麦酒があった場所には「佐竹右京大夫《さたけうきょうのだいぶ》」と書かれており，江戸時代には(　　)があったことがわかります。明治時代になって不要となった跡地《あとち》を安価に取得できたと考えられます。

(4)　次の短歌は，1910年に石川啄木が詠《よ》んだものです。短歌の空らん(　)にあてはまる語句を答えなさい。

> 地図の上　(　　)国に　黒々と　墨《すみ》をぬりつつ　秋風を聴《き》く

(5)　次の文章は，正倉院に大嶋郷の戸籍が残された理由を説明したものです。文章の空らん(**X**)と(**Y**)にあてはまる語句を**漢字**で答えなさい。

大嶋郷の戸籍の裏には写経《しゃきょう》に関係することが記されています。当時は（ **X** ）が貴重だったため，役目を終えて不要になった戸籍は写経所で再利用されて，（ **Y** ）の倉庫である正倉院に残されたと考えられます。

(6) 豊臣秀吉が大阪城を築いた場所にあった寺院を**漢字**で答えなさい。

(7) 下総の読み方を**ひらがな**で答えなさい。

(8) 1970年以降，勝鬨橋が開かれなくなった理由を，10字以内の文で２つ答えなさい。句読点や，理由を示す「から」は不要です。

問３ 文中の下線部①～⑮に対応する以下の問いに答えなさい。

① 江戸時代に荒川の上流部から江戸に輸送された代表的な品物を，次の**ア**～**エ**から１つ選び，記号で答えなさい。

ア 炭　**イ** 塩　**ウ** 砂糖　**エ** 油

② 1913年から1930年の間におこった出来事として**誤っているもの**を，次の**ア**～**エ**から１つ選び，記号で答えなさい。

ア 関東大震災がおこる。　**イ** 八幡製鉄所が生産を開始する。

ウ ラジオ放送が開始される。　**エ** 中国で五・四運動がおこる。

③ 荒川と隅田川の分岐点となる水門を，次の**ア**～**エ**から１つ選び，記号で答えなさい。

ア 花畑水門　**イ** 六郷《ろくごう》水門　**ウ** 岩淵《いわぶち》水門　**エ** 篠崎《しのざき》水門

④ スーパー堤防の説明として正しいものを，次の**ア**～**エ**から１つ選び，記号で答えなさい。

ア 高さをかさ上げして，傾斜《けいしゃ》をきつくした堤防。

イ はばを広くひろげて，ゆるやかな傾斜をもつ堤防。

ウ コンクリートを用いた強度の高い堤防。

エ 新素材で水を含《ふく》むと強度が高まる堤防。

⑤ 洪水ハザードマップに記載《きさい》しなくてもよい事項《じこう》を，次の**ア**～**エ**から１つ選び，記号で答えなさい。

ア 浸水の予想される範囲《はんい》　**イ** 液状化現象に注意すべき地域

ウ 想定される浸水の深さ　**エ** 避難《ひなん》場所や避難経路

⑥ 渡来人が伝えた技術で焼かれた土器の特徴《とくちょう》を述べた文として**誤っているもの**を，次の**ア**～**エ**から１つ選び，記号で答えなさい。

ア ろくろを利用して土器をつくった。

イ 斜面《しゃめん》を利用したかまで土器を焼いた。

ウ それまでの土器に比べてかたい。

エ 土器の色は赤褐色《せきかっしょく》のものが多い。

⑦ 推古天皇のもとで聖徳太子が定めた十七条の憲法の内容として**誤っているもの**を，次の**ア**～**エ**から１つ選び，記号で答えなさい。

ア 人の和を大切にして争いをやめなさい。

イ 仏教をあつくうやまいなさい。

ウ 律令の規則をよく守りなさい。

エ 天皇の命令には必ず従いなさい。

⑧　奈良時代に土地が区画された理由を述べた文として正しいものを，次の**ア**～**エ**から１つ選び，記号で答えなさい。

ア　土地をめぐる農民の争いを防ぐため。

イ　土地を農民に支給しやすくするため。

ウ　都の区画にならった土地にするため。

エ　土地の収穫高《しゅうかくだか》を調べやすくするため。

⑨　鎌倉時代の東国の武士と源頼朝の主従関係を述べた文として**誤っているもの**を，次の**ア**～**エ**から１つ選び，記号で答えなさい。

ア　源頼朝と主従関係を結んだ武士は御家人とよばれた。

イ　源頼朝は主従関係を結んだ武士に先祖伝来の領地の支配を認めた。

ウ　源頼朝は主従関係を結んだ武士を地頭に任命した。

エ　源頼朝は主従関係を結んだ武士を城下町に集住させた。

⑩　室町時代に関東に勢力をもっていた足利氏の家臣を，次の**ア**～**エ**から１つ選び，記号で答えなさい。

ア　今川氏　　**イ**　上杉氏　　**ウ**　細川氏　　**エ**　武田氏

⑪　葛西城の跡からの出土品として**誤っているもの**を，次の**ア**～**エ**から１つ選び，記号で答えなさい。

ア　鉄砲の玉　　**イ**　明でつくられた銅銭　　**ウ**　有田焼の茶壺《ちゃつぼ》　　**エ**　漆塗《うるしぬ》りの箱

⑫　千住を最初の宿場町とする街道を，次の**ア**～**エ**から１つ選び，記号で答えなさい。

ア　東海道　　**イ**　中山道　　**ウ**　甲州街道　　**エ**　日光街道

⑬　回向院にある観臓記念碑に関係する人物を，次の**ア**～**エ**から１つ選び，記号で答えなさい。

ア　北里柴三郎　　**イ**　志賀潔　　**ウ**　前野良沢　　**エ**　本居宣長

⑭　明暦の大火後に江戸幕府が取り組んだ火災対策を述べた文として**誤っているもの**を，次の**ア**～**エ**から１つ選び，記号で答えなさい。

ア　広小路をつくった。　　**イ**　火除地《ひよけち》をつくった。

ウ　ため池をつくった。　　**エ**　町火消をつくった。

⑮　1938年にオリンピックなどの開催中止が決定された理由を述べた文として正しいものを，次の**ア**～**エ**から１つ選び，記号で答えなさい。

ア　国際連盟を脱退《だったい》したことで，参加を断る国が続出したから。

イ　ドイツ・イタリアと同盟を結んだことで，アメリカが石油の輸出を禁止したから。

ウ　世界恐慌《きょうこう》がおこったことで，世界中の国々が不況《ふきょう》となったから。

エ　日中戦争が長期化したことで，日本の軍部が反対するようになったから。

2　日本の貿易に関連する，以下の問いに答えなさい。

問１　下の表は，1960年と2014年の，日本の輸出入額と主な輸出入品の割合を示したものです。

(1)　表中の(**A**)～(**E**)にあてはまるものを，次の**ア**～**ク**から１つずつ選び，記号で答えなさい。

ア　航空機　　**イ**　米　　**ウ**　自動車　　**エ**　石油

オ　繊維《せんい》原料　　**カ**　繊維品　　**キ**　鉄鋼　　**ク**　肉類

(2)　2014年において，次の①～③にあてはまる港を下の**サ～タ**から１つずつ選び，記号で答えなさい。

①　輸出額と輸入額の合計が最も大きい港

②　（**E**）の輸出額が最も大きい港

③　（**D**）の輸入額が最も大きい港

サ　大阪港

シ　千葉港

ス　東京港

セ　名古屋港

ソ　成田国際空港

タ　博多港

(3)　1960年と比べて，2014年の機械類の輸出額と輸入額はそれぞれ約何倍になったか，小数点以下を四捨五入して答えなさい。

1960年と2014年の日本の輸出入額と主な輸出入品の割合

1960年

輸出額	１兆4596億円	輸入額	１兆6168億円
（ **A** ）	30.2%	（ **C** ）	17.6%
機械類	12.2%	（ **D** ）	13.4%
（ **B** ）	9.6%	機械類	7.0%
船舶	7.1%	鉄くず	5.1%
魚介類	4.3%	鉄鉱石	4.8%
金属製品	3.6%	小麦	3.9%
精密機械	2.4%	木材	3.8%
その他	30.6%	その他	44.4%

2014年

輸出額	73兆0930億円	輸入額	85兆9091億円
機械類	36.8%	機械類	21.3%
（ **E** ）	14.9%	（ **D** ）	19.3%
（ **B** ）	5.4%	液化ガス	10.4%
（ **E** ）部品	4.8%	衣類	3.8%
精密機械	3.5%	医薬品	2.6%
有機化合物	3.3%	石炭	2.4%
プラスチック	3.3%	精密機械	2.2%
その他	28.0%	その他	38.0%

（『日本国勢図会2015/16』より）

問２　次の**a～f**は，2014年の，アラブ首長国連邦《れんぽう》，オーストラリア，韓国，ブラジル，フランス，マレーシアのいずれかの国から日本への輸入額と主な輸入品の割合を示した表です。

各国から日本への輸入額と主な輸入品の割合（2014年）

a

輸入額	５兆0897億円
液化天然ガス	31.2%
石炭	26.4%
鉄鉱石	18.7%
肉類	3.7%
銅鉱	3.1%
アルミニウム	2.3%
原油	2.1%
その他	12.5%

b

輸入額	４兆3998億円
原油	76.8%
液化天然ガス	11.8%
液化石油ガス	5.7%
石油製品	3.6%
アルミニウム	1.8%
その他	0.3%

c

輸入額	３兆5313億円
機械類	30.1%
石油製品	19.7%
鉄鋼	9.5%
プラスチック	4.0%
有機化合物	3.5%
金属製品	2.8%
銀	2.7%
その他	27.7%

d

輸入額	３兆0867億円
液化天然ガス	45.3%
機械類	19.3%
石油製品	9.2%
合板	3.0%
原油	2.3%
プラスチック	1.7%
パーム油	1.6%
その他	17.6%

e

輸入額	１兆0245億円
鉄鉱石	48.7%
肉類	11.8%
コーヒー	5.2%
アルミニウム	4.7%
有機化合物	4.5%
鉄鋼	3.7%
大豆	3.6%
その他	17.8%

f

輸入額	１兆2127億円
医薬品	16.6%
機械類	14.4%
航空機類	12.1%
ぶどう酒	7.4%
有機化合物	6.0%
バッグ類	4.2%
科学光学機器	1.7%
その他	37.6%

（『日本国勢図会2015/16』より）

(1)　**a～f**にあてはまる国名を答えなさい。また，それぞれの国の位置を次のページの地図中の**A～P**から１つずつ選び，記号で答えなさい。

（こちらを上にして見てください。）

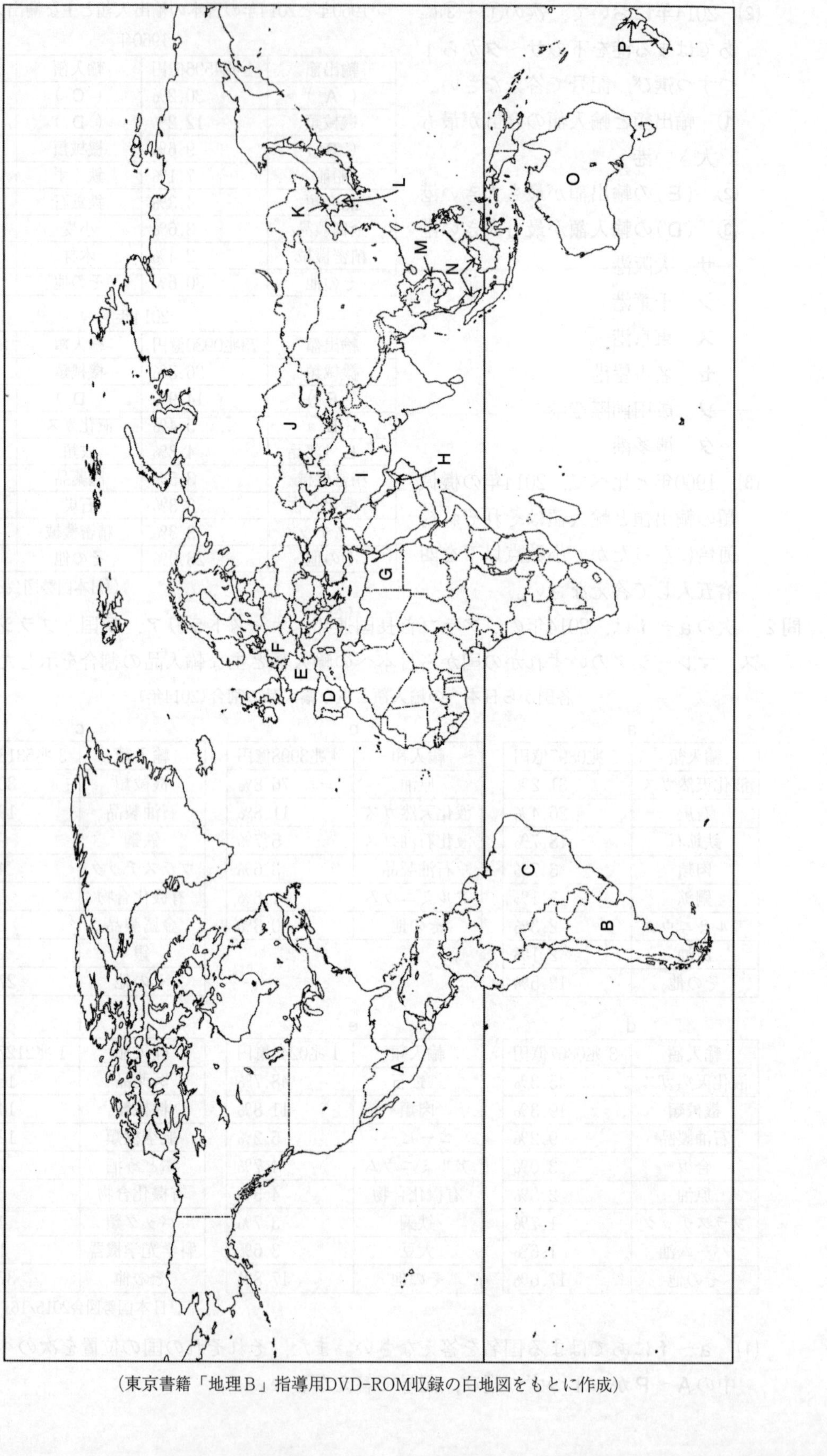

（東京書籍「地理Ｂ」指導用DVD-ROM収録の白地図をもとに作成）

⑵　**a**，**b**，**d**の表中に見られる「液化天然ガス」について，①～③の問いに答えなさい。

①　液化天然ガスを輸送する船を，次の**ア**～**エ**から１つ選び，記号で答えなさい。

ア

イ

ウ

エ

（日本郵船と東京ガスのwebサイトより）

②　日本に輸入する際，なぜ天然ガスを「液化（液体にすること）」するのか，説明しなさい。

③　2011年以降，液化天然ガスの輸入量は大幅《おおはば》に増加しています。その主な理由を説明しなさい。

問３　2015年10月，「環《かん》太平洋経済連携《れんけい》協定」の内容が大筋で合意に達しました。

⑴　この協定のアルファベットでの略称《りゃくしょう》を答えなさい。

⑵　この協定について説明した文として内容が正しいものを次の**ア**～**キ**から３つ選び，記号で答えなさい。

ア　この協定は，日本，中国，韓国，アメリカ合衆国など12か国の話し合いで作られた。

イ　この協定を作る話し合いに，日本は途中《とちゅう》から参加した。

ウ　この協定を作る話し合いを担当していた日本の大臣は，外務大臣である。

エ　この協定に参加する国からの輸入品のうち，コメの関税は撤廃《てっぱい》されるが，牛肉の関税は今まで通り維持《いじ》されることになった。

オ　この協定に参加する国との貿易では，日本に輸入される品目だけでなく，日本から輸出される品目の関税も原則として撤廃されることになる。

カ　この協定には，物品の貿易だけでなく，金融《きんゆう》サービスや労働，著作権などに関する内容も含まれている。

キ　この協定は，2020年１月１日に発効することが合意されている。

【理　科】（40分）〈満点：70点〉

1　**図1**は，北緯《ほくい》35度，東経140度における８月15日の午後８時に合わせた星座早見を示しています。星座早見とは，ある日のある時刻について，星座がどのような位置に見えるのかがわかる道具です。星座が描《えが》いてある丸い形の厚紙の上に，窓があいている厚紙を重ねて回転できるようになっています。日付と時刻を合わせると，そのときに空に見える星座が窓の中に示されるようになっています。

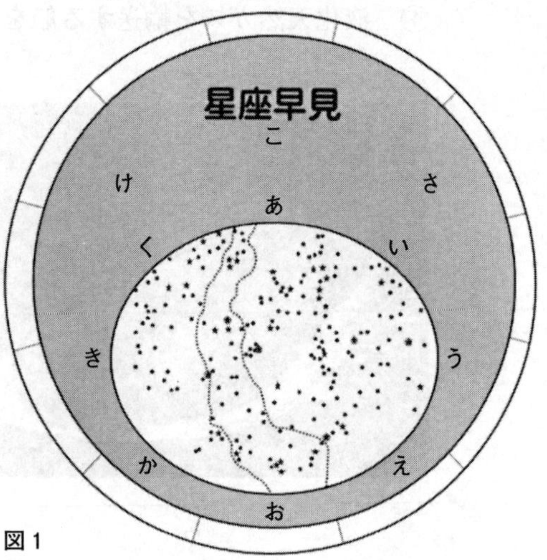

図1

問１　星座早見の回転する中心は何を示していますか。もっとも適当なものを次の**ア**～**エ**の中から１つ選び，記号で答えなさい。

ア　天頂（頭の真上）

イ　北の空の高さ70度の位置

ウ　北極星付近

エ　南の空の高さ70度の位置

問２　**図２**および解答らんの図は，**図１**の窓の中を拡大したものです。解答らんの図に，「夏の大三角」を線（――）で記入しなさい。

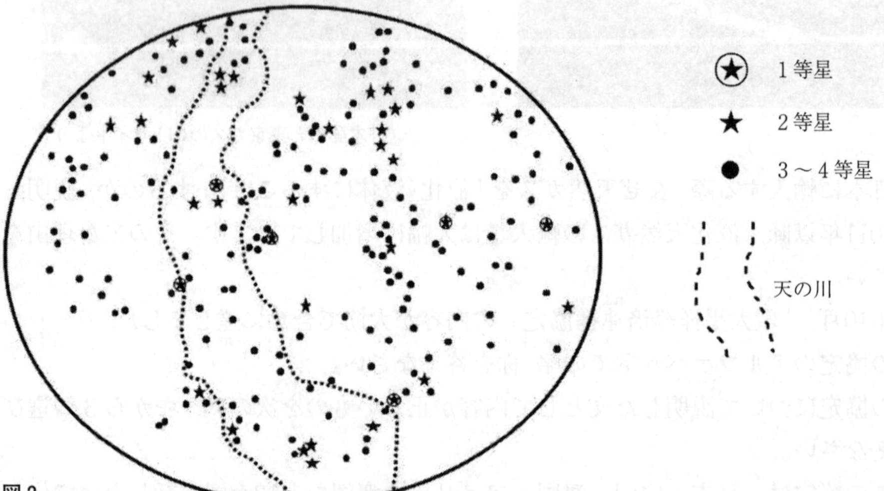

図2

問３　星座早見の窓のはしの線は地平線を示しています。「西」と「北」の方位が書かれている位置として，もっとも近いものを**図１**の**あ**～**く**の中から１つずつ選び，記号で答えなさい。

問４　**図１**にはオリオン座が描いてありませんが，実際には窓の中にないだけです。オリオン座の位置として，もっとも近いものを**図１**の**あ**～**さ**の中から１つ選び，記号で答えなさい。

問５　星座早見の目盛の位置関係として，もっとも適当なものを次の**ア**～**エ**の中から１つ選び，記号で答えなさい。ただし，図の向きは**図１**と同じとは限りません。

ア
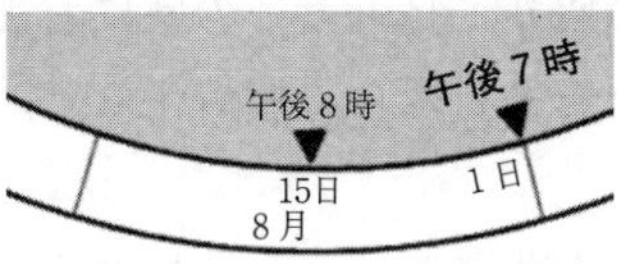

イ
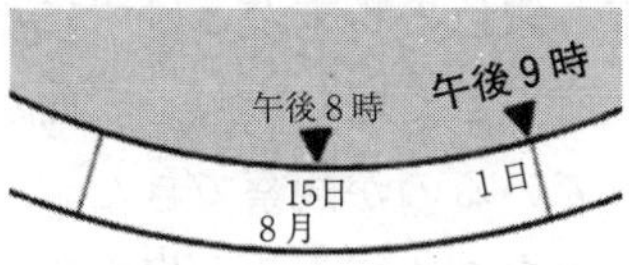

ウ
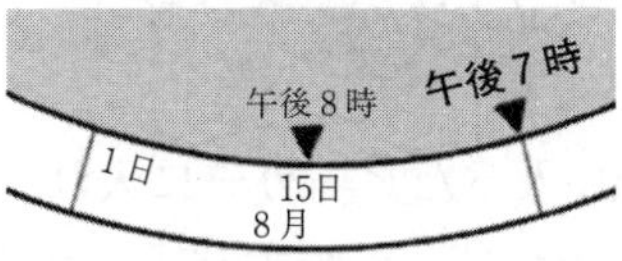

エ
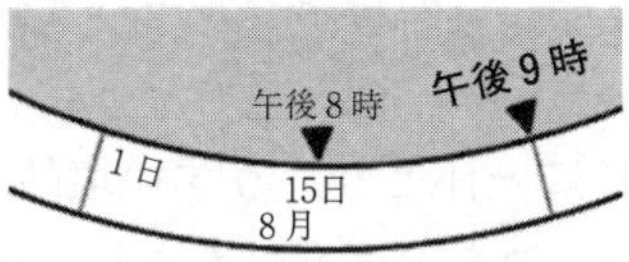

問6　**図1**は北緯35度，東経140度の場所で使う星座早見を示しています。もしも，北緯35度，東経135度で使う星座早見に作りかえるとしたら，厚紙の窓をどのようにあけたらいいでしょうか。もっとも適当なものを次の**ア**～**エ**の中から1つ選び，記号で答えなさい。ただし，線(――)がもとの位置，線(--------)が新しくあける窓の位置です。

ア　上にずらす
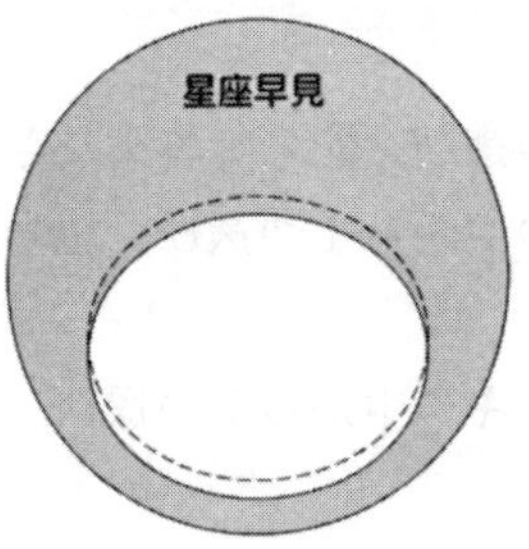

イ　下にずらす
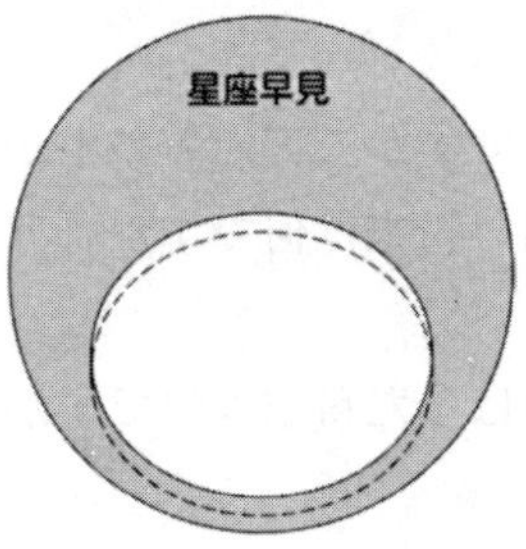

ウ　右(反時計回り)にずらす
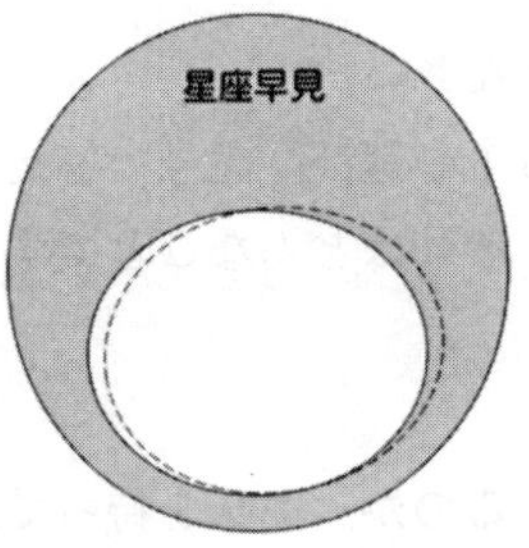

エ　左(時計回り)にずらす
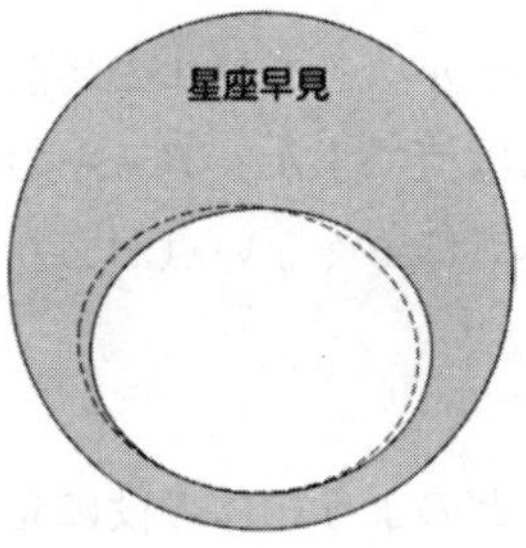

2　薬品戸棚《とだな》の掃除《そうじ》をしていたら，実験で使ったと思われる粉末の混合物が入ったビンを見つけました。その混合物は，数種類の粉末が混じっていて，ルーペで見るとくすんだ銀色の粒《つぶ》が2種類，無色透明《むしょくとうめい》の角《かく》ばった粒が2種類，確認《かくにん》できました。

戸棚の中に入っていた薬品から判断すると，それは次の**ア**～**キ**の粉末のうちの，いくつかが入っていたと考えられます。

ア　砂糖　　**イ**　食塩　　**ウ**　ホウ酸　　**エ**　アルミニウム
オ　銅　　**カ**　鉄　　**キ**　ガラス

〔**作業1**〕～〔**作業3**〕の文章を読み，**問1**～**7**に答えなさい。**問5**，**問7**以外の答えは，上の**ア**～**キ**の中から選び，記号で答えなさい。同じ記号を複数回用いてもかまいません。

〔**作業1**〕

混合物の粉末を小さじに一杯《いっぱい》とり，水が100mL入ったビーカーに入れ，十分にかき混ぜると，無色透明で角ばった粉末と銀色の粉末がとけずにたくさん残り，ビーカーの底にたまった。底にたまった粉末をろ過することで取り出し，表面がぬれたまましばらく放置すると，銀色だったものの一部が赤くなっているのが観察できた。

また，ろ過して分けた液をなめてみると塩からく，これを蒸発皿にとり，加熱するとこげることなく白い粉末が残った。この粉末をルーペで観察すると立方体のような形をしていた。

〔**作業 2**〕

混合物の粉末を小さじに一杯とり，うすい塩酸が100mL 入ったビーカーに入れ，十分にかき混ぜると，一部がとけ，泡《あわ》を出すものもあり，無色透明で角ばった粉末が残った。

〔**作業 3**〕

混合物の粉末を小さじに一杯とり，うすい水酸化ナトリウム水よう液が100mL 入ったビーカーに入れ，十分にかき混ぜると，一部がとけ，泡を出すものもあり，一部の粉末が残った。残った粉末をルーペで観察すると，無色透明の角ばった粒と銀色の粒が確認できた。

また，ビーカーの下にたまっている粉末に，外から磁石を近づけてみると，磁石に銀色の粒が引き寄せられた。

問 1　〔**作業 1**〕で赤くなったものは何ですか。**ア**～**キ**の中から１つ選び，記号で答えなさい。

問 2　〔**作業 1**〕でルーペで観察した白い粉末は何ですか。**ア**～**キ**の中から１つ選び，記号で答えなさい。

問 3　〔**作業 2**〕で残った無色透明の角ばった粉末は何ですか。**ア**～**キ**の中から１つ選び，記号で答えなさい。

問 4　〔**作業 3**〕で，泡を出してとけたものは何ですか。**ア**～**キ**の中から１つ選び，記号で答えなさい。

問 5　〔**作業 3**〕で，出てきた泡は何ですか。その気体の名前を答えなさい。

問 6　〔**作業 3**〕で，残った銀色の粉末は何ですか。**ア**～**キ**の中から１つ選び，記号で答えなさい。

問 7　〔**作業 1**〕の実験方法には，調べ方によくない点があります。それはどんなことですか。簡潔に書きなさい。

3　太郎《たろう》君は，自分が食べたご飯が，どのように体の役に立っているのか，興味を持って調べてみました。

食べたご飯にふくまれる栄養は，（　1　）で体に吸収されます。ご飯にふくまれていた水は，主に（　2　）で吸収されます。

体に吸収された栄養は，血液の流れにのって，体全体に運ばれます。この流れを作り出しているのが，心臓です。（　1　）で吸収された栄養と，（　3　）で血液に吸収された酸素は，血液の流れによって体の各部に運ばれ，生きていくために必要なエネルギーを生み出しています。

16世紀までは，（　1　）で吸収された栄養が，かん臓で血液に変えられ，血液を心臓が全身に送り出し，体の各部に運ばれた血液は，体の各部で使われて，なくなってしまうと考えられていました。しかし，17世紀には，心臓から送り出された血液は，体をめぐり，また心臓にもどってくると考えられるようになりました。

太郎君は，だ液の働きをくわしく調べるために，だ液，デンプン液，ヨウ素液を用いて実験をしました。

実験に用いただ液は，口に水をふくみ，コップに取り出したものです。

デンプン液は，ごはんつぶを水とともにすりつぶして，ろ過した液をうすめたもので，ほぼ無色《むしょく》透明《とうめい》です。

ヨウ素液は，デンプンが分解されたかどうかを調べるために用います。

〔実験１〕

デンプン液20mLに，水を１mL加え，25℃で10分間おいた。その後すぐに，ヨウ素液を１滴《てき》加えたところ，青紫《あおむらさき》色になった。

〔実験２〕

デンプン液20mLに，だ液を１mL加え，25℃で10分間おいた。その後すぐに，ヨウ素液を１滴加えたところ，うすい茶色になった。

〔実験３〕

デンプン液20mLに，水を１mL加え，90℃で10分間おいた。その後すぐに，ヨウ素液を１滴加えたところ，ほぼ無色透明になった。

〔実験４〕

デンプン液20mLに，だ液を１mL加え，90℃で10分間おいた。その後すぐに，ヨウ素液を１滴加えたところ，ほぼ無色透明になった。

問１　空らん（１）〜（３）に入る語としてもっとも適当なものを次の**ア〜エ**の中から１つ選び，記号で答えなさい。

ア　じん臓　　**イ**　小腸　　**ウ**　大腸　　**エ**　肺

問２　下線部に関して，「血液が体をめぐり，また心臓にもどってくる」ことを言うためには，次にあげる**Ａ〜Ｄ**を使って，どのようなことが示されればいいですか。**書き方の例**にならって答えなさい。

Ａ　一日に食べる食べ物や飲み物の重さ

Ｂ　１回の脈はくで心臓から送り出される血液の重さ

Ｃ　一日に体外に捨てられる「ふん」や「にょう」の重さ

Ｄ　一日におこなわれる心臓の脈はくの回数

書き方の例　（ **Ｐ×Ｑ** ）よりも（ **Ｎ＋Ｍ** ）がとても大きい。

問３　**〔実験１〕**と**〔実験２〕**の結果から正しいとわかるものを次の**ア〜エ**の中から１つ選び，記号で答えなさい。

ア　デンプンは，25℃において，水を加えると分解される。

イ　デンプンは，25℃において，水を加えなくても分解される。

ウ　デンプンは，25℃において，だ液を加えると分解される。

エ　デンプンは，25℃において，だ液を加えなくても分解される。

問４　太郎君は，**〔実験１〕**〜**〔実験４〕**の実験結果を説明するために，**〔説１〕**を考えました。**〔説１〕**が**正しくないこと**を示すにはどのような実験をして，どのような結果が得られればいいですか。もっとも適当なものを次の**ア〜エ**の中から１つ選び，記号で答えなさい。

〔説１〕　デンプンは，90℃において，だ液を加えなくても分解される。

ア　デンプン液20mLに，水を１mL加え，90℃で10分間おく。その後，25℃に冷えるのをまってから，ヨウ素液を１滴加えると，ほぼ無色透明になる。

イ　デンプン液20mLに，水を１mL加え，90℃で10分間おく。その後，25℃に冷えるのをまってから，ヨウ素液を１滴加えると，青紫色になる。

ウ　デンプン液20mLに，だ液を１mL加え，90℃で10分間おく。その後，25℃に冷えるのをまってから，ヨウ素液を１滴加えると，ほぼ無色透明になる。

エ　デンプン液20mLに，だ液を１mL加え，90℃で10分間おく。その後，25℃に冷えるのをまってから，ヨウ素液を１滴加えると，青紫色になる。

問５　太郎君は，〔**説１**〕が正しくなかったので，〔**説２**〕，〔**説３**〕を考えました。〔**説２**〕が正しいとした場合，〔**説３**〕も正しいことを示すにはどのような実験をして，どのような結果が得られればいいですか。もっとも適当なものを**問４**の**ア**～**エ**の中から１つ選び，記号で答えなさい。

〔**説２**〕　ヨウ素液は，90℃において，デンプンの存在に関係なく無色透明になる。

〔**説３**〕　だ液は，90℃において，デンプンを分解する働きを失い，その働きは温度を下げても，もとにはもどらない。

４　太郎《たろう》君と花子さんが先生に協力してもらい，実験をしています。以下のⅠ・Ⅱの文章をよく読んで，後の問いに答えなさい。ただし，同じ種類の器具(豆電球など)はすべて全く同じものとし，デジタル電流計は流れる電流に影響《えいきょう》をあたえないものとします。

Ⅰ　太郎君と花子さんは，充電《じゅうでん》したコンデンサーを豆電球につないだところ豆電球がだんだん暗くなることに気づき，電流の強さがどのように変化するのか疑問に思いました。先生に相談して，デジタル電流計を用い，さらに豆電球やコンデンサー１つずつだけでなく**図１**のように豆電球やコンデンサー２つを並列につなぐなどして，『豆電球１つに流れる電流の強さ』が時間とともにどのように変化するかを測ることにしました。その結果が**表１**で，それをグラフに表したものが**図２**です。

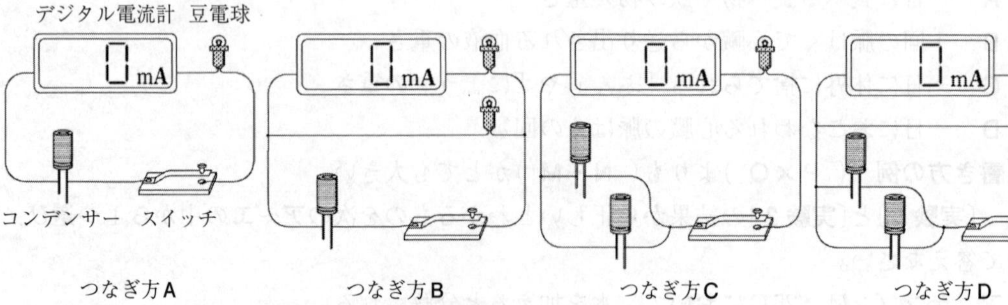

図１：豆電球とコンデンサーのつなぎ方

表１：豆電球１つに流れる電流の強さ[mA]※

				スイッチを閉じて(つないで)からの時間			
		コンデンサー	豆電球	閉じた直後	10秒	20秒	30秒
つなぎ方	A	１つ	１つ	236	218	199	180
	B	１つ	２つ並列	234	199	163	128
	C	２つ並列	１つ	237	227	217	208
	D	２つ並列	２つ並列	236	218	200	181

※ mA：電流の強さを表す単位で，ミリアンペアと読む。

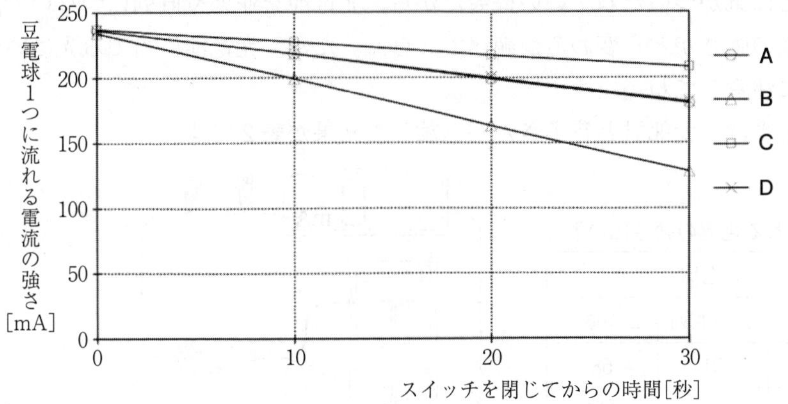

図2：『豆電球1つに流れる電流の強さ』と『時間』

先生「この結果から，コンデンサーがどんな性質を持っているか何か気づきますか。」

花子「スイッチを閉じた直後の豆電球1つに流れる電流の強さが，どのつなぎ方でもほとんど同じですね。これは，スイッチを閉じた直後について[1]ということですか？」

先生「その通り！　ほかにはどうかな？」

太郎「どの場合も，電流がだんだん弱くなっているけど，つなぎ方によって減り方がちがうのは何でだろう。」

花子「でも，**A**と**D**のつなぎ方のとき，減り方がほとんど同じよ。」

先生「**B**のつなぎ方のとき，コンデンサーから出た電気は2つに分かれてから豆電球を通ります。電流というのは電気の流れで，**B**では豆電球1つに流れる電流の強さは，コンデンサーを流れる電流の強さの約半分になります。」

太郎・花子「うんうん。」

先生「同じように考えて，たとえばスイッチを閉じた直後では，**A**に比べて**B**ではコンデンサー1つに流れる電流の強さは[2]に，**A**に比べて**C**ではコンデンサー1つに流れる電流の強さは[3]になっています。それをふまえて，はじめの10秒間の電流の減り方を見てみると何か気がつきませんか？」

太郎「豆電球1つに流れる電流の強さの減少量と，スイッチを閉じた直後にコンデンサー1つに流れる電流の強さがだいたい[4]しています。豆電球に電流が流れるということは，コンデンサーから電気が出て行ったということですよね。ひょっとして，コンデンサーの中に残っている電気の量と，つないだ豆電球に流れる電流の強さが[4]するということですか。」

先生「実はそうなんです。よく気づいたね。」

Ⅱ　次に，太郎君と花子さんは，光《こう》電池と豆電球をつなぎ，光を当ててみました。

太郎「点《つ》くには点いたけど，すごく暗い…。光電池に当てる光はこれ以上強くできないし，どうしたら豆電球をもっと明るくできるのかなぁ。」

花子「乾《かん》電池なら2つを[5]につなげば豆電球はより明るくなるはずでしょ。同じように光電池2つを[5]につないだらどうかしら。」

太郎「なるほど。よし，やってみよう。…あれ？　光電池2つを[5]につないでみたけど，全然豆電球の明るさが変わらないよ。」

先生「おもしろいことに気がついたね。いい機会だから，光電池を並列や直列につないで，豆電球に流れる電流の強さがどう変わるか調べてごらん。ただ，光電池に当てる光はいつも同じになるように注意してね。」

先生のアドバイスを受け，太郎君と花子さんが実験した結果が**表2**です。

表2：豆電球1つに流れる電流の強さ[mA]

		豆電球		
		1つ	2つ並列	2つ直列
光電池	1つ	59	31	58
	2つ並列	114	58	113
	2つ直列	58	30	57

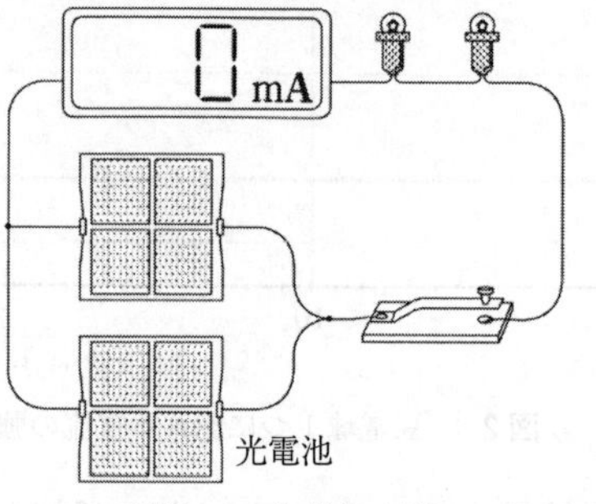

図3：つなぎ方の例
(光電池2つ並列および豆電球2つ直列)

花子「豆電球に乾電池をつなぐ場合と電流の強さの変化の仕方が全然ちがいますね。」

太郎「なんでだろう。わけが分からないや。」

先生「まずは実験結果(**表2**)を部分的に見てみましょう。たとえば豆電球を1つだけ用いたとき，光電池2つを直列につなぐと豆電球1つに流れる電流の強さは，光電池1つのときと比べて[6]に，光電池2つを並列につなぐと豆電球1つに流れる電流の強さは，光電池1つのときと比べて[7]になっていることが分かりますね。」

太郎「うんうん。」

先生「同様に，光電池1つだけを用いたときなども考えてみてください。さらに，電流が電気の流れということに注意すると…」

花子「あ，分かったかも。ひょっとして光電池の場合は，豆電球を並列や直列につないでも，光電池を並列や直列につないでも，[8]はほとんど同じということですか。」

太郎「なるほど。そう考えると，すべての測定値が説明できるね。」

先生「すばらしい！　その通りです。実験結果を見るときに，部分的に見たり大まかな傾向《けいこう》を見たりすることは，とても大切なんですよ。」

花子「分かりました。それにしても，光電池って光を当てたら乾電池とほとんど同じなんだと思いこんでいました。」

太郎「僕《ぼく》もだよ。これからは，同じように見えるものでも実はちがいがないか，注意して見てみます！」

(Ⅰの問い)

問1　[1]に入れる文としてもっとも適当なものを次の**ア**～**エ**の中から1つ選び，記号で答えなさい。

ア　**豆電球1つに流れる電流の強さ**は，コンデンサー2つを並列につないでも，コンデンサー1つだけをつないだときとほとんど変わらない

イ　**豆電球1つに流れる電流の強さ**は，コンデンサー2つを並列につなぐと，コンデンサー1つだけをつないだときの約2倍になる

ウ　**コンデンサー1つに流れる電流の強さ**は，豆電球2つを並列につないでも，豆電球1つ

だけをつないだときとほとんど変わらない

エ　**コンデンサー１つに流れる電流の強さ**は，豆電球２つを並列につなぐと，豆電球１つだけをつないだときの約半分になる

問２　[2]，[3]に入る語句としてもっとも適当なものを次の**ア～オ**の中から１つずつ選び，記号で答えなさい。

ア　約４倍　　**イ**　約２倍　　**ウ**　ほとんど同じ

エ　約半分　　**オ**　約４分の１

問３　[4]に入る語を漢字で答えなさい。

（Ⅱの問い）

問４　[5]に入る語を漢字で答えなさい。

問５　[6]，[7]に入る語句としてもっとも適当なものを**問２**の**ア～オ**の中から１つずつ選び，記号で答えなさい。

問６　[8]に入る適当な言葉を15字以内で答えなさい。

「つまんない」

Kさんがそう呟《つぶや》いたのだ。

「え？」

「……中学の時でしょ？　だからつまんなかった」

Kさんはそう言い捨ててテラスを出て行った。テラスに「つまんない」という言葉だけが残る。それが彼女の中学時代に向けられたものなのか、僕《ぼく》自身に向けられたものなのか分からなかった。もちろん初めて耳にする言葉ではなかった。テレビや映画でなら何度となく聞いたことのある言葉だった。しかし**2**この時初めて、「つまんない」という生の東京弁に僕は接したのだと思う。

3中学の頃、Kさんを苛めたという同級生たちの顔が浮かんだ。そこには十四階建てのビルをバカにされたような気がした自分の顔も混じっていた。

高台にあった学校からは長崎港が見下ろせた。**イ**普段は大きな港なのだが、年に何度か立派な船が停泊すると、港は急に小さく見えた。

（吉田修一「つまんない」より）

問一　――**1**で、「ますます墓穴を掘った」とありますが、どういうことですか。説明しなさい。

問二　――**2**で、「この時初めて、『つまんない』という生の東京弁に僕は接したのだと思う」とありますが、どういうことですか。説明しなさい。

問三　――**3**で、「Kさんを苛めたという同級生たちの顔」に「自分の顔も混じっていた」とありますが、そのとき「僕」が感じたのはどのようなことですか。説明しなさい。

問四　═**ア**と═**イ**の文は似ていますが、それぞれの内容には違《ちが》いがあります。それはどのような違いですか。説明しなさい。なお、説明するときには、「**ア**」「**イ**」の記号を用いなさい。

三　次の――①～④のカタカナを漢字に直しなさい。一画ずつ、ていねいに書くこと。

約一対一・六を黄金比と呼び、①タテと横がこの比率の長方形は②キンセイがとれているとされる。③テイエンの池の水面《みなも》に魚の背びれがうかび上がり、ときどき何かを④イるようにするどくきらめいた。

問三 この文章には「ぼく」の自然や動物に対する考え方や接し方がうかがわれます。それらをわかりやすく説明しなさい。

二 次の文章を読んで、後の問いに答えなさい。ただし、［＝　］は出題者による注です。

高台に立つ高校に通っていた。

授業中、窓の外へ目を向けると、上空ではなく、すぐそこを鳶《とび》が飛んでいるような場所だった。

高台にあったから、眺《なが》めは良かった。山肌《やまはだ》にぎっしりと建てられた家々と長崎港《ながさきこう》を覗《のぞ》き込《こ》むように眺められた。港には造船所のドックがあり、五島列島や上海《シャンハイ》へ向かうフェリー乗り場があり、ガスタンクがいくつか並んでいる。ア普段《ふだん》は大きな港なのだが、年に何度か外国の豪華《ごうか》客船（クイーンエリザベス号など）や、大きな帆船《はんせん》［＝帆《ほ》を張った船］が停泊《ていはく》すると、その港は急に小さく見えた。

港を眺める特等席は、図書室があった四階の西側だった。立ち入り禁止だったが、小さなテラスもついていた。

ある時、友達を探して図書室へやって来ると、このテラスにKさんという女の子の姿があった。同じクラスではなかったが何度か話したことはあり、Kさんと同じ中学から来た男友達の話によれば、「Kさん、中学ん時はちょっと苛《いじ》められとった」らしかった。

「なんで？」

「だって東京からの転校生で顔も可愛《かわい》かったら、他の女子たちは歓迎《かんげい》せんやろ。ほんとにいつも一人ぼっちやったなぁ」

実際、Kさんの東京弁は高校でも目立っていた。のんびりした長崎弁の中だとリズムが狂《くる》うというか、例《たと》えば友達に「先生が呼びよったばい」と言われたら、「なんやろか？」と呑気《のんき》に職員室へ向かえるのだが、「先生が呼んでたよ」と言われると、「ああ、叱《しか》られる」と思ってしまうのだ。

図書室に探していた友達がいなかったので、なんとなくKさんのいるテラスに出た。何をしているのかと尋《たず》ねると、同じテニス部の友達を待っているのだがまだ来ない、と彼女《かのじょ》が答える。

「ふーん。これから練習？」

「今日は休み」

なんとなく彼女の隣《となり》に立ち、眼下の港を見下ろした。テニス部だったKさんは日に灼《や》けて、ポニーテールがよく似合っていた。Kさんを真似《まね》て、同じ髪型《かみがた》にする女の子も多かったはずだ。

「ここから吉田くんち、見える？」

Kさんに聞かれて探してみたが、グラウンドの椰子《やし》の木が邪魔《じゃま》をして見えなかった。その後、長崎市内で一番高いビルはどれかという話になった。記憶《きおく》に間違《まちが》いがなければ、当時は駅前にあった十四階建ての小さなオフィスビルが一番高かったはずだ。

「ええ？　あれ？」

呆《あき》れたようにKさんが高くない高層ビルを見つめる。隣にKさんがいるせいか、見慣れた長崎の町に、まだ見たことのない東京の様子が重なった。自宅を隠《かく》す椰子の木のような東京の高層ビルが、小さな長崎の町を隠してしまう。

「Kさんって、中学ん時、楽しかった？」

気がつくとそんな質問をしていた。Kさんに自分の故郷をバカにされたと思ったのかもしれない。Kさんがとつぜん表情を暗くする。予想以上の反応だった。港を見つめたままのKさんの静かな横顔には「知ってるくせに」と書いてある。

「ちゅ、中学の時の友達と今でも会う？」

慌《あわ》ててしまって、1ますます墓穴《ぼけつ》を掘《ほ》った。その時だった。

「ムースの数が減ってきた原因は、本当にオオカミの数が増えたからなのか」

「わからない。とにかくオオカミを間引きすることによって結果をみようとしているのだ」

自然は人間などが介入《かいにゅう》せず、放《ほう》っておくほうがいいに決まっている。しかし、それは、そこに人間がいない場合の話だ。ムースの数が減っているのならば、マネージメントの鉾先をどうして人間にも向けてこないのだろうか。

ぼくたちはシチューを平らげ、床《ゆか》に寝《ね》ころがって熱いコーヒーをすすった。新築の丸太小屋は木の香《かお》りでいっぱいだった。荒削《あらけず》りの大きな丸太がむきだしのままで、必要なもの以外は何も見あたらないのに、この家にはなんともいえぬ暖かさがあった。暖炉《だんろ》にはシラカバの幹が元気よく燃えていて、家の中は熱すぎるくらいだった。何も考えないで、こんなふうに火を見つめている時間は、なんともいえないものだ。いっそのこと、オーロラの撮影などやめてしまい、このまま帰ってもいいような気持ちになってくる。外の空気を吸おうと思って、むきだしの丸太でできた重いドアを開けると、外は満天の星だった。星が燦《きらめ》くというのは、こういうことをいうのだろう。そういえば、昔、信州の学生村「＝学生が夏に滞在《たいざい》する村」でこんな星を見たことがあった。けれども、アラスカの夜空の天井《てんじょう》のほうがずっと低いような気がした。ひどく冷えこんでいるのに、体が熱すぎるため、ちょうどいい気分だった。ぼくはオーロラが出ていないのに少し安心した。山にはいるまで待っていてくれと、何かに向かって祈《いの》りたい気持ちだ。

家にはいると、アーニーが地図をひろげている。ぼくたちは計画の詳細《しょうさい》について話しはじめた。マッキンレー山南面から流れ出る二つの大きな氷河、トコシトナ氷河とルース氷河周辺がぼくの考えていた候補地だ。アーニーは二つの氷河が流れこむ谷を指さしながら、ここなら降りられるだろうと言った。しかし、そこでは標高が低すぎる。もっと高い山の上にベースキャンプをつくらなければならない。しばらく話し合ったあと、とにかく空から可能性のある場所を見つけようということになった。

「ところで、もし着陸できた場合、何日ぐらいキャンプするつもりなんだ？」

まだ日数のことは話してなかった。なんとなく言いたくなかったのだ。

「一か月したら迎《むか》えに来てほしいんだ」

2アーニーは黙《だま》りこんでしまった。予想していたことだ。キャスィも急に心配そうな顔になった。アーニーはせいぜい一週間ぐらいと思っていたらしい。しかし、一週間では出るか出ないかわからないオーロラを待つには短すぎる。やるからには、どんなに大変でも撮《と》って帰りたいのだ。

「ミチオ、真冬のアラスカ山脈にはいる奴《やつ》なんて今まで聞いたことがない。マイナス五十度まで下がるんだ。それだけでも危険なのに、ひとりで一か月は長すぎる」

これまでぼくがアラスカでやってきたことを説明しながらアーニーを説得しなければならなかった。長い間計画し、準備したことだ。それに百パーセント安全な旅などありはしない。アラスカではどんなことでも、自分自身で経験し、学びとっていかなければならない。結果がどうであれ、それだけがこの土地を理解するための方法だ。

（星野道夫『アラスカ 光と風』より）

問一 ――1「この計画」とありますが、「ぼく」がこれからしようとしていることについて説明しなさい。

問二 ――2「アーニーは黙りこんでしまった」とありますが、それはなぜですか。説明しなさい。

平成二十八年度 開成中学校

【国語】〈五〇分〉〈満点：八五点〉

一 次の文章を読んで、後の問いに答えなさい。ただし、[＝　]は出題者による注です。

だれもいない線路の脇《わき》に荷物を積みあげ、その上に腰《こし》をおろした。いったい自分は何をやろうとしているのだろう。つき刺《さ》すような寒さと闇《やみ》の中にひとりでいると、自分の計画だけが勝手にから回りしているような気持ちになってくる。アラスカ北極圏《ほっきょくけん》にはじめてカリブー[＝鹿《しか》の一種]の撮影《さつえい》に行ったときも、同じような気持ちがした。それでも、カリブーの季節移動をなんとか見ることができたではないか。きっと今度もなんとかなる。

しばらくすると、ヘッドライトをつけたトラックがこちらに向かってきた。ブッシュパイロット[＝未開地専門のパイロット]のアーニーだ。電話で一度話しただけで、会うのははじめてだった。人の良さそうな感じだ。このような撮影をやる場合、これはとても大切なことなのだ。パイロットとして腕《うで》が確かなことはもちろんだが、気が合うかどうか、こちらのやりたいことをどれだけ理解してくれるかが、多くの場合、計画の成否を決めてしまう。ただ飛ぶだけのパイロットはいくらでもいるが、プラスアルファをもっているパイロットはそんなに多くはない。北極圏のパイロット、ブルース・ハドソンのことが頭に浮《う》かぶ。

今晩はアーニーの家に泊《と》めてもらうことにした。トラックに揺《ゆ》られながら、この冬は例年になく雪が多いこと、新しく建てたばかりの家がとても快適なことを話してくれた。1この計画に関しての話は何ひとつしなかった。ときどきトラックが雪にはまりそうになる。深いトウヒ[＝樹木の一種]の森を抜《ぬ》けてゆくと、彼《かれ》の新しい大きな丸太小屋があった。

奥《おく》さんのキャスィが夕食のしたくをして待っていてくれた。大好きなムース[＝鹿の一種]のシチューだ。アーニーがこの秋に獲《と》ったとのことだ。

「当分ろくな物は食えないだろうから、腹いっぱい食べていけ」

「ムースの干し肉もたくさんつくったから、それも持っていくといいわ」

夕食に舌つづみをうちながら、話はムースの狩猟《しゅりょう》に始まり、このごろ大きな議論をまきおこしていたオオカミの間引き[＝数を減らすために殺すこと]問題にまでおよんだ。ムースのポピュレーション[＝個体数]を維持《いじ》するために、オオカミの群れを小型飛行機から撃《う》ち殺してゆくアラスカ野生生物局のやろうとしているプロジェクト[＝新しい計画や行動]のことだ。アラスカじゅうで大きな論争をよび、つい先日、アラスカ大学で公開討論会がおこなわれたばかりだった。

アラスカの人々にとって、狩猟は生活の一部になっている。ムースやカリブーの肉は食生活の中の一角を占《し》めている。野生動物のポピュレーションを維持するためのマネージメント[＝管理]が必要になってくるゆえん[＝理由]である。それが州政府の機関であるアラスカ野生生物局の仕事なのだが、予算の大部分はハンター[＝狩猟者]からのライセンス料[＝登録許可料]で成り立っている。当然ハンターからの圧力が大きくなってくる。今度のオオカミの問題にしても、ムースのポピュレーションを回復させるために、アラスカ野生生物局は早急な措《そ》置《ち》[＝対応策]をとらざるをえなかったようだ。鉾先《ほこさき》を向けられたのがオオカミだった。アラスカ大学でおこなわれた公開討論会で、だれかが野生生物局の担当者に質問をした。

平成28年度

開 成 中 学 校　▶解説と解答

算 数　(60分)＜満点：85点＞

解 答

[1] (1) ① $\frac{6}{7}$倍　② $\frac{14}{17}$倍　(2) 1時間7分30秒　[2] (1) 240日　(2) **A**…210日，**B**…210日，**C**…25日，**賃金の合計金額**…390万円　(3) **A**…180日，**B**…180日，**C**…50日，**かかる日数**…180日　[3] (1) ①，②，③，④　(2) ①，③　(3) 15通り，**表記**…解説を参照のこと。　[4] (1) (i) 2.355cm　(ii) 2倍　(iii) 4.5cm^2　(2) 72cm^2

解 説

[1] 速さと比

図①

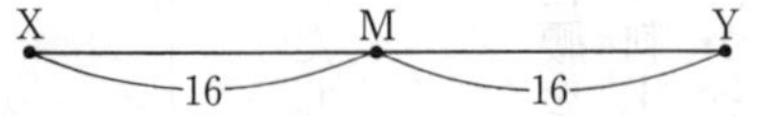

図②

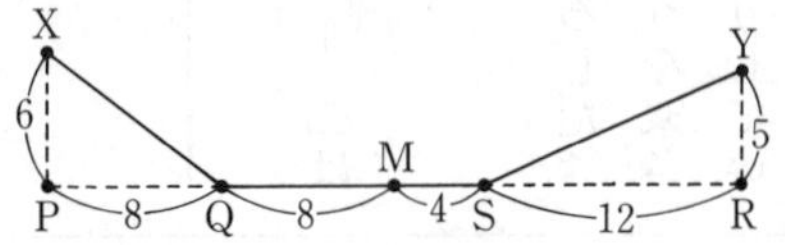

(1) ① 1マスの道のりを1とすると，各部分の道のりは左の図①，図②のようになる。また，A君が水平な道を移動するときの速さを1とすると，A君が出発してからB君に出会うまでに，「事前にB君が想定していた時間」，つまり，A君が図①のXからMまで移動するのにかかる時間は，16÷1＝16となる。次に，図②で，PQ：XP＝8：6＝4：3だから，この下り坂の勾配《こうばい》(傾斜《けいしゃ》の度合い)を百分率に直す前の値は$\frac{3}{4}$である。よって，A君がこの下り坂を移動するときの速さは，$1\times\left(1+\frac{3}{4}\right)=\frac{7}{4}$となる。さらに，XP：PQ：QX＝3：4：5より，XQの道のりは，$8\times\frac{5}{4}=10$となるので，「実際にかかった時間」，つまり，A君が図②のXからMまで移動するのにかかった時間は，$10\div\frac{7}{4}+8\div1=\frac{96}{7}$となる。したがって，「実際にかかった時間」は，「事前にB君が想定していた時間」の，$\frac{96}{7}\div16=\frac{6}{7}$(倍)と求められる。　② ①と同様に考える。B君が水平な道を移動するときの速さを1とすると，B君が出発してからA君に出会うまでに，「事前にB君が想定していた時間」は，16÷1＝16となる。また，図②で，RS：YR＝12：5だから，この下り坂の勾配を百分率に直す前の値は$\frac{5}{12}$である。よって，B君がこの下り坂を移動するときの速さは，$1\times\left(1+\frac{5}{12}\right)=\frac{17}{12}$となる。さらに，YR：RS：SY＝5：12：13より，YSの道のりは13となるので，「実際にかかった時間」は，$13\div\frac{17}{12}+4\div1=\frac{224}{17}$となる。したがって，「実際にかかった時間」は，「事前にB君が想定していた時間」の，$\frac{224}{17}\div16=\frac{14}{17}$(倍)と求められる。

図③

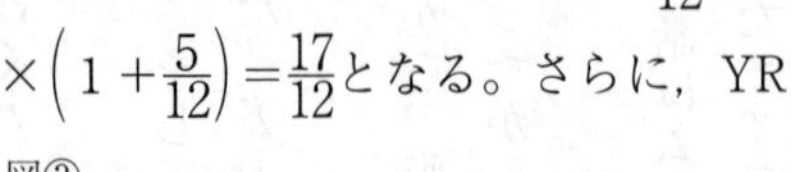

図④

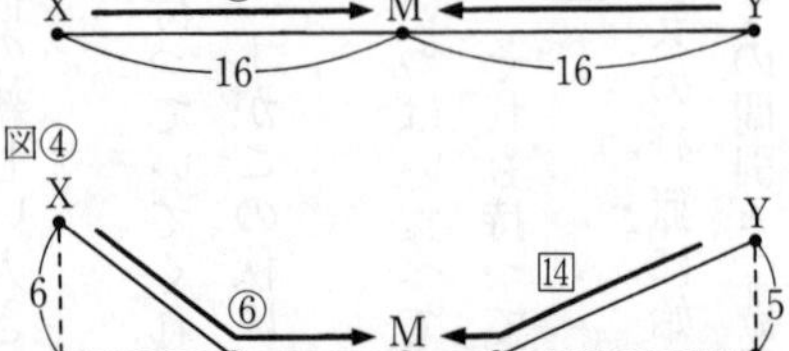

(2) 「事前にB君が想定していた時間」と「実際にかかった時間」の比は，A君が，$1:\frac{6}{7}=7:6$，B君が，

$1:\frac{14}{17}=17:14$だから，各部分にかかる時間は上の図③，図④のようになる。また，どちらの場合もA君が15分早く出発して同時にMに着いているので，A君とB君の「下り坂によって短くなった時間」は等しくなる。つまり，⑦－⑥＝$\boxed{17}$－$\boxed{14}$となるので，①＝$\boxed{3}$より，A君の「実際にかかった時間」は，⑥＝$\boxed{3}$×６＝$\boxed{18}$と表すことができる。よって，$\boxed{18}$と$\boxed{14}$の差が15分だから，$\boxed{18}$にあたる時間(A君の「実際にかかった時間」)は，15÷(18－14)×18＝67.5(分)と求められる。これは，0.5×60＝30(秒)より，１時間７分30秒となる。

2 仕事算，つるかめ算

⑴　仕事全体の量を600と400と200の最小公倍数の1200とすると，A，B，Cの１日あたりの仕事の量はそれぞれ，1200÷600＝２，1200÷400＝３，1200÷200＝６となる(右上の表)。よって，A，Bの２人ですると１日に，２＋３＝５の仕事ができるから，完了《かんりょう》するまでに，1200÷５＝240(日)かかる。

	A	B	C
１日あたりの仕事の量	2	3	6
仕事１あたりの賃金	3000円	3000円	5000円

⑵　仕事１あたりの賃金はそれぞれ，6000÷２＝3000(円)，9000÷３＝3000(円)，30000÷６＝5000(円)なので，賃金の合計をできるだけ少なくするには，A，Bができるだけ多く仕事をするようにすればよい。210日すべてA，Bが仕事をしたとすると，５×210＝1050の仕事ができる。このとき，残りの仕事の量は，1200－1050＝150となり，これをCがすると，150÷６＝25(日)かかる。よって，仕事をする日数は，Aが210日，Bが210日，Cが25日であり，賃金の合計金額は，0.6×210＋0.9×210＋３×25＝390(万円)となる。

⑶　かかる日数をできるだけ少なくするから，Cができるだけ多く仕事をするようにすればよい。420万円分の仕事をCだけでしたとすると，Cは，420÷３＝140(日)仕事をすることになるので，６×140＝840の仕事しか終わらない。このとき，Cの１日分の賃金は，AとBの，３÷(0.6＋0.9)＝２(日分)の賃金の合計に等しいから，Cの１日分の仕事を減らし，その賃金の分だけAとBが２日分の仕事をすると，賃金の合計金額を変えずに，仕事の量を，(２＋３)×２－６＝４増やすことができる。これと同じことを，(1200－840)÷４＝90(回)くり返せばよいので，AとBが仕事をする日数は，２×90＝180(日)，Cが仕事をする日数は，140－90＝50(日)となる。また，かかる日数をできるだけ少なくするには，２人(または３人)で同時にすればよいから，かかる日数は180日である。

〔注意〕　AとBの仕事１あたりの賃金は同じなので，Cの減らした賃金分をAとBのどちらに振り替えても，合計金額と増える仕事の量は変わらない。実際に確かめると，Aに振り替える場合は，３÷0.6＝５(日分)だから，仕事の量は，２×５－６＝４増え，Bに振り替える場合は，$3\div0.9=\frac{10}{3}$(日分)なので，仕事の量は，$3\times\frac{10}{3}-6=4$増える。よって，上記のようにAとBの２人に振り替える場合を考えればよい。

3 場合の数

⑴　下の表のようになるから，いることができる頂点は①，②，③，④である。

⑵　操作１によって④にくるのは，はじめの頂点が①の場合である。同様に，操作２によって④にくるのは，はじめの頂点が③の場合であり，操作３によって④にくるのは，はじめの頂点が③の場合である。よって，考えられるのは①，③となる。

操作	移動		
1，1	②	⑤	③
1，2	②	⑤	①
1，3	②	⑤	②
2，1	②	③	①
2，2	②	③	④
2，3	②	③	④
3，1	②	⑤	③
3，2	②	⑤	①
3，3	②	⑤	②

(3)　(1)で調べた2回の移動の中で，異なる表記は②⑤③，②⑤①，②⑤②，②③①，②③④の5通りである。また，(2)で1回の操作の直後に④にいられる頂点は①と③なので，4回の操作の直後にいた頂点は①か③である。同様に，1回の操作の直後に①にいられる頂点は③と⑤と①，1回の操作の直後に③にいられる頂点は⑤と②と④だから，下の図1のように表すことができる。□の部分で結ぶことができる頂点の組み合わせは，①からは{④，②，①}，②からは{⑤，③}，③からは{①，④}，④からは{②，⑤，③}なので，下の図2のようになる。よって，表記は，②⑤③①①④，②⑤③④③④，(②⑤①①①④)，②⑤①②③④，②⑤①④③④，②⑤②③①④，②⑤②⑤①④，②⑤②⑤③④，②③①①①④，②③①②③④，②③①④③④，②③④③①④，②③④⑤①④，②③④⑤③④，②③④②③④の15通りある。

図1

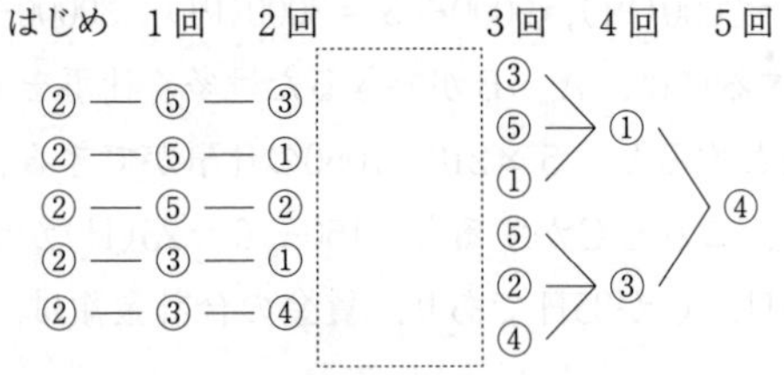

図2

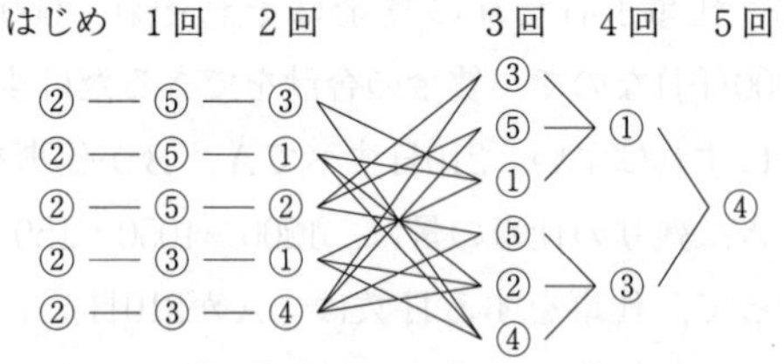

4 平面図形―長さ，面積

図1

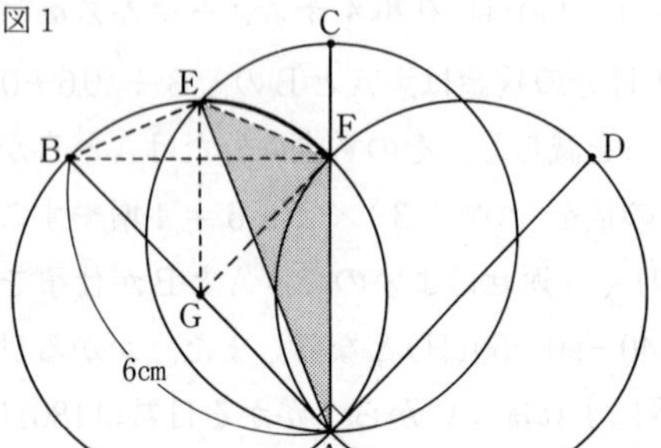

(1)　(i)　左の図1の三角形FGAにおいて，角FAGの大きさは，90÷2＝45(度)であり，GF＝GAだから，三角形FGAは直角二等辺三角形である。また，ABを直径とする円とACを直径とする円は，直線AEを軸《じく》とする線対称な図形なので，角EAB＝角EACより，角EABの大きさは，45÷2＝22.5(度)とわかる。さらに，GA＝GEより，三角形GAEは二等辺三角形だから，角EGAの大きさは，180－22.5×2＝135(度)と求められる。よって，角EGFの大きさは，135－90＝45(度)なので，弧《こ》EFの長さは，$6\times3.14\times\frac{45}{360}$＝2.355(cm)とわかる。　(ii)　角EGBの大きさも，90－45＝45(度)だから，三角形EFGと三角形EBGは合同である。また，三角形EBGと三角形EGAは底辺と高さが等しいので，面積も等しくなる。よって，三角形ABEの面積は三角形EBG(三角形EFG)の面積の2倍とわかる。　(iii)　角EGFと角GFAの大きさが等しいから，EGとFAは平行である。よって，三角形AEFの面積は三角形AFGの面積と等しくなる。また，AG(FG)の長さは，6÷2＝3(cm)なので，三角形AEFの面積は，3×3÷2＝4.5(cm²)となる。

(2)　斜線《しゃせん》部分は下の図2のように合同な16個の部分に分けることができ，そのうちの1つは下の図3の斜線部分になる。図3は，ADを直径とする円をAを中心にして45度ずつ回転したものと考えることができるから，角DAHの大きさは，45×3＝135(度)であり，角IAHの大きさは，135－(45＋22.5)＝67.5(度)と求められる。よって，角IHAの大きさは，180－67.5×2＝45(度)なので，三角形IHAは図1の三角形EGFと合同であることがわかる。したがって，黒くぬった部分は矢印のように移動することができるから，斜線部分の面積は三角形AEFの面積と等しくなる。(1)の(iii)より，この面積は$4.5cm^2$なので，図2の斜線部分の面積は，$4.5\times16=72(cm^2)$と求められる。

図2

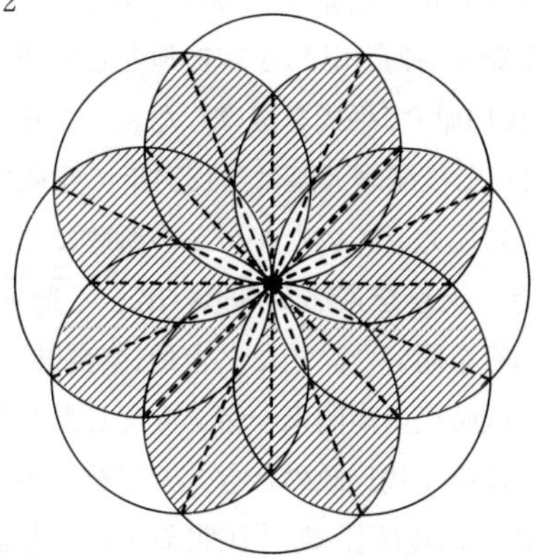

図3

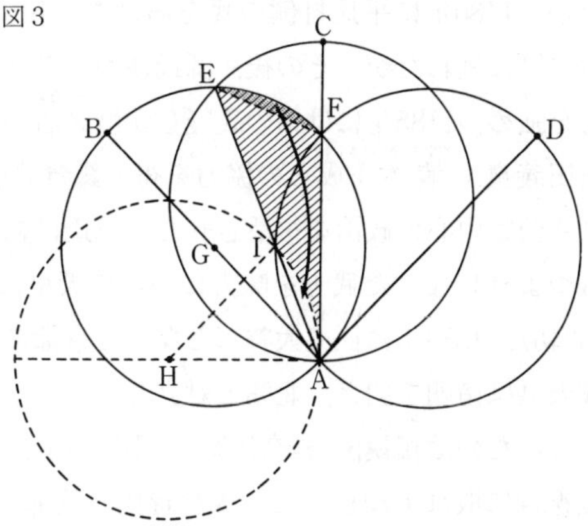

社 会 (40分) ＜満点：70点＞

解 答

1 **問1** **A** 利根川 **B** 新田開発 **C** 防人 **D** 石橋山 **E** 足利尊氏 **F** 小田原 **G** 武蔵 **H** 花火大会 **I** 旅順 **J** 万国博覧会 **K** 中央卸売(築地) **問2** (1) 水塚 (2) 綿糸 (3) 大名屋敷(武家屋敷) (4) 朝鮮 (5) **X** 紙 **Y** 東大寺 (6) 石山本願寺 (7) しもうさ (8) (例) 自動車の交通量の増加／船の交通量の減少 **問3** ① ア ② イ ③ ウ ④ イ ⑤ イ ⑥ エ ⑦ ウ ⑧ イ ⑨ エ ⑩ イ ⑪ ウ ⑫ エ ⑬ ウ ⑭ ウ ⑮ エ 2 **問1** (1) **A** カ **B** キ **C** オ **D** エ **E** ウ (2) ① ソ ② セ ③ シ (3) **輸出**：約151(倍) **輸入**：約162(倍) **問2** (1) **a** オーストラリア，O **b** アラブ首長国連邦，H **c** 韓国，L **d** マレーシア，N **e** ブラジル，C **f** フランス，E (2) ① ウ ② (例) 液体にすると体積が大幅に縮小され，輸送や貯蔵がしやすくなるから。 ③ (例) 東日本大震災における原子力発電所の事故の影響で国内の原子力発電所が操業を停止し，その分の電力不足を火力発電で補うことになったため，燃料の天然ガスの需要が高まったから。 **問3** (1) TPP (2) イ(と)オ(と)カ

解 説

1 関東地方を題材とした歴史の問題

問1 **A** 関東地方の利根川水系・荒川水系は，隅田《すみだ》川を含《ふく》め，多くの河川が合流と分流をくり返していた。また，利根川は，かつては江戸湾(東京湾)に注ぐ流れが本流であったが，江戸時代に江戸を水害から守るなどの目的で大改修工事を行い，千葉県銚子《ちょうし》市で太平洋に注ぐ現在の流路が本流となった(利根川の東遷《とうせん》)。 **B** 江戸時代に利根川の東遷をはじめとする多くの治水工事が行われた結果，利根川水系・荒川水系の河川の流域では新田開発がさかんに進められた。現在の埼玉

県東部を流れる見沼代《みぬまだい》用水の流域に開かれた新田は，その代表的なものである。　C　律令制度のもとで北九州の防衛にあたった兵士は防人《さきもり》。任期は３年で，主に東国の農民が派遣された。

D　源頼朝は平治の乱(1159年)で平清盛に敗れた義朝の子で，伊豆(静岡県)の蛭ケ小島《ひるがこじま》に流されていたが，1180年に平氏打倒の兵をあげた。頼朝は石橋山(神奈川県小田原市)の戦いで敗れて安房《あわ》(千葉県)に逃れたが，その後，源氏ゆかりの地である鎌倉(神奈川県)を本拠地として関東を中心に勢力を強め，1185年には弟の義経らが壇ノ浦《だんのうら》の戦い(山口県)で平氏を滅《ほろ》ぼした。　E　足利尊氏《たかうじ》や新田義貞，楠木正成《くすのきまさしげ》らの協力を得て鎌倉幕府を倒した後醍醐《ごだいご》天皇は，1334年に建武の新政とよばれる公家中心の政治を復活させた。尊氏は初め天皇に協力していたが，この新政にしだいに不満をもつようになった武士を味方につけて天皇にそむき，天皇を京都から追い出して光明《こうみょう》天皇を立て(北朝)，1338年に征夷《せいい》大将軍となって京都に室町幕府を開いた。また，吉野(奈良県)に逃れた後醍醐天皇は南朝を開き，北朝と対立した。　F　戦国時代，南関東一帯を支配した北条氏が拠点にしていたのは相模《さがみ》国(神奈川県)の小田原で，北条氏は第４代氏政《うじまさ》のとき，天下統一事業を進める豊臣秀吉に敗れて滅亡した。鎌倉時代の執権・北条氏とは無関係で，「後北条氏」ともよばれる。

G　江戸時代初めの利根川の東遷にともなって江戸川が現在の流路となるまでは，隅田川が武蔵国(東京都・埼玉県のほぼ全域と神奈川県の東部)と下総《しもうさ》国(千葉県北部と茨城県の南西部)との境界であった。　H　両国の花火大会(現在の隅田川花火大会)は，18世紀前半，享保《きょうほう》のききんなどによる死者を弔《とむら》うための行事として，江戸幕府の第８代将軍徳川吉宗が始めたものとされている。

I　203高地は，遼東《リヤオトン》半島(中国)の旅順《リュイシュン》にある丘陵《きゅうりょう》。日露戦争(1904～05年)の際，乃木希典《のぎまれすけ》率いる日本の第三軍が半年余りの激戦の後，この地を占領《せんりょう》し，ロシア太平洋艦隊の拠点であった旅順港陥落《かんらく》に貢献《こうけん》した。　J　オリンピックとともに，1940年に東京で開催される予定であったのは万国博覧会(日本万国博覧会)。1937年に始まった日中戦争の長期化などの理由により，1938年，ともに中止が決定された。　K　勝鬨《かちどき》橋のすぐ近くにあるのは中央区築地にある築地市場(中央卸売市場)。築地の中央卸売市場は取扱《とりあつかい》量が国内最大の卸売市場であるが，施設の老朽《ろうきゅう》化などの理由から廃止が決定され，江東区豊洲《とよす》に移転することになっている。

問２　(1)　荒川流域の低地には，洪水《こうずい》に備えて住居の敷地内に周囲より１～２ｍほど高く土盛りをし，その上に倉庫兼避難《けんひなん》小屋としての建物を建てた「水塚《みづか》」とよばれる施設が見られる。木曽三川《きそさんせん》下流の輪中地帯で見られる「水屋」と同じような施設である。　(2)　綿糸を生産する紡績《ぼうせき》業と生糸を生産する製糸業は，第二次世界大戦前は日本の主力産業であり，綿糸と生糸は日本の輸出品の中心となる製品であった。　(3)　江戸時代には参勤交代の制度があったため，江戸には各藩の屋敷が置かれていたが，明治維新後，廃藩置県(1871年)によりそれらの大名屋敷(武家屋敷)は不要となり，その多くが処分された。そのため，跡地《あとち》が安価で入手できたのである。なお，「佐竹右京《さたけうきょうの》大夫《だいぶ》」とは，江戸時代に秋田藩主であった外様《とざま》大名の佐竹氏のこと。つまり，古地図中の「佐竹右京大夫」は秋田藩の屋敷があった場所ということになる。　(4)「地図の上　朝鮮国に黒々と墨《すみ》をぬりつつ　秋風を聴《き》く」は，1910年，韓国併合《へいごう》の決定のしらせを聞いた歌人の石川啄木《たくぼく》が詠《よ》んだ歌。自分の国がなくなってしまう朝鮮(韓国)の民衆の心情に，思いを寄せて詠んだ作品とされている。　(5)　奈良時代には紙が貴重品であったため，不要となった戸籍《こせき》の書類の裏を写経のために用いるなど，紙を再利用することはめずらしくなかった。また，正倉院は東大寺の倉庫として建てられたもので，切り口が三角形の長材を井桁《いげた》に組んだ「校倉造《あぜくら》」の建物として知られる。　(6)

戦国時代，淀《よど》川の河口近くに，浄土真宗の本山である石山本願寺が建てられていた。各地でおきていた一向一揆《いっこういっき》の根拠地でもあった石山本願寺は，1580年，11年に及《およ》ぶ織田信長との戦いに敗れて降伏し，直後に焼失した。豊臣秀吉が本拠地とした大阪城は，その跡地に築かれたものである。
(7) 問１のＧの解説を参照のこと。なお，現在の千葉県のうち，南部は安房国，中部は上総《かずさ》国，北部は下総国とされていたが，「房総《ぼうそう》」の地名はそれらの旧国名に由来するものである。　(8) 勝鬨橋は，船が通過する際に中央部が左右に跳《は》ね上がる形で開く「跳ね橋」であった。1960年代より橋の上を通る自動車の量が増えたため開閉が難しくなり，下を航行する船の数も減ったことから，1970年以降は開かれていない。

問３　①　江戸時代，荒川上流域の秩父《ちちぶ》地方は林業や炭焼きがさかんであり，そこで生産された多くの木材や炭が荒川の水運を利用して江戸まで運ばれていた。　②　アの関東大震災がおこったのは1923年，イの八幡製鉄所が操業を開始したのは1901年，ウの日本でラジオ放送が開始されたのは1925年，エの中国で五・四運動がおこったのは1919年のこと。　③　本文でも述べられているように，荒川と隅田川は多くの変遷を経て現在のような形になった。現在これらの分岐《ぶんき》点となっているのは，東京都北区にある岩淵《いわぶち》水門である。なお，アの花畑《はなはた》水門は足立区にあり，中川と綾瀬《あやせ》川を結ぶ花畑運河と綾瀬川の合流地点に設置された水門。イの六郷水門は大田区にあり，かつて世田谷区や大田区などを流れていた六郷用水が多摩川へ注ぐ場所に設けられた水門。エの篠崎《しのざき》水門(江戸川水閘《すいこう》門)は江戸川区にあり，旧江戸川を仕切る水門。　④　スーパー堤防とは国が荒川などに建設を計画し，一部地域で工事が始められているもので，「高規格堤防」ともよばれている。河川の両岸だけに築く従来のような堤防とは異なり，より広い地域に土盛りをして堤防の最上部から続くゆるやかな傾斜《けいしゃ》地を設けるもの。決壊《けっかい》の心配が少なく，傾斜地の上に住宅地などを設けることができる点などが優れているとされるが，完成までに非常に長い期間と莫大《ばくだい》な費用がかかるとして建設に反対する声も少なくない。　⑤　ハザードマップとは地震や火山の噴火《ふんか》，洪水などの自然災害に備え，被害の発生が予想される地域と被害の程度，避難場所や避難経路などを示した地図のことで，自治体によって作成されることが多い。洪水ハザードマップについてもこうした内容のものがつくられるから，ア，ウ，エは正しいが，液状化現象は地震の際に埋立《うめたて》地などで発生する災害であるから，イがふさわしくない。　⑥「渡来人が伝えた技術で焼かれた土器」とは，古墳時代以降につくられるようになった須恵器《すえき》のこと。ろくろやのぼりがまを使ってつくられ，それまでのものよりもかたい土器であるから，ア～ウは正しいが，色は灰黒色のものが多いから，エが誤っている。赤褐色《せきかっしょく》のものが多いのは，弥生土器やその流れをくむ土師器《はじき》とよばれる土器である。
⑦　十七条の憲法は聖徳太子が役人(豪族)の心構えなどを示すために604年に定めたもの。律令が定められるようになったのは701年の大宝律令からであるから，ウが誤っている。　⑧　奈良時代には班田収授法《はんでんしゅうじゅのほう》にもとづき，６歳以上の男女に一定面積の口分田が支給されていた。この時代には条里制という土地区画制がとられ，土地を６町(約648m)四方の正方形に区画し，１区画をさらに36等分して坪とよぶしくみになっていたが，このようなしくみがとられたのは口分田の支給に都合がよかったからと考えられている。　⑨　鎌倉時代の武士は，ふだんは領地である農村に住み，家人や周辺の農民を使って農業を営んでいた。主君が家臣を城の周辺に住まわせたことで城下町が形成されていくのは戦国時代以降のことであるから，エが誤っている。　⑩　上杉氏は藤原氏の子孫である重房《しげふさ》に始まり，足利氏と関係が深かったことから室町幕府の有力御家人となると，

関東管領(鎌倉府の長官である鎌倉公方《くぼう》の補佐役)の地位を代々世襲《せしゅう》して関東地方を支配した。しかし，16世紀には北条氏(後北条氏)に押されておとろえ，越後《えちご》国(新潟県)の守護代であった長尾景《ながおかげ》虎《とら》(のちの上杉謙信《けんしん》)に上杉家の家督と関東管領の地位を譲《ゆず》った。 ⑪ 葛西《かさい》城(東京都葛飾《かつしか》区)があったのは戦国時代。有田焼は秀吉による16世紀末の朝鮮出兵の際に日本に連れてこられた朝鮮の陶工李参平《りさんぺい》によって始められた焼き物であるから，戦国時代には存在していない。 ⑫ 五街道の1つである日光街道は江戸と日光(栃木県)を結ぶ街道で，21宿が置かれた。その最初の宿場町であったのが千住である。なお，五街道にはこのほか，甲州街道・東海道・中山道・奥州街道がある。 ⑬ 南千住回向院《えこういん》は，小塚原《こづかっぱら》の刑場で処刑された人々の霊《れい》を弔うため，17世紀半ばに設立された寺院。1771年，小塚原で行われた死体の腑分《ふわ》け(解剖《かいぼう》)に立ち会った医者の前野良沢《りょうたく》や杉田玄白《げんぱく》らは，持参していたオランダ語の医学書『ターヘル＝アナトミア』の図版の正確さに驚き，同書の翻《ほん》訳《やく》を決意。1774年にこれを『解体新書』として出版し，蘭学《らんがく》が広まるきっかけをつくった。1922年にはこのことを記念する「観臓記念碑《ひ》」が回向院に建てられている。 ⑭ 明暦の大火は1657年に江戸でおきた大規模な火災で，江戸市中の大半が焼失し，死者は10万人を超《こ》えた。幕府はこれ以後，延焼を防ぐため広小路とよばれるはばの広い道路を各地につくったり，火除地《ひよけち》という空き地を各地に設けたりした。また，18世紀には徳川吉宗が町火消《まちびけし》という町人による消火組織をつくらせた。火災対策にため池がつくられたということはなかったから，ウが誤っている。 ⑮ 1938年にオリンピックの中止が決定された最大の理由は日中戦争の長期化であるが，特に資材の不足を危惧《きぐ》した陸軍が強く反対し，政府に圧力をかけたことが決め手となったと言われている。

2 日本の貿易を題材とした問題

問1 (1) 高度経済成長が始まって間もない1960年において，日本の工業の中心は繊維《せんい》工業などの軽工業であったため，最大の輸入品は綿花や羊毛などの繊維原料であり，最大の輸出品は綿織物などの繊維品であった。したがって，グラフ中のＡは繊維品，Ｃは繊維原料であるとわかる。その後は重化学工業の発達にともなって日本の輸出入品目も変化していったが，近年は，輸出では機械類と自動車が，輸入では機械類と石油が大きな割合を占《し》めているから，グラフ中のＤは石油，Ｅは自動車と判断できる。1960年と2014年の両方で輸出品目の上位に入っているＢは鉄鋼があてはまる。

(2) ① 港別の貿易額で近年，輸出額と輸入額の合計が最も大きいのは成田国際空港(千葉県)で，輸出額では名古屋港(愛知県)についで第2位，輸入額では第1位となっている。統計資料は『日本国勢図会』2015／16年版による(以下同じ)。 ② 2014年において自動車の輸出額が最も多いのは，自動車工業の発達した中京工業地帯に位置する名古屋港。輸出額のうち自動車が占める割合は27.1%で最も高くなっている。 ③ 2014年において石油の輸入額が最も大きいのは，火力発電所や石油化学コンビナートが集中する京葉工業地域にある千葉港。輸入額のうち，石油の割合が半分以上を占めている。 (3) 1960年における機械類の輸出額は1兆4596億円の12.2%であるから約1781億円。2014年における機械類の輸出額は73兆0930億円の36.8%であるから約26兆8982億円となり，1960年と比べて約151倍に増えている。また，1960年における機械類の輸入額は1兆6168億円の7.0%であるから約1132億円。2014年における機械類の輸入額は85兆9091億円の21.3%であるから約18兆2986億円となり，1960年と比べて約162倍に増えている。

問2 (1) 液化天然ガス・石炭・鉄鉱石が輸入品目の上位を占めているａはオーストラリア。原油が輸入品目の70%以上を占めているｂはアラブ首長国連邦。機械類など工業製品が輸入品目の上位を占めているｃは韓国(大韓民国)。液化天然ガスが最大の輸入品で，合板やパーム油が輸入品目の上位に入っているｄはマレーシア。鉄鉱石の割合が高く，コーヒーが輸入品目の上位に入っているｅはブラジル。医薬品やぶどう酒，バッグ類が輸入品目の上位に入っているｆはフランスである。なお，地図中のＡはメキシコ，Ｂはアルゼンチン，Ｃはブラジル，Ｄはスペイン，Ｅはフランス，Ｆはドイツ，Ｇはエジプト，Ｈはアラブ首長国連邦，Ｉはイラン，Ｊはカザフスタン，Ｋは北朝鮮，Ｌは韓国，Ｍはベトナム，Ｎはマレーシア，Ｏはオーストラリア，Ｐはニュージーランドである。

⑵　①　液化天然ガス(LNG)を輸送する船には大型のタンクが備えられているから，ウの液化天然ガス専用船(LNGタンカー)が選べる。なお，アは原油を運ぶタンカー，イは自動車輸送のための専用船(自動車運搬《うんぱん》船)，エはコンテナ船である。　②　天然ガスを液化するのは，体積を縮小することで輸送・備蓄が容易になるためである。なお，天然ガスは－162℃以下に冷却すると液化し，気体のときと比べて体積が約600分の１に縮小する。　③　近年，液化天然ガスの輸入が急増しているのは，2011年３月11日におきた東日本大震災における福島第一原子力発電所での事故の影響で国内の原子力発電所が操業停止や休止に追い込まれた結果，その分の電力不足を火力発電で補うことになったため，火力発電の燃料として利用される天然ガスの需要が増したからである。

問３　⑴　環太平洋経済連携《れんけい》協定(環太平洋パートナーシップ，TPP)は，経済発展をめざして太平洋沿岸諸国が調印への話し合いを進めている経済協定のこと。　⑵　ア，イ　TPPは2006年，シンガポール，ブルネイ，ニュージーランド，チリの４か国で交渉《こうしょう》が開始された。その後，ベトナム，マレーシア，オーストラリア，ペルー，メキシコ，アメリカ，カナダが加わり，2013年には日本も交渉への参加を表明したことで，参加国は12か国となった。　ウ　日本の政府代表として交渉に参加するのは，特命大臣のTPP担当大臣である。　エ　TPPにおいては，原則としてすべての輸出入品の関税が撤廃《てっぱい》される。実際には各国の実情に合わせて段階的に税率が引き下げられるものが多く，日本の場合は米や畜産物などについて交渉を進めているが，「今まで通り」という品目はない。　オ　TPPにおいては日本からの輸出品にかかる関税も原則撤廃されるから，自動車などの輸出がいっそう伸びることが期待されている。　カ　物品だけでなくサービス分野での取引きも原則自由化されるため，経済面でさまざまな影響が出ることが予想されている。　キ　TPPの交渉は2015年10月に各国代表により大筋合意がなされ，2016年２月，正式に合意した。ただし，協定の発効には参加各国の議会の承認が必要であるため，日程などは確定していない。

理　科　(40分)　＜満点：70点＞

解　答

1　**問１**　ウ　　**問２**　右の図　　**問３**　**西**　い　　**北**　あ　　**問４**　こ　　**問５**　イ　　**問６**　ウ　　**2**　**問１**　カ　　**問２**　イ　　**問３**　キ　　**問４**　エ　　**問５**　水素　　**問６**　カ　　**問７**　(例)　ろ過して分けた液をなめている点。

3　**問１**　**１**　イ　　**２**　ウ　　**３**　エ　　**問２**　Ａ－Ｃ(よりも)Ｂ×Ｄ(がとても大きい。)　　**問３**　ウ　　**問４**

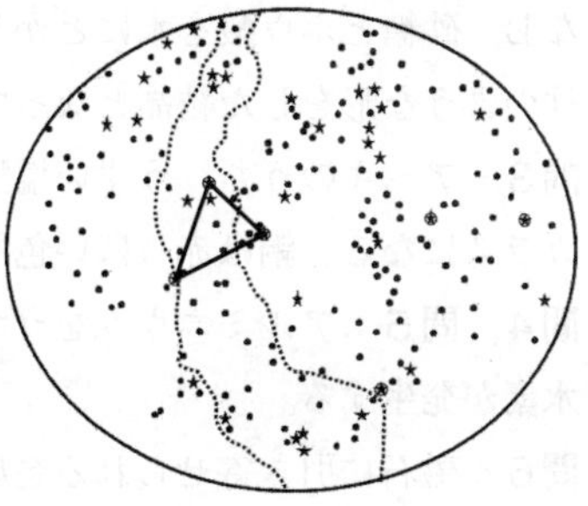

イ　**問5**　エ　**4**　**問1**　ア　**問2**　**2**　イ　**3**　エ　**問3**　比例　**問4**　直列
問5　**6**　ウ　**7**　イ　**問6**　(例)　光電池１つに流れる電流の強さ

解 説

1 星座早見についての問題

問1　星座早見の回転する中心は北極星付近を示す。北極星は北側の地軸《ちじく》のおよそ延長線上にあり，夜空に見える星座をつくる星は北極星を中心に回っているように見える。

問2　夏の大三角をつくる星は，はくちょう座のデネブ，こと座のベガ，わし座のアルタイルで，いずれも１等星である。はくちょう座は天の川の中に位置する十字形の星座で，こと座とわし座は天の川をはさむように位置している。

問3　星座早見の中心付近にある北極星に近い「あ」が北の地平線を示し，その反対向きにある「お」が南の地平線を示す。また，星座早見は空にかざして用いるため，地図上での方角とは異なり，南北に対して東西が逆に記されていて，「い」が西，「く」が東の地平線である。なお，星座早見では，天球上のようすを南側の空にいくほど東西を大きく引きのばして，北極星を中心にした平面の図に広げている。そのため，天球上の天頂を通る東西を結ぶ線は，星座早見では両はしが北側に寄った曲線(おわん型)になる。

問4　図１の南の地平線付近にさそり座が見られるが，オリオン座はおよそ北極星をはさんでさそり座の反対側に位置している。そのため，オリオン座はさそり座が地平線の下にしずむころにのぼり始め，さそり座が地平線からのぼり始めるころにしずむ。

問5　星座早見では，日付の目盛は時計回り，時刻の目盛は反時計回りに値が増えていくようについている。

問6　観測場所の緯度《いど》は変わらず，経度のみが西へ，140－135＝５(度)移動する。西へ移動するほど，同じ星空を観測する時刻は遅くなるため，厚紙の窓を反時計回り(右)にずらして星座早見を作りかえればよい。なお，北極星の高さはおよそ観測地点の緯度の高さとなることから，緯度が高い場所へ移動した場合は，北極星が北の地平線からはなれるように厚紙の窓の位置を上にずらす。

2 固体の判定についての問題

問1　混合物にふくまれるくすんだ銀色の２種類の粉末はアルミニウムと鉄である。鉄を水にぬれた状態で室内に放置すると，鉄の表面では酸素と結びつき，赤色のさび(酸化鉄)ができる。そこに塩分がふくまれていると，なおさびやすい。なお，アルミニウムが酸素と結びついてできる酸化アルミニウムは白色である。

問2　食塩をとかした水を加熱すると，あとには立方体のような形をした食塩の白い結晶《けっしょう》が残る。なお，砂糖とホウ酸を水にとかしたものを加熱すると，砂糖はこげてしまい，ホウ酸は平たい六角柱のような形をした結晶となって出てくる。

問3　ア～キのうち，うすい塩酸にとけない(化学反応もしないで，とけこみもしない)ものは銅とガラスになる。銅は赤っぽい色をした金属，ガラスは透明《とうめい》な固体である。

問4，問5　アルミニウムをうすい水酸化ナトリウム水よう液に入れると，アルミニウムがとけて水素が発生する。

問6　磁石に引き寄せられる金属は鉄である。鉄はうすい水酸化ナトリウム水よう液にはとけない。

問7　作業1でろ過した後にろ液をなめているが，何がとけているかわからないものを口に入れることは大変危険である。基本的には理科室にあるものをなめたり飲んだりしてはならない。

3　消化とだ液の働きについての問題

問1　口から取り入れた食べ物は，食道→胃→十二指腸→小腸を通る間に水にとけやすい小さな粒《つぶ》に消化され，小腸で栄養や水の多くが体内に吸収される。小腸で吸収されなかった残りは大腸に運ばれてさらに水などが吸収された後，こう門から排出《はいしゅつ》される。また，口や鼻から取り入れられた空気が肺に入ると，肺ほうのまわりを囲む毛細血管の血液中に酸素が取りこまれ，逆に血液中の二酸化炭素が放出される。

問2　血液が心臓から全身に送り出されて体の各部で使われてなくなり，心臓にはもどってこないとすると，「かん臓で栄養から変えられた血液の重さ」と「一日に心臓から送り出される血液の重さ」がおよそ等しくなる。この血液が心臓から送り出された後，体の各部をめぐってまた心臓にもどってくると考えるためには，「かん臓で栄養から変えられた血液の重さ」よりも「一日に心臓から送り出される血液の重さ」の方がかなり大きくなければならない。ここでは，「かん臓で栄養から変えられた血液の重さ」は，(一日に食べる食べ物や飲み物の重さ)－(一日に体外に捨てられる「ふん」や「にょう」の重さ)，「一日に心臓から送り出される血液の重さ」は，(1回の脈はくで心臓から送り出される血液の重さ)×(一日におこなわれる心臓の脈はくの回数)で求められる。

問3　実験1と実験2は，デンプン液に加えた液体以外の条件はすべて同じである。デンプン液に水を加えたものはヨウ素液が青紫《あおむらさき》色になったのでデンプンが残っていて，だ液を加えたものはヨウ素液がうすい茶色なのでデンプンがなくなっている。このことから，25℃でだ液を加えるとデンプンは分解されるといえる。

問4　実験3・実験4はそれぞれ実験1・実験2と比べて，だ液や水を加えて10分間おいたときの温度のほかに，ヨウ素液を加えたときの温度も異なっている。説1では，実験3・実験4でヨウ素液の色がほぼ無色透明になったのはデンプンの分解によるものと考えているが，ヨウ素液を加えたときの温度が実験結果に影響したことが確かめられれば，説1は正しくないことになる。この影響を調べるためには，実験3のヨウ素液を加えるときの温度だけを実験1と同じ25℃にした実験をおこない，実験1と同じようにヨウ素液の色が青紫色になればよい。

問5　説3は，90℃において，デンプン液にだ液を加えて10分間おき，その後温度を下げて，実験2と同じ25℃でヨウ素液を加える実験をすることで確かめられる。このとき，だ液のデンプンを分解する働きが失われていれば，デンプンが残っていてヨウ素液は青紫色になる。

4　コンデンサーと光電池についての問題

問1，問2　スイッチを閉じた直後のAとBを比べると，豆電球1つに流れる電流の強さは，コンデンサー2つを並列につないでもコンデンサー1つにつないだときとほとんど変わっていない。一方，コンデンサー1つに流れる電流の強さは，Bのように豆電球2つを並列につないだときにはそれぞれの豆電球にAと同様の電流を流すため，Aの約2倍になる。Cのようにコンデンサー2つが並列につながる場合は，コンデンサー2つでAと同様の電流を豆電球1つへ流せばよいので，コンデンサー1つに流れる電流の強さはAの約半分である。

問3　豆電球1つに流れる電流の強さの減少量は，表1の10秒間での電流の強さの差や図2のグラフのかたむきより確かめられる。スイッチを閉じた直後にコンデンサー1つに流れる電流がAの約

2倍のBでは，豆電球1つに流れる電流の強さの減少量もAの約2倍になり，コンデンサー1つに流れる電流がAの約半分のCでは，豆電球1つに流れる電流の強さの減少量もAの約半分になっている。このことから，豆電球1つに流れる電流の強さの減少量とスイッチを閉じた直後にコンデンサー1つに流れる電流の強さはおよそ比例しているといえる。

問4　乾電池《かんでんち》2つを直列につないだ場合，乾電池1つにつないだときと比べて2倍の強さの電流が流れて，豆電球は明るくつく。

問5　豆電球1つだけを用いたとき，豆電球に流れる電流の強さは，光電池2つを直列につなぐと58mAで，光電池1つにつないだときの59mAとほとんど変わらない。一方，光電池2つを並列につなぐと114mAで，光電池1つにつないだときの約2倍となる。

問6　光電池2つを並列につなぐと，豆電球1つに流れる電流の強さが光電池1つにつないだときの約2倍となっているが，光電池1つに流れる電流の強さは，光電池1つにつないだときとほとんど同じである。これは光電池を直列につないだときもあてはまる。

国語　(50分)＜満点：85点＞

解答

一　**問1**　(例)　オーロラ撮影のため，真冬のアラスカ山脈にはいり，一か月間ひとりでキャンプしようとしている。　**問2**　(例)「ぼく」の計画が彼の予想以上に長く，危険だと思われたので，それを何とかして止めたいと思ったが，どう切り出してよいかわからなかったから。

問3　(例)　人間は自然に介入しないほうがいいが，問題の一因に人間の活動がある場合はその活動を管理すべきだと考えている。また，筆者自身は自然に接するとき，何事も自分自身で経験し，そこから学んで理解しようとしている。　二　**問1**　(例)　自分の質問がKさんを予想以上に傷つけたことで慌ててしまい，さらにKさんを不快にさせる質問を重ねて，取り返しのつかない状況になってしまったということ。　**問2**　(例)　勝手な劣等感から人を傷つける自分の程度の低さを，直接「つまんない」と言われることでつきつけられ，その語感を身にしみて理解したということ。　**問3**　(例)　つまらない劣等感やねたみから，Kさんを苛めた同級生と同じことを自分もしてしまったのだという情けなさや恥ずかしさ。　**問4**　(例)　アは大きな船に比べて港が小さく見えるという風景を表しているが，イは田舎ものという劣等感からKさんを傷つけてしまった僕自身こそが小さい人間だという自覚が景色に反映された表現であるという違い。　三　下記を参照のこと。

●漢字の書き取り

三　①　縦　②　均整　③　庭園　④　射

解説

一　**出典は星野道夫《ほしのみちお》の『アラスカ　光と風』による。**アラスカにオーロラ撮影《さつえい》のために出かけた筆者が，計画に協力してくれるアーニー夫妻の家に滞在《たいざい》したときの様子を語っている。

問1　本文の後半で，「ぼく」たちが「計画の詳細《しょうさい》」について話をしている。「オーロラ」を撮影するために「真冬のアラスカ山脈」にはいって，「ひとりで一か月」の「キャンプ」をする計画なのである。

問２　前後の会話を整理する。アーニーが「黙《だま》りこん」だのは，「ぼく」の「一か月したら迎《むか》えに来てほしいんだ」という言葉へのおどろきが強かったからである。そうした「ぼく」の計画に対しアーニーは，「真冬のアラスカ山脈」にはいるだけでも「危険」なのに「ひとりで一か月は長すぎる」と忠告している。これをふまえ，「『ぼく』の計画が長くて危険なものであることにおどろき，止めるための言葉がすぐには出てこなかったから」のような内容でまとめればよい。

問３　筆者の自然や動物に対する考え方，接し方は，「オオカミの間引き問題」と「オーロラの撮影」に対する考えからうかがえる。アラスカ野生生物局がムースの個体数を維持《いじ》するために「オオカミの間引き」をおこなうと聞いた筆者は，「自然は人間などが介入《かいにゅう》せず，放っておくほうがいいに決まっている」が，人間によるムースの狩猟《しゅりょう》がおこなわれている以上は，管理の「鉾先《ほこさき》」を人間にも向けるべきだと考えている。また，「ひとりで一か月」も「真冬のアラスカ山脈」で「キャンプ」するのは「危険」だと忠告された筆者は，「アラスカではどんなことでも，自分自身で経験し，学びとっていかなければならない。結果がどうであれ，それだけがこの土地を理解するための方法だ」と思っている。これらを整理し，「人間は自然に介入しないほうがいいが，問題の一因に人間の活動がある場合には，その活動を管理すべきだと考えている。また，筆者自身は自然に接するとき，何事も自分自身で経験し，そこから学んで理解することを方針にしている」のような内容でまとめる。

二　**出典は『とっさの方言』所収の「つまんない(吉田《よしだ》修一《しゅういち》作)」による**。筆者が長崎の高校生だった頃《ころ》，東京から転校してきたＫさんと図書室のテラスで話すうち，Ｋさんに意地悪な質問をしてしまった出来事を回想している。

問１　「墓穴を掘《ほ》る」は，自分の身をほろぼす原因を自分で作ることのたとえ。「僕」とＫさんがテラスで交わした会話を整理する。前提として，中学時代にＫさんが苛《いじ》めにあっていたことをおさえておく。「中学ん時，楽しかった？」と聞いた「僕」が，「予想以上」に「表情を暗く」したＫさんの反応に慌《あわ》て，さらに「中学の時の友達と今でも会う？」と追い打ちをかけてしまったことを，「ますます墓穴を掘った」と表現している。Ｋさんはこの後，「つまんない」と言い捨ててテラスを出て行ったのだから，「僕」のこれらの言葉はＫさんを傷つけたものと推測できる。

問２　「つまんない(つまらない)」は，おもしろくない様子。ぼう線２は，「テレビや映画」で耳にした「つまんない」という言葉には特別な意味を感じていなかったが，Ｋさんが「つまんない」に込《こ》めた意味は感じ取ったということを表す。普通《ふつう》に会話を交わしていたはずの「僕」が，Ｋさんにとって不快な思い出である中学時代をわざわざ話題にしたのは，Ｋさんに「自分の故郷をバカにされた」ような気がしたため，仕返しをしたいという気持ちが働いたからだと考えられる。そのように勝手な劣等感《れっとうかん》から人を傷つける程度の低さを，Ｋさんは「つまんない」と言ったのでないかと「僕」は感じたのである。Ｋさんの言葉に，「僕」が自分の程度の低さをつきつけられたように感じたことに注意して，解答をまとめる。

問３　「中学の頃，Ｋさんを苛めたという同級生たち」と「僕」に共通しているのは，「東京」という都会に対するあこがれをふくんだ劣等感を，「東京からの転校生で顔も可愛かった」Ｋさんにぶつけたことである。ただし，問１で見たように，「僕」は自分の言葉がＫさんを不愉快《ふゆかい》にさせたことを「墓穴を掘った」と感じているのだから，そういう「つまんない」自分を恥《は》じているという内容でまとめればよい。

問4　アでは，港に停泊《ていはく》する船が「豪華《ごうか》客船」「大きな帆船《はんせん》」と書かれており，具体的な風景を描写《びょうしゃ》した表現だといえる。一方，自分が田舎《いなか》者あつかいされたような劣等感からKさんを傷つけてしまったあとのイでは，船はただ「立派な船」と表現されている。港は「自分の故郷」を，「立派な船」は東京から来たKさんを象徴《しょうちょう》しており，「急に小さく見えた」港は，「つまんない」劣等感からKさんを傷つけてしまった自分の小ささを反映した心情表現だと考えられる。これらをふまえてまとめればよい。

三　漢字の書き取り

①　音読みは「ジュウ」で，「縦列」などの熟語がある。　②　全体のつりあいがとれて整っていること。　③　鑑賞《かんしょう》や散策のために，草木を植えたり池や水路を設けたりした場所。　④　音読みは「シャ」で，「反射」などの熟語がある。

Memo

Memo

平成27年度　開 成 中 学 校

〔電　話〕 (03) 3822－０７４１
〔所在地〕 〒116-0013　東京都荒川区西日暮里４－２－４
〔交　通〕 JR線・東京メトロ千代田線－「西日暮里駅」より徒歩１分

【算　数】 (60分) 〈満点：85点〉

◎答えが分数になるときは，できるだけ約分して答えなさい。円周率が必要なときは3.14を用いなさい。

◎式や図や計算などは，他の場所や裏面などにかかないで，すべて解答用紙のその問題の場所にかきなさい。

1　いろいろな整数や分数$\boxed{\text{ア}}$について，$\left\langle\boxed{\text{ア}}\right\rangle$を次のように決めます。

$\boxed{\text{ア}}$が整数のとき　$\left\langle\boxed{\text{ア}}\right\rangle=\boxed{\text{ア}}$とします。

(例)　$\left\langle 3\right\rangle=3$，$\left\langle\dfrac{20}{2}\right\rangle=\left\langle 10\right\rangle=10$

$\boxed{\text{ア}}$が０と１の間の分数のとき　はじめに数$\boxed{\text{ア}}$をこれ以上約分できない分数で表します。

これが$\dfrac{\boxed{\text{ウ}}}{\boxed{\text{イ}}}$となったら，$\left\langle\boxed{\text{ア}}\right\rangle=\left\langle\dfrac{\boxed{\text{ウ}}}{\boxed{\text{イ}}}\right\rangle=\boxed{\text{イ}}+\boxed{\text{ウ}}$とします。

(例)　$\left\langle\dfrac{2}{3}\right\rangle=3+2=5$，$\left\langle\dfrac{16}{20}\right\rangle=\left\langle\dfrac{4}{5}\right\rangle=4+5=9$

$\boxed{\text{ア}}$が１より大きい分数のとき　はじめに数$\boxed{\text{ア}}$を帯分数にしてから，これ以上約分できない分数で表します。

これが$\boxed{\text{イ}}\dfrac{\boxed{\text{エ}}}{\boxed{\text{ウ}}}$となったら，$\left\langle\boxed{\text{ア}}\right\rangle=\left\langle\boxed{\text{イ}}\dfrac{\boxed{\text{エ}}}{\boxed{\text{ウ}}}\right\rangle=\boxed{\text{イ}}+\boxed{\text{ウ}}+\boxed{\text{エ}}$とします。

(例)　$\left\langle 2\dfrac{5}{6}\right\rangle=2+6+5=13$，$\left\langle\dfrac{42}{10}\right\rangle=\left\langle 4\dfrac{1}{5}\right\rangle=4+5+1=10$

次の問いに答えなさい。

(1)　次の□にあてはまる整数をそれぞれ求めなさい。

(A)　$\left\langle\dfrac{23}{5}\right\rangle=\square$

(B)　$\left\langle\square\dfrac{15}{12}\right\rangle=30$

(C)　$\left\langle\dfrac{4}{\square}\right\rangle=12$

(2)　$\left\langle\boxed{\text{ア}}\right\rangle=5$となる整数または分数$\boxed{\text{ア}}$をすべて書き，小さいものから順に並べなさい。ただし，同じ値《あたい》を二度以上書いてはいけません。

(3)　$\boxed{\text{ア}}$として$\dfrac{1}{27}$，$\dfrac{2}{27}$，$\dfrac{3}{27}$，……，$\dfrac{2014}{27}$，$\dfrac{2015}{27}$のように，分子が１以上2015以下の整数で，分母が27である分数を考えます。この中で，$\left\langle\boxed{\text{ア}}\right\rangle=54$となる数$\boxed{\text{ア}}$をすべて取り出して，小さいものから順に並べます。このとき，小さいほうから５番目の数と，大きいほうから５番目の数をそれぞれ求めなさい。

2 同じ大きさの正方形を直線や円で区切って，右の図のように図形ア，イ，ウ，エ，オ，カを作りました。そして，アの面積を㋐，イの面積を㋑，ウの面積を㋒，エの面積を㋓，オの面積を㋔，カの面積を㋕と表し，正方形1つ分の面積を㋖と表すことにします。これらの面積には，例えば

㋖＝㋐×1＋㋑×4＋㋒×4

のような関係があります。

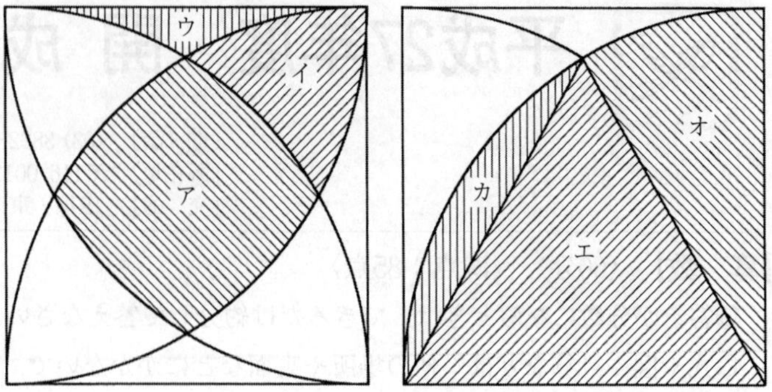

その他に，次のような関係を見つけました。[サ]～[ツ]にあてはまる整数や記号を答えなさい。[セ]には記号㋐～㋖のどれかがあてはまり，その他には整数があてはまります。

(1) ㋕＝㋔×[サ]－㋓×1

(2) ㋐＋㋑＝㋔×[シ]－㋓×[ス]

(3) ㋑＋㋒＋㋔＝[セ]

(4) ㋐＝㋖×1＋㋔×[ソ]－㋓×[タ]
㋑＝㋓×[チ]＋㋔×1－㋖×1
㋒＝㋖×1－㋓×1－㋔×[ツ]

3 右図のようなランニングコースがあります。A地点とD地点の間の道は平らで長さは200m，B地点とC地点の間の道も平らで長さは100m，A地点からB地点へ向かう道は上り坂で長さは120m，D地点からC地点へ向かう道も上り坂で長さは180mです。

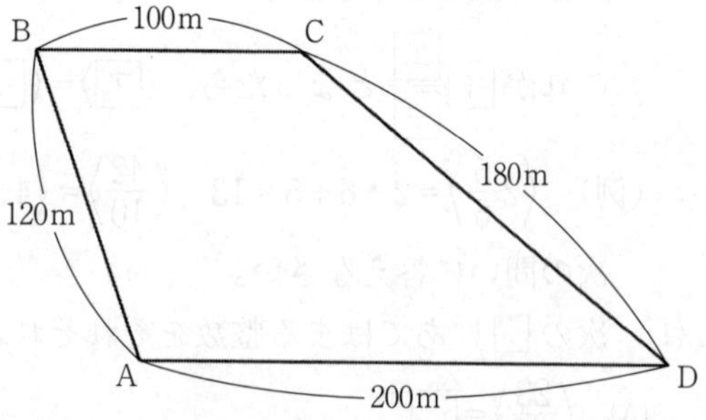

ゆう君はA地点を，まさひろ君はD地点を同時に出発して，ゆう君はA→B→C→D→A→B→…の向きに，まさひろ君はD→C→B→A→D→C→…の向きに走ります。二人とも平らな道を毎分100mの速さで走ります。ゆう君はA地点からB地点までの上り坂を毎分84mで，C地点からD地点までの下り坂を毎分105mで走り，まさひろ君はD地点からC地点までの上り坂を毎分90mで，B地点からA地点までの下り坂を毎分126mで走ります。

次の問いに答えなさい。

(1) ゆう君，まさひろ君がこのコースを一周するのにかかる時間はそれぞれ何分ですか。

(2) ゆう君，まさひろ君はB地点とC地点の間ではじめてすれ違います。その地点はB地点から何mの場所ですか。

(3) ゆう君，まさひろ君がB地点とC地点の間で次にすれ違うのは，(2)で求めた場所からどちらへ何mずれた場所ですか。

(4) ゆう君，まさひろ君がはじめてA地点とB地点の間ですれ違うのは，走りはじめてから何回目にすれ違うときですか。またその地点はB地点から何mの場所ですか。

4 一辺の長さが6 cmの立方体があり，その上の面と下の面はどちらも9つの合同な正方形に分かれています。上の面のそれぞれの正方形の頂点には図のように あ，い，う，……，た と名前がついていて，下の面のそれぞれの正方形の頂点にも図のようにア，イ，ウ，……，タと名前がついています。また，点あ の真下には点ア，点い の真下には点イ，点う の真下には点ウ，……，点た の真下には点タがあります。これらの頂点から8つの点あ，い，か，お，サ，シ，タ，ソを選び，図のように結んで立体Aをつくりました。

次の問いに答えなさい。

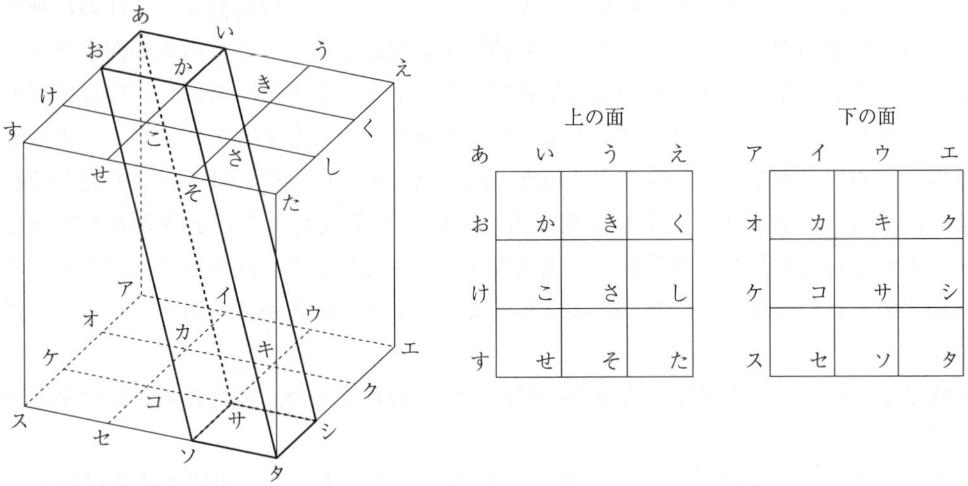

(1) 立体Aの体積を求めなさい。

平行四辺形の面積が(底辺)×(高さ)で求められるように，斜《なな》めに傾《かたむ》いた角柱の体積は(底面積)×(高さ)で求められます。

(2) 立体Aを，4点い，せ，セ，イを通る平面で切断しました。その切断面の図形を解答用紙にかき，切断面の面積を求めなさい。

(3) 8つの点い，せ，そ，う，イ，セ，ソ，ウを結び，直方体をつくりました。この直方体と立体Aの共通部分の体積を求めなさい。

(4) 8つの点う，え，く，き，ケ，コ，セ，スを立体Aと同じように結び，立体Bをつくりました。立体Aと立体Bの共通部分の体積を求めなさい。

【社 会】（40分）〈満点：70点〉

1 次の文章を読み，あとの問いに答えなさい。

神奈川県の藤沢《ふじさわ》市に江の島という島があります。夏になると対岸の片瀬《かたせ》海岸には多くの海水浴客が訪《おとず》れ，正月には江の島神社が参拝者でにぎわいます。行ったことのある人も多いのではないでしょうか。ところで，江の島にはいつごろから人々が訪れるようになったのでしょうか。

江の島神社は弁才天(弁財天)で有名です。江の島の由来をしるした書物には，①古代の欽明《きんめい》天皇の時代，五つの頭をもつ龍《りゅう》が悪行を重ねていたところ，天女《てんにょ》が天から舞《ま》い降《お》り，龍の悪行をやめさせた，という伝説がのっています。江の島が聖地として知られはじめたのは，鎌倉時代からです。鎌倉幕府の記録では，②源頼朝らの鎌倉武士が，江の島の岩屋に参詣《さんけい》して，大弁才天像をおむかえしたとあります。源頼朝は③平家を打倒《だとう》するとともに，奥州《おうしゅう》(④)の藤原氏も倒《たお》さなければなりませんでした。そこで戦勝を祈願《きがん》したのです。それ以来，鎌倉将軍家や⑤北条氏をはじめ，多くの武士が江の島を訪れるようになりました。

⑥戦国時代には，江の島は小田原北条氏の支配下に入ります。江の島は小田原北条氏から特別の保護を受けていました。⑦江戸時代の中ごろになると，江の島弁才天の公開が行われるようになり，江戸の町から多くの参詣者が集まるようになりました。庶民《しょみん》の生活も豊かになり，観光旅行をかねて，多くの人が訪れました。また５代将軍(⑧)の病を治した鍼《はり》師である杉山《すぎやま》検校《けんぎょう》という人が，江の島の弁才天をあつく信仰《しんこう》しました。江の島には杉山検校の墓もあります。

⑨明治時代になると，イギリスのサムエル・コッキングという貿易商人が，江の島神社の菜園を買い取って植物園をつくりました。この植物園は現在もあり，多くの人が四季折々の花々を楽しんでいます。またアメリカの動物学者であるエドワード・モースは，江の島に臨海実験所を設立しました。モースといえば，大森(⑩)を発見したことで有名ですが，本来は海洋生物の研究のために日本を訪れたのです。現在，江の島の入り口付近にはモースの記念碑《きねんひ》が立っています。また⑪日露戦争に日本が勝利すると，その参謀長《さんぼうちょう》だった児玉源太郎《げんたろう》を祭神として児玉神社がつくられました。児玉神社は現在も江の島にあります。江の島の対岸である片瀬海岸では海水浴も行われるようになり，こうしてますます多くの人が江の島を訪れるようになったのです。

問１　下線部①について，古代では天皇中心の政治が行われました。古代の天皇に関する次の問いに答えなさい。

(1)　聖徳太子は天皇の摂政《せっしょう》として，新しい政治をめざしました。聖徳太子を摂政とした女《じょ》帝《てい》の名を**漢字**で答えなさい。

(2)　大化の改新の中心人物である中大兄皇子は，のちに天皇に即位《そくい》しました。中大兄皇子の天皇としての名を**漢字**で答えなさい。

(3)　聖武天皇は平城京から恭仁《くに》京，難波《なにわ》宮，紫香楽《しがらき》宮へと次々に都をうつしました。このうち紫香楽宮はどこにつくられましたか。現在の都道府県名を答えなさい。

問２　下線部②について，源頼朝の従兄弟《いとこ》であり，倶利伽羅峠《くりからとうげ》の戦いに勝利して入京した人物の名を**漢字**で答えなさい。

問３　下線部③について，平家は一の谷の戦いに敗れ，敗走しました。ついで現在の香川県で戦い，再び敗れました。この香川県での戦いの名を答えなさい。

問４　空らん(④)の地は中尊寺金色堂で有名です。空らん(④)に入る地名を**漢字**で答えなさい。

問５　下線部⑤について，鎌倉幕府の実権は執権《しっけん》の北条氏にうつりましたが，元軍が九州北部に襲来《しゅうらい》したときの執権の名を，**漢字**で答えなさい。

問６　下線部⑥について，次の問いに答えなさい。

(1)　武田信玄《しんげん》は甲斐《かい》(山梨県)から信濃《しなの》(長野県)に領土を広げ，越後《えちご》(新潟県)の上杉謙信《けんしん》と５回にわたって信濃の地で戦いました。この戦いの名を答えなさい。

(2)　駿河《するが》・遠江《とおとうみ》(静岡県)や三河(愛知県東部)を支配下に入れたものの，織田信長との桶狭《おけはざ》間《ま》の戦いで敗死した戦国大名の名を**漢字**で答えなさい。

(3)　戦国時代にポルトガル人を乗せた中国の船がある島に流れ着き，鉄砲《てっぽう》を伝えました。この島の名を**漢字**で答えなさい。

問７　下線部⑦について，次の問いに答えなさい。

(1) 江戸幕府は大名の妻子を江戸に住まわせ，大名には江戸と領地を1年ごとに行き来させました。これを何といいますか。**漢字**で答えなさい。

(2) 江戸時代には人形浄瑠璃《じょうるり》がさかんになりました。『国性爺《こくせんや》合戦』などの作品で有名な浄瑠璃作者の名を**漢字**で答えなさい。

(3) 江戸時代の五街道《ごかいどう》とは，東海道・中山道《なかせんどう》・奥州街道・甲州街道とあともう1つは何ですか。**漢字**で答えなさい。

問8　空らん(⑧)の人物は「生類憐みの令」で有名です。空らん(⑧)に入る人名を次のア～エから1つ選び，記号で答えなさい。

ア　徳川吉宗　　イ　徳川秀忠

ウ　徳川家光　　エ　徳川綱吉

問9　下線部⑨について，次の問いに答えなさい。

(1) 1868年，明治天皇が神にちかう形式で発布した明治政府の基本方針の名を答えなさい。

(2) 明治時代になると，鉄道も開通しました。1872年には鉄道は新橋からどこまで開通しましたか。地名を答えなさい。

(3) 明治政府はフランスの技術と機械を導入し，官営の富岡《とみおか》製糸場を開設しました。この製糸場はどこにつくられましたか。現在の都道府県名を答えなさい。

問10　空らん(⑩)に入る最も適当な語句を**漢字**で答えなさい。

問11　下線部⑪について，次の問いに答えなさい。

(1) 日露戦争では，乃木希典《のぎまれすけ》ひきいる日本軍がロシアの要塞《ようさい》を攻撃《こうげき》して陥落《かんらく》させました。ロシアの要塞はどこにありましたか。遼東《りょうとう》半島の都市の名を**漢字**で答えなさい。

(2) 日露戦争のとき，「あゝをとうとよ，君を泣く，君死にたまふことなかれ」という詩を書いた詩人の名を，**漢字**で答えなさい。

2　次の文章を読み，あとの問いに答えなさい。

朝鮮《ちょうせん》半島には大韓民国《だいかんみんこく》と朝鮮民主主義人民共和国という2つの国があります。同じ民族なのに，なぜ2つの国に分かれているのでしょうか。

朝鮮は(　①　)年に韓国併合《へいごう》に関する条約が結ばれて以降，日本の統治下にありました。そして②第二次世界大戦中，アメリカ・イギリス・③中国首脳によるカイロ会談で，戦後の独立が認められました。しかし第二次世界大戦が終わってみると，アメリカを中心とする資本主義陣《じん》営《えい》と，④ソ連を中心とする社会主義陣営が対立し，冷戦の時代になりました。朝鮮は米ソが分割占領していました。北緯《ほくい》(　⑤　)度線を境に，北部をソ連が，南部をアメリカが管理下においてしまいました。さらに冷戦が激しくなるなかで，1948年には朝鮮北部に⑥朝鮮民主主義人民共和国，南部に大韓民国の独立が宣言され，こうして朝鮮は南北に分断されてしまいました。

1950年には朝鮮戦争がはじまりました。まず朝鮮民主主義人民共和国軍が南北統一をめざして境界線をこえて侵攻《しんこう》し，朝鮮半島南端《なんたん》にせまりました。そこで⑦国際連合の安全保障理事会はこの行動を侵略《しんりゃく》と認め，大韓民国支援《しえん》のために，アメリカ軍を主体とする国連軍を派遣《はけん》しました。国連軍が反撃《はんげき》して中国国境近くまでせまると，今度は中国が人民共和国側を支援して人民義勇軍を派遣しました。こうして戦争は長期化しましたが，1953年に休戦協定が結ばれました。結局，(　⑤　)度線をはさむ停戦ラインで南北朝鮮の分断が固定化されてしまったのです。

⑧朝鮮戦争は日本にも大きな影響《えいきょう》を与《あた》えました。⑨日本国憲法の第9条では戦力の不保持が定められていましたが，朝鮮戦争がはじまると，⑩GHQの指令により日本は警察予備隊を設置しました。これが現在の自衛隊のはじまりです。さらに1951年には(⑪)講和会議で平和条約に調印し，日本は独立を回復しました。このとき日本は朝鮮・⑫台湾《たいわん》・南樺太《みなみからふと》・千島を正式に放棄《ほうき》しました。同時に(⑬)が結ばれ，日本はアメリカ軍の駐留《ちゅうりゅう》を認めました。

一方，朝鮮半島における南北分断はつづいていきました。冷戦が終結して⑭1991年にソ連が消滅《しょうめつ》した後も，朝鮮民主主義人民共和国では，独自の社会主義体制がつづいています。しかし1991年には南北朝鮮が国際連合に加盟し，2000年には南北朝鮮の首脳会談が実現するなど，関係改善の動きもありました。朝鮮民主主義人民共和国の経済的危機が伝えられる中で，現在のような体制がいつまでつづくのか，国際的に注目されています。

問1　空らん(①)に入る数字を次のア～エから1つ選び，記号で答えなさい。

ア　1905　　イ　1910　　ウ　1914　　エ　1919

問2　下線部②について，第二次世界大戦は1939年，ドイツがある国に侵攻し，それに対してイギリス・フランスがドイツに宣戦したことからはじまりました。ドイツが侵攻したこの国の名を次のア～エから1つ選び，記号で答えなさい。

ア　ポルトガル　　イ　スイス

ウ　スペイン　　エ　ポーランド

問3　下線部③について，日本と中国の戦争は，盧溝橋《ろこうきょう》事件をきっかけにはじまりました。盧溝橋はどの都市の郊外《こうがい》にありましたか。次のア～エから1つ選び，記号で答えなさい。

ア　南京　　イ　奉天《ほうてん》　　ウ　北京　　エ　重慶《じゅうけい》

問4　下線部④について，ソ連を中心とする社会主義陣営に**あてはまらない国**を次のア～エから1つ選び，記号で答えなさい。

ア　イタリア　　イ　ハンガリー

ウ　ルーマニア　　エ　東ドイツ

問5　空らん(⑤)に入る数字を次のア～エから1つ選び，記号で答えなさい。

ア　32　　イ　34　　ウ　36　　エ　38

問6　下線部⑥について，朝鮮民主主義人民共和国の首都を次のア～エから1つ選び，記号で答えなさい。

ア　ソウル　　イ　ピョンヤン　　ウ　プサン　　エ　ケソン

問7　下線部⑦について，次の問いに答えなさい。

(1) 国際連合の本部が置かれている都市の名を次のア～エから1つ選び，記号で答えなさい。

ア　ニューヨーク　　イ　ロンドン

ウ　ジュネーヴ　　エ　ブリュッセル

(2) 国際連合の機関の1つであるユニセフの正式な名称を次のア～エから1つ選び，記号で答えなさい。

ア　国際連合教育科学文化機関　　イ　国際連合児童基金

ウ　国際連合貿易開発会議　　エ　国際通貨基金

(3) 安全保障理事会の常任理事国に**あてはまらない国**を次のア～エから1つ選び，記号で答えなさい。

ア　イギリス　　イ　フランス　　ウ　ドイツ　　エ　中国

問8　下線部⑧について，朝鮮戦争の影響で，日本は景気がよくなりました。なぜ朝鮮戦争で日本は景気がよくなったのですか。かんたんに説明しなさい。

問9　下線部⑨について，次の文章は日本国憲法の第9条です。空らん(あ)～(お)に入る語句を**漢字**で答えなさい。

「(1)　日本国民は，正義と秩序《ちつじょ》を基調とする国際平和を誠実に希求し，(　あ　)の発動たる戦争と，(　い　)による威嚇《いかく》又は(　い　)の行使は，国際紛争《ふんそう》を解決する手段としては，(　う　)にこれを放棄する。

(2)　前項《ぜんこう》の目的を達するため，(　え　)軍その他の戦力は，これを保持しない。国の(　お　)権は，これを認めない。」

問10　下線部⑩について，GHQとは連合国軍最高司令官総司令部のことです。GHQによる改革として**あてはまらないもの**を，次のア～エから1つ選び，記号で答えなさい。

ア　特定の大会社が解散させられた。

イ　小作農家が自分の農地をもてるようにした。

ウ　労働組合を解散させ，経済の自由化をすすめた。

エ　女性の参政権が認められた。

問11　空らん(⑪)に入る都市の名を答えなさい。

問12　下線部⑫について，台湾は下関条約によって日本の支配下に入りました。下関条約が結ばれた年を次のア～エから1つ選び，記号で答えなさい。

ア　1877年　　イ　1895年　　ウ　1905年　　エ　1915年

問13　空らん(⑬)に入る条約の名を**漢字**で答えなさい。

問14　下線部⑭について，ソ連が消滅してロシアにかわっても，日本との間には北方領土問題がのこりました。北方領土とは，歯舞《はぼまい》群島，色丹《しこたん》島，択捉《えとろふ》島とあと1つは何ですか。島の名を答えなさい。

3　温泉が好きなハル君は，日本のすべての都道府県に温泉があり，また海外にも温泉があることを知りました。そこで日本や世界各地の温泉や周辺地域について調べ，レポートを作成しました。このレポートを読み，それに続く問いに答えなさい。

> 十勝岳《とかちだけ》温泉
>
> 　北海道の上富良野《ふらの》に十勝岳温泉があります。富良野という地名は，先住民族である(　a　)の言葉「フーラヌイ」に由来し，「臭《くさ》くにおう泥土《でいど》」という意味だそうです。この温泉地は，十勝岳連峰《れんぽう》の中腹に位置し，北海道では最も標高の高いところにあります。雄《ゆう》大《だい》な山々を眺《なが》めながら入ることができる露天風呂《ろてんぶろ》などがあります。上富良野は，①パッチワーク状に広がる農地から収穫《しゅうかく》される様々な農作物や，7月頃《ごろ》に見ごろになるラベンダー畑が人気で，多くの観光客が訪れます。

問1　文章中の(a)にあてはまる語句を答えなさい。

問2　下線部①に関連して，次の設問(1)・(2)に答えなさい。

(1)　次のア～オはすべて，都道府県別生産量において北海道が全国1位(2012年)の農作物です。このうち，全国の生産量のうち北海道の占《し》める割合が最も高いものを１つ選び，記号で答えなさい。

ア　てんさい（ビート）
イ　小麦
ウ　かぼちゃ
エ　スイートコーン
オ　たまねぎ

(2)　富良野周辺をはじめ北海道各地には，右の写真に見られるように，農地の端《はし》に沿ってカラマツなどが一列に植えられています。この木が果たす役割を答えなさい。

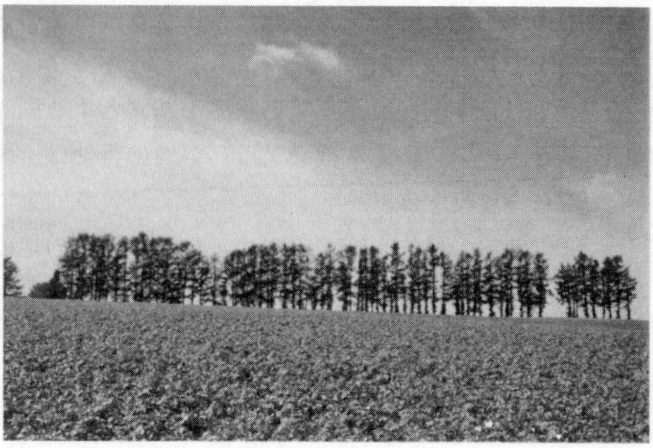

蒸《ふけ》の湯《ゆ》温泉

秋田県と岩手県にまたがる山岳《さんがく》地帯は八幡平《はちまんたい》と呼ばれ，ここにはアスピーテラインという，八幡平を横断する道路が通っています。このアスピーテラインの秋田県側の途中《とちゅう》，標高1100mあたりに蒸の湯温泉があります。かつては蒸気を利用した「蒸《ふ》かし湯」が人気で，オンドル小屋と呼ばれる湯治場《とうじば》がたくさんありましたが，1973年に起きた地すべりで被害《ひがい》を受け，今は温泉宿が一軒《けん》だけ残っています。この温泉では，②ブナ原生林に囲まれた露天風呂を楽しむことができます。日本の多くのブナ原生林は③林業や土地開発によって減少したため，貴重な自然環境《かんきょう》といえます。

問３　下線部②に関連して，ブナ原生林が世界最大の規模で残されていることが評価され登録された，日本にある世界自然遺産の名を**漢字**で答えなさい。

問４　下線部③に関連して，次のグラフは日本の木材供給量，および※人工造林面積の推移（1955年～2010年）を示しています。グラフを参考にして，この期間における日本の木材需給《じゅきゅう》について述べた文として正しいものを，あとのア～エから１つ選び，記号で答えなさい。

※人工造林：苗木を植えたり種をまいたりして，人工的に森林をつくること。

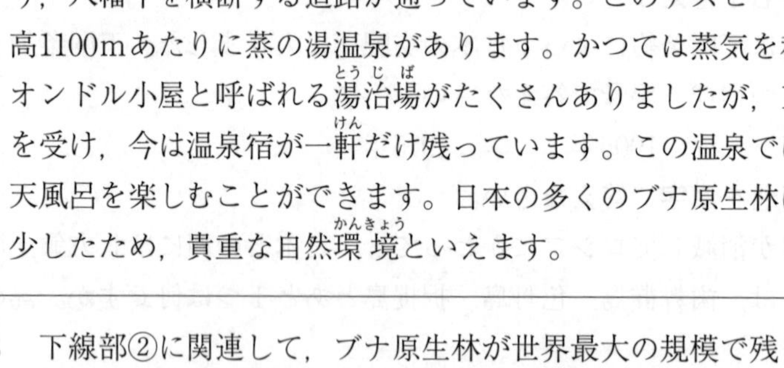

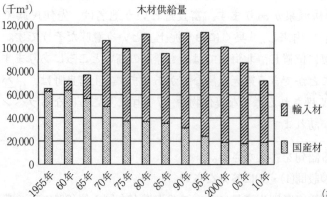

（林野庁HP「木材需給表」より）

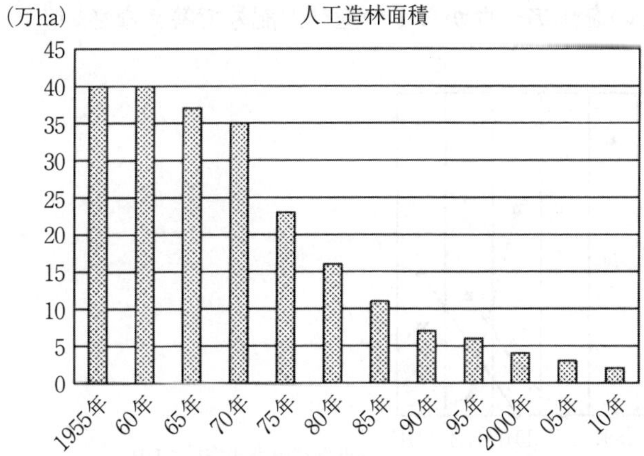

（林野庁『林業統計要覧』より）

ア　1960年から2010年まで，木材供給の国内自給率は一貫《いっかん》して下がり続けた。

イ　1960年から2010年の期間において，国産材の供給量の減少率は，人工造林面積の減少率よりも小さい。

ウ　国産材と輸入材を合わせた木材供給量は，高度経済成長期に最も多かった。

エ　1970年から2000年にかけて，木材の国内消費量の減少に伴《ともな》って，人工造林面積が減少した。

万座《まんざ》温泉

群馬県にある万座温泉は，上信越《じょうしんえつ》④国立公園内の高原にある温泉です。温泉に含《ふく》まれる硫黄《いおう》の量がとても多く，白く濁《にご》ったお湯は美容や健康など様々な効用があるそうです。歴史ある温泉で，坂上田村麻呂《さかのうえのたむらまろ》がこの温泉地で鬼退治《おにたいじ》をしたという伝説も残っています。万座温泉がある嬬恋村《つまごいむら》は⑤キャベツの生産地としても有名で，広大なキャベツ畑を見ることもできます。

問５　下線部④に関連して，日本には31の国立公園がありますが，公園内の自然保護に様々な取り組みが行われています。国立公園の自然保護の取り組みについて述べた次のア～エの文のうち，下線部に**誤りを含むもの**を１つ選び，記号で答えなさい。

ア　伊勢志摩《いせしま》国立公園の海岸は，複雑な入江《いりえ》や大小の島からなり，湾内《わんない》では養殖業《ようしょくぎょう》が盛んに行われている。海岸沿いの森林は，養殖に必要な栄養分を吸収してしまうため，伐採《ばっさい》が行われている。

イ　西表石垣《いりおもていしがき》国立公園の海域には，広大なサンゴ礁《しょう》がある。サンゴの死滅《しめつ》を食い止めるため，オニヒトデの駆除《くじょ》や赤土流入の防止などの対策が行われている。

ウ　尾瀬《おぜ》国立公園には，本州最大の高層湿原《しつげん》が存在する。食害の原因となるニホンジカの駆除や個体数の管理を行い，湿原や周囲の森林内にある植物の保護が行われている。

エ　大山隠岐《だいせんおき》国立公園には，大山や蒜山《ひるぜん》などの山岳地域が含まれる。近年，ミズナラやコナラの森林の立ち枯《が》れが広がっているため，枯れた木の伐採や，原因となる害虫の駆除が行われている。

問６　下線部⑤に関連して，次のグラフ中のア～ウは，群馬県・愛知県・千葉県のいずれかから出荷《しゅっか》され，東京都の卸売《おろしうり》市場で取り引きされたキャベツの量の推移（2013年１月～12月）を示しています。群馬県にあたるものを，ア～ウから1つ選び，記号で答えなさい。

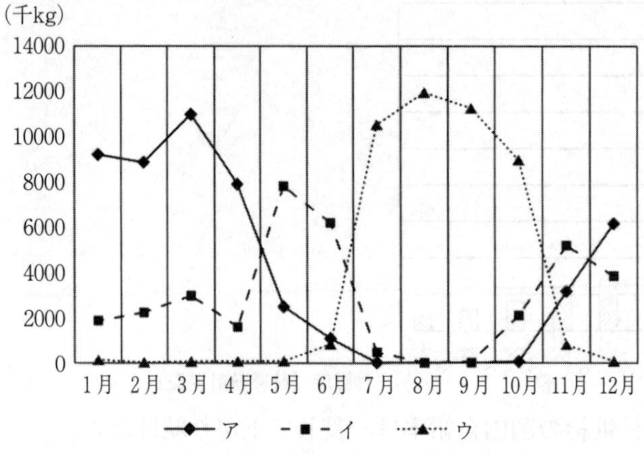

(東京都中央卸売市場HP「市場統計情報」より)

> 貝掛《かいかけ》温泉
>
> ⑥新潟県南魚沼郡《うおぬまぐん》の標高800mの山中に，一軒宿の貝掛温泉があります。鎌倉時代から温泉が利用されていたようで，戦国時代には上杉謙信が，将兵の傷や疲《つか》れを癒《いや》すために貝掛温泉を利用したと伝えられています。江戸時代の頃《ころ》からは，この温泉水に目の疲れや病気を癒す効果があると言われ，「目の湯治」として知られていたようです。貝掛温泉のある南魚沼郡では，江戸時代より絹織物がつくられており，塩沢《しおざわ》つむぎは日本⑦伝統工芸品に指定されています。

問7　下線部⑥に関連して，新潟県南魚沼郡は良質な米の生産地として全国的に有名です。この地域の米づくりについて述べた次の文章中の(ｂ)～(ｄ)にあてはまる語句を，それぞれ答えなさい。

日本海を流れる(　ｂ　)海流の影響で，この地域は冷害を受けることが少ない。また，魚沼地域の地形は(　ｃ　)であるため，昼夜の気温差が大きいことがイネの生育に適している。しかし一方で，夏の季節風がしばしば(　ｄ　)現象を起こし，高温障害をもたらすこともある。

問8　下線部⑦に関連して，新潟県の伝統工芸品として適切なものを，次のア～キから2つ選び，記号で答えなさい。

ア　天童将棋駒《しょうぎごま》　　イ　三条仏壇《ぶつだん》　　ウ　九谷焼　　エ　七尾仏壇
オ　小千谷ちぢみ　　カ　越前打刃物《えちぜんうちはもの》　　キ　高岡銅器

> 南紀白浜《しらはま》温泉
>
> 和歌山県にある南紀白浜温泉は，⑧日本三古湯や⑨日本三大温泉地に数えられる温泉地で，京阪神《けいはんしん》地区をはじめ全国から観光客が訪れます。日本には多くの⑩火山がありますが，この温泉地は非火山性の温泉です。古くは牟婁《むろ》の湯と呼ばれ，『日本書紀』にも記されています。1920年代に白良浜《しらはま》海岸付近で新たに温泉が掘《ほ》られ，この頃から白浜温泉として観光客誘致《ゆうち》が行われました。また戦後に新婚《しんこん》旅行や団体観光の旅行地として，全国的に知名度が高まりました。

問９　下線部⑧に関連して，日本三古湯とは，和歌山県の南紀白浜温泉・兵庫県の有馬温泉・愛媛県の道後温泉の３つであると言われます。右の表中のＡ～Ｃは，三古湯のある和歌山県・兵庫県・愛媛県のいずれかの，第１次産業人口の割合・人口増減率・※昼夜間人口比を示したものです。Ａ～Ｃと３県の組み合わせとして正しいものを，次のア～カから１つ選び，記号で答えなさい。

	第１次産業人口の割合（%，2012年）	人口増減率（%，2011・2012年）	昼夜間人口比（2010年）
A	1.6	−0.20	95.7
B	7.6	−0.60	100.1
C	10.0	−0.73	98.1

（『データでみる県勢 2014年版』より）

※昼夜間人口比＝(昼間人口÷常住人口)×100

常住人口：平時，その地域に居住している人口。夜間人口ともいう。

昼間人口：常住人口に，通勤・通学により他地域へ流入・流出する人口を加減した数。

	ア	イ	ウ	エ	オ	カ
和歌山県	A	A	B	B	C	C
兵庫県	B	C	A	C	A	B
愛媛県	C	B	C	A	B	A

問10　下線部⑨に関連して，日本三大温泉地とは，和歌山県の白浜温泉・静岡県の熱海《あたみ》温泉・大分県の別府《べっぷ》温泉の３つであると言われます。次のア～ウのグラフは，三大温泉地のある和歌山県・静岡県・大分県のいずれかの，製造品出荷《しゅっか》額《がく》等の割合(2011年)を示したものです。静岡県にあたるものを，ア～ウから１つ選び，記号で答えなさい。

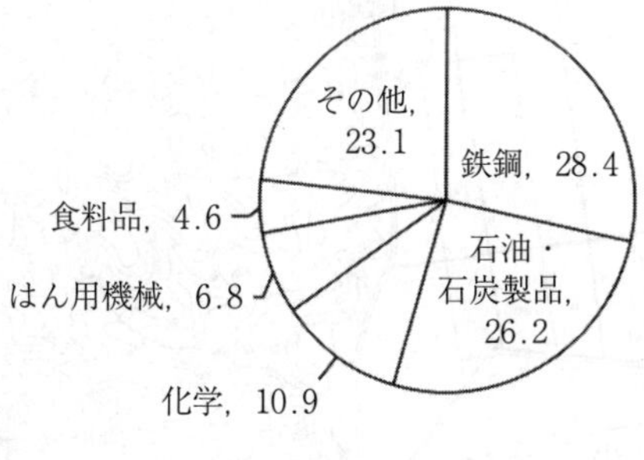

ア

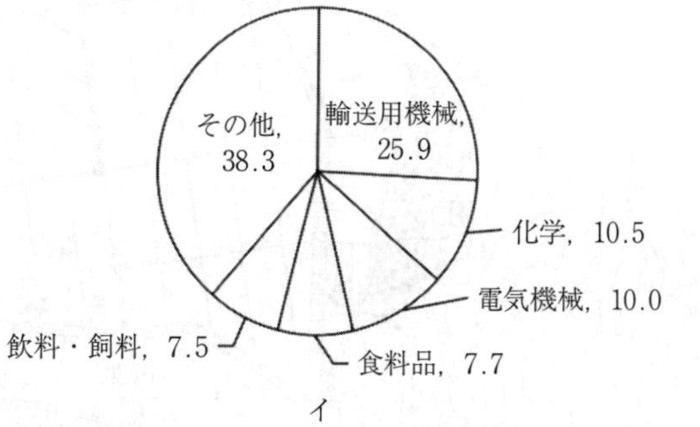

イ

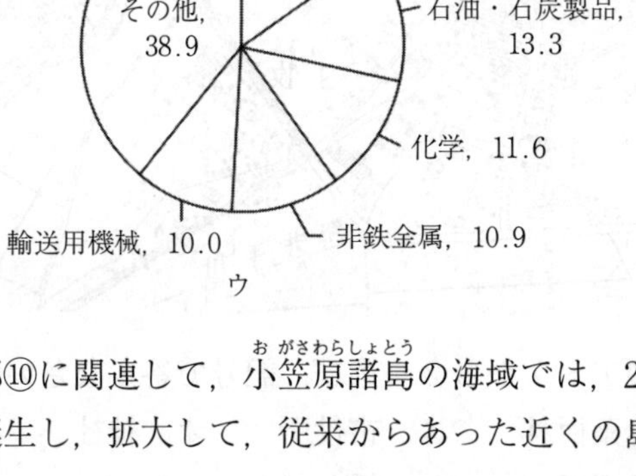

ウ

（『データでみる県勢 2014年版』より）

問11　下線部⑩に関連して，小笠原諸島《おがさわらしょとう》の海域では，2013年11月より起こった火山活動で新しく陸地が誕生し，拡大して，従来からあった近くの島と一体化しました。この島の名を答えなさい。

阿《あ》蘇内牧《そうちのまき》温泉

熊本県には1400を超《こ》える源泉があり，この数は全国第５位です。そのうち約600の源泉が阿蘇地域にあり，さらに内牧地区には130以上の源泉があります。内牧温泉は阿蘇カルデラ内にある温泉地で，外輪山の一つである大観峰《だいかんぼう》からは，田園地帯のなかに点在する温泉地を見渡《みわた》すことができます。内牧温泉は，夏目漱石《なつめそうせき》ら多くの文学者が訪れ，小説や詩，俳句などが数多くつくられたことから，文学のまちとしても知られています。また阿蘇カルデラ一帯は，火山地形を中心とした自然環境が評価され，2014年９月に世界（ e ）に認《にん》定《てい》されました。

問12　文章中の（ e ）は，地球科学的に重要な自然遺産が存在する地域の名で，その地域の自然を保全しつつ，教育への活用や地域経済の活性化へもつなげる目的を持っています。（ e ）にあたる語句を，**カタカナ**で答えなさい。

問13　次の地図は，阿蘇内牧温泉周辺を示した２万5000分の１地形図です。この図を見て，あとの設問⑴・⑵に答えなさい。

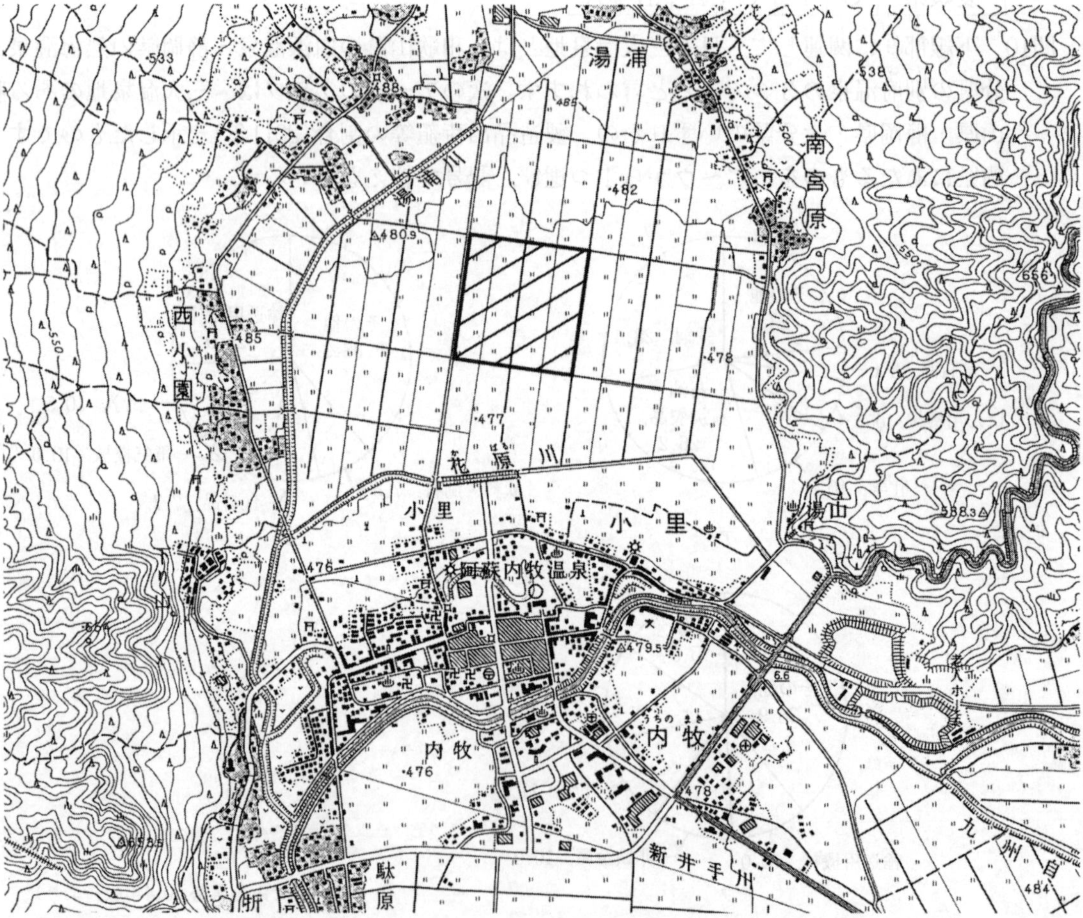

⑴　図中に見られないものを，次のア～ケから２つ選び，記号で答えなさい。

ア　田　　イ　畑　　ウ　針葉樹林　　エ　市役所　　オ　神社

カ　寺院　　キ　病院　　ク　発電所　　ケ　橋

(2) 図中の ▨ で囲まれた部分は，地図上ではおよそ1.6cm×1.6cmの区画です。この区画の実際の面積は，およそ何m^2になりますか。

ニュージーランド　ロトルア

ニュージーランド北島のロトルア市には，古くから先住民族のマオリによって利用され，19世紀から観光・保養地として発展した温泉地があります。国内2番目の大きさのロトルア湖を眺めることができる露天の岩風呂などがあり，外国からの観光客も多く訪れます。ロトルア湖は，火山の噴火口に水がたまってできた火山湖であり，間欠泉もあります。ロトルア市は，有名な温泉地があることが共通点となって，大分県の別府市と⑪姉妹都市の提携《ていけい》を結んでいます。

問14　下線部⑪に関連して，日本の多くの都市や地域は，共通点を持った国内外の都市や地域と，姉妹都市や友好都市の提携を結んでいます。次の表は，姉妹都市の一例を示したものです。表中の(ｆ)にあたる島の名を答えなさい。

日本の都市・地域	世界の都市・地域	共通点
愛知県 豊田市	アメリカ合衆国 ミシガン州デトロイト	自動車産業が発達し，市の基幹産業となった。
千葉県 浦安市《うらやすし》	アメリカ合衆国 フロリダ州オーランド	人気のテーマパークがあり，国内外から多くの観光客が訪れる。
京都府 京都市	フランス パリ	文化遺産が多い観光都市であり，国内外から多くの観光客が訪れる。
香川県 (ｆ)島	ギリシア ミロス島	1年を通して温暖な気候で，ほぼ同面積の島である。(ｆ)島では地中海周辺と同じようにオリーブの生産が多い。

インドネシア　トヤブンカ

インドネシアのバリ島の東部，バトゥール湖畔《こはん》にトヤブンカという村があります。湖畔では温泉が湧《わ》き出し，湖に面した露天風呂を楽しむことができます。バトゥール湖は，バトゥール山の噴火によってできたカルデラ湖で，2012年には⑫世界遺産にも登録されました。この湖の東にある標高約1500mの高原も，避暑地《ひしょち》としてバリ島内でも人気の観光地です。インドネシアの多くの地域では⑬イスラム教がおもに信仰《しんこう》されているのに対して，バリ島ではヒンドゥー教がおもに信仰され，島内各地で独特の文化や祭・儀式《ぎしき》などが見られるため，「神々の島」とも呼ばれます。

問15　下線部⑫に関連して，この世界遺産には，右の写真のような稲作《いなさく》地の景観も含まれます。この写真に見られる，傾斜地《けいしゃち》を利用した稲作地を何といいますか。

問16　下線部⑬に関連して，イスラム教において，聖典『コーラン』の教えに従い，飲食することが禁じられているものを，次のア〜カから1つ選

び，記号で答えなさい。

ア　鶏肉《とりにく》　イ　鶏卵《けいらん》　ウ　牛肉　エ　牛乳　オ　豚肉《ぶたにく》　カ　羊肉

トルコ　パムッカレ

　トルコ西部にあるパムッカレは，温泉が湧き出す丘陵地《きゅうりょうち》の名前です。パムッカレという言葉には「綿の城」という意味があります。この地方が昔から綿花の生産地であったことに由来し，⑭炭酸カルシウム(石灰《せっかい》)を含んだ温泉が，純白の階段のような景観をつくり出しています。この丘陵地の上には，2世紀頃にローマ帝国《ていこく》の都市ヒエラポリスがつくられ，温泉保養地としても発展したようですが，14世紀の地震《じしん》によって都市は壊滅《かいめつ》しました。現在はその遺跡《いせき》が残っており，この地域は「ヒエラポリス・パムッカレ」として世界遺産にも登録されています。

問17　下線部⑭に関連して，炭酸カルシウムを多量に含む石灰岩質の土地は，雨や地下水などによって溶《と》け，凹地《おうち》や空洞《くうどう》などの地形がつくられることがあります。このような地形を総称《そうしょう》して何といいますか。

問18　レポートで取り上げた都道府県のうち，北海道・秋田県・新潟県・熊本県に関連して，次のア～エは，4つの道県庁所在都市の雨温図を示しています。秋田県にあたるものを，ア～エから1つ選び，記号で答えなさい。

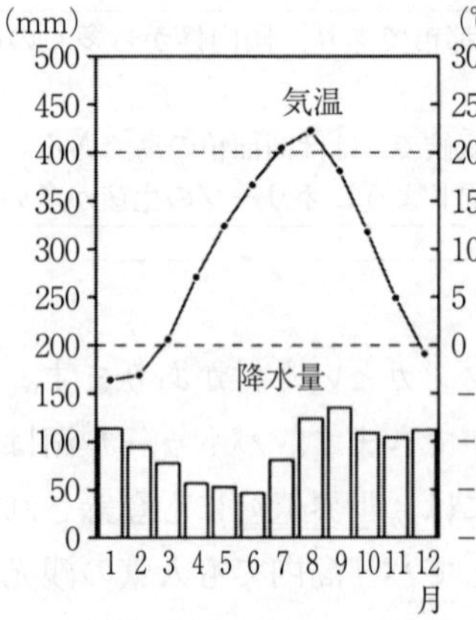

ア

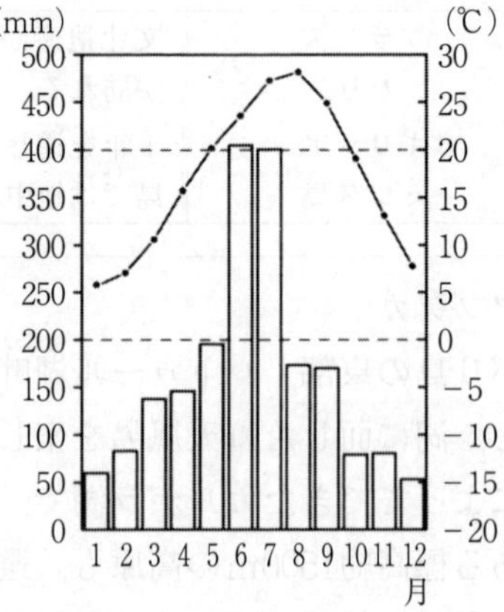

イ

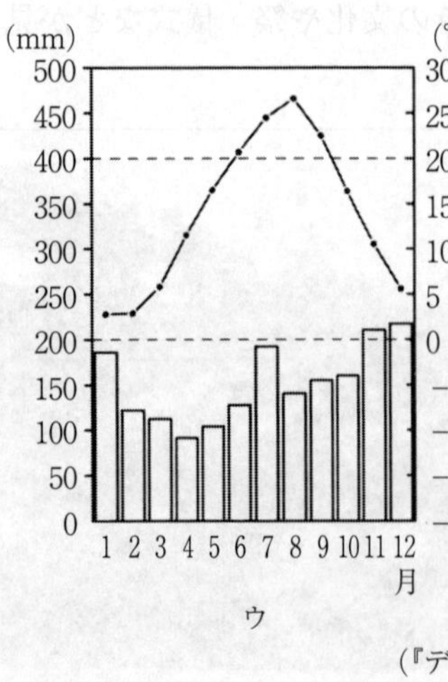

ウ

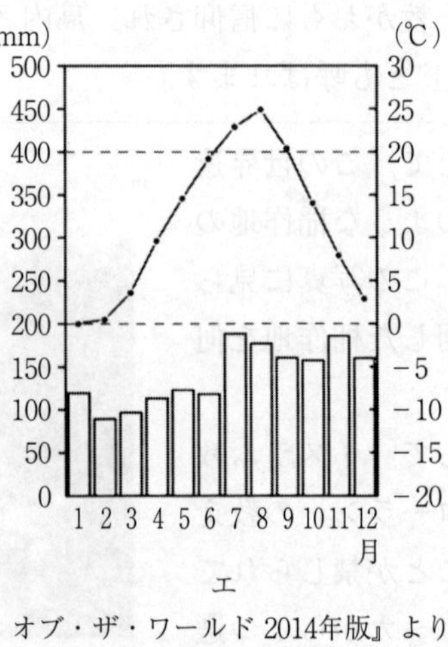

エ

(『データブック オブ・ザ・ワールド 2014年版』より)

問19　レポートで取り上げたニュージーランド・インドネシア・トルコに関連して，次の表ア～ウは，この３国のいずれかの，日本への主要輸出品目とその割合，および輸出総額(2012年)を示しています。インドネシアにあたるものを１つ選び，記号で答えなさい。

輸出品目	割合(％)
原油	18.8
液化天然ガス	18.0
石炭	13.7
非鉄金属鉱	6.3
電気機器	4.7
その他	38.5
総額　２兆5764億円	

ア

輸出品目	割合(％)
果実と野菜	15.2
アルミニウム類	13.3
酪農品《らくのうひん》と鳥卵	11.4
木・コルク製品	11.3
化学製品	10.8
その他	38.0
総額　2417億円	

イ

輸出品目	割合(％)
衣類等	19.2
まぐろ	11.0
野菜と果実	10.0
一般《いっぱん》機械	8.5
紙巻たばこ	5.6
その他	45.7
総額　459億円	

ウ

（『データブック オブ・ザ・ワールド 2014年版』より）

【理　科】（40分）〈満点：70点〉

1　A君は，休日に川原で石やガラスをいくつか拾ってきました。それらを理科室へ持っていって，先生に見せながら言いました。

「この石やガラスを簡単に見分ける薬品はありますか？」

すると先生は薬品だなからうすい塩酸を持ってきて，それぞれにかけてくれました。

問１　うすい塩酸をかけたものの中に，１つだけさかんに泡《あわ》の出るもの(Xとする)がありました。その種類は何ですか。もっとも適切なものを次のア～エの中から１つ選び，記号で答えなさい。

ア　ガラス　　イ　でい岩　　ウ　石灰岩《せっかいがん》　　エ　水晶《しょう》

問２　うすい塩酸をかけたとき，発生した気体は何ですか。もっとも適切なものを次のア～エの中から１つ選び，記号で答えなさい。

ア　ちっ素　　イ　酸素

ウ　水蒸気　　エ　二酸化炭素

A君は，なぜXから気体が発生するのかを友だちと考えてみました。すると友だちからは次のような意見がでてきました。

B君：「表面に細かな穴がたくさんあいていて，その中に入っていた気体が出てきたんじゃないかな」

C君：「いや，Xが変化して，そのときに出てきたんじゃないかな」

問３　B君の意見を確かめるために，次のような実験を考えました。泡の出ていないXを水の入ったビーカーに静かに入れ，その後のXの変化のようすとビーカー内の水面の位置を観察します。もしB君の意見が正しいとすると，Xを入れて水面が上がったあと，どのような結果になると考えられますか。もっとも適切なものを次のア～ウの中から１つ選び，記号で答えなさい。

ア　Xの表面から泡が出て，水面の位置が上がる。

イ　Xの表面から泡が出て，水面の位置が下がる。

ウ　Xの表面から泡が出て，水面の位置は変わらない。

問４　Ｃ君の意見を確かめるために，次のような実験を考えました。はじめに，これからかけるうすい塩酸の重さとＸの重さの合計をはかります。次にうすい塩酸をＸにかけ，泡が出たあとで，残ったものの重さの合計をはかります。もしＣ君の考えが正しいとすると，どのように重さが変化すると考えられますか。適切なものを次のア～ウの中から１つ選び，記号で答えなさい。

ア　重くなる　　イ　軽くなる　　ウ　変わらない

Ｘをガスバーナーで加熱してみると，白い固体(Ｙとする)に変化しました。部屋の温度と同じになるまで冷ましたあと，Ｙに水をかけると，気体が出てきました。

そこで，気体の性質を調べるために，先生からＹをたくさんもらい，フラスコに入れました。その後，図１のような装置を組み立てて，上から水を入れました。すると，はじめは管から気体が出てメスシリンダーにたまりましたが，途《と》中からは管の口まで気体がきているのに，メスシリンダーにはそれ以上たまらなくなりました。

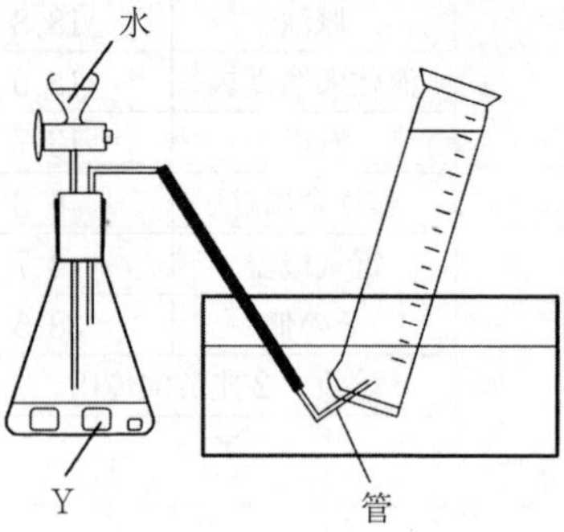

図１

問５　はじめにメスシリンダーにたまった気体は何ですか。漢字で書きなさい。

問６　下線部で出てきた気体はどのような気体ですか。次のア～エの中からもっとも適切なものを１つ選び，記号で答えなさい。

ア　空気よりも重い気体

イ　物が燃えるのを助ける性質をもつ気体

ウ　空気中にもっとも多くふくまれている気体

エ　冷やすと水になる気体

水を入れてしばらくたったあと，フラスコの中でＹは変化して，白い粉Ｚになりました。先生はＡ君に，「この白い粉Ｚを水にとかすと，理科室で二酸化炭素を検出するために使う水よう液になる」と教えてくれました。そして先生は，Ａ君に右のような表をわたして，「この白い粉Ｚをできるだけたくさん水にとかしてごらん」と言いました。

水100mLにとける白い粉Ｚの重さ

温度(℃)	20	40	60	80
重さ(g)	0.16	0.13	0.11	0.09

問７　下線部の白い粉Ｚを同じ量の水にできるだけ多くとかすためには，水よう液をどうすればよいですか。もっとも適切なものを次のア～エの中から１つ選び，記号で答えなさい。ただし，部屋の温度は25℃とします。

ア　あたためて部屋の温度より高い温度にする。

イ　冷やして部屋の温度より低い温度にする。

ウ　部屋の温度のまま，静かに置いておく。

エ　部屋の温度のまま，かき混ぜる。

2　カズト君とリョウタロウ君は，夏休みに湖のほとりで，図１のような生物を見かけました。体長は２～３cmくらいで，道ばたのミミズの死がいを食べていましたが，棒でつつくとかなりの速さで走り去りました。二人はこの生物のことを，理科のアキヒコ先生に報告し，この生物が何だったのかを教えてもら

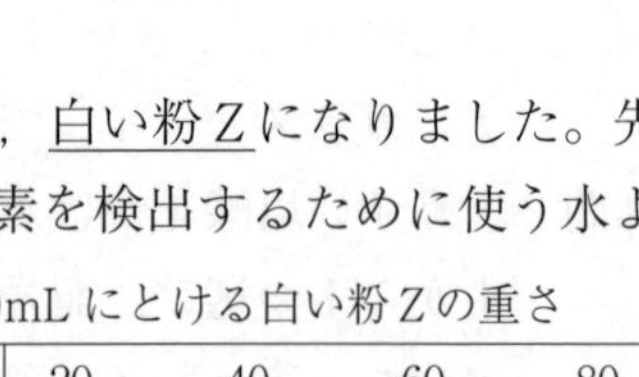
図１

おうと思いました。カズト君は説明のためにスケッチをかき(図２)，二人はそれを持って先生のところに行きました。

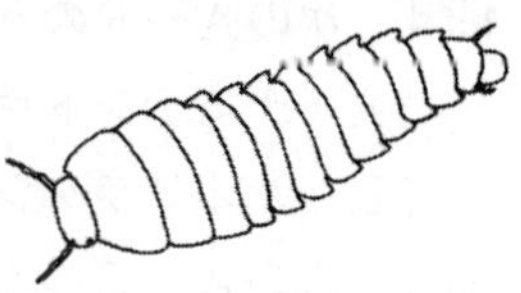

図２

先生はカズト君のスケッチを見て言いました。「この生物にはあしが何本あった？」

リョウタロウ君は「ダンゴムシみたいにたくさんあったと思う。すごいスピードで走って行ったから」，カズト君は「最初，たくさんあるかと思ったけれど，よく見たら(　ア　)本だった」と答えました。

先生はそれを聞くと，「あしが(　ア　)本なら，こん虫の仲間だね。そこに図鑑《かん》があるから，調べてごらん」と言いました。

二人は熱心に調べましたが，図１のようなこん虫はなかなか見つかりません。あきらめかけたころ，先生がにこにこしながら声をかけてきました。

「ところで，その生物の近くに，こんな虫はいなかったかな？」先生はそう言って図３の写真を見せました。二人は思わず同時に声を上げました。というのは，その虫はなぞの生物といっしょにミミズの死がいを食べていたからです。

図３

「いました！　いっしょに死んだミミズを食べていました」

「それなら，この虫が何という名前か，調べてみてはどうだろう？」

どういう関係があるのか疑問に思いながら，二人は図鑑を調べ始めました。こちらはそれほど苦労せずに見つけることができました。

「ありました！　オオヒラタシデムシです」

リョウタロウ君が先生に示すと，先生は「そのこん虫の説明をよく読んでごらん」と言いました。図鑑には，オオヒラタシデムシは「卵→幼虫→(　イ　)→成虫」と成長していくとあり，それぞれの写真が示されていました。

「これだ！」そこに写っていたのは，まさに図１の生物でした。「(　ウ　)だったのか！　どうりで見つからないわけだ」と二人は顔を見合わせて笑いました。

問１　本文中の空らん(ア)，(イ)に当てはまる数字・語句を答えなさい。

問２　カズト君の観察が正しかったとすると，この生物のあしはどの節に生えていると考えられますか。右の図のＡ～Ｍの中から当てはまるものを**すべて選び**，記号で答えなさい。ただし，胸の節には必ずあしが１対《つい》(２本)生えているものとします。

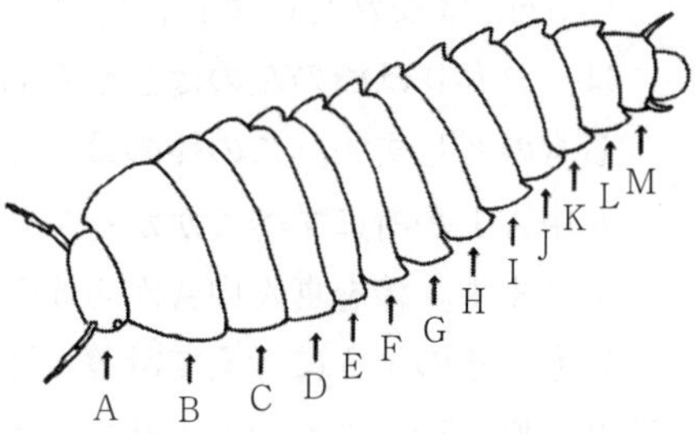

問３　図鑑は，こん虫を似た特ちょうをもつグループに分けて，グループごとにのせています。図３のこん虫は，以下のどのこん虫と同じグループであると考えられますか。当てはまるものを次のＡ～Ｌの中から２つ選び，記号で答えなさい。

Ａ　ナナホシテントウ　　Ｂ　モンシロチョウ　　Ｃ　オオカマキリ
Ｄ　ショウリョウバッタ　　Ｅ　カブトムシ　　Ｆ　シオカラトンボ
Ｇ　カイコガ　　Ｈ　アキアカネ　　Ｉ　エンマコオロギ
Ｊ　ミツバチ　　Ｋ　ミンミンゼミ　　Ｌ　アゲハ

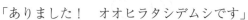

問4　次のA～Fのうち，ミミズと同じものを食べる生物を1つ選び，記号で答えなさい。

A　ナミテントウ(テントウムシ)　　B　カイコガ　　C　シオカラトンボ

D　オオヒラタシデムシ　　E　ミンミンゼミ　　F　ダンゴムシ

問5　次のA～Eのうち，幼虫と成虫が同じものを食べるこん虫を3つ選び，記号で答えなさい。

A　ナナホシテントウ　B　モンシロチョウ　C　オオカマキリ

D　ショウリョウバッタ　E　カブトムシ

問6　下線部のリョウタロウ君の意見が正しかったとしても，図1の生物が(ウ)だった場合，この生物はこん虫である可能性があります。(ウ)に当てはまる語句を答えなさい。また，(ウ)のあしが(ア)本より多いこん虫を，問5のA～Eの中から1つ選び，記号で答えなさい。

3　古代ローマ時代から現在まで使われている棒はかり(さおはかり)について考えます。棒はかりは，棒の片側に皿を垂らし，その近くに付けたつりひもをつまみ上げて支点とし，棒が水平になるまでおもりの位置を動かして，皿にのせたものの重さをはかる道具です。

長さ40cm，重さ20gの太さが変わらない棒を用意して，棒の真ん中Aを支点としてつりひもでつるしました。支点Aから左に10cmはなれた位置Bに重さ10gの皿を下げ，棒の別の位置に重さ30gのおもりを下げました。ただし，おもりは支点Aから棒の右のはしまで動かせるものとします。

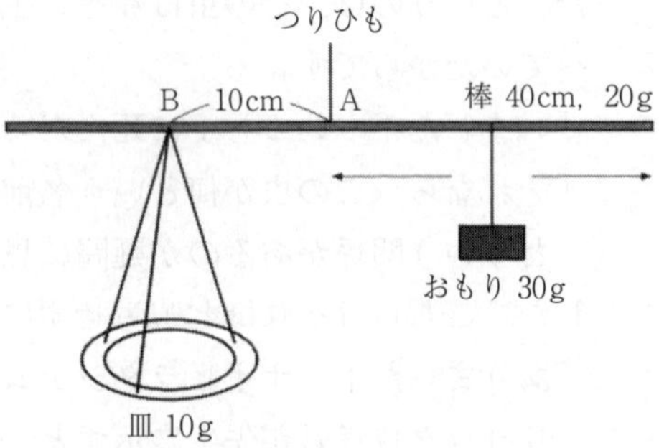

問1　皿に何ものせずに，棒が水平になるようにおもりを動かします。棒が水平になるときのおもりの位置は支点Aから右に何cmはなれた位置ですか。小数第1位まで求めなさい。

問2　この棒はかりは，最大で何gの重さまで皿にのせてはかることができますか。ただし，支点の位置と皿の位置は動かさないものとします。

次に，この棒はかりの支点を棒の真ん中Aから左に9cmの位置Cに移動し，皿をその支点Cから左に5cmはなれた位置Dに付けかえました。ここでは，おもりは棒の左のはしから右のはしまで動かせるものとします。この棒の重さは，いつでも棒の真ん中A1か所にすべてかかっていると考えることができます。棒を真ん中Aからずらしてつるしたときにも，そのように考えて計算することができます。

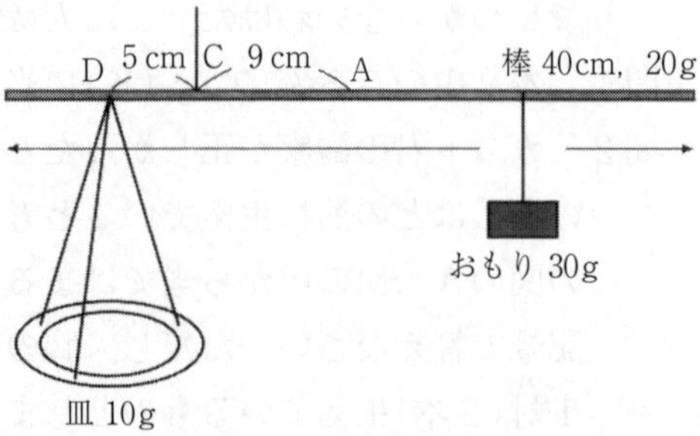

問3　皿に50gのものをのせて，おもりを移動させて棒が水平になるようにつり合わせます。そのときのおもりの位置に「50g」の目盛りをつけます。同じようにして「60g」，「70g」などの目盛りをつけていくと，となり合う目盛りの間隔《かく》はどうなりますか。次のア～ウの中から1つ選び，記号で答えなさい。

ア　棒の右のはしに近づくほど，目盛りの間隔は広くなる。

イ　棒の右のはしに近づくほど，目盛りの間隔はせまくなる。

ウ　目盛りの間隔は変わらない。

問4　「0g」の目盛りは支点Cを基準として左右どちらに何cmはなれた位置ですか。小数第1位まで求めなさい。

問5　この棒はかりは，最大で何gの重さまで皿にのせてはかることができますか。ただし，支点の位置と皿の位置は動かさないものとします。

問6　この棒はかりを最大で500gの重さまではかれるようにするためには，どのような工夫《くふう》をしたらよいですか。次のア～カの中から2つ選び，記号で答えなさい。

ア　皿を重くする。

イ　皿を軽くする。

ウ　つりひもを皿に近い位置に付けかえる。

エ　つりひもを皿から遠い位置に付けかえる。

オ　おもりを重くする。

カ　おもりを軽くする。

4　Ⅰ　次の文章は，東京のある場所でのできごとです。これに関する以下の問い(問1～問3)に答えなさい。ただし，春の天気は，晴れの天気とくもっていたり雨が降っていたりする天気が入れかわり，数日おきに変化しているものとします。

4月のよく晴れた朝，花だんにヒマワリの種をまきました。ホースにつないだシャワーで水やりをしたところ，シャワーの水滴《てき》によって虹《にじ》が見えました。夕方，朝と同じようにシャワーを花だんに向けて水やりをしました。このとき虹は見えませんでしたが，別の方向にシャワーを向けたときに虹が見えました。時間帯を変えてみたり，シャワーの方向を変えてみたりしたところ，太陽を背にして正面に水を出しているときにだけ，虹が見えることがわかりました。

空に見られる虹もこれと同じしくみでできています。雲から降ってくる雨が，シャワーから出る水滴の役割をしているのです。虹が見えるのは，太陽が出ているところと空に水滴があるところが存在しているとき，つまり晴れから雨，雨から晴れというように天気が変わるときです。

問1　下線部について，次の図のA～Cは，ヒマワリの種をまいた日の前日までの3日間の気象衛星ひまわりによる雲の画像です。これらを時間経過の順に並べるとどのようになりますか。下のア～カの中から1つ選び，記号で答えなさい。

A

B

C

ア　A→B→C　　イ　A→C→B

ウ　B→A→C　　エ　B→C→A

オ　C→A→B　　カ　C→B→A

問2　「山に笠《かさ》(笠のような雲)がかかると雨が降る」や「朝茶がうまいと天気がよい」のように，昔から天気の変化を予想することわざがあります。これと同じように，虹ができるしくみと春の天気の変化を組み合わせて，天気の変化を予想する文を考えたとき，もっとも適切なものはどれですか。次のア～エの中から１つ選び，記号で答えなさい。

ア　朝虹は晴れ，夕虹も晴れ　　イ　朝虹は晴れ，夕虹は雨

ウ　朝虹は雨，夕虹は晴れ　　エ　朝虹は雨，夕虹も雨

※たとえば「朝虹は晴れ」という文は，「朝，虹が見えると，晴れになる」という意味です。

問3　春は晴れと雨とが数日おきに入れかわるものとすると，次のAとBの２つの文はそれぞれ正しいといえますか。もっとも適切なものをア～エの中から１つ選び，記号で答えなさい。

A　夕日が見えたら雨になる

B　夜明け前，満月が見えたら晴れのまま

ア　AもBも正しい　　イ　Aのみ正しい

ウ　Bのみ正しい　　エ　AもBも正しくない

Ⅱ　台風に関する次の問い(問４～問６)に答えなさい。

問4　台風がもっとも多く日本の本州に上陸する時期はいつですか。もっとも適切なものを次のア～エの中から１つ選び，記号で答えなさい。

ア　２～３月　　イ　５～６月　　ウ　８～９月　　エ　11～12月

問5　台風が日本を通過するときの主な進路はどれですか。もっとも適切なものを図中の矢印ア～エの中から１つ選び，記号で答えなさい。

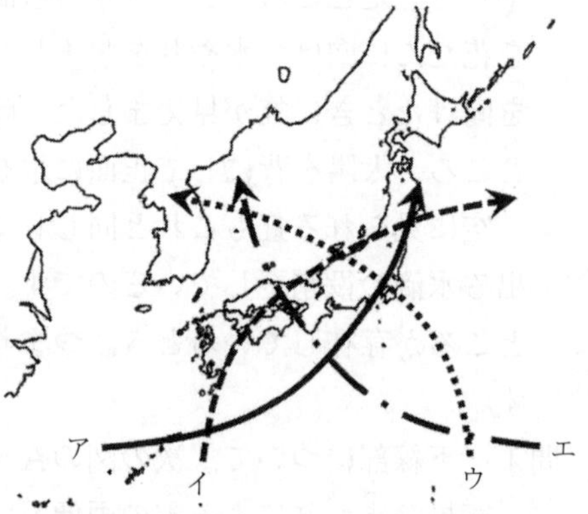

問6　台風による影響《えいきょう》について述べた文のうち，**適切でないもの**はどれですか。次のア～オの中から１つ選び，記号で答えなさい。

ア　高い波によって海岸付近が浸《しん》水する。

イ　強い風によって建造物が破かいされる。

ウ　大雨によって水不足が解消される。

エ　強い風によって津《つ》波が発生する。

オ　大雨によって河川《かせん》がはんらんする。

「お前がやれ」父さんはそう言って、ぼくの手に金づちをにぎらせた。「気をつけるんだぞ」「うん。気をつけるよ」とぼくは言って、そのとおり気をつけていたけれど、しばらくすると父さんはしびれを切らして言った。「どうした、早くブタを割れ」「え?」とぼくは言った。「マーゴリスを、割る?」「そうだ、そのマーゴリスだ」と父さんは言った。「さあ、早く割るんだ。もうバート・シンプソンを買っていいんだぞ。お前はよくがんばったからな」マーゴリスは、自分がもうすぐ死ぬ運命なのを知っている陶器のブタの悲しい笑《え》みを浮《う》かべていた。バート・シンプソンなんてどうだっていい。このぼくが、友だちの頭を金づちでかち割るだって?「バート・シンプソンなんかいらない」ぼくは父さんに金づちを返した。「マーゴリスだけでいい」「なにを言ってるんだ」と父さんは言った。「遠慮《えんりょ》するな。これは社会勉強なんだから。貸せ、父さんがやってやろう」父さんは金づちをふりあげた。母さんがぎゅっと目をとじ、マーゴリスがあきらめたようにほほえむのを見て、ぼくは自分がなんとかするしかないと気づいた。ぼくが何もしなければ、マーゴリスは死ぬのだ。「父さん」ぼくは父さんの脚《あし》にすがりついた。「なんだ、ヨアヴィ」父さんは金づちをもった手を止めて言った。「お願い、あともう一シェケルだけ」とぼくは言った。「あしたの朝ココアを飲んで、もう一シェケル入れてもいいでしょ? そしたらきっと割るから。約束するよ」「あと一シェケルだと?」父さんは笑って金づちをおろした。イ「見たか? こいつ、すっかり克己心《こっきしん》が身についたようだぞ」「うん、そう、こっき心だよ」とぼくは言った。「だからあしたまで待って」もう涙《なみだ》で声がふるえていた。

二人が出ていったあと、ぼくはマーゴリスを抱《だ》きしめて、好きなだけ泣いた。マーゴリスは何も言わずに、ただぼくの手のなかで小さくふるえていた。「心配しないで」ぼくはかれの耳にささやいた。「きっと助けてやるから」

その夜、父さんが居間でテレビを見おわって二階に上がるまで、ぼくは待った。それからそっとベッドを抜《ぬ》けだして、マーゴリスを連れて忍《しの》び足で玄関《げんかん》を出た。ぼくらは暗やみのなかを長いこと歩き、やがてアザミのおいしげる原っぱについた。「ブタは原っぱが大好きだろ」ぼくはそう言って、マーゴリスを地面におろした。「とくにアザミの原っぱには目がないんだ。お前もきっと気に入るよ」ぼくはマーゴリスが何か言うのを待ったけれど、かれはだまっていた。さよならのかわりに鼻にさわると、かれはただ悲しげにぼくを見つめかえしただけだった。もう二度と会えないのがわかっていたのだ。

（エトガル・ケレット＝著、岸本佐知子《さちこ》＝訳、「ブタを割る」の全文）

問一　――ア「さあこれでもう大丈夫、息子は不良になったりしない」とありますが、「父さん」がそのように考える理由を説明しなさい。

問二　――イ「『見たか? こいつ、すっかり克己心が身についたようだぞ』『うん、そう、こっき心だよ』」とありますが、「克己心」「こっき心」という書き分けがされていることに注意しながら、ここでの「父さん」と「ぼく」の気持ちをそれぞれ説明しなさい。

問三　この話は、「一人の少年がブタの貯金箱との心の交流を通して、『友人を愛すること』を体験する物語」と考えることもできます。少年にとって「友人を愛する」とはどのようなことであったと考えられますか。文章全体の展開をふまえて、自分の言葉で説明しなさい。

二　次の文章を読んで、後の問いに答えなさい。

どんなに頼《たの》んでも、父さんはバート・シンプソン人形を買ってくれなかった。母さんはいいと言ったのに、父さんは母さんがぼくに甘《あま》すぎると言った。「そうだろうが、え？」父さんは母さんに言った。「なんだっておれたちがそんなものを買ってやらなきゃならん？　お前はいつもそうやって、息子《むすこ》がちょっと泣き声を出したらすぐに言うことを聞いちまうんだ」お前はお金のありがたみがわかっていない、と父さんはぼくに言った。こういうことは子供のうちに叩《たた》きこまなきゃだめなんだ。バート・シンプソン人形を簡単に買ってもらうような子供が、大きくなって雑貨屋に押《お》し入るような不良になるんだ。欲しいものは何でも楽して手に入るのが当たり前だと思っているからな。というわけで、父さんはバート・シンプソン人形のかわりに、背中にお金を入れる穴のあいた、ださい陶器《とうき》のブタの貯金箱をぼくにくれた。アさあこれでもう大丈夫《だいじょうぶ》、息子は不良になったりしない、というわけだ。

毎朝、ぼくは大きらいなココアを飲まされる。膜《まく》がはったココアを飲めば一シェケル、膜なしだと半シェケル。すぐに吐《は》き出してしまったら何もなしだ。もらったコインをブタの背中に入れて振《ふ》ると、ガラガラ音がする。ブタがいっぱいになって振っても音がしなくなったら、スケボーに乗ったバート・シンプソンの人形を買っていい。そう父さんが約束したのだ。これならお前のためにもなるからな。よく見るとブタはかわいかった。鼻をさわるとひんやりしていて、一シェケルを背中に入れるとにっこり笑い、半シェケルを入れてもにっこり笑う。でもなんといっても一番すてきなのは、何も入れないときでもにっこりしてくれることだ。ぼくはブタに名前をつけた。マーゴリス――これは前にうちの郵便受けに住みついていた人の名前で、父さんはやっきになってこの人のシールをはがそうとしたけれど、だめだった。マーゴリスは他のどんなおもちゃとも似ていない。とても静かで、ライトも、バネも、液もれのする電池もない。ただ一つだけ、かれがテーブルから飛びおりようとするのだけは要注意だ。「マーゴリス、気をつけろ！　お前は陶器でできてるんだから」マーゴリスが身を乗り出して下の床《ゆか》をのぞいているのを見つけて、ぼくは言う。するとかれはにっこり笑って、ぼくが下におろしてやるまでおとなしく待っている。マーゴリスが笑うとぼくもうれしくなる。マーゴリスのためだけに、ぼくは毎朝膜のはったココアを飲む、一シェケルを背中に入れて、かれの笑顔《えがお》がいつもと変わらないのを、ただたしかめたい一心で。「大好きだよマーゴリス」そのあとでぼくは言う。「ほんとだよ。母さんよりも父さんよりも好きだ。何があっても、たとえお前が雑貨屋に押し入ったって、きらいになんかなるもんか。でもお願いだから、テーブルからジャンプするのだけはやめてくれよな！」

きのう父さんがやって来て、テーブルの上にいたマーゴリスを持ちあげて、乱暴に振ったりさかさまにしたりしだした。「やめてよ父さん」とぼくは言った。「マーゴリスがお腹《なか》をこわしちゃうよ」でも父さんはやめなかった。「もう音がしなくなったな。つまりどういうことかわかるか？　スケボーに乗ったバート・シンプソン人形があしたお前のものになるということだ」「うん、そうだね」とぼくは言った。「スケボーに乗ったバート・シンプソン人形、すごくうれしいな。でもお願いだからマーゴリスをそんなふうに振らないでよ。目を回しちゃうじゃないか」父さんはマーゴリスをテーブルに置いて、母さんを呼びにいった。そして片手で母さんの手をひっぱり、もう片ほうの手に金づちを持ってもどってきた。「どうだ、おれの言ったとおりだろう」父さんは母さんに言った。「こいつもやっと物の大切さを学んだんだ。そうだな、ヨアヴィ？」「うん」とぼくは言った。「すごくわかったよ。でもその金づちはなんなの？」

る。へこんだ存在をみなが気づかい、いたわることもあれば、それをあざ笑うことで①おぞましい連帯が生まれることもある。ときにそのあざ笑われる者が、なにかの拍子《ひょうし》に反転してまぶしい光を4ハナつということもある。そして、「差別」や「崇拝《すうはい》」と同じこの構造の力が、ケアという場にはたらきださない保証はどこにもない。

獣医さんの多くはこよなく動物好きだろうが、同時に、こうした構造をもつ場を仕切る司祭者のごとくにふるまってもいる。もの言わぬ動物を中心に編まれる家族の「ファンタジー(＝幻想《げんそう》)」の強力な共犯者としても、その場に登場するわけだ。だれがペイする(＝ペットの治療費を支払《しはら》う)のかという計算もつねに頭をよぎることだろう。「愛らしい」ものを愛《め》でる獣医は、そんな「専門職」としてのクールな顔を背後に隠《かく》してもいるはずだ。そして、他方で、飼い主に棄《す》てられたペット、ショップで売れ残ったペットがどのようなプロセス(＝手順)で「処分」されるかを、5ジュクチし、憂《うれ》えてもいるはずだ。

イそこで話はケアという仕事に戻《もど》る。ケアの場は②やるせないものだ。一度かぎりの解決というものもなくて、果てしない疲労《ひろう》に襲われる。そこには、本人の無念、家族との長年の確執《かくしつ》(＝お互《たが》いが自分の意見を譲《ゆず》らずに生じる不和)もまた流れ込んでいる。だからケアについてはくりかえし「美しい」物語が紡《つむ》ぎだされるのだが、わたしたちは同時に、そのケアの場がとてつもなく「危《あや》うい」場でもあることから眼《め》を逸《そ》らせてはならない。見たくないものを見ることも、希望を抱《いだ》くことと同じくらいたいせつだ。「無力な」者を「善意」でくるみ、「わたしたち」の向こうに押し出してしまう構造、そのような強・弱の関係の外に出ることを、先の中井さんの言葉は説いているのかもしれない。

(鷲田清一《わしだきよかず》『大事なものは見えにくい』より)

問一 ——1〜5のカタカナの部分を、漢字に改めなさい。一画ずつていねいに書くこと。

問二 ——①「おぞましい」・②「やるせない」の本文中における意味としてもっとも適当なものを後の中から一つ選び、それぞれ記号で答えなさい。

① 「おぞましい」
ア 強力な　イ みじめな
ウ けがらわしい　エ ぞっとするような
オ 目にあまるような

② 「やるせない」
ア 許しがたい　イ なじみのうすい
ウ 取り組みにくい　エ 気のゆるむ間もない
オ 気持ちのやり場のない

問三 ——ア「『心のうぶ毛』をはたらかせなければならない」とありますが、「『心のうぶ毛』をはたらかせ」るとは動物の場合、どうすることですか。ここまでの内容をふまえて、わかりやすく説明しなさい。

問四 ——イ「そこで話はケアという仕事に戻る」とありますが、ケアの場とペットを取り巻く場との間には、どのような共通点があると筆者は考えていますか。「強者」と「弱者」という言葉を用いて、わかりやすく説明しなさい。

平成二十七年度 開成中学校

【国語】（五〇分）〈満点：八五点〉

一　次の文章を読んで、後の問いに答えなさい。ただし、（＝　）は出題者による注です。

ケア（＝介護《かいご》や世話）の専門家といえば、看護師や介護福祉士《ふくしし》、ソーシャルワーカー（＝社会福祉活動を行う人）やカウンセラーといった職種のひとがすぐに浮《う》かぶ。お坊《ぼう》さんや「保健の先生」というのも、ある意味でケアの専門家といえるかもしれない。それに対して、獣医《じゅうい》さんは人間を相手にするわけではないので、ふつうケア・サーヴィスという職種には数え入れられない。

　こういう見方に対してささやかに異議を唱えるのが、精神科医の中《なか》井久夫《いひさお》さんだ。

　「医療《いりょう》では、ずいぶん患者《かんじゃ》に無理を強《し》いる。実は獣医学のほうがずっと、相手である動物の意志を尊重している。それは、動物にがまんをさせるということがむずかしいからである。とらえられただけでハンガー・ストライキ（＝飲まず食わずで抵抗《ていこう》すること）をして死ぬ動物も多い。食べ物が違《ちが》うとか、寝床《ねどこ》が違うだけで、拒絶《きょぜつ》反応をするペットも多い。だから獣医さんたちは徹底的《てっていてき》に動物のほうに自分を合わせる。獣医さんたちは、動物の気持を察するためにたいへんこまやかな心のアンテナを持っておられる方が多い」。だから、ケア・サーヴィスに1ジュウジしているひとは獣医さんからこそ多くを学ぶべきだと、中井さんは言う。

　「処置」を前に、わたしたちは無言の「弱者」のさしあたっては理解不能なふるまいを、からだ全体のあらゆる感覚を動員して、受けとめなければならない。中井さん一流の言い方を借りると、ア「心のうぶ毛」をはたらかせなければならないのだ。

　しかし、ペットを中心としたこの場には、その「心のうぶ毛」を押《お》さえつける、なにか強力な構造（＝仕組み）の力のようなものが、知らぬまにはたらきだしている。

　調子がぐんと落ち込《こ》んでいるのに何も訴《うった》えない犬、苦痛や痒《かゆ》みに襲《おそ》われているのに何が起こっているのか見当もつかないらしい猫《ねこ》。わたしたちは気が2ドウテンし、底知れぬ不安に包まれながら、犬あるいは猫を抱《だ》きかかえ、獣医さんのもとへ走る。何が起こっているのか分からないペットは、苦しいはずなのに、獣医さんがいつも大好きなお菓子《かし》をくれるのでたぶんそれを待っている。獣医さんは犬に声をかけながら、聴診器《ちょうしんき》を当て、触診《しょくしん》し、最後は注射を打つ。声を立てているのは人間ばかり。訴えもしない犬にみなの視線が集中する。

　ある病院の脳外科《のうげか》で看護助手をしていたことのある若い社会学者が、獣医科のあの光景は脳外科の集中治療室《ちりょうしつ》の光景に重なると言った。もの言わぬ患者さんを中心に、すべての言葉、すべての行動が組織される。その一体感、その熱気はすごいものだった、と。

　もの言わぬ「弱者」、いってみれば「へこんだ」存在を中心に据《す》えることで、こちら側に形成される強力な秩序《ちつじょ》。それは、みなの関心を一点に3キュウシュウすることでできあがる。じぶんたちのなかから何者かを「無力な」存在として押《お》しだし、それにみなが視線を集中させることで「わたしたち」という連帯がこちら側に確立される。みなの視線を集める〈空虚《くうきょ》な中心〉、その役割は、現代の家族生活では大型テレビやペットが担《にな》っている。

　じっさい、みながこぞって心配している図というのは、みながこぞって忌避《きひ》し（＝嫌《いや》がって避《さ》け）ているという図と、図としては同じであ

平成27年度

開成中学校 ▶解説と解答

算数 (60分) ＜満点：85点＞

解答

[1] (1) (A) 12 (B) 24 (C) 44 (2) $\frac{1}{4}$，$\frac{2}{3}$，$1\frac{1}{3}$，$2\frac{1}{2}$，5 (3) 小さいほうから5番目…$\frac{209}{27}$，大きいほうから5番目…$\frac{1167}{27}$ [2] (1) 2 (2) [シ]…5，[ス]…2 (3) ㋓ (4) [ソ]…4，[タ]…4，[チ]…2，[ツ]…2 [3] (1) ゆう君…$6\frac{1}{7}$分，まさひろ君…$5\frac{20}{21}$分 (2) $78\frac{4}{7}$m (3) B地点のほうへ$9\frac{11}{21}$mずれた場所 (4) 19回目，7.2m [4] (1) $24cm^3$ (2) 図…解説の図3を参照のこと。／切断面の面積…6 cm^2 (3) $12cm^3$ (4) 6 cm^3

解説

[1] 約束記号，分数の性質。

(1) (A) $\left\langle\frac{23}{5}\right\rangle=\left\langle 4\frac{3}{5}\right\rangle=4+5+3=12$より，□＝12となる。 (B) $\left\langle □\frac{15}{12}\right\rangle=\left\langle □\frac{5}{4}\right\rangle=\left\langle □+1\frac{1}{4}\right\rangle$ $=\left\langle (□+1)\frac{1}{4}\right\rangle=(□+1)+4+1=□+6$となる。よって，□＋6＝30より，□＝30－6＝24とわかる。 (C) □が1のとき，$\left\langle\frac{4}{1}\right\rangle=\langle 4\rangle=4$，□が2のとき，$\left\langle\frac{4}{2}\right\rangle=\langle 2\rangle=2$，□が3のとき，$\left\langle\frac{4}{3}\right\rangle=\left\langle 1\frac{1}{3}\right\rangle=1+3+1=5$，□が4のとき，$\left\langle\frac{4}{4}\right\rangle=\langle 1\rangle=1$となるから，□は5以上とわかる。□が5以上のとき，$\frac{4}{□}$を約分した分数を$\frac{b}{a}$とすると，aとbの間には2以上の公約数はなく，$a+b=12(a>b)$となる。よって，考えられる$\frac{b}{a}$は$\left\{\frac{1}{11}, \cancel{\frac{2}{10}}, \cancel{\frac{3}{9}}, \cancel{\frac{4}{8}}, \frac{5}{7}\right\}$より，$\frac{1}{11}$と$\frac{5}{7}$とわかる。このうち，約分する前の分子を4にすることができるのは$\frac{1}{11}$なので，$\frac{1}{11}=\frac{1\times 4}{11\times 4}=\frac{4}{44}$より，□＝44と求められる。

(2) [ア]が1よりも小さい分数のとき，[ア]を約分した分数を$\frac{[ウ]}{[イ]}$とすると，[イ]＋[ウ]＝5 ([イ]＞[ウ])となる。よって，考えられる$\frac{[ウ]}{[イ]}$は，$\frac{1}{4}$と$\frac{2}{3}$である。また，[ア]が1よりも大きい分数のとき，[ア]を帯分数にしてから約分した分数を$[イ]\frac{[エ]}{[ウ]}$とすると，[イ]＋[ウ]＋[エ]＝5 ([ウ]＞[エ])となる。したがって，考えられる$[イ]\frac{[エ]}{[ウ]}$は，$1\frac{1}{3}$と$2\frac{1}{2}$である。さらに，[ア]が5の場合もあるから，小さい順に並べると，$\frac{1}{4}$，$\frac{2}{3}$，$1\frac{1}{3}$，$2\frac{1}{2}$，5となる。

(3) [ア]が整数になるとき，⟨[ア]⟩＝54となる[ア]の値は，$\frac{27\times 54}{27}=\frac{1458}{27}$である。また，[ア]が1よりも小さい分数のとき，⟨[ア]⟩の値は最大で，$\left\langle\frac{26}{27}\right\rangle=27+26=53$なので，⟨[ア]⟩＝54になることはない。次に，[ア]が1よりも大きい分数のとき，[ア]を帯分数にしてから約分した分数を$[イ]\frac{[エ]}{[ウ]}$とすると，[イ]＋[ウ]＋[エ]＝54([ウ]＞[エ])となる。ここで，27＝3×3×3より，約分する数は3か9だから，[ウ]の値は{3，9，27}のいずれかになる。[ウ]＝3のとき，[イ]＋[エ]＝54－3＝51なので，考えられる[ア]の値は，$50\frac{1}{3}$と$49\frac{2}{3}$である。また，[ウ]＝9のとき，[イ]＋[エ]＝54－9＝45だから，考えられる[ア]の値は，小さい順に，$37\frac{8}{9}$，$38\frac{7}{9}$，…，大きい順に，$44\frac{1}{9}$，$43\frac{2}{9}$，…となる。さらに，[ウ]＝27のとき，[イ]＋[エ]＝54－27＝27なので，考えられる[ア]の値は，小さい順に，$1\frac{26}{27}$，$2\frac{25}{27}$，…，大きい順に，$26\frac{1}{27}$，$25\frac{2}{27}$，…となる。よって，小さいほうから５番目の数は，$1\frac{26}{27}$，$2\frac{25}{27}$，$4\frac{23}{27}$，$5\frac{22}{27}$，$7\frac{20}{27}$より，$7\frac{20}{27}=\frac{209}{27}$である。また，大きいほうから１番目の数は$\frac{1458}{27}$(＝54)，２番目の数は$50\frac{1}{3}$，３番目の数は$49\frac{2}{3}$なので，４番目の数は$44\frac{1}{9}$，５番目の数は，$43\frac{2}{9}=\frac{389}{9}=\frac{1167}{27}$である。

2　平面図形—面積，消去算。

(1)　下の図１で，エは正三角形だから，オの中心角は，90－60＝30(度)である。よって，エとカを合わせたおうぎ形の面積は，オの面積の，60÷30＝２(倍)なので，㋕＝㋔×２－㋓×１(…①)という関係がある。

(2)　下の図２で，かげをつけた部分はカと合同であり，太線で囲んだおうぎ形はオと合同である。よって，㋐＋㋑＝㋕×２＋㋔という関係がある。これに①の式をあてはめると，㋐＋㋑＝(㋔×２－㋓×１)×２＋㋔＝㋔×４－㋓×２＋㋔＝㋔×５－㋓×２(…②)となる。

(3)　下の図３で，かげをつけた部分はカと合同であり，太線で囲んだおうぎ形はオと合同である。よって，㋑＋㋒＋㋕＝㋔という関係がある。これに①の式をあてはめると，㋑＋㋒＋㋔×２－㋓×１＝㋔となる。さらに，等号の両側から㋔×１をひき，等号の両側に㋓×１を加えると，㋑＋㋒＋㋔＝㋓(…③)とわかる。

(4)　下の図４から，㋖＝㋐＋(㋑＋㋒)×４(…④)という関係があることがわかる。また，③の式から，㋑＋㋒＝㋓－㋔となるので，これを④の式にあてはめると，㋖＝㋐＋(㋓－㋔)×４＝㋐＋㋓×４－㋔×４となる。よって，㋐＝㋖－㋓×４＋㋔×４＝㋖×１＋㋔×４－㋓×４(…⑤)とわかる。次に，②の式に⑤の式をあてはめると，㋖×１＋㋔×４－㋓×４＋㋑＝㋔×５－㋓×２より，㋑＝㋔×５－㋓×２－㋖×１－㋔×４＋㋓×４＝㋓×２＋㋔×１－㋖×１となる。最後に，下の図５から，㋒＝㋖×１－㋓×１－㋔×２となる。

図１
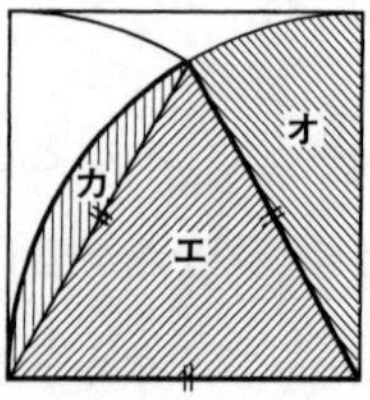

図２
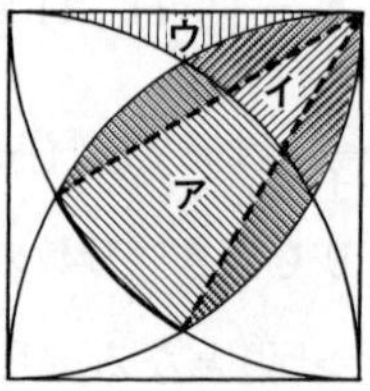

図３
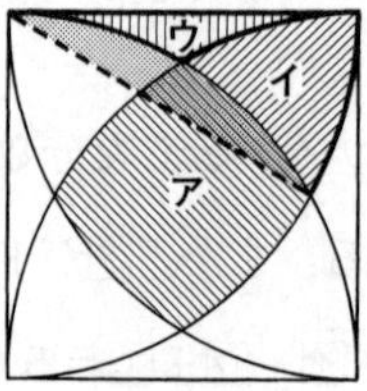

図４
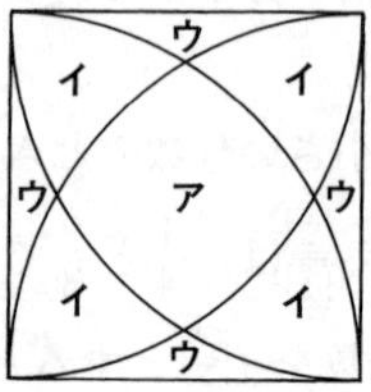

図５
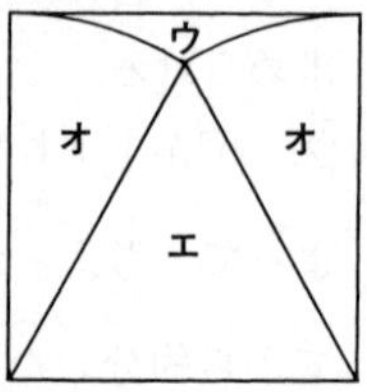

3　速さ。

(1)　平地の長さは全部で，200＋100＝300(m)である。よって，右の表より，ゆう君が一周するのにかかる時間は，300÷100＋120÷84＋180÷105＝３＋$\frac{10}{7}+\frac{12}{7}=6\frac{1}{7}$(分)であり，まさひろ君が一周するのにかかる時間は，300÷100＋180÷90＋120÷126＝３＋２＋$\frac{20}{21}=5\frac{20}{21}$(分)と求められる。

	平地	上り	下り
ゆう君	毎分100m	毎分84m	毎分105m
まさひろ君	毎分100m	毎分90m	毎分126m

(2)　ゆう君がAB間にかかる時間は$\frac{10}{7}$分，まさひろ君がDC間にかかる時間は，２分だから，下の図１のように，まさひろ君がはじめてＣ地点を通過するときのゆう君の場所をＰとすると，ゆう君は

BP間を走るのに，$2-\frac{10}{7}=\frac{4}{7}$(分)かかるから，BPの長さは，$100\times\frac{4}{7}=\frac{400}{7}$(m)となる。また，平地での2人の速さは等しいので，2人がはじめてすれ違《ちが》った場所をQとすると，PQとCQの長さは等しくなる。よって，BQの長さとCQの長さは，和が100m，差が$\frac{400}{7}$mなので，BQの長さは，$\left(100+\frac{400}{7}\right)\div 2=\frac{550}{7}=78\frac{4}{7}$(m)と求められる。

(3)　2人が一周するのにかかる時間の差は，$6\frac{1}{7}-5\frac{20}{21}=\frac{4}{21}$(分)だから，下の図2のように，まさひろ君がQ地点から一周して再びQ地点を通過するときのゆう君の場所をRとすると，ゆう君はRQ間を走るのに$\frac{4}{21}$分かかるので，RQの長さは，$100\times\frac{4}{21}=\frac{400}{21}$(m)とわかる。また，2人がすれ違うのはRとQの真ん中の場所だから，BC間で2回目にすれ違うのは，(2)で求めた場所からB地点の方へ，$\frac{400}{21}\div 2=\frac{200}{21}=9\frac{11}{21}$(m)ずれた場所である。

(4)　2人がBC間ですれ違う間は，(3)のように，すれ違う場所はB地点の方へ$\frac{200}{21}$mずつずれる。よって，$\frac{550}{7}\div\frac{200}{21}=8$余り$\frac{50}{21}$より，BC間で，$8+1=9$(回)すれ違い，最後にすれ違う場所はB地点から$\frac{50}{21}$m離《はな》れた場所になることがわかる。下の図3のように，その場所をSとし，まさひろ君がS地点から一周して再びS地点を通過するときのゆう君の場所をTとすると，ゆう君はTS間に$\frac{4}{21}$分かかる。そのうちBS間にかかる時間は，$\frac{50}{21}\div 100=\frac{1}{42}$(分)なので，TB間にかかる時間は，$\frac{4}{21}-\frac{1}{42}=\frac{1}{6}$(分)となり，TBの長さは，$84\times\frac{1}{6}=14$(m)と求められる。また，まさひろ君がSB間にかかる時間も$\frac{1}{42}$分であり，その間にゆう君が走る長さは，$84\times\frac{1}{42}=2$(m)だから，まさひろ君がB地点を通過するときの2人の間の距離《きょり》は，$14-2=12$(m)とわかる。さらに，AB間のゆう君とまさひろ君の速さの比は，$84:126=2:3$なので，すれ違う場所はB地点から，$12\times\frac{3}{2+3}=7.2$(m)のところと求められる。また，BC間とAB間で合わせて，$9+1=10$(回)すれ違う間に，AD間またはCD間で，$10-1=9$(回)すれ違うから，AB間ではじめてすれ違うのは，$10+9=19$(回目)である。なお，……部分について，$\frac{550}{7}\div\frac{200}{21}=8\frac{1}{4}$となる。よって，商を8としたときの余りは$\frac{200}{21}$の$\frac{1}{4}$にあたるから，$\frac{200}{21}\times\frac{1}{4}=\frac{50}{21}$となる。または，$\frac{550}{7}-\frac{200}{21}\times 8=\frac{50}{21}$と求めることもできる。

図1
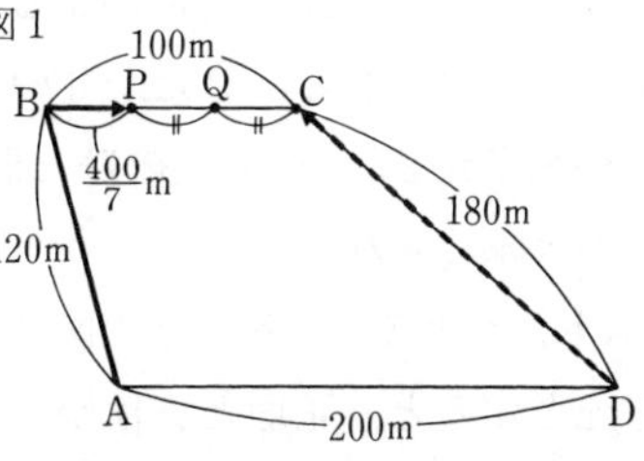

図2
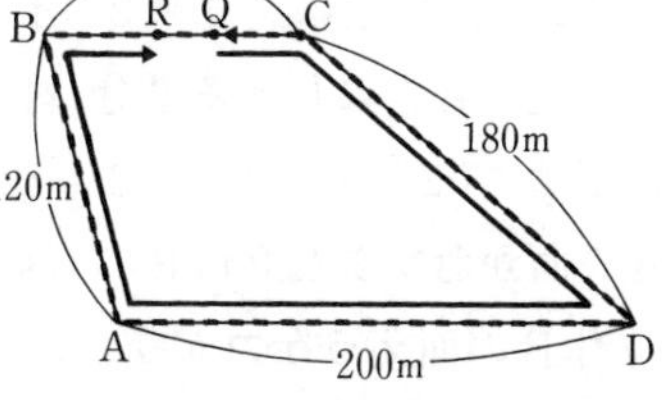

図3
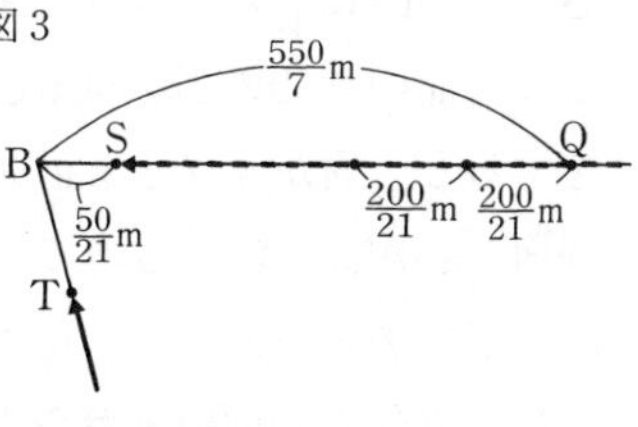

4　立体図形—体積，分割，作図。

(1)　立体Aは斜《なな》めに傾《かたむ》いた四角柱であり，底面は一辺の長さが，$6\div 3=2$(cm)の正方形，高さは6cmである。よって，体積は，$(2\times 2)\times 6=24$(cm^3)とわかる。

(2)　切断面は下の図1の正方形**いせセイ**であり，この面と立体Aの面**あおソサ**が交わる辺をabとすると，正面から見た図は下の図2のようになる。図2から，aは**ココ**の中点，bは**かカ**の中点とわかるから，切断面の図形は下の図3の斜線《しゃせん》部分になる。これは，底辺が2cm，高さが，$6\div 2$

＝３(cm)の平行四辺形なので，面積は，２×３＝６(cm^2)である。

(3) 下の図４のように，直方体の面**うそソウ**と立体Ａの面**いかタシ**が交わる辺をcdとすると，面**うそソウ**による切断面は下の図５の斜線部分になる。よって，立体Ａと直方体の共通部分は，下の図６のように，２つの切断面**いか**abと**ソサ**dcにはさまれた部分になる。この立体の体積は立体Ａの体積の半分だから，24÷２＝12(cm^3)とわかる。

図１

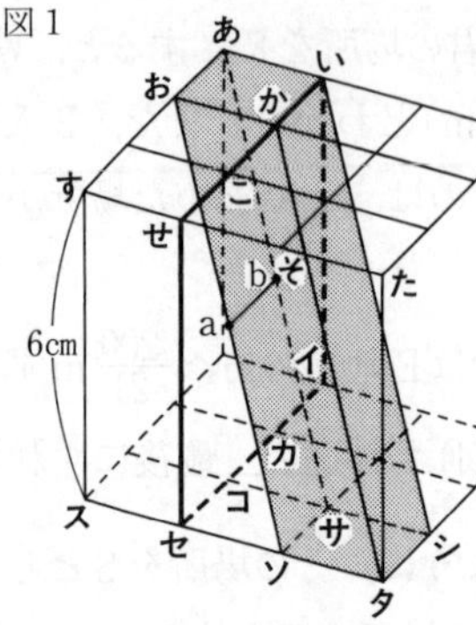

図２

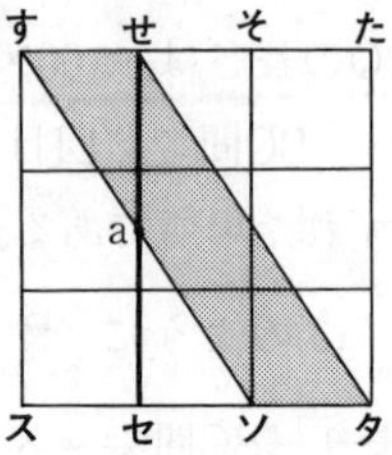

図３

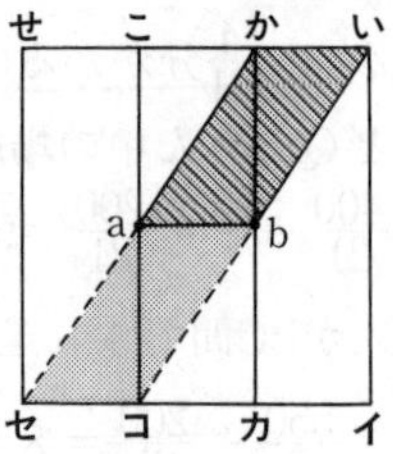

図４

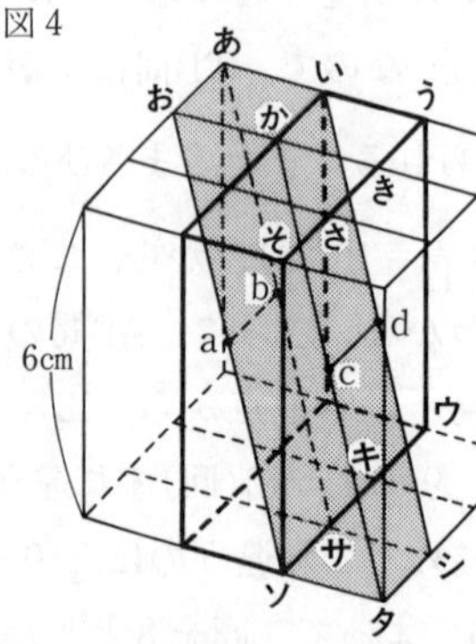

図５

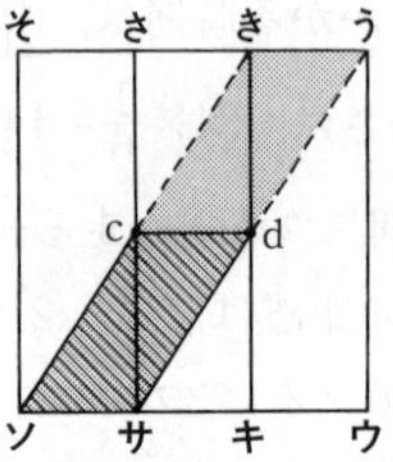

図６

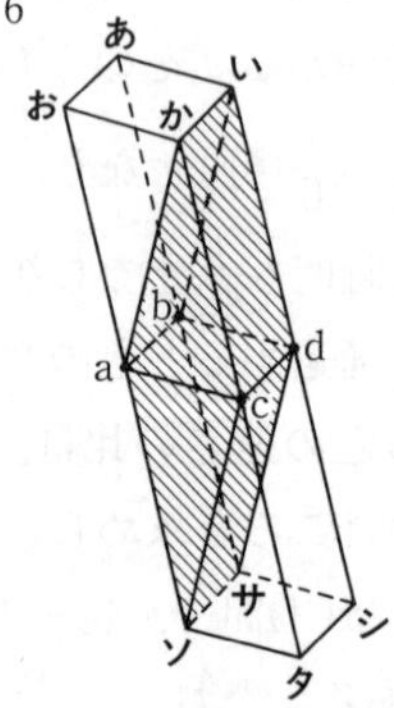

〔別解〕 下の図７のような斜めに傾いた四角柱があるとき，「面ABCDと面EFGHを底面と見ると，その間の距離が高さ」(…Ⅰ)になる。また，「面PQRSを底面と見ると，AB(＝EF＝HG＝DC)が高さ」(…Ⅱ)になる。図６でⅠの見方をすると，面**いか**abと面**ソサ**dcが底面，acが高さになる。(2)より，面**いか**abの面積は６cm^{2}だから，体積は，６×２＝12(cm^3)と求められる。また，Ⅱの見方をすると，面**か**ａ**ソ**ｃを正面から見たときに見える部分(対角線の長さが２cmと６cmのひし形)が底面，abが高さになるので，体積は，(２×６÷２)×２＝12(cm^3)と求められる。

(4) 下の図８のように，立体Ａの面**かおソタ**と立体Ｂの面**くきスセ**が交わる辺をef，下の図９のように，立体Ａの面**いあサシ**と立体Ｂの面**えうケコ**が交わる辺をghとすると，正面と真横から見た図はそれぞれ下の図10，図11のようになる。図10より，立体Ａと立体Ｂの共通部分を正面から見ると，対角線の長さが２cmと，６÷２＝３(cm)のひし形になることがわかる。また，図11から，立体Ａと立体Ｂの共通部分の横の長さはつねに２cmであることがわかる。よって，立体Ａと立体Ｂの共通部分は，図10の斜線部分が底面，fhが高さになる。したがって，立体Ａと立体Ｂの共通部分の体積は，(２×３÷２)×２＝６(cm^3)と求められる。なお，立体Ａと立体Ｂの共通部分は下の図12のようになる。

図7

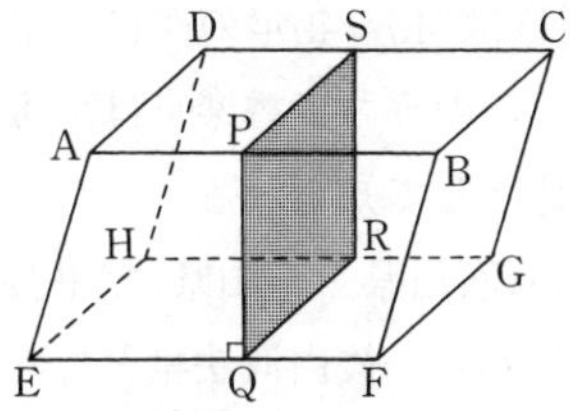

図8

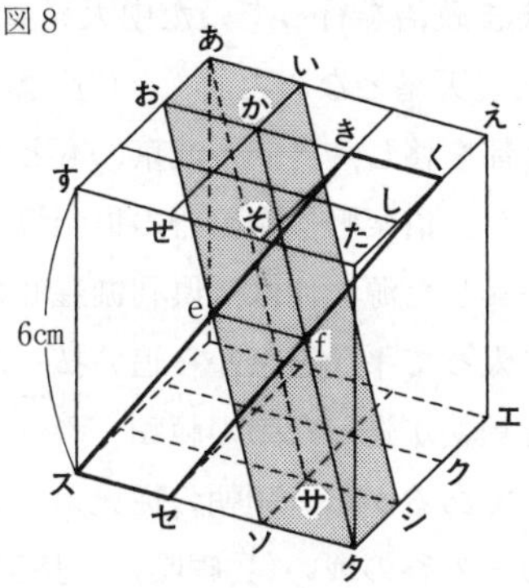

図9

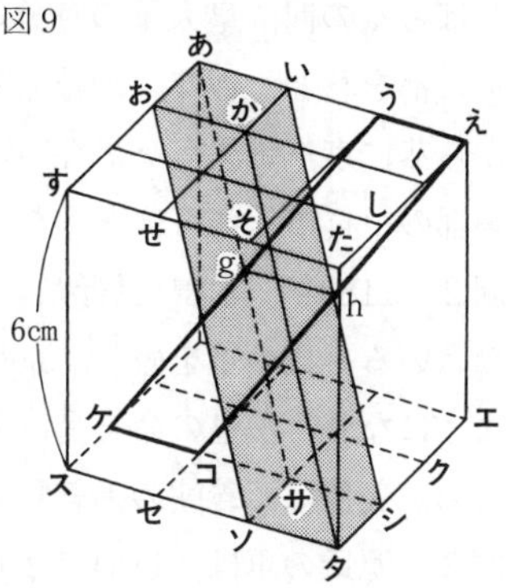

図10

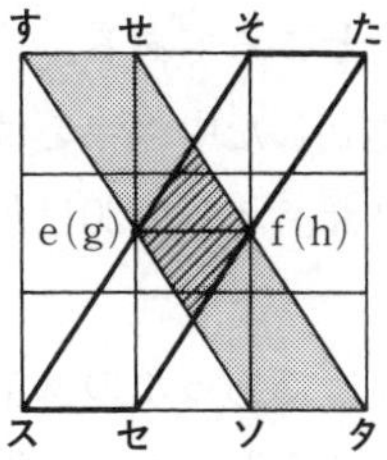

図11

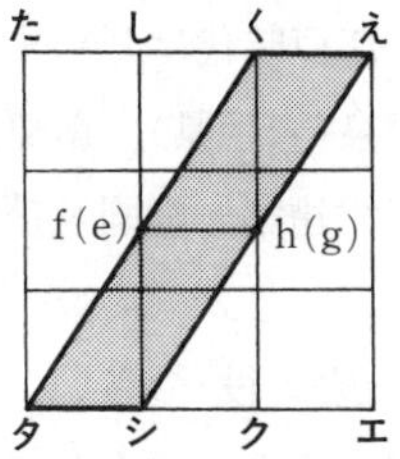

図12

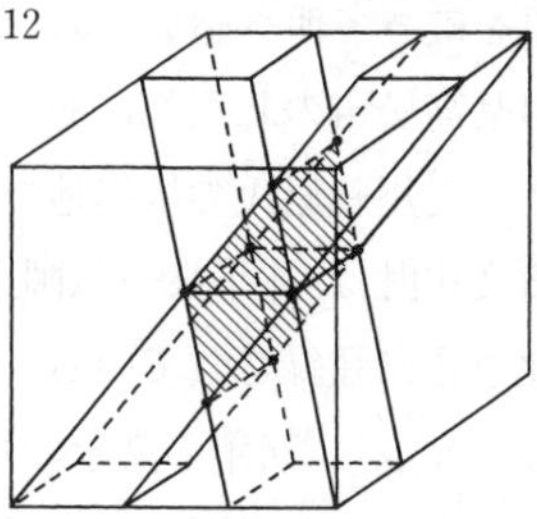

社　会　(40分)＜満点：70点＞

解　答

1 問1　(1)　推古天皇　(2)　天智天皇　(3)　滋賀県　問2　源義仲　問3　屋島の戦い　問4　平泉　問5　北条時宗　問6　(1)　川中島の戦い　(2)　今川義元　(3)　種子島　問7　(1)　参勤交代　(2)　近松門左衛門　(3)　日光街道　問8　エ　問9　(1)　五か条の御誓文(五か条の誓文)　(2)　横浜　(3)　群馬県　問10　貝塚　問11　(1)　旅順　(2)　与謝野晶子　**2** 問1　イ　問2　エ　問3　ウ　問4　ア　問5　エ　問6　イ　問7　(1)　ア　(2)　イ　(3)　ウ　問8　(例)　アメリカ軍が日本に大量の軍需物資を発注したため。　問9　あ　国権　い　武力　う　永久　え　陸海空　お　交戦　問10　ウ　問11　サンフランシスコ　問12　イ　問13　日米安全保障条約　問14　国後島　**3** 問1　アイヌ　問2　(1)　ア　(2)　防風林　問3　白神山地　問4　イ　問5　ア　問6　ウ　問7　b　対馬　c　盆地　d　フェーン　問8　イ，オ　問9　オ　問10　イ　問11　西之(島)　問12　ジオパーク　問13　(1)　エ，ク　(2)　160000(m^2)　問14　小豆(島)　問15　棚田　問16　オ　問17　カルスト(地形)　問18　エ　問19　ア

解　説

1 **神奈川県の江の島周辺の歴史を題材とした問題。**

問1　(1)　592年に女性で初めての天皇となった推古天皇は，甥《おい》にあたる聖徳太子(厩戸皇子《うまやどのおうじ》)を摂《せっ》政《しょう》の地位につけ，国の政治にあたらせた。　(2)　斉明《さいめい》天皇(中大兄皇子の母にあたる)の死後，しばらくの間，皇太子の身分のまま政治を行っていた中大兄皇子は，667年，近江《おうみ》(滋賀県)の大津宮に都を移し，翌年，即位《そくい》して天智天皇となった。　(3)　聖武天皇は740～45年の間に，平城京から恭仁《くに》京→難波宮《なにわのみや》→紫香楽《しがらき》宮と都を移し，再び平城京にもどった。このうち紫香楽宮は，滋賀県南部の甲賀《こうか》市信楽《しがらき》町にあった。なお，信楽町は陶磁器の信楽焼の産地として知られる。

問2　1180年，木曽(長野県)で挙兵した源義仲は，倶利伽羅《くりから》峠の戦い(石川県・富山県)で平維盛《これもり》のひきいる平氏の軍を破り，京都に入って平氏を京から追い払った。しかし，後白河法皇と対立するようになり，法皇の命を受けて源頼朝が送った弟の範頼《のりより》・義経《よしつね》の軍と戦い，近江の粟津《あわづ》で敗死した。なお，義仲は源義朝《よしとも》の弟義賢《よしたか》の子であるから，頼朝の従兄弟《いとこ》にあたる。

問3　源氏の軍は，1184年2月の一の谷の戦い(兵庫県)，1185年2月の屋島の戦い(香川県)で平氏の軍を破って西へ追いつめ，1185年3月，壇ノ浦《だんのうら》の戦い(山口県)で平氏を滅ぼした。屋島は現在の香川県高松市の北東部にある溶岩台地で，江戸時代はじめまでは島だったところである。

問4　奥州藤原氏の根拠地であったのは平泉(岩手県)。藤原氏が平泉に建立した中尊寺をはじめとする文化財は，「平泉―仏国土(浄土《じょうど》)を表す建築・庭園及《およ》び考古学的遺跡群」として2011年に世界文化遺産に登録されている。

問5　元寇《げんこう》(1274年の文永の役と1281年の弘安の役)のさい，鎌倉幕府の執権《しっけん》であったのは第8代の北条時宗《ときむね》。元の皇帝フビライが何度も服属するよう要求してきたのを強く断るとともに，御家人たちを指揮・統率し，2度にわたる元軍の襲来《しゅうらい》を切り抜けた。

問6　(1)　甲斐《かい》(山梨県)の武田信玄と越後(新潟県)の上杉謙信《けんしん》は，北信濃の支配権をめぐり，千曲《ちくま》川と犀《さい》川の合流点にあたる川中島(長野県長野市)で戦った。戦いは1553～64年にかけて5度にわたったが，決着はつかなかった。4度目にあたる1561年の戦いはかつてない激戦として知られる。
(2)　駿河《するが》・遠江《とおとうみ》(静岡県)の戦国大名であった今川義元は，1560年，大軍をひきいて京都に上る途中，尾張《おわり》国(愛知県西部)の桶狭間《おけはざま》で尾張の戦国大名織田信長の急襲を受け，敗死した。　(3)　1543年，中国船が種子島《たねがしま》(鹿児島県)に流れ着き，乗っていたポルトガル人によって日本に鉄砲が伝えられた。当時，日本は戦国時代であったこともあり，新兵器の鉄砲はまたたく間に全国へ広がった。

問7　(1)　1635年，第3代将軍徳川家光のときに大名統制策である武家諸法度《しょはっと》が改定され，参勤交代の制度や大船建造の禁止などがつけ加えられた。　(2)　『国性《こくせん》(姓)爺《や》合戦』などの作品で知られる人形浄瑠璃《じょうるり》・歌舞伎《かぶき》の台本作家は近松門左衛門《もんざえもん》。『国性爺合戦』は，清に滅ぼされた明の遺臣鄭芝竜《ていしりゅう》の子で日本人を母とする鄭成功《せいこう》(国性爺)が，明の再興をめざして奮戦する物語である。
(3)　江戸時代，幕府によって道路網が整備された。その中心となる五街道は東海道・中山道・甲州街道・日光街道・奥州街道の5つで，いずれも江戸の日本橋を起点とした。日光街道は日本橋から日光にいたる街道で，宇都宮までは奥州街道と共通の道であった。

問8　江戸幕府の第5代将軍は徳川綱吉《つなよし》。「生類憐《しょうるいあわれ》みの令」は綱吉が定めた極端な動物愛護《あいご》令で，綱吉が戌《いぬ》年生まれであったことから，特に犬が大事にされ，違反者は厳しく罰《ばっ》せられた。

問9　(1)　1868年3月，天皇が神にちかうという形で「五か条の御誓文《ごせいもん》」が発布され，新政府の基本方針が示された。　(2)　1872年，わが国最初の鉄道が新橋―横浜間で開通し，片道53分で結んだ。　(3)　明治政府はフランス人技師ブリューナを招き，フランス製の機械を導入して，群馬県の富岡に官営の富岡製糸場を建設した。1872年から1987年まで操業されていたこの工場は，2014年，

「富岡製糸場と絹産業遺産群」として世界文化遺産に登録された。

問10　1877年，アメリカの動物学者モースは横浜から新橋行きの汽車に乗ったさい，大森付近を通過する車窓から大森貝塚を発見した。この発見は大きな反響を呼び，日本で考古学という新しい学問がはじまるきっかけとなった。

問11　(1)　遼東《りょうとう》半島南端の港湾都市である旅順《りょじゅん》は，日清戦争(1894～95年)後にロシアが租借して要塞《ようさい》を設けていた。1904年に日露戦争が起こると日本軍はその攻略をはかり，乃木希典《のぎまれすけ》ひきいる第３軍が攻撃。多くの犠牲《ぎせい》者を出す苦戦のすえ，これを陥落《かんらく》させた。ただし，旅順戦においては満州軍総参謀《さんぼう》長だった児玉源太郎《こだまげんたろう》の功績が大きいとされる。　(2)　日露戦争中，歌人の与謝野晶子《よさのあきこ》は，旅順攻略の戦いに従軍していた弟の身を案じ，その心情をうたった「君死にたまふ《(も)(う)》ことなかれ」という詩を雑誌「明星《みょうじょう》」に発表した。

2　明治時代以後の朝鮮半島を題材とした問題。

問１　日露戦争後，日本は韓国を保護国化し，その外交権を奪うなどして支配を強めていったが，1910年には韓国併合条約に調印させ，これを植民地とした。

問２　ヒトラーひきいるナチスが支配するドイツは，ベルサイユ条約の破棄《はき》を宣言し，再軍備を進めていたが，1938年にオーストリアを併合，1939年３月にはチェコスロバキアを解体し，これを支配下に置くなど海外侵略《しんりゃく》に乗り出した。そして同年９月，ドイツがポーランドに侵攻を開始すると，イギリスとフランスがドイツに宣戦布告したことから，第二次世界大戦がはじまった。

問３　1937年，北京《ぺきん》郊外の盧溝橋《ろこうきょう》で日本軍と中国軍が衝突《しょうとつ》したのをきっかけに日中戦争がはじまった。

問４　第二次世界大戦後，ポーランドやハンガリー，ルーマニアなど東ヨーロッパ諸国では，ソ連の支援のもとに社会主義政権が次々と誕生した。また，東西に分割統治されていたドイツでは，東側に社会主義国のドイツ民主共和国(東ドイツ)が成立した。これらの国々はソ連とともに社会主義陣営を形成したから，イ～エは正しい。アのイタリアは資本主義陣営の国である。

問５　第二次世界大戦が終わると朝鮮半島は日本の植民地支配から解放されたが，北緯38度線を境に南半分がアメリカ，北半分がソ連の管理下に置かれ，1948年，統一がはたされないまま南に大韓民国(韓国)，北に朝鮮民主主義人民共和国(北朝鮮)が成立した。

問６　北朝鮮の首都はピョンヤン(平壌)。アは韓国の首都，ウは韓国南東部にある同国第２の都市，エは北朝鮮南西部の都市で，高麗《こうらい》朝の首都が置かれた古都である。

問７　(1)　国際連合の本部は，国連が発足して以来，アメリカ最大の都市ニューヨークに置かれている。　(2)　ユニセフはおもに発展途上国や紛争地域の子どもたちに対する援助を中心に活動している国連の自立的補助機関で，子どもの権利条約の普及活動も行っている。正式名称は「国際連合児童基金」である。アはユネスコ，ウはUNCTAD，エはIMFの正式名称。　(3)　安全保障理事会の常任理事国はアメリカ・ロシア・イギリス・フランス・中国(中華人民共和国)の５か国である。

問８　1950年に朝鮮戦争がはじまると，国連の安全保障理事会はこれを北朝鮮による侵略行為と決議(ソ連は欠席)。これにもとづき，アメリカ軍を中心とする国連軍が組織され，韓国を支援するため朝鮮半島に派遣された。そのさい，アメリカ軍が大量の軍需《ぐんじゅ》物資を日本に発注したため，日本は「特需景気」と呼ばれる好景気となり，工業生産額は太平洋戦争前の水準まで回復した。

問9　(1)，(2)　日本国憲法第9条は平和主義を具体的に定めた条文。その1項では，国権の発動たる戦争と武力による威嚇《いかく》または武力の行使を永久に放棄《ほうき》することが，その2項では，陸海空軍その他の戦力を保持しないことと，国の交戦権を認めないことが，それぞれ定められている。

問10　第二次世界大戦直後，GHQの指令にもとづいて進められた改革には，女性参政権の実現，財閥《ざいばつ》解体，農地改革，教育の民主化などがある。また，労働組合法などを制定して組合活動を認めるなど労働者の権利の保障にも力を注いだから，ウがあてはまらない。

問11　1951年9月，アメリカのサンフランシスコで開かれた講和会議において，日本は連合国48か国との間で平和条約に調印。これにより連合国軍による日本の占領が終わり，日本は独立を回復することになった。

問12　1894年にはじまった日清戦争は日本の勝利に終わり，翌95年，下関で開かれた講和会議で講和条約(下関条約)が結ばれた。これにより，日本は清から多額の賠償《ばいしょう》金や台湾などの領土を獲得した。

問13　サンフランシスコ平和条約と同時に，日本はアメリカとの間で日米安全保障条約を結び，アメリカ軍が引き続き日本国内に駐留《ちゅうりゅう》することを認めた。

問14　北方領土と呼ばれるのは，北海道の東側にある国後《くなしり》島，択捉《えとろふ》島，歯舞《はぼまい》群島，色丹《しこたん》島の島々。1945年8月14日，日本がポツダム宣言を受け入れて降伏《こうふく》した後，8月28日から9月5日にかけてソ連軍が北方領土を占領し，現在はロシアがこれを引き継《つ》いで支配している。

3　各地の温泉を題材とした地理の問題。

問1　北海道の先住民族であるアイヌは，アイヌ語を言語として独自の文化をもち，狩猟や採集，漁を中心とした生活をしてきた人々で，北海道にはアイヌ語に起源をもつ地名が多い。

問2　(1)　てんさい(ビート，砂糖大根ともいう)は日本では北海道だけで栽培される糖分の多いヒユ科の植物で，砂糖の原料となる。寒さに強く，全国生産量に占《し》める北海道の割合は100%である。他の農産物の全国生産量に占める北海道の割合は，小麦が65.5%，かぼちゃが49.9%，スイートコーンは47.5%，たまねぎが60.6%である。統計資料は『日本国勢図会』2014/15年版による。　(2)　カラマツは中部地方から東北地方にかけて多く見られる落葉針葉樹で，根づきやすく成長が速いことから，北海道では明治時代以降，本格的に植林されるようになった。合板や電柱・枕木《まくらぎ》といった土木素材などに利用されてきたが，北海道では強風から畑の農作物を守るための防風林として植えられていることが多い。

問3　青森県と秋田県にまたがって広がる白神山地は，世界最大規模ともいわれるブナの原生林がのこされ，豊かな生態系がはぐくまれていることなどが評価され，1993年に世界自然遺産に登録された。

問4　ア　国産材の供給量は1960年以降，減少傾向が続いているが，木材供給量全体が年によって増減しているため，木材供給の国内自給率が一貫《いっかん》して下がり続けているとはいえない。　イ　国産材の供給量は，1960年に約6300万m^3であったものが，2010年には約1900万m^3となっており，1960年と比べて約10分の3に減少している。これに対し人工造林面積は，1960年に約40万haであったものが，2010年には約2万haまで減少しているから，約20分の1にまで減少している。したがって，減少率は人工造林面積の方が大きいことになる。　ウ　高度経済成長期とされるのは1950年代後半から1970年代初めまで。木材供給量が最も多いのは1995年であるから，この文は誤り。

エ　1970年以降，人工造林面積は減少を続けているが，木材供給量は1995年までは増加傾向にあった。

問５　海岸沿いの森林は，腐葉土《ふようど》からの栄養分が河川などを通して海に流れ込《こ》むほか，沿岸に魚のすみかや産卵場所などを提供することから，魚つき林などとして保護されている場合が多い。したがって，アが誤り。

問６　キャベツには春キャベツ，夏秋キャベツ，冬キャベツがあり，一般に秋から翌年の初夏にかけて出荷されるが，嬬恋《つまごい》村など群馬県の高原地域では，夏でも涼《すず》しい気候を利用してキャベツを栽培し，平地のものが出回らない７～９月ごろにかけて出荷する抑制《よくせい》栽培がさかんである。したがって，グラフ中のウが群馬県と判断できる。１～４月ごろの取り引き量が多いアは愛知県，５・６月と11月の取り引き量が多いイは千葉県である。

問７　b　新潟県など日本海側の地域は，沖合いを流れる暖流の対馬《つしま》海流の影響で冬の降水量が多くなるが，冷害を受けることは少ない。　c　魚沼地方には六日町盆地などの盆地が広がるため，昼夜の気温差が大きい。　d　新潟県など日本海側の地域は，夏に南東の季節風が太平洋側に雨を降らせた後，山地をこえて風下にあたる日本海側に吹き降ろすさい，高温で乾燥した風となるフェーン現象が起きやすい。

問８　イは三条市周辺で生産される仏壇《ぶつだん》，オは小千谷《おぢや》市周辺で生産される麻織物で，ともに江戸時代から続く新潟県の伝統工芸品である。アは山形県，ウとエは石川県，カは福井県，キは富山県の伝統工芸品。

問９　第１次産業人口の割合が最も小さいＡは兵庫県。大阪方面に通勤する人が多いことから，昼夜間人口比は他の２県より低くなっている。昼夜間人口比がほぼ100％であるＢは愛媛県。第１次産業人口の割合が最も高いＣは和歌山県である。

問10　静岡県にあてはまるのはイ。浜松市周辺で自動車やオートバイの生産がさかんなことから，輸送用機械の割合が高くなっている。また，みかんや茶の栽培，水産業がさかんで飲料や缶詰《かんづめ》などが多く生産されているため，食料品の割合も比較的高い。アは和歌山県，ウは大分県のグラフ。

問11　2013年11月，小笠原《おがさわら》諸島の西之島付近で起きた海底火山の噴火により新しい島が誕生したが，その後の噴火活動によって溶岩が流れ出し，西之島と陸続きとなった。西之島の面積は噴火前の10倍以上(2014年12月現在)に拡大している。

問12　東西約18km，南北約24kmという世界最大級のカルデラをもち，多様な火山地形の広がる阿《あ》蘇《そ》山(熊本県)が，2014年９月に世界ジオパークに認定された。世界ジオパークは，ユネスコ(国連教育科学文化機関)が支援する世界ジオパークネットワークという国際組織が認定する，科学的に貴重な地層や地形，火山などを含む自然公園で，国内ではほかに，洞爺《とうや》湖有珠《うす》山，糸魚川《いといがわ》(新潟県)，島原半島(長崎県)，山陰海岸(京都府・兵庫県・鳥取県)，隠岐《おき》(島根県)，室戸(高知県)が認定されている。

問13　(1)　市役所(◎)と発電所(☼)の地図記号は，図中には見られない。　(2)　実際の面積は，(地図中の面積)×(縮尺の分母)×(縮尺の分母)で求められるから，1.6×1.6×25000×25000＝1600000000(cm^2)＝160000(m^2)となる。実際の距離は(地図中の長さ)×(縮尺の分母)で求められるから，1.6(cm)×25000＝40000(cm)＝400(m)より，400×400＝160000(m^2)としてもよい。

問14　香川県にあって，オリーブの生産で知られる島は小豆島。明治時代末期にオリーブの栽培がはじまり，現在では国内最大の産地となっている。

問15　山の斜面などの傾斜《けいしゃ》地を利用してつくられた水田を棚田《たなだ》といい，日本国内でも各地に見られる。機械が使いにくく，農作業の多くを手作業で行わなければならず，維持するのが難しくなっている地域が多いが，土砂災害を防いだりする防災上の利点や景観の美しさなどが見直されており，日本の棚田学会などの活動も棚田の保全維持にかかわっている。

問16　イスラム教の聖典である『コーラン』に「豚は汚《けが》れた動物である」という内容の記述があるため，イスラム教では豚肉を用いた料理を食べることが禁じられている。

問17　石灰岩が雨水や地下水によって浸食《しんしょく》されてできた特殊《とくしゅ》な地形をカルスト地形といい，鍾《しょう》乳洞《にゅうどう》などが形成される。スロベニアのクラス(ドイツ語でカルスト)地方に見られる石灰岩地形からつけられた名称で，日本国内では山口県の秋吉台と福岡県の平尾台などが有名である。

問18　1・2月の気温が低いアが札幌市，6・7月の降水量が非常に多いイが熊本市であることはすぐわかる。ウとエの区別は難しいが，12月と1月の降水量がより多いウが新潟市，1・2月の気温がより低いエが秋田市の雨温図である。

問19　インドネシアは地下資源にめぐまれた国で，日本にも原油や液化天然ガス，石炭などをさかんに輸出しているから，アがインドネシアである。貿易額の総額の多さからも判断できるはずである。イはニュージーランド，ウはトルコである。

理　科　(40分) <満点：70点>

解　答

1　問1　ウ　　問2　エ　　問3　イ　　問4　イ　　問5　空気　　問6　エ　　問7　イ

2　問1　ア　6　　イ　さなぎ　　問2　B，C，D　　問3　A，E　　問4　F　　問5　A，C，D　　問6　ウ…幼虫，記号…B

3　問1　3.3cm　　問2　50g　　問3　ウ　　問4　左に4.3cm　　問5　200g　　問6　ウ，オ

4　問1　エ　　問2　ウ　　問3　ウ　　問4　ウ　　問5　イ　　問6　エ

解　説

1　石灰岩を使った実験についての問題。

問1，問2　石灰岩は，炭酸カルシウムという物質を多くふくむ岩石である。炭酸カルシウムにうすい塩酸を加えると，炭酸カルシウムが二酸化炭素をさかんに発生しながらとける。

問3　Xの表面の細かな穴の中に入っている気体が出てくるとすると，穴の中には泡《あわ》となって出ていった気体のかわりに水が入りこむので，水面の位置は下がるはずである。

問4　物質が反応してほかの物質に変わるとき，反応にかかわった物質の重さの合計は，反応の前後で変化しない。Xが変化し，そのとき気体が発生したとすると，発生した気体が空気中に逃げていくので，泡が発生したあとに残ったものの重さの合計は，はじめのXと塩酸の重さの合計より軽くなるはずである。

問5　はじめのうちは，フラスコや管の中の空気が発生した気体におし出され，メスシリンダーにたまる。

問６　管の口まで気体がきているのにメスシリンダーにたまっていかないのは，その気体がアンモニアのように水に非常にとけやすい性質をもっているか，その気体が水蒸気で，水にふれた瞬間《しゅんかん》に冷やされて液体の水にもどるからだと考えられる。それぞれ，アは二酸化炭素など，イは酸素，ウはちっ素，エは水蒸気のことなので，ここではエが選べる。なお，Ｘの石灰石の主成分である炭酸カルシウムをガスバーナーなどで強く加熱すると，酸化カルシウム（生石灰）という白い固体の物質ができ（このとき同時に二酸化炭素も発生する），この物質に水を加えると，はげしく発熱して水酸化カルシウム（消石灰）という固体の物質に変化する。このときの強い発熱で加えた水の一部が蒸発し，水蒸気が発生したのである。

問７　表より，水100mLに対して白い粉Ｚ（水酸化カルシウム）は水の温度が低いほど多くとけることがわかる。よって，できるだけ多くとかすためには，水の温度を低くする必要がある。

2　こん虫のすがたと生活についての問題。

問１　ア　こん虫は，からだが頭，胸，腹の３つに分かれていて，胸に６本（３対）のあしをもつ。
イ　こん虫の多くは，卵→幼虫→さなぎ→成虫の順にすがたを変えながら育つ育ち方（完全変態）をするか，卵→幼虫→成虫の順にすがたを変えながら育つ育ち方（不完全変態）をする。

問２　図１はオオヒラタシデムシという，こん虫の幼虫である。Ａ～Ｍの各節のうち，しょっ角がはえているＡの節が頭，それに続くＢ，Ｃ，Ｄの３つの節が胸にあたり，Ｅ以降が腹となる。カズト君の観察ではあしが６本（３対）あったので，あしはＢ，Ｃ，Ｄの各節に１対ずつあると考えられる。

問３　オオヒラタシデムシは，ナナホシテントウやカブトムシと同じ甲虫のなかまである。

問４　ミミズは土の中，Ｆのダンゴムシは地面の上で生活し，どちらもくさった葉（落ち葉）などを食べている。なお，Ａは幼虫も成虫もアブラムシを食べる。Ｂは幼虫がクワの葉を食べるが，成虫は何も食べない。Ｃは幼虫が水中の小動物，成虫が空中を飛ぶ虫を食べる。Ｄは幼虫も成虫もミミズなど動物の死がいを食べる。Ｅは幼虫が木の根の汁，成虫が樹液をえさとする。

問５　Ａ，Ｃ，Ｄが幼虫も成虫も同じものを食べ，Ａはアブラムシ，Ｃは小さなこん虫など，Ｄは草をえさとする。なお，Ｂは幼虫がアブラナ科の植物の葉，成虫が花のみつをえさとしている。Ｅは幼虫がくさった葉を食べ，成虫は樹液をなめる。

問６　モンシロチョウの幼虫は，頭に続く２～４番目の３つの節が胸にあたり，それぞれの節に１対（２本）ずつツメのあるあしをもっていて，これが成虫になったときのあしとなる。このほか，前から７～10番目の節といちばん後ろの節のそれぞれに，吸ばんのようなあしが１対ずつある。

3　棒はかりのつり合いについての問題。

問１　ここでは棒の真ん中Ａが支点なので，棒の重さによるモーメント（加わる力と支点からのきょりの積）は０である。よって，棒が水平になるときの支点Ａからおもりの位置までのきょりを□cmとすると，10×10＝30×□，□＝3.33…より，3.3cmと求められる。

問２　おもりの重さによる右回りのモーメントが最大になるのは，おもりを棒の右のはしにつるしたときで，30×40÷２＝600になる。このときに棒が水平になっているとすると，Ｂにかかる重さは，600÷10＝60（ｇ）なので，皿には，60－10＝50（ｇ）のものが乗っている。この重さが，はかることができる最大の重さである。

問３　皿にのせるものの重さが10ｇ増えるたびに，支点Ｃのまわりの左回りのモーメントが，10×

5＝50ずつ増えるから，棒を水平にするためには30ｇのおもりを右に，50÷30＝1.66…(cm)ずつ動かすことになる。したがって，10ｇごとにつける目盛りの間隔《かんかく》は等しくなる。

問４　皿の重さによる左回りのモーメントは，10×５＝50であり，棒の重さによる右回りのモーメントは，20×９＝180である。したがって，30ｇのおもりを支点Ｃより左につるさないとつり合わない。そのきょりは，(180－50)÷30＝4.33…より，4.3cmである。

問５　おもりを棒の右のはしにつるすと，おもりと棒の重さによる右回りのモーメントの合計は，30×(40÷２＋９)＋180＝1050となる。よって，はかることのできる最大の重さは，1050÷５－10＝200(ｇ)である。

問６　はかることのできる最大の重さを大きくする方法としては，イのように左回りのモーメントを小さくする，オのように右回りのモーメントを大きくする，そして，ウのようにその両方を行うことが考えられる。ただし，イの皿を軽くする方法は，たとえ皿の重さを０ｇとしても，1050÷５－０＝210(ｇ)までしかはかれないので，ふさわしくない。なお，ウの場合は支点から皿までのきょりをおよそ2.3cmにすればよく，オの場合はおもりの重さをおよそ81.7ｇにすればよい。

４　天気の変化と台風についての問題。

問１　日本付近では，上空に１年を通して偏西《へんせい》風という強い西風が吹いているため，雲のかたまりは西から東へ向かって移動する。よって，白い雲のかたまりが西から東へ移動しているように画像を並べればよい。

問２　朝に虹《にじ》が見えるとき，太陽は東にあるので，雲から降ってくる雨は西にある。よって，今は西にある雨雲がこれからやってくるため，これから天気は悪くなっていくと考えられる。一方，夕方に虹が見えるとき，太陽は西，雲から降ってくる雨は東にある。したがって，西からやってくる雨雲がないといえるから，しばらく天気はよいと考えられる。

問３　Ａについて，夕日が見えるということは，西の空に雨雲がないということであるから，これから雨になるとはいえない。また，Ｂについて，満月は夜明け前には西の地平線近くに見られるので，この満月が見えるのであれば，しばらく雨雲はやってこず，晴れのままになると予想できる。

問４　台風はほぼ１年中，赤道付近の太平洋上で発生しているが，日本付近にやってくるのはふつう夏から秋にかけての時期で，とくに８～９月に接近・上陸しやすい。

問５　赤道付近の太平洋上で発生した台風が北上し，日本の近くまでやってくると，上空を吹く偏西風の影響《えいきょう》で，イのようにおもに北東方向に進路を変えて進むようになる。

問６　津波はおもに，海底の浅いところで発生した大きな地震により，海底の地ばんが変動することによって起こる。台風がもたらす強い風が，地ばんの変動を引き起こして津波を引き起こすことはない。

国　語　(50分)＜満点：85点＞

解　答

一　問１　下記を参照のこと。　　問２　①　エ　　②　オ　　問３　(例)　言葉ではつらさを訴えられない動物の状態を理解するために，徹底的に動物に合わせてこまやかに心を配ること。

問4　(例)　世話を必要とする側は「弱者」とみなされて，世話をする「強者」からいたわられる存在だが，それが容易に忌避の対象ともなりうる危うさを持っている点。　二　問1　(例)　欲しいものをすぐに与えず，貯金させれば，息子は欲しいものを楽して手に入れようとは思わなくなり，お金のありがたみも理解するはずだから。　問2　父さん…(例)　息子が克己心を身につけたと思い込み，欲しいものをすぐ買い与えずに貯金させたことは正しかったと喜び，得意になる気持ち。／ぼく…(例)「こっき心」の意味はわからないが，父さんに話を合わせて時間をかせぎ，マーゴリスを助けなくてはと必死になる気持ち。　問3　(例)　相手の喜びを自分の喜びと感じ，相手を大切にして傷つけないようさまざまに気を配り，相手の幸せのためにはつらいこともいとわず行動するようなこと。

●漢字の書き取り

一　問1　1　従事　2　動転　3　吸収　4　放　5　熟知

解説

一　**出典は鷲田清一《わしだきよかず》の『大事なものは見えにくい』による。**ケア・サーヴィスを仕事とするひとは獣医《じゅうい》さんに学ぶべきだという精神科医の中井久夫《なかいひさお》さんの意見を紹介《しょうかい》し，その意図を考察している。

問1　1　仕事としてたずさわること。　2　非常に驚《おどろ》きあわてること。　3　内部に取り込《こ》むこと。　4　音読みは「ホウ」で，「放送」などの熟語がある。訓読みには他に「ほう(る)」などがある。　5　くわしく知っていること。

問2　①「おぞましい」は，ぞっとするほど嫌《いや》な感じであること。　②「やるせない」は，気持ちを晴らす方法がなくて，せつないようす。

問3　ぼう線アは，直前の一文の「無言の『弱者』のさしあたっては理解不能なふるまいを，からだ全体のあらゆる感覚を動員して，受けとめなければならない」という内容を，比喩《ひゆ》表現を使って言いかえたものである。「うぶ毛」は，柔《やわ》らかく細い毛。「うぶ毛」には感覚器官として微妙《びみょう》な刺激《しげき》を察知するはたらきがあり，これを前提にしたたとえである。直前の段落の中井さんの言葉にもあるように，つらい状況《じょうきょう》にあっても言葉では訴《うった》えることができず，「理解不能」な反応をするのが動物なので，獣医さんは「徹底的《てっていてき》に動物のほうに自分を合わせ」て「動物の気持を察するためにたいへんこまやかな心」づかいをするのである。これを整理して，「苦痛があっても言葉では訴えられない動物の状態を理解するために，徹底的に動物に合わせてこまやかに気を配ること」のような内容でまとめればよい。

問4　この場合の「ケア」は，長期に渡《わた》って行われる病人や老人の介護・世話。まず，「ケア」の受け手は，世話を必要とする点で，ペットと同じ「弱者」と言える。さらに，「弱者」と「強者」との関わりについては，本文の中ほどで説明されている。「弱者」を中心に据《す》えること，言いかえれば「じぶんたちのなかから何者かを『無力』な存在として押《お》しだ」すことで，「わたしたち」という「強者」の「連帯」が確立されるが，その関係は，「弱者」を「こぞって心配」する場合も「こぞって忌避《きひ》」する場合も同じで，どちらへも「反転」しうるのである。このような関係を最後の段落で「危うい」とのべているのだから，整理して，「ケアされる者もペットも無力な『弱者』とみなされ，『強者』側からいたわられる存在であり，容易に忌避の対象になりうる危うさがある点」，「世話を必要とする側と世話をする側が，無力な『弱者』と善意の『強者』という関係を持ち，美しい幻想《げんそう》のかげに処分や確執《かくしつ》という見たくないものも存在する点」のようにまとめる。

二 **出典は「文藝《ぶんげい》」2014年秋季号所収のエトガル・ケレットの「ブタを割る」による。**ねだった人形ではなく「ブタの貯金箱」を与《あた》えられた「ぼく」が，そのブタを好きになっていくようすがえがかれている。

問1　父さんの考える「不良」への道は，同じ段落の中ほどに書かれている。ねだれば買ってもらえる子は「お金のありがたみ」がわからず，「欲しいものは何でも楽して手に入るのが当たり前」と思うようになり，やがて「雑貨屋に押し入るような不良になる」というのである。ぼう線アは，「ぼく」がねだった人形の代わりに，「貯金箱」をくれた父さんの言葉だから，父さんの理屈《りくつ》で言えば，欲しいもののために「貯金」することを学ぶ息子は，「欲しいものは何でも楽して手に入る」とは考えないようになり，「お金のありがたみ」を知って，「不良」にならずにすむことになる。

問2　「克己心《こっきしん》」は，自分の欲望に打ち勝つ心。父さんは，すぐに「貯金箱」を割らずに貯金を続けようとする「ぼく」の態度を，欲しいものをがまんできるようになったと誤解し，「すっかり克己心が身についたようだぞ」と喜んでいる。問1で見たように，父さんは「お金のありがたみ」をわからせるために，「ぼく」の欲しがった人形ではなく「貯金箱」をくれたのだから，自分の思惑《おもわく》通りの結果に喜び，母さんにも「見たか？」と誇《ほこ》ったのである。そういう得意な気持ちを盛り込んでまとめるとよい。一方，「ぼく」は，「克己心」という言葉の意味を理解しないまま，「うん，そう，こっき心だよ」と，父さんに話を合わせて，おうむ返しに答えている。ひらがな表記が，意味もわからず答えたことを示している。「ぼく」が話を合わせた目的は，「貯金箱」のマーゴリスを助けるために，一晩の時間の猶予《ゆうよ》を得ることなので，言葉の意味はわからないまま，マーゴリスを助けたくて話を合わせたという内容でまとめる。

問3　「ブタの貯金箱」に対する「ぼく」の気持ちの変化を順に押さえる。最初は「ださい陶器《とうき》のブタの貯金箱」だとしか思わなかったが，「よく見るとブタはかわいかった」し，貯金してもしなくても「にっこりしてくれる」のが「すてき」だと感じるようになる。さらに，「マーゴリス」と名づけ，テーブルから落ちないように気を配り，「マーゴリスが笑うとぼくもうれしくなる」ころには，「たとえお前が雑貨屋に押し入ったって，きらいになんかなるもんか」と思うほど「大好き」になっている。そして最終的には，「マーゴリス」を割ろうとした父さんから守るため，「二度と会えない」つらさをがまんして，ブタが大好きな「アザミの原っぱ」に置きに行っている。これを整理して，「相手の喜びが自分の喜びと感じられ，損得どころか善悪も問題ではないほど相手を大事に思えるだけでなく，相手の幸せのためにはつらいこともいとわず行動できること」のような内容でまとめればよい。

出題ベスト10シリーズ

①国語読解ベスト10

②漢字合格の2790題

③計算合格の820題

④図形問題ベスト10

■過去の入試問題から出題例の多い問題を選んで編集・構成。受験関係者の間でも好評です！

有名中学入試問題集

●男子校編

●女子校編

■中学入試の全容をさぐる!!
■首都圏の中学を中心に、全国有名中学の最新入試問題を収録!!

※表紙は昨年度のものです。

算数の過去問25年分

■筑波大学附属駒場
■麻布
■開成

○名門３校に絶対合格したいという気持ちに応えるため過去問実績No.1の声の教育社が出した答えです。

都立中高一貫校 適性検査問題集

■都立一貫校と同じ検査形式で学べる！

●自己採点のしにくい作文には「採点ガイド」を掲載。
●保護者向けのページも充実。
●私立中学の適性検査型・思考力試験対策にもおすすめ！

当社発行物の無断使用は固くお断りいたします。御使用の前はまずご相談ください。

当社発行物には500点余の首都圏中・高過去問をはじめ、６点の学校案内、そのほかいくつかの情報誌などがございます。その多くが年度版で、限られたスタッフが来るべき受験シーズン前に余裕を持って受験生へ届けられるよう、日夜作業にあたり出版を重ねております。

その中で、最近、多くの印刷物やネット上において当社発行物からの無断使用が見受けられ、一部で係争化しているところもございます。事例といたしましては、当社の新刊発行を待ち、それを流用して毎年ネット上に新改訂として掲載していたＡ社、当社過去問から三百箇所をはぎ合わせ「自社制作につき無断転載禁止」とし、集客材としてホームページに掲載していたＢ社、当社版誌面を無断スキャンし、記述式解答は一部殆ど丸取りして動画を制作していた家庭教師グループＣ社、当社発行物の表紙を差し替え、内容を複製し配布していた塾のＤ社などほか数社がございます。

当社発行物の全部もしくは一部を無断使用することは固くお断りいたします。

当社コンテンツの中にはリーズナブルな設定でご提供している事例もたくさんございますので、ご利用されたい方はまずは、お気軽にご相談くださいますようお願いします。同時に、当社発行物を無断で使用している媒体などにつきましての情報もお寄せいただければ幸いです（呈薄謝）。

株式会社 声の教育社

スーパー過去問の 解説執筆・解答作成スタッフ（在宅）募集！

※募集要項の詳細は、10月に弊社ホームページ上に掲載します。

2025年度用
中学スーパー過去問

■編集人 声の教育社・編集部
■発行所 株式会社 声の教育社
〒162-0814 東京都新宿区新小川町8-15
☎03-5261-5061(代) FAX03-5261-5062
https://www.koenokyoikusha.co.jp

※本書の内容についての一切の責任は当社にあります。内容・解説・解答・その他は当社ホームページよりお問い合わせ下さい。

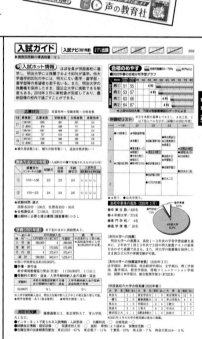

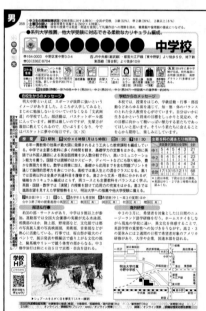

よくある解答用紙のご質問

01

実物のサイズにできない

拡大率にしたがってコピーすると，「解答欄」が実物大になります。配点などを含むため，用紙は実物よりも大きくなることがあります。

02

A3用紙に収まらない

拡大率164％以上の解答用紙は実物のサイズ（「出題傾向＆対策」をご覧ください）が大きいために，Ａ３に収まらない場合があります。

03

拡大率が書かれていない

複数ページにわたる解答用紙は，いずれかのページに拡大率を記載しています。どこにも表記がない場合は，正確な拡大率が不明です。

04

１ページに２つある

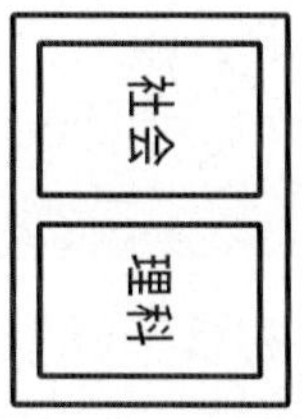

１ページに２つ解答用紙が掲載されている場合は，正確な拡大率が不明です。ほかの試験回の同じ教科をご参考になさってください。

【別冊】入試問題解答用紙編

解答用紙は本体からていねいに抜きとり、別冊としてご使用ください。

※　実際の解答欄の大きさで練習するには、指定の倍率で拡大コピーしてください。なお、ページの上下に小社作成の見出しや配点を記載しているため、コピー後の用紙サイズが実物の解答用紙と異なる場合があります。

●入試結果表

— は非公表

年　度	項　目	国　語	算　数	社　会	理　科	４科合計	合格者
2024（令和６）	配点（満点）	85	85	70	70	310	最高点
	合格者平均点	60.2	58.3	52.5	60.2	231.2	—
	受験者平均点	51.9	48.6	48.1	55.1	203.7	最低点
	キミの得点						216
2023（令和５）	配点（満点）	85	85	70	70	310	最高点
	合格者平均点	55.6	76.4	57.9	61.5	251.4	—
	受験者平均点	49.0	61.7	53.9	56.9	221.5	最低点
	キミの得点						237
2022（令和４）	配点（満点）	85	85	70	70	310	最高点
	合格者平均点	45.6	60.7	54.6	54.0	214.9	—
	受験者平均点	38.8	50.7	51.0	48.6	189.1	最低点
	キミの得点						199
2021（令和３）	配点（満点）	85	85	70	70	310	最高点
	合格者平均点	58.0	55.8	49.9	54.1	217.8	—
	受験者平均点	49.1	45.8	45.9	49.7	190.5	最低点
	キミの得点						201
2020（令和２）	配点（満点）	85	85	70	70	310	最高点
	合格者平均点	51.5	49.5	54.3	56.0	211.3	—
	受験者平均点	42.3	38.6	50.0	48.1	179.0	最低点
	キミの得点						193
2019（平成31）	配点（満点）	85	85	70	70	310	最高点
	合格者平均点	50.1	64.6	52.1	65.2	232.0	—
	受験者平均点	43.6	51.0	48.3	61.7	204.6	最低点
	キミの得点						218
2018（平成30）	配点（満点）	85	85	70	70	310	最高点
	合格者平均点	55.2	73.9	53.8	58.2	241.1	—
	受験者平均点	47.2	62.0	48.6	53.5	211.3	最低点
	キミの得点						227
平成29	配点（満点）	85	85	70	70	310	最高点
	合格者平均点	48.2	54.8	48.3	61.5	212.8	—
	受験者平均点	42.4	40.1	42.2	56.8	181.5	最低点
	キミの得点						195
平成28	配点（満点）	85	85	70	70	310	最高点
	合格者平均点	48.4	53.7	51.0	61.4	214.5	—
	受験者平均点	41.0	39.7	46.2	56.9	183.8	最低点
	キミの得点						196
平成27	配点（満点）	85	85	70	70	310	最高点
	合格者平均点	51.6	61.1	62.0	62.4	237.1	—
	受験者平均点	43.1	49.9	58.6	58.8	210.4	最低点
	キミの得点						223

※　表中のデータは学校公表のものです。ただし、４科合計は各教科の平均点を合計したものなので、目安としてご覧ください。

声の教育社

２０２４年度　　開成中学校

算数解答用紙　No. 1

番号		氏名		評点	／85

（注意）　式や図や計算などは，他の場所や裏面などにかかないで，すべて解答用紙のその問題の場所にかきなさい。

1 (1)

(2)

(ア)	cm
(イ)	g

(3)

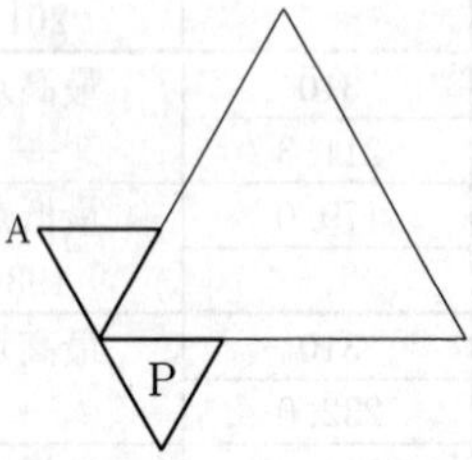

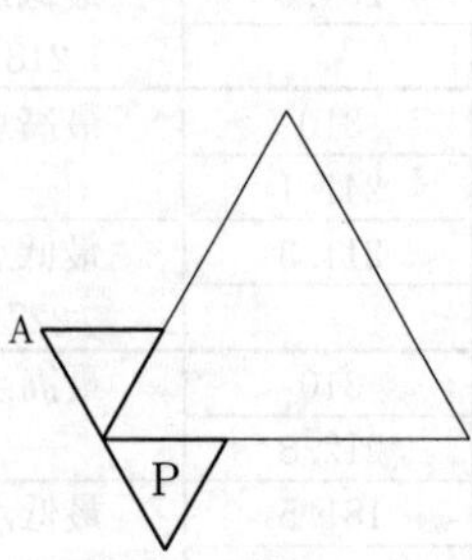

(ア)

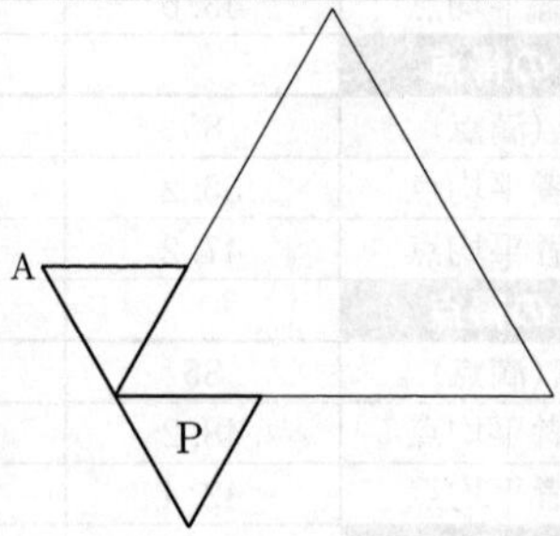

(イ)　　cm

(ウ)　(X)　　(Y)

2024年度　　開成中学校

算数解答用紙　No.2

2

(1) 《　　　　》

(2)

(ア)	(イ)
【　　】	【　　】
【　　】	【　　】
【　　】	【　　】
【　　】	【　　】
【　　】	【　　】
【　　】	【　　】

(ウ) ①　　通り
②　　通り

(エ)　　通り

(3)　　通り

3

(1)

(2)

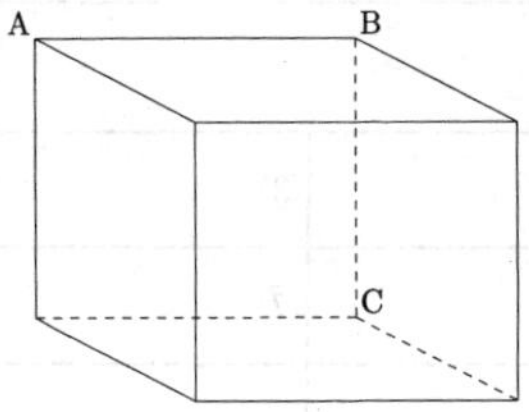

(3)

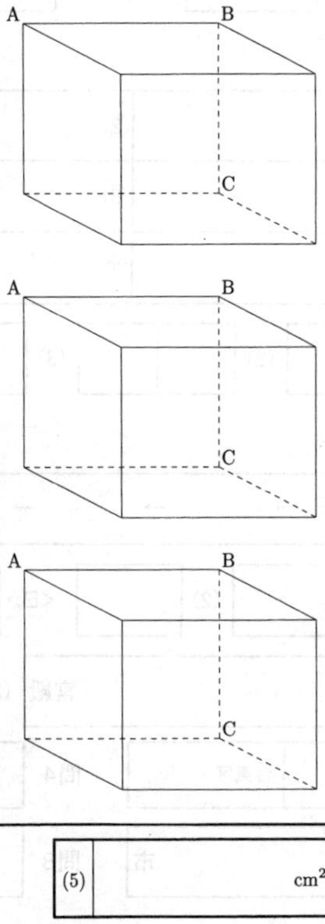

(4)

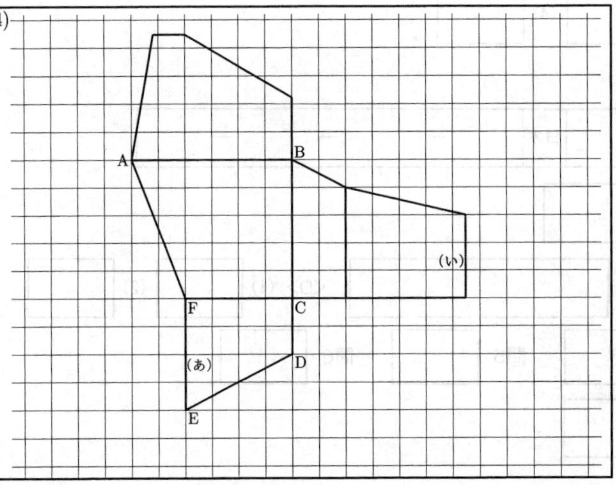

(5)　　cm^2

(注) この解答用紙は実物を縮小してあります。Ｂ５→Ａ３(163%)に拡大コピーすると、ほぼ実物大の解答欄になります。

〔算　数〕85点(推定配点)

1 (1), (2)　各４点×３　(3)　各５点×３<(ウ)は完答>　2 (1)　５点　(2)　(ア), (イ)　各５点×２<各々完答>　(ウ)　各４点×２　(エ)　５点　(3)　５点　3 各５点×５<(1), (3)は完答>

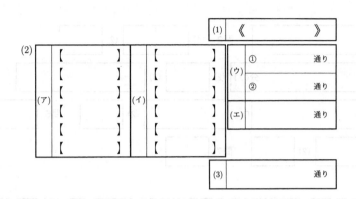

2024年度　開成中学校

社会解答用紙

番号		氏名	

評点	／70

1

問1

問2　(1)　(2)

問3　(1)　分の1　(2)　(3)

問4　(1) C　D　(2)　問5

問6　(1)　(2)　問7

2

問1　i　半島　ii　盆地　iii　iv　市

問2　問3　問4　(1)　(2)

問5　A県　C県　問6　(1) B県　D県　(2) B県　C県　(3)

3

問1

①	②	③	④
⑤	⑥	⑦	⑧
⑨	⑩		

問2　(1)　(2)　(3)　(4)

4

問1　世界　→　→　→　日本　→　→　→

問2　＜A＞ (1)　(2)　＜B＞

＜C＞ (1)　宮殿　(2)　＜D＞ (1)　(2)

問3　文京区　台東区　問4　問5　問6

問7　市　問8

（注）この解答用紙は実物を縮小してあります。B５→B４（141%）に拡大コピーすると、ほぼ実物大の解答欄になります。

〔社　会〕70点（推定配点）

1　問1，問2　各1点×4　問3　各2点×3　問4～問7　各1点×7　2　問1　各2点×4　問2～問6　各1点×11＜問4の(2)は完答＞　3　各1点×15　4　問1　各2点×2＜各々完答＞　問2　〈A〉，〈B〉　各1点×3　〈C〉　(1)　1点　(2)　2点　〈D〉　各1点×2　問3～問8　各1点×7

２０２４年度　開成中学校

理科解答用紙

番号		氏名		評点	／70

1

問 1	問 2	問 3

問 4	問 5	問 6
g	g	

2

問 1		問 2
昔	現在	日

問 3		
a	b	c

問 4	問 5	問 6

問 7

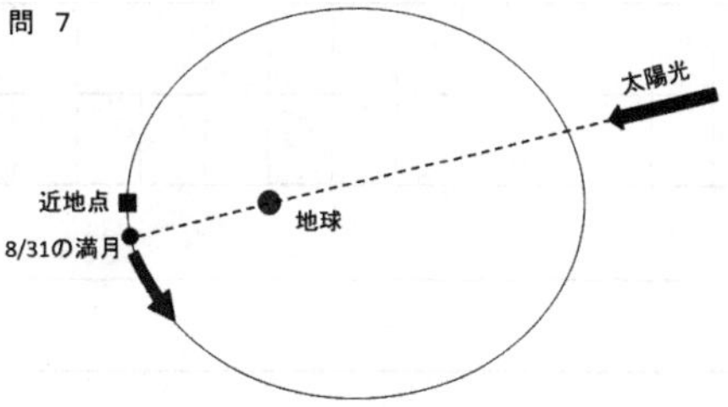

3

問 1	問 2

問 3					問 4
(1)	(2)	(3)	(4)	(5)	

問 5				
(1)	(2)	(3)	(4)	(5)

4

問 1	問 2	問 3

問 4			問 5	問 6
① ：　：	②	③		

問 7

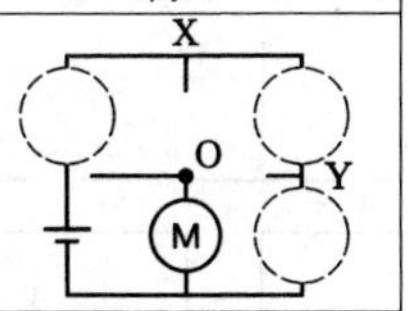

（注）この解答用紙は実物を縮小してあります。Ｂ５→Ａ３（163%）に拡大コピーすると、ほぼ実物大の解答欄になります。

〔理　科〕70点（推定配点）

1　問１～問５　各２点×５　問６　３点＜完答＞　2　問１～問３　各３点×３＜問１，問３は完答＞　問４～問６　各２点×３　問７　３点　3　問１，問２　各３点×２＜各々完答＞　問３　各１点×５　問４　３点＜完答＞　問５　各１点×５　4　問１，問２　各２点×２　問３　３点＜完答＞　問４～問６　各２点×５　問７　３点

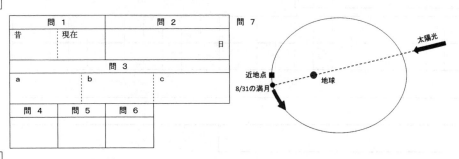

２０２４年度　開成中学校

国語解答用紙

番号		氏名		評点	／85

一

問一　①　②　③

問二

問三

二

問一

問二

問三

問四

問五　① イッ キョ イチ ドウ　② コ キュウ　③ タイ シ　④ シン セイ　⑤ イ シツ

（注）この解答用紙は実物を縮小してあります。Ｂ５→Ａ３（163%）に拡大コピーすると、ほぼ実物大の解答欄になります。

〔国　語〕85点（推定配点）

一　問１　①，②　各２点×２　③　４点　問２　15点　問３　12点　二　問１，問２　各８点×２　問３，問４　各12点×２　問５　各２点×５

２０２３年度　　開成中学校

算数解答用紙　No. 1

番号		氏名	

評点	／85

（注意）　式や図や計算などは，他の場所や裏面などにかかないで，すべて解答用紙のその問題の場所にかきなさい。

1

(1)	分　　　秒
(2)	m
(3)	m

2

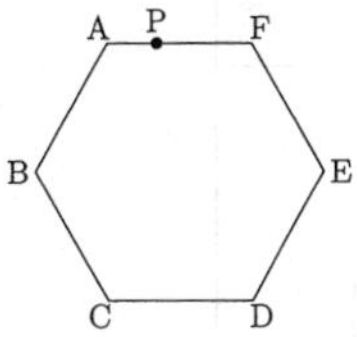

分　　　秒後
分　　　秒後

3

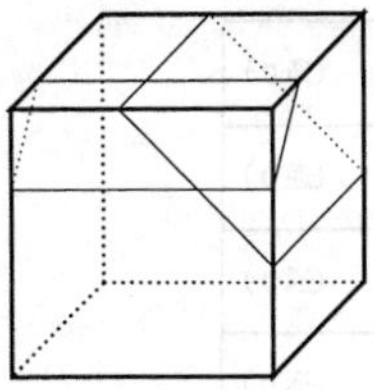

(1)	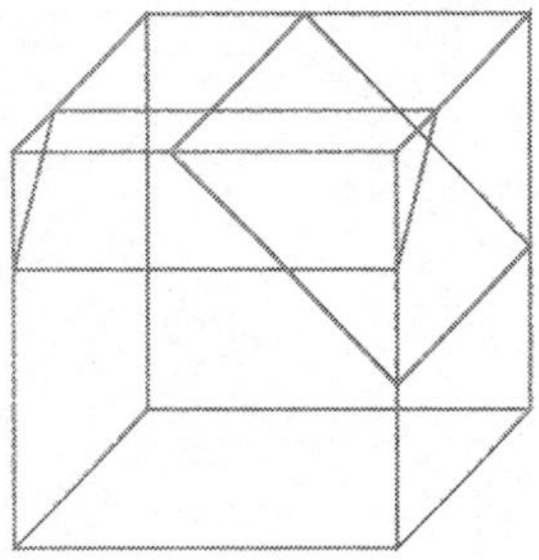
(2)	cm^3

２０２３年度　　開成中学校

算数解答用紙　No.2

4

(1)	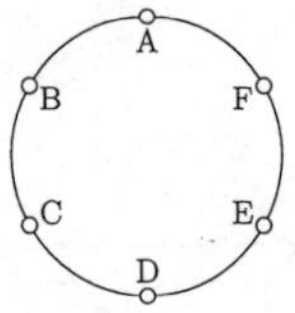
(2)	秒後
(3)	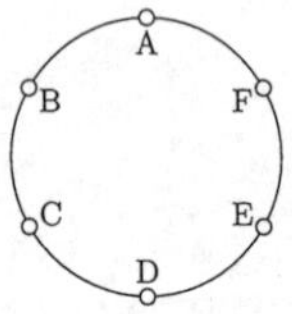
(4)	秒後

5

ア	(通り)
イ	(通り)
ウ	(通り)
エ	(通り)
オ	(通り)
カ	(通り)
キ	(通り)

(注) この解答用紙は実物を縮小してあります。Ｂ５→Ａ３(163%)に拡大コピーすると、ほぼ実物大の解答欄になります。

〔算　数〕85点(推定配点)

1, 2　各４点×５　3〜5　各５点×13

２０２３年度　開成中学校

社会解答用紙

番号		氏名		評点	／70

1

問1　1890年は

1946年は

問2　問3　問4　(1)　(2)　問5　から　へ　問6

問7　(1)　う　え　(2)

問8　(1)　お　か　(2)　問9　最も近い　最も遠い

問10　(1)　き　く　(2)

問11　(1)　け　こ　(2)　(3)

問12　(1)　(2)　銀山　問13　(1)　(2)

問14　(1)　さ　し　(2)　(3)

2

問1　あ　い　う　え　お

か　問2　①　②　③　問3

(どちらかを〇で囲む)

問4　(1)　(2)　円の　上昇　・　下落　問5

問6　(1)　年　(2)　県と　県　県と　県　(3)

問7　A　B　C

問8　(1)

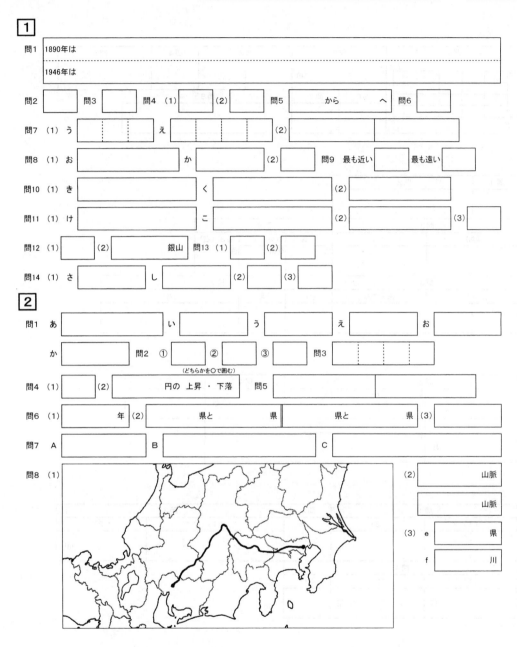

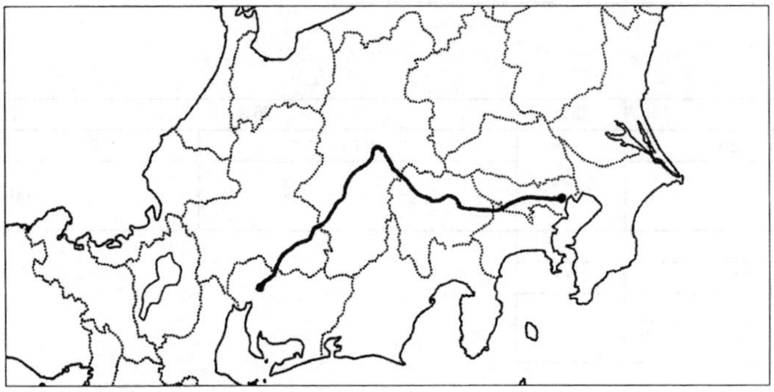

(2)　山脈

山脈

(3)　e　県

f　川

(注)　この解答用紙は実物を縮小してあります。Ｂ５→Ａ３(163%)に拡大コピーすると、ほぼ実物大の解答欄になります。

〔社　会〕70点(推定配点)

1　問１　３点　問２～問14　各１点×30＜問10の(2)，問11の(2)は完答＞　2　問１　各２点×６　問２～問６　各１点×12＜問６の(3)は完答＞　問７　各２点×３　問８　(1)　３点　(2)，(3)　各１点×４

２０２３年度　　開成中学校

理科解答用紙

番号		氏名		評点	／70

1

問１	問２	問３	問４	問５
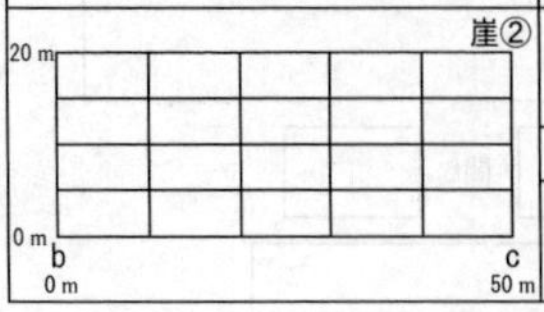	m	¦		

問６	問７	問８

2

問１	問２

問３		問４		
（あ）	（い）	図３（中央）		図３（右）
		色	理由	色

問５		問６		
太郎さん	花子さん	（う）	（え）	（お）
¦	¦			

3

問１	問２		問３		問４	問５
	①	②	③	④		倍

問６	問７	
秒	⑥	⑦

4

問１			問２	問３	
（１）		（２）		（１）	（２）
①	②			→ →	mL

問４		
（１）	（２）	（３）
回	倍	

（注）この解答用紙は実物を縮小してあります。Ｂ５→Ａ３（163%）に拡大コピーすると、ほぼ実物大の解答欄になります。

〔理　科〕70点（推定配点）

1 各２点×９　2 問１～問５　各２点×７＜問２，問３，問４の図３（中央）は完答，問５は各々完答＞ 問６（う）・（え）２点＜完答＞（お）２点　3 問１ ２点　問２，問３ 各１点×４　問４～問７ 各２点×５　4 各２点×９＜問３の(1)は完答＞

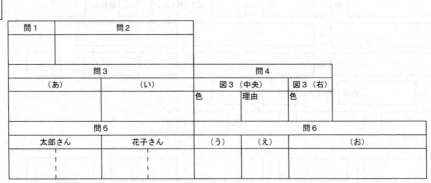

二〇二三年度　開成中学校

国語解答用紙

番号		氏名	

評点	/85

一

問一　モクヒョウ　イキグルしい　ギャク　タガヤし

問二

問三　東京の現場

檮原という場所

二

問一

問二

問三

問四

（注）この解答用紙は実物を縮小してあります。B５→A３（163%）に拡大コピーすると、ほぼ実物大の解答欄になります。

〔国　語〕85点（推定配点）

一　問１　各３点×４　問２　15点　問３　各８点×２　二　問１，問２　各10点×２　問３　８点　問４　14点

２０２２年度　開成中学校

算数解答用紙　No. １

番号		氏名	

評点	／85

（注意）　式や図や計算などは，他の場所や裏面などにかかないで，すべて解答用紙のその問題の場所にかきなさい。

1 (1) (2)

(1)	
(2)	

(3)

(3)	通り

(4)

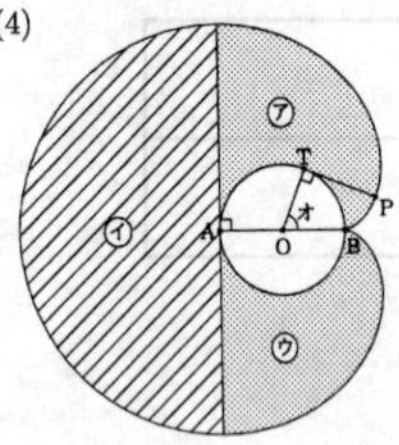

(4)	①	倍
	②	度

2

(1)	体積の比	：
	表面積の比	：

(2)	体積の比	：
	表面積の比	：

２０２２年度　開成中学校

算数解答用紙　No. 2

3

(1)

か所	種類

(2)

(ア)

	1	2	3	4	5	6	7
A							
B							

	1	2	3	4	5	6	7
A							
B							

	1	2	3	4	5	6	7
A							
B							

	1	2	3	4	5	6	7
A							
B							

	1	2	3	4	5	6	7
A							
B							

	1	2	3	4	5	6	7
A							
B							

(イ)	種類
(ウ)	種類

(3)

(ア)

	1	2		1	2		1	2		1	2		1	2		1	2
A			A			A			A			A			A		
B			B			B			B			B			B		

(イ)	種類
(ウ)	種類

4

(1)	時	分
(2)	時	分
(3)	分	秒

（注）この解答用紙は実物を縮小してあります。Ｂ５→Ａ３（163%）に拡大コピーすると、ほぼ実物大の解答欄になります。

〔算　数〕85点(推定配点)

1, 2　各４点×9　3　(1), (2)　各４点×4＜(1), (2)の(ア)は完答＞　(3)　各５点×3＜(ア)は完答＞　4　各６点×3

２０２２年度　開成中学校

社会解答用紙

番号		氏名		評点	／70

1

問1　1　　皇后　2　　3

4　　5　　6

問2 (1)　　江 (2)　　問3　　問4

問5　　問6　　市 問7

問8 (1)　　(2)　　問9　　問10　　問11

問12　　問13　　問14

問15 (1)　　(2)　　問16　　問17

2

問1　　問2　　問3　　問4

問5　1　　3　　問6

問7 (1)　　(2)

(3)　　(4)　　問8

問9 (1)

(2)

東京		仙台	
新	旧	新	旧

問10 (1)　　→　　→　　(2)

問11　　問12　　問13　　問14

3

問1 (1)　　(2)　　問2 (1)　　(2)

(3)　　(4)　　(5) A　　B　　県

問3 (1)　　(2)　　課税　問4 (1)　　(2)

問5　　問6　　問7 (1) C　　D

(2) E　　F

問8　母親は　　というアンコンシャス・バイアス

(注) この解答用紙は実物を縮小してあります。Ｂ５→Ａ３(163%)に拡大コピーすると、ほぼ実物大の解答欄になります。

〔社　会〕70点(推定配点)

1 各１点×25　2 問１～問６　各１点×７　問７ (1) １点 (2) ２点 (3),(4) 各１点×２　問８ ２点＜完答＞　問９ (1) ２点 (2) 各１点×２＜各々完答＞　問10 (1) ２点＜完答＞ (2) １点　問11～問14　各１点×４　3 問１～問７　各１点×18　問８ ２点

２０２２年度　開成中学校

理科解答用紙

番号		氏名	

評点	／70

1

問 1			問 2	問 3	問 4		
(1)	(2)	(3)					

問 5			問 6			問 7
(1)	(2)	(3)	(1)	(2)	(3)	

2

問 1	問 2	問 3
cm	cm	cm

問 4	問 5	問 6
cm	cm	cm

3

問 1					問 2	問 3

問 4	問 5	問 6						

4

問 1	問 2	問 3	問 4	問 5	問 6
					曜日

（注）この解答用紙は実物を縮小してあります。Ｂ５→Ｂ４（141％）に拡大コピーすると、ほぼ実物大の解答欄になります。

〔理　科〕70点(推定配点)

1　問１，問２　各２点×４　問３，問４　各３点×２＜問４は完答＞　問５～問７　各２点×７＜問６は各々完答＞　2　各３点×６　3，4　各２点×12＜3の問２，問４は完答＞

二〇二二年度　開成中学校

国語解答用紙

番号　　氏名　　評点 ／85

問一　①　②　③　④

問二　（45）（60）

問三　（25）（40）

問四　（35）（50）

問五　（50）（65）

問六　（60）（75）

（注）この解答用紙は実物を縮小してあります。B５→B４（141％）に拡大コピーすると、ほぼ実物大の解答欄になります。

〔国　語〕85点（推定配点）

問１　各３点×４　問２　15点　問３　10点　問４　12点　問５　16点　問６　20点

２０２１年度　　開成中学校

算数解答用紙　No. 1

番号		氏名	

評点	／85

（注意）　式や図や計算などは，他の場所や裏面などにかかないで，すべて解答用紙のその問題の場所にかきなさい。

1

(1)

(1)	曜日

(2)

(2)	個

(3)

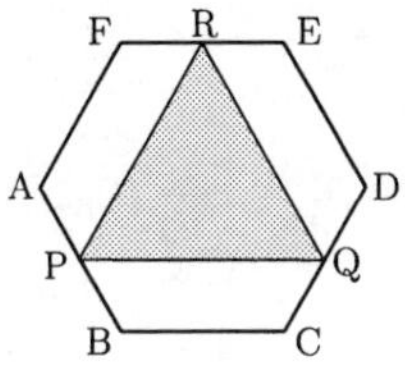

(3)	cm^2

(4)

(4)	48位	
	56位	
	96位	

算数解答用紙　No. 2

2

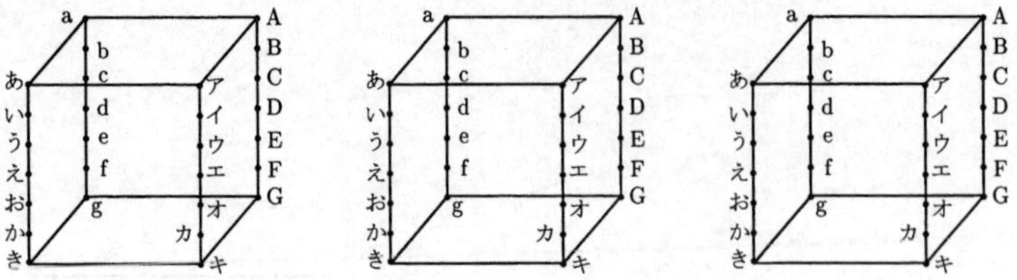

(1)	cm³
(2)	cm³
(3)	cm³

3

(1)	
(2)	
(3)	
(4)	
(5)	通り

（注）この解答用紙は実物を縮小してあります。Ｂ５→Ａ３(163%)に拡大コピーすると、ほぼ実物大の解答欄になります。

〔算　数〕85点(推定配点)

1　各７点×4＜(4)は完答＞　2　(1)　５点　(2)，(3)　各８点×2　3　(1)，(2)　各６点×2　(3)～(5)　各８点×3＜(4)は完答＞

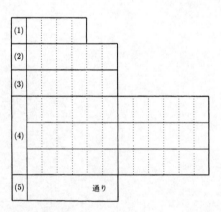

２０２１年度　　開成中学校

社会解答用紙

番号		氏名		評点	／70

1

問1 ①　　②　　問2

問3　　問4 ①　　②　　問5

問6　　問7 ①　　②

2

問1 ① 1　　2　　3

② X　　Y　　③ a　　b

問2 ①　　②　　問3 X　　Y　　Z

3

問1 A　　B

C　　D

問2 ①　　②　　問3 ①　　②　　問4 ①　　②　　問5 ①　　②

問6　　問7　　問8

問9　　政党

4

問1　　問2 A　　C　　問3　　問4　　問5

問6　　問7　　発電　　問8　　問9

問10　　問11　　問12　　問13　　問14 ①　　油

問14 ②

問15　　問16 旭川　　網走

（注）この解答用紙は実物を縮小してあります。Ｂ５→Ａ３(163%)に拡大コピーすると、ほぼ実物大の解答欄になります。

〔社　会〕70点(推定配点)

1　問1　各1点×2　問2　2点　問3～問6　各1点×5　問7　各2点×2　2　問1　①　各2点×3　②，③　各1点×3＜③は完答＞　問2　各1点×2　問3　2点＜完答＞　3　問1～問5　各1点×12　問6～問9　各2点×4＜問6，問7，問8は完答＞　4　問1～問5　各1点×6　問6，問7　各2点×2　問8～問13　各1点×6　問14，問15　各2点×3　問16　各1点×2

２０２１年度　　開成中学校

理科解答用紙

番号		氏名		評点	／70

1

問1			

問2	問3	問4	問5

問6	問7	問8	問9
mL			

2

問1	問2	問3	問4 (a)	問4 (b)	問4 (c)

問5

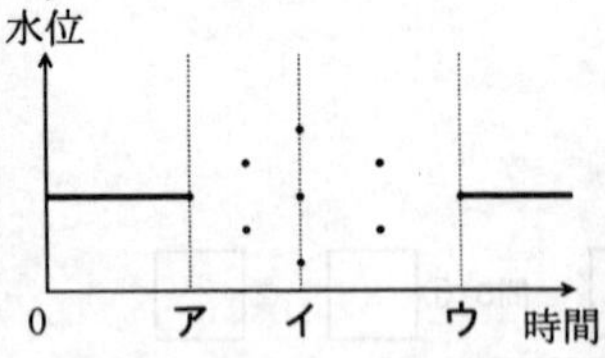

問4（d）

									10
									20

問6

3

問1 ①	問1 ②	問1 ③	問2	問3	問4

問5（1）	問5（2）

4

問1 左端から	問1 重さ	問2 ア	問2 イ
cm	g	cm	cm

問3 エ	問4 オ	問5 カ
cm	cm	cm

（注）この解答用紙は実物を縮小してあります。Ｂ５→Ｂ４(141%)に拡大コピーすると、ほぼ実物大の解答欄になります。

〔理　科〕70点(推定配点)

1　各２点×9＜問２，問３，問４は完答＞　2　問１～問３　各２点×3　問４（a）～（c）　各２点×3　（d）　３点　問５，問６　各３点×2　3　問１～問４　各２点×4＜問１は完答＞　問５　(1)　２点　(2)　３点　4　各３点×6＜問２は完答＞

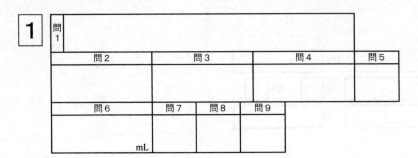

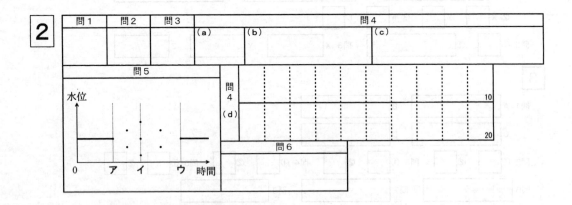

二〇二二年度　開成中学校

国語解答用紙

番号　　　氏名　　　評点　／85

一

問一

問二　25

問三　後悔した。

問四

問五

二

問一　1　2　3

問二　25　に嫉妬しているということ。

問三

（注）この解答用紙は実物を縮小してあります。Ｂ５→Ａ３（163%）に拡大コピーすると、ほぼ実物大の解答欄になります。

〔国　語〕85点(推定配点)

一　問1　4点　問2，問3　各15点×2　問4　5点　問5　15点　二　問1　各3点×3　問2　12点　問3　10点

2020年度　　開成中学校

算数解答用紙　No. 1	番号		氏名		評点	／85

（注意）　式や図や計算などは，他の場所や裏面などにかかないで，すべて解答用紙のその問題の場所にかきなさい。

1

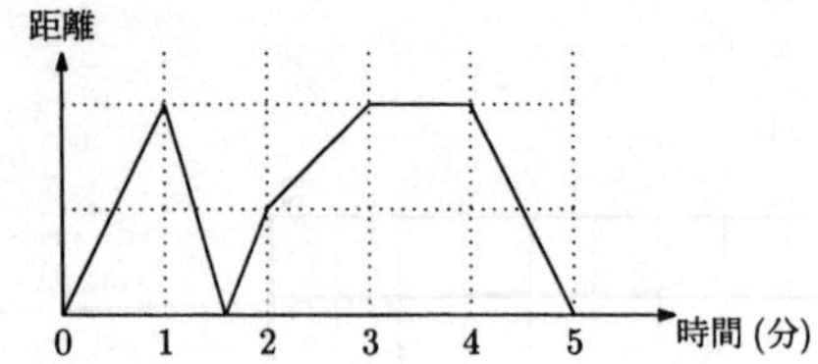

<　　　　>	<　　　　>
<　　　　>	<　　　　>
<　　　　>	<　　　　>

2

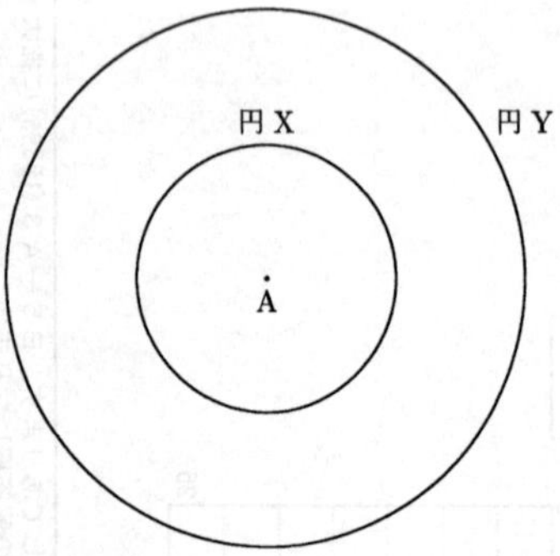

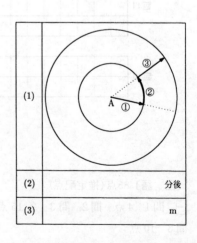

(1)	
(2)	分後
(3)	m

２０２０年度　　開成中学校

算数解答用紙　No. 2

3

最低枚数	金額	何通りか
1	1, 5, 10	3
2	2, 6, 11, 15, 20	5
3	3, 7, 12, 16, 21, 25, 30	7
4	4, 8, 13, 17, 22, 26, 31, 35, 40	9
5		③
6		④
7		⑤
8		⑥
9	49	1

<table>
<tr><td>(1)</td><td>(ア)　　　　通り</td><td>(イ)　　　　人</td></tr>
<tr><td rowspan="4">(2)</td><td>①</td><td>②</td></tr>
<tr><td>③</td><td>④</td></tr>
<tr><td>⑤</td><td>⑥</td></tr>
<tr><td>⑦</td><td>⑧</td></tr>
</table>

4

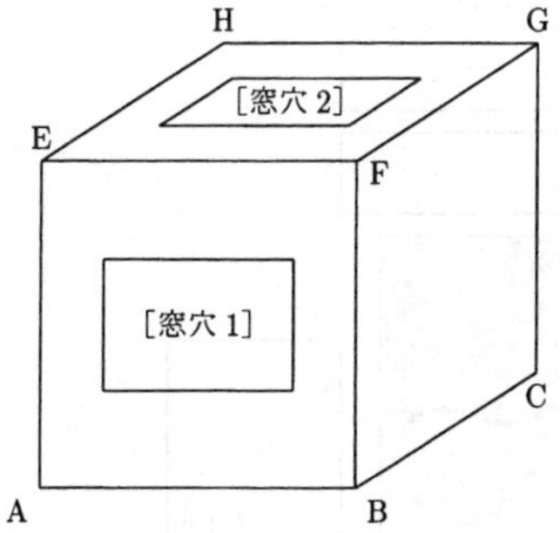

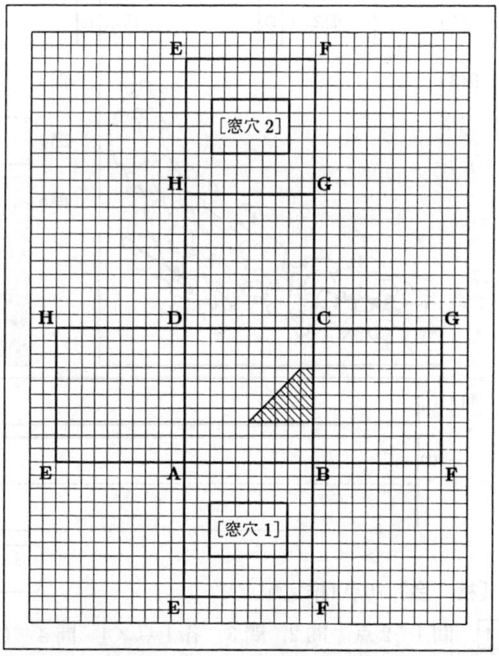

(注) この解答用紙は実物を縮小してあります。Ｂ４用紙に143%拡大コピーすると、ほぼ実物大で使用できます。(タイトルと配点表は含みません)

〔算　数〕85点(推定配点)

1　15 点＜完答＞　2　各 7 点×3　3　(1)　各 5 点×2　(2)　各 3 点×8　4　15 点

２０２０年度　開成中学校

社会解答用紙

番号　　氏名　　評点　／70

1

問1

問2 (1)　(2)

問3 (1)　(2)

問4 (1)

問4 (2)　(3)

問5

問6 (1)　(2)

問7 (1)　(2)　(3) O　P

2

問1　問2　問3　問4　問5　問6

問7　問8　問9　問10　問11

問12　問13　年　問14　問15

問16　問17　問18　問19　問20

問21　問22　問23　月　日

問24　問25　→　→　問26　問27

3

問1　問2 (1) D　用水 E　用水 F　用水　(2)

問3 (1)

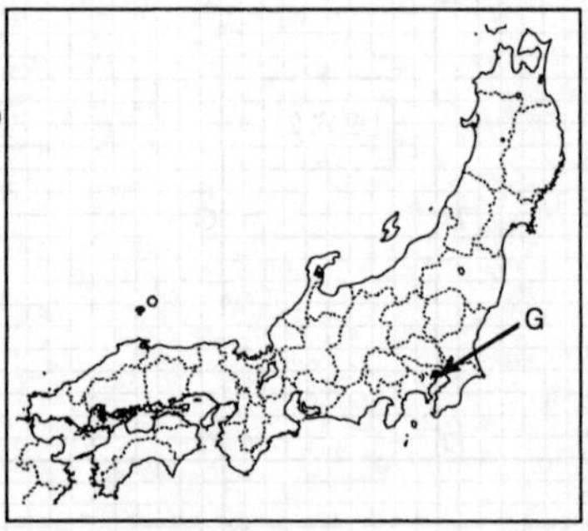

問3 (2)　→　→　→

問4

問5

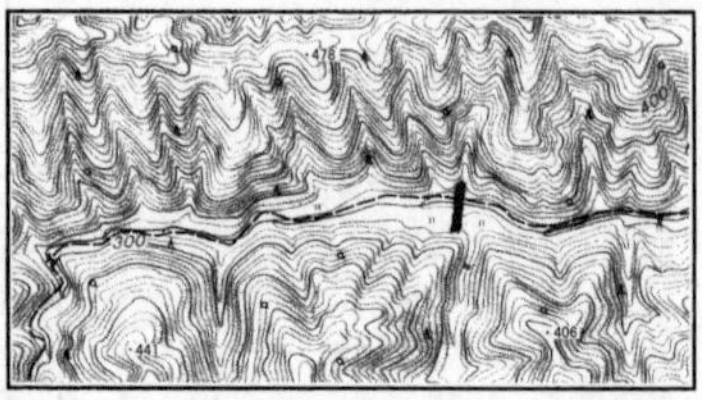

問6　約　リットル

問7 (1)

(2)

（注）この解答用紙は実物を縮小してあります。Ａ３用紙に156％拡大コピーすると、ほぼ実物大で使用できます。（タイトルと配点表は含みません）

〔社　会〕70点（推定配点）

1　問１　２点　問２，問３　各１点×４　問４　(1)　２点　(2)，(3)　各１点×２　問５，問６　各１点×３　問７　(1)，(2)　各１点×２　(3)　各２点×２　2　問１～問24　各１点×26　問25　２点＜完答＞　問26，問27　各１点×２　3　問１　１点　問２　(1)　２点＜完答＞　(2)　１点　問３　(1)　各１点×３　(2)　２点＜完答＞　問４，問５　各２点×２　問６　１点　問７　(1)　２点　(2)　５点

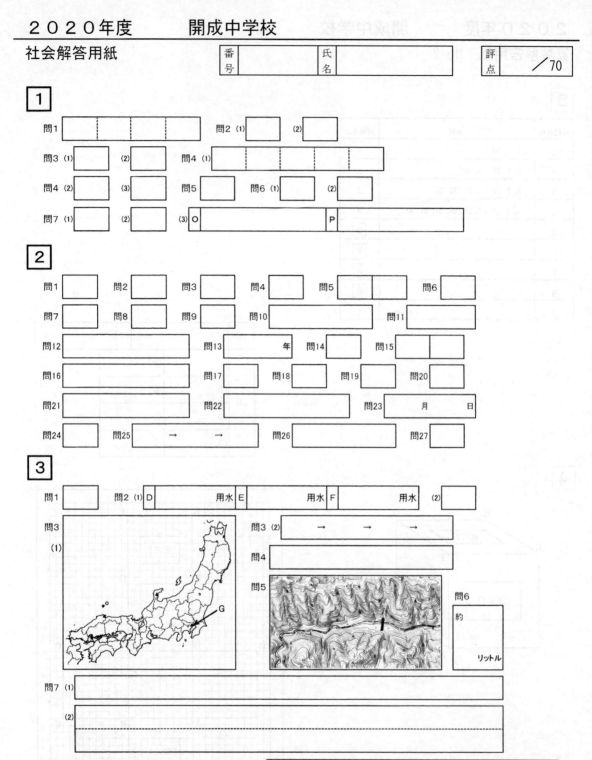

２０２０年度　　開成中学校

理科解答用紙

番号		氏名		評点	／70

1

問１	問２			問３
	(1)	(2)	(3)	
問４	問５			問６

2

問１	問２	問３	問４	問５

3

問１	問２	問３	問４
		g	g
問５	問６		

4

問１

問２・問３

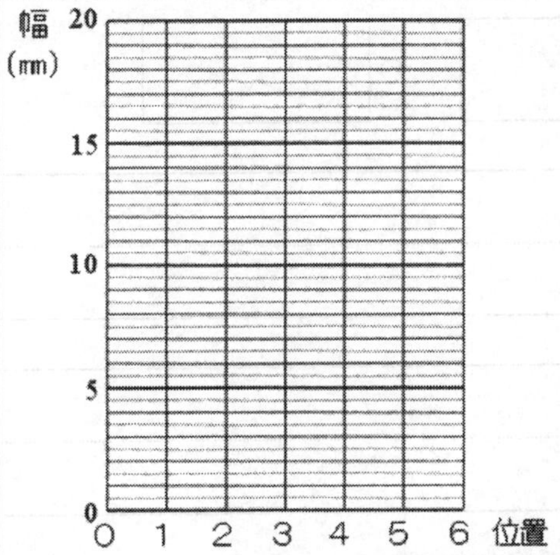

問４	問５	
	①	②

（注）この解答用紙は実物を縮小してあります。Ｂ４用紙に143％拡大コピーすると、ほぼ実物大で使用できます。（タイトルと配点表は含みません）

〔理　科〕70点（推定配点）

1　問１　３点　問２　各１点×３　問３，問４　各３点×２　問５　４点　問６　３点　2　各３点×５　3　問１　３点　問２　４点＜完答＞　問３～問５　各３点×３　問６　４点＜完答＞　4　問１～問４　各３点×４＜問３は完答＞　問５　各２点×２

二〇二〇年度 開成中学校

国語解答用紙

番号		氏名		評点	/85

一

問一

問二

問三

問四

問五

二

問一 ① ② ③ ④ ⑤ ⑥ ⑦

問二

問三

(注) この解答用紙は実物を縮小してあります。B4用紙に133%拡大コピーすると、ほぼ実物大で使用できます。(タイトルと配点表は含みません)

〔国　語〕85点(推定配点)

一 問1　10点　問2　6点　問3　10点　問4　6点　問5　10点　二 問1　各3点×7　問2　10点
問3　12点

２０１９年度　　開成中学校

算数解答用紙　No. 1

番号		氏名	

評点	／85

(注意)　式や図や計算などは，他の場所や裏面などにかかないで，すべて解答用紙のその問題の場所にかきなさい。

1

(1)	倍
(2)	倍
(3)	毎分　　　m

2

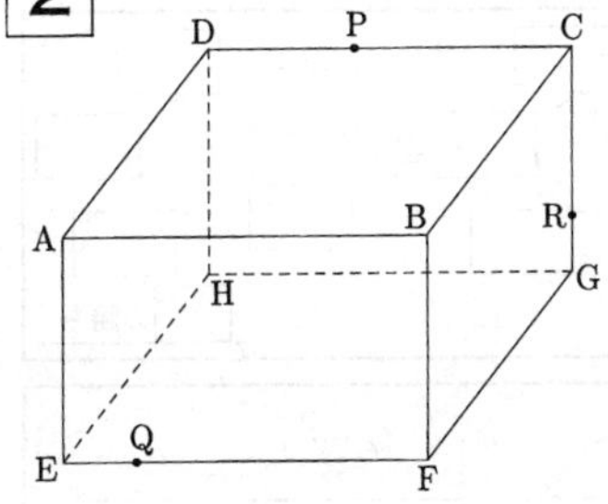

(1)	

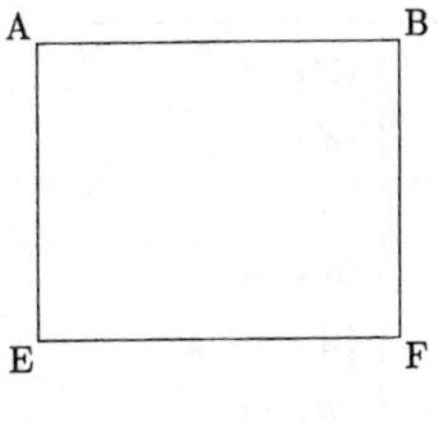

(2)	cm

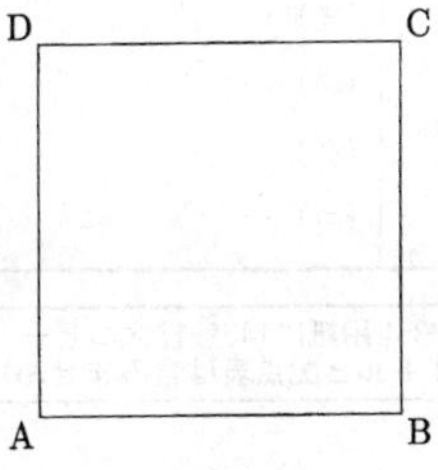

(3)	cm

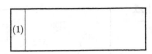

2019年度　　開成中学校

算数解答用紙　No.2

3

《図 1》

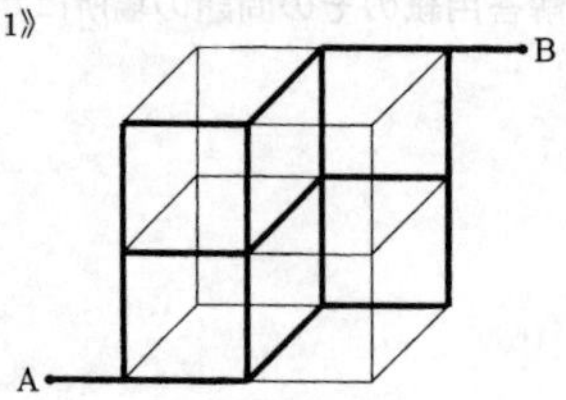

《図 2》

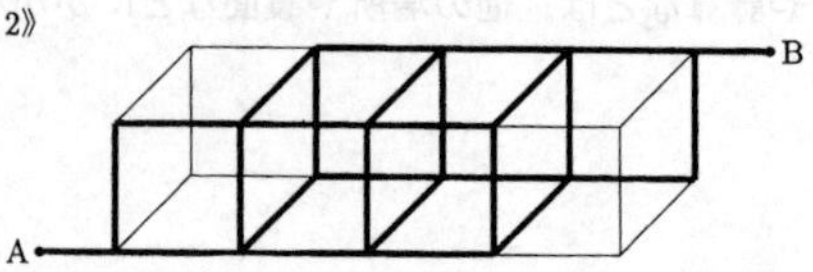

(1)	《図 1》	通り
	《図 2》	通り

《図 4》

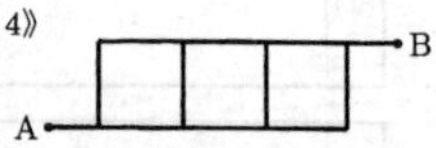

《図 5》

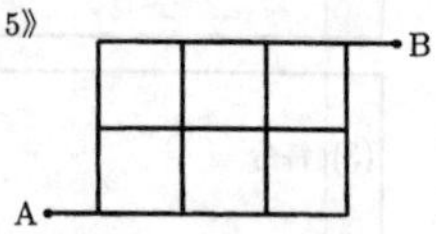

(2)	《図 4》	通り
	《図 5》	通り

4

(1)

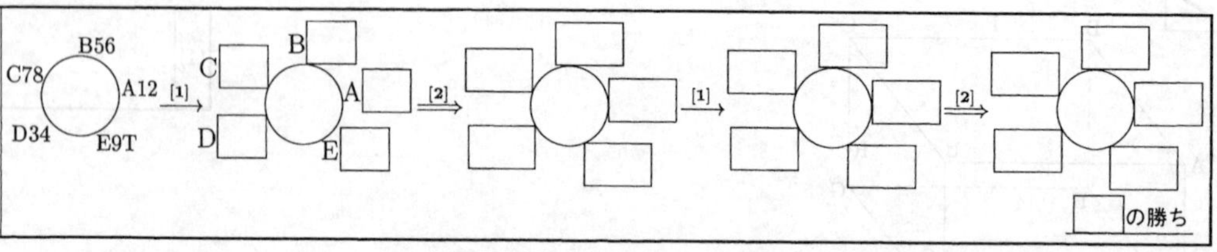

(2)	(a)	(x) …	(y) …	(z) …
	(b)			
	(c)	(ア) … (イ) … (ウ) … (エ) … (オ) … (カ) … (キ) … (ク) … (ケ) … (コ) …	(ア) … (イ) … (ウ) … (エ) … (オ) … (カ) … (キ) … (ク) … (ケ) … (コ) …	(ア) … (イ) … (ウ) … (エ) … (オ) … (カ) … (キ) … (ク) … (ケ) … (コ) …

(注)　この解答用紙は実物を縮小してあります。Ｂ４用紙に143%拡大コピーすると、ほぼ実物大で使用できます。(タイトルと配点表は含みません)

〔算　数〕85点(推定配点)

1　各６点×３　2　各７点×３　3　各５点×４　4　(1)　７点＜完答＞　(2)　(ａ)，(ｂ)　各６点×２＜(ａ)は完答＞　(ｃ)　７点＜完答＞

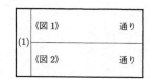

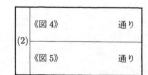

２０１９年度　開成中学校

社会解答用紙

番号　　氏名　　評点 ／70

1

問1　1　　2　　3
4　　5　　6

問2　　問3　　問4　　問5

問6　　問7　　問8　　問9

問10　　県　　問11　　問12　　問13

問14　　問15　　問16　　問17　　市

問18　　問19　　問20　　古墳

問21　　と　　問22　　問23

問24　　問25

2

問1　　灘　　問2　中国　　韓国　　問3　　島

問4　　問5　茨城　　埼玉　　問6　　問7

問8　　問9　(1)　　海里　(2)　　問10　　諸島

問11　　問12　　問13　　問14

問15　　問16　　問17　c　　d

問18　(1)　　(2)　　問19　　問20　A　　D

3

問1　A　　B　　問2　1　　2

問3　　問4　(1)　　(2)　　(3)　　問5

問6　(1)　　(2)　A　　B　　C

問7　　問8

(注)　この解答用紙は実物を縮小してあります。Ａ３用紙に145%拡大コピーすると、ほぼ実物大で使用できます。(タイトルと配点表は含みません)

〔社　会〕70点(推定配点)

1　問１～問20　各１点×25　問21　２点＜完答＞　問22～問25　各１点×４　2，3　各１点×39＜2の問２，問５は完答＞

2019年度　　開成中学校

理科解答用紙

番号		氏名		評点	／70

1

問 1	問 2	問 3		問 4	問 5
		A	B		

2

問 1	問 2	問 3		問 4	問 5	問 6

3

問 1	問 2	問 3	問 4	問 5	問 6

4

問 1	問 2	問 3	問 4	問 5
		秒	本	

問6	
金属棒4　　m	金属棒5　　m

（注）この解答用紙は実物を縮小してあります。Ｂ４用紙に119%拡大コピーすると、ほぼ実物大で使用できます。（タイトルと配点表は含みません）

〔理　科〕70点（推定配点）

1～3　各３点×17＜1の問３，2の問３は完答＞　4　問１～問５　各３点×５　問６　４点＜完答＞

二〇一九年度　開成中学校

国語解答用紙

番号　　氏名　　評点　／85

一

問一

問二

問三

問四

二

問一　1　　2　　3　む　　4

問二

問三

問四

（注）この解答用紙は実物を縮小してあります。Ｂ４用紙に141％拡大コピーすると、ほぼ実物大で使用できます。（タイトルと配点表は含みません）

〔国　語〕85点（推定配点）

一　問１　８点　問２　11点　問３　10点　問４　11点　二　問１　各３点×４　問２〜問４　各11点×３

２０１８年度　開成中学校

算数解答用紙　No. 1

番号		氏名	

評点	／85

(注意)　式や図や計算などは，他の場所や裏面などにかかないで，すべて解答用紙のその問題の場所にかきなさい。

1

(1)

(2)

(3)

(4)

(5)

(6)

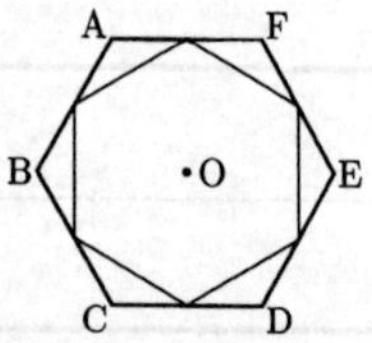

(7)

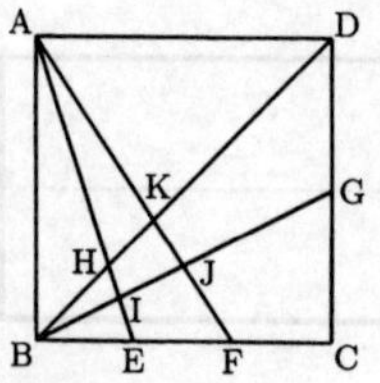

(1)		
(2)		通り
(3)		倍
(4)		%
(5)		cm^3
(6)		cm^2
(7)	(i)	三角形 AIJ:四角形 ABCD ＝　　　:
	(ii)	四角形 HIJK:四角形 ABCD ＝　　　:

(注)　この解答用紙は実物を縮小してあります。Ｂ４用紙に139%拡大コピーすると、ほぼ実物大で使用できます。(タイトルと配点表は含みません)

2018年度　　開成中学校

算数解答用紙　No. 2

2

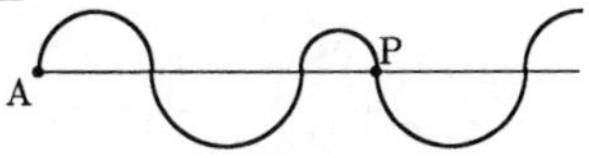

(1)	m
(2)	左から　　　番目

3

(1)	
(2)	
(3)	□通りの並べ方があり， それぞれ □ 種類の整数を使う。

(3) の種類を示す整数は小さい順に並べること。

〔算　数〕85点(推定配点)

1　(1)～(6)　各6点×6　(7)　各7点×2　2, 3　各7点×5＜3は各々完答＞

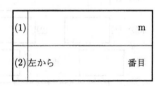

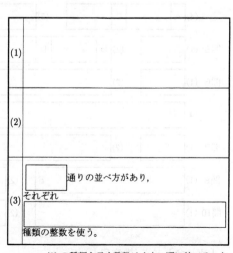

２０１８年度　開成中学校

社会解答用紙

番号		氏名		評点	／70

1

問1 (あ)　(い)　(う)　(え)　(お)

(か)　(き)　(く)　(け)　(こ)

問2 (1) → → →　(2)　(3)　問3

問4 (1)　(2)　問5　問6

問7 (1) → → →　(2)　(3)

問8 (1)　(2) 強制収容所　(3)

問9 (1)　(2)　(3)　問10

問11　問12 (1)　(2)

問13 1　2

問14　問15 州

2

問1 東京　那覇　問2 (1)　(2)

問3 (1)　(2)　(3)

問4 (1) 市　(2)　(3) 湾

(4) A　B　(5)

問5 (1)　(2) B　D　(3)

問6 (1)　(2) 産業　(3)

(4)

問7 (1)　(2)　(3) 大豆　X

問8 (1) 省　(2)　問9 (1)　(2) 選挙

問10 (1)　(2) ②　③　(3)　(4) 歳以上

(注) この解答用紙は実物を縮小してあります。Ｂ４用紙に143％拡大コピーすると、ほぼ実物大で使用できます。(タイトルと配点表は含みません)

〔社　会〕70点(推定配点)

1 各１点×35＜問２の(1)，問７の(1)は完答＞ 2 問１～問５ 各１点×17 問６ (1)～(3) 各１点×3 (4) 2点 問７～問10 各１点×13

２０１８年度　　開成中学校

理科解答用紙

番号		氏名	

評点	／70

1

問 1	問 2	問 3	問 4	
	g	の関係	あ　g	い　g

問 5		問 6		問 7
重さ　g	距離　倍			通り

2

問 1		問 2	問 3

問 4					
冬は寒くて乾燥していて					が少ないから

問 5	問 6					問 7

3

問 1	問 2	問 3	問 4
		%	g

問 5	問 6

4

問 1	問 2	問 3	問 4	
分		(　　　)半年が(　　　)日多い	(1)	(2)　曜日

（注）この解答用紙は実物を縮小してあります。Ｂ４用紙に133％拡大コピーすると，ほぼ実物大で使用できます。（タイトルと配点表は含みません）

〔理　科〕70点（推定配点）

1　問1　2点　問2　3点　問3，問4　各2点×3　問5～問7　各3点×3＜問5，問6は完答＞　2　問1　3点＜完答＞　問2　2点　問3，問4　各3点×2＜問3は完答＞　問5　2点　問6，問7　各3点×2　3　各3点×6＜問2，問5，問6は完答＞　4　問1～問3　各3点×3　問4　各2点×2

二〇一八年度　開成中学校

国語解答用紙

番号　　氏名　　評点　／85

一

問一

問二

問三

問四

二

問一

問二

たしかに

しかし

一方

したがって

三

①　②　③　④　⑤

〔国　語〕85点(推定配点)

一　各10点×4　二　各5点×6　三　各3点×5

(注)この解答用紙は実物を縮小してあります。A3用紙に149%拡大コピーすると、ほぼ実物大で使用できます。(タイトルと配点表は含みません)

平成29年度　　開成中学校

算数解答用紙　No. 1

番号		氏名	

評点	／85

(注意)　式や図や計算などは，他の場所や裏面などにかかないで，すべて解答用紙のその問題の場所にかきなさい。

1

(1)	

(2)	2の倍数	個
	5の倍数	個

2

(1)	

(2)	ア		イ	
	ウ		エ	
	オ		カ	

(3)	縦の長さ	cm
	横の長さ	cm

(4)

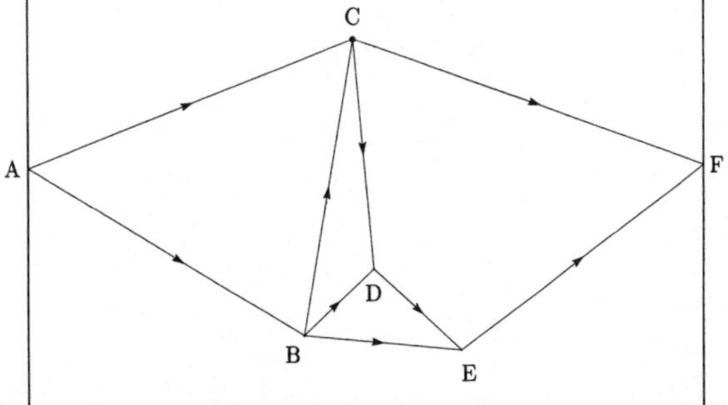

(注) この解答用紙は実物を縮小してあります。A３用紙に147%拡大コピーすると、ほぼ実物大で使用できます。(タイトルと配点表は含みません)

算数解答用紙　No. 2

3

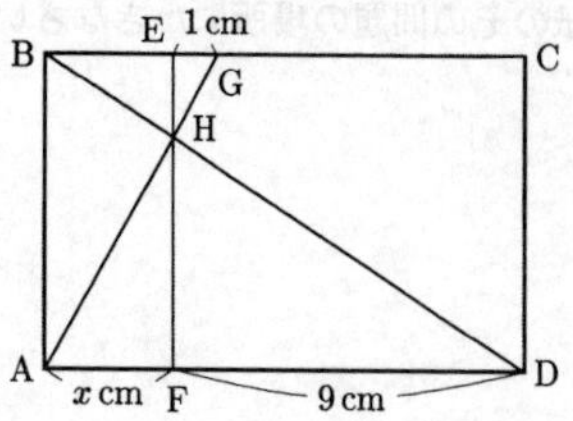

(1) $x=$　　　　(cm)

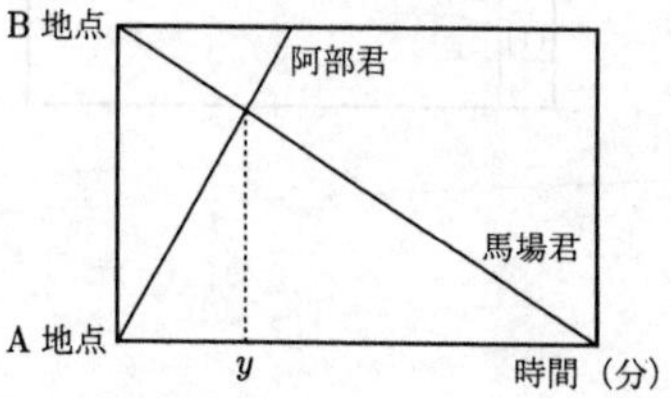

(2) $y=$　　　　(分)

4

(1) (う)の長さは(あ)の長さの　　　　倍

(2) (え)の長さは(い)の長さより　　　　cm〔長い・短い〕

(3)　　　　cm

(4)　　　　cm

(5)　　　　cm

〔算　数〕85点(推定配点)

1　各6点×3　2　(1)～(3)　各6点×3＜(2), (3)は完答＞　(4)　7点　3, 4　各6点×7

平成29年度　開成中学校

社会解答用紙

番号		氏名	

評点	／70

1

問1　1　2　3
4　5　6
7　8　9
10　問2　(1)　(2)
(3)
(4)
(5)　(6)　(7)
(8)　(9)　(10)
(11)　(12)

問3　①　②　③　④　⑤　⑥　⑦　⑧　⑨　⑩　⑪

2

問1　A　B　C　問2　問3

問4　(1)①　②　③　(2)①　②　③
④

問5　問6　①　②

問7　(1)①位置　国名　②位置　国名
③位置　国名　④位置　国名
(2)位置　国名　(3)ア　イ　ウ

問8　(1)①　語　②　(2)　(3)

問9　(1)　(2) 高い5区　低い5区
(3)①　②　③　区

(注) この解答用紙は実物を縮小してあります。A３用紙に154%拡大コピーすると、ほぼ実物大で使用できます。(タイトルと配点表は含みません)

〔社　会〕70点(推定配点)

1　各１点×33　2　問１〜問５　各１点×14　問６　２点＜完答＞　問７〜問９　各１点×21＜問７の(3)は完答＞

平成29年度　　開成中学校

理科解答用紙

番号		氏名	

評点	／70

1

問 1	問 2	問 3	問 4	問 5	問 6	問 7

2

問 1	問 2
問 4	問 5

問 3

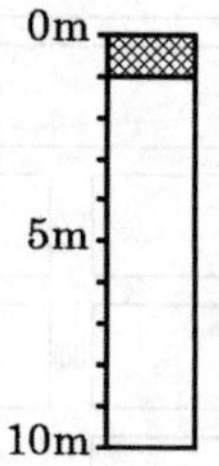

問 6												
違い１ 氷河の堆積物の方が												
違い２ 氷河の堆積物の方が												

3

問 1	問 2	問 3	問 4	問 5

問 6	問 7	問 8	問 9	
			ダイズ	ヒト

4

問 1	問 2	問 3	問 4
g	cm	cm	cm
問 5	問 6	問 7	問 8
	g	cm	

（注）この解答用紙は実物を縮小してあります。Ａ３用紙に145%拡大コピーすると、ほぼ実物大で使用できます。（タイトルと配点表は含みません）

〔理　科〕70点（推定配点）

1　各２点×７＜問１，問４は完答＞　2　問１，問２　各２点×２＜各々完答＞　問３　３点　問４，問５　各２点×２　問６　各３点×２　3　各２点×10＜問７は完答＞　4　問１～問３　各３点×３　問４～問８　各２点×５

平成二十九年度　開成中学校

国語解答用紙

番号		氏名		評点	/85

一行のらんに二行以上書いたもの、小さすぎる字は減点の対象にします。

一

問一

問二

問三

問四

問五

問六

A カタ

B セイセキ

C ザッカ

D イトナ

E キョクチ

二

問一

問二

(注) この解答用紙は実物を縮小してあります。B４用紙に143%拡大コピーすると、ほぼ実物大で使用できます。(タイトルと配点表は含みません)

〔国　語〕85点(推定配点)

一　問１～問４　各10点×4　問５　12点　問６　各３点×5　二　問１　6点　問２　12点

平成28年度　開成中学校

算数解答用紙　No. 1

番号		氏名		評点	／85

(注意)　式や図や計算などは，他の場所や裏面などにかかないで，すべて解答用紙のその問題の場所にかきなさい。

1 (1)

(2)

(1)	① 倍　② 倍

(2)	時間　分　秒

2 (1)

(2)

(1)	日

(2)	A: 日　B: 日　C: 日
	賃金の合計金額　円

(3)

(3)	A: 日　B: 日　C: 日
	かかる日数　日

(注)　この解答用紙は実物を縮小してあります。A３用紙に152%拡大コピーすると、ほぼ実物大で使用できます。(タイトルと配点表は含みません)

平成28年度　　開成中学校

算数解答用紙　No. 2

3

(1)	
(2)	
(3)	通り

②	⑤	①	①	①	④	②	○	○	○	○	④
②	○	○	○	○	④	②	○	○	○	○	④
②	○	○	○	○	④	②	○	○	○	○	④
②	○	○	○	○	④	②	○	○	○	○	④
②	○	○	○	○	④	②	○	○	○	○	④
②	○	○	○	○	④	②	○	○	○	○	④
②	○	○	○	○	④	②	○	○	○	○	④
②	○	○	○	○	④	②	○	○	○	○	④
②	○	○	○	○	④	②	○	○	○	○	④

(注) 解答らんをすべて用いるとは限りません。

4 (1)

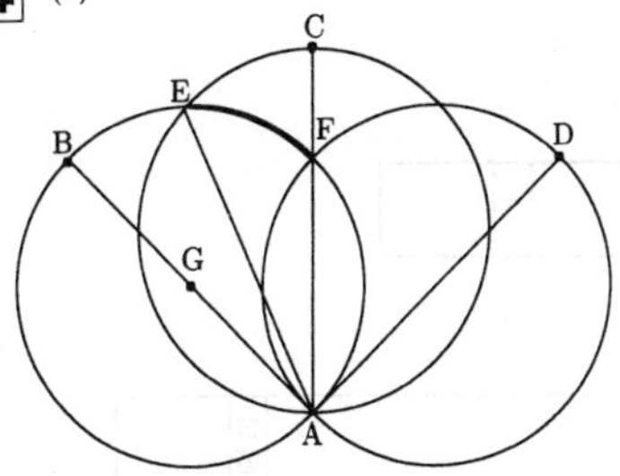

(1)	(i)	cm
	(ii)	倍
	(iii)	cm^2

(2)

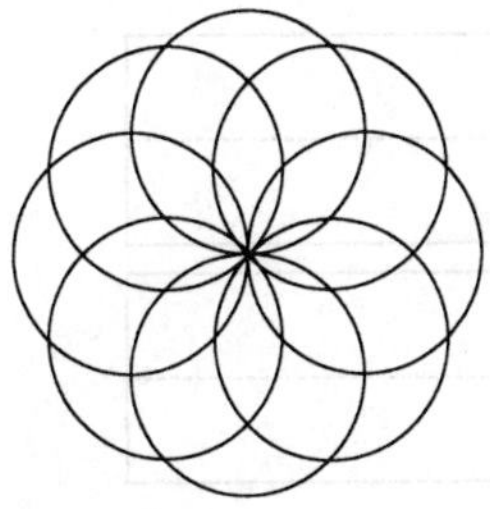

(2)	cm^2

〔算　数〕85点(推定配点)

1　各6点×3　2　(1)　6点　(2)　何日ずつ頼むか…6点＜完答＞，賃金の合計金額…5点　(3)　何日ずつ頼むか…6点＜完答＞，かかる日数…5点　3　各6点×3＜各々完答＞　4　(1)　各5点×3　(2)　6点

平成28年度　開成中学校

社会解答用紙

番号		氏名		評点	／70

1

問1　A　B　C

D　E　F

G　H　I

J　K

問2　(1)　(2)　(3)　(4)

(5) X　Y　(6)　(7)

(8)

問3　①　②　③　④　⑤　⑥　⑦　⑧　⑨　⑩

⑪　⑫　⑬　⑭　⑮

2

問1　(1)　A　B　C　D　E　(2) ①　②　③

(3)　輸出：約　倍　輸入：約　倍

問2　(1) a　国名　位置　b　国名　位置

c　国名　位置　d　国名　位置

e　国名　位置　f　国名　位置

(2) ①

②

③

問3　(1)　(2)　と　と

(注) この解答用紙は実物を縮小してあります。A３用紙に152%拡大コピーすると、ほぼ実物大で使用できます。(タイトルと配点表は含みません)

〔社　会〕70点(推定配点)

1　問1　各1点×11　問2　(1)～(7)　各1点×8　(8)　3点＜完答＞　問3　各1点×15　2　問1　各1点×10　問2　(1)　各1点×12　(2)　①　1点　②, ③　各3点×2　問3　各1点×4

平成28年度　　開成中学校

理科解答用紙

番号		氏名		評点	／70

1

問 1	問 3	
	西	北
問 4	問 5	問 6

問 2

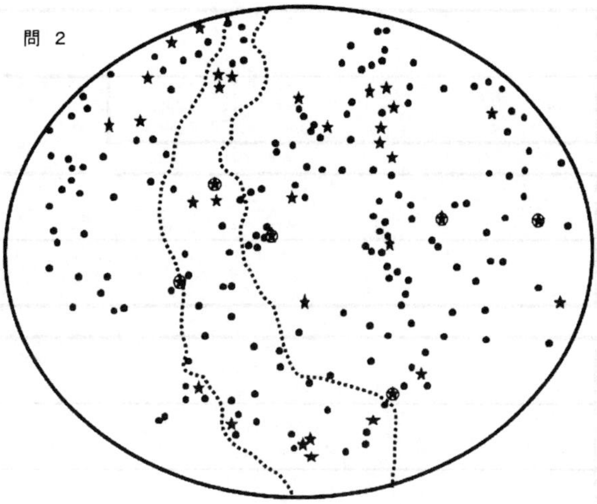

2

問 1	問 2	問 3	
問 4	問 5	問 6	問 7

3

問 1			問 2
1	2	3	
			（　　　　　　　）よりも（　　　　　　　）がとても大きい。
問 3	問 4	問 5	

4

問 1	問 2		問 3	問 4	問 5	
1	2	3	4	5	6	7

問 6
8

（注）この解答用紙は実物を縮小してあります。Ａ３用紙に149%拡大コピーすると、ほぼ実物大で使用できます。（タイトルと配点表は含みません）

〔理　科〕70点(推定配点)

1　各３点×６<問３は完答>　2　問１～問３　各２点×３　問４～問７　各３点×４　3　問１　各２点×３　問２　３点　問３～問５　各２点×３　4　問１，問２　各２点×３　問３，問４　各３点×２　問５　各２点×２　問６　３点

平成二十八年度　開成中学校

国語解答用紙

番号		氏名		評点	/85

一

問一

問二

問三

二

問一

問二

問三

問四

三

①　②　③　④

(注) この解答用紙は実物を縮小してあります。Ａ３用紙に147％拡大コピーすると、ほぼ実物大で使用できます。(タイトルと配点表は含みません)

〔国　語〕85点(推定配点)

一　問1　9点　問2　10点　問3　12点　二　問1～問3　各10点×3　問4　12点　三　各3点×4

平成27年度　　開成中学校

算数解答用紙　No. 1

番号		氏名		評点	／85

(注意)　式や図や計算などは，他の場所や裏面などにかかないで，すべて解答用紙のその問題の場所にかきなさい。

1

(1)	(A)	(B)	(C)
(2)			
(3)	小さいほうから 5 番目		
	大きいほうから 5 番目		

2

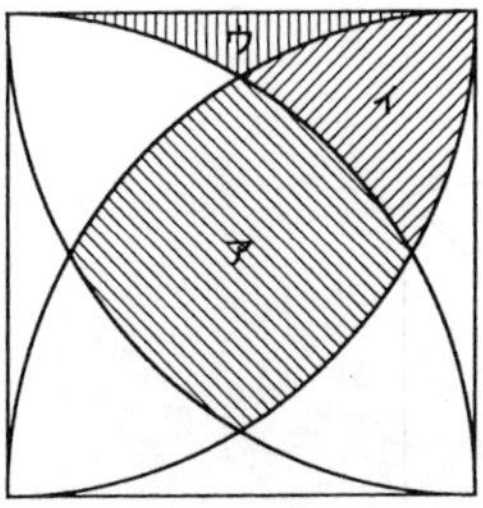

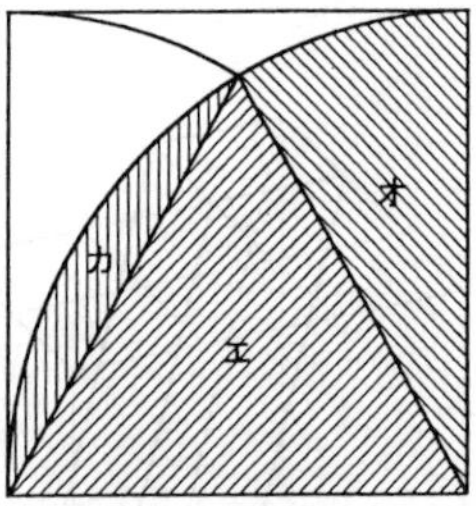

(1)	サ	
(2)	シ	ス
(3)	セ	○
(4)	ソ	タ
	チ	
	ツ	

平成27年度　　開成中学校

算数解答用紙　No. 2

3

(1)	ゆう 君　　　　分　まさひろ 君　　　　分
(2)	m
(3)	地点のほうへ　　　　m ずれた場所
(4)	回目,　　　　m

4

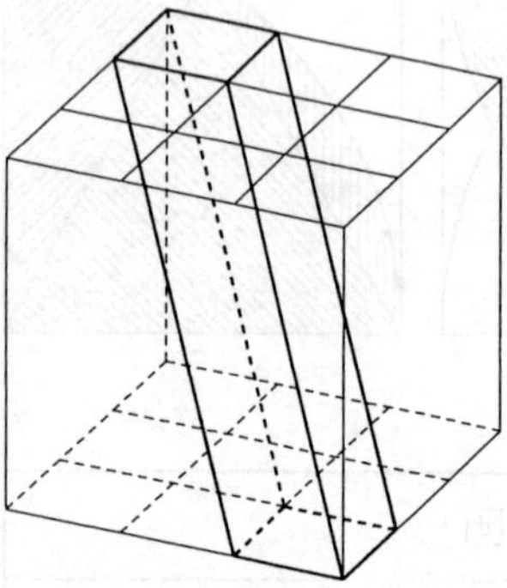

(1)	cm³
(2)	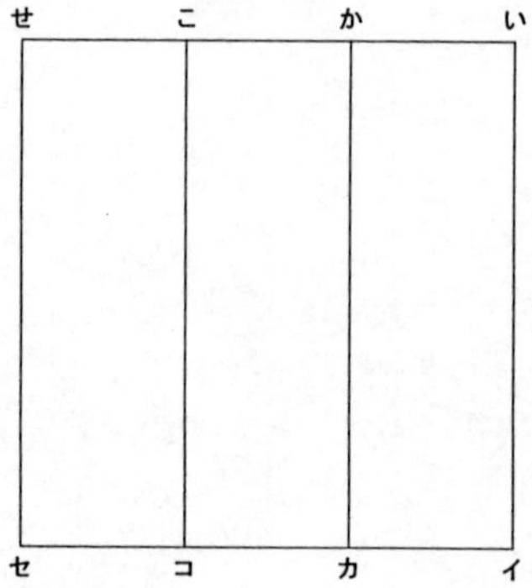
	切断面の面積　　　　cm²
(3)	cm³
(4)	cm³

(注) この解答用紙は実物を縮小してあります。Ａ３用紙に152%拡大コピーすると、ほぼ実物大で使用できます。(タイトルと配点表は含みません)

〔算　数〕85点(推定配点)

1 (1)　各３点×３　(2), (3)　各４点×３＜(2)は完答＞　**2**　各３点×６　**3**　各４点×６＜(3)は完答＞　**4**　(1), (2)　各４点×３　(3), (4)　各５点×２

平成27年度　開成中学校

社会解答用紙

番号		氏名		評点	／70

1

問1 (1) (2) (3)

問2　問3

問4　問5

問6 (1) (2) (3)

問7 (1) (2) (3)　問8

問9 (1) (2) (3)

問10　問11 (1) (2)

2

問1　問2　問3　問4　問5

問6　問7 (1) (2) (3)

問8

問9 あ い う え お

問10　問11　問12

問13　問14

3

問1　問2 (1) (2)　問3

問4　問5　問6

問7 b c d　問8

問9　問10　問11 島　問12

問13 (1) (2) m²　問14 島

問15　問16　問17 地形　問18　問19

(注) この解答用紙は実物を縮小してあります。Ａ３用紙に149%拡大コピーすると、ほぼ実物大で使用できます。(タイトルと配点表は含みません)

〔社　会〕70点(推定配点)

1　問1～問10　各1点×18　問11　各2点×2　2　問1～問7　各1点×9　問8　2点　問9～問12　各1点×8　問13，問14　各2点×2　3　各1点×25

平成27年度　　開成中学校

理科解答用紙

番号		氏名		評点	／70

1

問 1	問 2	問 3	問 4	問 5	問 6	問 7

2

問 1		問 2	問 3	
ア	イ			

問 4	問 5			問 6	
				ウ	記号

3

問 1	問 2	問 3	問 4	問 5	問 6	
cm	g		に　cm	g		

4

問 1	問 2	問 3	問 4	問 5	問 6

(注) この解答用紙は実物を縮小してあります。Ａ３用紙に147%拡大コピーすると、ほぼ実物大で使用できます。(タイトルと配点表は含みません)

〔理　科〕70点(推定配点)

1　問 1～問 3　各 2 点×3　問 4～問 7　各 3 点×4　2　各 2 点×8＜問 2, 問 3, 問 5 は完答＞　3,
4　各 3 点×12＜3の問 6 は完答＞

平成二十七年度　開成中学校

国語解答用紙

番号		氏名		評点	/85

一

問一　1　2　3　4　5

問二　①　②

問三

問四

二

問一

問二　父さん　ぼく

問三

(注) この解答用紙は実物を縮小してあります。A３用紙に147%拡大コピーすると、ほぼ実物大で使用できます。(タイトルと配点表は含みません)

〔国　語〕85点(推定配点)

一　問１，問２　各３点×７　問３　10点　問４　12点　二　問１，問２　各10点×３　問３　12点

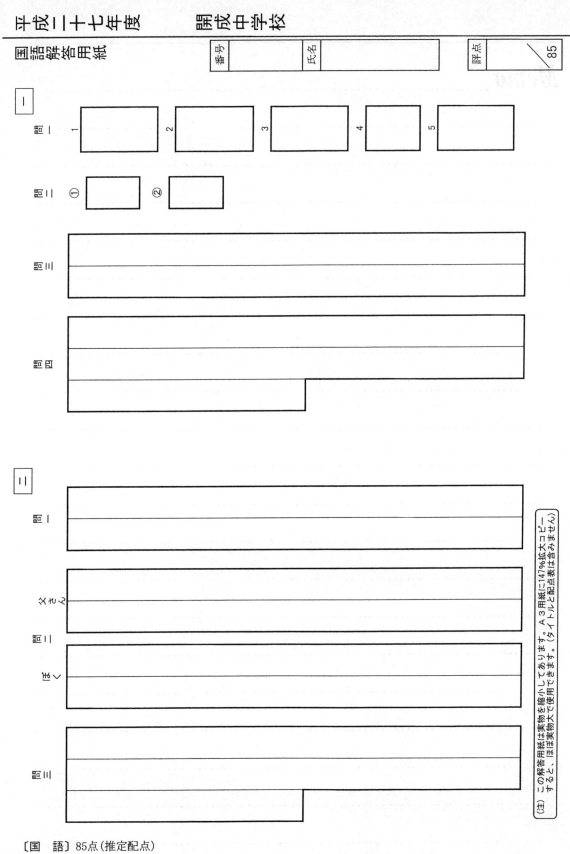

Memo

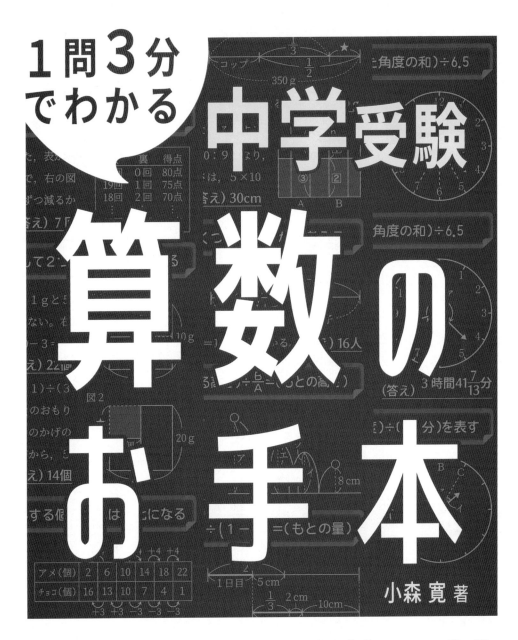